U0154198

台灣人四百年史　目錄

日文版序

首先需要說明的是、爲什麼這本書叫做「**台灣人四百年史**」、而不稱爲「**台灣史**」、或者「**台灣四百年史**」的理由。

這是因爲筆者要站在四百年來從事開拓・建設台灣而備受外來統治的台灣人的立場、來探索「**台灣民族**」的歷史發展、以及台灣人意識的形成過程、同時也希望透過台灣民族發展的歷史過程、尋到一條我們一千餘萬台灣同胞求生存所能遵循的途徑。

基於上述理由、筆者才將這本書名爲「**台灣人四百年史**」。

亙久以來、我們台灣人對於自己所賴以生存的社會發展史頗疏於認識、可以說、幾乎完全不知道。有關先人們以血汗所構築的移民與開拓的歷史事跡、也僅是片斷的略知一二而已。因爲這樣缺乏對台灣歷史發展的認識、所以我們台灣人當中的一部份人（特別是知識份子）的台灣人意識、必然的帶有濃厚的脆弱性、結果、造成了四百年來始終不能擺脫外來殖民統治的慘境。

做爲一個台灣人、筆者自幼就從父老們的口傳中、聽到我們台灣的過去種種、自己也經歷了些許的經驗、才稍微知道先人們的事跡與寶島台灣的往時狀況。有時也從我們這個南海孤島的風潮巨浪當中、深切的體驗到先人們所遭受艱苦歷程。因此、對於有關故鄉台灣的史書與文獻特別感到興趣。但是、筆者所接觸到史書與文獻、毫無例外的、都是由外來統治者即荷蘭人・日本人・中國人以及其他外國人所寫的、而且、這些站在外來統治者的觀點所寫成的史書、與幼時從父老所聽到的傳說或史實相去甚遠、而令人茫然不知所以。

因爲這樣、筆者即痛感有必要以台灣人自己被殖民統治的立場來書寫台灣發展的歷史、所以、不揣淺陋、放任自己的熱情奔馳、才寫成這本「**台灣人四百年史**」。

這本書完作後、雖然頁數很多、但是以筆者的觀感來說、爲了深切瞭解災殃深重的台灣人奮鬥史、還是不甚齊全、而且、由於所引述的傳說不太顯明、可資憑信的資料佚散不少、這點希望大家見讓、容日後再行更正。

一九六二年初夏

史　明

於日本東京寓所

漢文版序

自從本書以日文寫成出版以來、歲月不留人、忽忽過了一七個春夏。這漫長的歲月裡、除了「**四百年史**」一詞較通行於海外台灣人同鄉之中以外、直接貢獻給大家研討指正的機會恐怕不多。推測其因、主要在於日文已不是鄉親們所習曉的文字、尤其是在島內、強權壓制的情況下、除了一小部份能夠閱讀之外、因不是漢文以致貢獻更小、每思及此、常有立即將它譯成漢文的衝動、卻因筆者的漢文能力菲薄、而有力不從心之感。

十數年來、島內外的形勢更加緊迫、已達令人窒息的地步、在這充滿一觸即發的情勢之下、更令人覺得非得徹底認識台灣人自己的社會的歷史不可、更非得從先人拋頭顱灑熱血的奮鬥過程中、徹底學習血淋淋的教訓不可。也唯有藉此血的教訓、每個人才能在人生過程裡尋出一個自己眞正的目標、而熱情的、有效的發揮我們的民族精神、貢獻自己的一份力量、而使我們的家鄉達成解脫殖民統治的神聖的歷史使命。

因此、在各方面人士的建議與支持之下（特別是熱情的年輕的一代）、六年來、筆者不揣簡陋、根據本書日文版的內容與骨幹、重新以漢文撰寫並做相當分量的增訂、才完作這本漢文版的「**台灣人四百年史**」。

借此、必須向讀者進一步說明的是、本書是：

(1) 站在台灣勞苦大衆的立場

(2) 以分析基層構造即社會經濟爲出發點、來觀察台灣社會各階段的形成發展

(3) 根據史實（文獻・傳說・佚聞等）

(4)　相當著重於陳述圍繞台灣社會各時代的國際形勢與時代潮流、以及外來統治者的國內情況及其殖民政策

以這四項來闡述台灣民族的形成及發展過程、也就是說、以這四個項目爲基礎來尋求台灣的民族力量的泉源、並喚醒台灣民族意識、認清我們自己所負的使命。

這漢文版「**台灣人四百年史**」、經由石清正先生及「**蓬島文化公司**」諸位先生的熱烈支援與鼓勵、同時、在資料搜集上、承林光枝・林怡文・林敏・陳雲嘉、及東京研文社總經理堀口安雄諸位先生協助、在此一併表示謝意。

本書文字或有許多生澀難讀之處、請讀者見諒、並在內容上賜教爲荷。

史　明

一九七九年晚秋

東京池袋寓所

漢文二版序

我們台灣人、終生生活於「**台灣史**」之中。這並不是說、我們僅僅存在於歷史的「**時間**」流逝的過程裡。人類、與其他不同的、是具有「**意識**」而行動著的動物。像這樣生存的我們台灣人、在獨特的自然條件與社會條件之下、造成特有的歷史與社會、並且、以特有的「**文化**」創造與繼承、再創造與再繼承的歷史過程傳承下來。

不限於台灣歷史、凡是把這種人類的行動與事跡循規蹈矩、承上傳下、就是「**歷史記述學**」（Historiographie）、概說其「**歷史觀點**」抑或「**歷史理論**」、則是「**歷史解釋學**」（Historiologie）的部類。這樣、研究過去與現在的聯繫及其生成發展的「**歷史學**」、爲了理論的積蓄・發展及進步、對於過去的行動與事跡、必須不斷的加以研習或批判、才能避免成爲固定觀念之俘虜。

然而、在台灣島內、這種「**歷史學**」或「**歷史學說史**」等、不能說沒有、但以我來說、寡聞而不知有多少。不過、爲了研討台灣史、「**歷史學**」是不可或缺的基底學問。因此、藉這「**台灣人四百年史**」漢文版擬以再刊的機會、將以概說具有世界性並有普遍性的「**歷史學**」、而來代爲第二版之序。「**歷史學**」、本來即屬精緻細密並多種多樣的基本理論。

筆者能力菲薄、本篇「**歷史學**」有粗漏之處、請讀者見諒、並賜指正爲荷。

一九九七年盛夏

史　明

於台北寓所

歷史學　目　錄

歷史學

一 「人」是歷史的產物

「人」、都有各人所背負著的歷史。譬如、你何時在何地生長、在那個學校學習、其後有什麼社會經驗等等。從此、就能知道你擁有什麼興趣或嗜好、亦能推測你應該所擁有的思想・性格及生活習慣、或者人生觀・社會觀・世界觀等的哲學傾向。如果能再進一步的知道你的家族狀況或所受教育、也能再詳細的知道你的父母親・兄弟姊妹的生活狀況與思想傾向、或者你所交往的朋友、以及你自己的理想或欲望等等。

如上的事例、恰好證明每個人都是背負著「**歷史**」生存著。就是說、不管你自己喜歡不喜歡、不管你是否有意識、在你一輩子生活裡頭、其時代與環境已把「**歷史**」加在你的身上了。

具體的舉例於台灣來說、台灣社會、過去遭到荷蘭・滿清的外來統治。到了二〇世紀初、即在日本帝國主義統治之下、已進入資本主義化・近代化的歷史過程、隨著台灣民族與台灣民族主義發生、而成爲具有殖民地性的資本主義社會。旋至一九四五年第二次大戰結束、中國國民黨集團佔領台灣、繼而施加中國軍閥與現代法西斯的殖民統治。然而、到了一九八〇年代、因獨裁者蔣介石・蔣經國相繼死亡、原有的特務系統、不能仍舊維持下去、才解除戒嚴、廢除所謂「**叛亂條例**」等法西斯法規。而後、中國國民黨爲了繼續殖民統治台灣、其「**假**」的民主政治從此開始。因此、四百年來、代代的台灣人、都毫無例外的遭到這種歷史過程所造成的政治制度・經濟體制・社會規範・思想意識及生活感情等所統治、所影響、並與這些歷史事件結成一片、而生活於這個殖民地社會台灣。就是說、今日「**台灣人**」也不能例外、完全是台灣社會所造成的「**歷史**」的產物。

二　學習「歷史」

如上所述、「人」都是歷史產物、都生活在「**歷史**」之中、而自然而然的體驗到「**歷史**」。如此說來、似乎是沒有再學習「**歷史**」的必要。

然而、做一個人、若想要把自己或自己的社會合理的・客觀的加以瞭解或認識、就會自覺的想起：「**自己與社會的關係到底是什麼？**」「**我們與社會在何等環境、經過怎樣的歷史過程、而如何的形成起來？**」等問題。

所謂「**歷史學**」、就是要解答這些做人應有的根本問題的學問。學到歷史、同時也能幫助個人或社會提高其自覺性（Self-awaremess）・自立性（Independence）及積極性（Positiveness）、以及「**集團意識**」（A Group Consciousness）。

但是、「**歷史學**」、並非開始就有了如今的方法論與目的性。這不外是從古代發展到今日、累積了人類的許多經驗、並也經過不斷的「**自我改革**」、才成爲今日所能看到的「**歷史學**」。

三　神話・傳承・敘事詩等原始歷史

人類的「**歷史學**」、乃由原始的神話等開始。

在動物的世界、起初都得教給剛生下的小動物採取食物的技巧、走動的方法、和群體中生活互動的方式、來做爲「**保存種**」（Preservation of Species）的基本訓練。

人也同樣、自從生存於地球上的那一天開始、最初要做的也是對新生代的「**保存種**」的教育。

然而、自從人類社會規模愈來愈大、經濟・政治及社會變爲多元化之後、各集團爲了保持內部的團結、以便與其他集團進行鬥爭、一旦有必要便促其成員加強「**集團意識**」（the Kind identity）、其間、集團的首長即以「**神話**」（a myth）・傳承（Ward of mouth tradition）、以及敘事詩（a epicpoem）等、想來教導成員努力於加強集團意識。這就是人類有系統性歷史敘述或歷史教育的最初型態。

例如有下列幾種狀況、一個集團的「**天地創造**」（the Creation）「**建國**」等神話、及給予集團帶來「**榮光**」的英雄事跡、或者具有實現「**神意**」（the Will of God ）的選民意識等、其內容與形式是各種各樣、均具有能喚起成員共同的「**集團意識**」「**使命感**」（a mission）或「**榮譽感**」（a pride）等作用。

這些神話、可說是把某些「**空想**」（a Fantasy）與「**現實**」（a reality）結合而成的歷史架構（Fiction）。但是、無論是事實與否、集團裡的成員一旦聽到、都能有所感動。大家知道、摩西（Moses）的神話、均能使人對其「**十戒**」（Moses' Decalogue）產生畏敬。

四　長期記錄「歷史」

如上的古代神話、大體上都被集團首長或帝王利用爲支配大衆的工具。但是到了後來、這些神話、卻免不了漸與人類所累積的歷史經驗產生距離。

就是說、隨著世代的交替或時代進展、人類社會不斷的累積了許多生活經驗、結果、人們乃開始認識到：「**世界**」的變革並不僅由一個獨裁者或帝王所決定、也不是僅重複著固定且同樣的模式在循環或運行。換言之、人們已發現「**世界**」並不是單走「**神**」所與的軌道而發展、而是依靠「**人**」的不斷努力與複雜的軌跡才能前進與變革。因此、人類乃從「**有史**」以來、即把假像的神話逐漸去掉、代之、使所謂「**古代史**」（ancient history）先記述、然後、才開始長期記錄現實發生的「**事實**」（a fact）。

這種歷史事實的記錄、必須具有下述三個特點、之後具備一定的方法論、則有系統的「**歷史學**」始得以成立。

四　長期記錄「歷史」

(1) **記錄性觀點（record）**

基於「**現實主義**」（realism）或「**實證主義**」（positivism）、記錄了社會事實（social reality）、把人類在長期間累積下來的文化遺產或歷史事例等、從歷史發展的法則上想來認識或保存、就是歷史學的主要目的。另一方面、「**歷史學**」是綜合性的學問、所以必須與經濟學・政治學・社會學・社會心理學・考古學・地質學等諸學問相結合而加以綜合的研究、才能獲得所期的成果。

譬如說、古代中國、在漢武帝之下、太史令司馬遷著作「**史記**」（全一三〇卷）、而創立中國式歷史記述的方法及其特質。在「**史記**」當中、司馬遷從神話時代的五帝（黃帝・顓頊・帝嚳・堯・舜）談起、記述到殷・周・秦・漢的王朝時代。這樣、綿延涉及一千五〇〇年的歷史記錄、這種過程、顯現了中國古代社會發展的軌跡。「**史記**」不只記述古代中國的政治事件、同時也涉及到古代的天文・地理・宗教・倫理・詩歌・音樂、以及治水・經濟等的各種諸制度、廣泛的觀察古代人的社會生活、所以、在歷史學上獲得世人很大的稱讚。

(2) **發展規律觀點（Follow the locus）**

從歷史長期的展望之中、認識社會集團的發展規律及其特質。也就是說、「**歷史學**」是研究人及其社會的發展規律與法則、並繼承歷史經驗與文化遺產的學問。

今日存在於地球上的諸民族、諸國家等社會集團、因其形成發展的自然條件•社會條件、或者其生成的時期•地域•形態•過程等、各個都不可能相同、所以各個集團所具有的歷史•發展規律•規跡及其特質、也不能相同、各有各的歷史發展規律與特質。譬如說：西歐諸國與東洋諸國家所走過的發展規律、就不相同、同樣在西歐社會的英•法•德等國家、各國所經過的歷史規律也不可能完全相同。在東洋社會最爲象徵性的古老國家有中國與印度、這兩大國、從其文明發祥及其後的歷史發展規律都不能相同。對台灣最切身的台灣社會與中國社會來說、其主成員雖然同爲漢人、但從四〇〇年以來、台灣社會開始草創之後、台灣與中國在歷史上•社會上所走過來的歷史發展規律與所形成的社會特質、就大有分別、大不相同了。因此、研討歷史的作業當中、認識各個社會集團的發展規律及其特質、是其極重要的目的之一。

(3)

定位觀點（Placement）

歷史記述、是對探究當時社會各種現象在歷史上社會上所佔地位及其所負任務的記錄。

譬如說：馬克思思想的定位觀點、是把物質生產的下層構造與政治•文化等上層構造、從其相互關係上、來確定各種生產方式與政治勢力之間的相互作用。

凡是人類社會成立以來、勞動大衆是承擔解決有關衣食住等物質的生產活動、而來發展社會生產力、也成爲促使社會高度成長的原動力。但是、到了不平等社會＝階級社會成立之後、在人身支配與經濟剝削之下、終於發生農民鬥爭或階級鬥爭、也推翻了歷來的政治壓力、並爭取能夠回復人權或提高生產力的社會條件。

到了一九世紀、產業革命與民主革命一旦成功、勞動大衆即在人口急速增加、工會或勞動黨成立等歷史變革之下、階級革命或民族革命相繼發生。一九一四年第一次大戰爆發、勞動大衆成爲戰鬥與軍需生產的直接擔負者、旋至大戰末期、再變爲厭戰或反戰的和平戰士、終於爲戰後「**大衆社會**」「**共產主義國家**」等出現做舖路工作。一九四〇年代第二次大戰結束後、勞動大衆進而成爲推進民主政治及殖民地解放或民族獨立的第一線戰士。

以上就是記錄歷史時、應有的三個因素。

五　希臘人的歷史敘述

希臘人雖然熱衷於探求永遠不變的「**眞理**」、但是並不輕視認識眞理時的社會發展、其時間性與歷史性等。柏拉圖（Platon, BC427-347）或亞里斯多德（Aristoteles, BC384-322）的代表著作雖然不是史書、但是他們並不忽略歷史上的探求。如哲學家亞里斯多德、即有「**雅典人的國制**」（Athen on Politia）這樣的歷史著作。

希臘人的歷史意識、在荷馬（Homer）的詩作裡頭也能看到。就是說、希臘人的意識裡、詩與歷史已有密切的關聯性。

在希臘都市國家時代、著名的費盧途托斯（Herodotos、前六世紀）、就是歷史研究的創造者、即「**歷史之父**」。他一方面乃敘述「**神**」的作用、另一方面則廣泛的記錄政治史、以及全世界的民俗・風物・地誌等文化事物。那麼、限定於以記錄政治史爲主的托枯希的斯（Thucydides、前五世紀）、可算是希臘最大的「**歷史家**」。

在希臘都市發展的「**修辭學**」（Rhetorike）、是以寫文學的方式來發展歷史記錄。大修辭學者以蘇格拉底（Isokrates, BC436-338）的學徒、即寫上「**世界史**」（三〇卷、至BC340）的誒波羅斯（Ephoros, BC405-330）、及著作「**世界諸民族年表**」（Chromographiai）的大地誌學者誒拉斯托地涅斯（Erasthotenes, BC275-195）等、爲當時的著名歷史學家。

到了「**希臘化時代**」（Hellenism, BC334-30）、希臘文化傳播於羅馬等世界各地。此時、著名的政治家希科羅（Cicero, BC106-43）有一句名言：「**歷史……、是時代之證人、是眞理之光、是記憶之生命、是人生之師、是後世的使者**」（「關於法」De ius）。「**歷史家應遵守的紀律、第一是不撒謊、第二是不隱蔽事實、不逢迎奉承、不欺僞詐騙、……**」。也就是說、歷史研究必須是：一探求眞理、二文學記錄、三敘述眞實。

六　羅馬人的歷史記錄

羅馬人除了「**法學**」之外、其文化成績（包括歷史敘述在內）、可說均是模倣希臘文化而來。同時、羅馬人在歷史敘述的唯一特點、是記錄「**年代記**」（annmales）的傳統。年代記、是從共和國（前五世紀）開始之際、羅馬政府每在各執政官（consul）交替時、即命令公式記錄重要事件。這種形式、對在前二〇〇年開始的非公式文學性歷史記錄、也給予很大的影響。由於羅馬的歷史家很少保有歷史資料、所以、幾乎是依據口傳或傳說、或者自己的想像來寫歷史。並且、羅馬的歷史也與希臘同樣、都由政治家所記述。

凱撒（Caesar, BC100-44）、是和希科羅同時代的著名人物。他以單純明瞭的文章、留下了「**迦利亞**

戰記」（De Bello Gallia）等著作。其他、在羅馬帝政時期、薩爾斯托烏斯（Sallustius）著「**凱迪利那內亂記**」（De Catilinae Coniuratione　）、留依烏斯（Livius）著「**羅馬史**」（Ab Urbe Condita Libri）、太奎托烏斯（Tacitus）著「**編年史**」（Annales）、斯誒托扭斯（Suetonius）著「**皇帝傳**」（De uita caesarum）等、這些史書都是留給後世這時代的許多歷史事記。

到了羅馬世界末期、這些史書、從古代史而言、由當時的歷史家寫成「**百科事典**」、從日耳曼中世代來說、即成爲古典諸學重要的泉源「**百科事典**」。

七　西歐中世紀基督教的歷史觀

西歐中世紀社會、是基督教・羅馬文化及日耳曼因素融合並發展的結果所成立的。西歐中世紀的知識份子、是繼承了羅馬文化的遺產而繁榮起來。但是、由於基督教的思想硬化與日耳曼人的後進性、卻阻害了羅馬文化的繼續發展、所以、顯出了所謂「**黑暗的中世紀時代**」。在這中世紀、具有能力從事寫作的、主要是「**聖職者**」（a religious vacation）。他們除了基督教之外、在敘述歷史之際、表現出對日常生活的自我見解與批判、從此、後世的人可以知道著者以如何方式繼承先人的歷史觀點或生活方式。

因爲基督教是從永遠的「**神**」及救主＝耶穌開始、耶穌則在特定的「**時間**」特定的「**場所**」來臨俗世、其「**救世**」事業也在歷史之中具體進行、並且當時開始的「**神之國**」、也由救主再臨才能完全實現、所以基督教在本質上、原本就是「**歷史性**」的宗教。

從此、以基督教徒的觀點來看、關於「**歷史**」乃產生了下述的三個問題。一如何瞭解「**時間**」問題？二在時間中所產生的行爲・事件（歷史）對「人」有何意義？三如何測知此事件所實現的神意爲何？的這三個問題。

第一個問題、他們認爲時間是從「**創造**」開始而到「**末世**」終結的一個過程。在這過程之中的特定時點、譬如舊約的事跡或基督誕生等問題是特別重要。第二個問題、認爲救濟史上的重要事件、具有教訓信徒及教化社會的意義。第三個問題、是繼承猶太教思想、他們認爲所發生的特定事件在將來會再另一個事件中予以見證。

基督教史觀的這三個根本特質與想法、在新約聖書之中已能看到。然而、擁有這個史觀的歷史記述要開花結實、還得經過長期的年月和若干階段才有可能。

(1) 誒烏塞逼哦斯的「時代誌」與「教會誌」

誒烏塞逼哦斯（Eusebios, 五世紀的教父）、就是記錄上述「**過程**」的第一人。

隨著「**使徒**」（an apostle）時代結束、教會乃對信徒要求：一保證基督在行爲上的眞實性、即把各種行爲或事件在歷史過程中加以正確的定位、二努力於傳說殉教者事蹟、三對異教徒的護教行爲做有系統的研究。

爲了達到這三種要求、誒烏塞逼哦斯首先著作「**時代誌**」、繼之寫了「**教會史**」（一〇卷）、而來整理從基督誕生到四世紀初的教會史。他說、歷史家的使命是在種種事件之中找出「**神之手**」。但是、其識別「**神之手**」的基準是、要區別事件由神發生或由惡魔發生、要區別人或事件的正或邪、才能下正確的判斷。所以、他認爲君士坦丁大帝（Constantinus, Flavius Valeriusa, 280-337）是神爲了戰勝蠻族及惡魔、由神所派遣的人。

他的史觀到後來、因爲其敘述方式單純明瞭、被當做教會資料而廣泛的受到歡迎。

(2)　**奧古斯汀涅斯與哦羅希烏斯完成歷史神學**

在五世紀完成了「**歷史神學**」、就是奧古斯汀涅斯（Augustinus, 344-430、中世紀神學大思想家）的「**神國論**」（De Critate Dei, 413-426）。這本書具有欲把人類史以基督教原理加以定位的「**歷史神學**」的意圖。因此、著者認爲歷史的整個過程、是以「**神之國**」和「**地上國**」所表現的善和惡的對立抗爭所形成的過程。

他主張人必須去掉「**侮辱神的自我愛**」、並培養「**輕視自己的對神的愛**」。這樣、兩者的鬥爭必須到末世時「**神之國**」獲得最終勝利才能有結論。

如此、奧古斯汀涅斯認爲各事件或行爲、都是由人的自由意志可以決定。但是、這些事在最終的末日都得由神來決定。後來、爲了增補奧古斯汀涅斯的「**神國論**」、他的學徒哦羅希烏斯（Orosius）所著的就是「**反駁異教徒的歷史**」（Adversus paganos historiaram libri septem, 416-418）。

八　日耳曼的歷史觀

原住在北歐斯堪地那維亞半島及北德意志一帶的日耳曼人（German）、在四世紀開始侵入羅馬、給予羅馬基督教徒很大的衝擊、於是日耳曼部族的時代史相繼出現。耶爾打尼斯（Jordanis）的「**戈托史**」（Historie Gotharum）、卑打（Beda）的「**英國民族教會史**」等就是很好例子。這些史書並不屬於所謂「**世界年代記**」。這些不是記述日耳曼人的奇怪的習慣或傳承、就是非難其野蠻性而已。到了六世紀、法蘭克族（Frank、日耳曼人的一系列）、乃在迦利亞（Gallia）地方建立了隱固的王國。羅馬聖職者葛里哥利烏斯（Gregorius, 538-594）就在此時、寫了「**法蘭克史**」（Historia Francorum, 591、一〇卷）。

(1) **葛里可利烏斯的「法蘭克史」**

法蘭克史這本書、是在中世紀初期書寫的優良的世界年代記。這是從創世紀開始敘述、並試用聖書的素材展望世界的歷史。繼之、他記述迦利亞教會的起源的歷史、所以具有法蘭克教會史性質的史書。並且、這在全篇都以著者的「**信仰告白**」（a confession of faith）所貫串、所以被時人稱爲是教會史。但是、這本書不僅是法蘭克教會史、其敘述包含著豐富的世界史資料、也具有天主教逐漸滲透於日耳曼人世界的資料。所以爲了研究法蘭克王國的政治・社會等是不可缺欠的一部重要文獻。

(2) **卑打的「英國民族教會史」**

葛里可利烏斯死後（594）、在英格蘭出現一個「**教會史家**」、就是在修道院的聖職者卑打（Badda, 672-735）。當他寫的「**英國民族教會史**」（Historia ecclesiastioa gentis Anglorum, 731）之際、在其卷頭就具體的明示著寫作的動機和運用資料的方式。卑打是在當時西方基督教世界最高的學者。這本書是在中世紀初期的英國史及教會史之中最爲重要的文獻。當時、卑打所居住的Northernpla（地名）、雖被羅馬人或迦利亞人（北法地方）認爲是世界偏僻地方、但在文化或宗教卻和羅馬地中海文化直接聯繫。

卑打在其著作的卷頭、先就不列顚島（Britian）的地誌敘述。繼之、卻一下子跳到凱撒（Caesar,

BC102-44、羅馬將軍・政治家）時代、而敘述他遠征不列顛島的故事。他從葛里可利烏斯等許多基督教歷史家繼承古代的歷史記錄的方法。但是、他在另一方面、對於時代的潮流及其發展、以及他自己的使命、也表現獨特的記述。譬如、葛里可利烏斯盡量提起世俗事件、但他卻把其當做是和「**神意**」直接關聯的事。

原來、卑打第一關心的、是基督教問題。所以他一貫從基督教的觀點寫了當時的「**時代史**」。卑打的歷史敘述、是基於古代傳統的方式記載。但是、他在英格蘭也很大的受到愛蘭聖職者的影響。羅馬衰退後、愛蘭的聖職者即努力於英格蘭人的佈教活動。因此、事關基督教文化、卑打時代、與其說中世紀文化、勿寧說是靠近古代末期的文化。因爲這樣、以卑打的著作爲終點、在英格蘭的「**古代**」歷史敘述終趨衰亡。

在日耳曼世界的中世紀、還有阿陰好爾托（Einhardus）著的「**卡爾大帝**」（Karl V）、「**盎格魯薩克森年代記**」（Anglosaton Chronicle, 891、著作不明）、畏托金托（Widukind）著「**薩克森人言行錄**」（Rerum gestarum Satonicaelibri 1767）。

九　文藝復興時期的歷史批判

西歐的文藝復興（中世紀末期開始）、在繪畫・彫刻・文學・建築・科學等廣泛的領域做了劃時代且具革命性的發展。並在「**歷史學**」方面、也有了新時代的大變革。原來、所謂「**近代**」的時代區分、不外是文藝復興文化運動的產物。文藝復興時代的知識份子、把和從前的時代文化不同的文化典型、想在基督教時代（中世紀時代）以前的「**古代社會**」尋找、並以古代文化的「**再生**」（rebirth）的方式、企圖創造新文化。這個「**新創造**」就是「**近代**」（modern）的誕生。

那麼、什麼叫做「**歷史意識**」的「**新創造**」？藉此、在文藝復興的代表史家、即在義大利的人文主義者巴拉、荷蘭人文主義者伊拉斯默斯、及文藝復興的代表人物馬奎亞杯里等著作上、可能略看出其思想傾向。

巴拉（Valla, 1406-53）、是當時著名的修辭學者。他在文藝復興初期、對於歷史學發展有了很大貢獻。他在聖書解釋的範圍內把文章脈絡、及歷史記述的前後關係做爲歷史研究的對象、企圖把不同時代的不同性格、以不同感性（anachronism）加以瞭解。

伊拉斯默斯（Erasmus, 1466-1536）是古典學者。他受了巴拉不少影響、之後、和巴拉一起主張「**回歸泉源**」（redite ad fonttes）、主張回歸古典。但是他的古典研究、只有把結合世俗文學中的信仰的部份、做爲把基督教傳教福音於個人或社會而已。其實、他在「**新約聖書注解**」書中、主要的希望、是把受到歷史精神所承諾的資料、以歐里科尼斯（Origenes, 185-254、基督教教父、但後來被指責是異端者）的方法來理解。

原來、伊拉斯默斯是想把「**舊約精神**」教會排除、並以「**新約精神**」取代的教會改革論者。

一〇　馬奎亞杯里的「近代史觀」

如上所述、從佩脫拉爾凱（Petrarca, 1304-1374、義大利詩人）到伊拉斯默斯的羅馬人文主義者、都相信古代羅馬人的歷史涵養對於現代（當時）很有益處。

但是、到了文藝復興末期（一六世紀初）、斐冷翠（Firenze）的馬奎亞杯里（Machiavelli, 1469-1527）相反的、認爲古代研究對「**現在**」是沒有絲毫的好處。他認爲現在有用的歷史研究、必須是以更爲理論的・更爲合理的方法來記錄才對。所以、他在其歷史作品「**李維斯**（Livus, BC59-17、羅馬史家）**論考**」、是使用古典注解的一般手法、但在實際上、他卻想從古代史抽出對斐冷翠回復自由（當時遭外敵侵略）有用的「**一般法則**」。他覺得政治人物都是屬於「**利己**」的自然勢力、所以從此可以發現現實政治的一般法則。他也覺得「**命運**」固然存在、但是若能獲得恰當的政治一般法則、就能克服了這「**命運**」的偶發性和外界條件。

原來、自馬奎亞杯里生活著的一六世紀、人們開始放棄只服從「**神**」「**權威**」等舊觀念、代而以「**變革**」現狀（the statas quo）爲判斷現實的意識準繩。這就是人類史上的「**近代**」的開始。

馬奎亞杯里、是在這變革時期的傑出的「**近代**」歷史學和政治學的始祖。他寫了著名的「**帝王論**」（II Principe, 1513）之外、也著作「**羅馬史論**」與「**斐冷翠史**」。他在這些著作之中、覺得這次的歷史敘述方法、和從來的敘述方法完全不同。他在「**羅馬史**」的開始說著：「**我大膽的企圖將要從此開拓前人未踏之路**」。他所謂「**前人未踏之路**」、第一是不被道德或宗教等特定的價值觀所縛、想把事物從現實接觸的「**現實主義**」（realism）做起。這和把人類史當做是從「**原罪**」救濟的基督教史觀完全不同。第二是教訓主義、這是以從歷史經驗找出對現在有用的教訓。但是、馬奎亞杯里要教的是帝王、而不是國民。在他的史象、國民是沒有出場的機會。他曾企圖在「**王權**」（royal authority）之下、創立統一並獨立的「**義大利民族國家**」（the national state）。他說：「**命運對人有一半的裁定權、但是、只要人的自由意志不被毀滅、所剩餘的一半、……就是屬於人自己的裁量權**」。這句話、乃是史上頭一次肯定人的「**主體性**」（autonomy）與「**變革能力**」（reform abiliby）的宣言。在此時期義大利恰遭外來勢力的侵略。並且、國內各勢力均與外來侵略者相勾結而相互鬥爭。於是、馬奎亞杯里乃公言：「**我們聞得野蠻人支配所放出的惡臭、已達不可忍耐的限度**」、並表示要把這個現狀打破才是焦眉之急。他最先企圖變革歷來被認爲是「**神**」「**命運**」所賦與的政治狀況。

他認爲「**人**」若能預知未來的「**可能性**」（Possibility）、再能把其可能性在行動上具體化、就能變革客觀形勢、而成爲「**歷史**」的創造者。

從這擁有創造歷史的觀點看來、過去的歷史事例、乃是充滿著經驗教訓的寶藏。馬奎亞杯里爲了打破既成的舊觀念、並爲了從上而下的實現民族統一、經由古代的希臘與羅馬學得的歷史教訓、寫了一本強而有力促使帝王勢力強大的參考書、就是「**帝王論**」。

他原來是忠實的「**人文主義者**」（人道主義者、a humanist）。據說他喜歡穿古代羅馬貴族的衣服、經常閱讀古典書籍。但是、他並不是想要復元（reappearance）古代社會。他所企圖的是要把義大利統一爲史上最先的「**近代民族國家**」。爲了實現他的這個願望、他才主張實施「**徵兵制**」（enlistment）、同時、擬以利用宗教的權威或各種統治技巧、而來把權力集中於帝王掌中、最後達成民族統一。從此、可以看出馬奎亞杯里是從「**現實**」（reality）出發、並擁有想把歷史往前推進一步的這種近代革命思想的偉大氣魄。

其後、「**帝王論**」卻成爲世界上的獨裁者所珍惜的藍本、權謀計略的聖典。然而、這點與這本書原來在歷史學上所佔地位及其基本觀點、是根本無關。不過、他想要教導的是帝王與專制者、而不是廣大的民衆。他對於民衆、卻仍是要求對於專制帝王的順從而已。這點、無非是馬奎杯里的歷史觀點擁有不可克服的時代性限制。

一一 啓蒙主義的「歷史學」

在一六世紀末葉的馬奎亞杯里時代、義大利的文藝復興已進入停滯時期、所以、文藝復興思想是由荷蘭・英國・法國等西歐諸國繼承。例如：英國的摩爾（Thomas More, 1478-1535、著「烏托邦」Utopia, 1516）・莎士比亞（Shakespearie, 1564 -1616）・培根（Bacon, 1561-1626）、法國的蒙地尼烏（Momtaigne, 1533-92）・康多塞（Conderct, 1734-94）等。他們被稱爲「**人文主義者**」（人道主義者）、且繼承了文藝復興時期的人文主義、而對當時的宗教・政治加以批判。

他們是有和馬奎亞杯里同樣的教訓主義（the teachings）歷史觀。但是到了一七世紀、英國・法國的思想家、雖然繼續批判王朝專制、同時對於帝王已沒有任何期望。他們所期望的、已是只有革命性的勞苦大衆。在這種時代背景之下、爲了大衆進步成長的「**啓蒙**」（illumination）思想才產生。

(1) 孟德斯鳩的「啓蒙主義進步史觀」

法國啓蒙歷史學的最初著作、可說是孟德斯鳩著「**羅馬人盛衰原因論**」（Considēration sur les causes de la grandeur et dela dēcadence des Romans, 1734）。這本書如其標點所示、是分析著羅馬爲何繁榮？爲何衰亡等問題。據他說、羅馬的衰亡並不是各個政治家的野心或行政疏怠所致、而是「**客觀情況的必然情結**」。孟德斯鳩卻不像馬奎亞杯里那樣相信有「**命運**」的存在。他說：「**支配世界絶不是命運**」。他認爲事物的變革必有一定的原因、把這一般原因明確化、才是「**歷史**」的眞正目的。就是說、歷史家必須在一般的「**因果關係**」（the relation of cause and effect）之中、找出歷史發展的規律、並且在歷史過程中定位「**現在**」的時點、同時也再預測「**將來**」所應有的使命。

在孟德斯鳩的歷史觀、已無讚美「**古代**」、也沒有「**復活**」思想。有的只是啓蒙新思想、並實現新思想而已。這種觀點、就是法國啓蒙時期的「**進步史觀**」的特質。

(2) **康多塞的「進步史觀」**

法國啓蒙主義進步史觀另一個的代表人物、就是康多塞（Conderct, 1734-94、哲學家・數學家）。他是一八世紀啓蒙思想家唯一參加「**大革命**」。他在大革命時代的亡命中、寫了「**人的精神進步的歷史素描**」（1795刊）。然而、在一七九四年他卻被捕、自殺於獄中。

在其著作的序文中、康多塞說：「（此書）、將會明示：自然對人的能力是完成沒有設定任何界限。人的完成是無限制的。爲完成人的能力所做的進步、是和想要阻害這種進步權力完全無關。只要生育我們的地球存在、自然不會給予我們任何限制。當然、這種進步有時速度快速、有時遲緩、但是、這些進步絕不會逆行倒退」。

康多塞、直到了臨死期的那一瞬間仍確信：學問和知識的進步帶來「**眞理・幸福及道德的結合**」。

(3) **亞當史密斯的「生產力發展史觀」**

英國的啓蒙思想、是在後進地區的蘇格蘭開始。蘇格蘭人爲了趕上先進地區的英格蘭、一貫熱衷於追求進步的社會史觀。但是、他們的所謂「**進步**」、是追求社會經濟面的發展。把這個社會發展儘早定形化、就是亞當史密斯（Adam Smith, 1721-1790、資本主義古典經濟學的始祖）。

亞當史密斯、把私有制發生以前、從狩獵社會進入牧畜社會・農耕社會・商工業社會的歷史發展、和政府＝國家成立・帝王制到共和制的政治形體變革相關聯、在其著作「**國富論**」（the Wealth of Nations, 1776）中、公式化狩獵・牧畜・農業・商業的「**社會生產力發展四階段**」。但是、這種「**發展階段說**」、其後在英國卻沒有被繼承。因爲一九世紀的英國、已達成生產力世界第一的水準、所以、英國人、已沒有回顧過去生產力發展各階段的必要性。就是說、英國人已喪失了回顧過去的歷史感覺。他們在物質繁榮之中、亞當史密斯雖然指摘：「**分工**」（division of labour）的發達給予人格形成（character building）惡劣的影響、即指摘生產力發展的「**黑暗面**」、但是、一般人都不把它當作重要事。這個「**發展階段說**」受到接納的、還是在一九世紀後進國的德意志人。

一二　「近代史」上的社會變革

自一七世紀至一九世紀的人類「**近代化**」時代、西歐社會傳統的「**歷史觀**」開始沒落。

(1) 資本主義・近代民族・近代國家三足鼎立

在西歐社會、以義大利斐冷翠（Firenz）開始的「**文藝復興**」（Rinasuimento）爲思想背景、並以「**社會近代化**」（Social modernization）爲時代背景、從一六世紀產生了「**資本主義**」生產制。並且、西歐社會傳統的「**封建制**」開始崩潰、再以資本主義爲物質基礎、「**近代民族**」（modern nation）及「**近代國家**」（modern nation）應運而生。由於資本主義生產方式、已不是封建制度下的自給自足生產、而是在「**市場**」換取貨幣來致富（獲得利潤）的「**商品**」生產、且是商品的「**大**

量生產」（mass produce）、所以、新興的資本家階級、爲了大量商品在各地能順利暢銷、便與被剝削的廣大農奴大衆相結合、打破細分爲小地區（種族性領主集團）的封建體制、這就是從西歐社會開始的所謂「**民主主義革命**」（democratic revolution）。

這樣、陝隘的封建社會被打破、代爲出現的就是廣大的近代民族和近代國家。這種新民族與新國家、資本主義最早發達的英國、即在一七世紀就見到成立。繼之、在一八世紀、具有「**自由放任思想**」（Laissez Faire）的法國、遭到先進國英國的政治壓迫和商品滲透、其「**舊體制**」（Ancien Regime）暴露其危機與無力之後、才激起「**法國民族意識**」的高揚、而使民族成立與國家統一。一九世紀、後進的德意志人、再遭先進國家英・法兩國的政治壓迫與經濟侵略、同時受到「**法國革命**」所衝擊、當時的知識份子康德（Kant, 1724-1804）・費希德（Fichte, 1762-1814）等引起激列反應。尤其是費希德、在看到柏林遭法軍佔領之際、發表「**告德意志國民**」（Reden an die Deutache Nation, 1808）、爲德意志民族產生做了鋪路作用。在亞洲、是由日本人最早接受西洋的「**民族概念**」、一九世紀終於成立「**大和民族**」、最早實現資本主義化與近代化、成功的進行「**明治維新**」、而成爲亞洲第一個近代民族國家。

(2)

「產業革命」

自一八世紀開始、英國首先進行「**產業革命**」、加上一五世紀以來的地理發現、殖民地擴張、世界貿易擴大等近代史上的新事件相繼發生、導致世界地理及文化人類學（Cultural anthropology）等新學問陸續發達、以致改變了舊有的人類史象。

(3)
「市民革命」（民主革命）

以「**法國革命**」（La Rivolution Francaise）爲首、西歐各地爆發「**市民革命**」（Civil revolution）。隨著、新興資本家階級與勞動大衆（農民・工人・手工業者）、均起而要求參與「**國政**」的權利（國民權利）。

(4)
「自然科學發達」

自然科學發達、人對自然和生物「**進化**」（evolution）的知識空前提高。譬如：在一七世紀發現的「**萬有引力法則**」（the law of gravitasion, 1665——牛頓 Newtom 發現）、這再與「**天文學**」（astronomy）相結合、而產生了「**太陽系**」（the Solar System）的宇宙學說（Space Science）。同樣、動物學（zoology）・植物學（botany）・人類學（anthropology）・考古學（archaeology）・地質學（geology）等自然科學茁壯發達、並透過這些科學的發達、新的「**自然象**」逐漸取代了「**天地創造**」的神話、結果、宇宙・生物・人類等自然現象、被認爲不是由「**神的意志**」變革、而是隨著「**自然法則**」的運行而變革。

這種自然觀點與歷史觀點的變化、導致「**人類史**」成爲人的整個思考的對象。此時、法國啓蒙思想（Philosophie de la lumiēre）發達起來。

一三　伏爾泰與休謨的啓蒙主義文化史

伏爾泰（Uoltaire, 1694-1778、法國啓蒙思想家）、是擁有比任何人都強烈反對孟德斯鳩（Montesquieu,

1685-1735、法國啓蒙思想家）的思想方法。他不以國家或政治爲敘述歷史的對象、而是以「**文化**」爲對象。他把人性、跟外部勢力（風土・政治機構・宗教等）對立所產生的習俗、時代精神及民族精神等、認爲是從野蠻到理性的進步過程。

他的歷史敘述、雖然是屬於文明史・文化史的部類、但是、因爲他偏要敘述現代改革的啓蒙文化、結果、卻愈來愈遠離於古代史。

伏爾泰、覺得過去的歷史敘述過於陳舊、並做無批判的肯定神話與傳承、謊言過多、過於偏向軍事和政治的敘述、所以、他乃相反的盡力於敘述文明史・文化史、進而展開哲學史或歷史哲學。他的歷史哲學、一方面否定傳統的基督教救濟史觀、另一方面乃批判猶太民族發達的神話的歷史記述。

他寫了「**諸民族的習俗與精神試論**」（Essai sur les nceurs et l'esprit des nations,1756）、提起有關中國・蒙古・波士・印度・日本等東方諸民族的習俗和宗教、並把猶太人稱爲文化野蠻人。他乃以啓蒙合理主義（enlightened rationalism）、做爲判斷善惡的尺度。

在另一方面、孟德斯鳩、雖然和伏爾泰同樣是合理主義的啓蒙主義者、但是、他也承認「**非合理的實用性**」「**理性的界限**」、尤其更堅定的承認「**多種文化的相對價值**」、所以、孟德斯鳩終於成爲較精深的歷史家。

吉明（Gibbon, 1737-94、英國古代史家）、是比孟德斯鳩更爲反對基督教的合理主義者、同時也更爲熱衷於歷史研究。他寫了傑出的「**羅馬帝國衰亡史**」（The Decline and Fall of the Roman Empire, 1776-87、六卷）。

休謨（Hume, 1711-1776）、是一八世紀主張英國自由主義經濟的代表性思想家。他極力批判英國傳統的「**重商主義**」（mercantilism）、開闢了「**資本主義古典經濟學**」發達的道路。所以、與他素有親交的亞當史密斯、乃在休謨臨終時、爲他寫了悼文、表示深厚的敬意、休謨的自由主義經濟思想、是以其主著「**人性論**」（A Treatise of Human Nature, 1754-61）、與「**英格蘭史**」（History of England, 1754）爲其哲學基礎。

休謨把這啓蒙主義的「**人性觀**」與「**歷史觀**」相結合、著作「**市民國家**」（Political Discourses, 1752）、而來分析「**近代資本家社會**」的經濟構造、他說、人類是經過自然過程、予先發展農業生產力、再把農業與工業分離、才從「**未開社會**」脫出、而形成了「**近代社會**」。這個生產力的發展、客觀上可說是基於勞動・技術及商業等、但是在主觀上、卻是「**人**」的利得欲望或享受欲望、才是其生產力發達的基本動力。所以、當「**社會**」達到一定階段時、這主客兩條件相互影響之下、市民的幸福與國家權力、才能一致而發達運行。

一四　黑爾達的合理主義與浪漫主義

黑爾達（Herder, 1744-1803、德國哲學家）、對於伏爾泰的合理主義進步論持反對態度、並注目民族精神及其內在生成力、同時對於人類史進行哲學思考、也就是浪漫主義運動（romanticism movement）先驅。他被認爲是「**歷史主義**」歷史感覺派（historische empfindung schule）的開拓者。

他也不例外的受到啓蒙思想・自然哲學等時代思潮所影響、所以、認爲諸民族是以各個的使命和特性而興亡、但其全部過程是由「**神**」（自然）所決定。

麥薩（Möser, 1720-94、德國歷史家）、也是和伏爾泰的合理性人類史對立著。他從鄉村與農民生活出發、企圖瞭解德意志史。他認爲人由靈魂的直觀力（intuition）能感到其「**多樣性**」（variety）和「**內**

面性」（interior）、「**地方理性**」（local reason）所決定並根據「**自然**」（各個的時代和場所）所必要的多樣性、就是他的「**歷史論理**」。他發現了古代和現代的「**連續關係**」、所以他避免機械的區分時代、並把「**時代**」當做敘事詩的內容加以分類。他說：「**世上一切事物都有相對的美觀、且很偉大**」。「**人類史哲學之構想**」（Ideen Zur Philsophie der Geschichte der Menschheit, 1784-91）、是黑爾達的名著。

如此、黑爾達和麥薩、都是把啓蒙時代關連世界史的開拓者。

一五　盧梭的「人不平等起源論」

早期啓蒙主義的盧梭（Rousseau, 1712-78、法國哲學家）說：人類的原始時代是未曾有過人抑壓人、人剝削人的制度、把這個狀態稱爲「**自然狀態**」。他又說：從「**自然狀態**」走出的人類社會、由於變成擁有財產私有制及支配階級以權力從事統治與剝削的結果、人類逐漸轉化爲以「**不平等**」爲基軸的階級社會。盧梭乃再進一步的發現著在階級社會促使「**歷史**」變動的要因、不外是富者與貧者、強者與弱者、以及主人與奴隸之間的階級鬥爭。並且、在階級社會、爲了階級的支配與剝削、乃成立固有的政治制度、官僚組織、及市民間的差別制度。這些階級間所引起的矛盾對立、終於產生了「**專制政治**」。這就是所謂「**不平等的極點**」。

盧梭在另一方面、再論述隨著階級支配、人、在精神與情感亦被毀壞、成爲與「**自然狀態**」格格不入的情況。盧梭在這點、確實指出各個人的思想或感情、最終由「**社會**」所規範、並隨著社會的變化而變化其歷史觀點。因此、舊有的「**神學**」（theology）與「**倫理學**」（ethics）的基本觀點、即「**人是由神所創造**」的固定觀念被否定、現實主義的「**經驗科學**」（empirical science）、代而支配人的知性或感性。這樣、歷史變革若不依靠神的力量而是依賴於人力、人們就不得不擁有對歷史的認知、因爲人要依靠人的力量就必須知道過去的歷史經驗。

譬如說：人是否知道專制政治如何發生？人類能否選擇專制以外的政治形態？民衆能否打倒專制政治而樹立民主體制？爲要解答這些問題、除了復元人類進化的全盤經驗之外、並無其他方法可循。盧梭的這種「**史觀**」、給予「**法國大革命**」及其後繼的各國市民革命、無上的自信心與積極性。

一六　一九世紀的「歷史主義」

一九世紀的西歐社會、被稱爲是「**歷史主義**」（historicism）的盛時、或者「**歷史的世紀**」。其原因有三、即：一是爲了認識歷史上的「**事實**」而歷史批判發達、二是出現許多能感動人心的歷史文獻、三是蒐集歷史資料的技術發達。

在這種情況之下、著名的德國歷史學派歷史學者蘭克（Ranke, 1795-1886）出現。並且、他在開闢「**歷史主義**」的新紀元之際、普魯士王國的政治家史坦因（Stein, 1755-1831）、發行「Monumenta Germaneae Historica」（中世紀史料的集大成、1826-、五部）。這是蒐集長期埋沒於各地的中世紀歷史資料、並加以嚴密的校訂之後刊行的劃時代大作。

在法國、一八三〇年革命之後、由奇柔（Guizot, 1786-1874、法國著名政治家・歷史家）、結集當時的歷史學代表人物、設立「**法國歷史學協會**」、並發刊舊年代記與古代記錄。但這在一九世紀西歐世界的「**歷史學**」、產生了史上未有的研究成果。

在「**近代史**」方面、蘭克著作「**羅馬的、日耳曼的諸民族史**」（1824）・「**近代歷史家批判**」（1824）・

「**三〇年代的斷片**」（1824）・「**宗教改革期的德意志史**」（1839-47）等。規偕哺勒禾托（Giesebrecht, 1814-89、德國歷史家）的「**德意志皇帝時代史**」、也受到熱烈歡迎。蘭克的「**德意志史**」、是以「**宗教改革**」以後的德意志人之宗教意識和國民意識爲主題、所以廣泛受到德意志人的愛讀。然而、蘭克並不是偏狹的民族主義者、而是虔誠的新教徒、同時、對天主教及羅馬教會也保持和平態度。

如此、在一九世紀的這些歷史文獻成爲各國最大的關心事並非是偶然。這從法國來說、是關聯到法國革命、從德國來說、是和帝國統一有密切關係。例如：米修雷（Michelet, 1798-1874、法國史家）的「**法國革命史**」（1847-53）、拉馬丁（Lamartine, 1790-1869、法國詩人・政治家）的「**革命史**」、托圭維爾（Tocqueville,1805-1859、法國政治學者）的「**法國舊體制**（Ancien Regime）**之革命**」「**美國之民主政治**」（1835-40）、米修雷（Michelet, 1798-1874、法國史家）的「**法國革命史**」、提努（Taine, 1828-93、法國哲學者）的「**近代法國之起源**」（1875-94）等、都是「**歷史主義**」時代的名著。但是、不管這些著作是否有其「**時代性**」、在當時的法國知識份子卻以傳統精神的道德主義和實證主義來閱讀這些刊物。

德國、在一九世紀的歷史觀、有著兩個不同的傾向。一是爲了克服德國經濟的後進性、並達成足以能和英・法兩國比擬生產力水準來認識歷史。二是否定以生產力的高低來決定先進或後進、藉以強調德國文化的獨自性（originality）。這種思想、主要是由德國歷史家展開。他們把前者稱爲「**德國歷史學派經濟學**」、後者爲「**歷史主義**」。

歷史學派經濟學泰斗李斯特（List, 1789-1846）、即站在當時尚未充分成長的德國產業資本家立場、反對暈卡（Junker、德意志特權地主階層）與貿易商人所主張的「**自由貿易**」。他極力主張保護政策。他乃以「**政治經濟學的國民體系**」（1841）爲理論基礎的著作、主張未開・牧畜・農業及農工商業等五個階段的所謂「**發展階段說**」。據他說、英國已進入第五階段、但德國尚停於第四階段。德國爲了進到第五階段、必須加以「**產業保護政策**」。除了李斯特之外、德國還有哈爾托部蘭托勒（Hildebrand, 1881-?、德國歷史學派經濟學者）‧史末勒（Schmoller, 1838-1917、德國歷史學派經濟學者）‧彪嘌亞（Bücher, 1847-1930、德國歷史學派經濟學者）等陸續出現。但他們後來卻被批判爲「**歷史實用主義者**」（以歷史爲服務政策目的的工具）。

一七　蘭克之「羅馬的日耳曼的諸民族史」

歷史主義始祖蘭克（Ranke）的思想來源、不外是一八世紀浪漫主義（romanticism）。浪漫主義是比起理性較重視感性、其對象與其說「**普遍性**」（universality）、勿寧說重視各各的「**個性**」（individuality）。這在歷史認識上、是強調「**民族主義**」。並且、蘭克的「**史觀**」的基底是「**德國民族主義**」。他說：「**德國民族存在於我們的內面、我們、不管喜歡與否、無論住在那個國家或那個地區、始終是表現著德國民族主義。**……**我們不可能脫離德國、**……**我們所呼吸的精神空氣、始終是優先於憲法**……」（「政治問題」1836）。

蘭克（當時二九歲）乃在處女作品「**羅馬的日耳曼的諸民族史**」（Geschichte de ramanischen und germanischen Völker von 1494 bis 1514, 1824）、描寫了一五世紀末到一六世紀的拉丁系及日耳曼系諸民族的發展和軍事上政治上的對立、企圖在這裡找到西歐共通的特性、也企圖探討其「**眞相**」和「**歷史個性**」。

蘭克再著「**近代歷史家批判**」（Zur Kritik neuerer Geschichtsschreiber, 1824）、進入批判歷史學的新時代。他在這本書裡、以其證言和事件之間的時間‧場所、來判斷其憑信性。

蘭克把他對歷史認識方法最明確表示的著作、就是「**近代史諸時代**」第一講、「**如何理解歷史上的**

〝進步概念〞？」。所謂「**歷史上的進步**」、他認爲是「**人類指向一定的目的前進**」的意思。但是蘭克說：這種想法、在哲學上無法成立、在歷史上也無法證實。在哲學上不能成立的事物（人類史的目的）、若從人之外界（神或命運）抽出、就必然會否定人的自由、並把人造成「**沒有意志的工具**」。另一方面、人類史的目的若是潛藏於人的內面、這又是把人造爲「**神**」。不過、蘭克倒也肯定了物質生活的「**進步**」。但仍然否定人在精神方面進步。他說重要的是各個的「**獨自性**」（individuality）、而不是「**歷史上的進步**」。所以、歷史家的任務、並不是以某些絕對的價值理念來看歷史、而是在一定的時代、探究人是怎樣思索、怎樣生活而來找出其時代固有的理念。

蘭克再主張「**把過去的各各時代、自自然然的知道其存在**」、才是歷史家的任務。這種想法對於他在「**實證的歷史學**」成立之際、給予很大的影響。把「**近代歷史學**」的特性倘若認爲是「**實證性**」（Positivismus）、這可以說是由所謂「**蘭克史學**」的一九世紀「**德國歷史主義**」所創立的。這種想法必須要有嚴密的史料批判、及資料的發掘和發行。這點德國是比任何國家都優先的做著上述的「Monument a Germane Historica」（德國中世紀的史料集）、這就是最好的例子。

然而、當蘭克重視歷史的個性、企圖在人類史上找到無限的多樣性之際、可不可能了解世界史的整體？把這個問題在「**方法論**」上拿出答案的、就是韋伯（Max Weber, 1864-1920、德國著名的社會學者）。蘭克始終沒有擁有像韋伯這樣的認識歷史的方法論。

蘭克雖然強調著「**無限的多樣性**」（grenzenlos mannigfaltig）、但是在他這麼龐大的歷史敘述之中、如「**羅馬教皇史**」（三卷、1834-39）・「**英國史**」（七卷、1859-68）・「**世界**」（一六卷、1881-88）・「**法國史**」（五卷、1852-61）等著作之中、無法找出一定的價值理念。

總言之、蘭克的「**歷史主義**」、因否定特定的價值理念、才陷於「**相對主義**」（Relativismus）的陷阱。尼采（Nietzsche, 1844-1900、德國著名哲學家）、把這說成：「**腐蝕生命的歷史主義之病**」（historische pragmatismus）。上述的經濟學上的歷史主義被批判爲「**歷史實用主義**」（historische positivismus）、相反的、在歷史學上的「**歷史實證主義**」、則被非難爲陷於「**逃避現實**」或「**機會主義**」。然而、把「**歷史主義**」的價值判斷與歷史認識的問題、和「**方法論**」、給予理論上的解析是韋伯。

一八　黑格爾的「辯證法史觀」

當李斯特（List）企圖追上英國資本主義、蘭克（Ranke）否認歷史上的普遍性而重視時代和民族的個性之際、黑格爾則想以日耳曼性格來超過盎格魯薩克森的優越性。

黑格爾（Hegel, 1770-1831）當一八歲時、聽到「**法國革命**」爆發、他乃興奮得徹夜不眠。但是法國革命（市民革命）所實現的「**市民社會**」、卻不與黑格爾所理想的社會相符合、反而被他認爲這不外是由分工・競爭・階級鬥爭所帶來的只是想獨佔的「**欲望之體制**」（werden system）。同時、黑格爾也體驗到只有在這個「**欲望之體系**」裡頭、才能有超越欲望本身的可能性。原來、黑格爾所理想的社會、乃是「**全體**」（Gesamt）和「**個體**」（Endividulles）能一致的社會。他說：亞細亞社會是「**個體**」埋沒於「**全體**」、所以缺乏「**自由**」（「亞細亞的專制」）。然而、市民社會雖然擁有自由、但如上述的是競爭和分裂的社會、而缺乏全體性「**調和**」（mischen）。不過、他認爲市民社會內面擁有「**合作**」（co-operation kooderation）和「**相互作用**」（wechselwirkung）、所以也有隱藏著調和的「**可能性**」（Möglicykeit）。把這個可能性「**現實化**」就是「**國家**」的使命。這就是黑格爾「**辯證法**」（Dialektik）的「**社會觀**」「**歷史觀**」。

一九　馬克思的「史的唯物論」

一九世紀、隨著市民革命與產業革命成熟發展、在歐洲社會、想把盧梭的「**人類發展史觀**」更加法則化・系統化的思潮洶湧澎湃。其代表性思想理論、就是馬克思（Marx, 1818-83）・恩格思（Engeles, 1820-95）的「**史的唯物論**」（historischer Materialismus）。這個理論最初發表是在「**共產黨宣言**」（Manifest der Kommunistischen Partei, 1848）。這再經過馬克思的「**經濟學批判要綱**」（Grundtisse der kritik der politischen Ökonomie, 1857-58）、後來由馬克思的「**資本論**」（Das Kapitul, 1867-94）更加體系化、更加法則化、而成爲「**馬克思主義**」的集大成。

「**史的唯物論**」、是以黑格爾的「**辯證法**」、與費爾巴赫（Feuerbach, 1804-72）的「**唯物論**」（Materialismus）爲哲學基礎、再加上英國「**經濟學**」與法國的「**革命思想**」而成立的法則性歷史方法論。

原來、馬克思是和黑格爾同樣、已看破在資本主義制市民社會的矛盾對立及其腐化與非人性、也找到其可能解決的辦法。但是馬克思、並不和黑格爾一樣、不把其矛盾歸於「**全體**」和「**個體**」分裂的結果。

他在「**德意志思想**」（Marx Engels, Die deutschy Ideologie, 1933）之中談：「**我們必須知道人能存在的第一前提、也是歷史的第一前提、就是人爲了〝製造歷史〞要活下去頭一個要維持的、是確保食・住・衣等物質生活。所以、人最初的歷史行爲、就是生產爲了生產這些物質所使用的『生產手段』**（Means of Peoduction Produktionsmittel 生產工具）、**及生產生活所需的物質本身**」。也就是說、歷史行爲的根底就是在「**生產在生活所需物質**」。這就是馬克思認識歷史的出發點。這個「**歷史的出發點**」和辯證法的「**歷史認識**」、已在「**經濟學批判**」（1859）的「**序言**」之中被定式化。

其「**定式化**」的內容可以整理為六：

(1)「人」為了生存、必須形成「**集團**」（社會）、且必須與「**自然**」鬥爭及改造「**自然**」、而來「**生產**」食・住・衣所需「**物質**」（物資）。這樣人以「**勞動**」改造自然而生產物質的綜合力量稱為「**生產力**」（productive forces produktivkraf）。

(2)「人」在生產物質時、須建立與為了生產的人之間的相互關係、這稱為「**生產關係**」（relations of production produktionsverhältnisse）。例如：奴隸與主人、地主與農民大衆、勞動者階級與資本家階級等諸關係。這個生產關係、是客觀性的社會關係、而非從個人的獨立意志下產生的（不管個人喜歡與否）。

(3) 上述「**生產力**」與「**生產關係**」、在「**人類史**」上的任何階段、都是為「人」生存所不可缺的兩大因素。若從這個觀點看來、「**人類史**」不外是以這兩大因素的變動或其相互關係所成立的「**法則性**」（Gesetzlicykeit）發展過程。

(4) 社會的生產力是必然的會日益增大。從此、物質生產很快就超過社會消費、而產生所謂「**剩餘生產物**」（suplus product Mehrwert）、進而發生「**階級**」（class klasse）。從此、「人」的社會、終於分裂為擔負物質生產的「**勞動大衆**」、與剝削剩餘生產物為私有的「**支配階級**」。這兩個階級逐漸產生尖銳的對立。

(5) 生產關係（物質生產關係）的「**總體**」（the Whole）在社會構成上、成為其經濟構造的「**基層構造**」（unterban, basic structure）、並以它為基礎、再其上面構成政治・思想・法律・國家・主義等的「**上層構造**」（überban, super structure）。

(6) 生產力若是發展到某些階段、和保守的生產關係就發生矛盾（舊生產關係成為將要不斷前進的生產力繼續發展的桎梏）。此時、原來的保守的舊生產關係被打破、新的生產關係、很快就被創立起來、而使生產力繼續向前發展。這種「社會構成體」的根本變革、稱爲「革命」。

馬克思在如上「定式」之後、繼續表示著：「大體上、（人類史）是亞細亞的・古代的・封建的、及近代資本家的生產方式來做爲社會經濟的構成的幾個發展諸階段」。然而、馬克思在另外一個論文之上、卻說是：「凡有的民族發展、無論在如何的歷史狀況下、都沒有一定要走的普遍的發展過程」。但是、馬克思「歷史觀」的最大特點、乃在比過去所有的其他歷史觀、擁有強烈的「實踐意識」。「史的唯物論」對於歷史認識的最大特點、乃在「歷史的法則性」。他在「資本論」序言說：「把經濟的社會構成體的發展、認爲是一個自然過程（的法則）」「（資本主義制）生產的諸法則、是以鐵的必然性（法則性）所作用、而來貫徹自己」。恩格思也說過：「歷史看起來好似是偶然的集合體、但實際上在其內面是隱藏著一個法則」「世界史雖然擁有種種的變化與偶然、但是、畢竟也是由一個前進發展貫串著」。

若以蘭克（Ranke）來談、這種歷史的法則性、便會批判爲「這是不可避免的」「無視人的自由意志」並使人成爲法則的工具。當然、馬克思是再三強調：「創造歷史的是人、所以人必須以自由意識行動」。但是、馬克思也一再強調著：「人不能自己改變環境、只有在所與的環境裡行動而已」。所以把環境（主要是指生產關係）加以客觀的分析亦十分重要。此時、人要順應所與的環境或者是要變革環境成爲最大問題。馬克思乃擁有變革現狀（環境）的「實踐意識」、並且當站在這行動意識來回顧歷史的結果、而看到「一個前進的發展」。因此、他終於確信「把握歷史的法則」與「社會變革」的兩個實踐課題是不可分離的。

從「實踐觀點」看歷史、原來是馬克思・馬奎亞杯里・李斯特等諸史家共通的特點。然而、馬克思、卻在抽出部份歷史教訓（馬奎亞杯里）、或企圖追上英國資本主義（李斯特）等問題上、和這些史家不同。他確實是企圖「**超越過資本主義**」爲目標。並且、他是想廢除資本主義基礎的「**生產關係**」（基於生產手段私有制的資本或工資勞動關係）做爲達成「**目標**」。

馬克思的這種「**社會革命**」思想、可說是把在資本主義社會擔當生產且最受虐待的「**勞動者階級**」（Proletariat）做爲社會變革的主體（the subject）的開始、才確信「**史的唯物論**」的上述「**社會革命理論**」。

馬克思在一九世紀後半、判斷「**社會變革**」時機業已成熟、才寫成「**革命前衛黨**」（共產黨）的「**綱領**」、並組織「**國際勞動者協會**」（International Workingmen's Association、第一國際、1864-1876）、擬以「**實踐運動**」團結西歐世界的勞動者階級。馬克思認爲革命若不成功、經濟恐慌・剝削及失業、及侵略戰爭、將給勞苦大衆更大的困苦。

總言之、馬克思・恩格思的「**史的唯物論**」、在人類史的綜合的追蹤上、起了劃時代的重要作用。

二〇　韋伯的「理念型論歷史觀」

德國社會科學家的韋伯（Max weber, 1861-1920）、對於「**歷史學**」也有很廣泛的研究。他是富有強烈的行動激情的「**個人主義者**」。他同意「**喀爾文主義**」（Calvinism、一六世紀在瑞士由宗教改革者喀爾文開始的思想運動）所倡導：神與人的斷絕、以至「**現實與主體**」的斷絕關係。他說各人都信仰不同的神、歷史是在各「**要因**」相交織相制約之下而發展。人的行動是透過世界的「**合理性構成**」而進行著。韋伯著作的「**合理性**」、就是根據上述的思想爲基礎而貫串著。在科學方法論、他是主張根據

「**沒價值性**」（Wertfreiheit、爲了保持客觀性、經驗科學必須從價値判斷分離）、與「**理想型**」（Idealtypus、理解個性的因果關係爲手段）、而來構成「**概念**」。他在歷史研究是不同意歷史學派的「**發展階段說**」。他對於「**新教主義**」（Protestantismus）與資本主義精神的關聯性、東洋與西洋等問題、有尖銳的洞察。

韋伯、對於「**史的唯物論**」在一方面是給予極高的贊同、但在另一方面、對其「**方法論**」上的弱點則加以尖銳的批判、再一方面、就是對史的唯物論的「**歷史主義方法論**」加以最精密的合理性檢討。根據韋伯的主著「**社會科學的及社會政策的認識之客觀性**」（Die Objektivitat sozialwissenschaftlicher und sozialpolitischer Erkenntnis, 1904）書中直接批判的對象、是史末勒（Schmoller, 1838-1917、德國新歷史學派經濟學者）等的所謂「**講譠社會主義**」（Kuthedersozialismus）的學者。當時對李斯特等是稱爲「**舊歷史學派**」、而對於講壇社會主義者則稱爲「**新歷史學派**」。新歷史學派主張「**所得的分配公正化**」、並隨著這個主張來以歷史方法分析社會現象。然而、韋伯說：「**特定的政策目的是基於『個人』的價值理念、所以不可能擁有『客觀』的正確性**」。他且說：「**科學性分析**」與「**價値判斷**」必須截然分開、否則、會損害「**科學的客觀性**」。如此韋伯要「**從科學排除價值判斷**」的主張、對於馬克思主義、也就不保留的加以嚴格批判。

韋伯在「**自然科學**」的法則認識能否適應於「**社會科學**」的問題、對於馬克思所著有關社會發展的「**自然史過程**」也有所批判。就是說、韋伯把從蘭克開始對於「**個性重視**」的德國歷史學傳統、進一步的推動到更精密的地位。原來、韋伯的歷史認識是以豐富且多樣的「**歷史事實**」爲對象、所以在無限制的多種多樣的歷史事實之下、由這些豐富的歷史事實來認識歷史、就難免是片面的・相對的認識。歷史觀點若有改變、所構成的歷史象也必然的跟著變化。因此、韋伯說：「**歷史必須隨著〃時**

代〃的變革而受到改寫、普遍的〃歷史法則〃是沒有存在」。從這「**觀點**」、韋伯則批判「**史的唯物史觀**」、即：「**把社會現象與文化現象、以其經濟制約性及重要性觀點分析、是會招來創造性成果的一個科學原理、只要不陷於獨斷**（Dogmatismus）、**這永遠是科學原理。當做〃世界觀〃、對當然要說明歷史現實因果的〃唯物史觀〃確要否定。但是、歷史的經濟解釋的唯物史觀、是可以肯定**」。

韋伯的「**歷史認識**」、有如下的順序、即：當要認識「**歷史**」、得先要有一個「**觀點**」。基於這觀點、以片面強調在現實中的某些「**因素**」來構成「**假說的概念**」（如「民族獨立」）。這稱為「**理念型**」。這個理念型在觀念上雖有烏托邦（utopia）傾向、但由此分析現實、就能得到「**抽象性**」（Sample）效果（譬如能知道「民族獨立」的可能性）。

韋伯的這種所謂「**理念型論**」、在要協議歷史時、無論是有自覺或是無意識的、均會成為很多人常使用的方法論。

二一　一九世紀自然觀的變化

一九世紀所創立的所謂「**歷史隨著法則變化而變化**」的法則理論、到了二〇世紀、終於起了變化。其根本理由就是在近世以來的幾百年間、「**宇宙觀**」與「**地球觀**」、即「**自然觀**」起了革命性變化所導致的。所以單純的「**歷史觀**」、卻受到影響而失去其理論基礎。

譬如說：從中世紀末葉的哥伯尼（Copernicus, 1473-1543）的「**地動說**」（the beliocentric theory）、加利類（Galilei, 1564-1642）的「**宇宙觀**」（Space science）等、都根本改變了「**自然觀**」、結果、絕對者的「**神**」以地球為中心所造成的宇宙秩序論、竟然被打破、神學上的有關政治上・社會上的綱領也被遺棄、「**現實主義**」「**經驗論**」的分析觀察的學問方法、代之茁壯發展。笛卡兒（Descartes, 1596-1650）的所謂「**全面懷疑**」「**我思故我在**」（je pense donc je suis; cogito, ergo sum）、乃是他的學問方法的象徵性表現。

一九世紀、乃是上述新的自然法活躍發達的「**科學世紀**」。這個時代的自然科學家、幾乎是仿效加利類或牛頓、把自己的新發現稱爲「**新法則**」、而來強調其自然學說的普遍性。達爾文（Darwin, 1809-1882）在其「**種之起源**」（Origin of Species, 1859）、提起「**生存競爭**」「**自然淘汰**」等生物進化的基本原理。孟德爾（Menedl, 1834-1884）則發現「**遺傳法則**」（laws of heredity）。這些自然科學上的進步、當然是影響當時的社會・歷史上旳研究方法。

因此、早在一七世紀以來、培根（Bacon, 1561-1626）著作英國經驗主義的「**新工具**」（Novam Oryanum, 1597）、英國悟性論者洛克（Locke, 1632-1704）著作「**人類悟性論**」（Essay Concerning Human Understanding, 1690）、英國古典經濟始祖亞當史密斯（Adam Smith, 1723-1790）著作「**國富論**」（The Wealth of Nation, 1776）、法國啓蒙主義者孟德斯鳩（Montesquien, 1689-1735）著作三權分立的「**法的精神**」（De L'esprit des Lois, 1748）、法國百科專書哲學者康多塞（Conderct, 1734-94）投稿「**百科全書**」（Emcyclpēdistēs）等。德國的馬克思則在這種世界潮流的影響之下、才進入研究哲學・經濟學・革命理論等、成爲辯證法唯物論的泰斗。如此、到了一九世紀、自然科學與社會科學的空前發達、造成了「**法則之世紀**」。

在往下、到了一九三〇年代、「**原子物理學**」（atomic physics）發達、成爲解明能源或天星內部構造的有利武器。第二次大戰後、在戰時中發達起來的「**電子工學**」（electronics）、受應用於「**宇宙探察**」（space etploration）、結果、發現了太空的運行・噴射・爆發等運動。自一九六〇年代開始、又見到大型計算器（computer）出現、所以再進一步的推行宇宙探查的高度進步。這樣、自然學進化發展的結果、被認爲「**有預定目標**」的神意趨於崩潰。相反的、把自然進化置於諸因素的相對關係（辯證法・唯物論）終佔優位。這種自然觀的發達、必然的產生了事物（自然・社會）進化發展的觀點、並把其「**發展**」視爲具有無限的可能性。

自然科學的發達、急速提高自然能力在人類史上的地位。空氣和海洋的成分・生物分類等、成爲有意識的初級教育教材。研究大陸移動的所謂「**地球構造論**」（Platetectonics）、曾在一九世紀被認爲是虛構、但在今日已成爲實證的事實。隨著大陸移動發生的海流（an ocean current）移動與氣候的變化、已能加以長期預測。這些自然現象的變動、給予生物進化論與人生活發展很大的影響是無容置疑。

關於生物進化的研究、已從細胞（a cell）次元深化於遺傳子（a gene）的次元、結果、遺傳子與超新星（the ultra-nova）的爆發等天文現象的關聯性、已發展成爲人類史上的學問方法。

二二　現代史學的諸學說

亞細亞・阿非利加・拉丁美洲在一七—一九世紀、大體上仍在原始・部族・種族等後進社會狀態。到了一九世紀以後、亞非諸族全面受到西歐資本主義諸國家的侵略、而淪爲殖民地・半殖民地及隸屬國的慘境之後、才以「**被壓迫民族**」（前期性民族）的姿態登起世界史上。再到二〇世紀的世界史變革之中、亞非各民族主義或前期民族主義發展、要求「**民族獨立**」「**殖民地解放**」的鬥爭洶湧澎湃、結果、第二次大戰結束後、各殖民地各民族才陸續爭得解放並實現民族獨立、以至到現在（一九九七年）、除了「**台灣**」（人口兩千萬）仍然留在大殖民地的境地之外、全世界只有剩下二六個的舊殖民地（都屬小島級、全人口不過二〇萬人）存在著。當然、絕大部份的亞非諸民族雖說已獲獨立、但是仍在所謂「**新殖民地主義**」（政治獲獨立、但經濟社會上仍受到歐美資本主義的壓迫剝削）所支配。所以、所謂「**南北問題**」（North-South problem 、一九六〇年以後、在經濟・社會・政治・文化及生活等問題上、亞非舊殖民地的新獨立國家＝南、與歐美日等先進資本主義諸國家＝北、雙方矛盾愈來愈深刻化）、成爲現今世界的最大問題。

原來、「**民族自決**」的要求、是在「**法國大革命**」（一七八九—一八四八）以來、成爲歷史發展必然的趨向。譬如說：在早期的亞細亞諸地域、雖然尚未有形成「**近代民族**」的經濟社會條件、但遭外來殖民地統治者極其強烈的歧視差別與壓迫剝削、結果、「**前期性民族主義**」（the early nationalism ）自然發生、一反抗白人、二反抗經濟剝削、三要求政治獨立的「**抗外鬥爭**」急遽發展。到了第二次世界大戰後、一九世紀末期以來的長期反殖民地鬥爭才見到開花結實、全世界的原始族・種族・部族・前期民族・民族等、大體上都獲得獨立、已經獨立了一五〇餘國家。

(1) 尼赫魯要求民族獨立的歷史學

在二〇世紀、批判「**西歐近代歷史學**」之聲中、可說是以提出「**修正世界史**」主張的印度獨立運動首腦尼赫魯（Nehru, 1889-1964）爲首。他在第四次的入獄中、寫給他的女兒因弟拉（Indila）的所謂「**世界史瞥見**」。這個書信的基本觀點、是有關亞細亞世界和西歐社會的問題。他主要是說：亞細亞現在固然淪陷於西歐各國支配之下、但是在古昔時代、原來是亞細亞長期佔優勢。那個時代、西歐各國卻等於是亞細亞的殖民地、所以現代西歐社會的許多民族、都屬古代亞細亞侵略民族的子孫。今日亞細亞各族、已起來要求自由、並從事抗拒西歐侵略國家的民族獨立運動。

若從他的歷史觀點看來、尼赫魯的問題意識、不外是擱在亞細亞與西歐社會的被支配與支配、並思考著等到何時才能反轉過來的問題上。

譬如說：一五世紀的中國（明初）、比起同時代的文藝復興時的西歐社會、在文化上是更爲優越。這個中國在一九世紀以來爲何淪於西歐各國侵略之下？對於這些問題、尼赫魯倒是沒有表明任何明確的解答、但是在史上的一個確確實實的史實、就是西歐社會的「**近代化**」所背負的「**負**」的側面、就是對非西歐社會的侵略與支配、這點、確是受到非西歐人所揭發。

(2) 日本學者的世界史

尼赫魯指出在亞細亞、只有日本能逃脫淪爲殖民地境地、不但沒淪陷、反而成爲對亞細亞各民族的侵略者。但是、日本在第二世界大戰吃了敗戰後、也受到美國聯軍佔領、而喪失了其民族獨立。由此、日本人才深刻的意識到「**民族獨立**」問題。據於這個意識問題、以日本人的身份重新深思「**世界史**」、就是上原專祿（1899-1975　、德國歷史主義學者）。

上原專祿是德國歷史主義派西歐中世紀史的專家、戰後對教育問題（他是東京商科大學校長）與和平運動做積極性發言、尤其研究有關「**歷史認識**」的方法論。所以他不以全面寫出「**世界史**」爲主題、而是以對今日日本人的生活意識有關的事實爲基礎、重新組成「**世界史**」的方法論。上原的這種歷史認識、就是和上述韋伯的「**理念型**」歷史方法相似。但是、上原與韋伯不同之處、是韋伯只以抽象型態來說明「**價值理念**」、但是上原乃以極其具體的方式說明。就是說、上原不但是以「**今日的日本人生活意識**」爲問題、其內容則擴至「**世界和平・民族獨立・個人自由**」來說明世界史。他並結論爲：「**沒有和這三個問題相關聯、就不可能進行歷史研究、或若研究也不能得**

到任何意義」（上原專祿「歷史研究的自由」、1952）。同時、上原把這三個問題終於歸納於「**民族獨立**」的一個問題。

上原乃以「**民族獨立**」的實踐性觀點、想來看歷史。這點他與馬克思以「**勞動者階級**」的社會革命的實踐性觀點看歷史有若干相似。馬克思是以階級鬥爭來看世界史、並且從此發現貫串世界史的「**普遍性**」發展法則。然而上原在民族問題上所發現的、並不是普遍性的發展法則、而是民族的「**個性**」「**特殊性**」。從此、上原則不是產生「**發展階段論**」、而是構築了「**文明圈**」的想法。譬如說：湯恩比（Toynbee, 1852-1833）著「**歷史研究**」（A Study of History, 1934-54）之中、也有提到「文明圈」問題。但是、上原不是說明文明圈的形成・發展及衰退等歷史過程、而是說明西歐・東歐・印度及西亞細亞等四個文明圈進行各自的發展、然後、由西歐進出而被編爲一個世界、這就是他的「**世界史成立**」的歷史觀點。從此、他才導出日本的民族獨立的問題。

(3)

新從屬派的歷史觀

一九六〇年代是「**非洲之年**」、一年之中獨立了一七個國家、其後也相繼達成獨立。到了一九七〇年代、世界的殖民地都完成獨立。但是、政治上雖然獲得獨立、經濟上卻仍爲舊殖民國家所支配（新殖民主義）、飢餓・貧困・失業、及累積債務等、所謂「**發展途上國家**」（developing countries）的困難愈來愈膨大。

在這種情況之下、從一九六〇年後半、乃出現了所謂「**從屬理論派**」（the School of the dependency theory）。即：法蘭克（Frank, 1929、德國經濟學者）・阿眠（Amin, 1931、埃及經濟學者）・哦拉斯天（Wallerstein, 1930、美國社會學者）等從屬理論學者相繼出現。他們是拉丁美洲或非洲的研究者、如法蘭克所說：「**經濟發展與低開發、是一個銅板的兩面**」、他們認爲西歐社會的近代化（資本主義化）、是以殖民地化非西歐世界來達成。這兩面並不是兩個分離的關係、是一體兩面、必須「**統一**」來研究才可以。

哦拉斯天、乃把世界看著由「**核心**」（the core, metapolis）・「**半周邊**」（half surround）・「**周邊**」（surround area, satellite）的三個部份構成。並且、世界的構成、是經過五個階段發展的。即：

一、一六世紀（1450-1640）、西歐社會成爲「**核心**」、西班牙與北義大利陷於「**半周邊**」、東北歐與拉丁美洲成爲「**周邊**」。

二、在一六五〇—一七三〇年的不景氣時期、英國成爲唯一的「**核心**」國家。

三、一七三〇—一九一七年、英國是核心、法國・德國・比利時・俄國・美國是「**半周邊**」、亞細亞・亞洲是「**周邊**」、日本後來成爲「**半周邊**」。

四、一九一七—六〇年、俄國由革命上昇、第二次大戰後再上昇爲「**核心**」、英國沒落、美國成爲「**核心**」。

五、一九六〇年代、美國開始衰退、到了一九七〇年代、美國・歐洲共同體・日本・蘇聯、完成「**四分世界的其他國家**」（「資本主義世界經濟」第一卷、1979）。

哦拉斯天的這種議論、常被批判爲「**歐洲中心主義**」。

他的所謂「**世界構成論**」（world system）、不是講資本主義或社會主義、而是說核心或周邊才是基本的「**對抗方式**」。所以、其革命戰略、不是一國之內的階級鬥爭、而是要變革世界構成全體的所謂「**反構成**」的鬥爭。當然、哦拉斯天並不完全否認階級鬥爭、但是、他所謂的「**階級鬥**

爭」、是「世界規模的資本家階級與勞動者階級的階級鬥爭」。並且、他認爲「和民族解放運動不相結合的階級鬥爭不可能獲勝」。

總言之、先進資本主義國家的階級鬥爭趨於停滯、許多勞動運動都退潮於「體制內」的現時情況之下、這種「新從屬派」的主張雖然還有許多缺陷、但可說是爲「歷史」提供了一個新觀點。

(4) 「年報學派」的歷史學

如上所述、在一九六〇年代「民族解放」的歷史學、當在歐洲所擁有的意義將從非歐洲世界解明之際、想要重新解釋所謂「近代」的新的歷史學抬頭。這個思潮、由於開始批判歷來的歷史學幾乎都是傾向於敘述權力者的政治史、所以漸趨於改變爲注重大衆意識和群衆生活的史學、有人稱之爲「大眾史學」。

這個「大眾史學」的代表性集團、可說是法國的所謂「年報學派」（Ecole des Annales）。這個學派嚴謹的說起來、並不適合稱之爲「學派」。但是他們乃集結法國許多歷史家、形成著法國現代歷史學主流、同時在國際上、也擁有一定的影響力。這個「年報」（Annales）原來的名稱、是繼承一九二九年費餔爾（Febvre, 1878-1956、法國近代文明史專家）發刊的雜誌的名稱。這本雜誌在一九四六年改爲「經濟・社會・文明年報」（Economies-Sociétés-Civilizations）、現在仍然繼續發刊著。所謂的「年報學派」的第一代、原來是更早的一九〇〇年創刊的「歷史綜合雜誌」的編集者（布魯克・費餔爾等人）。他們在創立雜誌時、就批判當時支配著學問界的「實證主義史學」（historique positive）、他們把「歷史學」認爲是「現在」與「過去」的對話、並且重視著研究者所提問題和觀察全體的觀點。就是說、他們的目的是要「總合」（synthesis）的把握歷史、布魯克的名著

「**封建社會**」（1939）就是這種「**總合把握歷史**」的典型著作。第二次世界大戰之後、在費舖爾和布魯提爾（Braudel, 1905-85、年報學派第二代）之下、主張要考慮歷史學在「**時間**」上的多樣性、並重視其長期持續的因素、這樣、企圖把諸科學的綜合化而來達成各種革新。他們在經濟社會的諸領域獲得顯著成果。到了一九七〇年代之後、由路勾夫等第三代年報派相繼開拓歷史的心理性與大衆文化性等新領域、同時、把「**人類學**」的成果導入於歷史學的方法或觀點。

在歐洲的歷史學界、受到「**年報派**」影響的學者、幾乎都從事復元歷史學所輕視的許多日常問題或大衆世界。這些歷史學、就是企圖解體歷來的個人主義與合理主義的近代西歐社會思想傾向、這無非是對於近代的西歐思想有著濃厚的「**懷疑思想**」。但是、由於這種懷疑只有指向解明西歐社會的基本問題、所以不能解決近代西歐社會所碰到的矛盾而再向前進。這個「**年報派**」的方向、勿寧說是更加接近「**人類學**」、所以、不得不傾向於美化中世紀的「**復古主義**」（revivalism）。

(5) 馬克思主義歷史學的新潮流

馬克思（1883）・恩格思（1895）去世之後、站在馬克思主義立場的歷史學、卻陷於嚴重的「**教條主義**」（dogmatism）發展史觀。然而、從一九六〇年代、在其歷史學本身中、也出現了一股新的潮流。

一九六三年、托默遜（Thoson, 1924、英國歷史家、一九五六年匈利牙事件時退出共產黨）、在著作的「**英國勞動者階級的形成**」之中、他所追求的是勞動者階級的階級意識形成等問題。他說：「**勞動者階級被別人造成、同時本身也創造自己的階級意識**」（「理論的貧困」1978）、其中「**勞動者階級本身所創造**」的部份、才是他最重視的問題。他認爲勞動者階級「**形成**」的時期是一八三〇年代。但是、後來、對於馬克思主義理論陷於教條主義、感到非常的不滿。

托默遜在一九六八年、再寫了「一七九〇年以前的英國勞動工會運動及其他勞動運動」。他在這本書中、認爲把一八世紀當做一九世紀的前階段是錯誤的、一八世紀是有一八世紀的獨自的社會特性。他也說：從來的「勞動運動史」有著勞動者自然發生的圖式、即抵抗↓成立勞動工會↓經濟鬥爭發展爲政治鬥爭↓結成勞動者政黨的一定圖式。但是當他回顧過去勞動運動的發展時、卻認爲有了若干的「轉變的可能性」。這就是托默遜肯定一八世紀資本主義社會的獨立性的觀點。這樣、特默遜強調了一八世紀的「民眾世界的特質」的主張、卻與「年報派」有了若干的相似點。

如此、托默遜和「歷史主義」與「年報派」均有相似點的「歷史觀」、乃被批判爲「放棄將要變革歷史的勞動階級觀點」（安川悅子「英國勞動運動與社會主義」）。但是在實際上、托默遜並不放棄世界史「變革」的觀點。他所放棄的、乃是「體制內化的勞動運動及教條化的前衛政黨」。他乃站在這種觀點、想來檢討「大眾的主體性」。這就是他被稱爲「普遍主義者」或「浪漫主義者」的原因。

如上所述、今日的馬克思歷史學、好像從歷來所陷入的「教條主義」脫出、而開始步入新創造發展之道、然而、他卻迄未顯出其發展的「全體象」。現在只能看到他們想要走的幾個發展指標而已。即：

一、不拘於歷來的階級鬥爭與前衛黨（共產黨）、而努力於重新建立「大眾運動」。但是這種傾向、往往會陷於「政黨無用論」「勞動運動不信論」或「地域主義」等偏差。

二、重視「國際聯帶（international solidarity）、國際上的內部要因與外部要因的相互關聯必須保持。

三、檢討「**上層構造**」的效用、基層構造・上層構造論、原來是馬克思分析「**社會構造**」的基本方法、但是由此、在歷史學上、往往會陷於重視基層構造而輕視上層構造的傾向、因此、產生了「**馬克思主義歷史學缺乏人性**」「**輕視民族問題**」「**輕視文化史**」等批判。

馬克思主義、原來擬以團結世界的勞動階級。他認爲革命若不成功、經濟恐慌・失業・剝削及侵略戰爭等、將給予勞苦大衆更大的困苦。

如上所述、馬克思・恩格思即以人類的物質生活爲分析準繩、法則性的論述了從原始時代到一九世紀（尤其是資本制階段）人類發展的歷史。但是、馬克思的人類史觀、往往被所謂「**歷史學者**」當做是「**經濟學**」敬而遠之。然而、人類原來也屬於「**動物**」的一系列、必以衣食住等物質生活爲生存基本、所以、若是否認人類的經濟生活側面、就難以把人類發展史有系統・有法則性（科學性）的予以認識。

然而、到了二〇世紀後半、資本主義及勞動運動經過二、三百年發展之後（從馬克思主義發生算來是百年之後）、「**史的唯物論**」乃面臨時代進步的考驗。尤其從第二次大戰結束之後、所謂「**共產主義國家**」蘇聯・東歐及中國共產黨等趨於沒落、所以、暴露了其個人獨裁（Nomencratura、不是原來的馬克思主義）的非人道（be inhumane）做法、終於受到二〇世紀末葉世界上的嚴厲的批判與排除。馬克思主義歷史學對此、該如何的處理這些批判、是所謂「**新馬克思主義史學**」今後的問題。

「歷史學」參考文獻

吉田五郎　「世界史の（的）思想と（與）方法」　1983
太田秀通　「世界史認識の思想と（與）方法」　1978
兼岩正夫　「西洋中世の（的）歷史家」　1964
鹽野七生　「マキアヴエツリ（馬奎亞杯里）語錄」　1988
歷史科學協議會編　「現代を生きゐ（生活在）歷史科學」　1987
濱林正夫等編　「歷史學入門」　1992
今道友信　「西洋哲學史」　1994
澤田允莪　「現代論理學入門」　1992
高島善哉　「社會科學入門」　1983
清水幾太郎　「社會學入門」　1945
蒲生正男等編　「文化人類學入門」　1969
曾村保信　「地政治學入門」　1980
香原志勢　「人類生物學入門」　1981
村上泰亮　「反古典の（的）政治經濟學要綱」　1994
比較都市史研究會編　「比較都市史の（的）旅」　1993
井上幸治編　「西洋史入門」　1966
廣松涉　「新哲學入門」　1988
增田四郎　「歷史學概論」　1994
堀米庸二　「中世の（的）光と（與）影」　上・下　1978
マキアヴエツリ（馬奎亞杯里）著　黑田正利譯　「君王論」　1935
マキアヴエツリ（馬奎亞杯里）著　大岩誠譯　「ローマ（羅馬）史論」1950
ランケ（蘭克）著　鈴木成高譯　「世界史概觀」　1931
リスト（李斯特）著　小林昇譯　「政治經濟學の（的）國民的體系」　1970
西村貞二　「ルネサンス（文藝復興）と（與）宗教改革」　1993
林健太郎等著　「原典による（據於）歷史學入門」　1982
大津留厚　「ハプスブルク（哈布斯堡王族）の（的）實驗」　1995
渡邊昭　「資本の（的）世界史」
蓮實重彥　「いま（現在）、なぜ（爲何）民族か（？）」　1995
山口圭介　「ナンヨナリズム（民族主義）と（與）現代」　1994
西島建男　「民族問題とは（是）何か（物）」　1992
馬場伸也　「アイデンテイテイ（認同）の（的）國際政治學」　1980
石川榮吉　「南太洋の（的）民族學」　1958
篠原一　「ヨーロツパ（歐洲）の（的）政治」　1986
上原專祿　「歷史學序說」　1958
尼赫魯著　大山聰譯　「父が（的）子に（向）語る（著）世界歷史」　1965
大塚久雄　「近代歐洲經濟史序說」　1944

福田歡一　「近代の（的）政治思想」 1992
矢野鴨　「南北問題の（的）政治學」 1987
小野周　「自然科學概論」
吉岡齊　「科學革命の（的）政治學」 1990
內田義彥　「資本論の（的）世界」 1992
楊碧川篇　「世界史大辭典」　上・下 1981
彪和著　川越敏孝譯　「ケインズ（凱因斯）經濟學の（的）崩壞」 1975
竹岡敬溫　「アナール（年報學派）學派と（與）社會學史」 1990
湯淺赴男　「（年報學派）文明の歷史人類學」 1991
福井憲彥　「（年報學派）新しい歷史學とは何か（是什麼？）」 1995
Badda; Historia ecclesiastica gentis Anglorum, 731, 卑打「英國民族教會史」　朝倉文市譯
Montesquieu C.L.de S.; Considēration sur les couses de la grandeur et la dēcadence des Romains, 1734, 孟德斯鳩「羅馬盛衰原因論」　澤田昭夫譯
Ramke; Geschichte de remanischen und germanischen Völker von, 1514, 蘭克「羅馬的日耳曼的諸民族史」　林健太郎譯
Tönnies, F.; Gemeinschaft und Gesellschaft, 1887 托尼遜　「共同社會與利益社會」　杉之原壽一譯
Weber, M.; Die protestantische Ethik und der-Geist des Kapitalismus, 1920, 韋伯　「新教主義之倫理與資本主義精神」梶山力等譯
Weber, M.; Drei Msken Verlag, München, 1921, 韋伯　「職業的政治」　西島芳二譯
Weber, M.; Der sozialismus, 韋伯　「社會主義」　濱島朗譯
Carr, E.H.; What is Histoory?, 1961, 卡阿　「什麼是歷史？」清水幾太郎譯
Carr, E.H.; The New Society, 1951, 卡阿　「新的社會」清水幾太郎譯
Galbraith, J.K.; Economics in Perspective, 1987 旭爾餔雷日「經濟學の（的）歷史」　鈴木哲太郎譯
Guēhenno, J.M.; La fin de la democratie, 1993, 奎黑那「民主主義之終焉」　舛添要一譯

第一章　台灣的黎明

台灣人的思鄉地「玉山」

1 前言

在研究本題之前、首先有兩點必須加以說明。

(1) 有關**台灣社會與台灣人**（台灣民族）的生成、根本沒有所謂**天地創造**的「**神話**」（a Myth）。關於這點、在這裡是不可能詳細討論。但總括一句話來說、就是原住民系台灣人（馬來・印尼系原始族）的**史前時代**、有大部份無法獲知、即使能夠知道、也不見得和有史以後的台灣社會發展直接連結得起。

又在漢人系台灣人祖先方面、就是歷代的台灣開拓者、當他們從中國大陸移住過來的昔古時代、雖說有攜帶一些關於古代漢人在黃河流域的發祥文明或創建古代國家的神話來台灣、可是、這些大陸神話、從台灣的社會發展來說、沒有起過**第一義**作用、又不曾添補任何**決定性**的因素於台灣史上。

這些**大陸神話**、若是有起過重要作用確實定著於台灣社會或台灣民衆心裡的話、那麼、台灣應有的社會發展、恐怕不可能像今日的台灣這樣、也不可能有今天的「**台灣民族**」。

然而、即使有這種嚴密性的所謂「**神話**」不曾存在、也不能、同時也不應該連在今日台灣民衆生活裡已經成爲文化遺產的「**傳說**」和「**故事**」一律予以拋棄不顧。這些傳說和故事、是講述有關台灣人祖先的移民開拓・抗外鬥爭・生活形態・思想方法・行動方式等、並把這些事跡傳播於整個台灣民衆之間、而保存了昔古時代的不少東西於後代、並且、所傳下來的「**史實**」、不外乎是外來統治者在其官製史書上、故意給予抹煞掉的那種又重要且寶貴的歷史事跡、例如、移民的冒險譚、開荒事業的艱苦記錄、抗拒外來統治和反對壓迫剝削的英雄譚等。

同時、有些傳說中的實在人物和具體事跡、早就被台灣民衆**神格化**（apotheosize）、並且、經過一代又一代而普遍深入於台灣民衆的日常生活裡面、成為**內面生活**的心理基礎。譬如、把古時在戰亂中被敵人擊斃的**無名戰士**合葬在一起的「**大墓公**」已是在台灣鄉村到處都能看到的一種民衆信仰的神格對象。由於這個「**大墓公**」留下了各式各樣有關保家保鄉的傳說和故事、所以、積年累月之後、不但不被忘掉、反而已成為台灣民衆日常祈求合家平安或地方安寧的「**守護神**」（a Guardian Deity）、普遍受到人人的敬仰。這就是台灣的傳說和故事、深深融合於台灣民衆生活裡面的一個典型例子。

本來、所謂「**神話**」的世界、大約是以人類的史前時代的**超現實**之因素為其本質。但是台灣的傳說和故事、異乎這般神話之類、而是把在**現實世界**的歷史上所發生的「**事實**」給予流傳下來、久而久之、終於使之神格化、並根深於台灣民衆內面生活。

(2)　台灣的先住民（Aborigines）、大體上是今日原住民系台灣人的祖先、他們經過了幾千年來長久的史前時代（the Prehistoric Age）、但是、迄無創造過任何獨特的文字、因此、台灣民族、乃無從保有以先住民自己親筆所寫的有關史前時代的敘述。

更成問題的、就是經過了有史以後的四百年之間、台灣從始至今、都在幾個不同的「**外來征服者**」調兵換將似的輪流殖民統治之下、結果、所謂「**史書**」、幾乎是屬於這些外來的統治者在他們自己的立場和觀點而記述下來的文獻或旅行錄之類。

例如在清朝統治下的二一三年之間就有了府志五・縣志九・廳志九的官方統治記錄及其他的文獻、數量是不可計數的多。但是、這麼龐大數量的台灣史書及其他的文獻、不是出於官定、就是由中國大陸的民間或個人的文筆所寫。

到了日本統治時代、台南人**連橫**才以一個台灣人的文筆、寫了「**台灣通史**」（一九一七年）。這件事、可以說在台灣史上是未曾有過的一大成就。不過、由於作者本身的出身守舊、思想傾向封建中國、所以、這部首次成於台灣人手裡的台灣史書、總也避免不了站在中國人方面的立場和觀點來論述。

那麼、由台灣人本身、同時站在**眞正的**台灣人立場和觀點而記述的台灣史書、要等到戰後十幾年才見實現、這恐是以拙著日文版的「**台灣人四百年史**」（一九六二年刊）爲始。這本台灣史書是以日文所記述的、並且出版於日本東京、以居住在蔣政權統治下的台灣島內的一千四百萬台灣同胞（一九七六年）幾乎是不可能有閱讀的機會。

按照今日台灣現實的狀況來說、住在島內的絕大部份台灣人、大體上、仍然被外來統治者（蔣派中國人）所揑造出來的**似是而非**的台灣史書所蒙蔽、所統治著。

當然、這些過去的或現在的外來統治者、當他們想要編修有關台灣歷史的時候、固然不能過於離譜、也不能太過於全面性的加以揑造或歪曲、但畢竟是脫離不了他們統治者的立場和觀點。他們爲了正當化那些慘酷的壓迫剝削及罪惡的行爲起見、無論如何、都得把台灣民衆最重要的許多事跡、乃想把其隱蔽下去。例如台灣人獨特的民族形成的過程、被壓迫被剝削的慘境及台灣人抗拒外來統治的英雄事跡等、都一一被加以抹煞或拋棄、歪曲或揑造、然後、才製成合乎統治者立場的**官方史書**。除了這樣做而留下**政治產物**的歷史書籍之外、他們統治者是再也不會給予我們台灣人任何眞正的歷史憑據。

但是、我們對於這些由政治企圖產生的史書、也不能全然視之爲毫無價値而予以捨棄、因爲這些史書雖然是成於統治者的手筆、總也不能不承認這些史書、乃不外乎是台灣人被外來統治者征服四百年的歷史的產物。

因此、我們還得從這些史書裡盡量找出有關台灣人祖先的**眞實事跡**、以這些事跡爲素材（史實）盡可能來認識台灣人祖先眞實的生活・思想・政治慾望・反抗事跡、以及各個時代在客觀上的社會剝削結構和統治制度等、才算有補於我們台灣人想要改變現實和發展將來的慾望和努力。

當我們熟悉了前面所提的兩項問題之後、一方面、應把昔古時代流傳下來的**傳說**和**故事**、及以往的荷・清・日・蔣等時代的文獻、以及近年來台灣人自己寫下的史書的**素材**、加以對照研究而求之眞實。另一方面、再把有關人類社會發展的**一般法則**、即是社會發展的**普遍眞理**、和這些台灣的**歷史現實**結合起來、然後、竭力把握「**台灣的史像**」、再確立了「**台灣的史觀**」。唯有如此、才能對於「**台灣民族是經過怎樣的途徑、如何成立？**」的這個迫切的首要問題、找出**眞實正確**的答案。

2　台灣的風土

這裡要提及的「**風土**」、大體上就是相等台灣人父老所說的「**水土**」。

「**我們每一個人都得生活於大地上、這個大地上的自然環境、不管我們喜歡與否、它總要〃圍繞〃著我們。**」（和辻哲郎「風土」一九三六年 p.7）。然而、從必然受其影響的「**我們**」（人）這一面來說、所能體驗到或認識到的「**自然環境**」（地理・地質，地形・景觀・氣候・天災地變等）、是叫著「**風土**」。

人類只要在這大地上生存一天、不論個人或社會、都不可能不受到風土的各種影響。譬如、我們所住的**房屋**、無論在其形式或建築方式、都得接受了當地風土的影響、同樣在**衣著**方面、尤其是**飲食**方面、所受風土的影響更爲顯著。從文藝・美術・哲學・宗教・倫理・道德・風俗習慣等這些人的精神生活看來、也可以看出風土上各種各樣的特性。社會集團（階級・種族・民族・國家）在其形成・結構・本質・發展過程、也免不了要受到風土上直接或間接的許多限制、才見發生並發展下去。

人的存在（Existence of Human Being）、其基本結構是以**時間**（time）和**空間**（space）做爲兩大因素。這種人的存在上的時間及空間、本來就得受到**歷史**和**風土**的限制、所以風土是和歷史同樣、給予人的影響非淺、而是本質的（essential）・根源的（original）。

「**台灣**」位於東經一二二度六分一五秒（棉花嶼東端）東經一一九度一八分三秒（花嶼西端）、北緯二一度四五分二五秒（七星岩南端）北緯二五度三七分五三秒（彭佳嶼北端）的東海（Eastern China Sea）海上、東部瀕臨太平洋海溝、西側隔台灣海峽與中國大陸相對、南面隔著巴士海峽鄰接菲律賓、北方連接琉球・日本・一共由大小七十九個海島所構成。

這個總面積三五、九六一平方公里之中、佔九九％的「**台灣本島**」、稍小於日本的九州、而稍大於歐洲比利時。

這個南北長三七七公里、東西最寬一四二公里的中間肥兩頭尖的海島、從地圖上看來、它的形狀恰像一條蕃薯一樣。這一種天眞可愛的蕃薯的形狀、在不知不覺之間、帶給出生於這島上的台灣人共同的親切感、而直至今日、台灣人互相之間都以「**蕃薯仔**」這句台灣話相稱呼、所以「**蕃薯仔**」的形狀和名稱、終於成爲台灣同胞獨特的**民族共感之象徵**。

從地形上來說、本島是中央山脈由北至南縱貫、而把它分三部份、即西部平地・中央山岳地・東部

圖1　台灣地形圖

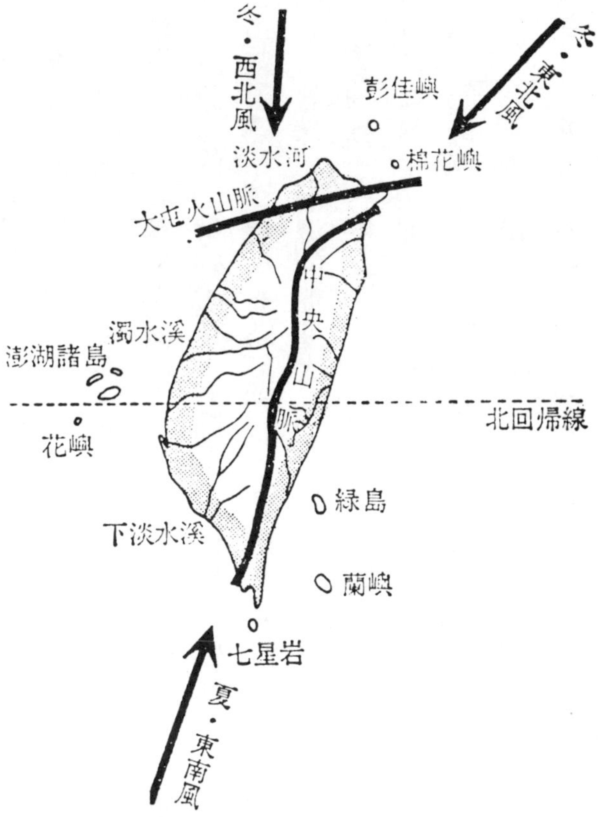

溪谷地。其中、中央山岳地佔本島面積的三分之二、是由縱貫南北的中央山脈所構成、有三千公尺以上的高山六二座、最高峰是海拔三千九五〇公尺的玉山、北端的大屯火山群是台灣地震的主要震源地。發源於中央山岳地的淡水河（長一四四公里）・濁水溪（長一七〇公里）・下淡水溪（長一五八公里）的三大河川、都是流經西部平原而貫注於台灣海峽。不過、這三條主要河川由於水路短小、傾斜遽急、所以甚不適於河川航運之便。

從氣候來說、經過嘉義附近的「**北迴歸線**」、把本島氣候分爲南・北兩部。北部屬於亞熱帶、南部乃完全屬於熱帶地方。島內最高溫度三八度、最低溫度一度、平均溫度在台北二一・六度、高雄二四・三度、夏季較長冬季短、而很少有四季的變化。全島平均雨量二千五〇〇粍、北部從九月到次年的三月是屬於梅雨型的雨期、一年之中約有七成的雨量就在這期間集中降落。南部二月到五月是伴帶著暴風雨型雨期。台灣全島由於雨量豐富、整年熱帶植物茂盛、農作物的生長也很快、可說是適於人的生存的好地方、只是冬季因受吹自東北和西北的高氣壓性季風的影響、北部則連日陰雨。到了夏天、由於台灣恰巧位於熱帶低氣壓性颱風的北上進路之中、所以、時常遭到暴風雨的來襲、使之年年所受災害至爲巨大。

基於上述的**自然環境**、可以看出台灣的「**風土性格**」、即由下列四種因素所結合而成：

(1) 西南季風（monsoon）

(2) 熱帶（tropics）

(3) 地震（earthquake）

(4) 海島（island）

跨坐北迴歸線上的台灣、在夏季的時節、東南季風吹自熱帶大洋（西南太平洋）而帶來極其難受的**暑熱**和**潮濕**。這種暑熱和潮濕、一方面如同水庫搬水似的、從大洋海上吸收來豐富的水量灌注於台灣、導使晒於炎日的大地到處草木茂盛、水稻和甘蔗等農產物、一年有二、三期的收成。不過、在另一方面、這些暑熱和潮濕、有時反卻化爲大雨・暴風・洪水、而給台灣帶來很大的災害。

因此、暑熱和潮濕能促進大地到處揚溢著生機的這一方面、可以稱爲「**自然之寵**」、助長人們對自然的「**容納性**」（acceptance）。相反的、同樣的暑熱和潮溼要打擊大地上生物的另外一方面、乃是所謂「**自然之暴**」、促使人們養成對自然暴力的「**忍受性**」（snbservience）。這樣、處於季風走廊當中的台灣、它的風土性格、首先就以**容納性和忍受性**爲其重要特性之一。

但是、台灣除了第一、有著季風所給的這種容納性和忍受性之外、

第二、因地屬「**熱帶**」、在熱帶特有的炎暑之下、生命旺盛、**情感激烈**、並且容易受到刺激而過於興奮。不過、因爲一年之間、經常處於炎夏而缺乏四季變化、所以這些激情興奮、往往容易流於單調和短暫。

第三、台灣又是個「**海島**」、在那太陽滿晒青蒼滿佈的島國景觀下、人們好於躍動和顯露、但也難免傾向於急躁和孤立的**島國性格**、而缺乏持久性和發展性。這種島國性格、和大陸性特有的寬闊和大方、成爲一個明顯的對照。

第四、台灣也時常突然受到「**地震**」的來襲、像這樣地震或暴風雨的天災地亂所帶來的自然之暴威、如上述、會引起人們對於自然的畏懼和忍受、但是在另一方面、這自然的暴威、同時也會鼓起人們發揮驚人的戰鬥力量。

概括而言、季風帶來的容納性和忍受性、以及熱帶・海島・地震所促成的各種特性相互交織在一起、使台灣所呈現著的風土性格、成爲「**不寬闊不大方、同時帶有濃厚的順從性、但有時也會突然起來猛烈的反抗一番、然後又是急速的忍受下去**」。

藉此、試看中國大陸、當然、中國大陸的一大部份也可以包括在季風地域之內、也就是說、同樣具備著容納和忍受的風土特性。但是一談到中國大陸、首先要注意到它最鮮明顯著的特點、就是無邊際的**大陸**。這個無邊際大陸所具有的特性是比其他任何特性既強且大、甚至勝過於季風所帶來的風土性格、所以、中國大陸乃是呈現著和季風地域的任何地區都截然不同的一大特性。關於這點、中國人本身也時常以「**地大物博**」這句話來形容自己國土的廣大。中國大陸、實在是個特別廣大的大陸、並且、它還擁有揚子江和黃河的兩條大河、作爲地勢上的兩大脊幹。揚子江形成了茫茫的大海口、並也支配著廣大的華中平原。黃河流經乾燥的北邊沙漠草原、源源不斷搬運**黃土**（loess）於下游的平野地帶、形成了肥沃豐穰的華北大平原。由於受了這樣的大陸・大河川・大沙漠・大草原・大海口等又廣又複雜的自然環境的影響、所以、所造成出來的「**大陸人**」是以**無邊際**和**持久性**爲最顯著的風土特性。再加上季風帶來的容納性和忍受性、這大陸人的風土特性卻更被加強、而成爲超級的無邊際和持久性的。

如上所述、假如把台灣的**海島性**和堅忍持久的**大陸性**相互比較、台灣所具有的**單純**和**急躁**的性格、就更明顯的浮現出來。

以往的**大陸人**就是大陸的風土性格已成根深蒂的漢人、當他們的眼睛頭一次接觸到台灣島的時候、他們在心裡頭所反映出來的影像是怎樣的呢?只要援引台灣早時的地志所云:「**海中孤島**」(清・光緒二四年台灣府學教授・林謙光「台灣紀略」)、或「**屹崎海中……四面環海**」(「大清一統志」)這句話、就可以明白「**海**」和「**島**」這兩大特點是如何深切的銘刻在他們大陸人的心裡的。凡是有關台灣的中國文獻、都能看到以這種島和海的字眼來描寫對於台灣的頭一個印象。尤其對於一向生長在內陸地區而沒有看過大海的人、「**海島**」和「**大陸**」的相異、反過來說、也就是「**它**」和「**我**」的相異、簡直是有著天淵之別。

遠在昔古時代、這樣的大陸人(漢人移民)衝過兇險的風浪、橫渡了大海洋(台灣海峽)而移往海島(台灣)。並且、這些大陸人到達目的地後、因「**水土不服**」而喪亡者層出不窮。譬如、「**台灣初闢、水土不服、病者即死。**」(江日昇「台灣外記」卷六)、「**台灣原住者(漢人移住者)二、三萬人、此數年彼處水土不服而病故及傷亡者五、六千。**」(施琅盡陳所見疏)、就在這樣的情況下、台灣有史的帳幕始被揭開。

因此、從風土上看來、這部台灣的歷史、可說是「**媒介了中國的大陸性和台灣的海島性相互接觸的人的歷史**」、也就是「**在中國風土和台灣風土相剋之下、努力奮鬥的人的歷史**」、同時、更爲是「**大陸人爲了生存於台灣、一方面必須服從現已圍繞自己身邊的台灣風土的約制、另一方面卻要把自己所帶過來的大陸風土一一拋棄的歷史**」。總言之、「**要把〃大陸人〃改革爲〃海島人〃的一個社會發展**

史、無非是另一個民族生成的歷史」。

第二章

馬來・印尼系原始族的台灣

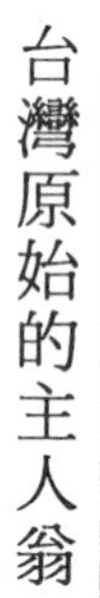

台灣原始的主人翁

「**台灣民族**」的形成、乃是透過移民・開拓和近代化・資本主義化、而促使台灣社會與台灣人（漢人系台灣人和原住民系台灣人）的生成和發展、並在歷史上・社會上、向中國社會中國人進行了**否定的**、**離心的**反駁和脫離的過程中、才逐步見到自然發生的。其具體內容、現已銘刻在四百年的台灣史上。

可是、在台灣民族形成的門扉被敲開之前、也就是台灣有史之前、屬於馬來・印度尼西安系（Malay-Indonesian）原始族的「**原始台灣**」、已存在過幾千年、這段台灣悠久的「**史前時代**」是**絕對**不可把其忽略。

研究原始台灣的問題、要從下面的四個方面來下手較爲適當、就是：

圖2　台灣先史遺跡分布圖

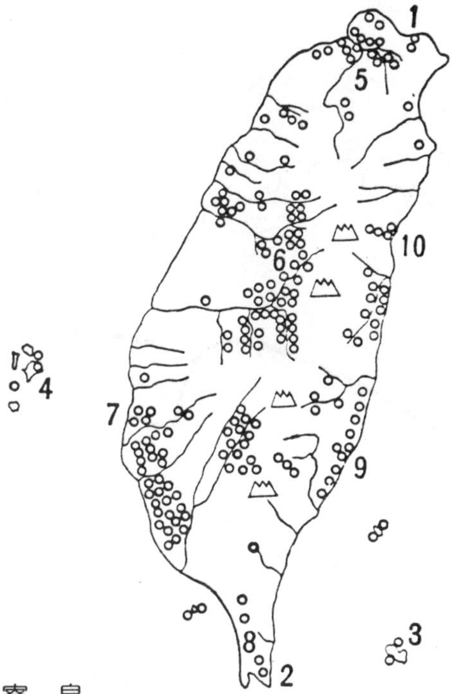

①社寮島
②鵝鑾鼻　⑤圓山　⑧墾丁寮
③紅頭嶼　⑥埔里大馬璘　⑨台東・新港
④澎湖島　⑦烏山頭　⑩塔基里溪

(1)　台灣原始族的**遺跡**——基隆市社寮島、台北縣金山・蕃社後・江頭・尖山・水源地・六張犁・青雲岩、台北市士林社仔・士林芝山巖・圓山・壠口、桃園縣大園・草漯・大溪、苗栗縣苑里・後壠底、台中縣大甲・清水、彰化縣營埔・八卦山、南投縣埔里大馬璘・竹山埔・東埔・望鄉、台南縣烏山頭・蕃仔田・玉井・六甲頂、高雄縣桃園・鳳鼻頭・大寮、屏東縣卑南・新港、蘭嶼・綠島、花蓮縣立霧、澎湖等、遍佈於全島及其周圍諸島、日人時代已被發

圖 3　古代亞細亞人類移動路線圖

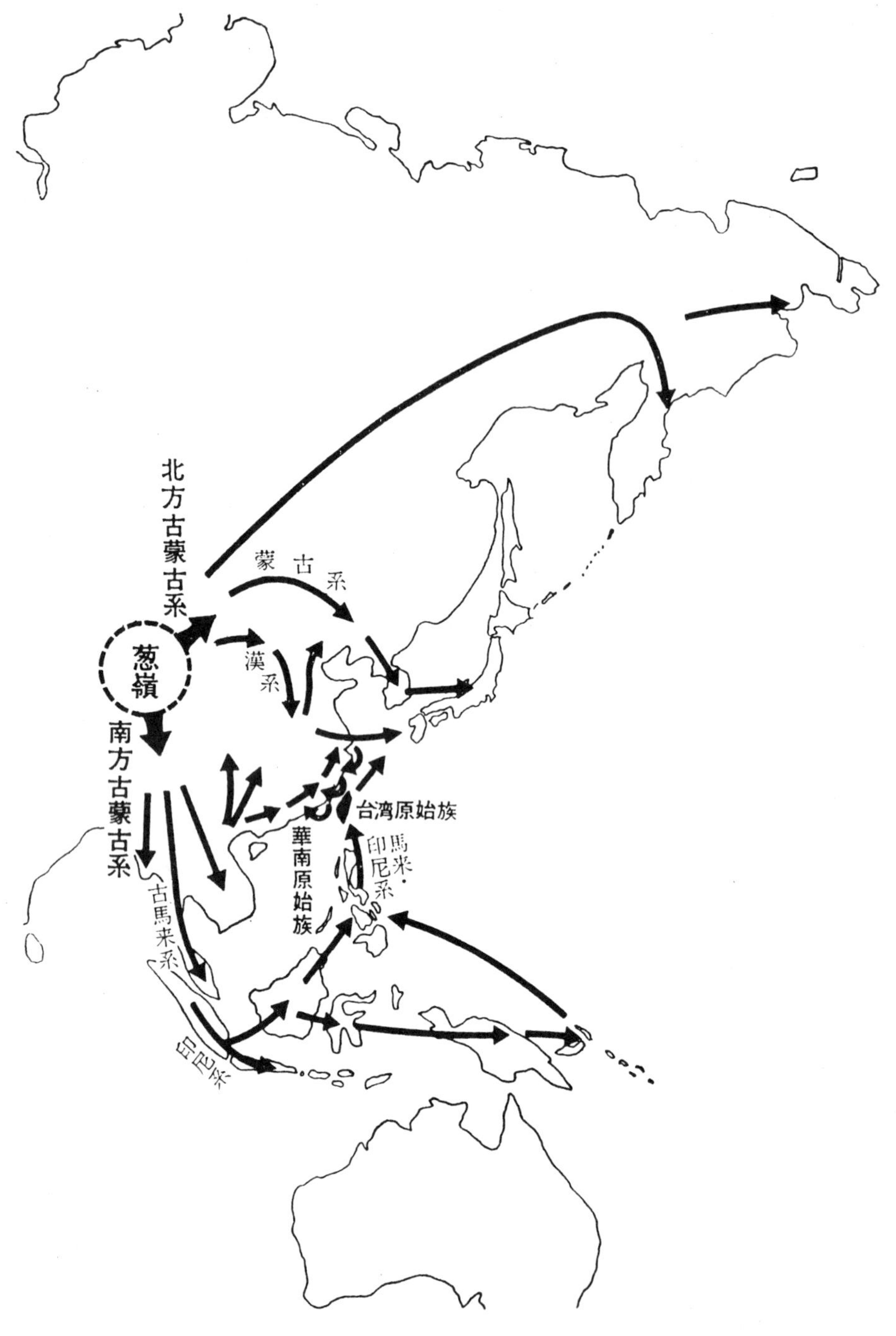

現共有四五〇餘所（參閱金關丈夫・國分直一「台灣先史考古學における近年の工作」——〃民族學研究〃第一八卷、一二號 p.69）。

(2)　台灣原始族的**遺物**——新石器時代以後的石器・石斧・石刀・石劍・石鍬・石杵臼・石製裝飾品等、巨石文化遺物的立石・石柱・石壁・石棺・甕官等、人骨・骨角器・骨角裝飾品、貝器・貝製裝飾品、陶器、土器、玉器・玉製裝飾品、文飾、劍柄等、在日人時代被發現遺物共有兩萬餘件（參閱宮本延人「台灣先史時代概說」——〃人類學先史學講座〃第十卷 p.52）。

(3)　亞細亞原始族**移動路線**（參閱圖3「亞細亞人類移動路線」）。

(4)　現存原住民系台灣人從祖先繼承或口傳下來的**生活習俗和原始文化**——燒墾・輪休・鍬耕・鹿獵・野豬獵・手網捕魚・魚筌捕魚・木杵臼・編竹・編蓆，編簍・刳木・腰機紡織、矮牆・茅屋、弓箭・腰刀、貝飾・拔毛・缺齒・涅齒・紋身、口琴・弓琴・鼻笛、輪舞、獵頭・骷髏崇拜、多靈魂觀・鳥占夢卜・室內蹲葬、老人政治・親族外婚・年齡階級・父子連名，男子會所、幾何形花紋、並口飲等（參閱衛惠林著「台灣的土著族」——〃自由中國〃第六卷九期）。

戰前的日本人和台灣人的學者、以及戰後的中國人專家、長年研究的結果、發現到距今約有五千年之前、也就是**人類學上**的新石器時代（the Neolithic-era）、**地質學上**的沖積期（the Alluvial Epoch）、已有人類生棲於此地（參閱宮本延人「台灣先史時代概說」）。這個時期相等於公元前三千年、正在世界史上、埃及的古代文化、或者黃河流域的中國古代文化、或者日本列島的繩紋文化、發芽或開花的時期。

那麼、留下足跡於原始台灣的這些原始族、他們是從何處移往過來的呢？許多日本人和台灣人學者專家、在過去、推定這些原始人大部份是從東南亞細亞海路北移上來的、就是台灣原始族的所謂「**南**

來說」。他們的這種**學術結論**的根據乃是：

(1) 台灣原始族在**種族特質**上、大多是屬於南方古蒙古人種（Paleo-Mongoloid）的「**原馬來人系統**」（Proto-Malay）（參閱金關丈夫「台灣原住民族を中心とした東亞民族の人類學」——〃福岡醫學雜誌〃第四三卷二號 p.32）。

(2) 在**語言學**上是屬於馬來・波利尼西安語族（Malayo-Polynesian）的「**印度尼西安語系**」（Indonesian）（參閱台北帝國大學言語學研究室「原語による台灣高砂族傳說集」總說）。

(3) 在**文化特質**上、是屬於東南亞細亞文化圈的「**印度尼西亞文化群**」（參閱宮本延人著「台灣先史時代概說」p.55）。

按這些種族特質・言語特質・文化特質、再加上把整個亞細亞原始族的移動路線爲參考、由此可以說、「**台灣原始族南來說**」是必須接受的科學結論。只是在過去有一部份日本人學者所說的「**全體南來說**」、應加糾正。由於台灣和中國大陸是處於唇齒相依鄰接關係、生棲於台灣西北部的一部份原始族、可能是從中國大陸的華南沿海地帶及其附近島嶼橫渡過來的、所以這一點要加以考慮。

然而、戰後來台的一部份中國學者、一到台灣、就把過去日本人學者長年研究的這個「**南來說**」推翻、並主張所有的台灣原始族不分新舊都是由中國大陸橫渡過來、而招來所謂「**全體大陸說**」一時風行於戰後的台灣。他們主要是、根據台灣原始族和華南原始族（從漢代就稱爲「安家之民」的獠族・傜族・苗族・越濮族等）在文化特質上頗有相似才這樣論說的。當然、無論是台灣原始族或華南原始族、本來就是同樣屬於「**南方系古蒙古人種**」、前者由南洋海路北上渡來台灣、後者乃是從東南半島陸路北上中國大陸的、在一定期間、雙方都保持著文化特質上或生活習俗上的許多共通點。但是單憑這點、不能斷定台灣原始族毫無例外的是從中國大陸移來。觀諸立論的經過、這種論說、與其說追求眞理、勿寧說是冒充學術方法而把政治主張揑成**神話**、硬說成台灣從創古時代就和中國大陸具有密切來往的連帶關係。這種屬於傾向政治主張的假學術言論、不僅是不足掛齒、而且應予以嚴厲的糾正。

那麼、原始的人們初到台灣是在那個時代？由於他們所遺留下來的史前文化找不出和中國・印度・阿拉伯這些古代亞細亞的三大高級文化有任何關連、就是他們的史前文化全然獨立於這三大古代亞細亞高級文化之外、依此、可以推定這些原始人、都在這三大文化迄未影響到原住地的原始印度尼西安文化之前、就移住到台灣來的。

總之、具備著這些種族系統・語言系統・文化特質的原始人、就是台灣黎明時代的先導、也就是**台灣最初的主人**。

這些原始族的子孫、由於台灣有史以後、長期受了從外來到的漢人・荷蘭人・日本人・蔣派中國人的侵佔和壓迫、大半都遭到殲滅性的打擊、所以、不是被驅逐於山谷僻地、就是受到漢人系台灣人祖先的吸收同化。

到了今日、被視爲其後裔的今日的原住民系台灣人、總數僅僅剩下三〇萬人、大部份仍舊居住於中央山岳地帶、其餘的卻分住於東部台灣的高地・平地・海岸、或島嶼。其中、約有五萬多的原住民系台灣人、現已和漢人系台灣人混血共住、幾乎已改掉了他們原來的原始生活。

過去四百年在台灣社會發展過程中起了主要作用的、無非是漢人系台灣人、可是、無論台灣社會過去的歷史演變如何、現在的原住民系台灣人、已經是以道道地地的「**台灣民族**」之一份子、而儼然存在於今日的台灣。

從外部看來、雖然原住民系台灣人都是屬於同一的種族（race）、可是、內部的部族（tribe）劃分、倒也極其複雜。各個部落都有各個部落獨特的語言、從來沒有產生過共通的語言或文字。

他們在清朝時代被稱爲「蕃」（熟蕃・生蕃、或平埔蕃・高山蕃）、日據時代被叫著「**高砂族**」、現在卻被改稱爲「**高山族**」。

對於這些原住民系台灣人、試作學術性的分類、乃是開始於日本人專家。例如、日人據台後、很快就編成一個較有系統的分類法、把它分爲七族（參閱伊能・粟野合著「台灣人事情」—一八九九年）。繼之、日本考古學專家鳥居龍藏發表九分法。被稱爲「**日本蕃通**」的森丑之助、也建議日本總督府蕃務課採用六分法、後改爲七分法（參閱森丑之助「台灣蕃族」—三省堂日本百科辭典第六卷—一九一二年）。一九三五年台北帝國大學「**土俗人類學教室**」、發表了新編的九分法（參閱移川子之藏等合著「台灣高砂族系統所屬の研究」p.6）。語言學專家小川尚義也從言語學上分類爲高山蕃十二群及平埔蕃六群（參閱言語學研究室「原語による台灣高砂族傳說集」p.3）。由此可以知道、原住民系台灣人內部的部族界線參差、系統較複雜。

現在可把較新的「**九分法**」試舉於此（參閱馬淵東一「高砂の分類」—〃民族學研究〃第一八卷一—二號—一九五四年 p.6）：㈠泰雅族（Atayal）、㈡賽夏族（Saisiyat）、㈢布農族（Bunun）、㈣曹族（Tsou）、㈤魯凱族（Rukai）、㈥排

圖4　原住民各族分佈圖

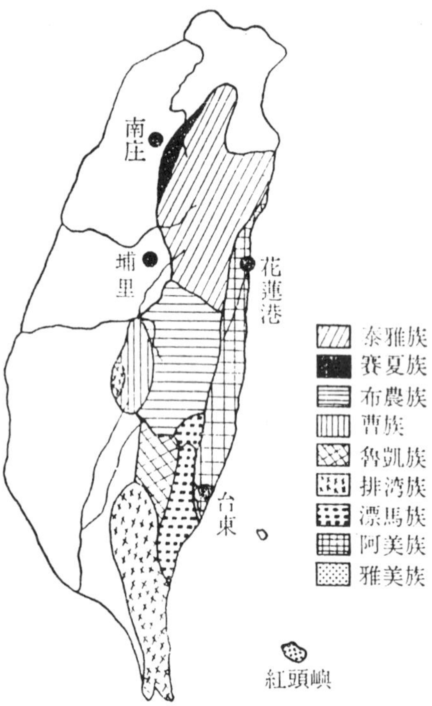

灣族（Paiwan）、㈦漂馬族（Puyuma）、㈧阿美族（Ami）、㈨雅美族（Yami）。

其他、現已同化於漢人系台灣人而幾乎不存原來生活樣式或文化特質的祖先、就是所謂「**平埔族**」、大體上有了㈠ Ketangalan 族、㈡ Luilang 族、㈢ Kbvalan 族、㈣ Taokas 族、㈤ Popora 族、㈥ Babuza 族、㈦ Pazeh 族、㈧ Hoanya 族、㈨ Siraya 族、㈩ Sau 族等。

原住民台灣同胞、在長期的歷史過程中、以流血爲代價、寫下了不少對外抗爭的史章。不過、由於歷代的外來統治者的壓迫和摧殘極其慘烈、而把他們封閉於更孤立及更未開化的生活狀態、所以不得不走向種族衰落。日據時代的中期以後、他們才稍微能接觸到近代文化和學習近代生產技術的機會、窺伺一點文明的曙光。並且、以日本語做爲普遍通行於全部原住民社會的語言、人口方面從減少的趨向、回復到可以維持現狀或稍有增加的狀態。

在第二次大戰當中、他們也無法避免身受日本帝國主義政府的徵調、轉戰於菲律賓的巴丹半島和東南亞各地域之間、親自體驗了近代戰爭的災禍。

特別不可忘記的、就是戰後在蔣家中國人統治下、當全體台灣人發動二・二八大革命的時候、有不少原住民青年同胞、從山地奔馳下平地、共同參加了對外來統治者的英雄鬥爭、爲我台灣民族流下可尊可貴的鮮血。

第三章　古代台灣

台灣第一的主人

1　中國古代文獻上的台灣

四百年有史以前、原住民所生棲的孤立並封閉的古代台灣、到底是從什麼時候才被外界的異族所發現？

在歷史上最早記述台灣的文獻是以中國爲嚆矢、這一點從台灣與中國大陸東南的福建沿海地帶處於唇齒相依的地理上來看、是屬很自然。因此、最早與台灣及原住民開始交往的、也不外乎是大陸上的漢人、這一點在學術上已經成爲定論。

再者、台灣與中國大陸到底是從什麼時候就有交往？一談到這個問題、仍然議論紛紛、還沒有獲得確定的結論。

爲了解答這個問題、就不得不把中國主要古代文獻逐一加以研究、譬如、「**台灣通史**」（一九一七年出版）的著者連橫、他在該書卷一開闢記云：「*澎湖之有居人尤遠在秦漢之際*」、而想把台灣與中國的交往問題追溯到蒼古的二千五〇〇年前的春秋戰國與秦漢時代、並也在嘗試從「**尚書禹貢篇**」找出資料。但是這種說法、與其說學術性的論述、勿寧說是偏於政治性的嘗試、所以比較特殊的。許多這方面的中國人專家、依據所謂學術上的方法、有的想要在漢代與三國時代的「**前漢書・地理誌**」、「**後漢書・東夷傳**」、沈瑩的「**臨海水土志**」等而來發掘所想的論証。還有另外一部份學者、再把時代降到更爲後代、而在「**隋書・流求國篇**」、或宋元時代的「**宋史・琉求傳**」、趙汝适的「**諸蕃志**」、

「**元史・瑠求傳**」等、想來覓取有關台灣的典故。

本書想把到荷蘭佔領台灣爲止的所謂史前時代、也就是到公元十七世紀初、明朝末葉爲止的台灣、暫時稱爲「**古代古灣**」、並以日本學者桑田六郎及中國學者凌純聲的有關著作做爲主要的參考、而來研討中國古文獻中的台灣。

事先須把左列五點概略敍述一下、以便對本題的理解：

㈠　被**推測**是台灣最古老的名稱、約有前漢書的「**東鯷**」、臨海水土志的「**夷州**」、隋書的「**流求**」。

㈡　不加以任何推測而可以**明確認定**爲今日台灣之一部份的地名、乃是距今八百年前的南宋中葉、在樓鑰所寫的「**攻媿集**」之中把現在的澎湖島叫著「**平湖**」。

再者、屬於台灣島的一個地方名稱而能散見於中國文獻的、要比「**平湖**」的紀事更晚的明朝以後才能看到。

「**台灣**」這個名稱的出現、要等到四百年前的明末清初才有可能。

㈢　中國華南沿海地方的漢人（漁民・海盜）最早來到「**平湖**」的時代、被**推測**是在公元十二世紀初（南宋初葉）、至於漢人的農業移民進一步移住台灣島、則要再等四百年之後、公元十六世紀末葉、就是荷蘭人佔領台灣的前夕、才見實現。

㈣　清朝把台灣納入中國版圖以前自不必說、即使編爲中國領土之後、中國方面無論政府或民間還是把台灣當做「**化外異地**」、並這樣來處理它。這樣的想法與處理方法、一直繼續到清朝末葉的日本帝國主義佔領台灣爲止。

㈤　像今日這樣在行政區域上把台灣島與澎湖諸島合併而總稱之爲「**台灣**」、即開始於清朝行政統治力量伸展到一部份台灣的時期。

在此以前、台灣本島與澎湖島完全被當做另外的兩個地方、以兩個名稱分別稱呼。

2 東鯷

距今約有二千年前、漢朝的「前漢書・地理志」記載著：

「會稽海外有東鯷人、分為二十餘國、以歲時來獻見……」。

後來、有一部分日本與中國的學者、推測這個「東鯷」就是台灣、並把「前漢書」當做是記載有關台灣的最古文獻。

如果這個主張是有充分憑據的話、台灣與中國（當時只能指黃河流域到長江一帶）的交往、起碼能斷定是開始在二千多年以前。

漢族從西方移住到黃河流域一帶已經有過三千年的漢代、一方面國內的統治體制逐漸鞏固起來。另一方面、當政者的眼光也逐漸轉向到國外、但是當時漢族的居住地域還是停滯於黃河下游的所謂「中原」一地帶、四周卻是屬於所謂東夷・南蠻・西戎・北狄的勢力範圍。

處在四周的異族之中、漢代的統治者必要加以征服的、乃是頻頻侵犯中原的北方匈奴等遊牧民族或西方羌族、所以漢朝四百年的對外政策、幾乎都是為西北方面的軍事行動所填滿。

反過來看東南方面的華南一帶（長江以南）、雖然漢人也與許多異族割據相爭、但是、漢朝在華南勢

圖5　漢人華南沿海交通線

力所及的、只限於長江下游而已、再往南的廣大地域乃是南方系原始族的棲息地、特別是福建・廣東的沿海地方、因爲在地理上是山岳地帶而與內陸（江西・湖南等地）相隔絕、必須依靠海路才能與長江區域取得聯絡、所以當時的漢人能夠到達福建沿海地帶乃是屬於稀罕的事。況且和中國大陸遠隔重洋的台灣、其住民與漢朝有所交往實屬不可思議。

由此可見、把東鯷認爲是台灣或者其餘特定島嶼的名稱是沒有根據的、更不可能是當時的漢人到達台灣所起的名稱。

因此、現時的學者、幾乎都認爲是昔古時代生活在中國大陸內地的漢人、當他們到達長江下游並見到海洋時、把眼力所及的許多島嶼一概稱爲「**東鯷**」、那麼、當時是泛指「**島嶼**」的普通名詞的東鯷這個名稱、後來的學者誤認爲是「**台灣**」的專有名詞、才發生了東鯷乃是台灣的錯覺。

再者、上述記載所謂「**東鯷人、分爲二十餘國、以歲時來見**」這一段、如果要與台灣原始時代相對照的話、也找不到歷史上的痕跡、從這一點來說、東鯷即台灣立論是更站不住腳的。

若是硬要主張東鯷是指一個特定島嶼、據於漢代地理上・社會上的關係看來、把它推測爲係指日本的一部份或者琉球的一個島嶼、更顯得自然。

3 夷州

其次、有不少學者、把「夷州」認爲是指今日的台灣、並以「臨海水土志」爲有關台灣的最古文獻、特別是中國學者大體上都持這種說法。

三國時代的吳國丹陽太守・沈瑩所寫的「臨海水土志」、本是已散失不存、只因在宋代的「太平御覧」卷七八〇東夷傳引用其一部份、才流傳下來。其中有了下列的一段：

「夷州在臨海東南、去郡二千里、土地無霜、草木不死、四面是山、眾山夷所居。山頂有越王射的正白、乃是石也。

此夷各號爲王、分劃土地人民、各自別異。人皆髡頭穿耳、女人不穿耳。作室居、種荊爲蕃鄣。土地饒沃、既生五穀、又多魚肉……」。

三國時代的東吳、乃是與魏國曹操、蜀國劉備鼎足而三的孫權之天下。由於它以長江下游豐饒的江南地帶爲勢力範圍、所以對於福建・廣東以及更遠的南方地域都具有很大的野心、不但與華南沿海的各地島嶼以及嶺南（廣東）保持頻繁的往來、而且遠對南方的扶南國（柬埔寨）、也派遣了使臣康泰前往修好。

從「夷州」這個名詞、可以想像乃是夷人所住之異地、並且距離位於長江河口的臨海郡有二千里之遠、氣候風土都比長江一帶溫暖、所以也能看出比東吳更位於南方、所住的夷人、從種族上看來、當然與漢人不同、風俗習慣也有不同於漢人的記載、因此、根據這些記載的內容來說、往往會使後代的學者輕易的斷定夷州就是指現在的台灣。

但是、如果把這一些敘述再進一步深入探討下去、就免不了找出許許多多相反及否定的材料。本來、「**夷州**」的名稱、與「**亶州**」同樣、從古時代就是屬於那種不能確定到底是指何處的一種傳說地名之類、猶如「**吳志**」孫權傳說：「**夷州亶州在海中、長老傳言、秦始皇帝遣方士徐福將童男童女數千人入海、求蓬萊及仙藥、止此不還：：**」。再者、若把「**山頂有越王射的正白、乃是石也**」這一段記載與今日的台灣聯繫起來、在歷史上或地理上、更是找不出可以憑信的任何痕跡。而且、再把有關夷人的記載整理一下、同時也參考「**山海經**」的「**甌在海中閩在海中**」、就可知昔古時代從長江流域要到福建地方是依靠海上交通爲主、這樣就能再發現到所謂夷人、與其說指台灣原始族、勿寧說是描寫著當時散居於福建地方及華南沿海各處島嶼的南方系原始族、。

換言之、可能是東吳的漢人、從長江河口出發、經過海路而到達當時的安陽（現在的溫州地方）・羅江（現在的福州地方）及其附近島嶼、並遇見了南方古蒙古系（Paleo-Mongolian）原始族——獠族・越濮族・傜族・苗族等、而稱之爲「**夷人**」。再到後代、一部份中國學者由於華南原始族與台灣原始族雙方同屬於南方古蒙古系並在衣・食・住・飾等風俗習慣也很相似、所以把從南方陸路北上到達中國大陸的這些華南原始族、與從南洋海路北上的台灣原始族混淆不清才誤認爲當時所說的「**夷州**」是今日的台灣（參閱圖3、古代亞細亞人類移動路線圖）。

退一步來說、假如當時的所謂夷州果然是今日台灣、那麼、頂多也不過是中國的旅人從航行海上遙望到台灣島、或者航海中遭遇暴風雨而一時漂流於台灣西岸、其他、萬不可能會與台灣發生更進一步

圖6　三國時代華南沿海交通線

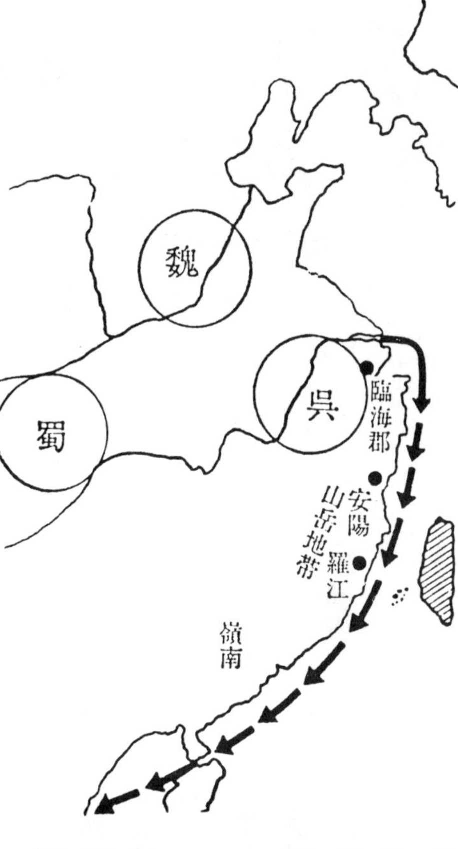

的關係。然而在「三國志」孫權傳或者陸遜傳之中、另外有了東吳幾次出兵討伐夷州的記載、若以此說、夷州就更不可能是指台灣。

總而言之、「夷州」這個名稱、與「東鯷」同樣、只能當做研究古代台灣的一種參考而已、若想進一步予以論斷、必得重新覓取明確的資料才有可能。

4 流求

三國時代以後、經過南北朝時代而到隋朝約有三五〇年間、從未出現過能夠給後代的學者推測著有指台灣的任何記載。到了隋代、在「隋書」流求國條、才有了記錄說明「流求」是東方海上的島嶼、就是公元七世紀初（大業年間）、隋煬帝派遣朱寬・陳稜二名武將、數次到達流求國、征討流求住民並把數千名不馴服的男女捕回中國。

圖7　隋代至宋元時代的「流求」（瑠求）

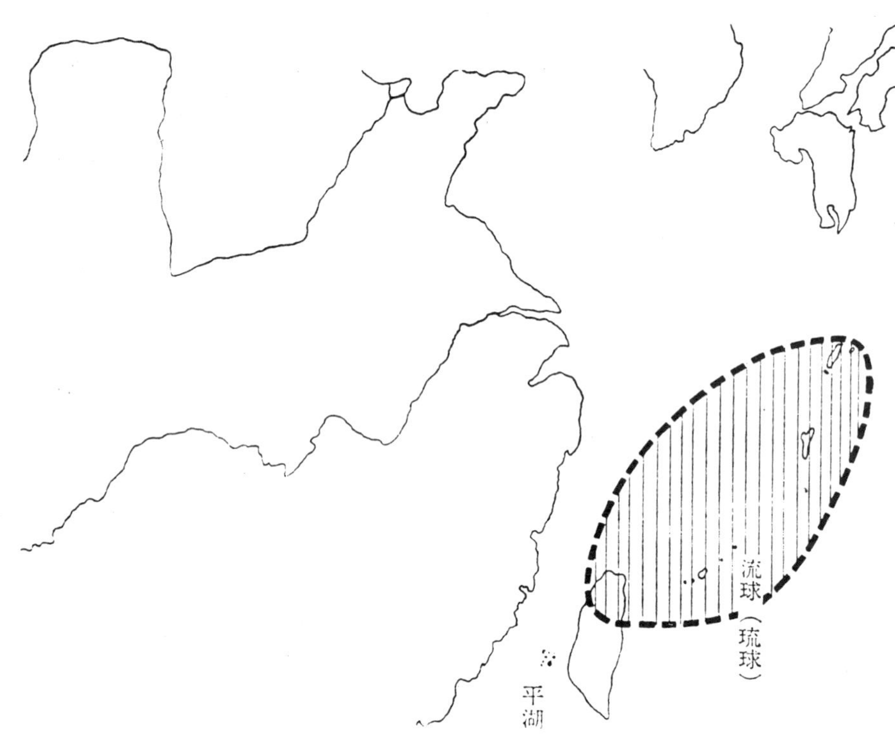

那麼、近代的中日學者以及西歐的東洋專家、乃推測在隋代被稱爲流求、到底是那個地方？結果分爲三說、㈠流求是指今日的沖繩島、㈡流求是指今日的台灣、㈢當時所謂流求泛指沖繩、台灣等中國大陸東方海中的一連島嶼。

如果從所記載的航海路程、「流求」的風土、住民的風俗習慣或語言等看來、推論當時的所謂流求爲今日的台灣、可以說是相當合乎邏輯的。這種在隋代所稱的「流求」、到了宋代也繼續被使用、再到元代這個名稱仍然存在、只是改寫爲「琉求」或「瑠求」並有武將高興和楊祥兩人屢次出兵此地。若把這個流求確定是今日的台灣島、那麼、台灣從距今約有一千四〇〇年前的隋代就與中國大陸有了某些交往才是。

但是、若把當時的流求認爲只係指台灣、最後還是留下了不少問題在「流求」這個名稱之上。譬如說、到後來、清・康熙二十五年（一六八六年）陸應陽著的「廣輿記」琉求傳云：「國王有三、中山王、山南王、山北王、漢魏以來不通中華。隋大業時、遣羽騎朱寬、訪求異俗、始至其國、言語不通、掠一人以還。歷唐宋共未朝貢。至明洪武初、三王皆遣使朝貢、後止。中山王來朝、而許王子及陪臣子來遊大學、蓋山南山北二王相併。：：澎湖近福州郡界、天氣晴朗時、望之隱然在煙霧之中、：：」由此可以斷爲隋代的「流求」不能說只是指台灣島。

因此、也是採取第三說、就是認爲「流求」乃是包括沖繩・台灣兩地的總稱、較爲適當。

另一方面鑑於流求這個名稱一直被傳用到宋元時代、也許是在隋代先把沖繩列島稱爲流求、而後再把台灣的一部份（可能是台灣北端）與沖繩列島合併而統稱爲「琉求」。如果是這樣、就能推測在隋代到宋元之間、台灣島的一角已被叫做流求。恰是今日在台灣島的西南角海上有個小島名叫「小琉球」、這點、可以說爲研究古代台灣留下一個現實的歷史資料。

5　「平湖」與澎湖

隋代以後到宋代的六個世紀之間、又留下了很長的空白時代、幾乎沒有涉及到台灣的任何文獻。

唐代的進士施肩吾有一首題名「澎湖嶼」的詩、一時給後代的學者宣稱爲有關台灣最古的文章。但是、後來知道這首詩並不是指台灣、所以不再被人提起。

宋元時代、「流求」或者「琉求」、漸漸成爲台灣島或其一部份的名稱、華南沿海一帶的漢人居民、也逐漸認清澎湖與台灣島的存在。這樣子、像雲霧似籠罩著的台灣的一些抽象觀念、逐漸被拂拭、於是、台灣島的存在、在大陸上漢人的眼光裡才確實的映現出來。

南宋・樓鑰的「攻媿集」卷八八汪大猷行狀條有了記載：

「乾道七年（一一七一年）四月起、知泉州、……郡實瀕海、中有沙洲數萬畝、號平湖、忽爲島夷號毗舍耶者奄至、盡刈所種。他日又登海岸殺略、禽四百餘人、殲其渠魁、餘分配諸郡。初則每遇南風、遣戍爲備、更迭勞擾。公即其地、造屋二百間、遣將分屯、軍民以爲便、不敢犯境。……」

平湖與澎湖、閩南語的發音相同、並且在地形上、澎湖島平坦無山、一遭到暴風雨、島上之物盡被吹走、所以「平湖」即澎湖名稱、是無可置疑的。

圖8　宋代的「平湖」

泉州

平湖

「平湖」這個名稱的出現、可算是不經任何推測或爭論而能夠確定爲有關今日台灣一部份的最早的文獻記載。

就是說、無論「東鯷」「夷州」「流求」、都或多或少在推測之下、才被一部份學者說爲是指台灣。然而「平湖」即是澎湖、乃一點也不令人懷疑而被確信是指今日台灣的一部份、「平湖」這個名稱的歷史意義竟然在這裡。

因此、採取嚴密態度的學者、則認爲「平湖」的名稱出現於文獻上的前夕、才是漢人渡來澎湖即台灣的最早時代、乃是距今八、九百年前、從北宋末葉至南宋初期的期間。其次、南宋・趙汝适的「諸蕃志」毗舍耶條也記載著：

「泉有海島曰澎湖、隸晋江、與其國邇、煙火相望、………………」。

前述的「攻媿集」及「諸蕃志」的這一段、可以推測到澎湖島已有以千計的漢人移住謀生。

再進到元代後、澎湖島就更明確的浮現於華南沿海漢人的心目中。例如元・至正年間、汪大淵的「島夷誌略」澎湖條描寫澎湖的情況云：

「島分三十有六（現在已確認一共有六十四島嶼）巨細相間、坡隴相望、乃有七澳居間、各得其名。自泉州順風二晝可至。有草無木、土瘠不宜禾稻。泉人結矛為屋居之。氣候常暖、風俗朴野、人多眉壽。男女穿長布衫繫以土布。煮海為鹽、釀秫為酒、採魚蝦螺蛤以佐食、爇牛糞以爨、魚膏為油。地產胡麻綠豆、山羊之孳生數萬為群、家以烙毛刻角為記、晝夜不收、各遂其生育。工商興販、以樂其利。地隸泉州晋江縣、至元年間立巡檢司、以週歲額辦鹽課、中統錢鈔一十錠二十五兩、別無科差：：：」。

這段記載與現在的澎湖島的情形幾乎相似一致。

元・至元年間、置巡檢司於島上媽宮、並向鹽民課稅、乃是中國政府把其統治權力首次伸入於澎湖即今日台灣的一地方的歷史事跡、距今六百餘年。

對於澎湖島雖然有了這樣確實的記錄、但是、再往東方海上的台灣島、除上述的「流求」那樣不明確的記載以外、到此時代還找不到更正確的資料。

雖然沒有更正確的記錄、但是、從四周的動靜來觀察、有關台灣島與中國大陸的接觸、也不妨推測為正處在逐漸開展之中。譬如、福建泉州到台灣島的距離、不過是元軍進攻日本的海程的四分之一而已、福建沿海的漢人以澎湖爲中途站、往來大陸與台灣之間、已非不可思議的事。當然、台灣島上已有精悍的原住民遍佈全島、他們頑強的抗拒異族從外侵入、所以在此時、和後來的台灣社會發展有關的所謂農業移民要移住台灣、可以說爲期尙早。可是、福建沿海漢人海盜與台灣島上的原住民、一方面進行武力爭奪、另一方面兼行物物交易、或者漢人漁船、已經能到台灣沿海從事捕撈烏魚等、乃是顯而易見的。

到了這個時期、沖繩列島與台灣的區別、也漸爲明確、所以、中國大陸漢人開始把沖繩叫做「**大琉求**」、台灣北部被叫做「**小琉求**」。例如、明・嘉靖年間（十六世紀初葉）、差使於沖繩島的陳侃所寫的「**使琉求錄**」、有了「**隱隱見一小山、乃小琉求也**」「**霽日登鼓山、可望琉球、蓋所望者小琉球也**」的記載。這樣、從面積上來說、較大的台灣被稱爲小琉求、可能會引起種種疑問。但是、按當時和中國大陸的關係密度或住民的力量來說、沖繩列島雖然面積較小、卻比台灣島、流求接中國文化來得多、以文化程度較高、加上已是一個統一的國家而力量也較大、才這樣被稱呼、而把台灣當做沖繩列島的一小部份。上述的「**島夷誌略**」琉球條亦云：「**自澎湖望之甚近。地產沙金、黃豆、黍子、琉黃、黃蠟、鹿、豹、麂皮。貿易之貨、用土珠、瑪瑙、金珠、粗碗、處州磁器之屬……**」、這一種風物與台灣北部原住民的情形一模一樣。同時、從此可以想像到、當時在台灣北部的原住民、比南部的原住民爲和平、善於與外來的異族從事物物交換。

與中國中原的漢人把台灣北部叫做小琉求相對照的、就是台灣南部、可能被福建沿海地區的漢人稱爲「**毗舍耶**」。上述的南宋・趙汝适「**諸蕃志**」卷上毗舍耶條有如下的記錄：

「**毗舍耶、語言不通、商販不及、袒裸盱睢、殆畜類也。泉有海島曰澎湖、隸晉江、與其國邇、煙火相望、時至寇掠、襲之不測、多罹生噉之害、居之苦之。……**」。

又在上述至元・汪大淵「島夷誌略」毗舍耶條也記載著：

「僻居海東之一隅、山平曠、田地少、不多種植。氣候倍熱、俗尚虜掠、男女撮髻、以墨汁刺身、至踈頸門、朗纏紅絹、繫黃布。俗以國無酋長、地無出產、常裹乾糧、棹小舟、遇外蕃伏荒山窮谷無人之境、遇捕魚薪者、輒生擒以歸、鬻於他國、無一人易金二兩重、蓋彼國之人、遞相傚傚、習以為業、故東聞毗舍耶之名。皆畏而逃焉。……」

這個「毗舍耶」可能是菲律賓群島的一個海島（Bisaya）及其原始族之名稱、後來、由中外學者認爲是指著從彼地渡來而定居於台灣南部的所謂傀儡蕃、就是今日的「排灣族」（參閱藤田八「島夷志略」校注）。

附帶的說、初到台灣近海的紅毛人航海者、原先是按漢人的稱法、把台灣島叫著「小琉求」、EO-Minor 或者 Lequeo-Pegueno，後來才改稱爲 Formosa（福爾摩薩）。

6　從「大員」到「台灣」

明太祖朱元璋取得中國天下之後、即注視於東方海上、洪武五年（一三七二年）派遣楊載前往琉球。楊載攜帶流求國王的使者歸來、由此、明朝與琉球國乃開始正式通好。

從這個時代起、「琉球」的名稱成爲沖繩列島琉球國的專有名詞、隨著、台灣乃自然而然被置於「琉球」之外。

圖9　元代的大琉球・小琉球・毗舍耶

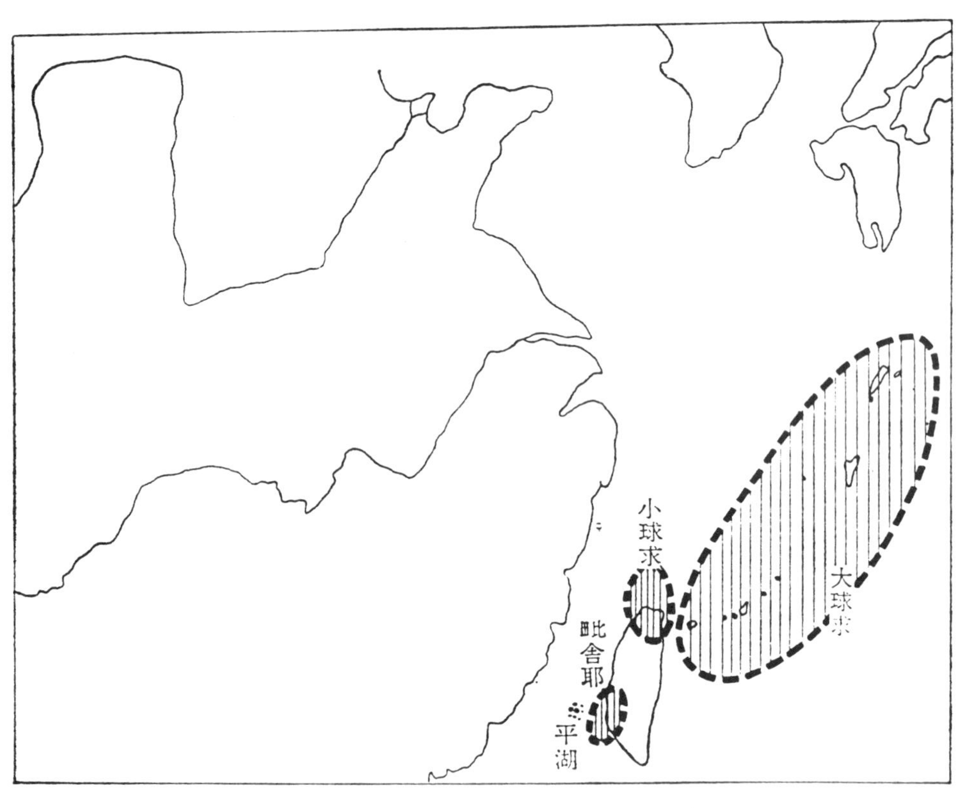

因此、明初的「東西洋考」「閩書」、或者「世法錄」等中國文獻、把台灣島改稱爲「東蕃」。原來、漢族是自稱中國爲「中華」、同時與此相對照的東方的各個異族歷來都總稱爲「東夷」。然而明代就不把台灣叫做東夷、而另用新名詞稱之爲東蕃。這表示當時的漢人把台灣的原住民認爲是比東夷更陌生的異族來對待、其意思好比把屬於東夷的日本人稱呼爲「倭人」相等。

從這時代的書籍上、漸漸能看到有關台灣島的記事、南部的大員・魍港・打狗・或者北部的雞籠・滬尾等地名、頻頻散見於各種文獻上（參閱何喬遠「閩書」）。

因此、把今日台灣的安平・台南附近、周嬰的「東蕃記」叫做〃台員〃陳第的「東蕃記」及何喬遠的「閩書，島夷誌」則稱爲〃大員〃而張燮的「東西洋考」則稱爲〃大圓〃何喬遠的「鏡山全集」改寫

圖 10　明代的台灣島名稱

爲〝台灣〞、沈鐵的上奏文中又寫爲〝大灣〞、這樣、以「台灣」來稱呼台灣島的草創時代、即由此開始（參閱和田清「琉球台灣の名稱について」—〝東洋學報〞一四、四）。

隨著四周形勢的熟悉、福建沿海的漢人乃開始進一步與澎湖・台灣島交往接觸。再往下、等荷蘭人佔領台灣爲出發點、與促進後來台灣的社會繁榮具有直接關係的**漢人農業移民**乃決堤的怒潮似的一起湧向台灣島。於是、這個海上的孤島逐漸浮現於世界史上、台灣有史時代的齒輪也開始轉動。

附帶的說、再到了清代、隨著國家權力的擴張、清廷乃把台灣島與澎湖諸島一起劃爲台灣行政區域之內、這樣、本是指今日台灣的一部份（台南附近一帶）的「台灣」這個名稱、終於成爲台灣全體的總稱。

所要注意到的、儘管清廷把台澎兩地在行政上如何的統歸爲一、但是、中國的朝廷或民間、依然不改變原來的思想方法、而把台澎兩地當做不同的兩個地方和兩個性格來看待。中國大陸方面對台澎兩地這種分別看法、當然是起因於在地理上澎湖比台灣島靠近中國大陸同時也較早就有往來、再者、在種族上、居住於台灣島內的原始族也不同於漢族、但最主要的原因、還是中國大陸上的漢人對於台灣所懷有的基本想法所使然。

中國歷來的朝廷與民間、自從知道澎湖往東的海中有個大海島以來、一貫是以不屬中國領土的「**荒服地**」來對待它。這種基本想法、到了清代也不見有多大改變。例如、在清・乾隆五十三年（一七八八年）、清廷翰林院編修充國史館纂修官・洪亮、奉命監修「**乾隆府廳州縣圖志**」之際、他在「**台灣府**」條、以「**古荒服地、不通中國、名曰東蕃**」的敘述來說明台灣與中國大陸的**不同性**。

何謂荒服地？歷來的中國朝廷爲了統治所謂「**化外之地**」、都是採用傳云是在堯舜時代所制定的「**五服之制**」（中華爲〝王畿〞、距離中華五百華里爲一服、五服乃是甸服・侯服・綏服・要服・荒服）、其中、在地理上・文化上距離中華王畿最遠所以「**王化**」（統治力）最不能及的、被認爲最低級並最生疏的化外之異地、乃稱之爲「**荒服**」。

或者「**台灣府、在東南大海中……古荒服地、未隸中國版圖、……**」（清・高拱乾「台灣府志」卷一建置—一六九四年）、或者「**台灣海外荒裔、地不知所屬、……**」（清・周鐘瑄「諸羅縣志」卷一建置—一七一七年）、或者一八七三年（清・同治一二年）日本維新政府藉口台灣原住民殺戮琉球人而將興兵侵犯台灣的「**牡丹社事件**」之際、清廷大臣毛昶熙答覆前往北京向清廷警告將派兵問罪的日本使臣云、「**生蕃既屬我國化外、問罪不問罪、由貴國裁奪**」等、可見中國大陸方面、一直到清朝末葉還把澎湖和台灣島分開、並以另眼看待、而不爲是中國本國之一部份。

因此、像今日這樣、把台澎兩地名實相符的統歸於「**台灣**」這個名稱和概念、實際上、還得等到更後代、即日本佔領台灣後才開始。

再者、北方的日本人和琉球人、他們與中國大陸的漢人發現了台灣島的同一時期、就對於台灣保持著一定程度的接觸、尤其在元軍第二次遠征日本而遭挫折之後（十三世紀末葉）、史上哄傳一時的倭寇、乃把台灣北部的雞籠・滬尾兩地爲其「**八幡船**」（日本海洋船）的停泊地、同時也奔赴澎湖、跟漢人海盜從事物物交易。

日本人對台灣的勃勃野心、與不太關心台灣的中國大陸漢人是顯然不同、不僅一般民間人、就是當政者也甚熾烈。例如、一五九三年就有了當政者豐臣秀吉致國書於「**高山國**」。（當時的日本人把台灣島這樣稱呼）、但因台灣原始族未有統一的國家所以使臣未果而歸的記錄。到了次代的德川幕府、在一六〇九年九州地方的領主有馬晴信、奉命派兵企圖進犯台灣島、一六一六年九州地方的領主村山等安、帶領兵船一三艘再次企圖進犯台灣島、但是兩次都爲東海的風浪所阻、半途而歸。

圖 11　日本德川時代的台灣

此時、日本人把台灣島稱爲「**高山國**」（豐臣秀吉「**國書**」）、「**たかちぐん國**」（有馬晴信「**訓令**」）、「**高砂國**」（村山等安「**朱印狀**」）、「**多加佐古**」（「**日本異國通寶書**」）、「**塔伽沙谷**」（「**華夷通商考**」）等（小葉田淳）、「**台灣古名隨想**」——〝新南土〟）。

第四章　漢人移民的開始

突破海濤大浪的移民精神

1 漢人南遷

從中國歷史看來、漢人自從定居黃河流域的五、六千年以來、歷代的皇帝或將軍等當政者都不得不注視西、北方面沙漠與草原地帶、並傾注大半的國力於與蒙古・滿洲以及西域的**北方古蒙古**系遊牧民族的爭奪戰爭。

然而、當統治者在西、北方面長期與異族抗爭之間、另一方面、被統治的漢人農民、卻是相反的向南方發展、把黃河以南、以及再進一步的長江以南的地域、逐漸開拓起來。就是說、以黃河爲界、愈往西方和北方氣候則愈寒冷、同時也受到強悍異族的威脅、所以、不太適於發展開拓事業和農業生產。相反的、往東南方向、華中與華南一帶氣候溫暖、土地肥沃、並且、當地的**南方古蒙古**系原始族又比漢人弱小、容易征服、所以適宜於土地的開拓和耕種生產。這種天然的與社會的有利條件、才使歷來的漢人老百姓一路向南發展。

因此、遠自春秋戰國時代開始南下的漢人老百姓、隨著時代的變遷、漸漸掀起了成群南遷的浪潮。這樣的漢人往南遷移發展、究其原因、不僅是因爲人口驟增與社會發展的結果、同時、主要是起因於統治者的苛酷剝削、北方異族入寇、連年戰亂、大河泛濫、旱災、飢饉等天災人禍所招來老百姓生活窮迫、才使之不得不離鄉背井、而往南流浪。

特別在昔古時代、因從北方異族入寇及國內戰亂政治變革所受禍害非淺、例如、漢代的黃巢之亂、

圖 12　古代漢人南遷經路圖

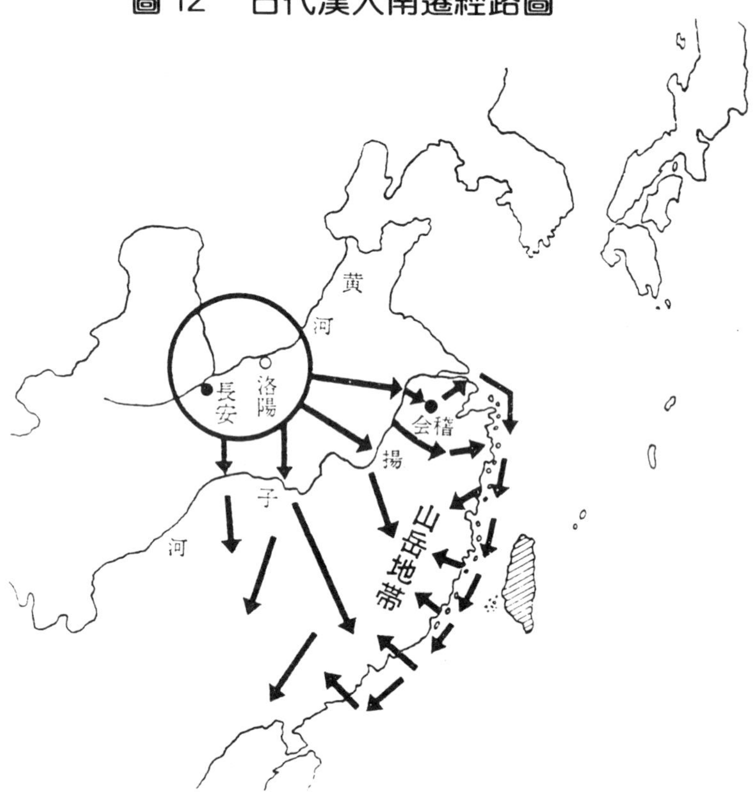

或者五胡亂華、金・元的入寇、滿清侵犯中國、都是在歷史上導致了千百萬的農民離家流亡、而成群逃難到長江流域及華南一帶去開荒逃生。換言之、在中國的歷史上、每一個時代的南遷的浪潮、大體上都是由**逃難農民**所造成的。

這種漢人南遷的浪潮、經年累月之後、乃使荒蕪未開的華南地帶被開拓起來、同時漢人也漸漸遍佈於這廣大地域的各個角落。只是華南地帶經過了一時代的繁榮之後、也無可避免的又招致人口過剩與社會疲憊的沒落狀態。因此、生活在封建社會最下層的農民階級、乃再一次陷於失業和破產的境地、終於從農村社會被濟出來、又不得不重新往外覓尋生路而去。

可是、再往下能覓取到的新天地、則必須經過數十天不習慣的海上航行、才能到達的**海外異地**、這個海外異地當然是屬於漢人勢力所不能及的別種世界。因此、當時的華南農民、必須下了絕大的決心而離開華南大陸、並經過遙遠海程、才能夠在海外找到生存的地方、這種驚險出洋謀生的海外移民就是後世稱爲「**華僑**」的起源。

自古以來、中國所謂的「**南船北馬**」、在華北以馬驢爲陸上交通工具、在華南則靠內陸河川的船舟之便。可是、這些海外移民所要經過的艱險航程、當然是遠超過「**南船**」的內河航行。他們所要渡過的乃是重洋大海、所以生活於大陸的這些漢人移民、必須以生離死別的一大決意、才能衝破這種航海上的艱險。因此、這些得飄洋渡海的移民、比起僅在大陸上由北而南的古代移民、在心情上是不知道要沉重多少倍。這能夠以生離死別的決心和沉重的心情移住海外而成爲移民先驅的、除了福建・廣東沿海地方的流落農民、海盜、以及政治上的亡命者之外、，再也沒有其他人可辦到。

從華南進出海外的漢人移民、本來開始於唐代、已經有一千多年的歷史。但是要等到十三世紀到十五世紀的元明時代、才抓起漢人海外移民的高潮。此時正逢元・成祖（忽必烈）遠征安南・波羅乃・蘇門打臘・緬甸等地、繼之、明朝也派遣鄭和前後五次由海路下南洋、出使南洋各地。由於朝廷在軍事上・政治上如此伸張的結果、原來單靠自力發展的海外移民、就必然的更加活躍起來。

到了十六世紀、又展開了新的局面、就是經過西歐殖民者有組織有計劃的嚮導、漢人的海外移民、再掀起了更加一層的高潮。換言之、十五世紀、西歐的哥倫布發現新大陸（一四九二年）、接著達伽瑪繞過非洲南端好望角到達印度（一四九八年）、這樣西洋人新大陸與新航路的發現、招來葡萄牙及西班牙的東洋侵略、其他西歐各國也相繼來到亞洲而侵佔各地、並統治殖民地。

這種西洋的殖民地、最先要做的乃是必須覓取大量且低廉的奴隸勞動力、所以有農耕經驗並能刻苦耐勞的福建・廣東的失業農民、即很快就引起西洋人殖民者的注意。因此、葡萄牙人、西班牙人、以及後到的荷蘭人都以巧言和詐術、爭先募集了大量的漢人農業勞動者、以殖民地奴隸身份而把他們一批又一批的送往印尼・馬來亞・安南・菲律賓、以及台灣等各地的殖民地去。

西洋殖民者這樣對海外移民的大量需要、從破產流落的華南農民來說、確實也是一種福音、所以自十六世紀末葉開始、他們就搭上紅毛人的〝大划船〞而大規模的一群又一群由福建的廈門或泉州出發、向海外流落而去。

初期渡來台灣的農業移民、不外乎是具有上述歷史性格的漢人海外移民之一。

2　漢人先渡來澎湖

那麼漢人移住台灣到底是從什麼時候開始？根據上述的文獻可以推測在八、九百年前的北宋末葉至南宋初葉之間（十二世紀初）、也就是華南漢人的海外移民將要掀起高潮的時期。在這個時期、福建泉州地方的漁民與海盜渡來**澎湖**爲漢人移民到台灣來的嚆矢。

到了南宋末葉（十二世紀末）、如南宋・樓鑰「**攻媿集**」云、澎湖在不測之時屢次被島夷毗舍耶來襲、好多漢人被擄去。後來建立二百間房屋、派兵駐守、由此可以推定爲當時已有了千人以上的漢人移住於此。

再到元代、渡來澎湖的漢人越來越多、雖然島嶼不適於農耕、但比起宋代、除了漁撈・製鹽之外、海盜貿易也逐漸興旺起來、由此可以看出漢人的居住規模擴大、市面日漸繁榮。元・汪大淵「**島夷誌略**」所謂〝工商興販、以樂其利〞、也許有點誇大、但可以窺看移民日益增多、跟著販賣日需品的商販也開始發達。在這樣漢人移住盛行的情況下、到了至元年間、元朝才設置史上最初的行政衙門巡檢司於此。就是說、澎湖比台灣本島較早就有了漢人移民的渡來、跟著、中國政府的行政權力也隨後趕到。

澎湖既然是這樣繁榮起來、可是與澎湖〝煙火相望〞的台灣島、迄未見有漢人移住、所以宋元時代的古文獻都看不見有關漢人移住台灣島的紀錄、只在「**島夷誌略**」的毗舍耶與琉求兩節、有了關於台灣南部與北部原住民的習俗記載而已。由此只能窺知漢人在被稱爲「**琉求**」的台灣北部、與原住民有了交易行爲、並與被稱爲「**毗舍耶**」的台灣南部則有了相互武力爭奪。這樣、在宋元時代、台灣島雖然已有了漢人來往、但尚無移民居住是可以想像得到的。

因此、漢人移住台灣開始於八、九百年前的北宋末葉到南宋初葉的這種說法、其所謂的「**台灣**」係指澎湖、而非台灣島。

爲什麼漢人移住台灣島的時期遲於澎湖而在宋元時代不見實現呢？

由於本島已有了原始族、他們對於入侵者則毫不留情的給予殲滅性的打擊、所以、除非有強大的武力做爲後盾、幾乎是不可能進入。這就是福建・廣東沿海的民間移民當時還難於移住台灣的主要原因。

總言之、漢人對於台灣島的移住、得等到明朝末葉、就是荷蘭人以武力壓制原住民而創設殖民地的前夕才開始。

3　明朝的海禁政策把澎湖・台灣島與中國大陸隔離

十四世紀末葉、明太祖朱元璋爲了根絕騷擾中國沿海的倭寇、下令周德興與湯和（信國公）防守閩浙沿海、一方面禁止與日本往來、另一方面、把居住沿海各地的漢人強制遷移內地、施行所謂「**寸板不得下海**」的海禁政策、不准大小船隻下海撈魚或通商（參閱清・雍正二年巡視台灣漢御史・黃叔璥「台海使槎錄」卷二）。

當時、澎湖與台灣島已被當政者認爲是海盜或罪犯蝟集的海外巢穴。實際上、能夠渡來澎湖的福建沿海地區的居民、不外乎是挺而走險的亡命之徒、他們有時成爲貿易商人或漁民、同時也往往變成被官府追捕的海盜、所以自然而然集中於官方力量管轄不到的澎湖等海外各島嶼、並以之爲基地、加上台灣北部的雞籠・滬尾已成爲倭寇的八幡船進犯中國大陸沿海的停泊地。由於澎湖的中國海盜與台灣北部的倭寇往往取得聯繫而大舉進犯中國大陸沿海、因此、明朝官方就愈來愈把這些島嶼看成眼中釘、想要設法加以掃蕩。

一三八八年（明・洪武二一年）中國朝廷、終於下令湯和廢止澎湖的六巡司衙門、並把漢人強制遷回漳泉等福建的中國內地、企圖使澎湖成爲無人的孤島。但是話雖如此、實際上、明朝官廳想眞正的要把澎湖的漢人全部遷回大陸、並不是一件容易的事。澎湖與大陸間的來往或許因一時被阻而告中斷、但是、福建沿海居民的冒險心及給予政府衙役的賄賂、立即使這種政府的禁令變成具文、所以澎湖的興旺依然繼續不滅。

到了十五世紀、情況略爲好轉。由於此時倭寇的氣焰稍爲收斂、所以明朝的海禁也見到緩和。這種客觀形勢的變化、立即影響澎湖和台灣島、從此開始、台灣海峽的海盜轉而更爲囂張。譬如、當時文獻上就能看到林道乾・曾一本・林鳳等著名的海盜割據澎湖或台灣島、或者漢人從金門移住澎湖、或者顏思齊開拓台灣西岸一角、或者鄭芝龍建議福建巡撫・熊文燦招募福建飢餓農民前往台灣島從事開拓事業等有關澎湖・台灣的記錄。當然、這些紀錄的眞相到底怎樣、還待考証、但不論如何、這些記載足夠証實中國大陸和台灣之間的交往已經是甚囂塵上了。

明朝朝廷雖然這樣緩和了海禁政策、但並不是公然允許海外移民和對外貿易、特別是葡萄牙與荷蘭愈是頻繁的要求開放通商門戶、明廷就愈嚴加拒絕。可是明廷這樣嚴格的禁令、除了增加當事衙役的外快之外、並不能根絕海外貿易與海外移民。

因此、在這樣內外情勢演變之下、漢人移住澎湖與台灣島的時機逐漸成熟、一到十七世紀初葉、荷蘭人出現之後、前往台灣的漢人移民乃頓然盛行起來。當時荷蘭人先據有澎湖、而後才佔領台灣島。

談到台灣四百年來的繁榮、必須從移民與開拓談起才有可能了解其眞相。換言之、從此開始的移民和開拓乃揭開了台灣社會發展的有史時代。

4　明末的海盜

明代中期、由於中國大陸原有的封建統治結構開始動盪、倭寇騷擾以及西洋人來犯等內憂外患的結果、華南地域的流落農民或者地痞流氓乃成群騷動、這種社會不安的現象從中國統治者來說、不外乎是一個社會上的禍亂。其中、居住於閩粵沿海地區的破產農民、乃進出海上、以紅毛人海盜商人爲對手而兼行海上的通商和搶劫。

到了十六世紀後半葉的明朝的隆慶年間、這些海盜的力量、驟增至不可輕視的地步、尤其是其中的佼佼者、不僅只是在大陸沿海打劫搶掠、而且具備了雄厚的武力和經濟力量、成爲規模龐大的海外貿易商人、控制了整個台灣海峽、並進一步的派遣商船隊遠至日本及南洋各地、專享海外通商的實惠。然而、其中大多數人在中國大陸本來都是被官府追捕的重犯、所謂勾結倭寇、私通西洋人、而被扣上「**私通販夷**」等罪狀、因此、他們就自然的選擇不在明朝勢力範圍之內的澎湖做爲海上活動的根據地、並進一步與台灣島發生交往的關係。

他們固然是有了惡名昭彰的海盜的一面、兼行殘酷血腥的罪惡行爲而橫行於大陸沿海與台灣海峽。但是、只有這些慣於乘風破浪並且不惜生命的硬骨漢、才能克服了天然的與人爲的莫大艱難險阻而成爲海外移民的先驅、開闢了新路線的前導。

因此、不僅是遠行南洋的人、由福建、廣東渡來澎湖・台灣島的初期移民、也不能例外、定要依靠他們的嚮導、並乘坐他們的海盜船舟、才能橫渡台灣海峽。

對於這些既是海盜又是移民的先驅、還得略爲加以敘述。尤其與台灣有密切關係的海盜首領、可以舉出林道乾・林鳳・顏思齊・李旦・鄭芝龍等人。

林道乾・潮州人、引導倭寇屢次劫掠閩粵沿海地區。一五六六年（明・嘉靖四五年）、被都督俞大猷追捕、才逃到澎湖。其後傳說渡往台灣的鹿耳門（今日的安平）、或逃往柬埔寨、結果行蹤不明。

林鳳・潮州饒平人、打倒林道乾後、控制了台灣海峽、劫掠閩粵沿海地區。一五七四年（明・萬曆二年）、據於澎湖、又到東蕃（台灣）的魍港、後來再到菲律賓、硬幹了史上有名的馬尼拉搶掠事件而失敗之後、回到台灣的魍港、其後則不知下落。

顏思齊・曾以日本甲螺（通事）傳聞於日本社會、但是按當時的記錄、卻找不到關於他的確實事跡、也可以說屬於一個傳說上的人物。

圖 13　明末海盜活動範圍

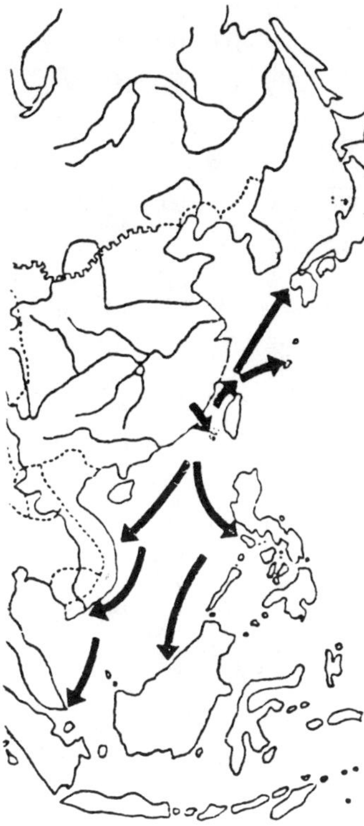

李旦・泉州人、足跡遍佈於菲律賓・台灣・日本等地、以中國甲斐丹（China Captain）的名稱、和荷蘭人交往頗深、他是當時最有力的海盜商人。明・天啓五年（一六二五年）歿於日本。

李旦死後、代之而起的是他的部下「老一官」、就是鄭芝龍。他出身泉州府南安縣石井、很早就追隨李旦、接觸葡萄牙人、英國人和荷蘭人。後來往日本、娶平戶港的居民田川氏爲妻、生男、取名森、就是後來的鄭成功。一六二六年起、他又稱霸於台灣海峽、控制了通往南洋·台灣·日本的各方面航路。

一六二八年（明·崇禎元年）、鄭芝龍應朝廷的招撫、成爲明朝的海將、其後以掃蕩爲名、驅逐海盜貿易上的敵手、並壓倒紅毛人的制海權、使荷蘭人佔領下的台灣貿易一時陷於不振。

鄭芝龍後來在故里泉州之南邊、築城爲根據地、命名安平鎮、由此派遣貿易商船隊往還日本·台灣·馬尼拉等地、終於成爲遠東數一數二的海上巨霸。他運輸砂糖·絲絹·綢緞·鹿皮·礦物·藥等特產品、到日本去販賣、贏得巨利。例如、根據荷蘭人寫的「**出島日記**」（出島是日本長崎港當時的西洋貿易商人居留地區之地名）所載、一六三九年（崇禎一二年）來到日本長崎港「**唐船**」（當時日本這樣叫著）共有九三艘、其中大半是屬於鄭芝龍所有。再於一六四一年（崇禎一四年）、航至長崎港的唐船共有九七隻之中、鄭芝龍佔六隻、所輸售生絲達總數的四分之一、綢緞總數的三分之二。從此可見、鄭芝龍當時在東洋貿易上的勢力強大（參閱「神宗寶錄」卷四、卷二一。石原道博「鄭芝龍の日本南海貿易」p.34）。

明清覆亡的前夕、鄭芝龍投降清軍、反爲清廷所殺。其子鄭成功奉迎明朝遺王、與清軍大戰於華南一帶、而後退據台灣、終於寫下了台灣史的一頁。鄭成功也竭力發展日本通商、幾乎獨佔了日本的生絲貿易。

第五章 浮現於世界史上的台灣

把台灣引導於世界舞台的「大划船」

1　十世紀以後的亞細亞與歐羅巴

公元十三、四世紀、乃是在文明創造的氣運上、「**亞細亞**」和「**歐羅巴**」的兩大世界逆轉了原來的優劣關係、是人類史上開始一大轉變的過渡時期。就從亞細亞來說、自古以來一向是以文明老大國自居的中國和印度、已經開始顯示老朽的兆象、而且、阿拉伯人在地中海的繁榮、也正在走下坡。

當整個亞細亞社會這樣一步步呈現沒落景象的時候、歐羅巴社會、反而開始擺脫中古時代長期沉滯和紛爭不已的黑暗狀況、逐步轉向新的前進氣象。譬如說、十字軍遠征・經濟都市出現・文藝復興等、都是醞蓄和培養新生命的精力、把整個社會推到近代化・資本主義化的門扉前面來。如此以新的時代趨勢爲背景、歐羅巴人、不但竭力於自己社會的前進發展、而且、也把眼睛轉向未曾到過的其他各個地域去。恰好在這個時期、從遠征回來的十字軍士兵把**東方**的見聞帶回歐羅巴、於是、這些紅毛碧眼的歐羅巴人、對於從未看到的新世界的好奇心愈來高揚、結果、促動了對東方世界的勃勃野心。

除了上述歐羅巴社會內部的前進氣運之外、還有另外一種將要徹底打破既成世界的強大因素正在膨脹。那就是居於內陸草原地帶的**蒙古人**的勃興和強大。他們一向都是過慣了驅趕牛羊的遊牧民族、在十三世紀初葉竟如一隻恐龍飛揚騰達似的突然強大起來、很快就侵擾到歐亞大陸（Euracia）的四疆去。尤其是**鐵木眞**稱王「**成吉思汗**」（太祖）掌了蒙古最高指揮權之後（一二〇六年、元・太祖元年）、也就好似後代學者所說、「**毀滅他國四千、殺人如拔朽木⋯⋯**」一般的、肆行大破壞大殺戮於歐亞之

圖 14　元帝國世界征服圖

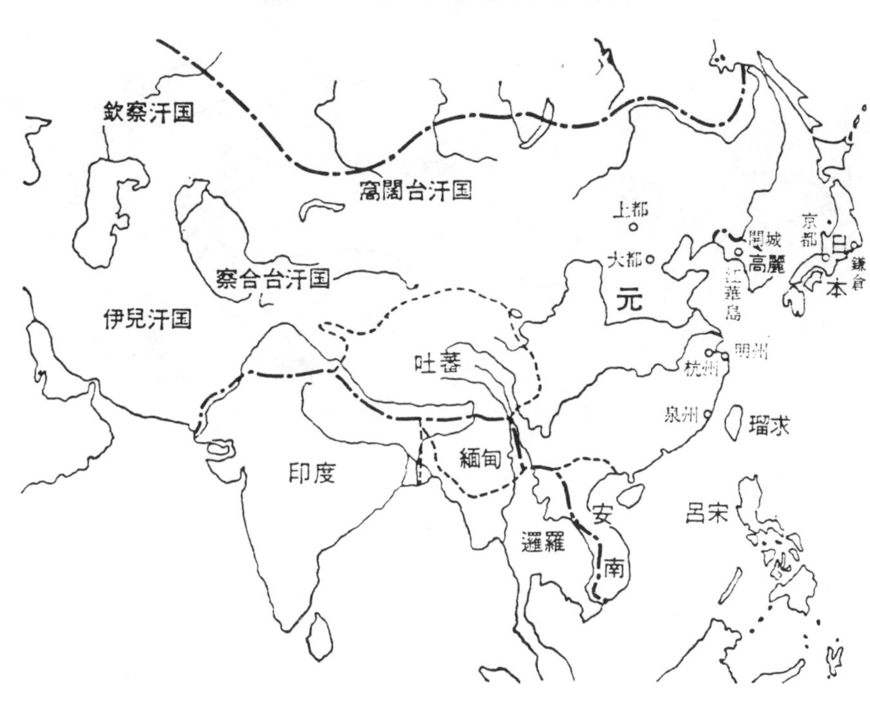

間、僅於半個世紀裡、席捲了歐亞大陸、建立了空前的一大帝國。

當然、跟著這個大帝國的出現、大勢所趨、歐亞這兩大世界裡、立即惹起一個新的局勢出來。就是說、由於這些蒙古人的軍事行動和帝國建設的結果、一向都是被廣大的沙漠和重重的國境所隔絕的歐亞兩大世界、一天天的除開了所有的阻撓和障礙、因此、東西交通也迅速頻繁起來。並且、蒙古國王又歡迎感服於大帝國的威勢而樂意往返歐亞兩地的外國商人、對於這些外國商人的通商交易、給予特別的保護和優待。這樣、蒙古帝國的出現和東西往來的興旺、倍增了歐羅巴人對外界的好奇和野心。

恰在此時、史上聞名的馬哥勃羅（Marco Polo）、對喚醒歐羅巴人向外的野心也起了很大作用。他受惠於良好的客觀條件、跨越了**絲路**（Silk Road）的旅程、抵達元朝首都的北京（一二七五年、元・至元一二年）、先後滯留中國達一七年之久。然後、憑藉海路、由華中的明州（今之寧波）

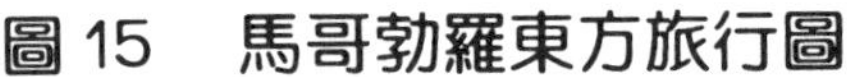

圖 15　馬哥勃羅東方旅行圖

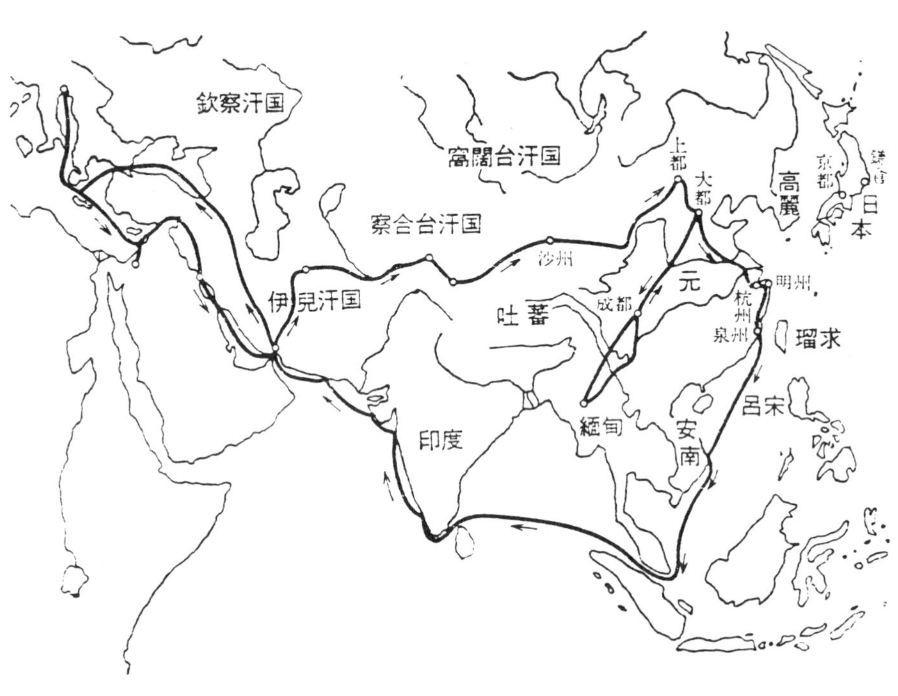

乘帆船踏上歸途。他在途中旅經東海（Eastern China Sea）・南海（Southern China Sea）・麻六甲海峽（Malacca Strait）・印度洋（Indian Ocean）・阿拉伯海（Arabian Sea）、於一二九五年（元・元貞元年）重返義大利的威尼斯（Venezia）。這樣馬哥勃羅所經驗過的東方大旅行、不僅在往時是件空前大事、即使經過了七世紀之後、在交通發達的今天、也不是輕易能做得到的破天荒的事。就在這樣時代變革的背景之下、馬哥勃羅回國後、所著作的「**東方見聞錄**」（一二九九年、元・大德三年）、又帶給歐羅巴人莫大的刺激、把他們對東方的幻想和野心、進一步推向更新奇的**東洋**世界、而把亞細亞當做填滿了黃金和奇貨的世外桃園來夢想、並貫注了很大的憧憬和期望。

在這樣的憧憬和期望驅使之下、終於導使哥倫布（Columbus Christopher）橫渡了大西洋、發現阿美利堅新大陸（一四九二年、明・弘治五年）。接著達伽瑪（Vasco Da Gama）又遠繞過非洲的南端「**好望角**」（the Cape of Good Hope—一四九七

圖 16　十五世紀世界新航路發展圖

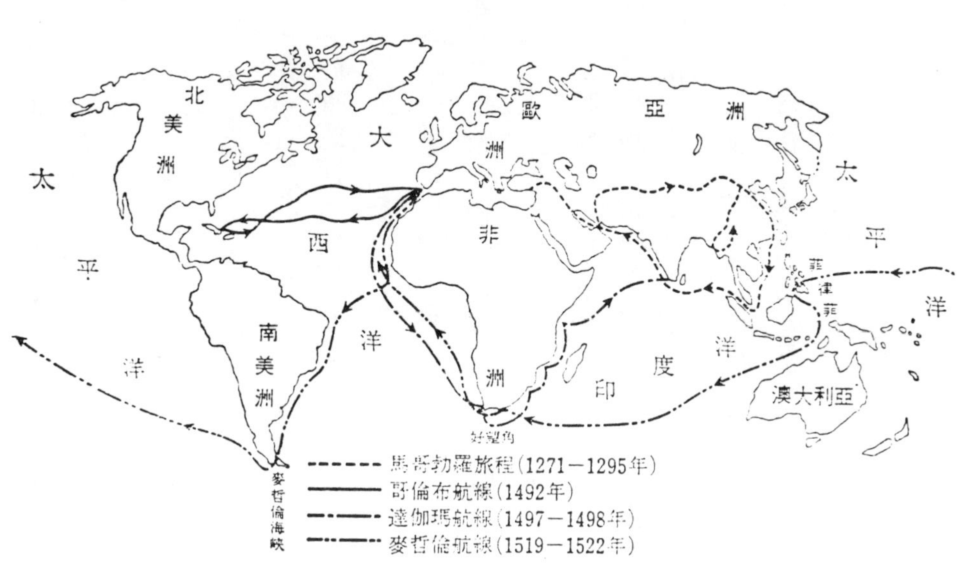

年、明・弘治一〇年）、抵達印度西部海岸（一四九八年、明・弘治一一年）。於是、以此時為世界史上的大轉捩點、繞道非洲南端的這個**大洋海路**、成為東西交通的大通道、相反的、自古以來騎著駱駝橫走內陸沙漠地帶的「**絲路**」交通線、遂告衰亡。

然而、這種世界史上的一大變革、雖說是憑藉著開闢大洋交通線而促成的新的東西交流、但從亞細亞方面看來、無非是歐羅巴人侵犯亞細亞的開端。因此、像這種想淘黃金覓取財寶、如一波一浪馳奔而來的歐羅巴艦船隊之異常熱鬧、也不過是一齣**西方東漸**的具體表現而已。

當時、歐洲各國之中、最早侵進亞細亞的、算是葡萄牙、在十五世紀末葉就進來東南亞細亞、並出現於台灣島附近的南海海上。也們一直從南洋北上、繼之、一五一〇年（明・正德五年）佔領印度果阿（Goa）、一五一一年（明・正德六年）攻佔錫蘭（Ceylon）和馬來半島的麻六甲（Malacca）、一五一六年（明・正德一一年）已進寇華南廣東、而開始敲起中國通商的門扉。他們又在一五四三年（明・

嘉靖二二年）到達日本、傳給日本第一枝洋式鳥槍於九州種子島（Tanegashima）。一五五七年（明・嘉靖三六年）、終於佔領澳門（當時漢人把此地叫著「媽港」）、而在今後的五世紀、以此地做爲東方貿易的根據地。

同在此時、西班牙人橫渡了大西洋、在新大陸獲得廣大的殖民地。其後、葡萄牙人麥哲倫（Magellan Ferdinand）率領西班牙艦船隊繞過南美洲南端、而進出太平洋、一五六五年（明・嘉靖四四年）、到達菲律賓（麥哲倫斃在此地）、又在一五七〇年（明・隆慶四年）、佔據菲律賓群島呂宋島・馬尼拉。這樣、霸佔著世界商權的荷・西兩大海洋國家、不約而同的在台灣島附近海上會合、各以澳門或馬尼拉爲根據地而從事於遠東貿易、獲利甚巨。

如此開始於十五世紀末葉和十六世紀初之交、印度洋・西南太平洋・南海・東海以及各國沿海地域、都南至北的一個個遭到歐羅巴政府軍人兼海盜商人的侵佔、而台灣海峽也隨著北上的大划船（Galera）和大帆船（Galeon）的頻繁通行、掀起了風濤大浪。

就是在這時候、有個葡萄牙船員恰好路過台灣海峽時（一五五七年・明・嘉靖三六年）、偶然遠遠看見一個青蔥翠綠的大海島、乃不禁喊出「Ilha Formosa」（美麗島！）。這樣發自歐羅巴人的讚美之情、竟成爲告知新世紀來臨的先聲、不久之後、美麗之島遂浮現於世界史上、位於亞細亞南北海上交通要道的這個「小琉求」（台灣島）、成爲各個殖民主義者所垂涎窺伺的「福爾摩薩」（參閱 Cortesao: Cartografia e Cartografos Portugneses dos seculos xv e xvl 1935、中村孝志「台灣史學概要」—〃民族學研究第一八卷一—二號〃 p.114）。

2 列國窺伺台灣

當時窺伺著台灣的、**第一**要舉出居住於和台灣島只有一衣帶水之隔的中國福建沿海地域的**漢人**。在此時、當地的漢人漁民和海盜商人、已經以澎湖爲中途站、頻繁往來於台灣的西南部海岸。另外、還有指向南洋的海外移民也正在掀起出洋的高潮。但是歷來的中國朝廷、對待台灣是全然不同於他國政府。譬如、倭寇或者新來的西歐軍人兼海盜商人、他們當要進取台灣時、都是有了本國政府軍隊和艦船爲其後盾、不惜遺力的給予各種援助、或者政府本身把佔據殖民地當做一件重要的國家大事、而派兵前往攻佔。可是、福建的漢人剛好相反、只可單憑**個人力量**或以海盜行動而往來台灣、其他、不可能有官方的任何支援。不僅於此、由於當時的明朝、仍把台灣當做「**化外異地**」、施行鎖國政策、不准漢人下海謀生和橫渡台灣、所以、民間的老百姓只得自己找出辦法、突破許多障礙和困難、才以偷渡方式而渡海來台。因此、中國雖然在地理上和台灣有著他國所不能比擬的有利的鄰接關係、並且、漢人也早就熟悉台灣的情形、跟台灣原住民亦有了相當的交易關係、但是、他們只有白白的眼看著遠來的歐羅巴人侵佔台灣、其他根本就無能爲力。

第二窺伺台灣的算是**日本人**、如上所述、日本九州的海盜從十五世紀初葉開始、就以倭寇聞名於世上、劫掠中國沿海甚久。台灣北部原先乃是這些倭寇以及漢人海盜的巢穴、因此爲各國所注視。後來、日本國內的戰國時代結束、隨著倭寇在中國沿海的騷擾漸趨消熄、然而、由於日本國內工商業漸漸發達、和國外物資交流的機運也日益成熟、所以日本要與中國通商的野心愈成熾烈、因此、為了覓求與中國通商的海外基地、當時的當政者豐臣秀吉、乃在北面兩度侵犯朝鮮、對南方又有「**襲台之議**」。次代的德川幕府、也再度派兵企圖佔領台灣。此時、台灣北部已成為漢人和日本人走私交易的會合點。在這樣的情況下、加添受到歐羅巴人侵佔亞細亞所給予的刺激、日本對於台灣的野心乃是愈來愈高漲（岩生成一「近世初期の對外關係」—〝岩波日本歷史講座〞二三、三）。

但是、上面所說、亞細亞的兩大國、中國和日本、對於台灣的垂涎、遠不如後到的歐羅巴人熾烈的野心。

如此、**第三**、**第四**想要攻取台灣的、算是**葡萄牙**、和**西班牙**的歐羅巴人。他們自從佔據澳門或馬尼拉而展開遠東貿易之後、西歐各國之間商戰的舞台、逐漸移到亞細亞來、於是、對於中國的貿易通商、成為各國重視的世界商權之焦點。不過、當時明廷是一貫採取嚴格的鎖國政策、非但是禁止歐羅巴人的艦船隊靠岸停泊或尋求通商門路、也不准華南居民下海做「**私通販夷**」、所以、葡・西兩國的船隻、雖然渡航到福建沿海、只能拋錨於距離陸地遙遠的海上、以偷渡出海的閩南漁民和海盜商人為對手、做一些走私交易、除此之外、難於和中國建立正常的通商關係。

在這種客觀形勢之下、葡・西兩國開始認識到「**小琉球**」（台灣）在地理上所佔的重要性、並想佔據這個鄰近中國的大海島、為打開中國通商路線的基地。

葡萄牙國王從遙遠的歐羅巴、也看透了台灣在遠東貿易所佔的重要地位、深恐該島先被他國攻取而影響到澳門的貿易事業、也怕切斷了對中國和日本的通商交易路線、因此、一六一〇年（明・萬曆三八年）、親書下令駐果阿的總督盡早佔領台灣。可是、葡國的這種計劃、因受了後到的荷蘭和英國所阻、未得實現（參閱伊能嘉矩「台灣文化志」上卷 p.52）。

另一方面、以馬尼拉爲遠東貿易根據地的西班牙、鑑於菲律賓北隔巴士海峽（Bashi Cannel）而與台灣相望、他們爲菲律賓的安全著想、並企圖擴大通到日本的傳教範圍和伸張對中日兩國的通商路線起見、駐馬尼拉的西班牙總督・達斯馬里諾斯（Dasmarinar）、於一五九六年（明・萬曆二四年）至翌年之間、先後上書三次、建議西班牙國王採用佔據台灣之策、同時在馬尼拉召開「**襲台軍事會議**」、名叫里奥斯（Rios）的、附上台灣地圖一張、進言國王搶先進取台灣、而來藉以維護馬尼拉和中國之間的交通路線。於是、一五九八年（明・萬曆二六年）、薩嗎蒂奥（Zamadio）受命率領艦船二艘・兵二百餘名馳往台灣、但在途中爲颱風所阻、未果而歸（參閱伊能嘉矩「台灣における西班牙人」）。

3　最早佔領台灣的荷蘭與西班牙

時代一進到十七世紀、各國欲取台灣的野心愈來愈大、尤其是屢次提議開放中國貿易均遭明廷所拒、並且、日本也轉爲禁止傳教和斷絕通商之後、早到的葡・西兩國、更是焦急的想要及早佔據台灣、而藉以做長期打算。另一方面、在歐羅巴、荷蘭人於一五七九年從西班牙的統治獲得獨立、而建立荷蘭共和國、並聯合英國取代了西班牙的海洋霸權。這股新興勢力很快就在亞細亞開始出現、一步步吞噬葡・西兩國的遠東勢力圈、結果台灣遂爲荷蘭和西班牙分別佔去。

就是新到的英國和荷蘭、爲了開闢遠東的通商路線、最初是採取兩個辦法。一個就是爲盡快奪取或消滅葡・西兩國既得的通商基地、編成英荷海軍聯合艦隊、到處襲擊敵方的殖民地或通商路線、把其劫取或予以消滅、其中只有澳門・馬尼拉因駐軍善於防守、才不致爲英荷聯合軍所佔。

英・荷兩國所採取的再一個辦法、乃是自力新創自己的殖民地。於是、英國於一六〇〇年創設「**英國東印度公司**」、荷蘭也在一六〇二年（明・萬曆三〇年）、設立了「**荷蘭東印度公司**」、並設置其分公司於印尼・爪哇的巴達維亞（Batavia）、統領殖民地統治和伸張遠東貿易的工作（特別是計劃開闢中國貿易和日本貿易）。東印公司成立的前一年、就是一六〇一年（明・萬曆二九年）、凡・聶克（Van Neck）到巴達維亞的時候、曾有派遣佛勒斯伯爾亨（Groesbergen）、率領商船二艘、往華南沿海、企圖打開中國貿易的門扉、並向明廷租借貿易基地。但是、明廷不理、所以未獲成功而還。

一六〇三年（明・萬曆三一年）、荷蘭本國的海將**韋麻郎**（Wijbrandt, Van Waerwijck）、率領艦隊到巴達維亞後、也派其麾下的厄拉斯莫斯（Erasmus）和拿騷（Nassau）兩艦至中國沿海、再次商謀交易、又是未得結果。韋麻郎想要親自去覓尋中國貿易的門路、翌年六月、由荷蘭艦隊做爲一大根據地的馬來半島東岸的大泥（Patany）出發、七月中旬到達廣東海岸、欲取澳門未成、卻遇到暴風雨、於同年八月七日轉到澎湖、乘虛侵入。韋麻郎爲避暴風雨而偶然到達澎湖這件事、自以爲幸、決定先佔據澎湖當做臨時基地、開始向明廷交涉開放貿易。但是、他的幻想總不能實現、所提貿易交涉即遭福建總兵・施德正所拒絕、結果、他及其艦隊、被都司・沈有容迫令撤退澎湖、所以仍是一無所得。

這樣、韋麻郎於一六〇四年（明・萬曆三二年）八月七日、登陸澎湖、可以說是歐羅巴人到達「**台灣**」的開始、也就是二十年後荷蘭將要佔據台灣的先聲。後來、於一九一九年（日本・大正八年）、在澎湖島・馬公的媽祖廟地下・被發現了一座石碑、上面刻寫著「**沈有容諭退紅毛番韋麻郎等**」。這是屬於台灣最早的石碑、在歷史上、無非是荷蘭人最初侵略台灣的一個里程標（參閱中村孝志「沈有容諭退紅毛番について」）。

然而、荷蘭於一六〇九年（日本・慶長一四年、明・萬曆三七年）、達成在日本平戶開設貿易機關「**荷蘭商館**」的原來願望、於是、他們認爲更有必要趁早佔據台灣、所以、平戶荷蘭商館長・布魯瓦（Hendrick Brouwer）、乃向駐巴達維亞東印總督・波托（Pieter Both）提呈佔領台灣做爲日本貿易中途站的建議。另一方面、荷蘭本國的東印度總公司也在一六二〇年（明・泰昌元年）、指令東印總督覓取中國貿易的中途站、並舉出「**小琉求**」（台灣）爲最適當的爭取對象。同在此時、英國駐日本的平戶商館長・柯克斯（Richard Cocks）也在一六一九年（明・萬曆四七年）、向本國報告有關台灣的情形、並委託僑居日本的李旦、斡旋和中國當局的貿易交涉。

另一方面、在歐羅巴、荷蘭和英國、於一六一九年、再度訂立荷英防守同盟、在遠東重新組織荷英聯合艦隊、予以控制貫通印度・中國・日本的亞細亞南北海洋交通路線、並肆行襲擊航海中的葡西船隻、封鎖菲律賓沿海、捕捉往來馬尼拉的中國戎克船隻。荷・英兩國以此海盜行爲所刼掠的戰利品、轉賣日本、獲到額外的利益。兵力較小的駐馬尼拉西班牙當局對於荷英聯合艦隊的行勢頗感心慌、爲了保護中國貿易路線和策劃馬尼拉的安全起見、於一六二一年（明・天啓元年）重謀佔領「**小琉球**」。可是、西班牙人這種「**侵台計劃**」、在被捕的西班牙船中的文件裡、爲荷蘭人所探悉、因此、駐巴達維亞的荷蘭東印公司總督・顧恩（Coen）、爲了先發制人、急遽命令海將雷爾生（Cornelis Reijersen）、率領荷英艦隊所屬的艦船一二艘・兵一千〇二四名、於一六二二年（明・天啓二年）六月下旬、先攻澳門、但死傷頗多、未獲成功。雷爾生只得撤兵、同年七月十一日、轉爲佔據澎湖島（參閱 Groeneveldt: De Nederlanders in China.1898）。

雷爾生據澎之後、專爲策劃開闢中國貿易、爲長久計、於同年七月二七日率二艦、至台灣西南部海岸、親自調查港灣・水深等有關台灣的各種情況。這乃是歷史上歐羅巴人到達台灣島最初之一頁。

他從台灣回到澎湖後於同年八月、決定築起城寨於媽宮的紅木埕（現在的馬公附近）、其工程之巨大、據「**澎湖廳志**」記載、其周圍有一二〇丈。該島居民被強迫築城勞動的一千五〇〇餘人之中、因不堪驅使虐待而死亡者、佔一千三〇〇餘人（參閱 Ludwing Riess: Geschichte der Insel Formosa, 1907 —吉國藤吉日譯「台灣島史」p.116）。

雷爾生佔據澎湖原來的目的、乃在開闢中國貿易、所以、他就一方面連絡漢人海盜李旦、並派艦船二艘、神出鬼沒的經常出現於福建漳州沿海的峿嶼附近、阻擋中國船往來馬尼拉。另一方面、翌年春季、他又航行廈門、再由陸路到福州、親自交涉貿易通商、但仍無結果。

由於雷爾生築城澎湖、又霸佔台灣海峽、明廷深懼夷人勢力伸入華南、即下令設法防患於未然。福建巡撫・商周祚、命雷爾生撤退澎湖。繼任商的巡撫・南居益更爲強硬、於一六二三年（明・天啓三年）九月五日、施行「**海禁**」、並在翌年正月二日、下令福建總兵・俞咨皋、守備・王夢熊、率領兵船至澎湖、登陸於白沙島、與荷軍開始戰端。中國軍圍攻荷軍城塞、生擒荷軍守將高文律（Kobenleet）、雙方血戰八個月有餘。「**渠師高文律十二人據高樓自身、諸將悉力破、擒之獻俘於朝。**」（潘文鳳「澎湖廳志」舊事記紀兵）。這樣、中國軍隊雖然以雄厚的兵力到處奮勇、壓制荷軍、但是荷軍亦堅守城塞、並由海上的艦破掩護射擊、而不肯示弱撤退。明廷爲了結束戰局、擬定下面的兩個講和條件、示於雷爾生、乃是荷軍若是放棄澎湖、

(1)　明廷不干涉荷軍佔領台灣。

(2)　今後可以默認方式、允許荷蘭商船來訪中國、從事通商貿易。

雷爾生接受了明廷的提議、才將澎湖的城塞和砲台等自動毀壞、於一六二四年八月二十六日（明・天啓四年陰曆七月十三日）轉移至「**大員**」（台灣島）、攜同駐台灣第一任領事・馬蒂孫克（Maarten Sonk）、

從台江的鹿耳門（現時的安平港口、當時荷蘭人稱爲't Walvis Been）登陸、開始了在台灣南部三八年的盤踞、並寫了台灣有史的第一章（參閱 Groneveldt: De Nederlanders in China. 1898、中村孝志「台灣史概要」、伊能嘉矩「台灣文化志」上卷 p.55）。

荷蘭佔領台灣南部的一角之後、呂宋的西班牙當局大起恐慌、恰在此時、日本再次禁止西班牙神父在日傳教、並斷絕和馬尼拉的往來、所以西班牙當局深懼若不趕緊設法挽回局面、不但是中日貿易可能遭到半永久性的斷絕、菲律賓的安全也會受到威脅。在這種情況之下、駐馬尼拉總督・施爾瓦（Fernando de Silva）、急遽下令卡黎尼奧（Antonio Carreno de Valdes）率領大划船二艘和戎克船一二艘、於一六二六年（明・天啓六年）五月五日自卡迦揚（Cagayan）出發、迴繞台灣島東側而北上、十一日到達台灣東北角、命名三貂角（San Tiago）、十二日進入雞籠港、在社寮島舉行佔領典禮、並開始築城而稱爲「**聖救主**」（San Salvador）、另一方面、在大沙灣附近、建立了「**澗內**」（Parian）、做爲漢人居住地區。

他們又在一六二八年（明・崇禎元年）、佔領滬尾、築城名叫「**聖多明我**」（Sant Domingo）、力謀在台灣鞏固其勢力、藉以牽制南部的荷蘭、並恢復日本的傳教圈和貿易路線。

西班牙人佔據台灣北部後、台灣南部的荷蘭當局感到很大的威脅、一六二九年（明・崇禎二年）二月、駐在台灣荷蘭領事・諾易茲（Nuyts）、向巴達維亞的東印總督提呈報告云、台灣乃是扼住荷蘭對於中國和日本貿易路線的咽喉要道、必須驅逐西班牙在台灣北部的勢力才好。於是、同年八月、荷蘭總督急遽派遣艦隊、企圖驅逐北部的西班牙人、但未獲成功。

西班牙人雖然佔據台灣北部、可是、中日貿易遲遲不進、日本當局鎖國政策和禁教政策不但沒有放鬆、而且更加緊縮、加上、居留台灣的西班牙士兵和神父、傳染風土病或受台灣原住民襲擊而死亡者相繼不絕、從馬尼拉來的糧食或物資、因船隊多半遇到颱風、屢次被迫折回而不能到手、企圖驅逐台灣南部的荷蘭人也未獲成功、其他、招致漢人移民和開拓土地的計劃、幾乎未能獲得所期的成果、因此、馬尼拉的西班牙當局、爲了集中力量開闢菲律賓本地的民答那峨（Mindanao）和赫洛（Joro）等地、決定縮小台灣北部的統治範圍、於是、一六三八年（明・崇禎一一年）先毀滬尾的城塞、後又縮減雞籠的守備。

南部的荷蘭人、探悉北部西班牙人的守備已成淡薄、即想趁機再次把西班牙人從台灣驅逐、經過數次派艦偵察之後、於一六四二年（明・崇禎一五年）八月、下命哈勞哲（Henrick Harrousee）率領艦船六艘・兵六九〇名、攻擊雞籠。此時西班牙守兵不多、寡不敵衆、遂開城投降。由此、台灣北部統歸荷蘭人所佔據（參閱 Luding Riess：Geschichte der Insel Formosa—吉國藤吉譯「台灣島史」p.137）。

圖 17　西班牙佔領台灣圖

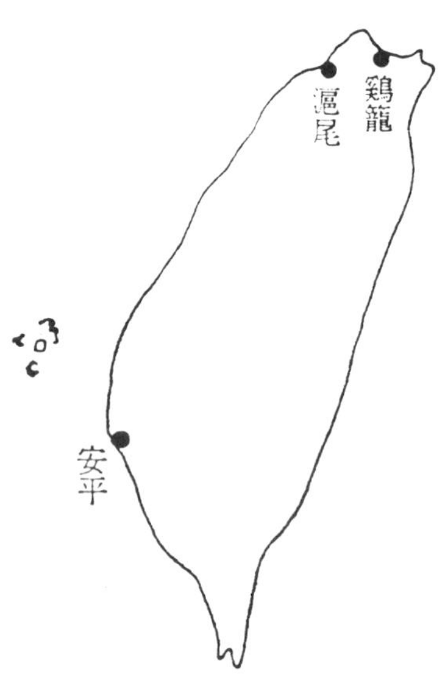

附帶的說、早在荷蘭佔據台灣之前、台灣乃是中日兩國走私商人或海盜商人的集合處。後來荷蘭佔據台灣、即對所有經過台灣的貨品、課以十分之一的輸出稅。中國商人因明廷不可靠、所以只得聽從荷蘭人繳納稅捐。然而、日本商人卻與此不同、他們據於荷蘭人在日本從來不納稅、所以在台灣也拒絕納稅。於是、荷蘭當局就沒收日本商人在台所採購的生絲等中國特產品、結果、引起雙方衝突、這就是一六二八年（明・崇禎元年）發生的「**濱田彌兵衛事件**」。日本德川幕府、因此封鎖平戶的荷蘭商館、並出於禁止通商的鎖國之舉。駐巴達維亞的總督接到報告、驚慌不已、立即逮捕負責人的前台灣領事・諾易茲（Nuyts）、交給日本當局、藉以表示歉意、而後、荷蘭在日貿易才獲解禁。再到後來、荷蘭當局再行朝貢、日本才釋放諾易茲、讓他回國（參閱 Francois Valentijën: Oud en Nieuw Oost-Indien, Formosa. Dordrecht 1726 — 永積洋子譯「平戸オランダ商館の日記」第一輯 p.3 p.446）。

這樣、荷蘭從一六二四年（明・天啓四年）至一六六一年（明・永曆一五年）的三八年間、佔據了台灣島、統治台灣殖民地、並獨佔了中國・台灣・日本的**三角轉接貿易**（把各國的特產品先運來台灣、再從台灣轉輸於各地而獲得貿易上的利益）、獲到很大的額外利潤。

那麼、當看到歐羅巴人以海盜行爲佔據台灣的時候、在地理上、和台灣具有唇齒關係並已有漢人頻繁往來此地的中國大陸之朝廷和民間有何舉動？如上所述、觀諸當時中國方面對於台灣的看法和政策（把台灣認爲是化外之地而不隸中國、不許漢人往赴）、可以說、幾乎是以對岸觀火的旁觀態度、而來冷眼觀看有關台灣的演變、所以、都是屬於像「**大員由紅毛（指荷蘭人）所據、雞籠滬尾則被呂宋的佛郎機（佛郎機原來是指葡萄牙人、在此必是把西班牙人錯認爲佛郎機）私至。**」（明、給事中・傅元初的上疏文「靖海疏」）這種草草記述之類、除外、根本無動於衷、由此可以知道、當時的中國大陸方面對於台灣是很冷淡的。

總而言之、這樣遠方湧到的歐羅巴人、竟比和台灣具有鄰接關係的中國大陸漢人、先一步征服台灣、這對於在他們統治下即將誕生的「**漢人開拓者社會**」、打下了和中國不同的社會發展的方向。

第六章　荷蘭人殖民統治下的台灣

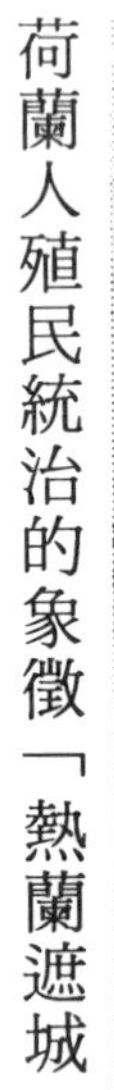

荷蘭人殖民統治的象徵「熱蘭遮城」

1　荷蘭人的台灣殖民地

a　荷蘭人登陸「大員」

荷蘭人寫下的「巴達維亞日記」（Dagh-Register Gehouden int Castect Batavia）、乃是敘述有關荷蘭人過去的殖民地和遠東貿易、及亞細亞各地的社會狀況。其中、有記錄了海將雷爾生最初到達台灣西南部海岸調查港灣時的資料。這個巴達維亞日記的一六二五年（明・天啓五年）四月九日條云：

「據傳聞、每年可獲鹿皮二十萬張、鹿肉乾及魚乾亦相當多、故可以得到相當多的供給。……在大員灣中、約有一百艘戎克船、是從中國來的、從事於漁業、並收購鹿肉、輸至中國。此項戎克船、要進入內地、其中載著很多要收購鹿皮鹿肉的漢人商人、……」。

從這一小段可以知道、當十七世紀初葉荷蘭攻台之時、被稱爲「毗舍耶」的台灣南部、漢人和原住民、已從過漫長的對立狀態、進到物物交換的和平往來關係。

在這種情況下的台灣、荷蘭人當初只不過是認爲適合做爲中日貿易及盜劫的根據地、才予以佔領。然而、原來就在重商主義時期發展起來的殖民國家的荷蘭、他們一登陸台灣、就看重了地廣氣溫、土地肥沃、而適於農業生產的自然條件、就是說、荷蘭人不僅在商業貿易上、而在產業生產上、也看出台灣的重要性、所以、立即改變只爲外洋貿易佔領台灣的原來計劃、重新決定了長久的殖民政策、想

圖 18　台江・七鯤身圖

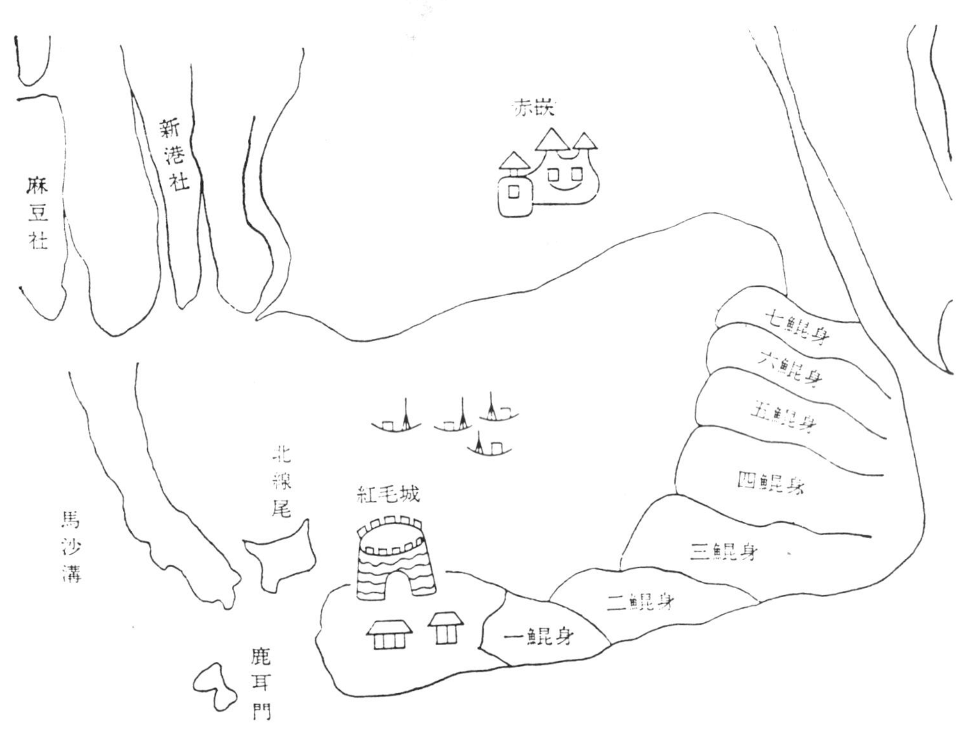

把台灣改造爲能撈更大利益的「**殖民地**」。

於是、荷蘭乃著手建築城寨。這不但是爲了永久佔領台灣所需要、也爲統治原住民和後到的漢人起見、必須要有的一種政策措施。

觀諸當時在台灣西南部海岸一帶的地理關係、被荷蘭人所佔的地區稱爲「**台江**」、是指今日的台南市及其沿邊地區而言、本來是一個港灣。台江的外港有個被認爲其形狀和一條鯤魚相似的小半島、這個小半島的地形呈現七個起伏、所以從北到南、被稱爲一鯤身、二鯤身、最南部份爲七鯤身。其中、一鯤身後來被改稱爲安平鎭。荷蘭人、就開始築城於一鯤身、當初因缺乏磚石、先以木材和砂土築成一座沙墩、做爲臨時的砲壘、後來召集漢人燒磚、也從中國大陸運來岩石、築起城牆。這樣、經過八年四個月的工事、於一六三二年（明・崇禎五年）終告完成。這就是史上聞名的

「**熱蘭遮城**」（Zeelandia）、當時漢人移民把其稱爲「**紅毛城**」或「**大員城**」。再者、在一鯤身北面有一沙洲、這沙洲北端是「**北線尾**」（荷蘭人稱之爲 Baxemboy）、也築成一所小城砦、稱爲「**海堡**」（Zeeburg）。

一六五〇年（明・永曆四年）荷蘭人又在赤嵌（今之台南市）築成第二的城寨、建設東印公司辦事處・職員宿舍・醫院・倉庫等、並獎勵漢人移民居住城外地區、造成殷盛的市街、稱之爲「**赤嵌樓**」（Provintia）、或者「**紅毛樓**」。（參閱村上直郎「ゼーランヂャ築城史話」）。

以這兩處歐羅巴式的城寨爲據點、台灣成爲荷蘭在東北亞細亞唯一的殖民地。東印度總督、乃從巴達維亞派來領事（長官）、使之統領一切、並派守兵二千和官民職員六〇〇常駐於此。從當時台灣的人口和土地的多寡看來、荷蘭在台所構成的統治機構是相當龐大。

b　征服者的槍砲、原住民的弓箭

荷蘭人這樣一方面建築城寨、藉以鞏固殖民地、同時在另一方面、逐漸征服赤嵌附近的原住民、擴張他們的統治圈、並使用從本國帶來的近代武器、逼迫迄未開化的原住民、向他們低頭順服。原住民同胞和部落被燒殺、物資被劫去、原來屬於自己所有而能自由奔跑捕鹿的廣大原野也被佔去。這種無理的事、乃是原住民在過去從未遇到的、所以、原住民即發揮精悍的防禦本能、立即起來向紅毛的外來服者抵抗。荷蘭人愈頻繁來攻、掠奪物資和土地愈多、原住民就愈燃起仇敵心、不分晝夜的襲擊紅毛人及其附庸的漢人居住地和農場、給予強烈的報復。尤其是仍然過著原始生活的原住民、就經常發揮了獵頭的風習來對抗敵人的屠殺行爲、所以、僅以少數人分散居住於新開地區的漢人開拓者、整個村落的漢人頭顱盡被獵去之事已屬司空見慣。

這種原住民的頻繁來襲、追其原因、根本就是外來者自己所惹起的。但是關於這點、荷蘭人毫不加以顧慮、再以近代武器給予更大的打擊。這種征服者所做的屠殺愈來愈猖獗、據傳說所云、常常聽到槍聲一響、隱藏在樹上的原住民乃一個一個被擊落下來、經常遍野屍體。

不用說、原始的弓箭是抵抗不了近代武器的槍砲、無論原住民如何的反抗掙扎、總是難免被兇暴的外來征服者壓制下去。趁此、台灣最初的外來征服者就以「熱蘭遮」和「赤嵌」兩城寨爲根據地、向南北兩方面迅速擴充其勢力範圍。

荷蘭人以武器奪來的原野、次之、就是令使從中國大陸運來的漢人奴隸開墾土地、種植甘蔗並生產大量的紅白糖、及捕鹿剝鹿皮。當時在這些漢人奴隸之中、也有不甘荷蘭人的驅使虐待、逃出他們的勢力範圍、而跑進原住民地區去、自以捕鹿爲生。但是、這些志在謀求自由的漢人、卻到處荒掠原住民的土地、成爲更加擴大摩擦的因素。

c　原住民的統治方法

荷蘭人在台灣是花費了十餘年的歲月、才把原住民的反抗鬥爭鎮壓下去。而且、是在麻豆・蕭壠（今之佳里）兩地、施以空前的最慘酷最非人道的大屠殺才見實現。若不是遭到這樣毀滅性的大屠殺而家破人亡、精悍勇敢的原住民是不這麼容易被壓倒的。他們遭到武力鎮壓之後、漸漸轉入荷蘭人勢力所不及的山岳地帶、成爲所謂「**高山蕃**」。一部份仍舊居住在西部平原的、被迫接受外來征服者的統治和驅使、其後而被稱之爲「**平埔蕃**」。

對於台灣原住民的統治、最高當局仍是駐在巴達維亞的東印度總督、而實際政務則由台灣領事掌管。到了一六三六年（明・崇禎九年）二月、荷蘭領事召集了二八社（台南以北一五社、以南一三社）的原住民頭目、在新港舉行所謂「**歸順典禮**」、由此爲轉機、原住民激烈的反抗鬥爭漸趨消熄、在同年年底表示歸順的部落增至五七社。這種具有懷柔性質並顚倒主客地位的歸順典禮、其後是每年舉行一次。再到了一六四一年（明・崇禎一四年）、荷蘭人又把其改稱爲「**地方會議**」（Landdag）、想要使之爲統治台灣發揮更大的作用（參閱中村孝志「台灣史概要」―〝民族學研究〟一八、一―二p.116）。

一六四四年（明・崇禎一七年）、加龍（Francois Caron）新領事到任後、再進一步加強統治設施、結果對於原住民的管制更加嚴厲。其行政地區是以台南爲中心而擴大爲南部・北部・東部・淡水的四大地區、這四大地區的各社長老、每年集合一次・向荷蘭領事報告各個部落的行政狀況、同時每次都得向東印度公司宣誓恭順。荷蘭領事乃宣稱要把行政權和司法權交給各社長老執行、贈送烙印有東印度公司記號的手杖、做爲授權的憑據。

當時在近代武器強迫下而屈服於荷蘭人的原始族、大部份是居住在台灣南部平野的 Hoanya, Siraya, Luilang 等部族、根據當時的資料、從一六四七年以後的人口大體推測如表1的數字。

表1　原住民的部落・戶數・人口

年	部落	戶數	人口
1647	246所	13,619戶	62,849人
1648	251	13,955	63,861
1650	315	15,249	68,657
1654	271	14,262	49,324
1655	223	11,029	39,223
1656	162	8,294	32,221

（資料）　中村孝志「蘭人時代の蕃社戶口表」―「台灣史概要」―“民族學研究”18, 1－2, p.116

由上表資料可以知道、台灣原住民的人口、在荷蘭人統治地區是以一六五〇年（明・永曆四年）爲最多、其後開始減少、其減少率之大、即是顯示著被殺戮或轉移於山岳地帶的人口驚人的多。

d　搭乘荷蘭船橫渡台灣海峽的漢人移民

當要談起台灣歷史的時候、若是漏落了有關「**移民**」和「**開拓**」的話、那就恐怕連其一半也談不上。在台灣社會發展過程中、只有移民和開拓、才能築起其物質上・經濟上的社會基礎。因此、如果沒有這兩件事、是不可能有今日的台灣社會和台灣人。

不過、這種對台灣社會發展不可缺少的移民和開拓、起初也免不了受到和當事者（原住民系台灣人和漢人系台灣人）全然無關的荷蘭人來推進並管制、才踏出第一步。

在荷蘭據台以前、大約是十二世紀的時候、原住華南福建沿海一帶的漢人、就開始橫渡至澎湖、並在台灣西南部近海、從事漁撈或成爲海盜商人、而逐漸窺伺能移住於台灣島內的機會、這點已在上面記述過。其間、譬如有過鄭芝龍建議福建巡撫把飢民數萬送到台灣去從事墾殖的記載（參閱明・魏源「聖武記」卷八）、不過、其眞假至今無法可考。從明末清初的形勢看來、由於受阻於中國執政者禁止移民的政策、同時也受阻於台灣原住民的抗拒外來、所以華南的漢人、在過去的長期間迄未達成宿願。

等到十七世紀初葉、荷蘭人佔據台灣之後、漢人的**農業移民**才得到一個大轉機。就是說、在荷蘭當局有計劃有目的的引誘之下、漢人農民移住台灣才見上軌、並且、一開始就如決堤洪流似的、源源奔騰而來。

當然、荷蘭人積極推進漢人移民來台、無非是出於自己所打的算盤才這樣做的。當時在荷蘭本國乃是重商主義旺盛的時代、所以、他們就是把重商主義的利潤追求辦法和殖民統治連結起來、想在台灣生產一些他們能輸售外洋而撈取利益的特產品。

那麼、當初他們在台灣、為農業生產所需要的**土地**是已從原住民奪來了、但是、只憑這些土地是無法產生大量的糖・米等外銷所需的特產物。鹿皮本來是原住民以打臘為生所得來的、僅靠這些並不可能滿足荷蘭人所輸出的數量。並且、由於原住民的農業技術較原始、一時無法利用、為了開墾土地、種植甘蔗或稻米、或者從事大規模的捕鹿、一定要從別的地方運來具有較高農耕技術的**大量勞動力**才有可能。於是、荷蘭人乃轉眼到台灣對岸的中國大陸、很快就看重農耕經驗豐富並能吃苦的**漢人農民**。這種漢人勞動力、荷蘭人是早在印尼就使用過、並獲利不小。

恰在此時、在中國大陸正逢明清鼎革之交、連年兵亂、又在崇禎年間福建大旱、社會動盪農村疲憊、華南一帶充滿著飢荒和流亡農民、所以、漢人移民往南洋謀生者日益增多。雖然當時明廷實施「**海禁**」採取鎖國政策、但是、這種不適合社會現實的官方禁令、從只有等待餓死而別無他途的破產農民看來、簡直是等於一張死文。

在這種情況之下、荷蘭人正在招募台灣移民、這對漢人農民來說、是能出洋找生路的一個好機會。因此、荷蘭人僅用一張嘴巴撒謊瞞騙、就能召集大批漢人、而把他們當做奴隸、擠裝在大划船的船底、從福建・廣東運往台灣。「**巴達維亞日記**」有一段描寫當時漢人移民台灣的盛況云：

「**一六三一年四月三日、有一七七人漢人、由東印度公司的船運抵台灣、此外、在廈門等船者、還有一千多人**」。

再者、於一六三六年（明・崇禎九年）七月、東印度公司總督派來福建出身的名叫蘇鳴崗（Bencon）、他是在巴達維亞第一代的漢人頭目、久為荷蘭東印度公司招募移民起了很大的買辦作用。換句話說、他不外乎是依靠奴隸買賣、把漢人同胞一批又一批交給東印度公司而賺錢起家的。由於蘇鳴崗出身福建泉州、同時漢人出外靠賴同鄉心切、所以、漳泉二州的流亡農民、一聽到同鄉的先輩又是移民的成功者蘇鳴崗、往赴台灣替荷蘭人招募移民的消息、即都志願賣身而往赴台灣。蘇鳴崗在台灣也替荷蘭人賣力、做了一些有關開拓貿易的工作、逗留兩年之後、一六三八年（明・崇禎一一年）再返巴達維亞（參閱「巴達維亞日記」、中村孝志「台灣における蘭人の農業奬勵と發達」—〃社會經濟史學〃七—三）。

這樣、到了一六四八年代、荷蘭人統治台灣可說是迎接了一個黃金時代、島內開拓事業日益發展、移民也繼續增加、漢人從福建・廣東接踵而來、到了統治的末期、漢人人口已增至一〇萬人、戶口二萬餘戶（參閱曹永和「荷蘭與西班牙佔據時期的台灣」—〃現代國民基本知識叢書〃台灣文化論集 p.121）。

本來、荷蘭人佔領台灣以前、渡來台灣的漢人、可以想像不外乎是屬於征討者・漂流者・旅行者・海盜・漁民・商人之類、嚴格的說起來、這些人皆不能算是移民。退一步來說、在台灣史上、頂多是當初以台澎兩地海岸做爲根據地的漁民・海盜・商人、才可勉強算在移民之內。但是、與四百年台灣社會發展能連貫得起的所謂「**移民**」、除非自荷蘭統治時代移住來台的農業移民、再也沒有別的。關於這種**農業移民**、在荷蘭佔領台灣島以前、在書籍上是迄未見過確實的記載、雖曾有過、卻也寥寥無幾。

因此、眞正的農業移民大批渡來台灣、算是荷蘭據台之後、並且如上述是要有大規模的運輸手段才見實現。這一點可說是導致後來台灣社會發展的「**歷史必然**」。

其他、在那個時候有福建沿海一帶的流亡農民、把小船改爲外洋偷渡船、衝破了中國官方的海上封鎖線、乘風破浪跨過台灣海峽、而冒險過來的也日益增多。

e　漢人血汗所凝成的土地開拓

今日在台灣、若是乘上縱貫鐵路、從車箱窗外就能看到一遍都是綠油油的田園風景、並能想起這乃是台灣著名米糖的產地。可是、或許很少能聯想到昔古時代、漢人移民尚未來台之前、皆是一遍原始森林和荒原曠野。

要談開拓的事、預先得認識到漢人移民所遭遇的奴隷境地、比較便以瞭解。起初由荷蘭人運到台灣的漢人農民雖然口說是「**移民**」、倒也不過是名義上的稱呼而已。實際上、他們乘了荷蘭人的大划船、就被烙上**殖民地奴隷**的身份、並且、一到台灣來、就好比牛馬似的編入農奴群列之中、立即被趕到原林曠野開墾土地。

那麼、若要談及奴隷的悲慘遭遇、想起十五世紀以後西洋人海盜的奴隷買賣殘忍情景就可明瞭。在此本來是不必多談。但是、爲了更加具體的瞭解荷蘭統治下的漢人移民所遭到的悲慘境遇、可以引例黎斯所著的「**台灣島史**」（Ludiwg Riess : Geschichte der Insel Formosa. Tokyo, 1907 —吉國藤吉譯 p.125）做參考：

「荷蘭人抓了想從澎湖島內逃出的漢人、把他們兩人絆在一起、強制建築城寨的勞動、並且、等到築完城後、再把這些漢人當做奴隷賣給巴達維亞去。荷蘭人在輸送漢人奴隷的途中、全然不顧其生死。這種悲慘世界、從荷蘭的〃海牙記錄局〃的公報上可以看到。例如、從澎湖島乘船共有二七〇人漢人之中、能抵達巴達維亞的、僅有一三七名、其他、不是忍不住受虐待的痛苦而死亡、就是因生病活活被投入海中而歿」。

上面這一段記述是描寫從澎湖被運到巴達維亞的漢人所遭遇的慘境、從福建被送來台灣來的漢人與此是大同小異、如有稍微不同的、乃是廈門到安平的距離較南洋近、所以在途中死亡者較少。

這樣、從廈門或泉州出發的漢人移民、他們一抵達目的地、就難免面對著排在眼前的千萬年來始終拒於斧鬬之外的原林曠野。當然、這個原始的台灣島、對於已在中國大陸過著漂浮不定的日子而剛剛來到的這些流亡者、並未能給予準備著就能安居的住家。因此、人人被荷蘭人編班趕入原林曠野之後、都得一開始就拼命勞動、一方面得爭取能忍受風吹雨打的最低限度的生活環境、另一方面、又得應付統治者荷蘭人苛酷的要求才可。

然而、新來的漢人移民、當然、仍是百分之百的「**大陸人**」、起初他們就難免受到最為難受的台灣「**海島風土**」的考驗。因為剛剛來到的大陸人、還是身帶著充分的**大陸風土**的特性、而在外界卻受到**台灣風土**所圍繞、所以、他們就不得不在裡外相剋的狀況之下、從事艱苦的開墾勞動。

再者、迄未馴服於水土(風土)的情況下、當初任你怎樣走遍了未經開發的原林曠野、也找不到可以充饑的現成穀物。尚且、在人煙未到的原始森林、及烏煙瘴氣的深山幽谷裡、他們是免不了受到酷熱或疫病的困擾、毒蛇害虫的侵襲、再加上、原住民因漢人侵略土地而不間斷的猛烈襲擊、都使這些來自中國大陸人、苦不堪言、簡直難於生存下去。

可是、經過了一些日子之後、這些大陸人倒也稍能忍耐得住一向過來的艱苦日子、一步步的馴服旒台灣海島性的水土。不過、當他們想再進一步著手於開墾山野時、既廣且大的原始森林、卻好比一隻巨獸似的、經常迫於眼前、使之難以應付。不用說、為了要爭取生存、這些來到台灣沒有多久的大陸人、也得把直徑幾尺的大樹幹、一根又一根的斧劈下來、再深挖到地裡去、把大樹根一個個拔掉、如此、才能使這荒野逐漸轉化為耕地。說起來、其所要克服的艱難之巨、恐非已習慣於利用機械的現代人所能想像得到的。

像這樣能忍嗜勞苦、並默默堅持到底而終於完成一定的目標、無非是他們本來就有勞動習慣、能克苦耐勞、同時、更爲的是、他們緊懷著「**離鄉背井跨渡大海**」的這種開拓者精神（pioneer spirits）才能做到的。後來、他們的子子孫孫、也很知道自己的祖先們像這樣以不屈不撓的開拓者精神、流了寶貴的血汗、同時也不會忘記憑著祖先們的這些血汗才能在此地（台灣）奠下了**台灣民族開基立業的礎石**。並且、因爲有了祖先們的這種心志和史跡傳流下來、所以、後代的子孫才能把這些心志和史跡做爲互相共感的樞紐。

台灣初闢之時、就是這些開拓者付出了這樣的血汗和勞苦爲代價、千古綿延不絕的原始森林、終於由地平線的緣邊開始退縮、代之而起的、就是被竹林圍繞的農村風景、象徵著**新的時代氣象**而告出現。

圖 19　荷蘭時代開拓地域

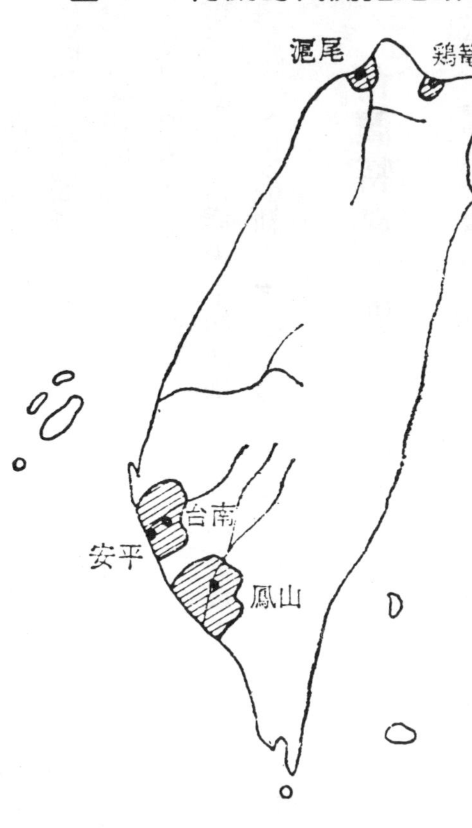

當時、隨著新時代的齒輪而開化吹息的、就是一向被稱爲「**大員**」的安平・台南附近一帶、和鳳山爲中心的下淡水溪河口流域。其他、有了西班牙所推進開拓的北部的雞籠・滬尾附近。當然、若是把這些開拓面積和台灣全域比較、僅僅是一小部份被開拓而已。但是、因爲有了這小地域爲**據點**、後來才能慢慢推廣到整個台灣西部的平原地帶、這點乃是荷蘭人統治時代的開拓地區所具有的最大的歷史意義。

另一方面、荷蘭人從自己的利益出發、一方面盡量驅使漢人勞動、在另一方面乃從事鋪路修橋、建築堤防和水利灌溉、並從印度等地輸入種子・苗木或耕牛、貸予漢人開拓者使用。例如、現已成爲台灣重要產物的落花生、據說是荷蘭人最初從外傳來的（參閱中村孝志「台灣における蘭人の農業奬勵と發達」―〃社會經濟史學〃七、三）。

可是、漢人這樣流下血汗辛辛苦苦所造成的田園、皆以「王田」爲名、統歸荷蘭皇帝所有、所生產的農產物、也被剝削殆盡。最後、漢人所分到的、只不過是僅能維持牛馬不如的奴隸生活而已。

f　台灣特產的鹿皮・砂糖・米

重商主義性格濃厚的荷蘭人、在台灣所想追求的、原來是以貿易上的利潤爲主。實際上、他們以台灣爲中途站、從事中日貿易並把台灣特產品輸售外國、確實是獲得了很大的利益。

他們剛來台灣時、往外輸售而即時能賺到錢的台灣特產品、只有鹿皮和鹿肉乾而已。鹿皮運往日本、鹿皮乾乃漳泉商人輸回福建去。特別是當時日本正處於戰國時代、所需大量鎧冑裡襯等大體是用鹿皮做的。這種鹿皮即從台灣或菲律賓・柬埔寨・暹羅等地運去。荷蘭人據台期間、每年繼續從台灣輸售日本大量的鹿皮、最多時在一六三八年（明・崇禎一一年）達一五萬張、普通每年平均七、八萬張（參閱中村志著「台灣史概要」）。在台灣、漢人早已在此地從事所謂蕃產交易、以米・鹽・衣料・裝飾品等換上鹿皮和鹿肉乾。到了荷蘭佔據台灣後、漢人移住台灣者日多、其中、有的是從事捕鹿爲生。漢人捕鹿是以陷阱或係蹄、捕捉範圍急遽擴大、一六三七年（明・崇禎一〇年）已擴至諸羅（今之嘉義）和半線（今之彰化）等地附近。這從荷蘭人方面來說、漢人的捕鹿和所謂蕃產交易的範圍愈擴大、荷蘭人的統治地區也跟著愈伸張。就是說、深入原住民地界而擴大捕鹿範圍的漢人、等於是代替荷蘭人擴大統治圈的先鋒。荷蘭人一方面為了要從漢人和原住民劫掠鹿皮、即獎勵漢人捕鹿、但到後來、在另一方面、卻以管制濫捕為名、設立所謂「贌社」制度、發給「捕鹿執照」、而來徵收更多的鹿皮歸於自己所有。

糖也是荷蘭時代台灣的重要輸出品。荷蘭人原先就計劃生產紅白糖、所有開墾好的土地盡量叫漢人種殖甘蔗、所以糖的產量年年上昇、特別在一六三六年（明・崇禎九年）已有相當的產量、一六四九年（清・順治六年）產九〇萬斤、一六五〇年（清・順治七年）一二〇萬斤、一六五八年（清・順治一五年）一七三萬斤、都是往外輸售、近到日本、遠至波斯（參閱岩生成一「三百年前における台灣砂糖と茶の波斯進出」—〃南方風土〃二—二）。

台灣原住民是和亞細亞各地的原始族同樣、除了以原始的「燒墾農耕」種植一些粟米之外、本來都不生產稻米的。荷蘭人招來大批漢人農民的初期、所需米糧乃是靠日本和暹羅接濟。後來、島內的墾殖進展、米的產量也日益增多、不但已夠消費、還可把剩餘米穀輸售福建各地。其他、鹽・小麥・茶・麻・落花生也在此時開始生產、有的是後來成為台灣特產品。

這樣、台灣的土地開拓有了端倪、農業生產迅速發展、一六四六年（清・順治三年）的農業收入一共一二餘萬盾（gulden）、兩年後的一六四八年（清・順治五年）、已增至二〇餘萬盾（參閱「巴達維亞日記」、中村孝志「台灣における蘭人の農業獎勵と發達」—〃社會經濟史學〃七、三）。

g　海盜兼貿易商的荷蘭人

荷蘭人最初侵入亞細亞的時候、開始就遭到兩個很大的障礙、一個是碰上明廷與日本德川幕府的鎖國政策、再一個乃是台灣海峽的漢人海盜猖獗逞兇。後來、因荷蘭同意明廷官員的要求、放棄澎湖而改爲佔領台灣、才獲得明廷默認方式允許荷蘭船到廈門及泉州做買賣。日本也在一定的條件之下撤消鎖國政策、所以、以台灣爲中心的遠東貿易漸趨興旺、使荷蘭人獲利很大。

問題就在蟠踞於台灣海峽的漢人海盜。他們經常向荷蘭商船挑戰、乘隙行劫、到處阻撓。大小海盜商人之中、鄭芝龍的勢力最大、騷擾台灣海峽的南北航路亦最厲害。譬如、一六二八年（明・崇禎元年）、從福建漳州出發的四三艘戎克船之中、被鄭芝龍劫去二〇餘艘（參閱曹永和「荷蘭與西班牙佔據時期的台灣」）。在這種情況下、荷蘭人也自然受到很大的威脅。但是、他們倒也不忘利用這些漢人海盜商人、從大員放出商船往廈門做走私買賣。在另一方面、乘海盜相互間的磨擦、支援一方而來消滅他方、或者協助官方征剿海盜而來討好明廷、或者反過來勾結海盜、以武力威脅明廷、藉求開放貿易。

明廷因無法肅清海盜、一六二八年（明・崇禎元年）、一方面施行海禁、另一方面卻對鄭芝龍加以招撫、並下令掃盪台灣海峽。鄭芝龍乃藉此官方武力消滅了李魁奇、劉香老等後起的競爭者、終於成爲在台灣海峽及南海的名符其實的最大勢力。因此、台灣的荷蘭人爲了推進中日貿易、竟不得不向鄭芝龍討好、結果、和他訂定了三次的貿易協定（參閱「巴達維亞日記」、Siebold: Nippon.）、即是：

一六二八年（明・崇禎元年）、在諾易茲（Nuyts）領事時期、訂定關於生絲・胡椒等的三年貿易協定

一六三〇年（明・崇禎三年）、在普特曼斯（Putmas）領事時期、訂定荷蘭要保護鄭氏船隻的航海

協定

一六四〇年（明・崇禎一三年）、杜拉第紐斯（Tradenius）時期、訂定有關日本貿易的互惠協定

如此、鄭芝龍介在明廷和荷蘭人間、盡量發展自己的勢力、在日本・中國・南洋等地、均撈到很大的利益。譬如說、一六三九年（明・崇禎一二年）、到日本的外國商船九三艘之中、大部份是鄭芝龍的所有、可見當時他在遠東貿易中所佔勢力的強大（參閱 Dagh-Register des Comptoirs Nangasacky ―「出島日記」、石原道博「鄭芝龍の日本南海貿易」）。

當然、歐羅巴的海盜商人是更高他一手、趁此機會、大爲推廣台灣的轉接貿易、一時控制了東方的整個通商路線、爲本國搬回很多東洋特產品。

到了一六四八年（清・順治五年）、中國在明清鼎革之交、大陸戰事波及華南、因此、荷蘭人在中國貿易上受了很大的打擊、除了硫黃・鉛等軍事物資的交易之外、在歐羅巴最受珍喜且利潤也最大的絹・綢緞等已難入手。再到一六五四年（清・順治一一年）、佔領廈門・金門的鄭成功乃進一步禁止荷蘭人到廈門從事貿易。後來、荷蘭人於一六五七年（清・順治一四年）派何斌到廈門、向鄭成功討好而把僵局打開、中國貿易才重行開放。但是不經多久、荷蘭人就被鄭成功從台灣趕走（參閱石原道博「明末清初請援南海始末」）。

h　日本的銀、中國的絹、南洋的胡椒、台灣的糖

當時的台灣在貿易上的地位、可以說相等於現時的香港、不外乎是一個轉接貿易的中心、把各國的特產品運來運去、並使之相互交流、而獲得鉅大利益。就是當時荷蘭在遠東貿易上、乃把中國的生

圖20　大員・中國・日本之三角貿易圖

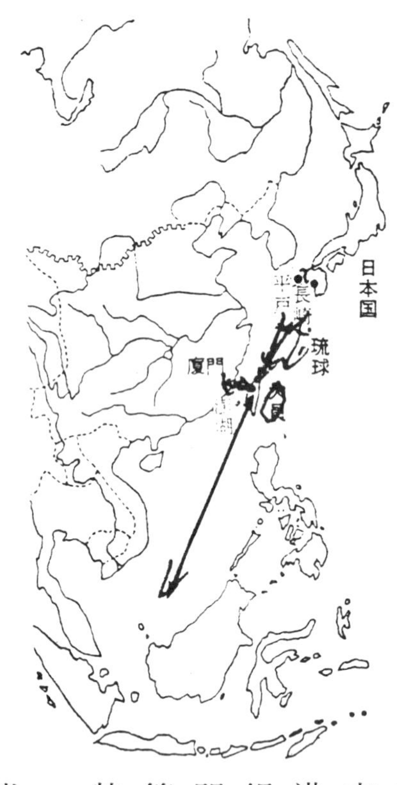

絲・綢緞和南洋的香料、台灣的鹿皮、後來又加上台灣的糖、預先集中於台灣安平港、再把這些各地特產品運往日本換回銀、又把這日本銀加上歐洲的銀、運到廈門去換取中國的生絲・絹・綢緞・陶磁器等運回台灣、然後、從台灣把這些中國的特產品運回荷蘭本國去。

　這些以台灣為轉接地的遠東貿易的貨物當中、最重要的當然是荷蘭人要拿回歐羅巴的絹緞和陶磁器、但是、這些中國的特產品、非用銀換來是無法取得。譬如、馬尼拉的西班牙人塞維可斯（Don Guan Cevicos）曾在談論台灣的重要性當中也說過、想要做中國貿易、無論那一國家都除了使用銀去換來之外、沒有其他辦法。

　從台灣島內的生產來說、如上面已記述過、起先可以參加國際貿易的乃是只有鹿皮・鹿肉・魚乾等土產品。後來、經過荷蘭人有計劃的進行農業開發、結果、糖和米也被加上。鹿皮是運往日本、鹿肉・魚乾・米是輸出中國大陸、糖是向日本和波斯輸售。其他、台灣北部的硫磺是運往戰亂中的中國和柬埔寨、做為火藥原料。

　關於台灣的這種貿易狀況、在台灣的荷蘭領事諾易茲、向駐巴達維亞的東印總督報告中曾有說著：

「為了取得日本、印度、荷蘭本國所需商品、從大員或福爾摩薩派遣中國人的戎克船至漳州和廈門、將東印度公司的銀幣交給公司的當地經紀人或是可靠的中國人。此項買賣、已獲取福州當局的默

許。

有若干中國商人來到此地、欲將貨物出售、……每年都在要送船隊到日本和巴達維亞的時期、中國貨物屢次都不能按計劃入手、所以必得預先派戎克船到廈門去。彼地的中國當局已允諾出售很多貨物給我們、並允許運至大員。絹每擔的價格比他處便宜約有八兩至十兩—一六二九年一月十日」。

同在「巴達維亞日記」之中又記述著：

「一六四〇年六月、中國人從淡水運至大員，粗製硫黃一〇萬斤、一六四二年一月、大員的倉庫已存有硫黃二〇萬斤至二五萬斤。明朝滅亡之際（一六四八年）、輸送給鄭芝龍和中國大陸硫黃二〇萬斤」。

同樣記錄著、滿載絲絹的商船從台灣開至日本的有五艘、往巴達維亞的有二艘、其總值達一一八萬盾（gulden）、依此獲利高至一〇〇%。一六三七年（明・崇禎一〇年）貿易狀況更爲轉好、由各地開至日本的荷蘭船隻有一四艘、載貨總值二四六萬盾、從台灣去的佔八〇%以上。

荷蘭人在台灣貿易上所獲淨利、在亞細亞各地「商館」之中、僅次於日本、佔第二位。譬如在一六四九年（清・順治六年）、亞細亞各地商館一九處之中、獲到利潤的只有日本・台灣等一〇處、虧損的商館有錫蘭・暹羅等九處。其中、日本佔利潤總額的三八・八%（實際上、不過是由台灣所轉運的絲綢等貨物賺錢爲主所致）、次之、台灣佔二五・六%、（四六七、五三四盾）日本和台灣共佔全部的半數以上（參閱曹永和「荷蘭與西班牙佔據時期的台灣」）。

由此、大略可以知道從荷蘭人所打的算盤看來、當時的台灣貿易是很上算、所以台灣的商況日趨殷盛。

i　荷蘭對於原住民的傳教政策

右手持槍、左手拿聖經、這就是歐羅巴人當要統治殖民地時慣用的手段。關於這點荷蘭人也不能例外、他們經過一段對台灣原住民殘酷的武力鎮壓之後、即不會忘記利用歐羅巴的宗教和文明、想來施展恩惠和懷柔、藉以鞏固其統治地位。

荷蘭人佔據台灣的期間、對原住民所採取的所謂教化事業、確也收到相當的效果。對幾千年未經開化並沒有使用過文字的台灣原住民來說、這種歐羅巴文明的傳來、或許可以算是要邁向新世界的開端。可是、荷蘭人的傳教師雖然在個人上是依據宗教信念和人道主義而想教化原住民、但也不能否認他們的傳教和教化行爲、無非是替征服者荷蘭人謀利益的。因此、他們這種傳教和教育、在政治方面不外乎是給原住民帶來嚴重的災殃。就是說、荷蘭人的所謂教化事業是建立在他們自己的政治利益上面、所以、台灣統治一旦告終、教化事業也隨著化爲烏有。他們爲了統治台灣原住民、盡量利用**考路呡**(Jean Calvin)系「**改革派教會**」(De Gereformeerde Kerk)的傳教師來台傳教、依此、甘地地武斯牧師(Georgius Candidius)於一六二七年(明・天啓七年)、右尼武斯牧師於一六二九年(明・崇禎二年)、先後從巴達維亞被派來台。由這兩個牧師爲主、和後到的牧師三〇餘人在一起、以台南新港社(Sinkan)爲中心點、向附近的平地原住民傳教。這乃是基督教(Protestantism)傳來台灣的開始。

甘地地武斯牧師於一六三六年(明・崇禎九年)、在新港設立學校、收容新港社的少年七〇名、教授羅馬字母、並講述基督教教義。後來也在新港社・大目降社(Tavokan 今之木岡)・蕭壠社(Soulang 今之佳里)・麻豆社(Mattau)・目加溜灣社(Bacealuan)設立傳教所。這樣、荷蘭人的牧師傳教是北至諸羅(今之嘉義)・半線(今之彰化)、南至瑯璠(今之恒春)、到處都有他們的足跡。

巴連泰（Jacob Valentijn）於一六五九年（清・順治一六年）的台灣中南部巡視報告書云：「**教化成績最高之番社、是達住民的八〇%受到基督教的教育、其中四〇%相當能理解所學的教義**」。又在清代黃叔璥著「**台海使槎錄**」云：「**新港・蕭壠、麻豆、大武郡・南社・灣裡以至東螺、西螺、馬芝遴：：門繪紅毛人像**」。從此可以想像到基督已傳播至各地、信者畫耶穌像或使徒像於門扉爲敬。

據東印度公司的記錄、原住民受洗禮者達五千九〇〇名、在教會舉行結婚典禮的原住民已有五百餘對、受教育的學生六百餘名、並從其中提拔五〇名爲教師。這些數字若是眞實、其成果可說是非常的大（參閱村上直次郎「蘭人の蕃社教化」p.131）。

再者、荷蘭人牧師爲了傳教、以羅馬字拚音法來翻譯聖經・祈禱文・十誡・問答書等基督教教義書、或者以原住民語言著作教科書、或者編纂語言辭典等。其內容和數目相當可觀。其中、著名的有著Jac. Vertrecht 譯「***Favor-langh* 語言基督教教材及說教書**」、Gilbertus Happrt 著「***Fovorlangh* 語辭典**」、Utrecht 稿本「***Sidiea* 語語彙**」、Daniel Gravius 譯「***Sidiea* 語馬太傳**」等。這些書本、現已成爲台灣寶貴的文化財產（參閱淺井惠倫「オランダと蕃語文書」—「愛書」一〇）。

這些以羅馬字拚音的原住民語的書本和字典、到底是和他們的日常生活有何連繫?這點、現在已無法可考。但是根據下述的「**教册仔**」或「**新港文書**」、或許可以想像當時由荷蘭人傳教師所做的這些教化工作、在原住民的實際生活中是起了一定的作用。

再者、清・周鐘瑄修「**諸羅縣志**」卷八風俗志云：「**習紅毛字、橫書爲行、自左而右、字與古蝸篆相彷彿、能書者、令掌官司符檄課後役目、謂之教册仔**」。所謂「**教册仔**」就是學羅馬字而能讀寫的原住民。據聞、清朝據台之後、原住民和漢人之間的田契等文書、皆爲教册仔所寫、一直到了日本佔領台灣後才終止。由於這些教册仔以羅馬字拼音所寫的原住民語和漢字對照的契文、曾在新港被發現、所以、後來的學者把這些文書稱爲「新港文書」。這確是原住民所留下的空前絕後的寶貴遺產（參閱村上直次郎「新港文書」Sinkan Manuscript,「台灣蕃語文書」）。

到了後來、漢人光想同化原住民、日本人也教給日本語爲教化的基本、但是始終無法使他們放棄自己的語言。

荷蘭人對於原住民所施展的教化工作、可以說是遠超過西歐人宗教家在非洲所做的傳教工作。可是、由於這種傳教工作、始終和殖民地統治下的血腥戮殺併行、所以其功效竟化爲烏有。

j　西班牙人天主教傳教

歐羅巴人侵入亞細亞是西班牙人比荷蘭人早、對於日本的傳教和貿易、也不外乎在馬尼拉的西班牙人比荷蘭人先一步。然而、已在新大陸的南美洲佔有金銀寶藏的西班牙人、他們侵略東洋、與其說注重東方的通商貿易、勿寧說是非常熱心於天主教的傳教。他們在黃種人社會的天主教傳教上、比起任何歐羅巴人都具有不顧一切的超級熱情、反而到處都起了反作用、惹起不少的糾紛和迫害。

西班人爲了覓尋對日本傳教的中途站、屢次派兵欲想佔領台灣、但是都不得實現、結果、到了一六二六年（明・天啓六年）才步上荷蘭人的後塵、佔領台灣北部的雞籠和滬尾、這點已在前面記述過。

當西班牙海將率領帆船初次來台時、已有西班牙神父二人和修士一人、及日本神父一人同行來台。這個日本神父名叫西文左衛門、在台灣逗留三年後、經過琉球回日本、一六三四年（日本・寛永一一年）在日本殉教死亡。

到了台灣後、西班牙神父的傳教以雞籠為中心、逐漸發展至滬尾及台北盆地、後來擴至三貂角和蛤仔難（現在的宜蘭）。起初由雞籠到七堵、滬尾方面是向金包里・八里坌、再溯上淡水河、關渡・北投・唭哩岸・芝蘭堡（現在的士林）延至台北盆地的各地方。

在蛤仔難方面、於一六三二年（明・崇禎五年）、有了西班牙船遇風漂至蛤仔難、其船員五八人被當地的泰雅族所殺。西班牙人趁此以報仇為藉口、派兵燒毀七個原住民部落、殺一二人、同時派神父到此地傳教、並佔領海岸一帶、命名「**聖加天利納**」（Santa Catarina）、又把現在的蘇澳附近稱為「**聖老人佐**」（San Lorenso）。這就是右手槍左手聖經的典型例子。

西班牙人佔領台灣北部的一七年間、由多米尼克派（Dominico）的天主教神父、傳教於台灣原住民。他們以西洋醫學為接近原住民的工具、先治原住民的虐疾和天花、然後才傳天主教的福音。從建立天主教堂收容信者做起、次之、才以愛斯基委神父（Jacint Esquivel）所著的「**淡水語天主教理**」和「**淡水語辭典**」為傳教的書本、再建立聖母像供信者禮拜。可是、由於西班牙神父時常都滿身揚溢著殉教的熱情、對傳教操之過急、所以、往往抵觸了原住民的習性和禁忌、而惹起很大的反感和敵視。舉一個例子來說、一六三六年（明・崇禎九年）、訪問芝蘭堡和北投的批拉族的慕路神父（Luis Muro）、遭到三百餘人襲擊、身受五百餘箭、遺體在一二日後才發現。

馬尼拉總督於一六三〇年（明・崇禎三年）報告西班牙國王云：「**三年傳教、只在雞籠一處、受洗禮者有三百人、一七年間受洗禮者共達四千人**」（參閱中村志「台灣におけるエスパニア人の教化事業」─「愛書」）。

k　殘酷的殖民地剝削

荷蘭人不但在貿易上或產業生產上、而在征稅上也想盡各種各樣的名堂和辦法、大肆掠奪被統治者的血汗果實、供於本國享用。

㈠　王田・地租・田賦——從古時代就僅靠**自然採取經濟**過活的台灣原住民、當然不可能懂得農耕生產、等到荷蘭人依據自己所打的算盤而招募漢人來台、並使之開墾土地、台灣才起了大變動、開始進入**農耕經濟**的新階段。，到了一六五六年（清・順治一三年）、被開拓好的土地共有八千四〇三甲（Margan）、其中、田地六千五一六甲、蔗園一千八三七甲、其他五〇甲（參閱「巴達維亞日記」、中村孝志「台灣における蘭人の農業獎勵と發達」——〃社會經濟史學〃七、三）。

但是、開拓好的土地均在「**王田**」的名目下、統歸荷蘭皇帝所有、並籍題於「**耕田輸租**」、連地租加田賦、加上各種經費的征課方式下、幾乎把其生產物都劫光（參閱清・高拱乾「台灣府志」卷四租賦）。

㈡　人頭稅・人頭附加稅——荷蘭人統治時代的原住民人口、全島大約是四、五〇萬人、其中、在荷蘭人範圍內的一六五〇年（明・永曆四年）最多、可算有六萬八千人（參閱表1）。

關於漢人移民人口、荷蘭人據台的當初、一六二六年（明・天啓六年）有一幅西班牙人的圖畫名叫「**台灣的荷蘭人港口**」、圖中之赤嵌部份畫有漢人的漁寮六家、下註稱爲漢人五千人。這些所謂漢人、無非是居住安平附近的漢人漁民或漢人商人。其後、漢人農民移住來台、於是、漢人在台人口急遽增加、到荷蘭據台末期、漢人人口增至一〇萬餘人、戶口二萬餘戶（參閱伊能嘉矩「台灣文化志」上、中卷）。

漢人人口愈多、隨著台灣經濟愈發展。於是、荷蘭人乃想出辦法來盡量剝削漢人、即從本國搬來奴隸經濟的遺制、就是人頭稅（Pall Tax）、起初漢人每人每年抽四分之一里爾（real）、後來提高到二分之里爾。「**人頭稅的收入、起初是三、一〇〇里爾、後來增至三三、七〇〇里爾、增加十一倍。**」（Ludwing Riess: Geschichte der Insel Formosa. Tokyo,1907. 吉國藤吉譯「台灣島史」）。

其他、為荷蘭人建築房屋・道路・堤防・橋梁等的臨時經費、乃在人頭稅上增收「**人頭稅附加稅**」。

對原住民雖然沒有人頭稅的稅目、但每人每年抽鹿皮一張。

(二)　十分之一稅——隨著移民和開拓的發展、外洋貿易和島內的通商、及供應日需用品的漢人商販也愈來愈增加、由此、工商業日益旺盛。荷蘭人當然是不會錯過這個機會、對於米・糖・蠟燭・煙草等日常貨物、也抽十分之一的物品稅或交易稅。

(四)　十分之一關稅——如上所述、荷蘭人在台灣貿易上、確實是撈到很大的利益、但是這不只在外洋的貿易通商上、而在稅收上也是一個特別重要的征課泉源、他們也從輸入的貨物均征收十分之一的關稅。

(五)　贌社稅——漢人從荷蘭人據台以前就從事所謂蕃產交易、以物物交換方式取得鹿皮等原住民所生產的貨物、獲到巨大的額外利益。後來、佔據台灣的荷蘭人、為了圖謀增加稅收起見、從一六四四年（明・崇禎一七年）起、創立了土產交易的中心場所、稱為「**贌社**」、由此抽收一定的交易稅、叫著「**贌社稅**」、其稅收年達二、一四〇里爾之多。

其他、漁獵稅・狩獵稅・硫黃採掘稅・硫黃販賣稅・採包稅（釀酒・市場）等、其種類多得不可計數。

荷蘭人統治台灣三八年之間、台南一帶的經濟開發是相當進展、當然、這不外乎是原住民和漢人開拓者花了很多的血汗所得來的成果。隨著、統治者的剝削也日趨厲害、這點、從他們在財政上的數

表2　荷蘭當局台灣財政上的收支（盾）

年	支出	收入	純益
1640	255,000	268,000	13,000
1641	216,000	233,000	17,000
1643	234,000	318,000	84,000
1649			467,500
1653	328,000	667,000	339,000

（資料）　中村孝志「台灣史概要」—“民族學研究”18, 1－2, p.117

字、也能看得出來。

試看一六五三年（清・順治一〇年）的財政收支、總收入六六七、七〇〇盾之中、土地收入佔二八五、七七〇盾、商業收入三八一、九三〇盾。另一方面、總支出是三二八、七八四盾、結果財政盈餘達三三八、九一七盾、等於總收入的五七・五％（參閱表2）。

殖民地統治者就是以這樣從被統治者剝削得來的財富、建築「**熱蘭遮**」和「**赤嵌樓**」二城、並維持軍隊、供養東印度公司職員、反過來、再來加強統治和剝削原住民和漢人開拓農民、而且、從一六四〇年（明・崇禎一三年）以後、每年還剩下很多的盈餘。

因此、「**台灣**」從荷蘭人而言、不僅是「**美麗島**」同時更是一個「**寶島**」。

2　「台灣開拓者社會」的誕生

a　統治者・荷蘭人

首先要看一看、以**絕對權力**規定了新生「**台灣開拓者社會**」的性格和發展方向的統治者・荷蘭人、究竟是何種人？

十七世紀的荷蘭本國、正處於剛從西班牙久年的壓迫下逃脫出來、建立「**荷蘭共和國**」（一五七九年成立）的新興時期。其國民還在中央集權的君主絕對專制之下、迄未脫離中古時代的封建束縛。就在經濟方面來說、雖然是正在倡導著爲國民創造財富的「**重商主義**」（Mercantilism）、實際上、卻還停滯於爲**皇帝**和新興商人追求財貨的封建兼初期資本主義的社會階段（參閱 E.F. Heckscher: Mercantilism）。

因此、當時荷蘭在國際上、以本國社會這一般情況爲背景、一方面聯合英國、打倒西班牙和葡萄牙在歐羅巴的海上霸權、並取而代之、在另一方面、荷蘭皇帝自爲魁首、勾結一批貴族・官僚・軍隊・商人海盜而成立一個**海盜商人大集團**、冒充爲國家發展勢力圈、把政府的艦隊縱橫於東洋的海洋上、行掠於亞細亞各個地方。

爲此、荷蘭皇帝就在一六〇二年（明・萬曆三〇年）、特設了「**荷蘭東印度公司**」（Vereenigde Nederlandsche Oost-Indiche Campagine = V.O.C.）、做爲侵犯東洋的主腦、並派總督・官吏・艦隊・商船隊等、常駐於策源地的巴達維亞城。東印度公司乃是以皇帝居大股東的官民合辦貿易公司、並且、享有在東洋地域的宣戰・講和・殖民地統治・土地割讓・締結和約等國家大權。

在這種強大的體制下、荷蘭人使自己的艦船隊由巴達維亞北上到遙遠的中國・台灣・日本等遠東地區來、以半通商半掠奪的方式、從事中日貿易、而把所獲的東洋特產品和新奇貨物帶回本國去、獲得鉅大的利益。

同時、荷蘭人並以曾經盛行於歐羅巴的殖民農奴經濟方式、驅使原住民和漢人移民開拓者、並獲取殖民統治台灣之果實。

但是必須留意的、荷蘭人固然不外是一個非理非道的殖民統治集團、可是、按其統治剝削的**手法**來說、與在當時的中國社會、千餘年停滯於封建剝削、只把農民大衆荒掠一光而不顧一切的中國統治階級、乃是有所不同。

由於荷蘭本國這樣在理念上已走上重商主義的方向、顯示了初期資本主義經濟的端倪、所以、當他們想要統治台灣殖民地的時候、從初就帶來當時中國社會還未曾有的初期資本主義「**商品生產**」的因素、和「**肥鵝原爲後日蛋**」（資本的再生產結構）的剝削方法。譬如說、其最顯著的例子、乃是荷蘭當局逼迫漢人開拓者生產大量的糖、並不爲島內消費、而是爲了生產輸售日本的「**商品**」而想賺錢。

因此、對於台灣社會（開拓者社會）的誕生、揮舞著統治絕對權力的荷蘭人、乃是：

(1)　帶有歐羅巴殖民奴隸性掠奪和初期資本主義剝削的因素的**白種人**

(2)　依據商品生產和養雞取蛋式剝削**制度**、在移民・開拓・耕種・通商的各方面施展有計劃的**殖民統治**

從此可以知道、在人種・社會制度・統治政策的各方面上、與中國統治階級不同的荷蘭人統治之下、這樣、所創始的「**台灣殖民地奴隸社會**」、雖然其主要成分是來自中國大陸的漢人移民開拓者、但是、這個新社會、畢竟是被種下和正處於崩潰過程中的中國封建社會不同的因素。

b　台灣最初的主人・原住民

當台灣初次被外來者荷蘭人侵佔的時候、居住於台南附近荷蘭人統治圈內的原住民的人口還算不少。其後、由於受到荷蘭人統治者和其附庸漢人開拓者的壓迫和屠殺、很快就減少其人口。後來雖然增至一六五〇年（清・順治七年）的三一五社、六萬八千人、但是、再到一六五六年（清・順治一三年）、僅僅七年間、又減爲一六二社、三萬一千人。

漢人開拓者主要是在強佔土地・捕鹿・殺害、及通婚・交易等場面上和原住民相接觸。尤其在強佔土地上和捕鹿上、互相對立最尖銳、由此、未經開發的原住民、受到壓迫而逐步退避山岳地帶去。原來、掠奪土地的策動者和最終受益者、不外是殖民統治者的荷蘭人、但是、由於實際上漢人耕種原屬原住民的土地、所以直接受到原住民所仇恨的自爲是漢人。

但是、漢人和原住民之間、並不僅是只有互相矛盾對立之關係、根據「**屢見原住民女人和漢人相互通婚。**」（Groeneveldt: De Nederlanders in China p.382）、或者「**居住於蕭壠（現在的佳里）的原住民、可見到能說漢語。**」（「巴達維亞日記」一六二四－三九）、可以知道雙方之間已有互相結合的因素存在著。

從人類歷史客觀的一面看來、凡是長久停滯於孤立並未經開化的原始族、他們一旦遭到生產技術和文化生活較高的外來族所侵略、不是遭到殲滅性的打擊、就是被驅逐於更原始的山間僻地、或者被對方吸收同化、結果、招來人口減少、終於走向種族滅亡。

台灣原住民從四百年前就遭到外來統治者及其附庸的侵佔・屠殺・壓迫・驅使・虐待的結果、無法避免的走上衰亡的悲慘境地。但是在本質上原住民和漢人、由於共處在被殖民地壓迫的**共同命運**之下、並且、起初就有了相互結合的因素存在著、所以、經過四百年的歷史演變、現已在意識上・社會存在上、成爲「**原住民系台灣人**」和「**漢人系台灣人**」、共同構成著今日的台灣社會和台灣人（台灣民族）。

c 新社會的主要成份・漢人開拓者

中國社會自開闢以來、就以農業生產爲其社會的基本、在這農業生產經濟結構的基礎上、築起了政治・文化・倫理道德等方面的秩序和規範、特別是中國獨特的**儒教**、乃以這種農業生產基本單位爲基礎、才產生出來。

可是、歷代的中國社會、由於受到腐化的政治・官僚和豪族的弊害、及常年煩擾戰爭和天災的關係、被統治的農民大衆、卻任其怎樣拚命勞動、也逃脫不了赤貧和破產、不但不能逃脫、反而愈來愈加陷深下去。這樣、中國社會經常處在崩潰危機的惡劣條件之下、**階級分化**早就開始、並急遽發展、廣大的農民和極少數的統治階級間的矛盾對立是愈來愈尖銳化。在這種情況下、儒教乃是更奔上維護**特權政治**的上層路線上、一貫成爲封建統治的哲理背景、所以、更爲加深墮落於偏袒封建統治階級的**御用哲學**的境地。在這種社會發展的過程中、原來是「**社會之本**」的農業勞動、反而被視爲小人的下賤工作。另一方面、官僚政治和地方土豪、卻更進一步的相互勾結、而愈加嚴厲的統治著農村社會、結果、農民大衆只能在於儒教和法家的學說・法令・制度・政治組織之下、受到**絕對專制**的統治和剝削。這乃是端發於秦漢時代、一直延續到兩千餘年後的近現代、而未曾中斷過的所謂「**中國封建社會**」的實際狀況。

但是、荷蘭人佔領台灣前後的十七世紀初葉、也就是中國的明代末期、由於千餘年來繼續下來的中國封建社會的盛期早已過去、封建體制的社會基礎已開始動盪、加上兵亂和天災連續發生的結果、農村的疲憊已達極點、正是到處佈滿了被迫離開土地的**流亡農民**。

處於這慢性化的社會動盪和經濟頹廢的情景之下、熟悉於海洋生活的福建和廣東一帶的流亡農民、當然、正急需在海外覓尋最後一條的生路。當在此時、恰好遇到了在東洋各地佔據著**殖民地**的歐羅巴人、他們也正在尋求大批的農業勞動力。這對福建・廣東的那些流亡農民來說、等於是千載難逢的好機會。

因此、這些流亡農民、他們也就毫不介意於歐羅巴人的慣用詐技、而爭先恐後的自願賣身、欣然出國往赴海外去的。

這些經由荷蘭人的手上而被送到台灣來的漢人移民、都是如此所謂「**流民數萬**」（清・徐才鼎「小腆紀年」）、或「**飢民**」（清・黃叔璥「台海使槎錄」）之類、竟是中國封建社會所造成的**犧牲者**。同時、當這些流亡者要逃出中國大陸之際、又被烙下違反出海禁令的罪名、所以、這些出國移民、就被中國執政者、當做一種反社會性的**罪人**。

就是說、到達台灣的農業移民、在政治・經濟・社會的各方面、都已被當政者放逐於中國社會之圈外、而和中國大陸斷絕了關係的。

並且、由於當時交通通信迄未發達、所以、他們一旦來到台灣之後、對於留在中國本土的親戚知友、只能聽天由命的斷絕了一切交接或聯絡、因此、在這種社會上・地理上都處於和中國社會完全隔絕的狀態之下、他們漢人移民、除了決意葬身埋骨於異域的台灣之外、實無其他選擇。

不僅如此、因爲他們自己現已落到**賣身奴隸**的境遇、所以登陸台灣之後、除了自己的「**勞動力**」之外、一無所有。

可是、生活於和中國不同的自然環境（**海島風土**）、和社會條件（**白種人殖民統治**）的現實情景之下、那些以往的大陸風土性風俗習慣、是難於照舊維持或留下的。就是思鄉的心理情愫、雖然爲人人都有、但也因代代的變遷、只能漸漸歸化爲抽象的情緒之外、乃是無法持續到底。

總括而言、新來的**大陸人**、就是漢人移住者、爲了生存於**新的海島環境**、非拿出全部力量努力於早日馴服新的現實不可的。除了這樣幹下去、他們是沒有他途可尋。

就是先有了帶著這些特質的漢人農業移民爲主角、並在荷蘭所規劃出來的原則和規範之下、著手組成**新**的社會生活、導致「**台灣開拓奴隸社會**」的誕生、也就是「**台灣民族**」創世的開始。

除了這些農民移民之外、還有一些漢人的漁民・鹽民・蕃產交易商人・日需品商販等、可以說也參與過台灣社會創世的大業。但是、他們爲數不多、也不過是附屬性質而已。

d　台灣社會的搖籃時代

如此、帶著各不相同的風土特質和社會性格的原住民・漢人、及荷蘭人、來自各不相同的原住地、竟然合流在一起、並共同生存於同一生活圈（風土圈・經濟圈・社會圈・政治圈）的「**台灣**」、打破了古代台灣原來安靜的情景、尤其是以來自中國大陸的大量漢人**勞動力**爲最大因素、終於在台灣的社會生產上掀起了**革命性**的一大變革。

就是說、幾千年來未曾間斷的馬來・印度尼西亞族在台灣的主座、終被漢人取代、並且、本來的「**採取經濟**」（狩獵・漁撈・自然農耕）、一下子變成「**農耕經濟**」（耕種米和甘蔗等高等農產物）。這樣、台灣「**有史**」的帳幕被揭開、以漢人開拓者爲主要成份的**新**的殖民地奴隸社會由此誕生。

當然、這新社會的成立是在於㈠台灣的風土特性（特別是四周環海、與外界隔絕的地理條件）、㈡漢人的移民和開拓、㈢荷蘭人的殖民統治、㈣原住民和漢人的通婚、這四個因素相互結合之下、才見實現。

這樣、以這新的社會集團誕生爲**起點**、不管外來統治者怎樣的輪流統治、其**命脈**是川流不息的傳流下來、並憑靠台灣獨特的社會發展的結果、終於導致今日的台灣社會與台灣人出現於世界史上。

剛剛誕生的社會集團、在這新的自然環境和社會條件之下、當然是有了不少難於解決的矛盾和缺陷。尤其是在初闢時代、各個分散並孤立於互不相同的**村落狀態**、這和近代所說的社會或許相距很遠、但是無論怎樣、在當時可算是大集團的一〇萬人口、憑著**共同的立場和命運**、居住於和外界長期隔絕的**同一地區**、不但不衰亡、也不被消滅、反而能進一步奠下了爲未來發展的礎石、這無非是一件空前大事。因此、即使其起點如合混沌、何等幼弱笨拙、也絕不可因此而否認它就是現已成爲今日大觀的台灣社會與台灣人之「**搖籃時代**」、更不得不承認它在台灣史上所佔的意義是**決定性的、劃時代的**。

同時在另一方面、處於握有生殺與奪的荷蘭人統治大權的環境之下、新社會集團裡主要成員的漢人奴隸開拓者、凡事都得遵守統治者的指示去做、所以、當在空無所有的條件下而開始形成新的社會之際、最爲本質的基層工作、就是生產方式・勞動結構・土地制度・社會構造等、必須一一都得出於荷蘭人的意志來決定。在這種制約下形成起來的新社會、乃是難免被種下獨特的「**殖民地性**」和「**奴隸性**」、所以、所形成的社會不外是「**殖民地奴隸社會**」。因此、不管當時的漢人開拓者自己願意與否、這個新創的社會在本質・形態・構造・結構・發展方向等、即難免和原住地的中國社會有所不同。

藉諸略記比較具有象徵性的下列各項、以資參考與當時「**中國社會**」所不同的「**台灣開拓奴隸社會**」的特質和形態。

(1)「**大小結首制**」的勞動結構——「昔蘭人之法、合數十個爲一結、通力合作、以曉事資多者爲首、名曰小結首。合數十小結・中舉一個富有力而公正衆服爲之首、名曰大結首。有事者官以是問於大結首、而大結首以是問於小結首、然後其有條不紊。視其人多寡、授之以地（未開地）。墾成眾佃公份、人人得若干甲之地（既墾地）、……」（清・姚瑩「東搓紀略」）。

這種大小結首制乃是、㈠在中南美洲新大陸所實行的歐羅巴式農場奴隸制、㈡在巴達維亞已實行過的「甲非丹」（China Captain）的勞工包辦制、㈢中國的封建農耕習慣、這三樣不同性質所混合而成的**殖民地奴隸結構**、在荷蘭時代中期才完全上軌。這個荷蘭時代的「**大小結首制**」、很快就定著於開拓者社會、成爲**台灣村落社會**特有的基層結構、後來、傳下於清朝時代而成爲政治上的「**莊耆制**」和經濟上的「**三階段式土地所有制**」發生的基礎、再經過屢次變遷之後、沿流下來至今天。

(2)　「**王田**」的土地官有制度和「**耕田輸租**」的剝削方式——本來是成於漢人血汗的田園、卻竟統歸於荷蘭皇帝所有、並以「**王田**」名義、由東印度公司負責管理和統轄有關耕種的一切事項。這個土地官有的觀念和制度、由代代的外來統治者繼承下去、成爲掠奪台灣土地主要的想法和辦法、無非是**台灣殖民地性的生產關係**之基礎。和這個台灣的土地官有制相對照、當時中國的**土地私有制**已經是非常鞏固的了。

既然把所有的土地統歸官有、那麼、耕種該土地的漢人就難免受到官方的田賦兼地租加上農具耕牛借貸費等好幾重的剝削。荷蘭人以「**耕田輸租**」的名堂、把所有田園分爲上・中・下三等則、以所定稅率征收租賦混合的所謂「**租**」、徵量很重、其征收方法和中國相差甚遠。「**台灣田賦、與中土異者三、中土止有田、台灣兼有園、中土俱納米、而台灣止納穀、中土改折（折現款）、而台灣止納本色（穀物）**」。（清・高拱乾「台灣府志」租賦附考）。這種殖民地的剝削、一直沿下來、實質上仍然存在於今日台灣。

(3)　「甲」爲單位的地積制度——「**自紅夷據台、……十畝之地、名爲甲。**」（清・高拱乾「台灣府志」租賦附考）。由此可以知道、台灣測量土地的尺度是和中國不同。中國乃是從古就以**弓**測量土地而稱之爲「**畝**」、反之、在台灣的荷蘭人是以**戈**（一丈二尺五寸長）測量土地、而以二十五戈四方叫著「**甲**」（morgan）。「**內地田論畝、二百四十弓爲一畝、六尺爲一弓。台郡田論甲、每甲東西南北各二十五戈、每戈長一丈二尺五寸、一甲計約內地十一畝三分一釐零。**」（清・黃叔璥「台海使槎錄」赤嵌筆談）。

「**甲**」一直沿用到今日、相等於西洋的〇・九六公頃（hectare）、大約爲今日中國的十一畝、日本的一町步或二、九三四坪。

(4)　「**人頭稅**」和「**人頭稅附加稅**」——如上述、荷蘭人把西洋式奴隸剝削遺制的「**人頭稅**」和「**人頭稅附加稅**」加在奴隸開拓者的身上。這乃是把**人當做東西**來剝削的征課辦法、正是象徵著殖民地台灣的悲慘命運的一個制度。更爲驚人的、以**人身**爲征稅對象的這種非人道的制度、一貫由歷代的外來統治者沿用、在清朝時代改稱爲「**口丁糧**」或「**口丁銀**」、日本時代再改爲「**戶稅**」和「**戶稅割**（附加稅）」。就在今日中國蔣政權統治下、這個對於殖民地的吸血手段、不管其名稱有何改變（一九六〇年代）、實際上迄未廢除而尚被殘留用著。像這樣遠在奴隸經濟階段的遺制、仍然存留在今日的大地上、恐只台灣一家而已。

(5)　「**商品生產**」和「**商品流通**」——荷蘭人所移殖於台灣的制度、雖然事例不少、然而以當時社會狀況而言、最新奇並最異乎中國的、除了前述的農奴勞動機構之外、還得舉出帶有重商主義性格的「**商品生產**」和「**商品流通**」。

荷蘭人在這新開的土地上、一開始就迫使漢人開拓者、採取荷蘭人所需外銷商品爲主的生產方式、所以、漢人以租賦的名目而繳納於官方的糖・米等農產物、在其生產過程中、就帶有荷蘭人將要銷售海外的**商品**的性格、除外、繳納租賦之後、還剩於漢人手裡而搬到市場去換取貨幣的農產物等就更不必要提、全然是帶有商業性質而生產出來的勞動果實。當然、漢人開拓者自己的經濟生活仍然是停滯於以自給自足生產（自家生產）和物物交易的封建生產階段、但是、他們在社會上已加上具有**初期資本主義性的農業生產方式**是顯而易見的。

這樣一來、自古就在中國大陸上過慣了自給自足生產方式的漢人農民、他們一到台灣、乃不得不修改其原來的經濟生活方式、就是說、不但仍然是一個農業生產者、還要學上一些商人的性格、才能應付得來新的環境。這可說是在生活上・思想上的一個大轉變的開始。

這種封建時代的初期資本主義式商品的經濟的移殖、不僅是給漢人開拓者在個人生活上起變化、而在新成立的開拓者社會、也添上一個新的重要因素、所以、譬如說對於人口構成上、或產品流動上、都是引發其特別的發展。

單從商業發達一事看來、在中國社會遠在秦漢時代就有了端倪、到了明末時代可以說已很興旺。然而、中國商業固然發達、但從廣大的整個社會和人口的比率看來、也只限於城市的小部份、其他、廣大的中國農村仍然停滯於更爲前期性的自給自足的家內生產、不過是以幾個經濟單位而做了物物交換的所謂封鎖的・停滯性的**小地域**自給自足經濟而已。這和在「**初期的重商主義商品經濟**」普遍被搬進的台灣農業生產的台灣開拓者社會、當然是大有不同。

這樣、荷蘭統治時代的台灣、商品經濟在整個新社會所佔的比率是相當的大、譬如說、上述的一六五三年度荷蘭當局的財政收入之中、商業收入（關稅・市場稅・物品稅・貿易收入等）、比起土地收入（土地稅・地代・人頭稅・狩獵稅等）是多爲一・三倍的（參閱 p.88）。這點、從台灣今後的社會發展看來、是很重要的一個社會特點。

下面列舉幾個商品經濟的記載、供以參考。

「台灣商販興起的端緒、竟是開始於以東洋貿易爲主要目的的荷蘭人之依據時代。」（Albr. Wirth: Geschichte Formosa's Bis Aufang, 1978.「台灣島志」—伊能嘉矩「台灣文化志」下卷 p.1）。「設市於城外、而漳泉之商賈集焉。」（清・高拱乾「台灣府志」建置附考）。「殖蔗爲糖、歲二、三十萬、商舶購之、以貿日本、呂宋諸國。米穀、麻、鹿脯、運於四方者十餘萬‥‥」（清・郁永河「裨海紀遊」）。「一六四〇年、漢人由淡水運至大員粗製硫黃十萬斤。」（「巴達維亞日記」）、「一六五〇年輸出砂糖達八萬擔‥‥」（Albr. wirth「台灣島志」）等。

如此、台灣的島內生產和外洋貿易連結在一起、揚溢著重商主義商品經濟活動的情景猶如排在眼前。並且、由於台灣是新闢殖民地的關係、在買賣或通商所需交換手段的「貨幣」、有各國不同的各種金幣銀幣集中在此地、其中、所謂「番錢」（荷蘭・西班牙・馬尼拉等地的白人所鑄的貨幣）、特別受到人人的信用而流通於台灣島內外（G. Psalmanazaal: An Historical and Geographical Description of Formosa ——伊能嘉矩〃台灣文化志〃下卷 p.64）。

「交易最尚番錢、紅毛鑄造之銀幣、‥‥以內地之兼金與之、反而滯難矣。」（清・黃叔璥「台海使槎錄」赤筆談）、就是說、從內地（中國本土）來到台灣的旅客、當要付錢時、除了番錢之外、中國的貨幣乃台灣本地人不樂於收下、這段是記述清代的情況、但是、在荷蘭人統治時代也大同小異。由此可以知道、台灣幾乎已成爲和中國不同的另外一個「經濟圈」。

總言之、在荷蘭人殖民統治之下、基於特殊的「風土圈」和「政治圈」、形成了新的「經濟圈」和「社會圈」、自然而然發生新的「開拓奴隸社會」、這和已經有四、五千年歷史的「中國封建社會」和是不可同日而言。至少可以說、台灣開拓者社會從開始根本就不是中國社會的延長、更不是其部份性的存在。

e　原住民與漢人的「反紅毛蕃仔」

荷蘭人統治台灣雖說只有短短的三八年間、所佔地區也不過是台灣的一小部份、但是所實現的島內開發、和荷蘭人所掠奪的財貨之巨、眞是値得驚訝。當然這種異常的發展和掠奪、完全是以原住民的種族衰亡和漢人的血汗爲代價。

因此、這種非人道的壓迫和掠奪所激起的仇恨、使原住民和漢人非起來「**反紅毛蕃仔**」的鬥爭不可。尤其是原住民的「**麻豆大反抗**」、和漢人做的「**郭懷一起義事件**」、最爲名盛史上。

「**麻豆大反抗**」（一六三五年、明・崇禎八年）、乃是原住民反抗外來征服者的一大戰鬥、也是亞細亞原始族反對白種人侵略東洋世界的初期反抗鬥爭的重要一舉。孤立無援的原住民、雖然被打敗而遭受大屠殺、但是、荷蘭人也不得不由此從新估計原住民的精悍勇敢、終於爲了緩和反抗、而加施懷柔政策。

「**郭懷一起義事件**」（一六五二年、清・順治九年）、乃是一齣漢人移民首次抗拒白種人的鬥爭。荷蘭人稱之爲「**漢人 *Buwet* 的叛亂**」。

郭懷一是居住赤嵌城外的一個漢人頭目。他每看著荷蘭人肆意虐待漢人、心中非常忿懣、蓄意驅逐荷蘭人、暗地裡糾合了對荷蘭人深懷憎恨的漢人伙伴、約契襲擊赤嵌樓、不幸、壯志未酬、遭受敵人殺害。「**國朝順治七年庚寅甲螺郭懷一、謀逐紅毛、事覺被戮。**」（清・高拱乾「台灣府志」卷一附考）。當時被捕漢人九千、被殺害者一千一〇〇人（Francois Valentijn: Oud en Nieuw Oost-Indien, Formosa

Dordrecht. 1726, p.173）。「事覺被戮、漢人在台者、遭屠殆盡」（清・薛志亮、謝金鑾、鄭兼才修纂「台灣縣志」外編遺事）。

郭懷一的義舉、雖然是潰於紅夷槍砲之下、但這是漢人系台灣人祖先反對外來統治的第一聲、其壯烈永垂於台灣史上。

第七章

鄭氏王朝封建殖民統治下的台灣

荷蘭人降伏鄭成功

1　鄭成功攻佔台灣

a　明末天下大亂、滿清征服中國

十七世紀初葉、正値台灣南部發生空前大變革的時候、對岸的中國大陸、也正演唱著明清鼎革的一齣大戲。

遠在一三六八年（明・洪武元年）、明太祖朱元璋打倒了元朝並統一中國大陸、一向走上興隆盛旺的明朝天下、經過了二百餘年、已漸走向衰亡、在群盜四起社會動盪的狀況下、一六一七年（明・萬曆四五年）大旱來襲、激發了史上著名的白蓮教徒之大亂。繼之、一六三一年（明・崇禎四年）李自成舉兵叛亂、席捲華北。一六三五年（明・崇禎八年）張獻忠亦騷擾甘肅・四川・湖南等內陸一帶。再到一六四四年（明・崇禎一七年）、首都金陵（今之南京）李自成軍攻陷、明帝毅宗（又稱思宗）自縊而亡、明朝實際上在此告終。

另一方面、早在一五八三年（明・萬曆一一年）、北滿洲長白山一帶的草地、出現了強大的女眞族、首領**奴兒哈赤**舉兵侵犯遼東、一六一六年（明・萬曆四四年）建國**後金**、稱太祖、再於一六二一年（明・天啓元年、後金・天命六年）定都瀋陽、名盛京、以此地做爲侵入中國關內的基地。

到了一六三六年（明・崇禎九年、清・崇德元年）、太祖之第八子太宗、改號爲「清」、大舉揮兵衝破山海關而進入長城境內、轉瞬間、席捲了中國本土、並在一六四五年（清・順治二年、明・弘光元年）、急速驅兵抵達長江北岸的揚州、防守金陵的李自成軍隔江對峙。不經多久、清軍渡江攻佔金陵。擒虜明室福王。又再以一瀉千里之勢、進出華南一帶、迫使明室遺王逃落各處（唐王逃在廣東汀州被清軍俘虜、魯王入水於舟山）、於一六六一年（清・順治一八年、明・永曆一五年）、清軍追趕到緬甸北境、活擒永明王、於此、中國天下終於名符其實皆歸清室。

此值明清易姓鼎革的時候、一向稱霸於台灣海峽和華南海岸一帶的鄭芝龍、被明廷封爲南安伯、奉永曆帝抵禦清軍於福建。但到後來、他眼看大勢已不利明室、乃於一六四六年（清・順治三年）通款清軍、向北投降。

鄭芝龍的嗣子鄭成功、幼名森、生長於日本長崎平戶的母家田川氏、七歲時被其父帶回福建泉州。森、二二歲時、由逃至福州的明室唐王賜他姓**朱**、同時改名**成功**、亦有**國姓爺**之稱。

鄭成功當其父投降清軍之際、誓不隨父降敵、反在福建收留殘餘部下、舉起「**滅清復明**」的幟旗於廈門南澳、後轉到鼓浪嶼、以「**金為泉郡下臂、廈為漳郡咽喉**」（陳倫炯「海國見聞錄」）的有利地勢、活用了附近大小島嶼、大爲舞弄弱於海戰的清方大軍。

到後來、鄭成功再被明室後裔永明王封爲「**延平郡王**」、並賜「**招討大將軍**」、他屢次拒絕了清軍的招勸投降、而在一六五七年（清・順治一四年）、爲了奉承「**進師江南、伸義天下**」（郁永河「僞鄭逸事」）的明室詔喩、率領一〇萬大軍進圖金陵。可是、這孤注一擲卻慘遭大敗、結果、鄭成功不僅失去大半精兵、同時被清廷所派羅託率領的清軍追回金廈的島嶼、竟陷入窘境。此時、永明王已在緬甸被擒、鄭芝龍被清廷處刑、成功之弟成賜、亦在廈門爲清將許龍所捕。

這樣從中國大陸敗退下來的鄭成功、爲了尋求容身之地、終在一六六一年（清・順治一八年）、親自揮兵直搗澎湖・台灣兩地。

b　鄭成功攻佔台灣

正如荷蘭人的「長崎出島日記」所指出、「**隨著漢人移民勢力迅速增多、形勢已大不如前、要把台灣當爲本國水久領土統治、已漸趨困難。**」（一六四六年十一月十一日）。於是、荷蘭人開始苦悶於漢人勢力的遽增之下、又因郭懷一抗荷事件發生、荷蘭人大肆屠殺漢人、結果、漢人開拓者對荷蘭人的仇恨彌漫於台灣全島。恰在此時、有個台灣通事何斌、因不得志於荷蘭、而逃往廈門、獻出台灣地圖並訴說於鄭成功云、現在正值攻取台灣之良機。「**辛丑、鄭芝龍子成功自江南敗歸、其勢日蹙、孤軍廈門。適甲螺何斌負債逃廈、誘成功取台地。**」（分巡台灣道・劉良璧「台灣府志」卷三）。

然而、在另一方面、荷蘭領事・克埃都、把漢人開拓者方面的險惡情勢和鄭成功攻略金陵失敗相連繫、分析當時的局勢、並判斷鄭成功遲早會進攻台灣、所以屢次寫信報告巴達維亞。駐巴達維亞的東印度總督聽到台灣告緊、終在一六六〇年（清・順治一七年）、派遣艦隊和兵六百、支援台灣的荷蘭人守備熱蘭遮城、並觀察鄭成功是否企圖侵犯台灣。鄭成功爲了解除荷蘭人的警戒心、起先表示不攻台灣、進而和荷蘭人重修友善關係。在這種情況之下、來援的荷蘭艦隊司令官乃中了鄭成功的計謀、於一六六一年（清・順治一八年）率領艦隊退回巴達維亞。

這樣、荷蘭艦隊撤退、台灣海峽的制海權重落在鄭成功手裡、於一六六一年（清・順治一八年）四月、率領二萬五千進襲澎湖・台灣、由鹿耳門登陸、先攻陷赤嵌的「**普洛文希亞城**」、進而包圍「**熱蘭遮城**」、展開持久戰。「**……舟至鹿耳門、水忽漲數丈、時大霧、駢進而入。紅毛不虞鄭舟猝至、**

天意假手於鄭、以式廓我朝無外之疆域也。荷蘭歸一王以死拒戰、成功告之曰、此地先人故物、今珍寶聽而載歸、地乃還我。一王知不敵、乃率紅毛遁去。成功遂入據之。」（劉良璧「台灣府志」卷三）。

守城的荷蘭人經過七個月的苦戰之後、領事克埃都（台灣府志的所謂「歸一王」）才呈於鄭成功長達一八條的降狀、而訂城下之盟。荷蘭人乃留下廣大的土地（王田）和價值八百萬番錢的城寨・武器・物資・財貨等（參閱伊能嘉矩「台灣文化志」上卷 p.99）、分乘船艦八艘退出台灣、這樣、結束了他們三八年統台的歷史。

荷蘭最後的駐台領事・克埃都（Frederik Coyett）、因台灣失陷、退出台灣後被東印度公司當局責問、且幽禁於印尼的小島、經過一二年之後、才被釋放回荷蘭本國。他回國後、以筆名寫下一本叫著「被忽略的台灣」（S.E.S.: 't Verwarloosde Formosa. 1675. —谷河梅人譯「閑卻された台灣」）、給後代留下一部資料。

荷蘭人撤退後、熱蘭遮城即被鄭軍毀壞得只留下城址而已。普洛文希亞城則被鄭氏利用爲統台的城池、所以被留下、至今仍然被叫著赤嵌樓。

一六九七年（清・康熙三六年）、曾有杭州人郁永河、在其著作「台灣竹枝詞」中、描述著熱蘭遮城址云：

雲浪排空小艇橫、紅毛城勢獨崢嶸、渡頭更上牛車坐、日暮還過赤嵌城。

c　鄭氏三代、據台二三年

鄭成功取代了荷蘭人、佔據台灣南部一角之後、「……改台江爲安平鎮、赤嵌爲承天府、總名東都、設縣二、曰天興、曰萬年、……」（劉良璧「台灣府志」卷三）、這樣把台灣劃為一府二縣。

鄭成功的統台方策及制度、大體是從荷蘭人繼承下來的、第一仍是繼續征服原住民、居住於台灣西部平野的原住民各部族、恭順者予以招撫、不順服則加以武力征討以至消滅它。因此、鄭成功在台灣一年有餘之間、幾乎忙碌率兵南北戰。例如、殲滅了大肚蕃的酋長阿狗讓的頑強抵抗、乃是史上著名的一次大戰鬥。第二採用屯田制度、下令士兵於駐地從事土地開荒、並且重視民間的墾殖事業、以荷蘭統治時代開拓好的地區為據點、更加推廣於全島各地。漢人開拓者、由於鄭成功為開拓事業積極而給台灣的發展添加了一個力量、所以尊稱他為「開山王公」。第三就是繼承父業、派遣貿易船於日本・琉球・東京・廣南・柬埔寨・暹羅・麻六甲・爪哇・菲律賓等地、廣泛的從事外洋活動、或者招致英國東印度公司來台設置「貿易商館」等、為金廈戰事調度物資搜集軍火起了不小作用。

鄭成功登陸台灣後、僅過一年有餘、在一六六二年（清・康熙元年）五月病歿於此、而結束了他三九年波瀾萬丈的生涯。「五月朔、成功風寒感冒、……頓足撫摩大呼而殂、時年三十九、五月八日。」（夏琳「閩海紀要」）。由於他終生在「滅清復明」的幟旗下抵抗滿清朝廷、致力於復興漢人的明朝、守節不變、並興起開拓事業、對台灣的發展有功、所以、當時台南當地的住民捐資建一小祠來祀祭他、稱之為「開山王廟」。後來、主持台灣海防的總理船政大臣・沈葆楨於一八七四年（清・同治一三年）。奏准北京清廷敕許修築這一小祠、以列於國家祀典之一。到了一八七五年（清・光緒元年）、上諭賜諡、才由台灣府知府・周懋琦等人修築、擴充舊廟的規模並改稱為「明延平郡王祠」。日人據台後改為「開山神社」、後來的蔣政權又回復其舊名稱。

鄭成功死後、嗣子鄭經急迫由廈門還台、克承父志、由整頓政事著手、「改東都為東寧、二縣為二州、設安撫司三、南北路、澎湖各一、……。」（劉良璧「台灣府志」卷三）、配之、加設四坊二四里、爲首都的四大繁華街道及二四衛星城鎮。**四坊**就是東安・西定・寧南・鎮北、二**四里**乃文賢・仁和・永寧・新昌・仁德・依仁・崇德・長治・維新・嘉祥・仁壽・武定・廣儲・保大・新豐・歸仁・長興・永康・永豐・新化・永定・善化・感化・開化。

但是、鄭經與其父鄭成功不同、他親自率兵並以武將劉國軒爲提督、坐鎮金廈、與清軍戰於福建漳州・海澄・銅山等處。至於島內、鄭經乃重用陳永華・洪旭・黃安等文官人材處理之。

圖21　鄭氏王朝行政區域圖

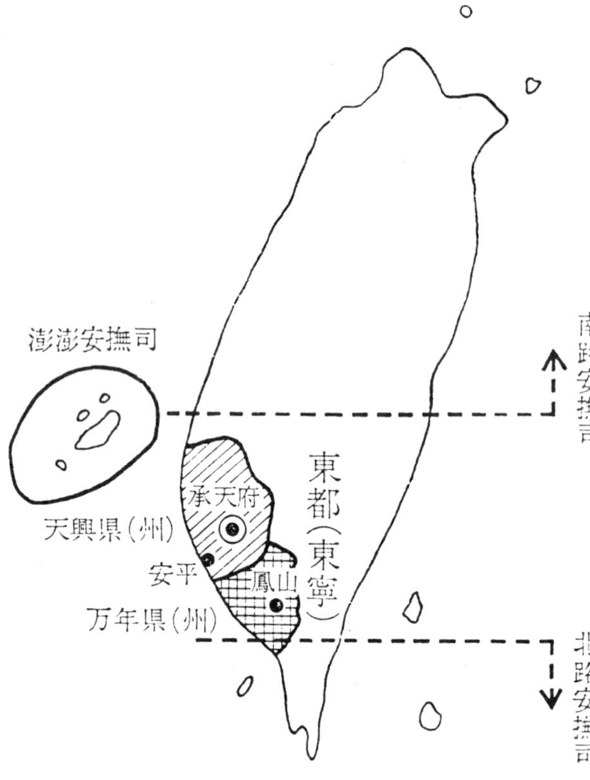

一六六三年（清・康熙二年）、清廷聽聞鄭成功已亡、乃起用降將施琅和黃梧、並密約荷蘭人兵船、合攻駐在金廈的鄭軍。鄭經知寡不敵衆、乃自動放棄金廈兩地、退守銅山、並將生母董夫人及明室寧靖王等遷移台灣、準備與清軍死戰。但是清軍未敢輕易進攻、屢次遣使招降、鄭經堅決拒之、並暫退回澎湖・台灣。

一六七三年（清・康熙一二年）鄭經趁大陸本土三藩揭櫫反清、與吳三桂通款、命劉國軒率兵反攻大陸、席捲福建內地各城鎮、佔領漳泉二州。清廷急派康親王・喇哈達・賴塔等三滿將應戰。鄭軍一如破竹之勢、進迫福州、然而、清軍康親王在福州按兵不動。

清廷見鄭軍保有台澎兩地、深慮單以軍事不易迫使鄭經投降就範、所以一方面實行所謂「**遷界移民**」、徙廣東・福建等五省的沿海居民於內地、並禁止漁舟商船入海、藉以封鎖鄭經的後方補給、另一方面乃用高爵厚祿引誘鄭軍將領、企圖瓦解軍心（參閱鷹取田一郎「台灣に及ぼせる遷界移民の影響」p.78）。

在這種局勢的演變之下、一六八〇年（清・康熙一九年）清將萬正色率軍進攻金門、鄭經屢戰不利、遂退至澎湖、劉國軒亦從海澄敗戰而歸。鄭經就在這種身心俱碎之下、於一六八一年（清・康熙二〇年）正月、病逝於異地台南。

次子鄭克塽嗣之、年僅一二、諸政皆委任群臣處理之。清廷聞鄭經已亡、終於一六八三年（清・康熙二二年）八月、派遣降將施琅進攻台灣、鄭氏王廟三代二三年的台灣統治、於此告終。

當據台鄭氏王朝將滅亡之際、留下一小插曲於台灣、乃是中國大陸戰事不利、金廈鄭軍退守澎湖時、逃避來台居住於鳳山大湖（今之岡山大湖）的明太祖九世玄孫・寧靖王、他預知鄭軍將敗、整冠束帶、吟**絕命**詞曰：「**艱辛避海外、只爲數莖髮、而今事畢矣、不復採薇蕨**」、遂懸梁自殺、其五妃亦先自縊殉死。里人憐之、葬於彼地、寧靖王之墓與五妃廟、至今蒼然存在（一九三〇年代）。

2　繼承荷蘭人殖民統治的鄭氏王朝

a　鄭氏據台的基本態度

由於鄭成功驅逐荷蘭人、並在台灣首次樹立漢人政權、所以在政治上被稱爲民族英雄、而受人敬仰。但是、若從其統治台灣的本質及其所影響到台灣社會發展（台灣民族形成）的**觀點**看來、鄭氏三代二三年的統治、畢竟也得算在「**殖民地統治**」的範疇之內。

換句話說、就是鄭氏王朝和荷蘭人幾乎是同樣、無非是一個**外來統治集團**、一貫繼承荷蘭人所留下的殖民統治遺制及土地制度、君臨於既存的開拓者社會。並且、鄭氏王朝及其文武官員在台灣、始終根據下述四點的基本觀點和態度、而來和開拓者社會嚴格的畫開了一條界線、導使彼此之間不能從生活的根底融洽在一起。

(1)　鄭氏本來就是稱霸於台灣海峽的海上勢力、所以在台灣時也偏向海上貿易及大陸的軍事行動。

(2)　「**思明（今之廈門）根本、台灣技葉耳、若缺思明、台地豈得保一日、此際與紅夷交爭殊非至計。**」（鄭氏王朝兵部尙書・張煌言之諫言）、或者「**台地初闢、水土不服、病者即死、故各島之搬眷、俱遷延不前。**」（江日昇「台灣外記」卷三）。如此、鄭軍視台灣爲異域的觀念爲強烈、大部份官員將兵起先乃反對攻佔台灣、攻佔後也不願渡台、既使渡過台灣、又把接眷來台一事視爲忌事、並且逃歸大陸本土者層出不窮。

(3)　來台後的鄭氏王族及其官員將兵、一貫保持著**政治亡命**的心情和姿態、老套死喊「**歸還中國**」、雖然也大興開拓事業、但皆為大陸戰事養兵著想、對於定住台灣一事、迄未有多大考慮。

(4)　鄭氏王朝為軍事上的必要才進取台灣、據台後、又把其一切力量傾注於在中國本土的軍事作戰、反而把統治台灣當做只不過出於一時性戰略上所需而已。譬如鄭經在位一九年中、大半歲月都居住於金廈兩地而從事對清作戰。

若從鄭氏王族及其官員將兵的心理狀態和政治立場看來、這樣以中國大陸上的軍事作戰為基本、或許說是應該的。但是無論怎樣、鄭氏王朝為了遂行自己的大陸作戰、二三年間不僅在戰略上繼承了荷蘭人的衣缽來統治台灣、並且還以不亞於荷蘭人的極其慘酷的剝削手段、從台灣開拓者與原住民身上剝削很多血汗的果實、這點乃無法否認。因此、鄭氏在台灣開拓者的社會上、無非是殖地性的、外來剝削性的一個統治集團。「**自偽鄭僭竊台灣、取之田所生十中之八九、從丁重歛、二十餘年民不堪命。**」（「福建通志」台灣府諸羅知縣季麒光覆議）。

b　殖民地的土地開拓與土地所有

鄭氏佔領台灣後、頭一個所做的就是繼承荷蘭人殖民地統治體制、並接收了農奴的土地制度和剝削方式、所以、荷蘭人所謂的「**王田**」不但不還給開拓農民、只要被指定為王田的土地、即盡歸於鄭氏王族及其文武官員所有。

繼之、鄭氏王朝為了調度在中國本土所急需的軍事開支、對外乃振興和日本及南洋各地的通商貿易、對內則以「**屯田制**」而推進台灣島內的開拓及剝削開拓農民、鄭經咨議參軍・陳永華爲東寧總制、並下令著重屯田開荒、這飼養大兵所需的物資和糧餉的供給上、的確是收了很大的效果（參閱郁永河「僞鄭逸事」陳永華傳）。「**今僻處海濱、安敢忘戰、按地開荒、有警則荷戈而戰、無警則負耒而耕、野無曠土、軍有餘糧**。」（江日昇「台灣外記」卷一四）。

至於鄭氏時代的屯田制度、就如「**軍屯爲本、佃屯爲輔、寓兵於農、展拓甚易**。」（林謙光「台灣紀略」）、由軍隊和民間開拓者並肩推行、雙管齊下、竟是拓成了縱貫西部平野的南北各處的開拓**據**點。這點乃是爲了下一代的開拓發展、打好了有利的基礎、也就是讓後代台灣人讚仰鄭氏功業的主要原因。當時以軍旅開拓的土地稱爲「**營盤田**」或「**文武官田**」、至今仍在台灣的地名留下其痕跡、如營盤坑・左營・新營等地皆是。

台灣的土地開拓儘管是如此、不過、鄭氏王朝所施行的土地制度、總歸也脫不了**土地官有制**。他們統治者、把接收自荷蘭人的土地和所開拓好的土地、劃分爲㈠王田、㈡私田（名稱雖說私田、但實際上是不屬於民間的開拓者、而是**文武官員私有田地**之稱呼）、㈢營盤田（軍隊所開拓的田地）這三種、結果、凡有的田地統歸鄭氏王朝及其文武官員所有。

就是說、其名稱雖然分爲三種、但是在實際上、土地所有者幾乎是鄭氏一族・文武官員・軍隊幹部以及接近他們的關係者而已。「**向前（荷蘭統治時代）之王田皆爲官田、鄭氏宗黨及文武官庶民有力著、招佃耕墾、自收其租、納課於官、名曰私田**。」（黃叔璥「台海使槎錄」赤嵌筆談）。

這樣、荷蘭人統治時代的「**殖民地主義土地官有制**」、實際上照樣被保存下來、並再沿傳於清代。特別是鄭氏王朝動員軍旅開拓土地、首先是從台南附近的曾文溪及二層行溪下游開始、承天府的二四里亦屬於屯田兵所開拓的、同時、也在此建設大規模的公爺陂・王有潭・甘棠潭等水利灌溉事業、

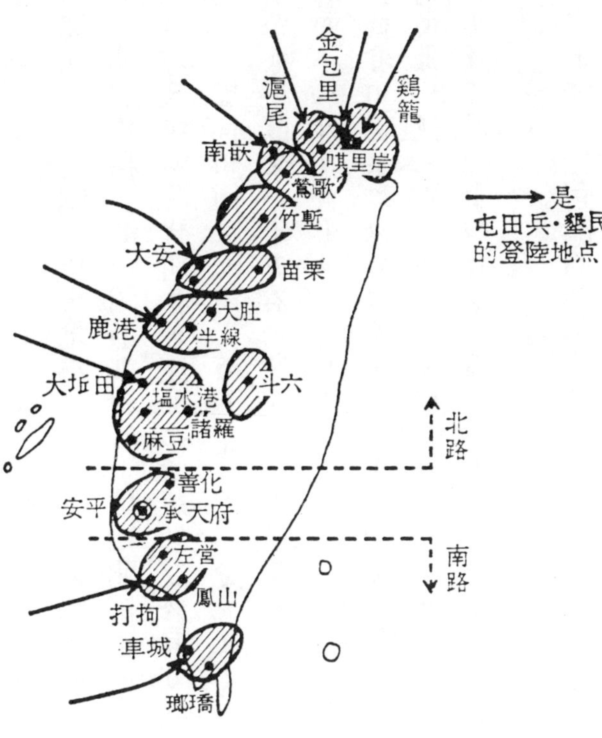

圖22　鄭氏時代開拓圖

資於耕殖農產、而成為府治的經濟基礎。

南路的開拓是由打狗（今之高雄）登陸、擴至左營一帶的下淡水溪下游、大湖陂・三鎮陂・中衝陂・北領旗陂・左營陂・赤山陂・烏樹陂・三爺陂・仁武陂等鳳山及打狗一帶。更往南者從車城登陸而延至瑯嶠（今之恆春）等地。

北路方面乃分為數個集團各自發展、一群從大坵田（昔之蚊港或魍港）登陸、擴至麻豆・茄苳・新營・諸羅（今之嘉義）・鹽水港等。一群從鹿港到達半線（今之彰化）・大肚等地一帶。一群從大安登陸到大甲・苗栗一帶。一群從舊港至竹塹（今之新竹）一帶。一群從南崁至營盤坑・桃澗（今之桃園）・大科崁（今之大溪）等地。一群從北面的淡水河溯及唭里岸・芝蘭堡（今之士林）・大直、並擴至雞籠一帶及金包里等。如此、開拓的**據點**、南至瑯嶠、北及淡水・雞籠、而遍佈於西部平野全域。有了在鄭氏統治時代準備下來的這些開拓的〃點〃、在清朝統治二百餘年之間・連接為〃線〃、再完成為台灣西部的豐沃田園的〃面〃。鄭氏時代所開拓的土地、一六八三年（清・康熙二二年）、清軍進攻台灣時、據說是田七千五三四甲、園一萬九一九甲、共計一萬八千四五三甲、但實際的數目可能比這些數字還多（參閱伊能嘉矩「台灣文化志」中卷 p.560 、台灣知府・劉良璧「台灣府志」卷四）。

c　封建的・殖民地的土地剝削

鄭氏王朝、由於出身在中國封建社會的統治階級、所以、和發展內外通商爲主要目的的荷蘭人大不相同、偏以「土地」當做剝削財貨的主要對象、這點、和當時的中國社會的貴族・官僚・地主是一模一樣。但是鄭氏在另一方面、在台灣卻是繼承了荷蘭人所遺留下來的殖民地土地制度、因此、他們統治台灣的二三年間、以土地爲課征的剝削方法、即免不了具有封建和殖民地的兩重性質。

從下述的資料、即可知道其對於土地和開拓農民的苛求重歛。

「（鄭氏統治時代開拓農民每年所須納貢於官方的課征）、共一十三萬八千一百九十一石三斗零。其中、官佃田園共九千七百八十二甲八分九里零。上則田每甲徵粟一十八石、園每甲一十石二斗。中則田每甲徵粟一十五石六斗、園每甲徵粟八石一斗。下則田每甲徵五石四斗。共徵八萬四千九百二十石四斗八升九合零。

文武官田園共二萬零二百七十一甲八四厘零。上則田每甲徵粟三石六斗、園每甲徵二石二斗四升。中則田每甲徵三石一斗二升、園每甲一石六斗二升。下則田每甲徵二石零四升、園每甲徵粟一石零八升。共徵四萬一千四百零三石三斗七升五合零。」（諸羅知縣・季麒光「台灣雜記」、黃叔璥「台海使槎錄」赤嵌筆談賦餉）。

除了上述這些苛酷的地賦之外、更爲苦累開拓者的、還有**陸餉**和**水餉**的所謂「**雜賦**」（雜餉・雜稅）。「**陸餉**」就是陸上的許多事物爲徵收對象的稅目、主要有厝餉・廍餉・磨餉・菜餉等。至於「**水**

餉」、可有梁頭餉・潭塭餉・港滬餉等、其項目之多、眞是不勝枚舉、而且至爲苛歛。「工官楊賢條陳、爲生財裕餉、凡有村落民舍丈量其周圍、以滴水外寬闊每徵銀五分。克塽允啓、命李景張日耀清查徵收。百姓患之、毀其居室者甚多」。（江日昇「台灣外記」卷二三）。

其他、荷蘭人從本國所搬來的**人頭稅**也被繼留下來、「令各縣、照台灣事例（荷蘭人的遺法）、人人有丁銀、每月每人徵銀五分（即年額六錢）名曰毛丁。」（江日昇「台灣外記卷二三」）。

鄭成功把荷蘭人驅逐出境固然值得稱讚、但是鄭氏王朝代而君臨的結果、先到的開拓者・除了得到「解放」的名目之外、並無任何實惠可得、實際上和以前一樣、甚至還格外的被吸飲大量的膏血而更爲窮迫。

d　穿過海上封鎖線的漢人移民

鄭氏據台後、清廷聽取降將黃梧的建議、爲了封鎖鄭氏在軍事上的補給、從一六六一年（清・順治一八年）、把廣東・福建・浙江等五省沿海居民、遷徙於離開海濱三〇里至五〇里的內地去、並築起境界線、禁止百姓在沿海地區居住和從事農耕、這就是當時的所謂「畫界遷民」、作爲堅壁清野並封鎖通敵之計。

翌年一六六二年（清・康熙元年）、爲了進一步禁止對鄭氏所佔台灣・澎湖的往來、再度實行「海禁令」、實施所有商船或漁船一律不許下海的封鎖政策。「閩粵地方嚴禁出海。其餘地方止於許木筏捕魚、不許小艇出海、又凡大小船隻出海貿易、又遷徙海島建家種地者、不論官民、俱以通賊論處斬。」（「海禁令」—康熙元年題准）。

像這樣海禁政策、曾在明朝末葉乃是爲了對付倭寇和海盜的騷擾、或者禁止所謂「**私通販夷**」才見施行。但此次卻是爲了孤立台灣的鄭氏所下的封鎖政策。這當然令使垮過台灣海峽而分駐於福建・台灣兩地的鄭軍遭到很大打擊、並招來鄭氏提早沒落的結果。同時、也打擊了台灣開拓農民社會的生活、因此日需品暫趨缺乏、物價飛漲。

但是在另一方面、更是紊亂閩粵各地的社會安寧、沿海居民流離顚沛、農民塗炭、怨聲載道。因此、離鄉背井的流浪者比以前更多、所以響應鄭氏的招募、而冒險逃渡來台的漢人卻愈來愈多。「**遷界以來、民田廢業二萬餘項虧減正供約二十萬之多、以賦稅日缺、至不足國用、而沿海廬舍畎畝、棄爲荒地、老弱婦子溝壑輾轉、逃亡四方其數不計。**」（閩浙統督・范承謨奏疏）。

一般說來、中國政府的「禁」字、每次都不過是虎頭鼠尾而已、日子過久、便以賄賂或各種利誘而衝破官方所行的「禁」字、所以「**有禁無阻**」乃是中國通常的官場現象、今昔皆同。

這樣、表面上有禁、實際上無阻的情況下、漢人移民雖然不敢公然渡海、只要化裝爲船夫或漁民、並經過清廷胥役的默許之下、就可以渡來台灣。他們當然無法攜家帶眷共渡、所以在台灣的開拓者社會裡、仍然和荷蘭統治時代一樣、經常具有男多女寡的社會現象。在這種情況下、一方面是促使漢人和原住民的通婚、另一方面乃導致從福建・廣東綁架婦女裝入船底而來台灣出賣的現象盛行一時。不用說、這些不幸的婦女抵達台灣後、卻蒙受開拓者人人熱烈的歡迎（參閱鷹取田一郎「台灣に及ばせる遷界移民の影響」p.53）。

因此、鄭氏佔據台灣的期間、大陸和台灣表面上雖是隔絕了交通往來、但在事實上、漢人移民自動渡來的人、不會少於荷蘭佔據時代、台灣的民間墾殖一事也並不因此而停頓。

根據上述、㈠鄭成功率領而至的二萬五千人官員、㈡「**鄭經永曆十八年（一六六四年）率明室遺臣**

暨官兵眷口六七千人自金廈撤台。」（施世綸「靖海記事」上卷）、㈢民間移民、這三種新來台的漢人、加上在荷蘭統治時代先來定居台灣的開拓者及其子孫合算起來、鄭氏統治末期的台灣漢人戶口可以推定已增至三萬戶之多、人口可以估計爲一五萬至二〇萬人（參閱連横「台灣通史」戶役志、伊能嘉矩「台灣文化志」中卷 p.237）。

除了移民和開拓之外、鄭氏又重用了能吏陳永華、留意台灣島內的所謂文化教育、設立學校、建立明倫堂、但是、這卻把中國社會統治階級陳舊的思想意識一併移殖過來、開始在這台灣新天地裡培殖了一批中國封建式的特權階級。

如上所述、鄭成功及其一族、從台灣社會發展來說、乃是跟荷蘭人同樣、其本質上、不過是一固外來的殖民統治者而已。鄭氏降清時、人口將近二〇萬、既墾田地近二萬甲、從大陸自力移民過來的開拓者所開拓的村落遍佈於西部平原的各個據點、這樣開拓者社會在數量上漸趨增加、同時在質的方面、也一步步的充實起來。

第八章

清朝封建殖民統治下的台灣

清廷以重兵鎮壓起義民軍（林爽文大革命）

1　清朝的殖民地統治

a　施琅佔領台灣

鄭成功死後、清廷屢想招撫鄭經。即在㈠一六六二年（康熙元年）鄭成功逝世的翌月、清廷命閩浙總督・李率泰、特派都司・李振華前往廈門招諭出降、鄭經不應。㈡一六六七年（康熙六年）清廷又派河南人孔元章奉旨渡往台灣說之、鄭經主張以台灣為清之附庸國為和議條件、孔元章無權應允而未見有結果。㈢一六六九年（康熙八年）清廷再派刑部尚書・明珠等人前往福建、並攜帶詔書曰：「誠能翻然歸命、變海隅為樂土、使流離復其故鄉、閣下亦由海外歸中原、亦千古大快、事機再不得者哉」、但鄭經仍然不應。㈣一六七九年（康熙一八年）、中書・蘇鑛奉清廷命往福建重行招撫、當鄭經要求佔取海澄時、蘇鑛說之云：「貴藩當退守台灣、凡有海島歸之朝廷、以澎湖為界、通商貿易可也、海澄乃版圖之內、豈以公所為」、而拒絕鄭經的主張。就是說、清廷屢次派遣廷臣招撫鄭經、最後又讓步於鄭經可以在台灣照常獨立統治、但因鄭經要求必兼佔領福建海澄、所以未果而休（參閱江日昇「台灣外記」卷一二）。

此間、降將施琅等主戰派頻向清廷建議採取強硬政策、興兵征台。可是、清廷的廟議是徘徊於主戰和主和之間、猶豫不定、而清軍與鄭氏仍夾著台灣海峽對峙了二〇餘年。

到了一六七九年（康熙一八年）、鄭軍因缺糧而戰意日益低落、趁此、主戰派的閩浙總督•姚啓聖乃自定方略、以漳州爲攻佔台灣的策源地、並命福州同知•蘇良嗣督導造船、隨征同知•林昇結集糧餉、同時也常施間諜於台灣、打探鄭方虛實、以待有日出動。恰在一六八一年（康熙二〇年）正月、適接鄭經訃報、清廷以爲良機已至、立即決議進襲台灣。於是、經過內閣學士兼禮部侍郎•李光地密薦、並得姚啓聖贊同、始特授施琅爲福建水師提督、並上諭部署云：

「**總督•姚啓聖統轄福建全省兵馬、提督進取澎湖台灣、巡撫•吳興祚諸務錢糧**」。

就再一六八三年（康熙二二年）六月十四日（施琅「靖海碑記」澎湖廳志）、施琅率領大小戰船二百餘艘、由銅山進發、乘夏季西南風而渡過台灣海峽、先行攻取澎湖。「**二十二年靖海將軍施琅統舟師進征。六月由銅山直抵八罩澳、取虎井、桶盤嶼、……一戰而澎湖平。**」（劉良璧「台灣府志」卷四）。

澎湖已失守、官兵意氣消沉、毫無戰意、台灣島內人心惶惶、治安紊亂。於是、鄭克塽、乃聽取劉國軒等文武官員的勸說、決意投降。於同年閏六月、呈降表於在澎湖的施琅處、並另修一信、懇求清廷准許鄭氏奉宗祧於台灣、世襲爲清廷屛翰。施琅拒絕之。克塽知大勢已去、於七月二十七日、呈繳延平郡王之金印一顆與招討大將軍金印一顆、及公侯將軍銀印四顆、終爲無條件投降。

清廷許之、於八月二日、施琅由鹿耳門登陸、不戰而佔取台灣。施琅於八月二十二日出示安民佈告、依此、台灣正式開始屬於清朝統治。「**……八月初二舉旗入台、文武官僚薙髮迎師、兵刃無血、台灣已歸我版圖。**」（林謙光「台灣紀略」）。

其後二百餘年的台灣、在**政治**上劃爲中國領土、而在**社會**上也增加了許許多多中國社會的色彩。

b　清廷輕視台灣爲「孤懸海外」、欲棄之

清廷發動征台軍和佔領台灣的唯一目的、只是想討伐明朝餘黨勢力的鄭氏一族而已、所以、當在軍事上獲得勝利、鄭氏投降之後、就不分朝野、舉國視爲事告完畢、對於所佔領的台灣及其二〇萬的漢人居民、不僅不放在眼中、反而把其當爲憚煩不可近的事來看。

因此、廷議多以領台爲不利、只想把澎湖當做東南諸省（華南一帶）的蕃籬來佔有它、至於台灣島則一齊議決給予放棄。「**鄭氏方初平、廷議以其孤懸海外賊易藪、欲棄之。**」（魏源「聖武記」卷八）。

本來、地不分東西時不分古今、即使是**寸土之地**、一旦佔據、若再丟失了它是被認爲有損國益、也將失墜國威、必爲不可容忍之事、爲什麼當時清廷竟如此冒然想把台灣放棄？其理由乃是當時的朝廷及民間、對台灣已有了下列的既成觀念：

(1)　台灣從來就不被當做中國領土、「**台灣府、古荒服地、先是未隸中國版圖。**」（劉良璧「台灣府志」卷二）、「**台灣、海外荒徼也。**」（陳文達「台灣縣志」輿地志）。

(2)　一水之隔的孤島台灣、被視爲不値得編入中國版圖的荒蕪未開之地、「**議者謂、海外丸泥、不足加中國之廣、裸體文身、不足共守、日費天府而無益、不如徙其人空其地矣**」（郁永河「裨海紀遊」）、「**東寧緣高邱之阻、以作屏、臨廣洋之險、以面勢、無仙蹤神跡之奇、無樓台觀宇之勝、山則蔓草頑翳、水則洪濤齧浸、鹿豕鼠貍所蟠、龍蛇蜃蚖所遊、夫既限之以荒裔、求天作地成之景、皆無所得。**」（黃叔璥「台使槎錄」赤崁筆談）。

(3)　把已定居在台灣的漢人開拓者仍然視爲逃犯或盜賊、「**率爲逋逃藪**」（范咸「台灣府志」陳大受序）、「**海盜嘯聚之地**」（江日昇「台灣外記」卷二）。

就是說、清廷輕視台灣而想放棄它、乃是上述的這些已根深蒂固的既成觀念所招致。因此、當在此時、若是未有能把這種議論扭轉過來的有力主張出現、清廷定是依照其議決撤回清軍、而把台灣放棄。

當全國輿論正傾向放棄台灣之時、只有靖海侯・施琅提出了反對意見、竭力說明台灣的重要性、而堅持留台主張、並呈上「**恭陳台灣棄留疏**」於康熙皇帝、剖析棄留的利害得失、其論旨大略如下：「**台灣雖爲海外孤島、北連吳會、南接粤嶠……乃江浙閩粤四省之左護、一旦棄之、必不免爲逃軍流民土番等嘯聚巢穴、成爲荷蘭人乘機再據。若是假兵於寇、齊糧於盜、沿海諸省、難保安然無事、且澎湖不毛之地、不及台灣什一、若無台灣、澎湖亦不能守。加之寓兵於農、於治台必能有齊……。**」

施琅過去一貫主張攻佔台灣、同時又實際率兵佔取台灣、所以他極力反對放棄台灣也可以說是理所當然。另一方面、他對海外形勢的卓絕分析、即能看準台灣所佔地位在政治・軍事的重要性。因此、施琅的意見、終爲清皇所聽取、並也使朝野對於台灣棄留問題做了一百八十度的轉變。於是、一六八四年（康熙二三年）四月、台灣才有史以來**第一次**被編入中國版圖。「**台灣僻處海外、新入版圖。**」（「台灣編歸版圖之上諭」）。

施琅福建泉州府晉江縣人、因家貧、幼時棄學習武、崇禎年間剿捕泉州山寇有功、明廷特授遊擊將軍。永曆年間、鄭成功據守廈門、施琅馳入廈門協助鄭氏抗戰。後來鄭施睽離、其原由如何乃茫而區不定。可是、施琅卻趁此鄭氏形勢趨向不利、而歸順清軍。清方的閩浙總督・李率泰重用施琅、薦授副總兵、後晉任同安總兵。一六六二年（康熙元年）擢拔爲福建水師提督。一六六七年（康熙七年）施琅親赴京師、面陳攻取台灣之計。在北京時、以廷議晉爵內大臣伯、原任水師提督一職暫被裁卸。

施琅攻克台灣後、清廷對他的恩賞破格優渥、一六八三年（康熙二二年）、授「**靖海將軍**」、特封世襲「**靖海侯**」、並准許建立生祠於澎湖大山嶼媽宮內、及台南城內樣仔林街、共稱之爲「**施將軍祠**」、並賜以在台灣廣大的所謂**勳業地**、稱爲「**施侯祖田園**」。所謂「**施侯大祖**」的收納統歸清朝在台灣的衛門代行、並保送至北京而轉交施琅世襲業主。

台灣方面、也在一六九三年（康熙三二年）、以台南四坊（東安・西定・寧南・鎮北）鄉耆・舖戶等名義、在台南西定坊的天后宮內建立「**靖海將軍侯施公功德碑**」。

施琅自己亦撰「**靖海碑記**」、建立於澎湖媽宮內的「**施將軍祠**」之旁邊。後來、施琅的五子施世驃也修纂「**靖海紀事**」二卷、以爲施琅攻佔台灣的實錄。

一六九六年（康熙三五年）三月、施琅病亡、翌年清廷特旨准建碑文。

c　殖民地的統治機構

清朝佔領台灣之後、由於當時的朝野依然存有濃厚的岐視觀點、就是仍視之爲**海外異域**、所以、對於台灣的統治、根本就沒有用心、這點和過去荷蘭人與鄭氏的積極統治比較起來、簡直是天淵之別。因爲這樣、所以清朝統治台灣乃只不過是劃成一個行政區域、勉強設置一個「**台灣府**」而已、同時把和這個台灣府隔了一條大海的「**廈門府**」湊在一起、成立一個福建省的下級行政管區「**分巡台廈兵備道**」就算了事。

清朝在名義上雖然是領有「**台灣**」、但在實際上 其行政權力所及、卻不過是限於在荷蘭・鄭氏兩時所開拓好的漢人開拓者居住地、就是僅以台南爲中心的南部一小地區而已。至於其餘的廣大部份、根本就無法伸張其行政力量、另一方面、因台灣和人陸彼此之間存在著地理上・社會上的隔絕關係、並且、清廷爲了防止開拓農民社會勢力的增大、一開始就準備**差別政策和禁止條款**的統治方式、即時施行於新附的領土之上。

(1)　繼承荷蘭・鄭氏的殖民統治、接收其王田及營盤田爲己有——清朝的官員到台灣之後、即毫不例外的先從鄭氏王朝的手裡把荷蘭時代的殖民統治制度繼承下去、並從鄭氏接收荷蘭時代的王田、以及鄭氏時代採取屯田制度所開拓好的土地、掠奪爲清朝及其文武官員所有。

(2)　與本土不同的特別制度和強大權限——清朝在中國本土的統治、本來是承受中國古代沿用下來的傳統方式、對於上下或平行的機構部署、以及其分掌部門、都有了詳密的系統和規定、且在其互相連繫或互相牽制的連帶關係之下、有條不紊、把所有的大權集中於皇帝的手中。

然而、對於台灣卻制定了和本土不同的制度和權限、尤其是掌握最高行政的兵備道、一身兼領行政・司法・財政・教學・科舉・軍事等一切大權、而君臨於漢人開拓者和原住民的頭上。

(3)　抑制權力台灣化和台灣居民權力化——清朝在台灣的文武官員以至一兵一卒、即除了從本土直接任命派遣來台之外、斷然禁止登用或補充本地台灣居民、且以三年至六年爲交替之期、同時也嚴格禁止攜眷帶伴。「**特定班兵制度、每三年由大陸抽派兵丁調動一次、不許土著推補、……官職則三年一任、六年一換、不准大小官員有攜眷赴任之舉。**」（伊能嘉矩「台灣文化志」上卷 p.131）。

另一方面、本地人的子弟若是考上科舉、也拒於官途之外、即使在大陸他省被任用、但能被提拔爲有權的官職者簡直從未見到、否則在鄉里的台灣做個買辦的**鄉紳或莊者**、或開私塾堂教師、就已算高級。

(4)　駐台文武官的特權階級化——清朝對於文武官、特別給予優待、設定所謂「**官莊**」、把其收穫提供於官員享用、以助長他們在經濟上的特權階級化。「**台灣舊有官莊、爲文武養廉之具……鄙意**

以爲官莊猶如古公田、古藉民力助耕、今官自養佃、較公田更不病民。」（台灣總兵藍廷珍幕僚・藍鼎元「鹿洲初集」與吳觀察論治台事宜書）。

(5) 禁止移民開拓、壓制開拓者社會的擴大發展（下面詳述）。

(6) 比本土更爲苛重的賦課（下面詳述）。

(7) 把台灣的財貨掠回大陸本土、供官民享用——清朝不僅是沿襲荷蘭人・鄭氏的土地制度而刼去台灣的田園、並剝削開拓農民的膏血、飽潤了政府財政和官員及其經濟上的代理人（大租戶）、且把米・糖・樟腦等台灣特產刼回大陸本土去、以供養蓄官兵和提共民用（下面詳述）。

(8) 施展分化政策——清朝統治下的台灣、官方對於不甘被抑制而起反抗的人、一律當「匪徒」論之、反而對於出賣同伴及同胞來叛逆本地人而效勞權力者、稱爲「義民」、以分裂離間的殖民政策而來釀成開拓者社會內部的不調和、藉以分而治之。 台治、以土著破土著、尚不足用乎。」（鄭光策「西霞文抄」）。「共名義民、害比賊甚」。（盧德嘉「鳳山采訪册」）。

(9) 禁止武器的製造和攜帶——清朝以大軍常駐台灣而施展武力鎮壓和大肆屠殺、反之、對本地開拓農民的武器的製造和攜帶、及製造火藥、則嚴予取締、甚至鋤鍬・農具・鍋鼎等用具的鑄造也列於管制之下。「台灣民人、停止製造鳥鎗、違者照例治罪。」（「兵律私藏應禁軍器例」）。「台灣奸民私煎硝磺、已未論興敗、如在十斤以下杖一百、十斤以上徒一年、每十斤加一等、百斤以上合成火藥至十斤以上、照鑄炮位處斬。」（「兵律私出外境及違禁下海」）。「舊例、台灣鼓鑄鍋皿農具、須向地方官舉充、藩司給照、通台祇二十七家、曰鑄戶、其鐵采買於內地漳州、私販者治罪。」（欽差兼理台灣海防務總理船政大臣・沈葆楨「台地後山請開舊禁疏」）。

(10) 暴虐的大小官員、吏胥敲詐勒索（下面詳述）。

政府以暴力和譎詐而施展殖民地的壓迫和剝削、任其文武官員及其爪牙橫行霸道、這就是來自中國大陸的新權力集團和開拓農民愈成分化・對立的重要因素、乃在台灣社會發展史上不能錯過的基本問題。

清朝在台的最高機關「**分巡台廈兵備道**」、受閩浙總督和福建巡撫節制、下轄「**台灣府**」和「**廈門府**」、但是限於台灣、乃被授爲兼任「**按察使**」與「**學政使**」、以掌司法裁判和科學教學、又兼「**布政司**」而經理台灣財政、再加上節制「**台灣總兵**」掌管軍務、其權限之大、與其說封建中國的行政長官、勿寧說西歐式絕封專制的殖民地「**總督**」。

在府治（台南）設有「**分巡台廈兵備道衙門**」、包括文治・武備兩政、下設「**知府**」和「**總兵**」專任輔佐之。

「**台灣府**」之下有台灣・鳳山・諸羅三縣、及澎湖巡檢衙門、再有掌握安平的港務及各縣檢察事務的海防同知衙門。

福建省—台廈兵備道
- 總兵
- 台灣府
  - 台灣縣
  - 鳳山縣
  - 諸羅縣
  - 澎湖巡檢衙門
  - 海防同知衙門
- 按司獄

在這中央行政機構之下、再劃出下級地方行政區、分爲城市和鄉村、城市屬於知府或知縣直接管轄、鄉村乃再分爲里・堡・街・庄・鄉・社、由官治的總簽首・地保・總理**管轄**、再由大租戶・股

圖23　清初台灣府行政區域圖

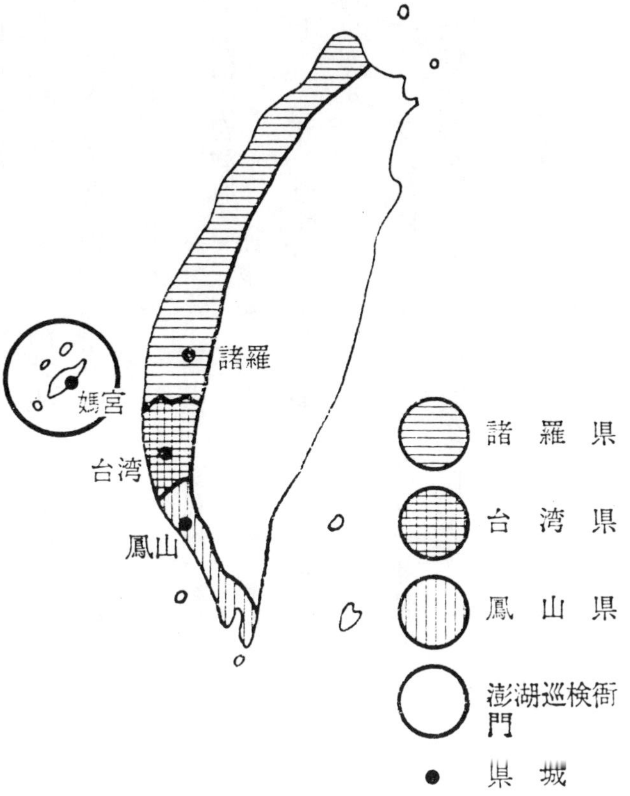

諸羅
媽宮
台湾
鳳山
諸羅県
台湾県
鳳山県
澎湖巡検衙門
県城

戶・耆老等地方紳董・街正・庄正・董事・莊耆・番頭人、而**包辦**管理之。軍管區分爲汛塘。其他、教育有府學・縣學、分歸府縣管轄之。

武備方面、在中國本土是分爲陸路和水師、統歸總督和巡撫節制。武備階級乃在總督、巡撫之下設有提督・總兵・副將・參軍・游擊・都司・守備・千總・把總・外委等。在台灣、陸路府治設鎮標營、總兵掌管之、諸羅設北路協標營、副將掌管之、鳳山設南營、參將掌管之。水師，是在安平和澎湖各設協標營、置副將。武備共計十營、一萬兵力（後來漸增）、歸兵備道節制。由於清廷禁止由台灣土著推補、所以陸路不論大小官兵、全由福建陸路之漳州・汀州・建寧・福寧・海壇・金門之六鎮標、及福州・興化・延平・閩安・邵武之五協標抽出、水路全由福建水師之海壇・金門・閩安之三協標及廣東水師之南澳鎮標抽出、調來台灣。

d　第一次行政機構擴充（朱一貴起義後）

自雍正以後（十八世紀初葉以後）、乾隆・嘉慶的一百年間、乃移民・開拓發展的黃金時代、同時、隨著台灣社會的開拓發展、統治者的行政機構也有前後二次的改革或擴充。

康熙末年（十八世紀初葉）、朱一貴舉竿起之後、清廷遂感到台灣統治必須強化、另一面、開拓的浪潮已從西南海岸一帶伸張到**北部**方面、被叫著山後的東海岸南部及東北部的**蛤仔難**、也開始有了漢人開拓農民的足跡、於是、清朝的行政範圍也走在漢人開拓者之後塵、漸漸伸到這些未曾到過的山間僻地、因此、行政機構也從過去的三縣二巡檢衙門加以擴充、自雍正至同治之間（一七二三－一八五〇年）。已擴為下述的四縣四廳：

台灣道─台灣府─┬台灣縣、鳳山縣、嘉義縣、彰化縣
　　　　　　　　└鹿港廳、淡水廳、澎湖廳、噶瑪蘭廳

一七二一年（康熙六〇年）、新設「**台灣監察御使**」、使之督導各地方的行政衙門、此職其後經過屢次的改廢。

一七六六年（乾隆三一年）、設「**北路理番同知**」、使之管理嘉義以北的原住民部落、「**南路理番同知**」乃掌理台灣（台南）以南的原住民部落。

e　第二次行政機構改革（設立「台灣道」）

十九世紀中葉、即咸豐・同治年間乃是台灣的開拓略告一段落的時期、但是在國際方面、一八三九年（道光一九年）鴉片戰爭爆發、一八七四年（同治一三年）日本出兵侵略台灣。如此內外形勢急遽變革、清廷才認識到台灣在中國國防上的重要性、即特授沈葆楨爲欽差兼理台灣海防事務總理船政大臣、辦理擴充台灣的海防與改革行政、結果、新設「台灣道」、下設台灣・台北二府、八縣五廳。

台灣道
- 台灣府
  - 台灣縣、鳳山縣、彰化縣、嘉義縣、恆春縣
  - 澎湖廳、埔里廳、鹿港廳
- 台北府
  - 淡水縣、新竹縣、宜蘭縣
  - 卑南廳、基隆廳

f　設立「台灣省」（法軍登陸基隆後）

清廷打倒據台的鄭氏之後、本來是無意把台灣列入版圖、乃是端賴施琅力爭、始決留之。但是、對於其後的統治台灣、偏取差別政策、始終與中國本土有遐荒之別。到了清朝末葉、由於「台灣道」仍舊隸屬福建、所以福建巡撫乃在冬季・春季親赴台灣執政、夏季・秋季則歸還福州辦理福建全省的政務。

欽差大臣・沈葆楨爲辦理海防來台蒞任後、廣涉全台、認爲要加強「海防」、必與「撫蕃」「開路」兩事併行才能辦到、並主張爲此必先新設專任的台灣巡撫。於是、他在一八七四年（同治一三年）十一月、呈上「請移駐巡撫摺」、陳疏專任台灣巡撫在統台上有解決十二條缺陷之便。

繼之、一八七六年（光緒二年）十二月起、刑部左侍郎・袁葆恆、福建巡撫・丁日昌、駐台福建巡撫・岑毓英等、紛紛上疏請改福建巡撫爲台灣巡撫、而後再另建一省。如此、台灣建省之議漸趨成熟。

圖24　清末台灣省行政區域圖

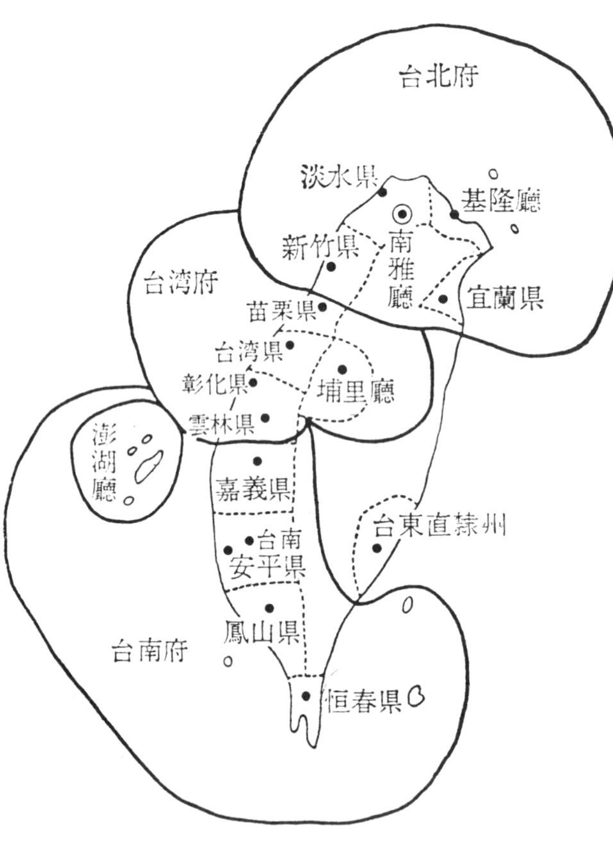

至一八八四年（光緒一〇年）、中法戰爭爆發、法軍登陸基隆並封鎖澎湖、清廷接報倉皇周章、始感台灣在中國國防上的重要性。當時、大學士・左宗棠也上疏云：

「今日之事勢以海防爲要圖、而閩省之籌防以台灣爲重地、台灣雖有鎮台、一切政務、必稟承督撫。重洋懸隔、文報往來平時且不免稽遲、有事則更虞梗塞。：：夫台灣雖係島嶼、綿亙亦一千餘里、舊制設官之地、祇海濱三分之一。每年物產關稅、較之廣西、貴州等省、有盈無絀。倘撫番之政、果能切實推行、自然之利不爲因循廢棄、居然海外一大都會也。且以形勢言、孤峙大洋、爲七省門戶、關係全局、甚非淺鮮。其中、如講求軍備、整頓吏治、培養風氣、疏濬利源、在在均關緊要、非有重臣以專駐之、則辦理必有棘手。以臣愚見、惟有袁葆恒所請、將福建巡撫改爲台灣巡撫、所有台澎一切應辦事宜、概歸該撫辦理。庶事有專責、於台防善後、大有裨益。至該地產米甚富、內地本屬相需。若協濟餉項、各省尚通有無、亦萬無不爲籌解之理……。」

軍機大臣（首相）・醇親王、北洋大臣（外交部長）・李鴻章等各大臣亦於同年九月、聯銜奏稱：「臣等查台灣爲南洋樞要……若以福建巡撫改爲台灣巡撫、專其責成、似屬相宜、恭候欽定……」。

其結果、於一八八五年（光緒一一年）九月五日、福建省台灣道終於昇格爲「台灣省」、同時、首任劉銘傳爲台灣巡撫。劉銘傳經過一段迂餘曲折、於翌年四月、赴台灣新都台北蒞任、著手於近代改革。

台灣在一八八七年（光緒一三年）、擴充其行政機構如左：

- 台灣省
  - 台北府
    - 淡水縣、新竹縣、宜蘭縣
    - 基隆廳、南雅廳
  - 台灣府（台中）
    - 台灣縣（台中）、雲林縣、苗栗縣、彰化縣
    - 埔里廳
  - 台南府
    - 安平縣、嘉義縣、鳳山縣、恒春縣
    - 澎湖縣
  - 台東直隸州

這樣、清朝統治了二百年之後、才認識到台灣的重要性而實行行政大改革、但是這已爲時過遲、建立台灣省僅經九年、台灣乃從中國手裡落下、被日人所佔據。

2　移民的黃金時代

a　清朝的禁止移民政策

如上所述、移民和開拓乃是促成台灣・台灣人的生成與發展的最主要的因素、但是在以往、明・清歷代的爲政者確實是把台灣移民一律當爲「**奸民**」「**盜賊**」「**流氓**」、並採取嚴厲的禁止政策、而不許華南海岸一帶的漢人隨便渡來台灣。同時、在台灣島內、也把所開拓的土地套以「**私墾**」「**盜墾**」等罪名、嚴加規制禁止。這顯然是大爲妨害台灣的土地開發、並阻礙了社會的進步發展。因此、在台灣史上佔很重要地位的漢人移民和開拓事業、實在是這些漢人移住者、穿過中國爲政者萬般的阻撓和壓迫、並克服了許多人爲的和自然的困難、才以**自力**築成起來的。這點、乃是爲了眞正瞭解台灣過去的社會發展、即不能忽略的一大關鍵。

本來、清朝在十七世紀中葉消滅了明朝並制霸中國大陸後、起初是出於要封鎖鄭氏的海上交通、並阻止對於金廈的軍事補給、才禁止漢人往來台灣・澎湖。但是鄭氏投降、台灣正式被列入中國版圖之後、卻以杜絕流亡者在台居住爲藉口、反比過去更加嚴厲的禁止漢人來往台澎兩地。

當時的清廷取締出洋移民的嚴厲苛酷、可以說是史無前例。這點、從「**大清律例**」裡的「**私出外境**」「**違禁下海**」等各節罰則就能看到。當時的「**台灣府**」、算來已是屬於中國本土福建省的下級行政區域、可是、上述的禁令、不但不因此被撤消、而且、再加上特別嚴格的禁令、擬以徹底根絕漢人渡往台灣。

就是在一六八三年（康熙二二年）、清軍一佔領台灣、即時公佈「台灣編查流寓則例」（參閱「六部處分則例」卷二十）、其內容含有如下的嚴格規定台灣居民及漢人渡台的禁令：

(1)　內地商民來台貿易者、須由台廈兵備道查明、並發給路照、出入船隻須嚴格檢查、偷渡者嚴辦、偷渡之船戶及失察之地方官、亦照法查辦。

(2)　渡台者不得攜帶家眷、已在台者不得搬眷來台。

(3)　潮州惠州之地、爲海盜淵藪、積習未脫、其民禁止來台。

以上可見當時取得渡台路照者、只限於貿易商人、關於農業・漁業等勞動移民、簡直無法被准許來台、不能攜帶眷屬就等於只准一時性的旅客來台而已。再者、清朝禁止潮州・惠州等汕頭地方的廣東系漢人（客家人）來台、據說是施琅過去和他們曾有爭執、才以公報私仇。

這種特別嚴格而幾乎任何人都不能被允許渡台的禁令、是否完全被執行？若是照樣勵行、台灣早已陷於孤立而趨自滅。可是、鑑於台灣如常發展並傳下如今的繁榮看來、這非理的移民禁令不能說是完全被實行的。當時中國社會相繼在兵亂中、只從福建・廣東看來、社會不安、經濟崩潰、生活破產、人口過剩、離開農村的失業農民充滿了各地鄉鎮。在這種社會背景之下、僅是一道禁令、乃似一紙官府空言、官方想要禁止飢餓農民向海外逃生的這種禁令、究竟也不過是成爲一些吏胥把其當做向偷渡移民勒索的藉口而已、所以不管有沒有禁令、中國大陸的出洋移民並不因此而中斷、漳・泉二州出身的移民照常接踵而來。廣東嘉應州的移民隨之而至（參閱「台灣私法」第一卷上 p.77）。

因此、於一七三二年（雍正一〇年）福建巡撫・彌達奏准台灣居民得呈明給照搬眷來台之後、清朝終於不得不重複禁止、鬆懈、再禁止、再鬆懈、這樣推下去、經過了清朝統台三之一的很長的期間、就是經過七八年後的一七六〇年（乾隆二五年）、根本毫無作用的這個禁令才被廢止。但是、官方對於其後移住台灣的漢人、照樣把他們當做社會上的流氓或罪犯來看待。在長期間一貫敵視了台灣移民的清朝、只有一次破天荒的改為獎勵移民。這乃是十九世紀中葉以後、為了要從西歐帝國主義的侵略保護中國本土東南諸省而不得不重視台灣才這樣做的。就是在一八七五年（光緒元年）、台灣兵備道・夏獻綸和台灣總兵・張其光會銜佈告「**招墾章程二十條**」（參閱「台灣私法」第一卷附錄）、其中有左列幾條：

(1)　特准乘搭官船、船中伙食由官供給。
(2)　到達開墾地以前、每人給與口糧錢一百文。
(3)　到達開墾地以後、每月每人給銀八分、米一升、一年以後每口給米一升。
(4)　十人編成一組、由官方給與草寮・糧食・農具・耕牛・農地等。

清廷頒發與過去完全相反的移民獎勵政策、又在廈門・汕頭等地設置招募移民的衙門、予以招待收容、可說和過去眞有天壤之別。

但是、到了一八七〇年代才採用這種移民獎勵政策、未免過遲。在台灣西部的平地大體已被開拓完了、人口也已增至二五〇萬人之譜、再就是等到二〇餘年之後、台灣將面臨日人來攻、清朝正要退場之時、所以、可說是如臨終時才開始的微笑、在台灣移民史上簡直是起不了作用、是導致一些後到的移民流入後山（東南海岸）而已。

b　衝破法網橫渡重洋的移民群

清朝當局雖然早就打下天羅地網於華南沿海、但是、這從正處於生死關頭的移民志願者看來、只有不在乎的排除萬難把其衝破、趕緊橫渡台灣海峽而到達台灣而已。這樣克服了許多兇險來到台灣的有福建漳・泉二州的移民爲多。

此時、廈門乃是偷渡台灣的門路站、此地有叫著「**客頭**」的、以包辦偷渡事宜爲專業、就是先把偷渡者裝在小船船底運出外海、再轉上外洋船、藉以索取包辦費。其中資力雄厚者、備有專爲偷渡者等船時住宿的旅社、由於這種旅社又簡陋且參雜、所以被稱爲「**豬仔間**」。移民渡台的港口是不僅限於廈門、又從華南沿海各大小港偷渡者不勝計數。據福建巡撫・吳士功於一七六〇年（乾隆二五年）上疏有云：「**乾隆二十三年十二月至二十四年十月、破獲私渡案二十五件、犯罪者九百九十九人**」（參閱「六部處分則例」卷三九）、可見當時移民源源不絕、並不因有禁令而停止。

早在清初、台南附近已無收容移民餘地、後到的漳泉移民開始往北部地方發展。廣東系客家人也不因有嚴格禁令而罷休、所以隨後私渡來台者日益增多、他們大體是往南部山岳邊緣地區移殖定居。「**康熙二十五六年後（一六八六、七年後）、廣東嘉應州的移民隨之而至**」（參閱臨時台灣舊慣調查會「台灣私法」第一卷上p.77）。

一七八六年（乾隆五一年）、林爽文起義、中南部開拓農民舉竿響應、由於戰事持久、中南部社會動盪、新到的移民多改自台灣北部溯上淡水河、由新莊口・艋舺（今之萬華）等地登陸、結果、招來台灣北部的開拓進展和商業興旺。

十八世紀末葉（乾隆末期）、閩粵漢人來台者更盛、台灣東北蛤仔難（今之宜蘭）地方、及中央山岳地、從此漢人移殖者日趨增多。

十九世紀中葉（咸豐年間）、中國本土發生太平天國之亂、閩粵漢人因而移住來台者激增、所以台灣東部的卑南（今之台東）及奇萊（今之花蓮）等山間僻地也開始有漢人移殖墾地。

觀諸清朝統治台灣二百餘年、乾隆・嘉慶的四、五〇年間（十八世紀末葉至十九世紀初葉）、可算是漢人移民來台最盛、最高峰的時期。

然而、到了十九世紀末葉、日本佔據台灣、清朝割讓之爲日本領土、日本帝國即以一八九七年（光緒二三年）爲限、把台灣住民（台灣人）轉爲日本國籍。依此、延綿繼續了三百餘年的「**台灣移民史**」、終告結束。

現今的漢人系台灣人、皆是華南渡來台灣的移民開拓者子孫。這些人們、父子傳代、留下祖先們過去千辛萬苦的移民事跡、提供了很多活生生的傳說和故事。

例如、台北近郊有某大家庭、子子孫孫傳下禁吃牛肉的家訓、這個家訓的開端是他們在台灣開基立業的祖先還住在福建原住地時、被清朝吏胥追趕、而逃到海邊進退兩難之際、跪下求天祈禱、忽然老天爺有應、使無數的水牛排列於大陸和台灣之間、成爲海上的一條大橋、幸得這個祖先渡過牛橋、才能求得一命而逃到台灣、所以從此以後這一家人、爲了感牛之恩、誓不吃牛肉。

亦有某部落的一家、不吃台灣名產的鴨子、這也同樣是因他們的祖先蒙受鴨群之救助、渡過台灣海峽、到達台灣、所以子孫代代禁吃鴨子。

另外亦有一些極爲悲慘的傳說、例如、由九九個成群的移民、經過好大的辛酸、突破了清朝吏員的監視、才上船離開大陸、不幸、在途中遭遇大風、船被顚覆、船中全員沉下海底而亡。於是、這一群人的亡靈即到地獄向閻羅王訴說、「**人人都能安全無恙的到達台灣、爲何只有我們得受這樣的不幸遭**

遇、閻羅爺未免太過於不平等？」。閻羅王聽到這些亡靈的訴苦、把手提的生死簿翻來查看、果然記有「九十九、犯了呂洞賓手」的一條。那時、閻羅王才對這些冤鬼憐憫的答云：「命也、無可奈何！」。這群亡靈受到閻羅王的勸慰後、只好自嘆命薄而退。

這些從昔古時代下來的許多傳說和故事、從無關的外人看來、當然是一齣無稽之談、簡直是屬於無可查考的迷信。可是、這些移民開拓者的子孫、現今的漢人系台灣人、若是把祖先們傳下的這些傳說和故事、與現正圍繞著自己實際生活聯結在一起、當想起自己的祖先們所經過的千辛萬苦和挫折遇難的時候、胸懷中必有一陣熱血奔騰之感。

表3　把各個時代的台灣人人口的推移、根據許多文獻推斷於左、以資參考

荷蘭人撤退時	（一六六一年）	二五、〇〇〇戶	約一〇萬人	
鄭氏投降時	（一六八三年）	三〇、〇〇〇戶	約一五萬—二〇萬人	
清・乾隆末葉	（一七九五年）		約一三〇萬人	
清・嘉慶年間調查	（一八一一年）	二四一、二一七戶	二、〇〇三、八六一人	
清・劉銘傳調查	（一八九三年）	五〇七、五〇五戶	二、五四五、七三一人	
日本・明治三八年	（一九〇五年）	（漢人系台灣人人口）	二、八九〇、四八五人	原住民八二、七九五人
日本・大正元年	（一九一二年）	〃	三、二一三、二二一人	〃　八一、二二七人
日本・昭和元年	（一九二六年）	〃	三、九二三、七五三人	〃　八六、七三三人
日本・昭和一二年	（一九三七年）	〃	五、二六一、四〇四人	
日本・昭和一七年	（一九四二年）	〃	五、九九〇、〇〇〇人	
日本・投降時	（一九四五年）	（台灣人人口推定）	六〇〇萬人	
蔣政權佔據時代	（一九五〇年）	〃	六九〇萬人	
蔣政權　〃	（一九五五年）	〃	八〇〇萬人	

蔣政權　〃　（一九六〇年）　〃　　九八〇萬人
蔣政權　〃　（一九七〇年）　〃　一、三〇〇萬人
蔣政權　〃　（一九七五年）　〃　一、四〇〇萬人

c　漢人移民的原住地

元代的汪大淵著「**島夷誌略**」澎湖條云：「**自泉州順風二晝夜可至**」、或者同在元代文獻也有「**泉人結茅為屋居之**」的記載。這不但是指福建泉州港在地理和台灣相接近、而且證明宋元時代最初的移民是屬於泉州系的漢人。

到了明代末葉、從巴達維亞來台協助荷蘭人招募移民的蘇鳴崗是泉州人、佔據台灣的鄭氏及其部屬多是泉州人、後來指揮攻台的施琅也是泉州人。這樣看來、台灣移民和福建泉州及其鄰近的漳州是有了密切連帶關係。實際上、各個時代的漢人移民是以漳・泉二州的漢人佔壓倒多數。

然而、從整個台灣移民的原住地看來、涉及頗廣、有福建系的泉州・漳州・汀州・龍岩・福州・興化・永春等地、及廣東系的潮州・嘉應州・惠州等地的客家人。福建系是泉州人移來台灣最早、廣東系乃嘉・惠二州的客家人為早。

福建系與廣東系雖屬同樣漢人血統、但從各個的墓碑所表寫的看來、福建系漢人是由華北黃河下游的河南省一帶遷來的為多、南遷後定住於閩南地方、經過和當地的原始族、即南方系古蒙古人種的「**安家之民**」（猿・傜・苗・越濮）的後裔互相通婚混血、所以雖說都是漢人、但各個的語言・骨格・風習皆極其複雜、到後來、移民來台的就是其後裔。另一方面的廣東系漢人、大多是從西北地方的蘭州

圖25　漢人系台灣人的大陸出身地別地區圖

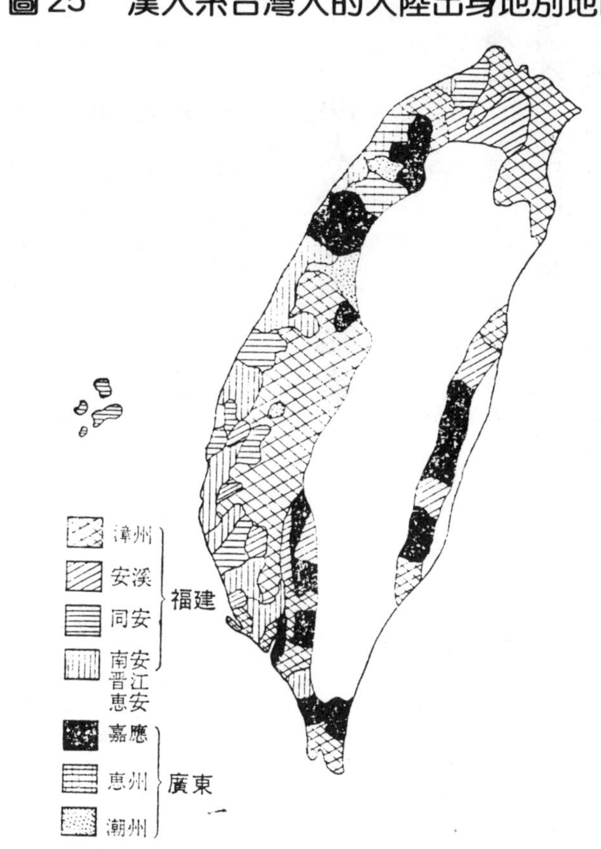

一帶南遷到廣東・福建・江西三省的邊界三角地帶、過了一段的流浪生活、才定住於廣東省嘉惠・海豐・陸豐・梅縣等地、有「**客家**」之稱、同樣是經過和當地原始族混血、後來其子孫才移民來台。

從移住來台的年代來說、福建系的「**福老人**」比起廣東系的「**客家人**」來得早、而且人口佔多數、其中、漳・泉二系佔最大多數、客家人在各時代差不多是佔總人口的一二—一三%。因爲這樣、雙方如有爭執時、福佬人多佔上風、往往因佔多數而表現橫暴。客家人雖然人數較少、但很善於團結、有時也和外來統治者協同、以遠交近攻的策略而來對付福佬人。這樣、雙方無形中產生了各自不同的社會環境。

在歷史上、清朝據台的當初、對於禁止廣東籍來台特別嚴格、但是客家人也如常移住來台。到了康熙末葉、鳳山縣的客家人對鎮壓朱一貴有功、南澳總兵・藍廷珍奏准解除廣東人來台的禁令、從此、客人與清朝當局關係轉好、相反的與福佬人關係愈趨惡劣、重演史上稱爲「**分類械鬥**」的爭執對立。

加上、清朝當局善於用福佬和客家人的矛盾對立、施展所謂「**分裂政策**」、挑撥離間、而資以殖民統治、因此、導致雙方的台灣居民關係更趨惡化、久而久之、在歷史上、爲整個漢人系台灣人不團結的一大癥結。

表4　一九二六年（日本・昭和元年）漢人系台灣人人口總計三七、五一六（百人）

福建系——三一、一六四（百人）

泉州	一六、八一四
漳州	一三、一九五
汀州	四二五
龍岩	一六〇
福州	二七二
興州	九三
永春	二〇五

廣東系——五、八六三（百人）

潮州	一、三四八
嘉應州（客人）	二、九六九
惠州（客人）	一、五四六

（參閱「台灣總督府統計書」第三十）

d　漢人移民的職業

一七四六年（乾隆一一年）范咸纂修的「台灣府志」陳大受序說之中、描述台灣爲「**元明以前、率為逋逃藪**」。這一段、後來常被引用、不但是用於差別台灣社會、同時也差別著台灣移民開拓者皆爲從中國本土逃出的兇犯或流氓而言。

固然、初到台灣南部西岸、並在後來成爲台灣移民的先導者、乃是當時被稱爲「**漁民**」「**海盜**」「**逃犯**」「**流氓**」的這些人。這點已詳述在前。但是、所謂逃犯・流氓・海盜等說法、只不過是站在中國統治階級的立場而才揑造出來的。

任何時代在中國、每當政治動盪社會不安之際、成爲上層統治階級的犧牲者、不外乎是被壓制在最下層的農民大衆。在這種情況之下、福建・廣東由於地理上靠近大海洋、所以當地的農民大衆、一旦成爲社會動盪的犧牲而離開土地、乃只有下海從事漁撈、或除了見機而走險行掠之外、已別無他途可尋。

這些已從中國封建社會被踢出來的犧牲者、在台灣海峽的洶濤駭浪下過活、經年累月、受到天然的磨煉、乃自然而然的養成了無畏的冒險心、漸漸走近原始族所住的台灣沿海而和他們開始接觸、起先是從海上的爭奪戰做起、到後來就進到和平的物物交換、同時也跟倭寇和紅毛人通商交易等、就在這種海上發展的過程中、成爲移民台灣的先驅者。

起初、漢人**的漁民**和**海盜兼貿易商人**將澎湖做爲根據地、經過一個時期、來澎的漢人增多、販賣日常用品的**商販**、也接著出現於此。同時已定居於澎湖的漁民和鹽民、很自然的在此地開始耕作、生產一些爲自家使用的稻米等糧食農產物、這乃是初期漢民渡來者兼作**農業**的端緒。

「**呂氏家乘序**」有記載、一五八一年（明・萬曆九年）福建金門島洪姓二〇名漢人移住澎湖尖山、從事漁撈兼農業。這段記載假使可以憑信的話、這可能算是澎湖最早的**農業移民**、也就是「**台灣**」最早的農業專事者。

到了荷蘭統治時代、**開拓農民**已成爲來台漢人的主流、漁民・鹽民多兼農業耕種、所以也可算在農民之內。其他、商販或少數的貿易商人也逐漸來台定居。

鄭氏王朝統治時代、遷移來台的二萬五千官兵、後來依據鄭氏的屯田政策、實際上幾乎是棄兵歸農。就是說、軍隊渡來的結果、產生**農業**開拓者。當然、此時也有大批的民間移民來台成爲**開拓農**

民。

鄭氏降清後、其宗族及高級文武官員乃由施琅奏准、被遣歸京師（北京）、清廷特授鄭克塽正黃旗漢軍公、授劉國軒天津衛總兵、授馮錫苑正白旗漢軍伯、其他、皆按其籍貫遣送歸鄉。問題乃在被遺棄在台灣各處的屯田士兵。這些人、由於施琅的「**移動不如安靜疏**」被清廷允准、始能照常留台居住。這無形中也成爲台灣的**開拓農民**而沿傳到後代。其中、小部份的下級官員一變而成爲開拓村莊的頭人、就是清朝統治時代的一部份**小租戶**的前身。

就如上述、中國社會動盪不安而壓制在最低層的犧牲者、經過不同的途徑、到了新天地的台灣、從事開拓和耕種、而加入社會發展的主流。因此、若要辨別這台灣先人們的職業、應爲「**農業專業者**」才算正確。

可是、這些已專事農業而名正言順的台灣先人們、畢竟也是被中國大陸的統治階級當做反社會性的**罪犯**或**流氓**來看待、追根到底、無非是中國統治階級的正統觀念在作祟。就是說、當時的爲政者、基於這種中國封建統治的正統觀念、設定了合乎其本身利益的政策立場、而把經過上述的途徑渡來台灣的漢人移民當爲違反其海禁或禁止移民等法令、並套上莫須有的**罪名**才造成出來的。

不僅於此、就是腦筋充滿著這些中國統治階級正統觀念的政府官員及其爪牙、手握著國家大權而渡來台灣、並成爲殖民地統治者、因此、他們乃毫不顧慮的再把這些已成爲台灣社會主流的先人們、永遠視爲最下賤的被統治的流氓。

舉例子來說、當一七一三年（康熙五二年）移民禁令在嚴格實行的時候、有個名叫阮蔡文、他爲了往竹塹（今之新竹）蒞任北路參將、從中國本土到台灣來。由於他當起程大陸時聽到竹塹乃是離開台灣府治（台南）很遠的北部僻地、是屬原住民趕鹿的荒野地區、所以他一到竹塹、看到應該是被禁止移民及開拓的荒服之地、反而充滿著漢人開拓者、並且四周偏佈了綠美的田園、乃大吃一驚、當場題了一首詩、其中有一句「**鹿場半被流氓開**」。這乃是當時中國統治者把台灣開拓農民視爲「**流氓**」的一個典型例子。

左項是一九〇五年（日本・明治三八年）、日本的台灣總督府施行台灣人職業調查的結果、到了現在已無法盡詳其調查規準及分類方法。但是、其調查的時期、從日本佔領台灣的當初僅是經過一〇年、可以說台灣還留著濃厚的清朝時代的社會狀況、所以也不乏做爲清朝統治末期漢人系台灣人職業人口的參考。

表5　台灣職業人口比例

	職業	比例
本業	農業	七三・一四%
	工業	六・四四
	商業交通業	八・六九
	公務員及自由業	二・二五
	其他	九・八四
副業	農業	六八・一三%
	工業	六・二四
	商業交通業	一一・五二
	公務員及自由業	二・五七
	其他	一一・五四

（總督府臨時台灣戶口調查部「臨時台灣戶口調查表」—一九〇八年、四二—四八頁）

3　開拓事業的進展

a　清朝的禁墾政策

就如上述、清朝政府本來是想把台灣放棄、後來才改爲歸入版圖、因此、對於台灣的開發、也只有草率的採取不瞅不睬的旁觀態度、僅在統治上、以**禁止**和**限制**的差別政策來對付開拓農民而已。

清朝政府對**支配土地**的問題、當然是竭盡全力想來掌握。這一點將在後面詳細敘述。但是、佔據台灣的當初、清朝還無法把其行政力量一下子就伸入台灣島內的各地方、僅限於從鄭氏接收下來的旣墾地區而已。並且、他們統治者在政治上、擬以抑制土地開拓而來防止開拓者社會（就是他們所稱爲「流氓社會」）的發展、因此、不僅是禁止新到的移民開拓未墾的土地、對於已定居的漢人開拓農民及其後裔、也以防止和原住民的磨擦爲藉口、限制他們居住地區和開拓事業。譬如、「**台灣奸民（清政府這樣稱呼開拓農民）、私贌埔地者、依盜耕本律問擬、田仍歸番。**」（「戶部則例」）。「**偷入台灣番界、及偷越生番地界者杖一百、偷越深山抽籐釣鹿伐木採稷者杖一百徒三年。**」（「兵律私出外境及違禁下海例」）。從此可以看到清朝政府所施行的「**封山・禁墾政策**」是何等嚴厲。

由於起初是這樣徹底執行禁止或限制的差別政策、導致台灣各地的開拓事業一時停頓、所以很多漢人居住地區一時變爲蕭條無人、所開土地盡其荒蕪毀廢。據郁永河的「**裨海紀遊**」所述、因清朝禁墾政策過於厲害、連在南北各地設鎮從事開拓的前鄭氏官兵也被迫從其所居住的村莊撤退、並放棄其土地。當一六九七年（康熙三六年）、僅隔清朝領台一五年之時、郁氏從台灣府治往北走、通過西海岸平野、到了諸羅縣治的佳里興（今之佳里）以北、因漢人開拓地區一變再變而成爲平埔族的鹿場、所以幾乎不能見到漢人的蹤跡。這樣在二〇餘天的旅行中、只在牛罵社（後來的大肚上堡牛罵頭附近）、才在海濱碰到幾個撈魚的漢人。

這種抑制了社會發展的「**封山・禁墾政策**」、在清朝統台的二百餘年間、禁止、鬆懈、又禁止、這樣反覆不定的重演了一七〇年之久。

可是、不管清朝如何嚴格的禁止或差別台灣的移民和開拓、仍如上述、像浪潮一般不斷擁擠而到的移民群、根本就是無法擋住、同樣更禁止不了他們浸透各地去開拓一邊荒蕪的未墾土地。尤其是到了十八世紀初葉的康熙末期、清朝政府的吏治弛緩、禁令隨之日益鬆懈、所以閩・粵的移民接踵而來、台灣開拓者社會的人口急增、各地設莊拓地的高潮因此再被掀起。

到此時、台南附近的土地幾乎已被開拓完、再也沒有容納新到移民的餘地、所以、被統治者稱爲「**私墾**」「**盜墾**」的土地開拓、因而無止境的伸張到南北兩方面各地去。譬如、「**獐鹿多、由草暢茂、且霜雪稀、族蕃息肥碩之故、三十年來附縣開墾者眾、鹿田悉爲田、斗六門下鹿獐鮮。**」（周鍾瑄「諸羅縣志」雜記志外記）。諸羅乃是今之嘉義、當時的諸羅一七莊、就是在北路最早開發的漢人村莊。不僅限於台南附近一帶或靠諸羅地方、遠距台南的台灣北部・台灣南部、所謂「**山後**」的東部海岸、以及東北部平野等地、均已有漢人進入設莊墾地、而定居爲自己新建的家鄉。「**此前、台灣止府治百餘里耳、鳳山・諸羅皆毒惡瘴地、令其邑者尚不敢至。今南盡瑯璚（今之恆春）、北極淡水雞籠、以上千五百里、人民趨利事如鶩、此前、大山麓人無敢進、以爲野番嗜殺、今群入深山、雜墾番地、雖**

殺不畏、甚至傀儡山、台灣後山蛤仔難・崇爻・卑南覓等社、亦漢人敢至其地貿易之、生聚日繁、漸廓漸遠、雖勵禁、不能止。」（藍鼎元「平台紀略」）。特別是台灣南部的下淡水溪下游平野、曾被吟爲「遙遙上淡水、草色望淒迷、魑魅依山嘯、鵰頸當路啼。」（康熙四十三年鳳山知縣宋永清題詩「上淡水社」—伊能嘉矩「台灣文化志」p.289）。但到此時、這些山間僻地、豁然成爲殷盛的客家人村莊地帶。

但是在另一方面、由於漢人開拓者侵佔原住民的住地過甚、手段強橫、而成群壓迫和殺害原住民、原住民亦不甘受漢人任意的抑壓和侵佔、所以乘隙出擊獵頭。「內山生番、野性難馴、焚廬殺人、視爲故常。其實啓釁多漢人、如業主管事之輩、利在開墾、不論生番熟番、越界侵佔、不奪無饜、復勾引夥黨、入山搭寮、見番弋取鹿麂、往往竊爲己有、以故多遭殺戮。又或小民深入內山、抽籐鋸板、爲其所害者亦有之。」（黃叔璥「台海使槎錄」番俗雜紀）。

因此、以朱一貴起義事件（一七二一年）爲藉口、當時的閩浙總督覺羅滿保、於一七二一年（康熙六〇年）十月、頒布「台疆經理事宜十二條」、再把原來的「封山・禁墾政策」加強、更進一步的嚴厲取締漢人的所謂「越界盜墾」、同時、再加實行「遷民劃界」的隔離政策。「羅漢門（今之旗山）黃殿壯、朱一貴起事之所、應將房屋盡行燒燬、人民盡行驅逐、不許往來耕種。阿猴林（今之屏東）山徑四達、大木叢茂、寬長三四十里、抽籐鋸板燒炭砍柴耕種人甚多、亦應盡數撤回、蓬廠盡行燒燬。檳榔林（內埔）爲杜君英起手處、瑯璚爲極邊藏奸所、房屋人民皆當燒毀驅逐、不許再種田園來往砍粟。」（「台疆經理事宜十二條」）。如上所引、乃是對於漢人既墾區的毀廢政策。關於對原住民地區的禁令、「台灣鳳山諸羅二縣山中居民盡行驅逐、房舍盡行折毀、各山口俱用巨木塞斷、不許一人出入。山外以十里爲界、凡附山十里內民家俱遷移他處、田地俱置荒蕪。北路起至南路止、築土牆高五、六尺、深挖濠塹永爲定界、越界者以盜賊論。如此奸民無窩頓處、野番不能出爲害。」（「台疆經理事宜十二條」）。這即在台灣史上稱為「**土牛溝**」政策。

若如照章移諸實行、無非是擬以置開拓農民於死地、所以、開拓農民乃更頻繁起來反抗、導致清朝統治的領域更為蕭條荒毀。這樣、遭到開拓農民起來反擊的結果、在台的清朝文武官員、終於奏請廢止這過於嚴厲的禁令、甚至有的抗命棄職、但是終也不能使禁令改廢。

於是、該條例施行一年之後、一七二二年（康熙六一年）、福建巡撫・楊景泰才公佈了折衷辦法、改為台灣南端的瑯璃山地區仍舊依照條例禁止開拓農民往來或墾地、除外、「**凡逼近生番處所、相去數十里或十餘里、以堅石限之、禁越入者。**」（黃叔璥「台海使槎錄」番俗雜記）。

可是、觀其實際經過、按當時清朝政府的行政力量所及不廣、所以要把這種害民的禁令與差別政策照樣施行、簡直是不可能的事。

清朝在統台的二百餘年間、一貫對台灣懷有輕視和差別的思想意識、始終採取這種**積極禁止**或**消極放任**的殖民政策、而妨礙了台灣的拓殖開發非淺。因此、台灣的開拓發展是和移民同樣、全然是由開拓農民以**自力**進行、不僅於此、更是在**孤軍奮鬥**之下求其發展的。

b　漢人開拓者以自力打開寶藏

由上述可以知道、清朝禁令雖嚴、這種又反動且倒退的禁止・差別的政策、在揚溢著前進氣運的開拓者社會面前、幾乎是不可能收到可舉的任何效果。正和這種官方的倒退政策相反、台灣的開拓事業、乃是憑著開拓農民及其子孫的自力奮鬥、終於揭開了往前進發的一幕、而打開了千古未絕的台灣寶藏。

當時的開拓農民、在內部是受著清朝統治勢力的壓制、在外部則受著原住民的襲擊和天災地變的禍害、這種腹背受敵的艱難環境之下、不但不屈服於任何一方、而且更把這開拓的熱潮浸透於西部的各個角落、並又涉及於中央山岳的邊緣地區。「**昔年近山皆土番鹿場、今即漢人墾種、極目良田、遂多於內山捕獵。**」（黃叔璥「台海使槎錄」赤嵌筆談）。

台灣開拓乃在十八世紀中葉的乾隆年間最爲高潮、而在十九世紀初葉的嘉慶年間即告一段落。到了清朝末葉、開拓浪潮已擴至東部的海岸地帶。全島的既墾田園比清朝初葉時大過三〇倍、等於台灣總面積的百分之一七、約有六〇萬甲土地變成綠美的田園。就是說、以清代的農耕技術水準而言、所能開拓的土地幾乎皆被開拓完。清朝政府又狡猾且貪婪、一向辱罵爲奸民・流氓・罪犯的開拓農民一旦開好一村一莊、它卻即時搖身一變、把過去一切的禁令從此撤消、代之派遣了吏員和軍隊、並設置縣政、開始加以征收地賦及其他種種賦課、而「**衙門**」及其官員乃公私皆取其實。

另一方面、隨著開拓事業的進展、爲耕種所需的水利灌漑設備也逐漸被建立起來、所以、在二百餘年之間、各地的水利設施多爲七百餘處、其灌漑面積達一一萬餘甲、等於耕地總面積的五分之一。

下面各個時代在各地區的開拓狀況、和前述的縣政衙門設置及水利設施的建設經過連繫起來、概觀如下。

(1)　**一六八三—一七三五年（康熙・雍正年間）**——清朝政府在領台當初、將鄭氏時的萬年州分爲台灣・鳳山二縣、天興州則改爲諸羅縣（乾隆五十二年再改稱爲「嘉義縣」）、承天府改爲台灣府的府治城廓。另一方面、當初的漢人移民開拓者、把鄭氏時代已開好的地域爲據點、使開拓的浪潮、延至南部山地以及北部的平地去。

尤其是康熙末年前後（一七二二年前後）、客家人入殖於下淡水溪左岸以及大岡山一帶、依此、定居

圖26　台灣開拓圖

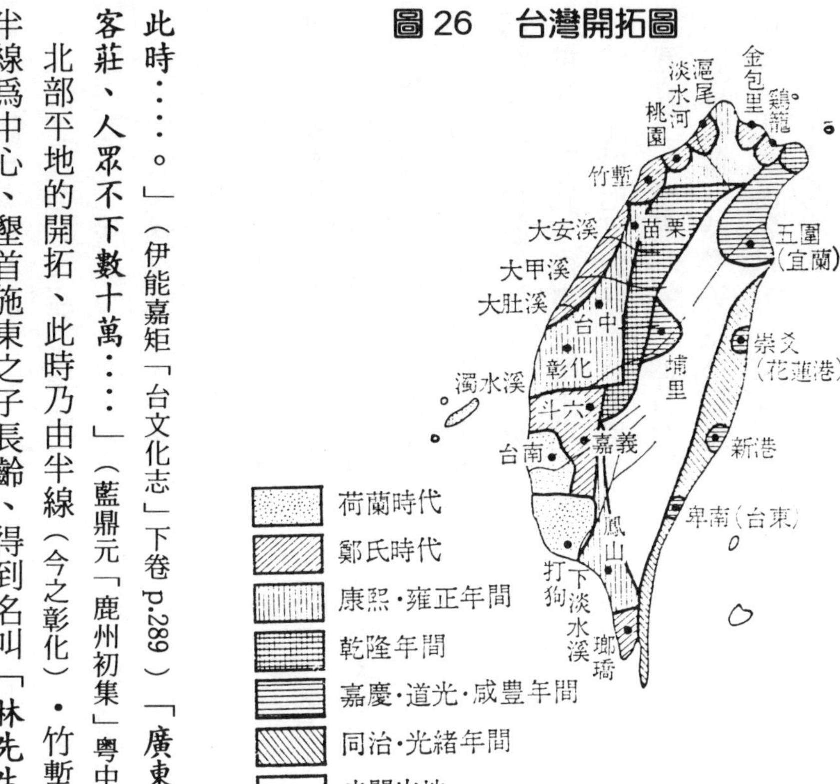

於北由羅漢門南至枋寮的細長地域。「初在康熙二十五年六年之交、廣東嘉應州之鎮平・平遠・興寧・長樂各縣居民渡來台灣。他們起初是想在府治附近拓殖、但其地已歸閩人占有而不存餘土、所以僅東門外邊墾種菜園、以求生計。其後、發現在下淡水溪東岸存有未拓草地、即相率移此、協力墾殖、由此田園漸次增廣、生物亦漸繁殖。本籍（中國本地原住地）居民聞之、踵移來者日多、爾來擴大疆域、北由羅漢門南界、南至林仔邊溪口、沿下淡水・東港兩溪流域、碁布大小許多村庄。康熙六十年朱一貴作亂時、糾合十三大庄六十四小庄、爲官出力者稱爲一萬三千餘人。所謂六堆部落之起源在此時‧‧‧‧。」（伊能嘉矩「台文化志」下卷 p.289）「廣東惠潮人民、在台種地、傭工謂之客子、所居莊曰客莊、人眾不下數十萬‧‧‧‧」（藍鼎元「鹿州初集」粵中風問台灣事論）。

北部平地的開拓、此時乃由半線（今之彰化）・竹塹（今之新竹）、而至台北盆地及淡水各地。當時以半線爲中心、墾首施東之子長齡、得到名叫「**林先生**」的協助、利用濁水溪河水、由一六八六年（康熙二五年）起工、至三十四年之後、才築成大埤圳、灌溉了半線附近八個村莊、共一百小庄、約一萬九千餘甲的田園、稱之爲「**八堡圳**」。由此、每年收水租數萬石的稻米。「**林先生不知何產、衣冠古撲自安、談吐風雅人知、……**」（李廷璧「彰化縣志」人物志）。

次之、一七二三年（雍正元年）、楊志甲等由貓羅溪引水築成「**二八圳**」「**福馬圳**」「**深圳**」、灌漑半線地方一千餘甲的田地。半線地域在短時期內設有這麼完美的埤圳、也就證實了當時此地的開拓已經相當進展。就這樣、此地開拓已暫告一段落的雍正年間、清朝政府才新設了「**彰化縣**」。隨之地名也改爲彰化。

再往北、葫蘆墩（今之豐原）於一七二三年（雍正元年）、墾殖相當進展、此地居民張振萬、築成一個便利的水利設施、能夠灌漑一千餘甲的水田、鞏固了台灣有數的稻米產地。一七一六年（康熙五五年）、平埔原住民頭目阿穆、指揮當地同族協助漢人開墾台中地方、値得一提。如此、彰化・台中的平地即在康熙・雍正年間幾乎全被開墾完。

雍正初年、清朝政府設立了管轄竹塹以北、即桃澗・台北・淡水・雞籠等地的「**淡水廳**」、其淡水同知衙門初期置於彰化、到雍正九年才移設於竹塹。竹塹地方曾在鄭氏統治時期、有一退役軍人名叫王世傑、在此地從事開墾土地、後來招集同伴開拓土地達數百甲。再到了一七一一年（康熙五〇年）、現地的住民把已開好的土地推廣至海濱地帶、廣達幾千甲。雍正年間（十八世紀前半）、開拓農民又合股建立了「**隆恩圳**」、把竹塹近郊二千餘甲荒地化爲水田、造成了著名的水田地帶。同在雍正年間、從廣東海豐・陸豐等地移民來台的客家人徐立鵬・郭青山・徐錦宗・羅朝宗等人、墾殖福興・東勢・中侖・大竹圍各地方。從此可以知道、當時在竹塹方面的開拓事業亦已遍及全域。

台灣北部的雞籠・淡水・金包里・唭哩岸・芝蘭堡等淡水河畔各地、乃是鄭氏統治時代已著手開拓的據點、到了清朝據台之後、開拓事業又掀起再一次的高潮、田園日益擴大、漢人村落亦漸漸增多。

台灣北部原來是水土不順、尤其是淡水地方特別惡劣、居住者多罹疾病、所以清朝官吏皆不願前往此地。「淡水雞籠二百一十里、凨號煙瘴、……」（北路參將阮蔡文「祭淡水將士文」）。但是、到雍正年間、此地大部份已有漢人開拓者移殖、所以、當時的福建巡撫・陳璸才前往巡察、這乃是清朝官方探見台北地方的端緒。其行程記錄云：「陳湄川（陳璸）淡水各地紀程、淡水港水路至關頭門（今之關頭）、南港水路四十里、至武勝灣（今之新莊）、……北港水路十里至內北投、……上灘水路七十里至嶺腳、上嶺下嶺十里、渡海十里至雞籠。又淡水港北、過港坐蟒甲、上岸八里坌、十五里至外北投、十二里至雞柔山（芝蘭堡的嗄嘮唎）、十五里至大屯、三十里至小雞籠、七十里至金包里、跳石過嶺至雞籠山。」（黃叔璥「台海使槎錄」番俗六考）。巡撫所走過的這些地方、都已有很多漢人移殖墾地。

一七〇九年（康熙四八年）、泉州人陳賴章移殖大佳臘（今之台北一帶）、就是台北盆地被漢人墾殖的開端。

(2)　**一七三六－一七九五年（乾隆年間）**——乾隆年間是清朝天下最盛旺的一個時期、自中期開始、台灣的移民和開拓也更加急速進展、所以一向被漢人連續移殖的北部平原、逐漸增加人口和田園的密度。濁水溪以北的山間地帶、漢人移殖者也有了顯著的增加。

一七五二年（乾隆一七年）、泉州人吳洛召集同伴、墾殖彰化縣山地邊緣地區的阿罩霧（今之霧峰）・斗六・南投一帶。後來、南投的池浪生由烏溪引水灌溉了七〇餘村莊的田地、而受到當地農民百姓的感恩銘謝。清朝即在一七六六年（乾隆三一年）設置「**南北兩路的理番同知**」、雖然這些山地的所謂偷越私墾事宜都編入其管束之內、但是、漢人移殖山地並不因此而有所退縮。

台北一帶的開拓成績急騰上昇、也是在這個時期。即在一七四〇年（乾隆五年）、郭錫瑠拓殖台北近郊、由新店溪引水、花費了二〇年的歲月才完成在當時規模算是較大的埤圳、灌溉附近一千餘甲的水田。當地百姓爲紀念他的遺德、稱其爲「**瑠公圳**」。

又在一七五〇年（乾隆一五年）、漳浦人林成祖爲了拓殖枋寮、投入銀五萬兩、完成了「**大安圳**」、這以當時的社會經濟而言、乃是一個規模較大的工程。到了一七六六年（乾隆三一年）、張必榮也築成「**後村圳**」、從淡水河引水灌漑新莊一帶、把圃地變成水田、吳際盛也同在此時、開拓海山堡、建設「**福安圳**」。

再者、漢人移殖墾地的浪潮波及台灣東北部、也是從這個時期開始、所以金瓜石・瑞芳・三貂嶺等地、都是在此時由漳州系移民移殖居住。

到了乾隆末年、台灣北部的開拓、已普遍浸透於各個地方、再加上林爽文起義所影響、新到的移民、幾乎都改由北部登陸、所以艋舺（今之萬華）乃成爲繁榮的北部口岸。

(3)　**一七九六年－一八六一年（嘉慶・道光・咸豐年間）**——在這個時期的西部地域的開拓也就更加充實、人口也很稠密、同時漢人也開始移殖於中部山岳地帶和東部海岸。

此時、在竹塹方面山岳邊緣地的竹東・北埔等處相繼被開拓。

在嘉慶年間（十九世紀初葉）、最顯著的開拓地區得擧出中部山地的埔里一帶。由於滿清政府一貫採取「**封山政策**」、漢人深入高山原住民居住地帶從事拓地乃不是一件輕而易擧的事、所以山地的拓殖速度比平地較遲。但是「**由來水沙連之地、嘖嘖受前人羡慕、未至有啓深秘鎖鑰者、爰至見其端緒爲嘉慶十九年。**」（伊能嘉矩「台灣文化志」下卷 p.324）。就是一八一四年（嘉慶一九年）、日月潭附近的水沙連居民隘丁黃林旺、協同嘉義陳大用及彰化郭百年、招集了千餘的民莊佃丁攻入埔里社、肆意燒殺原住民、並築成土堆爲堡壘、一面進行武力侵犯、一面著手於開墾土地。當時的彰化知縣・吳性誠、看埔里漢人和原住民的爭鬥極其慘烈、所以在一八一七年（嘉慶二二年）六月、下命取締漢人墾殖該地、把其耕地和堡壘全部撤毀、並在集集・烏溪築起禁碑、藉以杜絕漢人入山。可是、這種清朝政府的封山禁墾、實際上並起不了任何作用、漢人照樣入山拓地。「**匪徒等（指漢人開拓者）、明知水沙連内山以區區兵役難至緝捕、遂各相率入山。**」（嘉慶二十七年閩浙總督・劉韻珂「奏開番地疏」）。在另一方面、埔里社的原住民也逐漸被漢人同化、潛入此地的漢人也日益增多。其中、郭勒先乃以從番產交易而取得原住民的信賴、終在埔里開辦一處「**交易所**」。於是、漢人趁機大舉移殖、並築成「**埔里圳**」共一二處、灌溉了廣大的土地。這乃是漢人開拓埔里的開端。由於其後此地的開拓繼續發展、漢人移殖日益增多、滿清政府又步著開拓者的後塵、而設置「**埔里廳**」於此。

道光年間（十八世紀中葉）的開拓、算是鳳山縣下「**曹公圳**」築成的前後期最爲出色。鳳山縣九曲堂原來就有了從下淡水溪引水灌溉的新舊二圳。舊圳水路共四四條、灌溉了五個村莊共有二千七〇八甲的田地。新圳水路共四六條、也灌溉附近另外的五個村莊共有一千五〇〇餘甲、總稱爲「**五里圳**」和「**五鳳圳**」。一八三七年（道光一七年）曹謹任鳳山知縣時、費時五年、才把原來的灌溉設備改造爲兩個大水池。灌溉了附近廣大的田園、這沿用到日據時代、新的灌溉設備完成之後、才被毀壞。當時的分巡台廈道・熊一本親臨勘查、讚之命名爲「**舊曹公圳**」和「**新曹公圳**」。

其他、蛤仔難（今之宜蘭）・崇爻（今之花蓮港）・卑南（今之台東）等東部海岸地方的開拓也在此時開始。同時清朝府設置「**噶瑪蘭廳**」於五圍（今之宜蘭）、後來爲「**宜蘭縣**」。

(4)　**一八六二—一八九五年（同治・光緒年間）**——同治・光緒乃是清朝統治台灣的末期、此時在台灣開拓事業可說已告一段落、西部平地幾乎都被開拓完、東部地方的移殖者日增、在山間溪谷地帶大半已有漢人移殖定住。

到了一八七五年（光緒元年）、清朝政府終於撤廢封山・禁墾政策、並設置「**撫墾局**」於大科崁、擬以獎勵東部的移民與開拓。但是這些地方早就有漢人移殖墾地。一八七五年（光緒元年）、欽差大臣・沈葆楨奏准設置「**桓春縣**」於瑯嶠。又一八八七年（光緒一三年）設置「**台東直隸州**」於卑南。這樣、行政範圍跟著漢人開拓而逐漸擴展、依此、台灣大體上才名符其實的被列入中國版圖、並擴充爲三府之下置一一縣四廳一直隸州。

以上、把在各個時代所開拓的土地面積數字列舉如下、當然各時代都有算不出的許多「**隱田**」或所謂私墾地、所以實際上的數目還更多、但是左列數字也不乏做爲參考。

表6　開拓面積的推移（單位「甲」）

年代	田	園	計
鄭氏降清時（一六八三年）	七、五三〇甲	一〇、九一九甲	一八、四五三甲
康熙末葉（一七一〇年）	九、一六一甲	二〇、九四九甲	三〇、一〇九甲
雍正年間（一七三五年）	一四、七七四甲	三八、〇八八甲	五二、八六二甲
乾隆年間（一七四四年）	一四、八七四甲	三八、三一〇甲	
劉銘傳土地清丈（一八八八年）	只限安平・鳳山・嘉義・雲林・恆春等台灣南部		約一八萬甲
日本據台時（一八九五年）			約四五萬甲
兒玉・後藤時代（一九〇五年）			六三萬三千甲
日本敗退時（一九四五年）			八八萬甲
蔣政權統治下（一九六一年）	五二萬八千公頃	二二萬三千公頃	八七萬一千公頃
蔣政權統治下（一九七四年）	五一萬七千公頃	三九萬七千公頃	九一萬五千公頃

「註：一甲＝明代中國的一一畝＝約二、九三四坪＝日本的約一町步＝〇、九六公頃」

c 漢人移殖於東部海岸

至嘉慶年代（十九世紀初葉）爲止、台灣的西部平原大致被開拓完、再往下、就輪到東部海岸地方及中央山岳地帶。台灣東部乃被稱爲「後山」、由於中央山脈把東部從西部平原隔絕而造成了另一個天地、地形上都是斷崖幽谷臨海、交通不便、所以、此地的開拓是較西部來得遲。可是、在漢人移民陸續湧到的情勢之下、被隔絕的東部海岸當然是不可能永久被遺忘的、一到十九世紀初葉、就有漢人逐漸移殖進來、其中、先被著手開拓的是蛤仔難（今之宜蘭地方）。

位於台灣東北的蛤仔難、其他三面環山、東面臨海、水豐土沃、乃是當時居住北部的漢人所垂涎之地。並且、此地開拓的情況和經過、比其他地方較爲特別、就是從始至終都由有組織性的大集團所進行、而以漳州系移民爲主角、泉州系和客家系爲配角、再以原住民爲對手、這四個不同的系統參雜錯綜、有時互相爭鬥、有時乃協調而共同進行開拓事業。

最先想打進蛤仔難的漢人、即是林漢生、他早在一七六八年（乾隆三三年）、就率領佃丁企圖移殖此地、但是隨即被原住民所殲滅。

第二想進去的、乃是漳州系移民的吳沙。他從乾隆末葉就定居於雞籠、乃和蛤仔難的原住民從事番產交易歷經多年、由於精通該地方的地理狀況和原住民的內情、而且、在彼地亦有很多交易上的對手、所以他常想要結合漢人同伴、移殖蛤仔難。

吳沙初步的嘗試、乃是召集了居住於雞籠・淡水的漢人同伴、先到蛤仔難交界的三貂社、開始修築道路和橋樑、而來做爲進入蛤仔難的準備工作。此時、該地區的原住民出乎意料之外、對他們的作爲並不表示任何的懷疑、所以、竟使吳沙對移殖蛤仔難這件事愈懷有信心。時逢林爽文起義事件平靜之

圖 27　宜蘭地方開拓圖

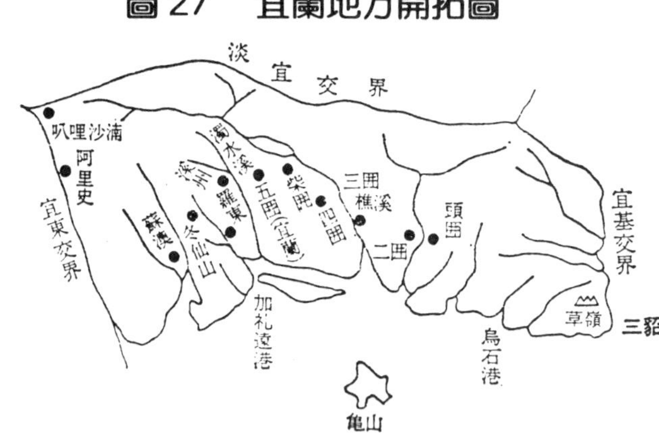

後、淡水同知・徐夢麟、以維持蛤仔難的地方治安並**擴充清朝版圖**於此地爲交換條件、特授吳沙該地的開拓權、在另一方面、吳沙又受到淡水的殷戶柯有成・何績・趙隆盛等的資糧援助。於是、他即斷定時機到來、即開始召集閩粵兩系的移民、組成開拓隊、擬以移殖蛤仔難的原住民地區。

吳沙把開拓隊組成軍隊式的集團、以漳州系移民爲主力、配上泉州系和客家系、在一七九六年（嘉慶元年）從雞籠出發、先到蛤仔難海岸的烏石港、在其南邊築建了一處堡壘、稱爲**頭圍**。於是、原住民才看破了吳沙的侵略意圖、立即由先前的觀望態度轉爲大舉襲擊。吳沙雖也動員千餘人隊員應戰、但因受不了原住民的猛攻、只好一時後退。

恰在此時、此地流行天花、原住民受到很大的災害。吳沙懂一些藥方、乃主動醫治病苦中的原住民。因此、以此爲轉機、他乃再回復和原住民的友善關係、稍能自由出入原住民的住地。吳沙趁此機會、爲了盡量避免再惹起和原住民的摩擦、於是、禁止漢人隊員私墾、而採取**集體**的土地開拓。

吳沙移殖二年之後病亡於此地、其後、由侄兒吳化繼之。吳化不但很有才幹、同時也受同輩和部屬支持、從頭圍出發、向二圍・三圍・四圍・五圍（今之宜蘭）、漸漸深入蛤仔難平野的中心地帶、而進行開墾工作、以至濁水溪北面。這可以說是漢人墾殖蛤仔難一帶的前期。其間、吳化屢受住民猛烈的來襲、另一方面在內部也時常發生漳・泉・粵三籍人血腥的「**分類械鬥**」。然而、由於漳州系移民佔壓倒多數、吳化才能團結他們來收拾全局、所以、除了苦於聲勢浩大的阿里文社原住民來襲之外、大體上、都能使許多摩擦暫止而得小康、而竭力於開墾工作。

不經多久、漢人開拓隊員日益增多。吳化爲了維持隊內的秩序、並加強統率力量、乃自己擔任「總頭人」（等於荷蘭時代的大結首）、其下任命幾個「頭人」（小結首）、大由開墾工作和分配土地、小至日常生活、皆按軍隊式的規律來執行、所以、隊內生活有條不紊、開墾工作見到急速的進展。譬如、現今的宜蘭地方尙有大結・二結・三結・四結・五結等地名、都是當時結隊開墾土地或分配土地的遺留物。

到了一八〇二年（嘉慶七年）、漢人移民衆集愈來愈多、於是、吳化乃改編隊伍、擴張爲所謂「九結首」（漳系的吳・楊・林・簡・林・陳・陳七姓、泉州系的劉姓、粵系的李姓）爲主力軍、渡過濁水溪、著手於開墾溪北一帶、其中、溪州（今之員山附近）爲泉州系移民開拓定居、羅東以南的原住民土地則被漳州・客家兩系移民所呑併。這乃屬於後期的開拓工作。

隨著土地開墾事業的進展、吳化在另一方面、即召集隊員、築成大山口圳・金結安圳・金新安圳・三圍圳・四圍圳等、由此水利大興。

蛤仔難水豐土沃、其中、只有西南山地的叭哩沙喃區域、原始森林茂盛、難爲漢人進入拓殖。「**前進至溪州（叭哩沙喃乃佔溪州之一角）、蘆葦叢生、堅如狀竹、溪水汎溢道路泥淖、幾欲沒脚、小徑隱隱、生番往來、僕夫縮頭。**」（南路海防兼理蕃同知噶瑪蘭通判・楊廷理「出山漫興詩」）。因此、到最後的一八八六年（光緒一二年）、在清朝政府「**撫墾局**」的策定之下、漳州系漢人陳生出資墾殖、此地才稍有成就。

一八〇六年（嘉慶一一年）、海盜蔡牽及朱濆相繼來寇、此時蛤仔難的漢人已超過五萬人（漳州人佔四萬多人）、他們曾協力抵禦這些海盜兩次的進攻。

一八〇八年（嘉慶一三年）、恰逢閩浙總督・方維甸來台巡視台北艋舺。趁此機會、吳化等諸頭人乃前往呈繳住民戶口清册、並呈請把蛤仔難編入清朝政府治下。於是、方維甸轉呈北京清廷「**奏請噶瑪蘭收入版圖**」。經過督臣・阿林保等查奏、清朝政府即於一八一〇年（嘉慶一五年）核准設「**噶瑪蘭廳**」、廳治設在五圍（今之宜蘭市）、並特授南路海防兼理蕃同知・楊廷理爲噶瑪蘭通判。到了一八七五年（光緒元年）、噶瑪蘭的地名才改爲「宜蘭」。

再者、比起宜蘭地方的漢人移殖還要很早的康熙年間、台灣東部的南邊海岸已有了漢人往來的足跡。「**康熙三十二年（一六九三年）、陳文・林侃等商船遭風、飄至其處、居住經年、略知番語、始能悉其港道。於爰雞籠大通事賴科・潘冬等前往招撫、遂皆化嚮、附阿里山輸餉。每歲贌社之人用小舟、裝載布煙鹽糖鍋釜農具而往、與貿易。番以鹿脯筋皮市之、不用銀錢、一年止一往返、……**」（藍鼎元「東征集」紀台灣山後崇爻八社）。又有「**康熙三十五年（一六九六年）藩冬、賴科者、欲通山東土番七人爲侶、晝伏夜行、野番中越度萬山、竟達東面。**」（郁永河「裨海紀遊」）。

但是在康熙五十六年（一七一七年）、周鍾瑄修「諸羅縣志」風俗志番俗考記載：「**阿里山離縣治十里許、山廣深峻、番剽悍、諸山・哆咯嘓諸番皆畏之、遇輒引避、崇爻社餉附阿里山。然地最遠、蛤仔難以南越有猴猴社（今之蘇澳南方澳）、云一二日至。其地生番多、漢人不敢入。各社於夏秋之時划蟒甲（原始人之獨木舟）、載土產如鹿脯通草水藤之類、順流一近社旁、互市漢人。漢人亦圍蟒甲載貨入、灘流迅速、蟒甲多覆破碎、雖利倍蓰、必熟通事地理、稍熟其語、乃敢孤注一擲、……**」。又有「**或云、瑯琦山後、行一日至貓丹（今之牡丹社）、又二日過丹哩溪口（今之牡丹溪）、至老佛、又一日至大鳥萬社、又三日過加仔難社・朝貓籬社、至卑南覓社。**」（黃叔璥「台海使槎錄」番俗六考南路鳳山瑯璚十八社附載)。從此、可以知道在康熙年間漢人雖然已對東海岸有了多少的認識、並也有漢人進出、但大多是屬於商販或蕃產交易商人而已。康熙末年、也有千總・鄭維嵩追捕朱一貴的同黨到卑南的記載。至於農業墾殖時機尚早。

到了咸豐年間(十九世紀中葉)、才見到鳳山人鄭尚前往卑南、一方面從事蕃產交易、另一方面教給當地原住民耕種田地、並以爲轉機、漢人移殖此地者日益見多。

同在咸豐年間、居住在噶瑪蘭的黃阿鳳、組成開拓團移殖奇萊、但是他病亡此地、開拓事業終於半途而廢。

直到道光年間、一八二一年(道光元年)又有漢人吳全召集多數同伴移殖於卑南。繼之、奇萊、秀姑巒溪上游的玉里或其南邊海岸的新港、漸有漢人移殖墾地。

到了十九世紀末葉、清朝統治台灣將近尾聲、才開始獎勵對東部海岸的移民及開拓。

d　過遲的移民・開拓獎勵政策

十九世紀末葉(清朝統治的末期)、當漢人對台灣的移民・開拓將近尾聲的時候、另一方面、歐美帝國主義侵略亞洲又掀起再一次的波浪、其浪濤亦漸漸侵襲華南等地。

於是、清朝政府才初被驚醒、乃開始認識到台灣在華南・南洋地區所佔地位的重要性、而稱之爲「**南洋之樞要**」(李鴻章)、或「**七省之藩籬**」(劉銘傳)。因此、清廷即派欽差總理船務大臣・沈葆楨、赴台灣處理日本政府派兵侵台所惹起的「**牡丹社事件**」、並改革海防與政務。沈葆楨蒞任台灣後、普遍巡察台灣各地、親眼看到清朝政府久年對移民・開拓所施展的禁止差別政策遺毒非淺、政治紊亂社會疲憊、所以、他認爲若要加強「海防」、必與「撫蕃」和「開路」兩件大事相併進行才可、因此、建議清廷必須擴充行政機構與專任台灣巡撫、而轉變其統治政策。

清朝政府准許新設「台灣省」、並廢止多年來的「封山・禁墾政策」。

沈葆楨於一八七四年（同治一三年）、再進一步奏准「開台獎勵條例三條」、就是㈠撤銷封山之禁、准許居民自由出入、㈡獎勵移殖台東・瑯璚及埔里社、㈢連絡山前（西部）山後（東部）分三路進兵橫斷山地、而打通橫斷道路。

終於一八七五年（光緒元年）、下令台灣兵備道・夏獻綸及台灣總兵・張其光合銜公佈「招墾章程二十條」、獎勵中國本土移民來台從事墾殖事業。

恰在此時、中國本土新興的商業資本大肆進入台灣。這些商業資本、和台灣土著的土地資本合併在一起、乘著政府獎勵開墾土地之便、開始投資於開拓事業。例如、竹塹福老人周邦正與客家人姜秀鑾二股戶、響應淡水同知・李嗣業之號召、籌資從事開拓事業、組織企業團體、號「金廣福」、請准鑄造鐵印爲公認圖章、聲勢浩大、常備數百人隘丁（清朝政府公認的私兵、一面開拓土地、一面以武力殺戮原住民）、以譎詐和暴力搶奪了原住民廣大的土地。

沈葆楨福州候官人、太平天國亂時因有武功、經左宗棠保薦、特授總務船政大臣。他於一八七四年（同治一三年）、以欽差大臣名銜到台灣之後、坐鎮台南、一面監視企圖染指台灣的日本軍、一面乃下令南路海防兼理番同知・袁聞柝由安平港乘輪船到「後山」、登陸卑南、招撫附近的原住民。並在同年七月、奏准轉用由中國本土調來的准軍、如圖28所示、分南中北三路、著手墾通到後山的橫斷道路。即是：

「全台灣後山、除外番社、非不曠土、邇雖南北路漸能開通、而深谷荒埔人蹤罕到、有耕地而無民入耕、草木叢、瘴霧下垂、兇番得以潛伏狙殺、從闢蹊徑、終於畏途、、久不用、茅將塞之。日來招集墾户、應者寥寥。……今欲開山、非先招墾、雖路通而如仍塞。欲招墾、非先開禁、民裹足不前。……」。

(1) 南路——海防兼理番同知・袁聞析統領之、分為二支隊、一由袁聞析親自指揮、自鳳山縣赤山庄（港東上里）起工、至卑南（今之台東）、約有一七五清里。一由台灣總兵・張其光指揮、自鳳山縣射寮（港東下里大嚮營庄）、至卑南、約有二四〇清里。南路即自一八七四年（同治一三年）八月起工、同年十二月完工。「南路進袁同知聞析、募綏靖軍（約五百人）、自鳳山赤山開路、同治十三年八月、袁同知兵自赤山入雙溪口。沈公葆楨復派台灣鎮總兵張軍門其光、撥所部副將李光振率宇前營、於後應援袁軍、擊退阻路兇番、進紮内社、九月進紮崑崙坳、十月進紮諸也葛社。十一月抵卑南。」（台東直隸州令・胡傳「台東州采訪册」）。

圖28　橫斷道路開鑿圖

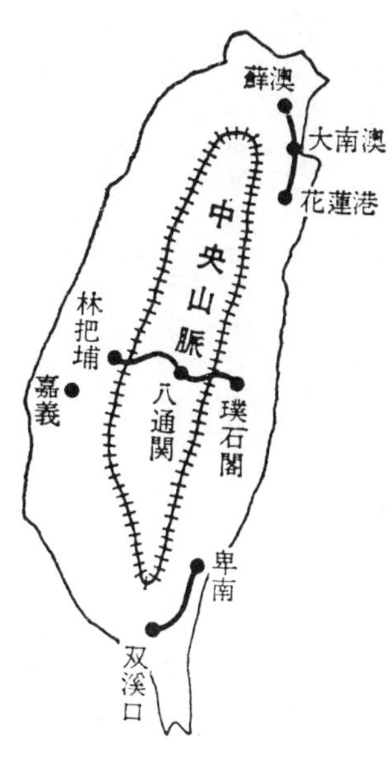

(2) 北路——福建陸路提督・羅大春統領之、自噶瑪蘭廳蘇澳（利澤簡堡）起工、至後山奇萊花蓮港（蓮鄉）、約有二百清里。北路即自一八七四年（同治一三年）九月開始、同年十二月完工。「北路進羅軍門大春、所部福銳・福靖・綏遠等軍（約六千五百人）、由宜蘭蘇澳開路。同治十三年八月、羅軍門兵抵蘇澳、九月派都司陳光華・守備李英・千總王得凱、十一月進紮岐萊花蓮港、……十二月斗史五社就撫、光緒元年正月羅軍門由蘇澳率隊抵新城、勘地勢、自蘇澳起、至花蓮港止、計程二百里。」（胡傳「台東采訪册」）。

(3)　中路——福建福寧總兵・吳光亮統領之、自彰化縣林杞埔（沙連堡）、至後山璞石閣（奉鄉）、另有分道自集集街（集集堡）、經牛轀轆（沙連堡）、至璞石角、此間約有二六五清里、光緒元年起、同年十一月完工。「**中路進吳軍門光亮、募飛虎軍（約二千人）、由彰化林杞埔開路、……以期出秀姑巒背。**」（胡傳「台東州采訪册」）。

由於沈葆楨超人的見識和努力、分巡台灣兵備道・夏獻綸及台灣總兵・張其光、乃在一八七五年（光緒元年）十一月八日連銜公佈了廢除二百餘年間壓制在台灣居民頭上的「**封山・禁墾政策**」。但是、無論如何、這樣倉卒所施行的改變禁止政策、與其他所謂「**新政**」同樣、已失去時宜。

4　土地所有關係

a　清朝文武官員劫去鄭氏官田為私有

清朝統治下的台灣、是殖民統治下的一個**封建社會**、其社會生產乃是處於「**農耕**」為主的時代、開拓土地和農業生產為社會的基本、所以擔負起生產任務並形成著被統治・被剝削階級的是佔人口壓倒多數的**開拓農民**。生活在農村的、除了這些開拓農民之外、還有少數的商販・手工業者、或海邊的漁民・鹽民、以及小租戶・大租戶（本家在本土大陸）、後來再添上一些商業買賣商人。

從社會地理上看來、介存於農村之間的是府城・縣城・市鎮。這些城市雖然成爲清國統治台灣在政治・經濟・支化上的中心據點、但是在社會生產上、和居住在農村的小租戶・大租戶同樣、也只不過是一種**寄生**於農村的存在而已。

在這種封建體制的社會狀況下、當人人爲了滿足個人的慾望和維持社會生活而想生產財富之時、最爲重要**生產手段**就是「**土地**」、並且、誰能擁有或支配這些「**土地**」、誰就能支配政治・經濟・文化・宗教・倫理道德等整個的社會生活。反過來說、假使想要支配或統治一個封建社會、對於該社會的土地的所有和支配、乃是一個決定性的必須條件。這種情形、特別是土地開拓正在進展、新開地區日益擴張的「**殖民地**」台灣尤爲重要。

因此、過去無論是荷蘭人或鄭氏一族、都把土地的支配當做統治台灣所不可缺久的**重要關鍵**、乃竭盡所有的力量、來掌握對於土地的開拓・所有・農耕・收獲以及剝削成果等全盤的**支配權**。

當然、後到的清朝政府也不能例外、他們一到台灣、㈠繼承了荷蘭人和鄭氏的衣缽、而基於台灣既成的殖民地土地所有關係、㈡再加添從中國大陸新搬來的封建的土地支配制度、而傾注其全副力量於有關支配土地的問題之上。

不過、清朝政府的開拓政策、就如上述、不像荷蘭人及鄭氏那樣的積極、而是消極的・倒退的。並且、這種消極・倒退的土地政策、除了經濟上的目的之外、同時還帶有㈠抑制土地的新的開拓而來防止台灣開拓者社會的勢力伸張、㈡因怕惹起統治基礎動盪而來預防漢人開拓農民和原住民的摩擦的這兩個政治意圖。因此、清朝政府、就其土地支配的方式來說、除了注重於既墾土地的管制之外、同時也重視那些迄未開拓的山林曠野的管制支配。於是、清朝政府乃劃出了下列二項特別的土地政策：

(1)　把從鄭氏接收的既墾田園、分給跟政府來台的大陸統治勢力、透過這些人的土地支配、而達成政府的間接支配。

(2)　爲了政府自己能直接管制廣大的原森曠野和其新的開拓事宜、對於開拓事業設定特別的「**許可制度**」。

清朝政府佔領台灣的當初、乃是公佈了「**歸命後、官私田園悉爲民業**」（余文儀「台灣府志」卷四）。就是說、清朝佔領台灣後、把鄭氏的王田・文武官田・營盤田等官有田地皆改爲民業、分給開拓農民私有、之後、官方只按照土地的等則課征田賦而已。

鄭氏降清時、漢人開拓農民已增至二〇萬人、約有三萬戶、既墾土地官方稱有一萬八千三五三甲（但實際上還多）。

假使清朝把鄭氏官有田地按數分給農民的這種說法是眞的話、可說從那天起、就能救濟了貧窮的開拓農民、同時台灣的社會發展必定是由此更能向前邁進一步才對。

可是、**史實**恰恰和那些官方文獻所記述的相反、清朝政府乃從鄭氏手裡繼承了荷蘭人以來的殖民統治體制、而把台灣的既墾田園、在「**土地悉爲民業**」的名目之下、盡量收歸官有、或使之歸於清朝文武官員及其經紀人的私有、或者以協助接收事宜爲代價而分給留在台灣的鄭氏下屬文武官員。換言之、這次換朝代、台灣的田園又是不還給當地的開拓農民、仍然同樣的被新來的統治者重新掠奪殆盡。

譬如、施琅等清軍文武官佔領台灣後、清廷乃賜與台灣的既墾土地、叫著**勳業地**、即是「**清律**」所定的**功臣田土**、依此、台灣在當時的既墾田園大多歸於施琅等人所有。當然、施琅個人所得的土地特別多、名曰「**施侯租田園**」、從此所收「**施侯大租**」、就是後來成爲台灣特有的土地剝削方式、即**大租**的原始雛型。僅就這施侯租田園而言、幾乎佔去台灣南部既墾田園的一大半、除了台南城內樣仔林所在施公祠所有的廣大田園之外、較大的還有了漚汪堡（二村莊）・學甲堡（五村莊）・打貓西堡（二村莊）・牛桐溪堡（九村莊）・觀音中里（六村莊）・半屏里（四村莊）・大竹里（一村莊）・興隆內里（一村莊）・興隆外里（一村莊）・小竹上里（二村莊）・仁壽上里（一七村莊）・仁壽下里（一村莊）・觀音下里（五村莊）等、到處皆是、多得不可勝數。

並且、爲了徵收這些施侯大租、特在台灣特設有「施公租館」共一〇處、各由管事分掌其收租事宜、然後、把所收的租穀、由縣・府・省等行政系統按序就班的代行保送於北京、交納施琅世襲業主。道光年間施公租館才減爲四處、一直沿下至日本據台之時。如此、施侯租田園、名義上雖說是民業、實際上卻與官田並無兩樣。不只是施公租田園、而在官方及其親近者才能取得土地所有權的政策之下、這種土地儘管說是民有、實際上卻和「官有」一模一樣。

施琅等做爲一個征服者、不僅從清朝政府領取勳業地、還大撈所謂勝利之財、私下劫去許多土地和特權。譬如在一六八四年（康熙二三年）、諸羅知縣・季麒光的覆議賦則文件之中云：「將軍之下復取僞文武（鄭氏下屬文武官員）遺業、或托名招佃、或借號墾荒、另設管事照舊收租。在朝廷即宏一視之仁、而佃民獨受偏苦之累、哀冤呼怨。縣官再四申請、終不能補救。」（「福建通志」）。或者「閩省澎湖之地係海中孤島、並無可耕田地、附島居民咸置小艇、以捕魚餬其口、昔年提臣施琅倚勢霸佔、立爲獨行、每年規禮壹千貳百兩也。及許良林（福建水師提督）到任、後遂奏歸此項將歸公、以爲提督衙門公事。」（乾隆二年四月澎湖廳下禁革魚規上諭—潘文鳳「澎湖廳志」經政志）。

按當初清朝所收官有田地、官田田園八千三九一甲、文武官田一萬〇六三甲（參閱連橫「台灣通史」諸羅知縣季麒光上書督撫）。這些數目、恰與清朝鄭氏王朝所接收的所謂「官私田園」的總數相差無幾（參閱表6）。

並且、清朝政府及其文武官員雖說從鄭氏手裡接收官有土地、其實、皆不外是在荷蘭及鄭氏兩時代由開拓農民自力拓成、並現正由其子孫農民所耕耘著的。就是說被劫奪去的土地都是他們開拓者及其子孫的血汗之結晶物、又是賴於生存所不可缺欠的生產手段。因此、從當時實際情況看來、與其說是清朝政府接收鄭氏所留下的官有田地、勿寧說是掠奪了開拓農民的田地和家園。

這樣、當清朝領有台灣之時、和鄭氏替代了荷蘭的時候並無兩樣、開拓農民和鄭氏軍隊的屯田兵卒、與新舊統治者互相間的土地授受全然無關、照樣被剝削了土地和農產物、仍然處於一貧如洗的困苦狀態之下。

b　封建的・殖民的土地制度

清朝及其文武官員、這樣橫行霸道的強佔了台灣的既墾田園、但是、這些既墾地從台灣全島看來、只不過是其中一小部份而已。有關土地眞正的霸佔和管制、還是集中在其後的二百餘年之間、其餘的廣大原林曠野的開拓和所有。

清朝統治台灣二百餘年、開拓好的田地擴至三〇倍、約有六〇萬甲（隱田算在內）、人口也增加到一二倍、有了二五〇萬人之衆。在這種社會經濟急速擴大發展的過程中、清朝政府爲了支配土地而所造成的封建性・殖民地性的**土地所有關係**、就是阻礙了台灣社會發展的一大桎梏。

清朝政府在當初、劫奪荷蘭人與鄭氏時代開拓好的土地之後、次之、就把除去這些既墾土地及原住民居住地區之外的未墾的廣大原林曠野、統歸於政府直接管制之下、不准開拓農民擅自進出和開拓。然後、反在這樣禁止民間從事開拓的前提之下、在康熙末年、把所謂「**墾照**」（開拓許可證）發給**特**

定的人、准許在一定地區內墾殖拓地。「墾荒、現奉上令速准給照、以便招佃、及時料理、俟墾耕成熟之後、照例起照料」（「墾照文」）。

這種能獲得墾照的所謂「特定人」、當然是僅限於有權有勢的人、即是㈠代表或追隨政府權力來台的中國統治階級官員及其親朋或經濟上的代理人・退職文武官員、㈡荷蘭時代的大小結首・鄭氏屬下的舊文武官員、㈢勾結清朝官員的殷戶等三種人而言。「文武官各備資本、召佃墾荒、以為己業」（連橫「台灣通史」第二册）。他們不費絲毫的勞力、就能取得「墾照」、被稱為「墾首」、並且單憑這張紙片、就能控制廣大的土地、而坐享其成。

就是在㈠官方分贓鄭氏時代既墾田園（殖民地土地制度）、㈡採取如此墾照制度（殖民土地制與中國封建土地制度）的這兩個政治措施的基礎上、發生台灣社會特有的土地所有關係、而造成了具有封建和殖民地二重性質的「特權階級」。

不過、持有墾照的「墾首」、本來就是在政府權力的庇護之下、才能發揮其特權作用。但在實際上、清朝在台灣規劃行政地區並置府縣、在初期卻不過是形式上的行政措施而已、幾乎是有名無實。就是除了南從下淡水溪沿邊、北至諸羅的小地區之外、其餘都是清朝行政所不能及的未開地區、就是「未開地區未隸清國版國」。像當時所說的「台灣（台南城）即府治：：至如諸羅鳳山二邑雖各有疆域、（知縣）舍己邑寄居郡治、臺邑之地然如僑寓：：：：」（清・郁永河「裨海紀遊」）。就是說連諸羅・鳳山的縣令也不能前往所轄地區視事而寄居於台灣府城、所以墾首乃無法行使其墾照的特權。

但是在另一方面、率先奔上烏煙瘴氣的原林曠野而努力於開墾土地的、無非是屬於被統治陣營而不可能持有墾照的開拓農民。有了這些開拓農民的孤軍奮鬥、台灣的原林曠野才能一步步變成豐穰的田園。清朝統台的二百餘年間、都是等待那個地區開拓好、才把軍隊開進那個地區、並派遣官員設置衙門、而抽稅徵穀子。換句話說、就是無論那個時代的那個地區、都是農民的「**開拓**」**走先**、政府的「**行政**」才跟上**後頭**、然後、清朝乃**實際**的把該地區收歸「**版圖**」。

因此、當政府機關附驥而進入新開地區的時候、那些持有墾照的「**墾首**」、才跟著國家權力機構走進新開的地區、而把開拓農民辛辛苦苦開好的土地加以揭發、並套上「**盜墾**」「**私墾**」等罪名、或以自帶的墾照爲藉口、強佔了他們的田園。或者代理辦好所謂「**自首墾**」的手續、以後每年從該地的開拓農民徵收一定的租穀。「台灣歸版圖、當時聲氣全隔絕內地、子民不知法度、方爲其開墾不必盡請執照。奸墾之徒、往往覦其某所埔地既經開墾將就成、潛赴司請執照、以其廣大地段、主張全屬己業、對廣數百甲少亙數十甲他人墾地爭訟。勢無照者竟不能抗有照者、止得認爲業主至於納大租、是大租戶不費絲毫工力、坐收漁人之利。」（光緒十二年、嘉義縣知縣・羅建祥「關於田賦清理」）。或者「……如某處有田可墾、先由墾首遞稟承包、然後分給墾戶。墾首但呈一稟、不費一錢、成熟後、墾首全歲抽租一成、名曰大租、又有屯租、隘租諸名、不可枚舉。」（光緒十二年、台灣巡撫・劉銘傳「奏請丈量台灣田畝清查賦課摺」）。

c　大租戶・小租戶・現耕佃人

清朝政府在台灣所施展的土地支配政策、終在十八世紀初葉以後、導致開拓者社會產生特有的土地所有關係、這可以稱爲「**三階層土地所有關係**」。這種土地所有關係、後來隨著**商業發達**、逐漸起了**質**的變化、而傳至日本時代。

所謂「**三階層土地所有關係**」、乃是從政府領到墾照的「**墾首**」、當要實際行使其對土地的特權時、沿用了荷蘭殖民地勞動管制機構的「**大小結首制**」才產生出來的。就是「**墾首**」(等於「大結首」的後身)、把其依憑墾照所得來的廣大的荒地、分成幾個大地區、租給多數的「**墾戶**」(等於「小結首」的後身)而徵收永久性的一定租額、稱爲「**大租**」、墾戶後來被叫著「**大租戶**」。墾戶乃把從墾首承租的土地再分割爲小塊地、並轉租於更多數的「**現耕佃人**」、而從現耕佃人徵收所定租穀、稱爲「**小租**」、所以墾戶後來被叫著「**小租戶**」。因此、在同一塊的土地上、即發生了「**大租戶**」「**小租戶**」「**現耕佃人**」的三階層社會關係(生產關係)、而且、實際上從事於開荒和農業生產的現耕佃人(即開拓農民)、卻受著大租・小租・田賦的三重剝削。

(1) **大租戶**——清朝統治時代在台灣的土地最高權利者、又是開拓者社會的外來特權階級、也就是清朝統治勢力在經濟上的代理人。其獲取大租權及大租的徵收等皆以政府權力爲後盾、譬如、「**各佃戶應納的大租小租、依限完納、不得抗缺。違者投訴總董莊正副查明還清。如再不還、即稟官追求……**」(道光十六年、淡水同知・婁雲所定「莊規禁約」)。

其中、富強的大租戶乃擁有土地千甲以上、支配現耕佃人數百戶、每年從農業的收成「**抽租一成**」(劉銘傳「奏請丈量台灣田畝清查賦課摺」)、而坐收龐大數量的租穀、有的養蓄私兵、且設置碉堡、其勢力竟有不亞於小諸侯之慨。

但是自清朝中葉起、個個大租戶由於㈠本來就缺乏和土地的直接連繫爲最大缺陷、㈡商品經濟發達而使之漸趨沒落、㈢官員經常調換而使之逐漸喪失權力背景、㈣轉賣或典當大租權、㈤逐漸被小租戶掌握土地實權、因此、漸趨衰落。

到了日本佔領台灣後、住在中國本土的大租戶只得放棄大租權、住在台灣但未兼有小租權的大租戶紛紛逃回大陸、其餘的官莊・施侯大租田園等大租權竟被日本政府沒收。其後、所有的大租權皆被日本政府所取消。

(2)　**小租戶**――大多是荷蘭統治時代大小結首的後裔、或者鄭氏屯田村莊幹部的後身。他們在當初、由於先一步定居於台灣並在開拓農民的村莊已佔有「**頭人**」的地位、爲精通地方情況並熟悉土地開拓和農業生產而頗受清朝官員及大租戶所器重、才能承辦有關土地的開拓・農耕・生產等而上昇爲小租戶。他們能直接且緊密的控制著土地乃是其最大的利點、並且、每年由現耕佃人抽其農耕生產之七、八〇%的超高額小租、所以積年累月之中、使之能夠進行財富（資產、土地）的原始積蓄。他們起初本有參與農耕勞動、後來一成爲富翁、即逐漸放棄本來的農耕工作、專管小租戶的一切事宜、而坐享其成。加上、自荷蘭時代沿傳下來的商業經濟、隨著移民・開拓進展而繼續發展、早在一七二五年（雍正三年）「**台南三郊**」即告成立、商品經濟更進一步的浸透農村社會、而刺激了農業生產、使之提高農業生產量（米・糖等）、所以、本來就不是「**勞動地代**」而是「**生產物地代**」的小租權、必然的增加了很大的小租徵收量。一八四三年（道光二三年）配田賦由穀納制改爲銀納制的結果、又導致大租戶更加沒落、反而小租戶更加增強其財力及對土地的支配地位。這樣、社會整個的經濟發展和變革、每每有利於小租戶、使之愈來愈發財、並加強了在農村社會的統治地位。

因此、從清朝中葉以後、隨著開拓事業進展、開拓者社會壯大、小租戶即逐漸掌握了土地的實權並控制一切農業生產、甚至收買或兼併大租權、成爲實際上的大・小租土地所有者。

後來、資力雄厚的小租戶、乃逐漸往二方面另行發展、就是㈠成爲放高利貸者、而魚肉赤貧的現耕佃人、㈡從事製造業和商業買賣（製糖・製茶・製腦・開土壟間・開雜貨舖等）。同時在另一方面、商人資本愈來愈浸透於農村、於是、農村的小租戶和都市的商人階級互相結合、「**各擁巨資、撐勝算。**」（連橫「台灣通史」第四册）、以小租戶（地主）・高利貸・商人構成三位一體、而在經濟上君臨於開拓農民的莊堡社會之上。小租戶能任意處分土地（轉貸或買賣大小租權、更換現耕佃人）、就是**土地商品化**、更爲加強小租戶商人階級的支配地位。十八世紀中葉以後、歐美資本及中國本土的商業資本傾注來台、鄉村的小租戶及商人階級被編入於收購米・糖・茶・梓腦等外銷農產商品的末節機構、結果又更進一步的鞏固了其在莊堡的經濟地位。

小租戶本是一貫和現耕佃人的開拓農民一起共居於農村、並佔其上層地位。他們不但在經濟上承租大租戶的土地、或成爲高利貸及鄉村商人、而且在政治上、還擔任像總理・莊正・董事那樣的職務、包辦地方行政、代行徵糧抽稅。尤其是其子弟、大體都是經過讀書或科舉、而成爲所謂的**鄉紳・耆老**、代替向來的大租戶而承擔了清朝政府的買辦代理人。

清朝統治末期、劉銘傳清理田賦之時、於一八八八年（光緒一四年）、把小租戶所要繳納的大租定額減爲舊有的六成、所謂「**減四留六**」、代之、正式認定小租戶爲業主（地主）、並加以繳納田賦的業務（歷來是大租戶得繳納的）。於是、小租戶即名實相符的成爲台灣的土地**私有者**。但在此時、小租戶大體上已兼有了大租權。

到了日本統治台灣的初期、大租權被日本政府淘汰之後、小租戶終於成爲相等於近代私法上的土地所有者（地主）、而存留於台灣社會、並居上層階級。一九〇四年（日本・明治三七年、清・光緒三〇年）、持有大租權者約有三萬八千人、小租戶約三〇萬人、現耕佃人（佃戶）七五萬人（參閱總督府臨時台灣土地調查局「第五回專業報告」p.101）。兼有大小租的土地所有者之中、所謂「**台灣五大地主**」、即是㈠台北板橋・林本源——五千三〇〇甲、㈡台中阿罩霧・林獻堂——一千五〇〇甲、㈢新竹・何如蘭——五〇〇甲、㈣台中新庄仔庄・吳鸞旂——八〇〇甲、㈤台中霧峰庄・林季昌——七〇〇甲（參閱臨時台灣舊慣調查會「台灣舊慣記事」第一卷第一二號 p.64）。

(3) **現耕佃人**——清朝勢力統治下的所謂「現耕佃人」、就是荷蘭時代開拓者後裔和鄭氏時代屯田兵卒的後身、及新參農民移民的三者構成的「**開拓農民**」、即是當時台灣唯一的**財富生產者**、也就是開拓者社會（本地人社會）的基本成員。

他們在生產上、乃是率先踏進無人的原林曠野、而且單憑自力開荒從事農耕生產、但所開拓好的土地、反而爲他人所佔、收成物也幾乎被奪光、因此他們代代都是一貧如洗、整年呻吟窮迫的境地之下。這種長久的貧困、終於成爲他們起來反抗外來統治者（也是外來剝削者及其經紀人）在經濟上的主因。

他們不但是經濟上受了這樣的苛酷剝削、而在政治上也受著外來的殖民統治、在社會上又是被差別和被岐視爲流氓・逃犯・盜賊・奸民等。雖然如此處於悲慘的環境之下、但是他們代代繼承了先人開拓者的衣缽、成爲台灣社會發展的原動力、也是對外武力鬥爭的主力軍、而沿傳到今日的台灣。

上述的大小租戶與現耕佃人的社會關係、乃是屬於全島性的。其中、唯有在台灣北部的一部份地方存在著一些例外。由於漢人開拓農民在北部方面的力量薄弱、大部份的土地仍在原住民的控制之下、所以移入該地區從事開荒的漢人必得繳納所謂「**番大租**」於頭目、才能直接從原住民承租土地、無須政府發給墾照、也不可能有漢人大租戶介入之餘地。

小租戶剝削佃人是極其苛酷、除了強徵超額租穀之外、例如、㈠承租田地時先要繳「**定頭錢**」、契約成立時再繳「**磧地金**」、㈡所謂「**鐵租**」（不論豐歉或風水之害、都得照納租額、不能減免）、㈢「**口頭契約**」（小租戶能任意提昇租額、或隨時廢約起佃）、甚至「**水沖沙壓……田去糧存**」。這種慘無人道的剝削手段一直沿傳至日本統治時代。

d　開拓的傳說

廣大肥沃的未開之地、台灣、任憑清朝的貪官發給墾照、就隨便的確定所有的歸屬、並以政府的權力來決定一切、所以統治勢力陣營的官員及其代理人、就在這種情況之下、獲得廣大土地、這乃是初期台灣一個普遍的社會現象。而且、對於劃定土地的面積或境界、根本就是胡亂一通、當做兒戲。

例如有這樣的傳說、就是某某人的祖先、跟一位清朝高級官員來台、果然得到墾照而取得廣大的未墾土地。當官方要爲他劃定土地境界之時、叫他從清晨騎馬一直跑到日沒、所走過的土地皆屬其所有。或者也有了以眼睛測定如從右邊一棵杉木之處到左邊的山腳之間的全域、或者從某小河川南岸至某小溪的北岸全部地域等、令人想像不到的迴異辦法而來劃定土地面積。

像這樣以政府權力爲背景、強佔了不該歸爲己有的土地、或者政府文武官員及其代理人把他人的土地套上隱田或盜耕等莫須有的罪名而私行併呑、實仍司空見慣。尤其從清朝中葉以後、地方富豪以抵禦所謂番害爲藉口、盛行養蓄私兵、其實、這些私兵乃是專爲掠奪原住民的土地、或者備於漢人相互爭奪土地及掠奪他人農產物時之用。譬如、招集私兵襲擊原住民而強佔土地、或者以暴力搶劫現耕佃人整年的農產物、或者大租戶襲擊並強佔小租權、有力的小租戶也在其勢力超乎大租戶時、往往併呑其大租權等、這種弱肉強食的亂戰狀況已成常態。

然而、搶奪了他人土地及財貨才暴發爲豪族的人、爲了把自己的罪惡行爲變爲可敬的隱德而留給他們的子孫歌功頌德、往往編成很神秘但也很滑稽的故事。例如、某一地方豪族的祖先在很早的時代、有一天日將落山的時候、受了一位面貌怪異的旅人來訪、因他身體殘廢穿著污穢、所以一夜求宿到處都被拒絕而正在窘困著。他們的祖先即起了惻隱之心、不嫌麻煩而借他住宿一晚。翌日一早這祖先家人起來時、昨晚的旅人已不辭而去、只留下一個破爛的大包裏。他們打開一看、裡面滿裝黃金。這祖先恍然大悟這是爲做好事而老天爺感應所賜的。於是、祖先們乃跪下感謝天地、並把這黃金拿去買下大小租權、才成家而傳下子子孫孫。

另又一傳說、某家的祖先單身從大陸渡來台灣後、馬上從事開墾土地、當他把鍬鋤挖地一看、即掘出滿地黃金。此時這祖先亦認爲是天所賜與的、就雙膝跪下拜謝天地、由此、傳下子孫、成爲該地方數一數二的大富豪。

像這種在新開地區往往能聽到的故事、台灣是到處都有。這無非是取財無道問心有愧的這些人自編的故事。

5　商業經濟（商品經濟）的發展

台灣從昔古時代起、就是半海盜半貿易商的根據地。荷蘭人也把台灣當做遠東貿易的基地而佔領之、所以其後的台灣、外洋貿易猝然勃興、隨之、島內也就見到商品經濟的端倪（參閱第六章、1h、2d）。鄭氏據台後、致力屯墾、但並非罔視島內經濟交流及對外貿易。「**鄭氏來台、漳泉之民人附島寄居、盡以此爲營商之始**」（台灣總督府臨時台灣舊慣調查會第三回報告「台灣私法附錄參考書」第三編上卷 p.27）。從此可以知道、台灣商業的興起即始於這初闢時代。

清朝佔據台灣後、在移民開拓的發展過程中、漢人開拓農民都分散居於未開原野的各地區、建立起以鄉黨關係（同鄉・同姓氏）爲基層的莊堡社會（村落社會）、但在農業生產上、並非被封閉於完全自給自足的經濟孤立狀態、而在各地區形成個別的共同市場圈（小經濟圈）、進行了相互間的經濟大交流、並進一步與中國大陸取得輸出米・糖及輸入什貨・日用品的貿易關係。因此、台灣開拓農民社會、從早就透過島內的經濟交流與大陸貿易關係、使之農產物市場不斷的擴大、繼承荷蘭・鄭氏時代而發展全島的商品經濟。同時、商人・高利貸開始侵入莊保社會、與土地所有者（大小租戶）兼高利貸結合爲三位一體、構成其上層階級、而成爲農業生產商品經濟化的主要推動力。

由於把島內各處的市場圈使之物資交流並進行大陸貿易均得靠以台南・安平爲中心的海上運輸、所以早在十八世紀初葉、就成立了商人同業組織的「**台南府三郊**」（一七二五年）。這種獨佔性的商業組織一旦出現、就更加迅速的促進商業經濟的發達及農村經濟的商品生產化。

再到十八世紀後半、台灣移民逐漸進入高潮、私渡來台者接踵而至、隨之土地開拓由南至北的掀起空前盛況、島內商業及大陸貿易更爲發展。於是、鹿港（一七八四年）・八里坌（一七九二年）・艋舺（一七九四年）相繼開港、所謂「**一府二鹿三艋**」的全島性商品流通機構由此告成。大陸貿易也更加興旺、商人和商品的往來也愈趨頻繁。

十九世紀中葉、朝政府爲了彌補財政短絀、於一八四三年（道光二三年）、把舊有的田賦穀納制、改爲新的銀納制、這種有關經濟措施、又再進一步的擴大了貨幣經濟（商品經濟）、因此導使商業經濟愈發達。

同在十九世紀中葉、清國在鴉牙戰爭（一八三九—四二年）戰敗後、歐美帝國主義勢力大舉侵略中國、台灣也被這外來勢力所侵入、淡水（一八六二年）・雞籠（一八六三年）・安平（一八六四年）・旗後（一八六四年）被迫開港。以此爲開端、台灣漸被編入於世界資本主義的貿易圈內、外國商業資本（也是高利貸資本）透過台灣商人資本而支配農村、導致台灣北部的製茶業異常發達、同在台灣南部、製糖業再次掀起外銷貿易的高潮。

這樣、清朝統治台灣的二百年間、不但是移民・開拓突飛猛進、連島內商業及外洋貿易也隨之欣欣向榮。同時、擔負者的商人高利貸階級、與土著的地主階級（大小租戶）密切的取得連繫、更加緊密的勾結清朝統治勢力、而來支配台灣經濟、並分享經濟發達之果實。

a　台灣產米源源運回福建

清朝統台的二百餘年間、台灣已成爲豐收的米倉、所謂「**南糖北米**」、以濁水溪爲界、往南是以種植甘蔗爲主、往北的台中・豐原・新竹・桃園・台北盆地等地方、都成爲著名的產米地帶。台灣在二百年間雖然人口激增至一二倍以上、由於開拓進展、隨著產米亦急增、所以不但足夠島內的消費、而且還可把剩餘的米穀輸出於糧食不夠的大陸閩南地方、接濟了該地的常年飢荒、又供應水陸官兵等軍糧、所以被稱爲「**糶運**」或「**台運**」。

清朝統治時期、有時是因福建米價上漲而商人從台灣運糧過甚、有時是貪官爲自肥私腹而勾結奸商操縱島內的糧食供應、或者也有眞正的良吏爲了防止台灣缺糧、所以這種糧運或台運始終被掌握在清朝官員及糧商之手中。

原來、台灣土肥地沃、年年產米豐穰、自從鄭氏統治時代起、除了足夠島內的兵餉和民食之外、已開始糶運於福建漳泉之間、功效非小。次之、清朝在初期、亦和鄭氏同樣、把台灣米穀搬回大陸、供於軍民之用。「**福建地瘠民貧、州縣率多虧累、恆視台地爲調劑之區**」（欽差大臣・沈葆楨「請移駐巡撫摺」）。後來、因糧運過甚、清廷即定例制限「**商船由台往廈、每船止許帶食米六十石、以防偷越、若敢違例、多帶米穀、嚴加究處**」（「吏部則例」）。但是、到了康熙末葉（十八世紀初葉）、台灣產米日益增多、餘糧不僅是運往漳泉地方並且漸加輸出外洋、銷售於日本・南洋各地、所以不管有否政府的管制、台米乃不止境的偷運出口。

其後、在清朝政府方面、於一七二二年（康熙六一年）、巡視台灣御史・黃叔璥嚴格取締偷運台米出口、繼之、一七二六年（雍正四年）、卻有閩浙總督・高其倬呈上「請開台灣米禁疏」、一七三六年（乾隆元年）又有巡視台灣御史・張湄呈上「請採買米穀按豐歉酌價疏」等、把糧運操縱得反覆無常。另一方面奸商不斷的把食米偷運出口、或囤積居寄、因此、台灣雖然自己生產大量的米穀、但是常年爲了糧食短絀或米價變化不定、而民不聊生。

到了咸豐年間（十九世紀中葉）、英國商船開始從呂宋等南洋各地運米供應福建、因此台米價格一落千丈、導致台灣農民更陷於窘境。

台米運至福建、除了供應民需之外、還有清朝把其在台灣所課征的公糧運至中國本土充當兵餉。

「台灣、內地一大倉儲。當其初闢、地氣滋厚、古爲未經開墾之土、三熟四熟不齊、泉漳粵三地民之開墾之。賦其穀曰正供、備內地兵糈。然大海非船不載、商船赴台貿易者、照樑頭、分船大小、配運內地各廳縣兵穀兵米、曰台運。廈防同知司其事、廈門要政也。」（道光十七年、分巡台灣兵備道・周凱「廈門志」台運略）。

「閩省內地水陸官兵五十三營、駐防旗兵不下十萬。……雍正間、先後題請半支本色、台灣額於正共粟內撥運（稱之爲「兵米兵穀」）。嗣又增給台兵眷米、亦以台穀運給（稱之爲「眷米眷穀」）。於是台灣歲運內地兵眷米穀每歲八萬五千二百九十七石、閏年八萬九千五百九十五石。乾隆十一年、巡撫周學健、奏定商船分配運赴各倉。此商運台穀所由來也。」（道光元年、分巡台灣兵備道・姚瑩「東溟文集」致督撫籌議商運台穀）。「嘉慶十六年、閩浙總督汪志伊、……分三次運回穀十萬石。而之結果台灣米價騰貴、民食被耗……」（周凱「廈門志」台運略）。

從上述可以知道、台灣已在清朝時代就成爲著名的產米地區、更能知道中國大陸剝削殖民地台灣的苛酷。

b　砂糖仍然是重要輸出品

台灣的甘蔗種植、據聞是從中國大陸傳來的。在荷蘭統治時代所開拓的土地面積之大半乃是種植甘蔗、因此、砂糖成爲荷蘭時代最重要的輸出品、而輸售於日本・波斯等地。這點已詳述過。

台灣歸清朝統治後、隨著開拓的進展、以濁水溪往南爲主要產地、甘蔗種植也繼續增加。

製糖方面雍正初年（一七二五年）前後、開始繼續發展、使用牛力兼人力的「糖廍」或「蔗廍」、日漸出現於台灣南部各地。這種糖廍的製糖方式、乃一直殘存至日據時代的末期（一九三〇年代）才被日本資本的所謂新式製糖廠併吞殆盡。黃叔璥的「台海使槎錄」赤嵌筆談物產條有一段述著初期的製糖情形云：「台人於十月內築廍屋、置蔗車、傭募人工、動廍硤糖。上園每甲可煎烏糖六七十擔。中園、下園只四五十擔。每廍用十二牛、日夜硤糖、另四牛載蔗到廍、又二牛負蔗尾以飼牛。一牛配園四甲或三甲餘。每園四甲、現插蔗二甲、留空二甲、遞年更爲栽種。廍中人工、糖師二人、火工二人、車工二人、牛婆二人、剝蔗二人、採蔗尾二人、看牛一人、工價逐月六七十金」。關於出廍的產量和價格、也有了記載：「三縣（台灣・鳳山・諸羅）、每歲所出蔗糖約六十萬簍。每簍一百七八十

觔、烏糖百觔價銀八九錢、白糖百觔價銀一兩三四錢……」、乃是康熙末年（十八世紀初葉）的實況。

清朝初期、台灣的砂糖除了輸出於中國本土之外、還有輸售日本・南洋各地。「**台人植蔗爲糖、歲產二三十萬、商船購之、以貿日本呂宋諸國**」（康熙三十六年郁永河「裨海紀遊」）。「**長岐（今之長崎）、最受台貨、其白糖青糖等價格他物**」（乾隆二十九年余文儀「台灣府志」雜記外島）。

雍正年間（十八世紀初葉）、在台灣府治（今之台南市）所組織的商業行郊同業團體之中、「**北郊**」乃是以配運台糖於中國華北地方爲主、所以亦有了「**糖郊**」之稱。

後來、隨著製糖及外銷的迅速發展、其生產體制和產糖規模也逐漸擴大、尤其是城市的商人資本（也是商人高利貸資本）侵入於農村舊有的製糖業、也在城市新設糖廠、終於導致本來是屬於「**自家勞動**」（domestic work）的硤糖方式、逐漸發展爲資本主義前期性的「**工廠制手工業**」（manufacture）、就是「**分工**」（division of labour）和「**協業**」（co-operation）的因素開始出現於其一部份的生產過中。

藉此順便提示、以分工・合作生產體制爲基本的 manufacture、乃社會生產力發展力到一定程度的結果、從舊有的封建生產關係、將要轉化爲資本主義生產關係的一個**過渡性**的生產方式。換言之、所謂 manufacture 生產方式、不外乎是從封建生產階段要進入資本主義生產階段的跳板。

關於台灣的製糖業、到了清朝末期（十九世紀中葉）、乃逐漸分化爲三個生產過程、就是㈠蔗作（蔗農種植甘蔗的農業生產過程）、㈡粗糖製造（在農村的「糖廍」所進行的加工工業過程）、㈢白糖製造（在城市的「糖間」所進行的再加工工業過程）。其中、粗糖製造（生產烏糖・赤糖・白下糖）、乃是在台灣自然發生的最基本製糖方式。這個舊有的生產方式、當在此過渡時期、一方面仍然受著大小租戶・高利貸・商人所剝削、另一方面再遭到外國商人高利貸資本新的支配、其結果、分化爲種類煩雜的各種生產組織方式、大體上可以把其分爲下項的四個典例（參閱台灣總督府臨時台灣舊慣調查會「台灣糖業舊慣一班」第一章—一九〇九年）。

(1)　牛掛廍——由貧窮的蔗農（佃農・貧農・自耕農兼佃農）以借來的資金合作設廍。在硤糖之時、各自拿出牛隻及勞力、並繳納糖廍・石車（硤糖機）・糖師等使用費、以自己完結性（從頭到尾都靠自己勞力、不與他人有任何的分工和協業）的生產方式、把自家生產的甘蔗硤製砂糖、擁爲己有。但是他們必須以這所硤的砂糖來充當田賦和大小租、並還要受到商人高利貸的剝削、所以無法進行資本的原始積蓄、老是逃脫不了壓迫被剝削的慘境。牛掛廍的會員大約是二〇人左右、少者一五人、多至四、五〇人。

在這種生產方式下、蔗作（農業生產過程）和製糖（工業生產過程）迄未分工、在製糖過程中未見到有資本家性 manufacture 的端倪、生產性不高、而且產品得賤賣於糖割・出莊等砂糖商人。

(2)　牛犇廍——稍有資力的蔗農（自耕農）、一〇人左右、出錢設廍、除了如牛掛廍以自己完結性的生產方式來硤製自家的砂糖之外、再以半分工的方式、各人自購甘蔗、雇牛隻及工人來硤糖、或受委託硤糖、而各取其利。牛犇廍的生產方式、比第(1)項的牛掛廍算是有進步、但還不進到採取分工・協作的地步、其規模也大同小異。

(3)　公家廍——富農階級（把所有土地一部份自耕、一部份租給佃農）、按股份以現款出資、設置純然爲營利的糖廍、石車等生產設備的規模較大、置經理・董事、購進原料來硤糖、同時承受委託硤糖、其經營所得的利益、按照股份分紅於股東。從此可以知道、公家廍與第(1)(2)的牛掛廍・牛犇廍完全兩樣、蔗作和製糖實已被分開、幾乎是進到資本家 manufacture 的製糖方式。

(4)　頭家廍——如同其名稱所示、頭家廍乃是資力雄厚的農村殷戶（大小租戶兼放高利貸）、或者城市商人兼放高利貸、單獨出資設廍、以前金制度而大量購進製糖原料的甘蔗（由佃農廉價收買—一種封建剝削）、雇傭勞力（由佃農廉價提供—一種資本家剝削）、並把其大量的商品直接賣給頭行及外商（買辦商人代辦）等砂糖輸出商、獲利甚大。

上述的這四個典例之中、就是以頭家廍的分工・協作化及商品生產化最為徹底、並且與城市商人及外國資本主義有著直接或間接的連繫、完全是資本家 manufacture 式的製糖工廠。

再者、在城市設廠精製白糖的「**糖間**」、和頭家廍同樣、純然是屬於資本家 manufacture 式的「**工廠**」、由居住於城市的富商所經營、規模最大、但是為數不多。他們首先是以具有高利貸性的前金制度、從蔗農購進粗糖、並雇傭專業的工資工人、把其粗糖再加工、生產白糖。其產品幾乎是賣給外人糖商、銷售外國。他們和頭家廍同樣、一方面受著外商在金融上的支配、反過來在另一方面、卻在農村放高利貸殺價買進粗糖、而來剝削貧窮的蔗農。

此時、台灣的砂糖貿易、再落到紅毛人手中、英國人獨佔台糖輸出、美國人・澳大利亞人次之（參閱大川仁兵衛「台灣南部の糖業（第三回）」—〃講農會會報第二九號〃—一八九七年 p.56）。

就在一八五九年（咸豐九年）六月、趁著日本宣佈開放港口之際、歐美外國商人即把大量的台糖輸售於日本。「**福州及廈門商船十三艘入港長崎、裝載貨物、多記台灣砂糖。**」（林恕「華夷變態」）。一八七三年（同治一二年）澳大利亞的砂糖洋行（Melbourne Sugar House）、於打狗（高雄）收買大量的砂糖、運回本國。於是、英美貿易商的怡記・德記・海興・東興・慶記・美達等、以駐在香港的帝國主義金融機關（香港上海銀行・印度特許銀行・美國國民銀行）等為背景、爭先恐後的擠身於來台採辦砂糖的行列、其砂糖的運輸也被駐在香港的英商忌利士海運公司（Douglus）所獨佔。（參閱台灣總督府臨時台灣舊慣調查會第二部調查「經濟資料報告」上卷—一九〇五年 p.89）。

由於外商積極把台糖輸售於歐美諸國以致外國市場擴大、所以台灣的砂糖貿易迅速發展、把其每年的產量之七、八〇％銷售於外國市場。即是㈠一八五六年輸出計有二一、二八〇千英磅、㈡一八七〇年計有七九、四七一千英磅、㈢一八八〇年計有一四一、五三一千英磅（此時期的最大數量）、㈣一八八四年計有一二八、六三二千磅、㈤一八九〇年計有九六、一八三千磅、㈥一八九三年計六七、九一九千英磅、㈦一八九四年計有九七、八三一千英磅、㈧一八九五年計有九四、二一四千英磅、其中、白糖的輸出數量、僅佔一〇％左右、其餘都是粗製砂糖。這樣、歐美人所獨佔的台糖輸出的商權、日益鞏固、一直到日本佔領後、經過一〇年才被總督府及日本資本家所奪去（參閱 jamws W. Davidson, The Island of Formosa, Past and Present, Historical View from 1430 to 1900. 1903, p.395）。

如上所述、砂糖生產從農村自然發生、而在十九世紀發展爲台灣最重要的工業生產。可是、由於蔗農都得以砂糖繳納大小租及其他各種強徵苛稅、所以、不但是種植甘蔗的農業生產上受了剝削、在砂糖生產的過程中、也得借貸生產資金來廍置石車等生產設備、而再受到高利貸資本的剝削、並且再加上、砂糖輸出發展、外國市場擴大的結果、又受到歐美資本再加一層的帝國主義的剝削。這樣、台灣的蔗農不管砂糖生產如何發展、他們所受的壓迫剝削卻是更加厲害、使之生活塗炭、常年在窮困的境地裡打滾。「**打狗地方的蔗農常年負債、其慘境實可憐……終身無法返債、宛如爲生活而被使役的奴隸、……金主把本利加複利、竟釀成巨額負債、皆終生沉淪於窮境矣。**」（Dr. W. W. Myers, 1890 British Consular Report for Taiwan —牟田豐「台灣企業案內」一八九六年 p.142）。

c　烏龍茶與包種茶

藍鼎元的「**東征集**」紀水沙連條云：「**水沙連內山產土茶、色綠如松蘿、味甚清洌、能解暑毒消腹**

脹、亦云佳品」。由此可知在雍正年間（十八世紀初葉）、迄未移來福建茶種之前、台灣已有土產的茶葉供漢人移民飲喝。

經過百年之後、嘉慶年間（十九世紀初葉）、才從福建傳來武夷茶種、移植於台灣北部、發育甚佳（參閱連橫「台灣通史」農業條）。繼之、道光年間（十九世紀中葉）、在台灣北部的大嵙崁（今之大溪）・文山堡（今之新店）等地、農民以種植茶樹爲副業、因之、製茶業逐漸興隆、茶商即把這銘茶銷往本土福州。「**淡水石碇拳山（文山堡）之民、多以植茶爲業、道光年間、各商運茶往福州售賣。**」（楊浚修「淡水廳志」賦役志）。

再到一八六五年（同治四年）、英人約翰・杜益度（John Dodd）爲考查樟腦產地來台、他看到北部的文山堡・海山堡（今之大嵙崁・板橋・土城等山地）、土質頗適於栽植茶樹、乃在翌年、從泉州安溪縣運來茶苗、資貸於台灣農民栽種和製茶。一八六七年（同治六年）、他收買其所製的茶葉試銷澳門、極博聲譽、於是、乃開設「**茶館**」於台北艋舺街、著手精製、此爲台灣的「**烏龍茶**」（Oolong-Tea）之開端。從此烏龍茶以所謂「**福爾摩薩茶**」（Formosa-Tea）著名於世界、於一八六九年（同治八年）、終於不經過廈門、第一次由淡水直接運往北美洲紐約的台灣茶葉達二千一三一擔（二一萬三千一〇〇斤）。關於台灣茶的擴大其世界市場、靠賴當時駐在淡水的英國領事、也是台灣博物學研究家的斯因哮（Robert Swinhoe）的聲援推銷不小（參閱台灣總督府臨時台灣舊慣調查會第二部調查「經濟資料報告」上卷 p.23）。

因此、台灣北部山岳邊緣地區很快就變成茶園、茶葉的輸出飛躍發展。就是㈠一八七〇年輸出共計一、四〇五千英磅、㈡一八八〇年共計一二、〇六三千英磅（十年之中增爲九倍）、㈢一八八四年共計一三、一五五千英磅、㈣一八九〇年共計一七、〇一七千英磅、㈤一八九三年共計二一、九〇六千英磅（此時期最高峰）、㈥一八九四年共計二〇、五三四千英磅、㈦一八九五年共計一九、五五六千英磅。

正如「**台灣北部之榮枯、端賴茶業之盛衰耳。**」（James W. Davidson, The Island of Formosa, Past and Present p,457）。

一八七三年（同治一二年）前後、因世界的茶業貿易一時停滯不振、因此、把台灣粗造的烏龍茶運往福州、改製爲「**包種茶**」（花茶）、對外擴張販路、又博取好評、一八八一年（光緒七年）、福建泉州同安縣的茶商「**源隆號**」（吳福老）、來台開始製茶、遂以台北大稻埕爲其市場、「**建成號**」（合興）等內外茶商衆集於此、茶業外銷再次興旺。

這樣、台灣茶的聲譽愈來愈高、即有逐漸超越中國茶之勢、就如上述、於一八六五年（同治四年）輸出僅有一三萬六千斤、到了一八九三年（光緒一九年）遂增至一、六三九萬四千斤（Tamsui Custom House Decennial Report —伊能嘉矩「台灣文化志」中卷 p.652）。以上就是台灣茶能聞名世界的經過。

當時、來台從事收購糖・茶・樟腦等台灣特產的外商（洋行）、主要有英商的 Dodd & Co. Tait & Co. Elles & Co. Jerden Madison & Co. Boyd & Co. Smith Baker & Co. Brown & Co. Mercantile & Co. 這些外國巨商都設置貿易根據地於對岸的廈門、並以帝國主義銀行的「**香港上海銀行**」等爲調度金融的後盾、資力雄厚、聲勢浩大、而把台灣的大由內外商權・島內市場、小至農村的生產・收成等事宜、幾乎都控制在手中。尤其是在金融調度機構（finantial organization）、乃具有世界性的。

且看「**香港上海銀行**」對於台灣茶葉貿易所演的角色、㈠歐美各地的茶商把定購台灣茶的「**貿易信用狀**」（Letter of Credit=L/C）、及當地歐美銀行所發行的「**購茶匯票**」（bank draft in purchase of tea）送到駐在廈門的某一家洋行。㈡廈門的洋行、把其所接到的「**貿易信用狀**」及「**購茶匯票**」、拿到「**香港上海銀行**」廈門分行。㈢「**香港上海銀行**」把該「**購茶匯票**」兌現（discount of bill）、並付給該洋行現款。㈣「**香港上海銀行**」再把這「**購茶匯票**」送到本國倫敦、在該地的「**匯票清算所**」

（clearing house）結賬、收回現款而完結這筆賬款業務。

在另一方面、㈠從「香港上海銀行」廈門分行得到資金供給的洋行、把這筆錢交給在廈門的「媽振館」（merchant的廈門語音譯）的中國茶商買辦（多是廈門人或汕頭人）。㈡中國商人買辦再經過「匯兑館」、把這筆錢匯到台灣、並以茶葉等現貨爲擔保、付給台灣土著的「媽振館」的本地人茶商買辦（茶行・茶館・茶棧等富商兼之）、委託代購所需茶葉。㈢本地人買辦茶商、再把這筆現款付給茶園的大小租戶（也有兼做茶行・茶館・茶棧等的）、或者委託「茶販」、拿到生產地的農村、貸給多數的台灣農民、而當做具有放高利貨性質的收購茶葉昀前金。㈣等到農民收成並粗製茶葉出產、本地人買辦或茶販才索取成品的茶葉、拿到台北大稻埕的茶館・茶行・茶棧再加工精製及包裝、然後、交給中國茶商買辦或洋行代理人。㈤中國茶商買辦或洋行代理人、再把這成品沿著原來途徑溯行搬回廈門、繳給洋行。㈥洋行乃把這批茶葉輸售歐美各地的定貨主、而完結這筆茶葉交易（台灣總督府財務局金融課「台灣の金融」一九三〇年p.13）。

如此、十九世紀歐美資本主義的大本營之「倫敦金融市場」、（money market in London）、通過「香港上海銀行」、已把其支配權伸張到台灣農村。這就是帝國主義勢力浸透於台灣最基層的農村社會而控制其命脈的典型例子。其他、砂糖・樟腦等台灣特產的通商貿易、都和茶葉的這種辦法和途徑大同小異（參閱台灣總督府「台灣茶葉一班」一九一三年p.68　台灣銀行「台灣銀行二十年誌」一九一九年p.12）。

d　樟腦產量佔世界第一

早在十七世初葉、鄭芝龍跟日本進行貿易之際、樟腦已成爲台灣輸出項目之一（參閱江日昇「台灣外記」卷一二）、可見樟腦自古已有相當數量的生產。

清朝領台之後、自一七二五年（雍正三年）台灣的樟腦被政府獨佔而利用爲戰船所需的材料、把其歸屬於分巡台廈道直接管轄、嚴禁私人煎腦、並專由「**軍工廠**」經理之、同時、特派匠首負伐採樟木和煎腦之責、稱之爲「**軍工料**」。

到了乾隆年間（十八世紀中葉）、樟腦業開始進入盛期、但是、由於台灣的樟樹都是原生於中央山岳地帶、所以進出深山伐木的「**腦丁**」、時常遭到原住民的激烈抵抗、往往被獵去頭顱、影響樟腦業的發展非小。

嘉慶年間（十九世紀初葉）、清朝政府把噶瑪蘭收歸版圖、其內山所產的樟木足供軍工廠製腦、噶瑪蘭通判・楊廷理諭令淡水的匠首林永春承辦、獲得很大的利益。另一方面、由於樟腦事業利益巨大、所以私煎者層出不窮。

到了道光年間（十九世紀中葉）、英船開始航來雞籠、以違禁的鴉片和私煎樟腦相互交易、引起樟腦價格急遽上漲、樟腦業更爲興隆。

再到一八五九年（咸豐九年）清廷將訂立天津條約之前年、英商與駐台的清朝文官私相勾結、偷運巨量的樟腦出口、私謀很大的利益。一八六〇年（咸豐一〇年）台灣即將開港、分巡台廈兵備道・陳懋烈議呈樟腦事業歸官辦、在台北艋舺街開設「**料館**」專管之。一八六六年（同治五年）、分巡台灣兵備道・吳大廷再次整理、嚴格禁止把樟腦直接賣給外商。在這樣清朝政府把樟腦業統歸官辦而嚴格取締民間售給外商的情況之下、招來和英人樟腦商的國際糾紛、以至一八六八年（同治七年）、英艦來襲安平港。於是、清朝政府乃頒佈「**外商採買樟腦章程**」、實際上是撤消樟腦官辦。

不過、樟樹畢竟也是清朝政府的搖錢樹、所以自一八八六年（光緒一二年）、台灣巡撫・劉銘傳再把樟腦收歸官辦。

在此時期、樟腦的外銷、和糖・茶同樣、算是重要輸出品之一、輸售外國的樟腦逐日增多、均由外商採購運往外國。其輸出數量即㈠一八五六年共計一、三三〇千英磅、㈡一八七〇年共計二、二四〇千英磅、㈢一八八〇年共計一、六四〇千英磅、㈣一八八四年共計一、六一〇千英磅、㈤一八九〇年共計一、〇六四千英磅、㈥一八九三年共計五、三二一千英磅、㈦一八九四年共計六、八七七千英磅、㈧一八九五年共計六、九三五千英磅（此時期最高峰）（James W. Davidson, The Island of Formosa, past and present,1903 p.395）。

到日據後、台灣樟腦仍然佔世界第一產量、年生產世界總產量的七〇%。第二次大戰之後、才被化學製品取代之。

e　欣欣向榮的「市」

清朝領台之後、移民和開拓逐漸發展、同時漢人開拓農民的日用品消費也日益增加、隨著、島內商業亦繁榮起來。譬如說、台灣農民因水土的關係、歷來都喜飲吃稀飯和鹹魚、這些鹹魚、乃是從大陸運來的。棉布・布疋・磁器・藥材・什貨等、也是以台灣的米・糖・樟腦等特產物從大陸換來。

自十八世紀初葉（雍正年間）開始、「行郊」陸續出現、大陸貿易一步的發展、島內商品流通也更加頻繁、於是、從大陸運來的日用品・什貨等的銷售途徑也自然而然的被確立起來。就是㈠「外郊」→㈡「內郊」→㈢「割店」→㈣「販仔」→㈤「文市」（門市・市）→㈥本地人消費者（參閱總督府臨時台灣舊慣調查會「台灣私法」第三編上 p.100）。

特別是到了清朝末葉、田賦及其他征課的方式乃漸由繳納**本色**（以穀子等實物繳納）、改爲**改折**（以實物折成銀幣繳納）、另一方面又有米・糖・茶・樟腦・硫黃等外洋貿易日益盛旺、所以、自荷蘭時代起就有其根底的**商品經濟和貨幣經濟**、乃跟著時代的潮流而突飛猛進的發展起來。例如、現今的村莊街上、媽祖廟和其他寺廟等的廟前廣場、仍然構成著台灣特有的「市」。一到清晨、鄉下的農民就三三五五的從四周趕到、人人乃帶來樣樣色色的農產物、在這「市」裡出售、然後、同樣在回家時也買下了各種各樣的日常用品帶回農村去。這種大衆的交易生活、原是從古時代即沿傳下來的。

台灣府志云：「新街有魚市、又孔子廟前埔地有菜市、稱菜市街」、乃是描述著往時台南市街大衆交易市場的情景。

f　商人同業公會「郊」的發達

「植蔗爲糖、歲產二三十萬、商船購之、以貿日本呂宋諸國、又米穀・麻豆・鹿皮・鹿脯、運之四方者十餘萬。台灣一區歲入是財賦五六十萬、康熙癸亥（康熙二二年）削平以來十五、六年間、總計不下一千二、三百萬、入多出少、較之內地州縣錢糧悉輸去大部不回者、安得彼日瘠此日腴。爲價販通外洋諸國、財用不匱。又四達當海、即今內地民人襁至輻輳、皆願出其市」。這篇文章乃是杭州人郁永河於康熙年間（十七世紀末葉）來台考察硫黃生產時、所著「裨海紀遊」的一段、可以看出台灣當時的商況興旺之一斑。

清朝統治的二百年間、台灣開拓農民社會（本地人社會）、除了以移民・開拓爲社會發展的主要因素之外、再一個因素、就是從荷蘭・鄭氏時代沿傳下來的前期性商品經濟（商業經濟）。關於這點、在前面各項已有斷片的敘述。

然而、從這商品經濟發展的過程中產生出來、並且反過來再促使商業經濟更加擴大發展的、不外是密佈全島的商品流通組織、即是「郊」。這個「郊」、起初是由從事大陸貿易及台灣各港口間的島內貿易的富商、以鄉黨關係（同一籍貫・同一鄉村・同姓氏）爲樞紐所建立的、並具有一種 guild 性的「**商人同業公會**」。

這樣成立起來的「**郊**」、由於㈠其本身就具有鄉黨關係的獨佔性、㈡清朝所採取的差別・禁止政策及鎖國主義使之更進一步的伸張其獨佔性、㈢其成員都是中國本土的富商、「**行郊皆內地殷户之人**」（李廷璧「彰化縣志」風俗志）、他們善於勾結清朝政治勢力、所以、一開始就壟斷了內外的商權、而獨享通商貿易之利益。「**洎乾隆間、貿易甚盛、出入之貨、歲率數百萬圓、而三郊爲之主、……各擁巨資、以操勝算**」。（連横「台通通史」第四册）。

後來、各種行郊迅速發展的結果、自然而然的分爲「**外郊**」（從事大陸貿易）和「**內郊**」（從事島內各地間貿易）、並以這內外行郊爲頂點、再分爲各種行業的小郊組織、普遍散佈於島內各個角落。同時、隨著商業經濟的擴大發展、這些大小行郊的商人勢力也兼放商業性高利貸、逐漸浸透於農村社會、結果、一方面促住大租戶的沒落、在另一方面卻與小租戶（實際上的地主）相勾結、構成地主・高利貸（地主高利貸和商人高利貸）・商人三足鼎立、而來魚肉貧窮農民。

總言之、「**郊**」的商人勢力已發展爲一個強有力的「**商人階級**」、且與「**小租户（地主）階級**」分享著台灣社會經濟的統治地位。

且看「**行郊**」成立的歷史過程、清朝領台一進入十八世紀（雍正年間）、除了農民移民偷渡來台之外、從官方領到路照來台的貿易商人日益增多、隨著、大陸・台灣間的貿易日見興旺、大陸的帆船頻繁出入於台灣港口、北自天津・山東、南至閩粵、其貿易區極為廣泛。自台灣配運米・糖・油・鹿脯・樟腦・硫黃等特產、從大陸乃換回棉花・綿布・綢緞・紙・杉木・鹹魚・藥草等日用品。

在這種情況之下、各行業的貿易商人即結合同業、組織團體、稱之為「郊」、便於維持相互間的利益及確立共同的信用。這種貿易商人同業團體的行郊、在台灣乃以一七二五年（雍正三年）成立的「台灣府三郊」為其嚆矢。三郊乃是北郊・南郊・港郊之總稱（參閱劉克明「台灣古今談」一九三〇年p.19）。

「三郊乃台南大西門城外北郊・南郊・港郊之總名目。鄭氏來台、漳泉民人附之寄居、蓋以此為營商之始。康熙二十二年入清版圖、商業日興、人數來集。雍正三年入台交易、以蘇萬利・金永順・李勝興為嚆矢。配運上海・寧波・天津・煙台・牛莊各處貨物者曰北郊、郊中有二十餘號營商、共推蘇萬利為首。配運金廈兩島・漳泉二州・香港・汕頭・南澳等處貨物者曰南郊、郊中有三十餘號營商、共推金永順為首。熟悉台灣各港採糴者曰港郊、郊中有五十餘號營商、共推李勝興為首。由是商業日興、積久成例、遂為三郊之巨號」（台灣舉人・蔡國琳「台南三郊由來」—伊能嘉矩〝台灣文化志〞下卷p.4）。

其中、從事島內貿易的港郊、起初是與東港・旗後・鹽水港・朴仔腳・雞籠等台灣西部主要港口的「辦仲」（仲繼商人）進行交易、後來才逐漸推廣於全島。台灣府三郊後來非但掌握了台灣內外的商權、而且、也參與政治、並分擔冬防・夜警・保甲、逐漸成為清朝政府的下級行政機構。

嗣於一七八四年（乾隆四九年）所開港的彰化鹿港、位於台灣中部海岸的要港、因為是和泉州蚶江通商的港口、船舟往來頻繁、頗呈盛況。鹿港乃「泉廈郊商」居多。「遠賈以舟楫運載粟糖油。行郊皆內地殷戶之人出貲遣夥來鹿港。正對渡蚶江・深滬・獺窟・崇武者曰泉郊。斜對渡廈門者曰廈郊。糖船間直透天津・上海等處者、未及郡治北郊之多。如澎湖船、來運醃鹹海味、往運米油地瓜耳。」（李廷璧「彰化縣志」風俗志）。如此鹿港的泉廈郊等、雖然不及「台灣府三郊」、但大體上也極為盛旺、而發展於台灣中部方面。

另一方面、台灣北部也於一七九二年（乾隆五七年）、開港淡水河口南岸的八里坌。同時台北艋舺也因移民船隻出入急增、而在一七九四年（乾隆五九年）開港、成為北部的主要港口。當時台南・鹿港・艋舺三地鼎立、稱之為「一府二鹿三艋」（劉克明「台灣今古談」一九三〇年 p.19）。艋舺開港後、北路郊商陸續雲集、隨即成立北郊・泉郊、因之商業大振。「（艋舺）商船聚集、闤闠最盛。」（姚瑩「台北道里記」）。次之、咸豐初年（十九世紀初葉）、台北大稻埕商業日興、廈郊乃新出現於此。於是、上述北部的北郊・泉郊・廈郊乃稱為「淡水三郊」（台北三郊）。後來、再加上香港郊・鹿郊（與鹿港通商者之郊）、再改稱為「淡水五郊」。

「估客輳集、以淡為台郡第一、貨大者莫如油・米、次為麻豆・糖菁、至於樟栳・茄藤・薯榔・通草・籐苧之屬、多出內山、茶葉・樟腦又惟內港有之。商人宜擇地所雇船裝販、近則福州・漳泉・廈門、遠則寧波・上海・乍浦・天津以及廣東、凡港路所通、爭而相貿易。所售之值、或易他貨而還。帳目則每月十日一收、有郊戶、或贌船、或自置船、赴福州・江浙者為北郊。赴泉州者曰泉郊、亦稱頂郊。赴廈門者曰廈郊、統稱為三郊。共設爐主有總有分、按年輪流、以辦郊事。又其船往天津・錦州・蓋州曰大北、往上海寧波曰小北。」（楊浚「淡水廳志」風俗攷）。

又在「台北三郊沿革」（大稻埕廈郊纂修）記載：「大稻埕原是旱園曠地之區、爾時、林右藻觀其地勢、附近淡水河、能得通達各埠、以為設立商會貿易必然繁興。遂於咸豐三年二月間、右藻出首招同各戶、先行創造大街店屋、始建市鎮、百計邀集、各商結合在此營業、或販什貨、或開商行、生理日興、萬商雲集、大稻埕成勝境、實出林右藻一人之心力也。嗣各大商議設一社、為之廈郊、名金同順、置爐主董事、並定生理規條、稟明官長存案為憑、蒙舉右藻為金同順郊長、辦事極其公正。後因艋舺泉郊金晉順・北郊金萬利等、聞見右藻爲大稻埕郊長、妥治眾望、深得人心、遠近咸仰、遂相重議、將泉廈北三郊合立一社、名爲金泉順、公同簽舉林右藻爲三郊總長、凡事務皆歸總長裁決、毫無私曲」。這乃是台北大稻埕的建置沿革及其發展欣榮的具體經過。

其他、澎湖媽宮從古來就有一郊、名稱「台廈郊」。其通商地以台灣及廈門爲主。「媽宮郊戶自置商船、或與台廈人連財合置者、往來必寄泊數日、起載添而後行。若非澎郊之船、揚帆經過、謂之透洋、惟遇風潮不順、偶泊外嶼耳。」（潘文鳳「澎湖廳志」風俗記）。

一八六三年（同治二年）雞籠開港時、此地也成立一郊、稱爲「新義順」。「竊謂、官有正條、民有私約、我雞籠港來商船雲集、凡有出入港貨物皆經船郊辦理、以是邀集眾郊戶相議、同立條約。」（「新義順公約」）。

當時在噶瑪蘭廳把商郊稱爲「舩」、往江浙・福州者曰「北舩」、往廣東者曰「南舩」、往漳泉・惠廈者曰「唐山舩」。「北舩押載、押載出海未必輕、郊中舉一小夥、以監之。」（董正和「噶瑪蘭廳志」）。

以上所述、乃是大陸貿易商人在同一交易港口所組成「外郊」。再一個就是「內郊」（又名「行郊」）、就是從事於什貨・日用品・食料品等同一種類的島內販賣的大小商人所組織的同業團體。例如、台南的布郊・魚郊・香舖郊・六條街公所（竹仔街、武館街、大井頭街、帽仔街、下橫街、武廟街的文市商業團體）、鹿港的布郊・籔郊・池郊・染郊、斗六街的布郊・米郊・藥郊・籔郊等、這種小郊組織密佈全島（參閱台灣總督府臨時舊慣調查會「台灣私法」第三編上 p.55　東嘉生「台灣經濟史」一九四四年 p.30）。一八五三年（咸豐三年）在台北成立的「永和興」、乃是茶業商人所組成的「茶郊」（參閱「永和興規約」—台灣總督府民政局殖產部「台灣產業調查錄」一八九六年 p.53）。其他、比較特殊的、有一種稱爲「牛墟」、自古以來專爲農耕所不可缺的牛隻交易商構成的小郊。

再者、「郊」的內部組織、乃是由「爐下」（會員）選出「爐主」（又稱董事・郊長・郊總長）、凡有事務皆歸其裁決處理、並設置「議事公所」（辦公廳或集合處）。譬如、台灣府三郊在台南西門外設立了「三益堂」、鹿港泉郊有「泉郊會館」最爲著名。各郊具有「郊規」、規定了有關商業上的約定及會員間的約束、以度量衡・貨幣種類・商品規格・交易規約・運費・仲裁規準・罰則。郊的經費是依照登記在「緣簿」的數額、由會員徵收、有時也公然抽徵具有釐稅性質的所謂「三郊郊捐金抽釐」、以致「郊」的財政極爲富裕（參閱台灣總督府臨時舊慣調查會第三回報告書「台灣私法附錄參考書」第三編上卷 p.98）。

這樣迅速發展並普及全島的「郊」、非但在經濟上形成了一個統治階級、而在政治或宗教各方面也成爲一個強大的勢力。譬如、台南三郊設立「團練分局」、訓練邊防勇士、或者在台南建立水仙宮・天后宮・義民祠等都是其典型例子。

由此可見、台灣隨著移民・開拓進展、人口膨脹、工商日益興旺、商業系統四通八達、商人階級逐漸成爲凌駕於農業生產之上的一大勢力、同時、也成爲清朝政府統治台灣的下級買辦機構、而來壓迫剝削台灣開拓農民。

6 掠奪與剝削

a 重賦苛斂的殖民地剝削

清朝佔領台灣後、其統治的二百餘年間、除了將繼承自荷蘭人和鄭氏王朝的地賦（錢糧）・丁賦（丁銀或地丁銀、另有番餉）・雜賦（雜餉）等賦課照樣加諸於開拓農民身上之外、後來又加添屯稅・隘稅等繁多的稅目、其課征的定率亦比鄭氏時代重、同時比中國本土也更為苛酷、其征收方法也沿用了荷蘭時代、所以和中國本土頗有不同。

另外、所有的賦課、除了「正供」（正稅）之外、一律加徵所謂「耗羨」、假立名目重賦苛斂。「銀與穀皆有耗、銀曰爐火之耗、穀曰鼠雀之耗、則典守出納者病、耗必有羨、從而徵之。」（薛志亮「台灣縣志政志」）。這種莫須有的稅目、當然是提供於貪官自飽私囊、及大小租戶從農民非理的劫去更多米穀的一個藉口。

(1) 地賦——最終是歸於開拓農民所要負擔的地賦、比中國本土苛重。這點、在各時代的清朝官員本身也承認過。「台灣田賦異乎中土。」（康熙六一年《一七二二年》、巡視台灣御史・黃叔璥「台海使槎錄」赤嵌筆談）。「現徵科則、計畝分算、數倍內地糧額、若非以多報少、正供不能完納。」（雍正五年《一七二七年》、巡視台灣御史・尹秦「台灣田糧利弊疏」）。「台地之地賦重甚於本土。」（同治十三年《一八七四年》、欽差總理船政大臣・沈葆楨「請移駐巡撫摺」）。「**臣渡台以來、細訪民賦稅、較之內地、未見減輕、不勝驚愕。久之、察所由來、皆係細民包攬。**」（光緒十二年《一八八六年》、台灣巡撫・劉銘傳「奏請丈量台灣田畝清查賦課摺」）

表7　清初與鄭氏時代之地賦比較（每甲）

等則	清朝時代	鄭氏時代 官田	鄭氏時代 文武官田
上則田	八石八斗	十八石	三石六斗
上則園	五石	十石二斗	二石二斗四升
中則田	七石六斗	十五石六斗	三石一斗二升
中則園	四石	八石一斗	一石六斗二升
下則田	五石五斗	十石二斗	二石零四升
下則園	二石四斗	五石四斗	一石零八升

（參閱伊能嘉矩著「台灣文化志」中卷 p.563）

右表乃是清初和鄭氏時代、官方每一甲所徵地賦的比較。

鄭氏王朝時、代耕種**官田**的開拓農民繳納官方的所謂地賦、乃是包括租穀（地代）和地賦（土地稅）的兩部份、所以看起來其數量較高。另一方面、耕種**文武官田**的開拓農民、繳納官方地賦的數量乃較官田少、但是、另外還要繳納於文武官私人多量的租穀（地代）、所以在實際上比耕種官田、剝削得更厲害。

在清朝統治時代、官方從開拓農民徵收右表所示糧額的地賦、比鄭氏時代的官田少而比文武官田多。這乃是清初施琅呈上「**讓地初闢疏**」、奏請台灣各項田園歸民業、並減輕各項征項而招來的所謂「**德政**」。「**賦由田起、役由丁辦、此由來不易之法也。自僞鄭僭竊台灣、取之田所生十中之八九、又從其丁重斂、二十餘年、民不堪命、改入版圖、酌議賦額、各項田園、以之歸民、照則年徵、尺地皆王土、一民皆王人、正供之外、無復分外之徵。**」（「福建通志」諸羅知縣・季麒光致覆議一伊能嘉矩「台灣文化志」中卷 p.560）。

然而、在實際上、上面所引關於「**各項田園以之歸民**」的這種說法、就如前面所述、其實根本就是相反、既墾的田園都歸清朝官方擁有或其官員的私有。另外、關於「**酌議賦額**」而招來減輕征課的這種說法、從右表之中、可以揭破相反的結果。譬如、清朝政府從上則田課征地賦八石八斗、若從單純的數字看來、當然比鄭氏從官田上則田所徵的一八石少。但上述、清朝時代除了官方所徵地賦之外、開拓農民尙得被官方及其官員徵去大租和小租、因此、在這種情況之下、清朝政府所徵八石八斗、比鄭氏王朝所徵的一八石、實質上乃更爲重歛。

再者、在清朝統治台灣的二百年間、台灣的地賦一貫重於中國本土。「**台灣田糧與內地不同。內地計弓論畝、台灣計戈論甲、每戈長一丈二尺五寸、東西南北各二十五戈爲一甲、每甲約比內地十一畝三分有奇。上則田每年徵粟八石八斗、穀價賤時每石三錢、是每甲徵本色銀二兩六錢四分、較內地加倍也。穀貴不堪、或有虛令折色、若每石七錢、倍又倍也。**」（雍正初年、藍鼎元「鹿洲初集」致巡視台灣御史・吳達禮論治台事宜）。

一七九〇年（乾隆五五年）、台灣知府・楊廷理、以統一量制爲名、無形中提高了賦課的數量、而再多一層的剝削了開拓農民的穀米。台灣向來使用所謂「**道斗**」、其斗量較少於中國本土的「**滿斗**」

（倉解）。「……其所用官斗、較中土之倉解、每斗僅為八升。」（黃叔璥「台海使槎錄」赤嵌筆談）。於是、台灣知府乃取所謂「滿一斗道八升」之中間、新造九升的名叫「公平斗」、使之勵行。因此、官方的所有賦課、或大小租戶所徵收的租穀、一律增加一成有餘。

嗣於一八四三年（道光二三年）、分巡台灣兵備道・熊一本及台灣知府・同卜年、為增加官方歲收、而在林爽文起義後、以整理財政為名。壓制了各地開拓農民的多次反抗、強行把「本色」改為「改折」。就是把向來的穀納制改為**納銀制**、並公定以一石米穀改折六八銀二元、而來徵收所有的賦課。官方這樣罔視社會現實、自行其公定穀價低於市價的銀納制、而招來賦率必然上升、實際上又多一層劫奪了開拓農民的勞動果實。尤其在穀因此而日趨騰貴之下、導致官方重斂愈加厲害。

(2)　丁賦——清朝政府於攻取台灣的翌年、即在一六八四年（康熙二三年）編查戶口、同時繼承了自荷蘭和鄭氏所沿傳下來的「**丁銀**」、每年每丁徵收銀四錢七分六釐。到了一七四五年（乾隆一〇年）、由於開拓農民人口已增加將近一百萬人、所以為了簡便其征課事宜、把向來的丁銀改為「**地丁銀**」、其定額減低為每年一丁二錢。所謂「**地丁銀**」、乃是把丁銀的征課隨田辦納。「**蓋以任土責賦、舍丁論田也。夫丁之流徙無常、田則有定、計畝勻攤、不起壞、例歲之徵不失其舊額、貧民不憂追捕、有司少捕逃之累。**」（魯鼎梅「台灣縣志」政志）。但是、地丁銀的施行於台灣是延至乾隆十九年、鳳山・諸羅・彰化三縣及淡水一廳是乾隆二〇年才見到實現、澎湖廳特為豁免之。

(3)　雜賦——雜賦的端緒乃始於鄭氏據台時代、清朝政府仍舊繼承之、分為陸餉和水餉二種。**陸餉**有厝餉・磨餉・廍餉・檳榔宅・瓦窯・菜園等課目、**水餉**有樑頭餉・潭埕餉（養魚餉）・港滬餉（捕魚餉）・罟繒䋌縺蠔蠔餉（捕魚器餉）・採捕烏魚給旗餉等課目。如此雜餉項目繁多、徵課過重、素為台灣住民所苦累、並且制度極為紊亂、因此竟被貪官污吏弄法謀私所利用。「**臺邑之額載厝餉磨餉二**

項、倶始於僞鄭。志載瓦厝草厝共徵銀壹千貳百肆兩零、數十年來倶無片瓦寸草、子姓零落及孤寡不自存者、亦必按册拘追、而大井頭一帶（今之台南市）行店碁布、終歲不出分文。雍正元年五月所司查驗府治房店、將破壞之瓦厝草厝悉爲開除、凡得大瓦厝七千零七十四間、小瓦厝一千七百零三間、小者每間折半科算、共七千九百二十五間半、額餉匀攤每間壹錢伍分壹釐玖毫有奇、每户給以餉單、如倒壞不存者、取單繳驗、許註銷。別査新屋頂補磨三十首、共額徵銀壹百陸拾捌兩、除磨壞人亡者不從追、比現徵十九首、官年賠解十一首、即十九首内、實在市者不及十首餘、皆牛磨倒壞、按册問餉、等厝餉、而近年新開磨户悉投營辦、以開則完銀、不開者即止。今各户給以照單、按户照數匀徵、將前項變爲活餉、以足額。」（黃叔璥「台海使槎錄」赤嵌筆談賦餉）如此、雜餉混雜、貪官横行最甚的、另外還有澎湖的**魚規**、「閩省澎湖之地係海中孤島、並無可耕田地、附島居民咸置小艇、以捕魚餬其口。昔年提臣施琅倚勢霸佔、立爲獨行、每年得規禮壹千貳百兩也。及許良琳到任、遂奏請將此項歸公、以爲提督衙門之用、每年交納、率以爲常、行家任意苛求、魚人多受剝削、頗爲沿海窮民苦累。」（潘文鳳「澎湖廳志」賦役）。

(4)　番餉——清朝繼承了荷蘭人和鄭氏王朝苛斂台灣的遺制、把其重課也套在台灣一個主人的原住民身上、稱之爲「番餉」、又名「番丁餉」、分爲熟番和生番賦課之。

熟番番餉、乃是「教册（原住民之書記）・公廨（管事項目）之番丁一名徵米一石、壯番一名徵米一石七斗、少壯番一名徵米一石三斗、壯番婦一名徵米一石。」（余文儀「台灣府志」賦役）。尙且、把其米以粟（穀子）改折徵收之（一石米改折二石徵收）、又再改粟一石折價銀三錢六分、這樣以一種的課征而加徵了好幾重的剝削。但是、這種番餉在各番社所徵的銀量各不相等、多至每人銀二兩、少者銀五、六錢。這種非理的徵課辦法、若從原住民的經濟生活水準來說、是苛重的無法比擬。不僅如此、這種官方的苛斂、再由一批貪官和富豪所利用、成爲漢人統治階級侵佔原住民土地的工具。乾隆初年（十八世紀中葉）、被徵番餉乃有大小八九社、五千〇九〇人、徵銀共有七千八〇八餘兩。

生番番餉、也是繼承了荷蘭人和鄭氏的壓制、以「**贌社**」代之征社、強迫山岳地帶的原住民徵納鹿皮。

這種以暴力與欺詐兼施的壓迫剝削、當然是和漢人農民霸佔土地同樣、招來原住民憤怒的反抗襲擊。

(5)　屯稅・隘制——清朝政府和漢人的土豪、一方面壓迫・剝削原始的台灣第一個主人、而招來原住民的反擊、另一方面、來造出所謂屯制和隘制、重施於原住民更殘酷的暴力壓制、同時以「**防止番害**」爲藉口、從漢人開拓農民加以另外一種的課征、這就稱之爲「**屯稅**」和「**隘稅**」。

b　官場吏胥敲詐勒索

清朝領台後、不僅是政府本身重賦苛斂、而且、貪官污吏只知中飽私囊、爲非做歹。「各省吏治之壞至閩極、閩中吏治之壞、至台極矣。」（道光二十八年・分巡台灣兵備道・徐宗幹「斯未信齋文集」）。「始由官以吏胥爲爪牙、吏胥以民爲魚肉。」（欽差大臣・沈葆楨「請移駐巡撫摺」）。

這樣、官場的吏胥（又名「書吏」、或「書辦」、官場之差役、或皂快）、乃狐藉虎威、任意敲詐勒索、無所不爲。「胥役各處所有、台屬爲盛。……見事生風、非欺官以朘民之膏血、何以飽其谿壑乎。」（周鐘瑄「諸羅縣志」風俗志）。「台中之胥役、比內地更熾、一名皂快、數十幫丁、一票之差、索錢七十貫、或百餘貫不等。吏胥之權勢甚於鄉紳、皂快之恆赫甚於風憲。」（藍鼎元「鹿洲初集」致巡視台灣御史・吳達禮論治台事宜）。民諺云：「**衙門八字開、無錢不用來**」、可見其流弊之漫滔、開拓農民乃嫌其如蛇蝎。

再者、由於政府重徵苛斂、尤其是地賦重、開拓農民每年的收成幾乎不足以繳納賦課、所以很懼怕強徵米穀的班役、稱爲「**虎老爺**」、他們倚勢凌虐、荼毒萬狀。「**一甲徵租近一車、賦浮那得腹言加、多田翁比無田苦、怕見當門虎老爺。**」（劉家謀「海音詩」）。

另外、從大陸調來的營卒因敲詐百姓而發財之後、再向駐地的開拓農民放債、窮民不得已借之、每百錢按日繳五文、停繳一日、即把前繳利息全部抹消、稱爲「**五虎利**」、若無力償還即把其妻子劫去等、這些都是殖民統治之孽障。

7　開拓者社會的變遷

a　結首與開拓農民

漢人移民將要渡台的當初、在廈門被荷蘭人擠裝於大划船時、或者搭乘海盜船隻各自私渡台灣海峽的時候、大家都不分上下、也不分彼此、一律都屬於奴隸移民的境地。然而、大划船抵達安平港、漢人移民一踏進台灣而開始經濟活動（被趕去荒野做開拓土地的勞動）、這些人就開始被分成兩個不同的階層、即「**結首**」和「**開拓農奴**」。這乃是在荷蘭人殖民統治下、**台灣殖民地社會**的輪齒開始轉動、同時、也就是其新生的社會開始**階級分化**的端倪。這樣、結首和開拓農民（包括漁民・鹽民等漢人勞動者）、就是漢人移民社會台灣草創時代的二大階級因素。

其中、結首即介在於外來統治者荷蘭人和漢人開拓農民之間、具備著爲外來統治者服務的**買辦性格**、而成爲荷蘭人統治・剝削開拓農民的幫手、同時自己在經濟上也分到一份利益。

開拓農民則處於社會的下層階級、爲荷蘭人統治・剝削的主要對象、然而、無非是台灣唯一的**財富生產者**、也是該社會的主流、並且成爲台灣社會發展的**母胎**、而不斷的吸收了以自力私航來台的漢人移民、隨時在壯大目己的社會。

b　鄭氏王朝與開拓農民

接著下去、鄭氏在軍事上戰勝荷蘭人並取而代之。由於新來的鄭氏王朝及其文武官員和一兵一卒、皆和先到的開拓農民及其子孫同屬漢人、於是、向來的殖民地和**西洋式**封建的統治・剝削、轉化爲殖民地的和**中國式**封建的統治剝削、因此、中國的封建剝削制度逐漸被移來台灣、而加添於開拓農民的身上。

鄭氏王朝及其文武官員、當然是政治上的統治者、同時也就是經濟上的剝削階級。相反的、被統治的開拓農民、也就是經濟上的被剝削階級。另外、開拓者社會的上層階級的結首、到此時、其在社會・經濟上的優越地位已經堅固不拔、所以、仍然介存於後到的統治者（鄭氏王朝）和土著開拓農民之間、同樣遂行其買辦務性任務、而從中取利。

後到的鄭氏王朝及其文武官員、不外是君臨於開拓農民頭上的殖民統治者、也就是中國式的封建君王。他們除了在政治上・經濟上雙管齊下的統治・剝削開拓農民之外、同時不忘記對被統治的開拓農民深一層的打進腐朽的中國封建思想、而使他們麻木就範。例如、陳永華建立孔子廟和明倫堂於台南、並以此爲據點、想把**儒學**的封建式正統觀念移注於台灣開拓農民社會、其結果、帶給台灣的**階級分化**加添了一種中國式的封建思想背景。

再者、鄭氏軍旅採用了屯田制、使兵卒就地參加拓地勞動、結果、在實際上增加了一批開拓農民階級的同類、給隊伍內的階級制度附與一種經濟背景、並促進其名符其實的階級分化。換言之、從屯田制度所得到經濟上的財富、因大多爲軍隊的幹部所獨霸、所以自然而然促使在軍隊內部的階級分化、一個就是幹部成爲**有產**的封建地主、再一個則兵卒皆作爲**無產**的開拓農民。

c　清朝時代的台灣本地人社會

(1)　政治・經濟上的統治階級——到了清朝時代、由大陸重新來到的統治勢力、不但是在**量**的方面急遽膨脹、而在質的方面、也更明確的顯示了**殖民地**和**封建**的兩面性。這兩面性格、在政治上是表現於其獨特的統治體制和差別・政策、而在經濟上、則呈現在其特有的土地所有關係之上。

當然在社會上、清朝政府及其代理人、乃是取代鄭氏王朝而成爲新的統治階級。此時、舊統治階段的鄭氏王朝及其文武官員、即被新統治階級呑併而遣回大陸、另外、分散於各地的屯田幹部和兵卒、乃合流於統治的開拓農民社會裡去。

然而、台灣在清朝統治下、最顯著的社會變革、乃是基於統治者所施展的差別・殖民政策、而產生一批以政治權力爲背景的社會・經濟上的特權階級、即是大租戶與小租戶。

大租戶是由統治勢力的代理人或近親者・退職文武官員・新從大陸來的殷戶或貿易商人・鄭氏殘黨・莊出身的大小結首或頭人等獲得土地才做起來的、他們大多是住在城市或中國大陸、而坐享其成。

小租戶就是荷蘭時代的小結首或鄭氏屯田村落的軍隊幹部的後裔、或者熟悉農業生產的現耕佃人升上來的。這些中間份子、由大租戶承租土地並包辦開拓耕種的一切事宜、且居於各地村莊、仍然構成著莊堡社會的上層階級、而成爲統治者和大租戶的經濟買辦。他們在社會上倒也和開拓農民共處在一起、互相成爲鄰居或同伴。但在殖民統治上、仍然是外來統治者的政治買辦、任職街正・莊保等官方的下級機關、包辦了戶口・徵調・賦課・保甲治安・追捕罪犯等地方行政。

如此、在清朝的外來統治下、以文武官・大租戶爲主、後來再添上居住於大陸的貿易商・有力商人・行郊幹部等而構成著政治・經濟上的統治階級。小租戶則成爲統治階級的買辦幫手。其中、由於大租戶和小租戶均靠土地而直接剝削開拓農民、所以二者關係特別密切、有時勾結的如火如荼、有時竟在弱肉強食的法則之下、互相鬥爭、互相吞併、所以從各個的個人方面來說、成敗盛衰續起不已。後來是小租戶成爲名符其實的土地所有者、而控制了莊堡社會。

清朝政府也倣效鄭氏的筆法、從本土搬來**教學**和**科舉**的一套、擬以在意識上管制被統治者。在制度上是兵備道兼任**學政使**而掌管教育行政（這點在大陸是罕有的事）、府置**府學**並委派教授、縣置**縣學**而任命教諭、使之擔任教學之責。

他們爲了灌輸中國統治階級的思想意識、即孔學禮教、於一六八五年（康熙二四年）、由巡撫・周昌、及台灣知府・蔣毓英重修鄭氏建的台南孔子廟、並把「**台灣府儒學**」（知府兼學政司監督、教授主持、訓導副之）設立在廟內、同時、在各縣治加建孔子廟、做爲教學中心。在一七〇〇年（康熙三九年）

分巡台廈兵備道·王之麟、當再修復台南孔子廟之際、把台灣稱「**海邦鄒魯**」、慮圖振作台灣教學。這樣、在府學·縣學、或書院學到中國封建統治的思想意識那一套的所謂**讀書人**、大多是出身於大租戶或小租戶的子弟。他們若在「**府考**」考上**秀才**、或者進一步在「**鄉試**」再考上**舉人**、就居重於故里、或者任職於總理·街正·莊正等、成爲清朝正統的買辦份子、而效忠於清室皇帝。

(2)　台灣本地人社會的母胎（基層構造）————被統治·剝削的廣大開拓農民、以荷蘭·鄭氏時代沿傳下來的莊堡社會爲生活的基本、在人口上和土地開拓上、逐漸推廣並充實自己的社會勢力、同時也繼續不斷收留新到的漢人移民勞動份子爲新血、成爲開拓農民社會的主流、並做爲社會發展的**母胎**、終於在十九世紀以後、孕育了「**本地人社會**」的生長和發展。

(3)　發展爲「**本地人社會**」的內部因素（意識形態）————且看中國大陸、當時、東北關外的**滿族**取得中國天下之後、他們很快就佔據了漢人社會統治階級（漢人的封建貴族·官僚·將軍·地主·土豪劣紳等所構成）的**上層部份**、並以漢人統治階級殘餘爲幫手、逐漸君臨於被統治的中國農民階級的頭上。因此、廣大的中國農民大衆、乃以「**排滿與漢**」爲口號、並團結了一部份有骨氣的讀書人、開始抗清鬥爭。

但是在台灣、由於開拓者社會草創·構成·構造·特質·發展方向等異乎中國、所以、其**反抗對象**與社會發展的內部因素（意識形態）也不同於中國。

原來、台灣在清朝統治下的二百餘年間、**形式**上雖然是**滿清**政府統治下的殖民地、但在**實際**上、從中國本土派來台灣而構成著殖民地統治集團的並不是異族的滿洲人、而幾乎是和開拓農民同族同宗的漢人文武官員及其幫手爪牙。就是這個漢人統治集團、以清廷的名銜、對同屬漢人台灣開拓農民施展殖民地的壓迫·剝削和屠殺才釀成並深化雙方陣營的仇敵關係。

換言之、清朝時代從中國本土到台灣的漢人、乃是分做兩個不同的**管道**來到、並且到了台灣之後、也分為兩個**陣營**、各做各的事。一個就是滿清政府、為了**統治**殖民地而來到台灣的漢人文武官員及其幫手爪牙。他們形成著殖民地的統治階級、並且三、六年任期終滿、即被調回中國本土去、不定住於台灣、所以屬於統治陣營的人、不可能和台灣發生密切的關係、始終停留於統治著台灣的**外來者**的地位。

再一個就是突破了台灣海峽的封鎖線、所謂犯法而移住來台的漢人**破產農民**。這些新來移住者、到達台灣後就跑進台灣社會發展的**母胎**、即「**開拓農民社會**」、和已定住的開拓農民及其子孫在一起、從事開拓清朝政府所禁止開拓的土地。這樣經年累月之後、他們漸漸融合於這個開拓農民社會、定住在台灣並傳下子孫、成為名正言順的一個台灣本地人。同時台灣開拓農民社會也由此不斷的容納新血、而日趨壯大發展。

就是這樣分為外來的**不定居**的**漢人**統治階級、與**定居**台灣而為台灣開發和社會發展的原動力的**漢人**開拓農民社會陣營、而相互對立抗爭、這個統治和被統治的**政治性**的對立抗爭、隨著時間的消逝、漸漸轉化為「**唐山**」(中國)和「**本地**」(台灣)的**地域性**和**社會性**的對立抗爭、並使其從對立抗爭所造成的**仇敵關係**愈來愈浮現於腦筋裡的意識上、終於促進了文盲無學的開拓農民大眾竟切身體驗到這對立抗爭的**社會根源**、即中國・台灣間在地域上・歷史命運上的不同因素所產生下來的社會不同點。這一連串生活體驗上・意識上或認識上的演變、就是使自荷蘭時代沿傳下來的「**開拓農民社會**」、在社會存在上和意識上的固定化、更進一步的明確化、以致發展為「**本地人社會**」的**內部因素**(精神因素・意識因素)。

換言之、渡來台灣並成為統治者而和本地的開拓者社會發生仇敵關係的、並不是異族的滿州人、即是同族的漢人、才使開拓農民的對立抗爭不成爲「**排滿興漢**」、而是以漢人統治者爲對象的「**反唐山**」。這樣、開拓者代代的鬥爭目標是「**反唐山**」、所以導致從荷蘭時代沿傳下來的台灣・大陸間的矛盾對立更爲深刻化。就是說、開拓者漢人、一方面以漢族或中國本土爲過去的影像、另一方面則在「**本地反唐山**」的現實社會上、這樣、在「**二律相反**」（antinomy）的意識形態下、經年累月、潛移默化、其結果、使之發展成爲在社會存在上和意識上更進一步異乎中國社會與中國人的「**本地社會與本地人**」。

(4)　發展爲「**本地人社會**」的外部條件（社會存在）——經過一定的歷史過程而自然發生的「**本地人社會**」、爲了鞏固其社會存在、就是有了左列物質的・有形的創造和發展做爲其**外部條件**：

(一)　開拓事業的擴大發展與商品經濟的特殊發展。

(二)　吸收新來移民。

(三)　生活和文化的新創造。

(四)　漢人和原住民的同化融合。

觀諸這二百年的台灣史、不外乎確實經過這樣的發展過程。

因此、到了清朝統治台灣的末葉、隨著「**本地人社會與本地人**」的鞏固化和擴大化、統治和被統治的殖民地關係（也就是「唐山」和「本地」在政治・經濟・社會・意識上的矛盾對立關係）、乃被浮彫於民族與階級的**二重**矛盾對立之上。

(一)　大陸漢人＝殖民地統治者＝剝削者＝外來者＝新參者＝官員・將兵・大租戶・大商人＝大陸商業資本＝唐山人＝中華思想＝小租戶。

(二)　台灣漢人＝殖民地被統治者＝被剝削者＝土著者＝先住者＝現耕佃人・漁民・鹽民・農村貧

民・都市貧民・小商人・手工業者＝本地商業資本＝本地人＝本地人意識＝小租戶。

8　開拓農民的反抗鬥爭與分類械鬥

a　三年小反五年大亂

如上所述、清朝不把台灣當爲和中國本土相等的領域、而以**異域**加以差別的・殖民地的政治統治和經濟剝削、終於使台灣的開拓農民大衆（本地人）起來做了「**反唐山**」的武裝鬥爭。由於這些反唐山的武鬥爭又頻繁且熾烈、所以「**三年小反、五年大亂**」這句通俗的民間諺語、就在開拓者社會之中、成爲人人口中膾炙。並且參加鬥爭的開拓農民愈來愈多、規模也愈大、譬如、朱一貴揭竿起義時乃被稱爲「**賊者至於三十萬之衆**」（水師提督・施世驃上書）、後來、到了林爽文領導抗暴的時候、已壯大爲「**是役亙於台地南北千餘里、巨兇糾惡與脅從者、將近百萬人。**」（李廷璧「彰化縣志」兵防列傳）。但是從統治者方面來說、隔一條海的台灣、一旦有事、就不能像中國本土那樣的即時能派兵鎮壓、所以搞得手忙腳亂。「**台地之難、難其孤懸海外、非比内地輔車相依、諺云、三年有一小反五年有一大反、豈眞氣數使之然乎。**」（分巡台廈兵備道・徐宗幹「斯未信齋文集」）。

然而、這個外來的統治集團、一旦捲土重來、再次派兵登陸台灣之後、對於無辜的開拓農民或起義者的家眷、絲毫不留情的加施無差別的報復大屠殺、甚至有時災禍延及九族、把台灣全島投入活地獄裡去。

在這樣彼此一來一去的武裝鬥爭之中、雙方乃燃起更深的仇敵心、尤其是被統治被屠殺的開拓農民、在這慘酷的鬥爭體驗之下、更深一層的認識到「**本地人**」和「**唐山人**」的不同、同時也認識到這個矛盾對立的社會根源。

台灣本地人武裝鬥爭之中、有幾個突出的特點、乃是㈠每次都是以外來的統治集團（官・兵・大租戶・大商人）爲鬥爭對象、㈡起義的號召人及領導者、都是來自開拓農民大衆之中（例如、朱一貴是飼鴨爲業的農村貧人、林爽文乃是鄉鎮貧民的頭目）、㈢武裝鬥爭的主力軍毫不例外的由開拓農民大衆所構成、㈣小租戶或其子弟的讀書人（當時的知識份子）每次卻和大衆起義都幾乎不相干、而始終站在台灣農民大衆的反抗鬥爭之圈外。

當時的開拓農民（本地人）所做的這種對外來統治的反抗鬥爭、在其形式上或理念上、和近代社會的殖民地解放鬥爭是不可能有任何關連。不僅是台灣、就是在中世紀封建體制下的任何人・任何社會、都不可能懂得那些屬於**近代概念**的殖民地解放理念。可是、雖然是不懂、但在當時的台灣、開拓農民爲了解除纏在自己身上的壓迫・剝削・酷吏・虐待・屠殺等外來統治的禍害、而赴這以武裝鬥爭的這種**實踐行動**、在實質上、已經是非常合乎所謂「**近代**」殖民地解放的革命理念。

這樣、清朝統治的二百餘年間、可算爲「**大反**」之類的抗暴、已有了三、四〇起、其中、在歷史上盛傳一世的大規模的抗外武裝鬥爭、主要的就有了下列的大衆起義：

表8　清朝時代抗外起義主要的事件

吳球之起義	一六九六年（康熙三五年）	諸羅府・新港
劉卻之起義	一七〇一年（康熙四〇年）	諸羅府・下茄苳

朱一貴之起義	一七二一年（康熙六〇年）	鳳山縣・羅漢門
吳福生之起義	一七三二年（雍正一〇年）	鳳山縣・埤頭
黃教之起義	一七七〇年（乾隆三五年）	台灣縣・大目降
林爽文之義	一七八六年（乾隆五一年）	彰化縣・大里杙
陳周全・陳光愛之起義	一七九五年（乾隆六〇年）	鳳山縣・石井汛
高夔之起義	一八一一年（嘉慶一六年）	淡水廳・內港
林永春之起義	一八二二年（道光二年）	噶瑪蘭廳・四圍
許尙・楊良斌之起義	一八二四年（道光四年）	鳳山縣・廣安莊
黃斗奶之起義	一八二六年（道光六年）	淡水廳・南庄
張丙之起義	一八三二年（道光一二年）	嘉義縣・店仔口莊
郭光侯之起義	一八四三年（道光二三年）	台灣縣・保大里
林供之起義	一八五三年（咸豐三年）	鳳山縣・埤頭
李石之起義	一八五三年（咸豐三年）	台灣縣・善化里
吳磋之起義	一八五四年（咸豐四年）	噶瑪蘭廳・五圍
戴潮春之起義	一八六二年（同治元年）	彰化縣・四張犁
施九緞之起義	一八八八年（光緒一四年）	彰化縣・秀水庄

因此、在清朝統治下的歷史過程、不但是一部移民史及開拓史、同時也就是一部可歌可泣的「**殖民地人民抗外鬥爭史**」。

台灣抗外鬥爭、固然是以殖民地人民反對外來統治為其一貫的主流、但是、若從其各個鬥爭的經過看來、都是有具體的政治壓迫和經濟剝削成為其必然的導火線、才爆發起來的。並且、雖然因武裝力量懸殊而最後皆遭壓制、但是每逢這些硬骨的先烈們流了可貴的鮮血、其後、必招來開拓農民更加團結、也更提高做為「**本地人**」的共感和意識、因此、這先人們的英雄事跡乃在台灣史上垂不朽。

(1)　清軍攻佔台灣之後、就下令台灣的男人一律薙髮。但在當初開拓農民被鄭氏所種下「**滅清復明**」的想法並未泯滅、所以、對於新到的統治者乃以此反清的觀點而起來反抗鬥爭、所以清朝領台後、只經過一四年的一六九六年（康熙三五年）、就發生吳球起義的事件。再經過五年、於一七〇一年（康熙四〇年）又見到劉卻的起義。

(2)　到了十八世紀初葉（康熙末葉）、清朝在台灣的統治基礎稍微穩定、開拓農民方面的反清復明思想也隨著時間的過往而漸趨消逝。但在另一方面、由於外來統治者官員和軍隊都時常輪流調換、這從開拓農民看來、不外是一種「**外位人**」的存在、並且這些「**外位人**」的統治者、隨著在台統治機構漸趨鞏固、他們對台灣的差別政策也愈加厲害、官員及爪牙也變本加厲的橫行霸道。這樣、「**外來人**」統治者所施展的虐政和苛求逐漸超過爲人所能容忍的限度、因此、開拓農民乃自然而然的再開始散發性的抗暴鬥爭、這種抗暴鬥爭愈來愈增加「**抗外**」的色彩、終在一七二一年（康熙六〇年）、發展到全島的朱一貴大革命。

(3)　接著下去、到了十八世紀後半（乾隆・嘉慶年間）、開拓農民社會的人口增加、開拓事業也見發展、同時在「**外位人**」暴政愈趨兇狠的情況下、開拓農民的抗暴鬥爭也更加熾烈化、就是不論在何時何地、只要有人舉起反抗的火炬、立即波及台灣全島、接而成爲全面性的大暴動。「**奸胥意爲民害而不知所止、由此亂所生、非一朝一夕之故矣。**」（陳淑均「噶瑪蘭廳志」楊廷理東瀛紀續序）。

其中、最大的開拓農民武裝鬥爭、乃是一七八六年（乾隆五一年）、大部份開拓者都參加在內的「**林爽文大革命**」。這樣、遭到開拓農民痛擊一番的清朝政府、驚慌失措、其後從本土調來大兵、而加以大肆屠殺。

如此、在大起義和大屠殺反復重演的過程中、被統治的台灣開拓農民乃以莫大的流血爲代價、更加痛感到「**本地人**」和「**唐山人**」的命運不同、並也逐漸加強「**本地人**」的共感和意識。

(4)　開拓農民（本地人）對於外來統治者的抗暴鬥爭、除了政治壓迫之外、乃隨著時代的遷移、經濟剝削也逐漸成爲其直接的導火線。譬如說、林爽文大革命被鎭壓之後、領導飢民起來反抗貪官勾結奸商把米穀偷運出境的、就是張丙起義的直接原因（一八三二年、道光一二年）。或者政府把地賦從本色（穀納制）改爲改折（折銀納穀制）時、因貪官以譎詐來剝削本地人所以起來反抗的、就是郭光侯起義事件（一八四三年、道光二三年）。或者一八八八年（光緒一四年）彰化知縣•李嘉棠假劉銘傳的清丈土地、加以苛捐並迫領丈單、所以民不堪苦、共推鹿港人施九緞爲首、率衆數千圍城、要求燒燬丈單、與統領林朝棟率領的清軍戰於城外、被殺戮不少。

再者、林爽文大起義之後、所繼起的「**反唐山**」大鬥爭、幾乎都已成爲**全島性**的大規模武裝起義。譬如、「**戴潮春、作亂三年、台地道鎭皆殉難、知縣洪疏琛亦積勞病故、爾時北至大甲、南至嘉義一縣、地方盜賊（本地人）蜂起、比較林爽文爲烈。**」（吳德功「戴案紀略」）。

茲從台灣諸位先烈中、舉出具有代表性的朱一貴與林爽文二位先烈、把其英雄事略述於左。

b　朱一貴大命革

朱一貴是漳州系漢人移民、居住於鳳山縣羅漢門（大武汀庄頂草地——今之高雄縣旗山鎭）飼鴨爲業、性好義俠、交友廣泛、他以天生的正義氣慨、平生常見到同伴的開拓農民爲苛政和重斂所苦累、莫不日夜扼腕、把清朝和其貪官恨入骨髓。

一七二〇年（康熙五九年）、適遭大地震和兇荒一起襲來、人心惶惶、社會動盪。又在翌年一七二一年（康熙六〇年）、台灣知府・王珍為了兼補鳳山知縣之缺、派遣其子赴鳳山掌握實權、嚴其苛徵重斂、若有繳納不出重課者、即施以逮捕及酷刑、所以民不聊生、怨聲載道。

朱一貴看到如此苛政兇猛柔貪官猖獗、終想舉事抗暴、在同年四月十九日、招集同伴李勇・吳外等數百人於**羅漢門**、衆皆願扶以為盟主、焚香結盟、揭起大書「**大元帥**」的紅旗、參加者愈來愈多、數小時之間、得一千餘人。

朱一貴於四月十九日夜、首先攻克**岡山**之塘汛。警報突然傳進府治、上下狼狽、束手無措。台灣鎮總兵・歐陽凱應急下命遊擊・周應龍來援、其部下的把總・張文學被朱一貴打敗、都抛下武器而逃。朱一貴趁機攻佔**大湖**、此時居於**下淡水溪檳榔林**（內埔庄）的客家人杜君英、也率同族數百人響應朱一貴、其他聞訊起來者不計其數。杜君英乃先攻破下淡水汛之後、與朱一貴會師、合攻周應龍於赤山、殺其千總、擒其把總、二十七日攻陷縣治**鳳山**、迫使守備馬定國自殺。

繼之、朱・杜連合軍直搗府城（台南）。分巡台廈兵備道・梁文煊、台灣知府・王珍、海防同知・王禮、台灣知縣・吳觀域、諸羅知縣・朱夔等住城的文武官員攜眷而由台江（安平港）駕舟先遁逃至澎湖、兵亦相率竄逃。南路參將・苗景龍敗走至萬丹、為朱軍首領郭國正所殺。總兵・歐陽凱、安平水師副將・許雲、北路參將・羅萬倉、安平水師遊擊・游崇功等、擬以留台應戰、但無死守之計。朱・杜聯合軍已有數萬人之衆、五月一日終於攻陷**府城**、清軍的把總・楊泰、刺殺總兵・歐陽凱而投降朱一貴。其他、把總・千總・游擊・守備等被俘殺者甚多。同在五月一日、**諸羅**縣治亦被賴池・張岳所率領的義民軍攻陷、守城的北路參將・羅萬倉為義民軍所殺。

如此、自朱一貴揭竿起義以來、僅過一三天、全島（台灣・鳳山・諸羅三縣）幾乎落於起義民軍手裡、其餘、只有留下北路淡水地區未經攻克而已。

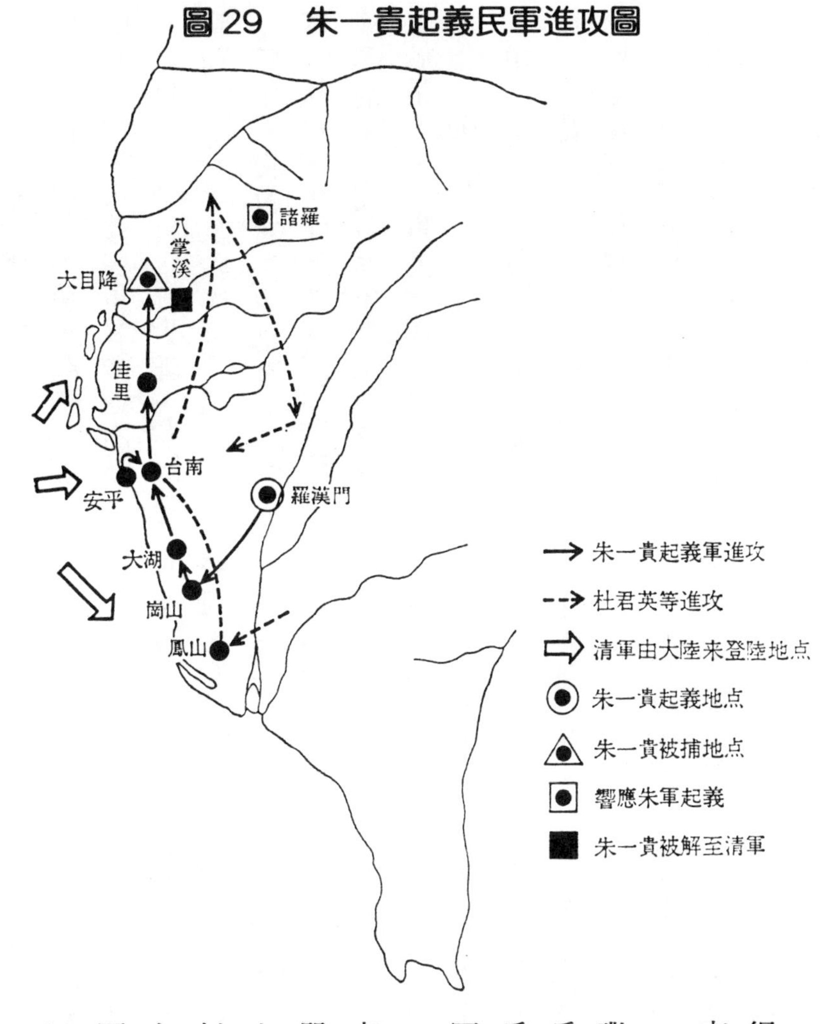

圖29　朱一貴起義民軍進攻圖

於是、朱一貴乃開赤崁樓、獲得鎗砲武器甚多、衆見台灣全已克服、即奉朱一貴爲「**中興王**」（藍鼎元「平台紀略」）、但據黃叔璥「**台海使槎錄**」赤嵌筆談乃稱爲「**義王**」、並封各地民軍領袖爲平台國公・開台將軍・鎮國將軍・內閣科部・巡街御史等、朱一貴居於**道署**爲「**王府**」。攻克府城不久、因朱一貴所定軍律甚嚴、導攻朱・杜二領袖之間引起小許的磨擦、再者、杜君英要求封其子杜會三爲王、但朱一貴不允、杜君英即憤而率領其同族部屬、渡過虎尾溪、並駐紮**貓兒干**以觀望形勢。

另一方面在中國本土、閩浙總督・覺羅滿保接到台灣急變的警報、即派福建水師提督・施世驃和南澳總鎮兵・藍廷珍率兵一萬二千人和兵船六百、趕赴台灣。

施、藍二將予先會師於澎湖、再於六月十日分二路進發澎湖、六月十六日抵達鹿耳門、開始以優勢的軍火砲擊安平鎮。初戰之時、安平砲台的火藥庫即中彈被爆炸、朱軍只得退守台南府城。朱一貴不顧敵勢兇猛、即日派翁飛虎・張阿山・顏子京・楊來等首領、帶兵八千再赴安平向清軍反攻。翌日、加派李勇・吳外・郭國正等增兵數萬、與清軍死戰於二鯤身。清方水師提督・施世驃出師助戰、結果、義民軍又敗退府城。

六月二十一日、施世驃・藍廷珍分兵來攻府城、朱一貴親自率領義民軍出城應戰。可是、敵我火力懸殊、朱一貴及義民軍苦鬥終日、終於退出府城、退守大穆降。同在此時、鳳山亦爲清軍所佔。

當朱一貴及義民軍爲戰局不利而退守**大穆降**之際、駐紮虎尾溪北之杜君英率部降清、並反襲朱一貴。此時、居住下淡水溪的別派客家人侯觀德・李直三等已響應杜君英、揭起「**大清義民**」之大旗、掩護清軍而從背面攻擊朱一貴軍。

於是、朱一貴及義民軍終於戰敗而潰滅四散。後來、朱一貴敗走灣里溪、再轉於**水溝尾**、而入民房索食。莊民楊石善暗通藍廷珍、以酒醉之、計縛朱一貴、中夜以牛車載赴八掌溪、解至施世驃營旅。如此、在清朝統治下、震駭一時的台灣英雄朱一貴與同志多數、遂被檻送於北京、盡被磔死於異邦。杜君英及其子會三雖然降敵、亦不能饒免一死。其他、參加武裝起義的諸先烈也先後就縛、本人及其眷屬皆在台灣被殺戮而亡。

朱一貴起義被鎮壓之後、施世驃以客家人偏袒清軍之故、奏准解除客家人來台限制、藉以策動福佬人和客家人分裂相鬥、以資「**分而治之**」（參閱藍鼎元「東征集」「平台紀略」、黃叔璥「台海使槎錄」赤崁筆談）。

c　林爽文大革命

中國社會自古以來每逢政治腐敗、經濟頽廢、或朝代鼎革之際、一般百姓爲了自衛、常有一些人招集同伴而私下結盟**幫會**、藉以相互目衛或相互扶助、或維持地方安寧。像這樣的結社不論大小、到處皆有。

但是、原來是如此結合而成的民間幫會、往往被政治所利用、成爲**政治結社**、有的墮落爲當政者的爪牙幫兇、有的和群衆一起反抗暴政而成爲民衆盟友。

台灣社會是漢人移民所創的新天地、也就是開拓農民赤手造成的家鄉。但是、後到的外來統治乃不把這些台灣新天地的創造者當**人**來看待、而且以虐政和苛稅加施之。因此、開拓農民之間、不得不抓住各種機會而組成各種的「**會**」、藉以保護自己。這種開拓農民的「**會**」、大的是由幾個村莊結成一種互保互衛的**攻守同盟**、小者也有幾個人或幾宗族結合而成的神明會・爐主會等。

其中、規模較大、且盟友遍佈全島的、就是「**天地會**」。關於天地會的創始、有的認爲是鄭氏所創、有的說是有個姓名不詳的明朝遺老旨在回復明室而創之、也有人把其當爲福建**洪門會**的分系。孫文也曾經誇稱之爲明朝忠臣烈士把民族思想寄託在一般下層社會或江湖豪俠而創之。但是諸說紛紛、未曾有過適切的定論、所以各都無從憑信。唯一顯著的事實、乃是在清朝統治二百餘年間的虐政與苛稅之下、開拓農民社會裡頭普遍存有「**天地會**」的組織、並且各設據點、盟友衆多。

林爽文是居於彰化縣大里杙藍興堡（台中縣阿罩霧・今之霧峰）、曾任縣捕、是該地方鄉鎮貧人的頭目。他在乾隆末葉（十八世紀末葉）被推爲天地會北路盟主、與鳳山縣的南路盟主・莊大田相應、誓約有事時相赴救援、其聲勢相當浩大、「**聲氣聯絡直通四邑。**」（李廷璧「彰化縣志」）。

圖 30　林爽文起義民軍進攻圖

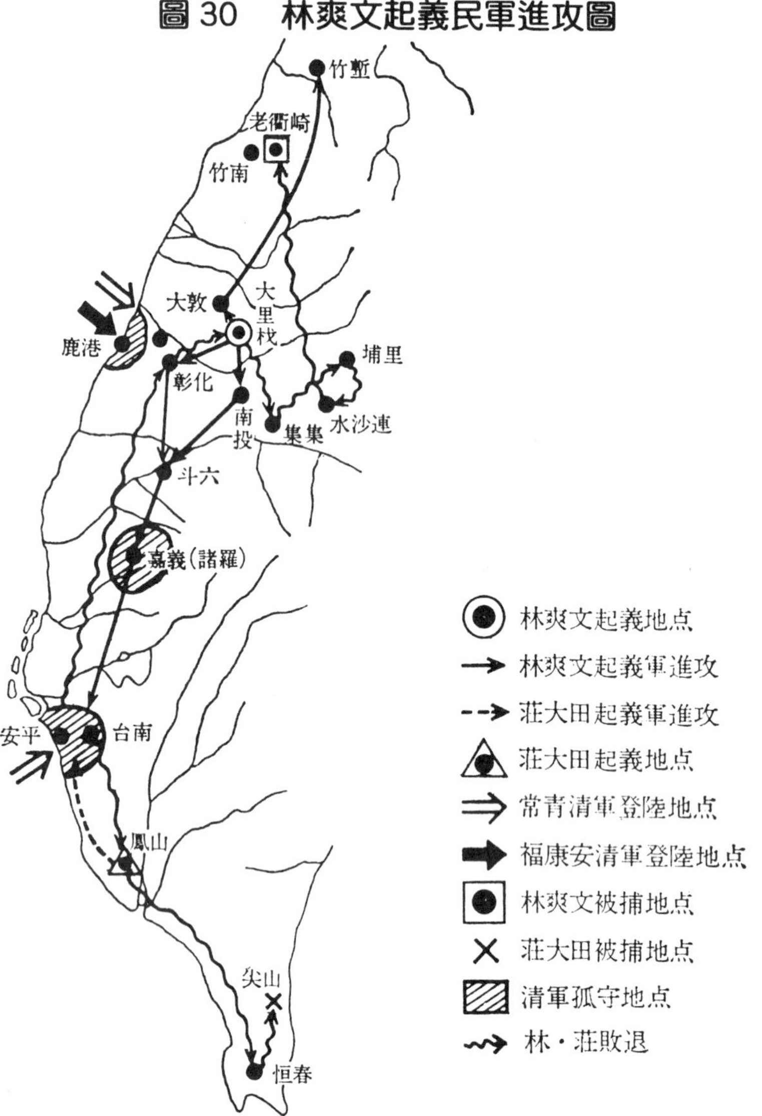

當時天地會已有盟友萬餘人、其中當然難免有一些無職業的遊俠、清朝政府即視之爲統台的禍害。因此、一七八六年（乾隆五一年）七月、分巡台灣道・永福與知府・孫景燧、秘密會同武備擬以緝捕之、即派總兵・柴大紀赴諸羅、縱兵捕人。此時天地會盟友楊文麟一家遭殃被捕、其財產盡爲清兵劫去。

於是、各地盟友接到警報、紛紛趕到大里杙、企圖籌謀反抗。同年十一月二十五日、彰化知縣・俞峻、北路副將・赫生額、游擊・耿世文等官方要人、爲了先發制人、即率兵駐營大墩（大里杙之鄰村、今之台中市）、肆意捕獲無辜百姓、並放火焚燒民房。因爲這樣、林爽文無法制止盟友及一般居民的憤怒、終在十一月二十七日夜被迫率衆起來抗暴、即時攻入大墩、盡殺此地的文武官員。十一月二十九日旋攻陷彰化縣城、殺知府・孫景燧以下文武官員數十人。竹塹的王作・王芬即響應彰化方面的起義、率衆襲擊清軍、此時淡水同知・程峻自殺、義民軍於十二月一日攻佔竹塹街。

林爽文在彰化城內、被擁爲「**明主**」、改元順天、以駐竹塹的王作爲征北大元帥、王芬爲平海大將軍。十二月六日再攻破諸羅縣、殺攝縣事・董啓埏、原知縣・唐鎰、其他典史・游擊・幕僚等多人。繼之、南投・斗六各地也先後爲林爽文及其民軍所攻克。這樣不出幾天、台南府城以北、除去府城和鹿港（鹿港的泉州系漢人、與大里杙的漳州系漢人有私仇、所不應林爽文起義的號召）之外、盡歸民軍之手。

另一方面、台南以南、南路盟主・莊大田亦爲響應林爽文、招集盟友揭竿起義、稱爲南路輔國大元帥、不出數日、衆集數千人、十二月十三日、攻陷鳳山縣城、此時守城的南路參將・胡圖里不戰而逃。民軍即時入城殺知縣・湯大紳、典史・史謙等文武官員。與莊大田起義同時、瑯璚的開拓農民也舉竿起義、而佔領清軍衙門。如此、台灣全島在短期內幾乎全歸起義民軍。

次之、林爽文會師莊大田而合攻**府城**。城中有分巡台灣道・永福、南路海防兼理蕃同知・楊廷理率兵禦之。

閩浙總督・常青於翌年一七八七年（乾隆五二年）正月、接到楊廷理送來警報、即派福建水師提督・黃任簡領兵二千入鹿耳門、並派陸路提督・任承恩領兵二千至鹿港、另派閩安副將・徐鼎士領兵入淡水港進駐艋舺。但是各路將兵彼此觀望而不敢出戰。「**黃公大臣・提督軍門、一策莫展、寸步不行。**」（盧德嘉「鳳山采訪册」）。

清廷看戰局對清軍不利、於同年二月旨令常青爲將軍、率兵萬人渡海來台並指揮守府城。林爽文率領義民軍一〇萬圍攻府城、攻防戰況頗爲守城清軍不利。可是、在林爽文及民軍將近攻陷府城時、禍出於內、首領莊錫舍倒戈降清、因此、攻城一轉終告失敗。

此時、台灣鎮總兵・柴大紀再攻入諸羅縣城、死守城門堅持到援軍趕到。清皇高宗降旨嘉獎之曰、「**其諸羅縣改爲嘉義縣**」、從此諸羅改名「**嘉義**」。

一七八七年（乾隆五二年）五月十五日、常青下命清軍開始總反攻、但各路清軍的戰況皆不利。諸羅被義民軍圍困日久、城中乏糧、幾乎瀕於危急。常青看林爽文及義民軍聲勢猶大、所以不敢出城作戰、而向清廷請求援軍六萬。

清皇依此詔解常青之職、特派協辦大學士陝甘總督・福康安爲大將軍、代常青掌管兵權。福康安即統領巴魯侍衛一二〇人員、湘軍（湖南兵）二千、黔兵（貴州兵）二千、粵西軍（廣西兵）三千、川軍（四川屯練兵）二千、共有九千大兵、乘戰船數百艘、於十月二十九日登陸**鹿港**。

林爽文及義民軍於十一月四日、和福康安大戰於彰化縣城外的**八卦山**。因敵我裝備懸殊而大敗、並失守義民軍的第一根據地的彰化縣城。福康安率軍南下、十一月六日入嘉義縣城、救出柴大紀守城清軍。十一月九日林爽文退守斗六門、福康安再追趕、民軍幾乎被擊潰。

林爽文知大勢已去、乃退入故里的**大里杙**、攜帶妻子走向**集集**、再進入**埔里社**山中。福康安命阿里山原住民搜山、林爽文之父林勸・母曾氏・弟林壘・妻黃氏先在**水沙連**被捕獲。林爽文知難免、於一七八八年（乾隆五三年）正月四日、到淡水**老衢崎**（竹塹一堡）、使親友高振獻己爲以邀功。南路的莊大田看形勢不利、乃棄守鳳山、走入琅璚據**尖山**之險而繼續抗戰、二月五日與清軍會戰、但戰況對義民軍不利、死傷甚多、莊大田亦被擒至府城、因病重即就地彼磔刑慘殺。北路的王作已在一七八七年（乾隆五二年）年底、爲駐地之淡水同知幕僚・壽同春所誘殺。竹塹亦被清軍攻佔。

事後、林爽文與傳播天地會的嚴煙等人、同受檻送北京、被凌遲處死（先斷肢體、然後處死的酷刑）。

與他起義的同志們及其家眷幾乎遭清方慘殺的、其數多得不可枚舉（參閱李廷璧「彰化縣志」雜識志兵燹、「欽定平定台灣紀略」）。

其他、得免遭捕的起義同志、其後乃潛伏各地、有時出擊於清軍駐紮的街鎮、前仆後繼、其最大者、乃是在一七九五年（乾隆六〇年）二月的二陳起義事件。就是台灣縣陳周全與鳳山縣陳光愛二人密議、爲林爽文報仇並誅殺貪官污吏起見、招集天地會盟友數百、先攻鳳山縣觀音里石井汎、未果、陳光愛被殺。陳周全再赴彰化、與林爽文舊部數千人會合、三月攻鹿港、誅殺文武官員多人、乘勝再次攻破彰化城、斗六王快亦圍攻嘉義城。但是在孤軍奮鬥之餘、終被清軍所破、陳周全及其盟友黃朝・洪棟・王快・楊兆等烈士皆被殺戳（參閱姚瑩「東槎紀略」）。

如此、林爽文等多數的先烈們、自始至終的三年間、如火燒燎原、爲被統治的開拓農民抗暴起義而光復全台、作了可歌可泣的偉大犧牲、雖然潰於敵軍暴力之前、但這些先烈們所流的鮮血、已成爲台灣史上不滅的一頁、並築起解放台灣的一基大道標、永遠爲被壓迫的後代子孫指向著自我解放的大道。

據聞、台南市大南門裡頭、曾有些通稱爲「龜碑」、就是以漢滿兩樣的文字所刻的九基石碑。其中、「御製剿滅台灣逆賊生擒林爽文紀事語碑」「御製福康安奏報生擒莊大田紀事語碑」的二基、係雙手血腥的外來統治者劊子手所建。但是無論如何、凡是看到默默被風吹雨打且古色蒼然的這石碑時、只要是生爲台灣兒女者、不禁由此想起爲台灣謀幸福而視死如歸的先烈們、非但敬慕之情油然而生、且使之熱血沸騰不已。

d　分類械鬥

現今的台灣人、人人在胸懷裡都充滿著**同胞**的共感意識、互相以「**蕃薯仔**」這句台灣特有的名詞來呼喚、這已成爲今日台灣到處都有的常情。可是、台灣人能這樣普遍的發生親密的同胞意識、在歷史上、並非無根由、亦非不勞而獲的。這不僅是經過和暴虐的外來統治者做了一連串可歌可泣的反抗鬥爭、更是經過台灣開拓農民相互間磨擦對立的長期過程、才爭取得來的。換言之、每個人都以「**蕃薯仔**」這種稱呼引以爲豪、這不外乎是代代的台灣人祖先們經過了**內外**兩面的磨擦和鬥爭、才爭取並沿傳下來的台灣人意識上的一個**共同園地**。

祖先們所經過的內外兩面的鬥爭之中、屬於開拓者社會內部的磨擦對立、即被稱爲「**分類械鬥**」。原來在中國社會、尤其是閩南地區、百姓常以**同姓或同鄉**的鄉黨關係爲單位、搞起**集體私鬥**的弊習、自古以來甚盛。「**閩中漳泉、民多聚族居、兩姓或以事相爭、往往糾眾械鬥、必斃數命。當其鬥時、雖翁婿甥舅亦不相顧、事畢親串仍如故往來、鬥者公事、往來乃私情、謂之兩不相悖。**」（趙翼「詹曝雜記」記閩俗好男）。

再者、三百年的長期過程中、從華南地區移民過來的台灣開拓農民及其後裔、由於出身地或來台的時期及到達地點等都各不相同、並且到台灣後亦爲了抵禦來自**人爲和天然的**外敵而自衛自己、就有必要加強如同鄉・同伴或利害一致的小集團相結合。這些小集團之間、有時能協調互助、但有時乃免不了反目對立、相鬥得無法自拔。這種情形在初闢的台灣、可以說是難免的事。

因此、在中國本土就有了這種陋習的漢人移民、到台灣後又加上其環境上的約制、當初乃是端發於墾殖種地等日常生活上的利害關係而相爭、到後來、漸漸積成爲怨恨等感情上的反目對立、而舉**鄉**或整**姓**起來相互挑釁、終於動輒就釀成又長期且大規模的大鬥爭。「以鄉鬥者、如兩鄉相鬥、地劃東西、近東者助東、近西者助西、其牽引曾在數十鄉。以姓鬥者、如兩姓相鬥、遠鄉同姓者必受累、受累者亦各自爲鬥、其牽引能至數十鄉。」（謝金鑾「蛤仔難紀略」）。

「分類械鬥」在歷史上、乃以福佬人和客家人之間的反目對立爲最頻繁、但是在福佬人之中、漳・泉二系也時常相鬥不已。尙有漳・客二系聯合以敵泉州系、或者以泉・客二系聯合以對漳州系、甚至於把原住民亦夾在一起而錯綜其數的各派系互相交戰。

加上、清朝政府爲了使其所加施的殖民統治收到最大的功效、即根據這種台灣開拓農民社會的「分類械鬥」之弊病、竭力再加以挑撥離間的**分化政策**、以至開拓者社會內部的分岐鬥爭如火上加油似的愈被煽動起來。

觀諸「分類械鬥」的歷史經過或其社會背景、有了下述的四個特點。

(1) **初闢**的**殖民地**、這乃是台灣開拓者社會最大的特性。這個特性促使漢人移民從中國本土所帶來的陋習、即以鄉黨關係爲本位而內部相鬥的**分裂性**、更加深刻的發展起來。就是說、生存於未開發的殖民地台灣的開拓者農民、爲了防禦大從官方的暴政及原住民的襲擊、小至天災地變或毒蛇害虫的禍害、必須更加緊密的連繫同伴・同鄉・同姓・同村莊等既成的社會關係。但是、這樣以小集團或小地方爲基本的團結或協調、愈緊密或愈堅固、就難免愈趨於孤立自己或排擠異己份子偏向。因此、不僅限福佬人或客家人對立、或漳州人和泉州人的對立、甚至於甲村莊和乙村莊、或者甲姓和乙姓等、起因於小許的磨擦而動輒就大搞起大鬥爭的事時常能見到。

(2) 從移住來台的**年代**和**人口**來說、福老人比客家人來得早、而且人口亦佔多數。其中、漳・泉二系佔最大多數、所以必然的佔據較水豐地沃的良好地區、經濟也較過得去。客家人來台時期較遲、人口比較福老人少數、各時代差不多是佔總人口的六分之一的人數、所以開拓地區自然而然的偏於山間僻地。因此、雙方如有爭執時、福老人的開拓農民多佔上風、往往成爲多數者的橫暴。客家人爲了對抗、也難免和當政者取得連繫、借助於外來統治者、以遠交近攻的策略來對付福老人。「**台灣一郡、其民、閩泉漳二郡粵近海者住。閩人佔居瀕海平曠之地、粵人近山居、誘番人得地闢之。故閩富而狡、粵強而悍。其村落、閩曰閩莊、粵曰粵莊、閩呼粵人爲客、分積氣類而不能相、動輒聚眾持械而鬥。平居亦閩粵錯處者、鬥時各依其類、閩粵鬥時泉漳合、泉漳鬥時、粵即伺勝敗、以乘其後、民情浮而易動。**」(道光十七年、分巡台灣兵備道・周凱「內白訟齊文集」)。

(3) 「**分而治之**」乃是殖民統治的慣用手段、清朝政府當然是很積極並且很公然的驅使這種分裂政策、收效非小。其分裂政策的施展最甚有二、一是開拓農民武裝起義時、二是開拓農民分類械鬥時。對於平素不服從者或起義民軍乃稱之爲「**匪徒**」、相反的、對於平素順服者或靠攏官方而一同鎮壓起義民軍者、則獎稱爲「**義民**」。「**以土著破土者、尚不足用乎。**」(郭光策「西霞文鈔」)。清朝的所謂「**義民**」攻策、乃是以康熙末年、朱一貴起義時、誘引客家人倡義從官、而攻擊朱一貴軍爲端緒。從此、被清朝優獎爲「**義民**」以客家人爲最多。但是、所謂「**義民**」、大多是狐借虎威而公報私仇、甚至於肆意殺戮放火或脅迫・搶奪等、無惡不作。「**其名爲義民、實比賊甚。**」(盧德嘉「鳳山采訪册」)。

(4) 從地域上來說、台灣南部是福老人和客家人的對立相爭較多、台灣中部和北部乃是漳州系和泉州系的福老人的械鬥較甚。朱一貴起義時鳳山客家人揚起「**大清義民**」乃是南部的典型例子。林爽文起義時鹿港泉州人偏袒清軍而追討起義民軍則中部的例子、一七八二年(乾隆四七年)的莿桐事件(漳泉械鬥)、及一八二六年(道光六年)的李通事件(福老客家相鬥)、也是轟動台灣中部的大械鬥。北部得以宜蘭方面的漳泉械鬥爲典型、其相爭規模之大、且其反目對立之深刻、只舉一齣故事就夠明白、就是台灣知府・楊廷理曾在一八〇七年（嘉慶一二年）赴噶瑪蘭之時、把當時所看到漳泉二系漢人反目對立之情景記述之：「嘉慶十二年秋、予乘番舟至溪洲招募民番、漳人立於溪北岸送、泉人立於溪南岸迎、均不敢過溪矣。」（董正和「噶瑪蘭廳志」雜識）。台灣北部再一個的大械鬥的典型例子、就是台北艋舺同安系（泉州之一分系）和八芝蘭（今之士林）漳州系之間的激烈鬥爭。

e　無名戰士的塋地「大墓公」

台灣開拓史的第一頁、可以說是以荷蘭人屠殺原住民、及漢人移民和原住民相殺而開始寫上的。從此以後的各個時代也同樣、都是以血腥的鬥爭和殺戮爲代價、才把台灣逐漸開發起來。尤其在清朝時代、實如「**三年小反五年大亂**」「**分類械鬥**」以及漢人殺戮原住民那樣、每次都顯示了「**遍地死屍**」的悲慘情景。

今日台灣、在一些村莊還能看到「**大墓公**」的塋地或小廟祠（這些塋地和小廟祠自從蔣政權來到台灣之後、已被毀滅了很多、但在僻地還留下不少）。這乃是合葬了斃命於清朝時代等各種戰亂中的**無主**的犧牲者之塋地。換言之、這不外乎是爲台灣發展而斃命犧牲的**無名戰士**之公墓。這種性質的「**大墓公**」在台灣到處都有、可見台灣的祖先反抗外來統治者之熾烈、和外來統治者大屠殺台灣人祖先之慘、以及分類械鬥之頻繁。

因爲是這樣、開拓者後裔、從古時一直到現在、對於祭祀「**大墓公**」這件事是特別虔誠熱心、每逢農曆自七月十四日至三十日、台灣的各個角落都爲盛行「**普渡**」而忙了一些日子、藉以安息這些無名戰士的英靈、並求合家平安、五穀豐穰。

同時、在這祭祀「大墓公」的期間中、從活過來清朝時代的台灣老人家來說、也就是把自己親自看到或聽到的有關古時之英雄事跡、講給子孫們聽的每年一次的好機會。譬如、村外的「大墓公」在什麼時代是合葬了何種人、他們當在迎戰來襲的唐山兵時、如何的勇敢奮戰、殺了幾個敵人、但最後是如何慘的殺戮而亡、或者和那個村莊的相鬥時是犧牲了幾個人等、這些保家保鄉的故事由白頭翁講的很起勁、而在下面有了一班小孫子們也更起勁的待聽著的這種情景、乃是台灣特有的風景。接著下來、日本統治時代斃命於帝國主義刀槍下的先烈們、也同樣被同胞合葬於這「大墓公」裡頭。

第二次大戰結束後、蔣政權佔領了台灣的第三年、二・二八大革命爆發、當時有數萬台胞盡爲蔣幫及其爪牙所屠殺、並且其大部份的死屍都不知去向、英靈至今還無安息之處。爲台灣爭取自由而犧牲的這些無名戰士的英靈、要再等到何時才能被同胞們合葬於和先烈們在一起的「大墓公」、獲到安息的日子？

9　劉銘傳的近代改革

a　「台灣省」的新政

到了十九世紀後半、也就是清朝統台末期的光緒年間、台灣的西部平野幾乎被開拓完、接著下去、東部海岸和中央山岳地也漸有漢人進去墾殖。另一方面在國際上、鴉片戰爭爆發後、歐美資本主義如怒濤似的向台灣奔上而來、台灣諸港口被迫實行開放而讓歐美船隻自由進出、帝國主義勢力很快就浸透於島內、而霸佔台灣內外的商權。

在這樣內外形勢急遽轉變之下、清朝政府才覺醒到台灣在國際政治上所佔地位的重要性、即開始稱之爲「**南洋門户**」「**七省之藩離**」、而想來加強其海防。

於是、當時的執政者慈禧太后、在一八八五年（光緒一一年）九月才容納軍機大臣・醇親王、北洋大臣・李鴻章、大學士・左宗棠、總理福建船政大臣・沈葆楨、福建巡撫・丁日昌等五大臣六部九卿會同各省督撫所呈上的議奏、降旨新設「**台灣省**」、並著手於加強海防和開發台灣。「**醇親王奕讓等遵籌海防善後事宜摺內奏稱：台灣要道、宜有大駐紮等語。台灣南洋門户、關係緊要、自應因時變通、以資控制、將福建巡撫改爲台灣巡撫、常川駐紮。福建巡撫、即使閩浙總督兼管、所有一切改設事宜、該督撫詳細籌議、奏明辦理。欽此**」。並在同年九月五日、經過李鴻章保薦、清廷乃親任在清法戰爭有功的劉銘傳爲首任台灣巡撫。

然而、同年十月十九日、劉銘傳卻上書「**台灣暫難改省摺**」、奏請把台灣建省延至三、五年之後。其所舉出的理由主要如下：

(1)　爲了達成改革台灣的近期成效、必須兼行「**防備**」「**練兵**」「**清賦**」「**理蕃**」的四大政策。

(2)　只「**防備**」一事、年須銀三百萬兩的軍事支出、但是台灣全島的財政歲入僅有一百萬兩而已。

(3)　台灣獨立爲一省之後、非加強和福建省的連繫不可、因此、爲了加強閩台交通要道的澎湖海防、需銀八十萬兩。

就是說、清法戰爭之後曾有擔任過台灣防備的劉銘傳、頗爲熟悉在台灣建省之前、有如上述爲加強沿海防備所需的財政上的措施、及其行政・司法・軍事等各方面的改革就緒、建省才能順利進展。

但是清皇旨令已降、廷議已決、且以台灣新創百事待舉、所以、劉銘傳始於翌年一八八六年（光緒一二年）四月、履台灣巡撫之任、於是、台灣建省即見實現。他在四月二十二日先抵福州、和閩浙總督・楊昌濬嗟商今後政務之後、再赴台灣省的新省治台北、蒞任新職（參閱林熊祥「台灣建省與劉銘傳」—台灣文化論集 p.150）。

劉銘傳雖然是武弁出身、但在當時乃被算在進步主義官僚之一、時常倡導中國社會必須遂行近代改革的富強政策、所以一到台灣、就竭力實行台灣的近代改革。但是、由於把其改革進度操之過急、財政開支驚人的龐大、所以、原來是倡導應減輕台灣賦課的劉銘傳本人、卻更加苛酷的剝削台灣本地人、而且、貪官假藉改革爲名、勒索敲詐、無所不爲、結果、民不聊生、怨聲載道。因此、本地人紛紛起來抗爭的結果、劉銘傳乃事與願違、在任期未滿之前、不得不辭去巡撫的職務。

b　近代改革的四大政策

如上所述、劉銘傳把台灣的海防和近代開發認爲是不可分離的兩大改革方案、而揭起防備・練兵・清賦・理蕃的四大政策、於一八八六年（光緒一二年）五月二十四日、他抵達基隆就先到基隆砲台逗留一個禮拜、經過一番詳細考察海防之後、於五月三十日始抵台北城。

(1)　到台灣最先著手的也是有關「**防備**」事宜、把基隆・淡水・安平・高雄四港的砲台加以重新裝備、從外國購來新式大砲而加強其防備效能。同時、招聘德人畢德蘭（Bityia）爲技監、以德人巴翁士（Baons）訓練砲兵和實行軍隊近代化、加強或設立「**軍裝機器局**」「**火藥總局**」「**水電局**」、並設「**水雷營**」於基隆・淡水等地。另一方面也設立了在台北的「**全台營務處**」、聘請德人貝克爾

（Becker）和英人馬體孫（Mathason）改定舊有的保甲制度、重新施行之。

(2) 劉銘傳和欽差大臣・沈葆楨同樣意見、很重視「**理蕃**」、所以在一八八六年（光緒一二年）、設立「**撫墾總局**」於大料崁（今之大溪）、定隘勇制、創番學堂、同時、自己兼督撫大臣、在籍太常寺少卿・林維源任幫辦撫墾大臣、命其在各地原住民地區設分局、總理理蕃和墾殖事務。

(3) 劉銘傳的台灣建設、除了防備・撫墾・清賦之外、最煊赫有名的乃是鐵路建設、招集商股銀一百萬兩、敷設從基隆至新竹的縱貫鐵路。再就是開通前後山道路。開墾台北・頭圍間的橫斷道路、同時也設立「**招商局**」、購入新式火輪船、擴大通到大陸・香港・西貢・菲律賓等處的航船。

其他、如佈設電信（設立「電報總局」）・創設郵政制度以便通信而興隆各地交流・官辦樟腦和硫礦（設立「全台腦礦總局」）・採鑛（設立「煤務局」）・獎勵製茶業、以謀工商業之發展、同時也設立「**官醫局**」和雇傭西洋人醫師以醫治兵民疾病等、比中國本土早一步實行各方面的近代改革。

另外、劉銘傳亦採用歐式近代教育、培養從事「**洋務**」的新進人材。一八八六年（光緒一二年）、在台北大稻埕的六館街（今之永昌街）開設「**西學堂**」、教育英語・地理・歷史・數學理科等新學問。同時、為了施以技術教育、在台北的建昌街（今之延平北路・民生西路的十字路口）、設立「**電報學堂**」（參閱伊能嘉矩「台灣文化志」中卷、p.801, 813）。

c　土地清丈與清賦

劉銘傳在台灣相當勉強的做了一些所謂近代改革、這當然在財政上要支出很大的開支才有可能。然而、他是預先知道這個財政問題、所以在當初就奏請「**暫緩建省**」、又一旦履任巡撫並渡來台灣後、立即下手、企圖開闢新的財源、即是「清丈土地」和「清理賦課」。

劉銘傳一八八六年（光緒一二年）五月到台北、在同年同月就把「奏請丈量台灣田畝清查賦課摺」上書北京、茲錄其全文如下：

「竊查：台灣糧課、自入版圖以來、循鄭氏之舊、每丁歲徵四錢八分六釐。乾隆元年、欽奉恩諭、台灣丁糧、若照內地例中減則、每丁征銀二錢、以紓民力。歲征銀三千七百六十餘兩。逮十二年、乃議勻入田園徵收、番眾所耕概不完賦、仍照田就丁納糧。道光間、通計全臺灣墾熟田園三萬八千一百餘甲又三千六百二十一頃五十餘畝。穀種折地一千四百三十餘畝、年征粟二十萬五千六百餘石。餘租番銀一萬八千七百餘元。至今數十年墾熟田園較前已多數倍、統計全臺額征銀八萬五千七百四十六兩、洋銀一萬八千六百六十九元、穀十九萬八千五十七石。久無報丈升科。我朝輕徭薄賦、亙古所無、於臺灣尤厚。雍・乾之間、屢奉恩諭：臺灣賦稅不准議加。其時、海宇澄清、昇平無事、朝廷視台灣一島、無足重輕。現在海上多事、臺灣爲海疆險要之區、奉詔改爲行省。事繁費巨。今昔懸殊。臣恭膺斯土、目睹時艱、值此財用坐匱之際、百廢待舉之時、不能不就地籌劃、期於三、五年後、以臺地自有之財供臺地經常之用、庶可自成一省、永保巖疆。況節次欽奉諭旨、開源節流、今田園賦稅、率土輸將、乃司農歲入之常經、列代保邦之大法、舍而不計、徒乞鄰畺：雖舌敝脣焦脣、緩急終不可恃。臣渡臺以來、細訪民間賦稅、較之內地、未見減輕、不勝驚愕。久之、察所由來、皆系細民包攬。如某處有田可墾、先由墾首遞稟承包、然後分給墾户。墾首但呈一稟、不費一錢。成熟後、墾首全歲抽租一成、名曰大租、又有屯租、隘租諸名、不可枚舉。究之正供糧課、毫無續報升科。如臺北淡水田園三百餘里、僅征糧一萬三千餘石、利升隱匿、不可勝窮、臣現由地迭調廳、縣佐雜三十餘人、分派南北各縣、各縣選派正紳數人、先行會查保甲、就户問糧、一俟户畝查明、再行逐田清丈。委派臺灣府程起鶚、臺北府雷其達、各設清賦總局、督率推行。至於賦稅重輕、應俟丈後、再請飭部覈議。推臺灣民風強悍、一言不合、拔刃相仇、聚衆挟官、視爲常事。或言林爽文之變、實因升科逼迫、遂起戈矛。委員查賦下鄉、輒多畏葸、且萬山叢雜、道路崎嶇、若非勤實耐勞之員、協同正紳清查明確、不得不嚴定賞罰、以求成效。如各縣官吏員紳、清查妥速、辦理認眞、可否由臣請照異常勞績、從優奉奬、以示鼓勵。倘有賄託隱瞞、或畏難延誤、其或需索擾民、即行參革。庶期上下鼓舞、實力奉行、爲朝廷經久之謀、除地方吞欺之弊、便民裕國、莫大乎斯、是否可行、伏祈聖鑒。」

從此文、不但能看到清朝時代在台灣的土地制度和苛重的課征、同時也能窺看到當時社會狀況的一端。

北京政府由此上奏文、於同年五月八日諭准移諸實行。「光緒十二年五月八日、軍機大臣奉旨覽奏已悉、即著督飭派出各員紳認眞辦理、出力人員准照異常勞績奏奬、倘有賄託隱匿畏難延誤情事、即著嚴行參革、該道知道、欽此。」

於是、劉銘傳在同年六月、告示民衆、闡明清丈趣旨、並附示「清丈章程」如下：

「欽差督辦台灣防務頭品頂戴福建巡撫部院一等男劉、爲出示曉諭事：照得台灣地方、自乾隆五十三年績丈之後、至今開闢田園、數倍於前、久未報升科。從前海宇昇平、朝廷視台灣一島、不足重輕。期無内患、不慮外侮。於賦稅一項、屢奉恩詔、格外從寬、以示綏遠安邊之意。現時海上多事、台灣係海疆重地、久爲外人所窺伺。朝廷特設巡撫、以資控制、本爵部院參膺斯土、應爲地方遠大之謀、故招撫生蕃、以清内患、籌辦海防、以禦外侮、清查田畝、以裕餉需。不憚勞怨、慘淡經營、一併並舉、以爲長治久安之計。爾百姓等、當地隔海遷來、創業不易、亦須爲子孫立百年之業、官民一德一心、共保巖疆、同享樂土。查：台灣素稱沃壤、近年開闢日多、舊糧轉形虧短、皆由業户變遷、無定糧額、向不催收。故絕逃亡莫從究詰。或由田園册籍失毀、無從户、無確名、疆界混淆、土豪得以隱匿霸佔。奸民從中包攬控爭。或藉防番、抽奴隘稅、或稱究糧、自收大租。強者有田無賦弱者有賦無田。更有近溪者田地、水沖沙壓、小民無力報豁、田去糧存、種種弊端、有礙國計民生。若不及早清査、貽害伊於胡底。現經本爵部院奏明清丈全台田畝、委派南北二府、設立總局、剋日舉辦。爾等田園、一經清丈、編立字號、某字、某號之田爲某處、某人之業。糧户何名、册籍昭然。遇有買賣田產、立即過户催收、可免侵佔冒爭、永杜構訟之葛藤。其水沖沙壓之地、亦可隨時稟報、頓釋積累之重負。將來清丈之後、分省分治、糧額既添、文武學額亦必須奏請加廣。是於國計民生、兩有裨益。合行剴切曉諭、爲此示仰各屬紳民一體知悉、自示之後、各屬一律辦理清丈、無論官莊、叛產、營田、一體丈量。從前隱匿之咎、寬其既往不追、以後如再有劣紳、土豪、把持逆抗、或包攬隱匿、或造謗阻撓、即行嚴拿究辦。本部院言出法隨、決不寬貸。所有清丈章程、另列榜示。其各懍毋違、特示。

計開：

一　清丈之時、委員會縣、於三日前出示曉諭、定於某日清丈某甲幾户。論令該業户、將歷有契據查帶到莊、守候委員。丈量後、査對契據、如果界址畝數塡明、不許委員藉口刁難訛索、違者、准業主指名稟控。

一　清丈後、須發三聯票單、一歸清丈總局、一存本縣、一歸業主收執。另立清册兩部、一存局、一存縣、目前清丈、只查畝數、界址、至於該田地應完糧多少、統俟丈事竣、再行奏請部議。

一　清丈田地、須分上・中・下三則：以長流灌溉者爲上、資陂塘水者爲中、其山田爲靠天雨者爲下、惟園地向無分別等則、即在聯單上註明。如有業主賄託委員、紳士、以多報少、以上則報中・下則、無論何時查出、該田產充公、委員・紳士從重究辦。如係業主朦混隱匿、一經鄰舍稟控、或經官查出、即將該田產一半充公、以一半賞給指控人、委員照失察例究辦。

一　此次清賦、已經奉旨、在事官紳、照異常芳蹟請獎。該官紳等所查何保户、須在聯單上、註明係何官紳清丈某户。如丈量出力、清查最多、准予優獎。如有掛名官紳、先不幫同清丈、成懶惰偷安、不能耐勞、隨意敷衍、即由地方官撤委、不准列獎、以示儆警。

一　清丈時官紳俱由總局發給薪津、不准在民稍有需索。如有陽奉陰違、一經查出、總局並同事委員未曾先行稟明、總辦照失察例議、同事俱不准請獎。光緒十二年六月八日給。」

同年七月、在實行工作之際、又公佈了有關「清丈實際工作章程」、令各屬遵照辦理、同時設立「清賦總局」而直屬布政使臨時特辦之。清賦工作繼續做到第四年的一八八九年（光緒一五年）十二月、大體告完成。其「請獎敍員紳摺」云：

「計舊額人丁稅餉、供粟餘租、官莊耗羨、年共銀十八萬三千三百六十六兩。現定糧額、年徵銀五十一萬二千九百六十九兩、隨徵補水平餘根加以官莊租額、共銀六十七萬四千四百六十八兩有奇。比較舊額、溢出銀四十九萬一千五百二兩。」

但是、劉銘傳所採取的這種積極政策、必然侵害了台灣的**土豪劣紳**（這無非是封建的清朝政府為殖民統治台灣的必要而所創成）的許多**特權**、竟然引起這些封建買辦階級拚命的反擊。並且、這個清賦工作在實際上擔任工作的、都是歷來的貪官污吏和土豪劣紳之類、因而發生許多弊害而苦累台灣本地的開拓農民。

(1)　查定田地的等則及賦課時、實際工作又粗雜且不公平、同時過於苛酷。

(2)　認定土地所有者時、不切實際、並且賄賂白晝公然橫行。

(3)　發給土地權利書時、缺乏公正、引起被騙取土地的計不勝數。

(4)　測量土地時、所使用的**尺度**不統一、由此貪官藉題自飽私囊。

因此、農民百姓在各地紛紛揭竿起義、其中、留名在史上的、乃有施九緞起義等。劉銘傳到後來頗爲窘困、所以他在職六年有餘、一八九〇年（光緒一六年）七月、台灣事業尚未完成之前、乃被迫辭去台灣巡撫職務（參閱台灣總督府臨時慣調查會第一部調查報告書「清賦一班」―伊能嘉矩「台灣文化志」中卷 p.554）。後任的邵友濂、以體恤民力爲名、把劉銘傳時代的各種近代改革事業幾乎都撤消。這些近代事業、不出六年、卻被佔據台灣的日本所繼承。

總言之、劉銘傳的**新政**、雖然在各方面均有相當成績、但是、這乃建立在很不穩定的政治・經濟的基礎上、而且、他並不把清朝政府在二百年間所種下的殖民地與封建的社會結構從根底拔掉、而僅是在社會**表面**加添一些近代建設而已。因此、其所謂的「**近代改革**」所具有的脆弱性和無根底性是不必贅言、不經過多久就見到停滯或崩壞。且看、當時台灣的土地仍然掌握在大租戶・小租戶手裡、富者驕奢淫逸、而佔絕大多數的台灣本地農民、生活依舊一貧如洗、加上、貪官污吏仍是以台灣爲利藪、並且經營不當、所以米・糖・樟腦・茶葉・煤炭・製鹽等百業皆不見得有獲其利。在財政方面、雖已到達年收二百餘萬兩、其實、仍然皆靠諸賦課和苛捐而由台灣本地人身上搾取之。

其結果、劉銘傳所施新政的唯一成就、不外是強化了北京政府對台灣的殖民統治、及鞏固賦源而增加政府的財政收入、並使中國大陸對台灣更進一步的施展剝削而已。「**一省大政、不外錢穀、台灣物產豐腴、每歲所入、約可得銀百二十萬兩、視貴州、廣西、甘肅、奚啻倍之。**」（台南知府・唐贊袞「台陽見聞錄」）。「**台灣、海外一郡耳、懸絶萬里、而糖米之貨利天下。**」（分巡台灣兵備道・姚瑩「東槎紀略」）。在另一方面、即實施所謂「**減四留六**」、把大租額一律減爲舊有的六成並免除大租戶納賦義務、代之、指定小租戶爲納賦者、同時在實際上認定小租戶爲業主（地主）、而爲次代的改革留下一個預備條件（參閱伊能嘉矩「台灣文化志」中卷 p.553 ）。

10 漢人對原住民的壓迫與融合

a 漢人侵佔原住民的土地

清朝統治下的台灣社會、不外乎是以漢人農民的開拓土地爲大前提才發展起來、所以始終威脅了台灣最初的主人原住民的生存問題、因此、台灣的社會發展史、也就是漢人壓迫・同化原住民的一部歷史。

漢人移民當初到台灣來、乃從靠近海岸的平地一帶下手開拓、而後、才漸漸擴張到山岳地帶或東部海岸地帶。此時、原住民已漸從舊時的狩獵及採取的**自然經濟**、轉爲簡單的**農耕養畜經濟**、因此、漢人爲開拓耕種所要覓尋的土地、也就是原住民爲了種植粟・稗・或捕鹿・養豚所不可缺欠的生產手段。

這樣、強佔屬於原住民所有土地的**新參者**、和不能白讓別人劫去爲生活所需的土地的**先住者**之間、即不斷發生血腥的武力鬥爭及矛盾對立、這點是顯而易見的。然而、經過時間的累積而漢人愈來愈多、原住民反而被迫漸漸的退至山岳地帶、所以從前屬於原住民居住地區的未開原野、日漸變成漢人的田園及村落。當然、因原住民壓迫、土地也被霸佔、就自然而然的引起對漢人的仇敵心、竟以襲擊和獵頭來對抗侵佔者。但是原始族的原住民畢竟在人數上也是敵不過漢人的浸透、同時在生產技術的水準上也勝不過漢人、所以逐漸被打敗、而走上種族衰亡。

漢人乃兼施暴力和譎詐、霸佔原住民的土地、把其一個個開拓起來、隨著、台灣乃一天一天的被開發、社會也一天比一天膨脹起來。但是、由於清朝政府對原住民的襲擊和獵頭一貫是採取傍觀態度、所以漢人開拓者就結合起來自衛、這乃成為初期台灣的地方豪族擴張勢力的原因之一。他們地方的有力者即以抵禦「番害」為藉口、乘機養私兵設碉堡、保持武裝勢力、不但是出擊於原住民居住地並強佔其土地、而且也用於劫去已開墾好的漢人土地。

b 漢人台灣人與原住民台灣人的融合

漢人和原住民在台灣、不僅是以土地爭奪而結成仇敵關係、在另一方面、經年累月之中、也從互相接觸當中、發生了融合協調的關係、而在群居通婚的情況之下、逐漸成為同樣的台灣人、這也可以說是為大勢所趨（參閱第六章2b）。

尤其清朝時代以來、留在西部平野的原住民、大體上從漢人那裡學到耕田及種稻米的生產技術、在生活上也和漢人融合同化在一起、經過幾個世代之後、從表面上已看不出雙方的不同點。

走入山岳地帶的原住民系台灣人和漢人系台灣人、自清朝初期、逐漸轉移於物物交易的和平關係。在北部是漢人交納「蕃大租」而租借原住民的土地、山地的原住民也從原始的燒地農耕轉為學到水田耕作的技術、一步步從自然經濟脫離出來。

但是在清朝時代、原住民和漢人要更進一步的相接近、進而在心理上發生共感、那還得等到一個時期才有可能。

11　帝國主義列强再次窺伺台灣

a　歐美資本主義與台灣

自從荷蘭人敗退、台灣暫從國際舞台退下之後、已經有了百餘年的歲月消逝。其間、曾在一七一四年（康熙五三年）、爲測繪地圖、有三個西洋人天主教教士被清廷派到台灣來（其地圖後被登在「皇輿全覽圖」）、或者、俄國的逃亡俘虜、即波蘭的貝納奧斯基（Maurice August Benyowsky）、於一七七一年（乾隆三六年）到過台灣東北部的澳底附近、後來寫成一册「旅行記」（Voyages et Mëmoires de Maurice-Aguste Comte de Benyowsky, 1791）、或者、亦有了西洋人航海遇到颱風至台灣南端或東北部而爲原住民所殺等記事、像這種施行者或漂流者來到台灣的例子、並非沒有、但尙無牽涉到政治問題。

然而、歐美諸國想再佔領台灣的企圖漸露鋒芒、而這「**美麗的寶島**」再度被拉進國際舞台、就要等到十八世紀末葉、即西歐資本主義國家重新侵略亞洲殖民地的時期。

西歐社會到了十八世紀末葉、其資本主義體制已發展到相當程度、這些成爲更富強的西歐各國、即把豐富的**資本**和**商品**滿載於新式的輪船而重來亞細亞、再次搞起瘋狂的殖民地爭奪戰。其中、先一步達成**產業革命**的英國、對於亞洲的資本主義侵略最爲兇猛。英國當初跨著世界的東西兩洋而在印度和北美洲的雙方面佔據了殖民地。後來、在一七七六年（乾隆四一年）美國達成獨立的結果、失掉了美洲殖民地的英國、即以全力傾注於亞洲來、企圖在印度・中國・日本及亞洲各地方覓取更有利的殖民地。

但是、在十八世紀後半、正值清朝統治中國的盛期、乃是乾隆皇帝威服四鄰、以富強跨示於世界的興隆時代。嗣於十九世紀中葉、清國的國威雖然漸趨凋落、但是清廷仍以老大國自居、因此、雖說是稱霸於西歐世界的英國、任其以軍艦或大砲怎樣的加以威脅、清廷都無動於衷、不易被壓服、任以通商的厚利怎樣的引誘、也強硬的被拒之於鎖國的門扉之外。這樣、清廷不但是不屈服於英國所施的萬般脅迫、而且還把其當做兒戲來處理。

英國在亞洲、由於遭到清國這種頑強的鎖國政策和拒絕通商、所以在窘迫之餘、就和十七世紀的時期同樣、即窺伺在地理上佔著重要地位並且清朝卻不太重視的台灣。

就是說、台灣、這次也和十七世紀荷蘭佔據時期同樣、由於在地理上所佔要衝、竟不能避過侵略者貪婪眼光、而再一次受到西歐帝國主義者所抓起的風濤大浪所侵襲。

這樣窺伺台灣的、不僅限於英國、而連法國・德國・美國等西歐資本主義列強都各自伸出魔掌而想奪取台灣、後來、再添上亞洲的日本也走進窺伺台灣的帝國主義行列。

恰在此時、庫拉普爾著「**台灣博物誌**」、及斯迭失因斯著「**台灣島誌**」先後問世、証明西洋人對台灣已頗有關心、並也有相當的研究。

b　動盪於鴉片戰爭砲火中的台灣

歷史上最早把鴉片搬進中國的、乃是在十五世紀的印度人。其後、到了十八世初葉、英國人發現印度所產的鴉片、運到中國換取清朝所公認的貨幣（現銀）獲利鉅大、所以英國船就專門搬運大量的鴉片到廣東、導致廣東成爲鴉片貿易的大港口。並且、吸飲鴉片的惡習以驚人的速度蔓延於中國大陸的各個角落。這樣不經多久、因在中國的鴉片銷路愈來愈廣、滿載了鴉片的英國船從廣東再往北上、終於到達浙江省寧波等處。

中國本土的煙毒既然如此兇猛、但在殖民地的台灣就比之更甚：「**鴉片煙：：、傳入中國已十餘年、廈門多有、台灣特甚、哀哉。**」（藍鼎元「鹿州初集」致巡視台灣御史・吳達禮論治台事宜書）。「**產其鴉片煙土者三國、一爲的記（Turkey）、二爲望邁（Bombay）、皆出小土、每塊重六七兩。惟孟加剌（Bengal）出大土、每塊四十五六兩。**」（達洪阿・姚瑩合撰「治台必告錄」唊咭唎地圖說）。但是另有一說、最早把鴉片搬進台灣乃是荷蘭人、即從咬𠺕吧（爪哇）運到台灣的。「**鴉片始自西洋荷蘭及咬𠺕吧等、：：**」（周凱「廈門志」風俗記）。到了一八二七年（道光七年）、煙毒的蔓延已進展到英船開始直接搬運鴉片土到台灣來、台灣人在雞籠以私造樟腦交易之。這樣、在台灣、無論是開拓農民・官員・兵卒・大小租戶・商人、吸飲鴉片的弊習已經根深蒂固的呈現病入膏肓的狀態。

於是、一八二三年（道光三年）、兩廣總督・阮元鑑於鴉片的流毒愈來愈盛、即奏准禁止鴉片的輸入和販賣、罌粟的栽種和煎熬、及開設煙館。但是、雖然這樣經清皇降旨嚴禁、吸飲鴉片的弊風並未有絲毫的消息、而且更熾旺、因此、秘輸鴉片的流入卻有增無減。在這種情況之下、清朝政府終於不得不再進一步的從嚴公佈禁煙條例、並下令禁中國人跟西洋人來往、和禁止教授西洋人學習中國語等。

一八三八年（道光一八年）、湖廣總督・林則徐、條陳煙毒之弊害、且擬具禁煙章程、奏請再次從嚴懲罰有關鴉片的密輸・販賣・吸飲等。黃爵滋頗爲熟悉中國在鴉片貿易上所損鉅大、算出每年流出現銀達三千萬兩之巨。於是、清廷即特授林則徐爲欽差大臣、派遣於廣東專權處理鴉片貿易的禁止事宜。

林則徐到廣東後、翌年一八三九年（道光一九年）、奉詔嚴禁鴉片。英商不遵、販賣如常、因此、林則徐搜盡英人所持的鴉片共二萬箱而付之一炬、並禁止載有鴉片的西洋船隻進出廣東港口。於是、英艦趁機砲擊廣東、中英兩國終於惹起戰端。這乃是英帝國主義以武力侵略中國的開始、也就是今日百年之中、中國人將要從事反帝國主義鬥爭的端緒。其後、戰爭由廣東而波及中國本土的沿海各商埠、各地港口一個個被英軍所佔。英軍同時也不忘攻擊台灣的港口。

在台灣、鴉片戰爭之前、於一八三八年（道光一八年）、清廷下令禁止鴉片煙運入台灣、違者從嚴治罪。戰爭開始之後、閩浙總督・鄧廷楨命台灣鎮總兵・達洪阿、及分巡台灣兵備道・姚瑩嚴防英軍來攻台灣。一八四一年（道光二一年）七月、英艦紐布達號（Nerbudda）第一次來攻雞籠、向三沙灣開砲。達洪阿命參將・邱鎮功、守備・許長明・歐陽寶等還砲應戰、英艦中彈、倉皇將要馳逃、竟觸礁擱淺桅折、英人士官紛紛逃脫、二〇四人的印度兵爲清軍所俘、盡殺戮之。同年九月英艦第二次來犯雞籠、又爲清軍所擊退。繼之、一八四二年（道光二二年）正月、英艦三艘又來攻大安港、淡水同知・曹謹、鹿港同知・魏瀛、澎湖同判・范學恆、彰化知縣・黃開基、北路副將・關桂等協同抵禦之。英軍看清軍兵力雄厚、乃往北馳走、其中一艦安因號（Ann）於途中觸礁而沉沒、又被清軍俘虜英印兵五七人。

台灣方面雖然打退英軍的來攻而未有寸土被侵佔、但是、主戰場大陸沿海、反使英軍節節勝利、連續攻下廈門・定海・寧波・上海・鎮江等地、更擬直迫南京。清廷聞報驚惶失措、唯有求和而已。於是、在一八四二年（道光二二年）八月、清廷終於和英政府締結「**南京條約**」。從此條約、清朝被迫割讓香港、開放五港（廣東・福州・廈門・寧波・上海）、於是、中國只好放棄久年的鎖國政策、並任其外國人和外國商品自由進出中國領土。這樣、中國即屈服於英國帝國主義、跟著印度的後塵而陷於半殖民地的境地。

事後、根據英政府全權代表・沙連彌噗嚩喳（Sir. Henry Pottinger）的要求、清廷逮捕達洪阿、以虐殺被俘英兵之罪送往北京的刑部懲辦。被捕的達洪阿至一八五一年（咸豐元年）、由姚瑩等人向清廷求情、始得昭雪而被釋放。

鴉片戰爭和南京條約的結果、西歐資本主義的帝國主義者乃傲然自得的橫行於中國大陸、中國社會則成爲以軍艦和大砲爲背景的商品和鴉片充斥市場、而且、其市況完全被帝國主義的所謂**國際市場**所控制、佔總人口九%八以上的中國農民大衆、乃急速被推進更下一層破產窮亡的漩渦裡。再者、許多西洋人的宗教人員亦成爲帝國主義的幫手而自由進出中國社會、結果、中國特有的上層階級意識形態和生活習慣漸被浸染、因此愛國的中國人群衆殺害西洋人宣教士的事件頻發、這又是招來西歐侵略者藉以要求賠償和擴大治外法權、西洋人欲想併呑中國之勢日漸兇猛。

在這種客觀形勢的急遽變動之下、當然、台灣也不能例外、以英國爲主導、西歐帝國主義乃譁然來敲台灣的門扉。一八四八年（道光二八年）、英政府派海軍中將戈爾頓（Lieut. Gorden）來雞籠檢驗含煤地層。從此來台考察產業狀況或通商謀利的西洋人日益增多。於是、清朝政府爲預防西洋人對台灣的經濟侵略、乃不得不在雞籠・滬尾・安平三港設置關卡、而對外來商品徵物品稅（參閱伊能嘉矩「台灣文化志」中卷 p.717、幣原坦「台灣に於ける金硫黃及び石炭の探檢」）。

新興資本主義國家的美國、不甘落後於西歐列強、同在此時也趕到台灣。美政府擬於台灣設立蓄煤處、在一八五四年（咸豐四年）、派遣海軍提督・麥爾理（Matthew Perry）率領麥西土尼安號（Maccedonian）及薩婆賴號（Supply）的兩艦航來雞籠、並命李約翰（G. Jones）勘查煤鑛資源、之後、麥爾理建議美政府佔領台灣。由於歐美專家頻來台調查台灣北部含煤地層、同時、檢驗出該地區的煤炭資源豐富、所以英國等屢向清廷索取採炭特權、但因台灣本地人堅持反對、才遲延而未果。後來、駐日本的第一任美國總領事・哈來須（Townsend Harris）、也竭力調查台灣的情況而建議美政府收買之。次之、於一八五七年（咸豐七年）、斯因崞（Robert Swinhoe）亦至台灣、一方面擔任駐淡水的英國領事、另一方面即著手研究台灣的地理和動物。在同一個時期、英人候林（Horn）至噶瑪蘭、計劃開墾該地方而未獲成功。

接著下去、一八五八年（咸豐八年）、英商怡和祥行（Jardin Matheson & Co.,）・連督洋行（Dent & Co.,）派駐在員來台灣、開始收購樟腦、同年另有美商在打狗（高雄）設立絡處、開始收購砂糖。同時、普羅卡編成「**台灣視察錄**」、使歐美人更加注目台灣。

一八六〇年（咸豐一〇年）、著名的中國地質學專家、德國人李卓顯（Ferdinand von Richthofen）、也來台灣調查淡水河兩岸地質、而寫了一個報告書「**關於台灣北部海岸的山岳構造**」。

c　天津條約與台灣開港

自鴉片戰爭結束後、西歐帝國主義侵略中國日趨熾烈、侵略台灣也是如此、在另一方面、中國人仇視西歐人已如怒潮似的日甚一日。因為這樣、一八四七年（道光二七年）十二月在廣東發生了六名英人被殺事件、再到一八五六年（咸豐六年）二月法國天主教教士查德蘭（Augustin Chapdelaine）在廣西亦被殺害、終在一八五七年（咸豐七年）七月英法聯軍進犯中國。英法聯軍一鼓氣就攻破廣東、陷塘沽・天津、而直迫北京。清朝的咸豐帝倉卒蒙鹿熱河、在一八六〇年（咸豐一〇年）九月、清廷被迫和英法二國締結「天津條約」、依此再添上開放牛莊・登州（芝罘）・漢口・九江・潮州（汕頭）・瓊州・台灣爲商埠、並准許英法人保持在中國的自由傳教權・領事裁判權・稅則協定權等。

台灣諸港口的開放乃始自此時、即一八六二年（同治元年）開放滬尾、一八六三年（同治二年）開放雞籠、一八六四年（同治三年）開放安平・旗後（高雄）、以這四處爲通商口岸、讓英法人及其船隻・資本・商品等自由進出。這樣、爲歐美資本主義支配台灣而解開第一防線。

從此而後、其他各國亦倣效英法二國、逼迫清廷締結同樣的條約、開始侵進台灣通商貿易、茲列各國締約促使台灣開港的年次如左：

一八六〇年　英國・法國・美國・俄國

一八六一年　德國　　一八六三年　荷蘭・丹麥

一八六四年　西班牙　一八六五年　比利時

一八六六年　意大利　一八六九年　奧地利

一八七一年　日本　　一八七四年　秘魯

一八八一年　巴西

外國政府恣意自定淡水河邊一帶爲居留地、各設領事館於滬尾・艋舺・大稻埕等地。

從此、外人來台通商者日益增多、其中、英國人勢力最大。就是英人資本以對岸的香港・廈門爲根據地、而以其帝國主義的魔掌伸到台灣來、在各地港口開設領事館、設商館・倉庫・住宅等。隨著、台灣的金融・產業・貿易・運輸以及農村生產等皆侵略者所控制。

在另一方面、善長於統治殖民地的歐美帝國主義者、為了支配台灣各方面的經濟活動、乃不忘利用盤踞於華南各港水的**中國買辦商人**（Comprador）。由於這些居住本土的買辦商人、以外人資本為後盾而來支配台灣經濟、結果、他們逐漸取代了正處於沒落過程中的大租戶等清朝政府的代理人、並連繫一批台灣本地的買辦商人和小租戶及清朝官員、而成為台灣經濟的新的實質上的統治者、從台灣本地人掠奪巨大的財貨、與坐鎮在廈門・香港的外人資本家分享其利。

這些外國商人與中國的買辦商人、以歐美銀行的**資本**為武器、從外搬進鴉片和洋貨、在台灣換上茶葉・樟腦・硫黃・米・糖・木材・煤炭等、重新征服了台灣經濟。

他們控制台灣經濟的手法是這樣的。就如上述、坐鎮於香港・廈門的英美商人、乃從「**香港上海銀行**」「**安達銀行**」等歐美金融機關貸款、再把這筆資金當為購買台灣的茶葉・糖・樟腦等資金而先付給中國買辦商人。中國買辦商人即攜帶這筆渡來台灣、通過本地的買辦商人、以先貸給生產物代金的方式、向台灣農民或其他生產業者**放帳**。然後、等到收獲時期、才以所定價格加上放帳利息計算、從台灣農民或生產業者收納**生產物**、而搬回大陸並交給英美商人。這樣、中國買辦商人、乃不費勞力也不花分文、卻能獲取巨利並支配台灣的經濟。

此時、和英美二國同樣、各國亦經常窺伺台灣、例如、一八六〇年（咸豐一〇年）德國軍艦埃爾畢號（Elbe）的士兵登陸台灣南端、但被原住民擊退。一八六六年（同治五年）英鑑怒霧號（Doob）及一八六七年（同治六年）英艦細魯比亞號（Sylvia）駛近南端的南岬（今之鵝鑾鼻）附近測量水深、而和現住民發生小戰鬥。這樣、歐美人對台灣的注目愈來愈緊、一八六三年（同治二年）、當時駐台灣淡水的英國領事・斯因哮（Robert Swinhoe）著作「**台灣人種誌及殖民誌**」、並對於台灣的茶葉發展竭盡不少力量。英人杜益度（Johb Dodd）來台考察並獎勵北部種植茶樹、也是在此時期（參閱伊能嘉矩「台灣文化志」下卷 p.136）。

d　獨霸台灣商權的英帝國主義

如上所述、英商已把樟腦貿易操在掌中、清朝因爲英人獨佔樟腦貿易獲利鉅大而開始感到眼紅、所以欲想奪取其利、乃在一八六三年（同治二年）、下命台灣兵備道・吳大廷收回樟腦歸官辦。英人對這件事頗感不滿、頻向台灣官方要求取銷官辦制度、但是官方一旦把這特權握在掌中、當然不再輕易放下、因此雙方糾紛不已。

適於一八六八年（同治七年）三月、英商德記洋行（Tait & co.）經理哈智（Hardie）自打狗（今之高雄）往台灣府城（台南）的途中、爲台灣道衙門的隸卒毆傷。同在此時、另有英商愛利士洋行（Elles & co.）所有價值六千元的樟腦、在彰化縣的梧棲港被清朝官方沒收。次之、爲向清方談判收回這些被沒收樟腦而前往梧棲的該洋行代表畢克林（Pickering）、在其途中的鹿港又被分巡台灣兵備道・梁元桂所派的汛兵襲擊負傷。在這樣糾紛的情況之下、駐安平的英國領事・齊普遜（John Gibson）飛電香港請求派兵保護。駐香港的英國艦隊司令・凱波爾（Sir. Halley Keppel）急速下令海軍中校・戈爾登（Lieutenant Gurdon）率領砲艇亞節令號（Algerine）・普斯達號（Bustard）二艦、於一八亡八年（同治七年）十月駛至打狗、後轉安平港、命士兵二五名登陸、佔領古寨（熱蘭遮城址）、再攻佔水師副將・江國鎮所駐守的安平市街。分巡台灣兵備道・梁元桂、和台灣鎮總兵・劉明燈聞警即派兵五百趕赴安平抵禦之。英兵趁夜襲擊清方援軍並爆破火藥庫。清方水師副將・江國鎮畏罪仰毒自殺、情勢大亂。於是、安平紳士黃景祺以許經秋爲通譯、向戈爾登交涉、請撤兵。戈爾登索交保証金四萬元、黃景祺即湊私財交之、英軍才實行撤兵。先是在本土、閩浙總督曾派興泉永道・曾憲德渡台、與英領事・齊普遜會同協議、並獲得北京英公使・阿祿國（Sir. Rutherford Alcock）同意、訂立協約㈠撤銷樟腦官辦、㈡保護外人旅行內地之安全、㈢賠償外人一切損害（共一萬七千餘元）、㈣處分失職官員、㈤承認外人傳教自由。此約乃在同年十月末日簽訂、台灣道・梁元桂以下諸官員均以失責、付於革職處分。英領事・齊普遜亦被英政府召回受懲戒處分。這次的糾紛被外人稱爲「**樟腦紛爭**」（Contest of Camphor）（參閱伊能嘉矩「台灣文化志」下卷 P.124）。

英商在台灣、不僅是獨佔樟腦貿易、而在茶葉貿易上也佔有優越地位、獲利甚鉅。自從一八六九年（同治八年）英商約翰・杜益度（John Dodd）把台灣的烏龍茶二〇萬斤輸售於紐約以來、駐在廈門的英人茶商完全控制著台灣茶葉的價格和輸出以及有關金融事宜等。他們支配茶葉貿易的辦法、和支配其他台灣特產品大體相同、就是杜益度洋行（Dodd & co.）等英商、從外國金融機關貸款、把這筆錢先交給在廈門中國買辦茶商、即「**媽振館**」（merchant 的廈門語音譯）、再由本土的媽振館商人帶來台灣、通過台灣本地的「**茶館**」（台灣本地的買辦茶商）、而預先貸給台灣農民、等到茶葉出產後、再把其茶葉沿著同樣機構溯回、最後交給英商。

其他、砂糖貿易也是英商所獨佔並獲鉅利的台灣特產品。台灣產糖、若不由杜益度・德記・愛利士・慶記・美打・海興・東興等外商經手、幾乎是一斤糖都不能運出口的。同時、台灣進出口的貨運也一切由英人海運公司所獨佔。

這樣、被台灣本地人叫著「**英國番仔**」的英人巨商、成爲來台外商的主導、他們以國家的軍艦和大砲做爲後盾、驅使金融資本・產業資本・商業資本、及具有高利貸性格的預先貸款制度、而百分之百的控制台灣經濟。隨著歐美人獨佔台灣商權、外人對台灣的關心更爲提高、駐廈門的美國領事·李仙得（C. W. Le Gendre）著作「廈門和台灣」就在此時。

e 捲土重來的基督教傳教

清朝佔領台灣後不久、自一七〇八年（康熙四七年）至一七一七年（康熙五六年）、清·聖祖（康熙帝）曾下命天主教耶穌會的西洋教士到全國測繪地圖、後來定名爲「皇輿全覽圖」。當被派到台灣來的是雷孝思（J. B. Regis）·馮秉正（Jos. de Mailla）·德瑪諾（R. Hinderer）等三人。他們在澎湖和台灣、自一七一四年（康熙五三年）四月十八日滯留至五月二十日、測繪「皇輿全覽圖」的台灣部份。他們三人之中、據說是雷孝思和德瑪諾負責台南以北的測繪、馮秉正負責測繪台南府城和台南以南的地區。這可算爲西洋人早時在台灣的一種文化活動、不妨在此先提一提。

一六九七年（康熙三六年）、曾有杭州人郁永河、爲做硫磺買賣來台考察、他從台南至台北、由陸路旅行了八個月、後來回大陸寫成「裨海紀遊」（渡海日記、採硫日記）的旅行記錄。這乃是清朝統台初期的一册重要文獻、其後從中國要往台灣就職的清朝官員、均以此爲學習有關台灣的教科書、總要先看過一次才從本土出發而來台灣。這本書之中、有一段「西洋國」、乃嚴厲指責天主教所流下於東洋社會的遺毒。據其云：荷蘭敗退台灣後、清朝政府乃以天主教爲迷信邪教、嚴厲搜索信者並以能否踏上十字架爲其信教之憑據而處刑之、在日本德川時代也同樣曾有過如此的禁教時期。因爲這樣、所以跟著荷蘭人撤返台灣之後、天主教想捲土重來、重新來台傳教、無怪乎必須等到二百年之後、即十九世紀中葉才見實現。

因此、**天主教**神父再來台灣是在一八五八年（咸豐八年）、呂宋馬尼拉的聖多明我會（Dominican）決定派桑英士（Fernando Sainz、華姓郭）和杜篤拉（Joseph Duttoras）二神父來台灣佈道爲始。他們二人先到廈門、杜篤拉神父因通華語而留於廈門、桑英士偕蒲富路神父（Angel Bofurull）、和中國修士三年及教友三人、於一八五九年（咸豐九年）五月起程廈門、五月十八日登陸打狗、然而他們二神父由當地人控告於鳳山知縣、被官方逮捕、再被送到台南知府監獄。二人於六月一日才被釋出獄、蒲富路因病即返廈門。桑英士一人獨居打狗的前金庄（大竹庄）。七月中、鳳山知縣宣佈嚴禁把土地或房屋租賃或出讓天主教傳教士、經過屢次的交涉、後來禁令才被撤消。

桑英士神父於一八六〇年（咸豐一〇年）建造台灣第一號教堂於打狗。一八六一年（咸豐一一年）、他開始進入阿緱街（屛東）萬巒鄉赤山地區、傳教於當地原住民。一八六九年（同治八年）十二月、建造於此地的教堂、爲台灣現存最早的天主教堂。天主教從此逐漸傳播於台灣中北部。

當時的台灣本地人、因屢見外商唯利是圖、橫行各處、所以排外心漸起、又有清朝官方加以挑撥、所以其抗外心更趨激烈、旋至忿怒教堂爲邪教巢穴、結果、多處的教會被焚毀、教士或牧師被横殺於白晝路上、本地人信者也被糟蹋、或被官方拘捕、終於一八六七年（同治六年）、駐打狗的英領事齊普遜及代理領事遮密遜（Jamison）會同海軍少校戈爾登及凱波爾（Keppel）、率砲艦牙奴須號（Yanus）的水兵至鳳山縣治、見知縣•吳木杰、一面示威一面談判的結果、清方才再確認外人的傳教自由、並賠償一千一六七元、始告完結。

一八八三年（光緒九年）、台灣天主教劃屬於廈門地區、日本據台後、其教務仍然歸廈門管理。台北大稻埕教堂至今仍如昔日呈現其威容於雙連地區、附帶辦有女子中學（台北靜修女子高中學校的前身）。

新教傳教者再來台灣、乃是一八七〇年（同治九年）英國長老教會（Presbyterian Church）派來甘爲霖

（William Campbell）爲始。他在台南等處建立教會共計五〇餘處、傳教於南部一帶、並兼設學校（台南長榮高中學校的前身）、也由隨同來台的醫師牧師馬雅谷（Dr. J. Maxwell）在台南開設醫院、本地人受惠很大。

甘爲霖以台南府城爲住地、獻身於台灣南部方面佈教、到了日據時代、於一九一七年（大正六年、民國六年）二月、年七六歲、才回英國。他著有"Missionary in South Formosa. 1871" "Formosa under the Dutch. 1903" "Sketch from Formosa. 1916"、對於台灣歷史研究裨益不小。

次之、一八七二年（同治一一年）加拿大長老教會派馬偕（George Leslie Mackay）至台灣。他以滬尾街（芝蘭三堡）爲根據地、主要是在北部傳教、同時、獲得加拿大領事館的協助和駐台外商的資助、附設醫院、邀請領事館專任醫師林格（Dr. Ringer）等人協助治療。

馬偕牧師常赴各地傳教、他因擅長拔牙齒、所以到處爲本地人傳教拔齒。自一八七三年（同治一二年）起、在滬尾・五股坑・新港・和尚州・三重埔・新店・埔仔・雞籠・大龍垌等處建造教會。他又在滬尾的自宅設立夜校（淡江文理學院的前身）、對本地人子弟的教育頗有貢獻。一八九六年（光緒二二年）著有"From Far Formosa"。

自一八八四年（光緒一〇年）八月、法國海軍開始侵佔台灣而來攻雞籠・澎湖等處。台灣本地人抗外意識復燃、旋至燒焚大龍峒・新店・松山等地的教會。

一八八七年（光緒一三年）天主教教士來台北考察之時、因大受清朝官方的歡迎、新教徒起而攻擊、說天主教是進攻台灣的法國國教、這次的新舊教徒的糾紛、經過廈門西班牙領事和英國領事交涉後、才告平息。

馬偕到台灣後、娶本地人婦女爲妻、逝於一九〇一年（明治三四年、光緒二七年）、享年六二歲。一九一二年（大正元年・民國元年）、加拿大教會捐資、建造「**馬偕紀念醫院**」於台北雙連、以繼承馬偕卜此地爲永久佈教之志。

總言之、西洋人宗教家於亞洲的傳教活動、有善惡之分、善者乃以人道主義立場而竭力於教育・醫療・科學等方面的民衆啓蒙、惡者成爲帝國主義宰割殖民地之幫手、或對他國做爲侵犯領土和要求特權之藉口、這在中國特甚（參閱伊能嘉矩「台灣文化志」下卷 p.127）。

f　美艦羅妹號事件

自台灣開埠讓外人自由進出通商之後、外船日漸輻輳於台灣海峽、其中、遇風漂流或觸礁擱淺的船隻、或者靠岸與原住民發生爭端者層出不窮。一八六七年（同治六年）三月九日、羅美號（Rover）自汕頭開往牛莊、中途因遇颱風迷失方向、以致漂到台灣南端七星岩（Vele Rote）、觸礁沈沒。船長亨特（Hunt）夫婦及水手等同上小艇、從鬼仔舟龜仔角（西洋人謂之 Koalut）登陸、爲原住民狙擊而全遭殺戮。適有一個華人水手得免、即逃入山中、晝伏夜行、逃至打狗、向官方訴其顛末。駐安平英國領事由清方聞報、急速經過駐北京英公使、通知美公使・蒲安臣（Burlingame）。同時、英領事命迫於安平的英艦科爾摩蘭號（Cormorant）、由艦長布羅少校（Broad）指揮馳駛於遭難地、擬探索有否生存者、但該艦又遭原住民之襲擊而返。同年四月、駐廈門美國領事・李仙得（C. W. Le Gendre）、坐美艦來航、擬與原住民頭目交涉有關自由航行問題、亦遭攻擊、乃無結果而歸。李仙得旋向台灣的清朝官方交涉、閩浙總督・嚴桂乃下令分巡台灣兵備道・吳大廷答曰：「**生番之地不隸中國版圖、難用兵究辦**」。於是、美國政府即命海軍提督・拜爾（Bell）、率哈特福號（Hartford）・窩明號（Wyoming）

二艦來攻原住民。同年六月十九日、以陸戰隊一八一人從鬼仔舟登陸、由艦上開砲、然後進軍。原住民散伏蒼莽巖山之中、以飛標擲石及毒箭鳥槍應戰。美軍在山路崎嶇地理險阻之下、進退維谷、副艦長馬凱基（A. S. Mackenzie）中箭陣亡、大敗而退。

此時、美國公使在北京向清廷交涉的結果、同年九月、台灣道・吳大廷向仙善得照會云：「**清國即派文武大員究辦、不必勞客軍、如欲觀察、可乘本國輪船來臨**」、乃下令台灣總兵・劉簡青、南路海防兼理番同知・王柳莊領兵前往、李仙得亦同行。李仙得觀諸情勢、欲待清軍解決恐不可能、乃偕通事六人和原住民頭目・卓杞篤（Taketok）面晤交涉。卓杞篤云：「**今次殺人、因不忘曾於昔時被外人殲滅全社人口之宿怨、爾來子孫傳承以報仇為己任、……偶有外人漂著、即達久年宿望、並無他意**」、約定此後對外國船隻將予以保護、並送還船長夫婦的頭顱、李仙得也被要求約定此後如有漂流船隻、須先看有揭紅旗在海岸、始得登陸。李仙得知不能再討便宜、只爭得面子就愴然退下、此事乃告平息。

g　日本藉口「牡丹社事件」派兵侵台

東洋的新興國家日本之虎視台灣、是不亞於歐美諸國、早就居心莫測。一八七一年（同治一〇年、明治四年）十一月、琉球宮古島的居民六九人、因船遇風、漂至台灣琅璚附近的八瑤灣、溺死三人、只六六人上岸、因誤入牡丹社、被原住民排灣族殺戮五四人。其餘一二人逃出、獲到社寮居民劉天保・楊友旺・宋國隆等人的救助、才得脫險、由台灣官方轉送福州、翌年六月、閩浙總督・文煌、福建巡撫・王凱泰連銜奏准遣送此一二人歸返琉球。

於是、日本政府竟想以此爲藉端來圖謀台灣、一八七二年（同治一一年、明治五年）置駐福州的日本領事館、並派陸軍少佐・樺山資紀及兒玉源太郎（二人皆是後來的台灣總督）、以及水野遵・黑岡季備・福島九成等人、六月由日本至北京、轉香港、僑裝商人再轉福州、八月自福州搭廣東號輪船渡來台灣、得到駐淡水英國領事的協助、分頭遍歷台灣各處、細訪民俗、密探防備並探測沿海水深等。

這樣、日本政府對於出兵台灣的準備工作完畢之後、始在一八七三年（同治一二年、明治六年）三月、特派外務卿・副島種臣爲全權大使、外務大丞・柳原前光爲副使、搭龍驤艦赴北京。副島命柳原會見軍機大臣吏部尙書・董恂、及吏部尙書・毛昶熙、爲牡丹社事件開始交涉。毛昶熙答之曰：「生番皆化外、猶如貴國之蝦夷、不服王化、萬國之野蠻人大都如此」。柳原再曰：「生番殺人、貴國捨而不治、故我國將出師問罪、唯番域與貴國府治犬牙接壤、若未告貴國起役、萬一波及貴轄、端受猜疑、慮爲此兩國傷和、所以予先奉告」。毛昶熙不懂外交、竟含糊再答曰：「生番既屬我國化外、問罪不問罪、由貴國裁奪」。柳原後叮嚀曰：「……唯係兩國盟好、一言聲明耳」。談判破裂、副島電告本國政府太政太臣・三條實美曰：「生番處置一件、遣柳原大丞於總理各國事務衙門、竭力談判之結果、清朝大臣相答以上番之地、政教禁令不相及化外之民等言、除外一列無辭、實屬計巧也」。副島・柳原等同年七月返回日本。日本和清國在談判之中、有日本秋田縣民四名亦漂至台灣東部海岸、再遭劫掠。

於是、日本太政太臣・三條實美奏准日本天皇、佈告派兵侵台、駐日美國公使・敏哈某（George Bingham）、與英國公使・把克須（Hally Parkes）發表聲明、保持中立。

日本陸軍中將・西鄉從道搭乘高砂艦、率領日軍從長崎進發、指向台灣。閩浙總督・李鶴年由新任廈門領事・副島九成接到西鄉致清國政府聲明書、驚慌不已、趕緊馳書拒阻之。西鄉置之不理、於一

圖31　日軍侵犯台灣圖

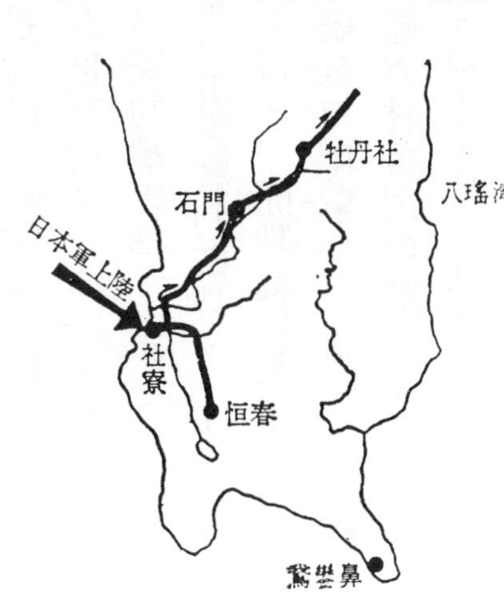

八七四年（同治一三年、明治七年）五月二十二日、從瑯璚灣（車城灣）之社寮（今之射寮村）登陸、從此、日軍三千開始進攻牡丹社。原住民方面乃由排灣族據石門、憑險扼守、埋伏血戰、但敵方砲火猛烈、終於敗退。日軍攻陷石門、進圖牡丹社、焚燒村落、殺戮淫威、附近五七社被迫相繼歸伏。但是、日軍因作戰於險惡之地形、死傷累累、再者、山路狹隘難於補給、並且強悍的排灣族仍據深谷、頻出狙擊、因此日軍進退維谷、只得退守龜山、爲持久計、屯兵開荒、以待本國遣兵來援。

北京清廷聞報、始知事關重大、乃詔令海疆戒嚴、但是廷議卻分和戰二派、糾紛不已。主戰派卻命雲南陸路提督・馬如龍（長髮亂時之將）、率兵赴台灣、圖殲日軍。主和派的大清欽命總理各國事務・和碩恭親王、及直隸總督・李鴻章、即奏准特綬於總理船政大臣・沈葆楨爲欽差大臣、赴台監視日軍動態、另在樽俎折衝之間、期以日軍儘快退兵。沈葆楨、奉命於同年六月三十一日率領福建水師赴台、又命福建陸路提督・唐定奎、及福建巡撫・王凱泰率兵二萬五千準備出發。沈葆楨至台灣後、坐鎮府城、並遣派分巡台灣兵備道・夏獻綸、前往琅璚會見西鄉從道。

日本政府看遣台日軍的戰況不佳、深恐戰事膠葛、以至全軍覆滅、即特派日本全權辦理大臣參議兼內務卿・大久保利通趕赴北京。大久保於同年九月十日至北京前後談判七次、初索賠軍費三百萬元。沈葆楨在台灣聞之、電奏云：「**倭備雖增、倭情漸怯、大久保之來、中情窘急、而故示整暇、我當堅持之**」。然而、朝議不欲再延續戰事、乃答應賠償軍費五〇萬元、於十月三十一日、由駐北京英國公使・威綏瑪（Thomas Wade）居中調停、和約成立、日軍在龜山建碑紀念之後、如期退出台灣、日本藉口牡丹社事件侵犯台灣、於是告終（參閱伊能嘉矩「台灣文化志」下卷 p.156 Edward H. House, The Japanese Expedition to Formosa. 1875）。

但是、日本政府這次出兵台灣、雖然花了不小代價、並無達到所期、只是使之圖謀台灣的野心更加熾烈、而成爲後來佔據台灣的頭一個步驟。

一點不可否認的、乃是在實際上以侵犯台灣的列強爲對手、拿起武器迫使敵人撤出台灣的、並不是清朝政府、也不是漢人系台灣人、而正是原住民系台灣人。

h　法軍侵犯台灣

安南從古時就被中國侵佔而成爲其附庸國、所以兩國在很長期間、即有進貢受封的歷史關係。到了十九世紀初葉、法國屢次窺伺安南、竟在一八八三年（光緒九年）締結「**順化條約**」之後、即侵佔安南爲自國的殖民地。因此、清國與法國之間、常爲爭奪安南的宗主權而發生糾紛、於一八八四年（光緒一〇年）五月談判破裂、「**清法戰爭**」由此爆發。法國東洋艦隊司令長官・孤拔（S. Courbet）率領堅銳的海軍、一開戰就控制了台灣海峽的制海權、於同年七月二十二日、命海將・李士卑斯（Lespes）率軍艦維拉爾號（Villars）、分隊進犯雞籠・滬尾。清廷詔令劉銘傳抵禦之。八月四日、李士卑斯指揮軍艦嘉林蘇尼爾號（Galissoniere）、攻入雞籠、擊毀砲台、而後致書清方守軍提督・孫開華限刻迫降。清方不答、法軍陸戰隊乃從大沙灣登陸進犯、清軍守將蘇得勝・孫開華・章高元等率兵擊退、法軍乃轉爲封鎖海岸、宣佈東自烏石角、南至南岬（鵝鑾鼻）的西部海岸、派遣蘇澳港二艦、雞籠港六艦、滬尾港三艦、安平二艦、打狗港二艦、共一五艦封鎖船隻進出台灣港口。旋至十月一日、孤拔親自率領艦隊連攻滬尾等各處的砲台、法將達珍（Duchesne）於十一月二日再攻雞籠、清方守軍敗走而退守獅球嶺、法軍於十一月二十四日佔領滬尾。翌年一八八五年（光緒一一年）三月三日、雞籠港的法艦開始砲擊獅球嶺、清軍乃退守六堵及暖暖。然而、法軍因曠持日久、且士兵多爲疫病而斃、終於收兵自退而去。若不如此疫神出現、法軍可能以一瀉千里之勢而攻佔台北府城及其一帶的台北盆地、或計進而影響到台灣的前途。

於是孤拔乃乘旗艦拜亞德號（Bayard）、率四艦南下、改攻澎湖、自風櫃尾半島的蒔裡澳登陸、佔據媽宮城及砲台。法軍的士兵在澎湖也是同樣、多罹病災、死亡者日多、勢難久守、適於同年六月九日「**清法條約**」成立、七月二十五日法軍才開始撤兵。孤拔在和議剛成立之二日後、憤死於停泊在澎湖媽宮的拜亞德艦上、據聞被葬於其法國鄉里。

i　台灣被出賣於日本帝國主義

到了十八世紀初葉、歐美資本主義列強開始侵入亞洲之後、一方迫使亞洲的各國家或各民族淪陷於殖民地的境地、同時在另一方面、無形中把東洋舊有的社會基礎從根底推翻、使其舊社會開始走上崩潰。亞洲的各個國家或各個民族、處於這種具有劃時代性的大變革之中、隨著各國所採取的不同辦法、各個都走上不同的發展方向。

其中、保有五千年歷史傳統的中國社會、其舊的社會因素根深蒂固而頗難清算、所以其鎖國的提防一旦在鴉片戰爭被外國勢力所突破、外力即奔騰而入、因此、新生的活力迄未成長之前、陳舊的封建勢力就先被打垮、於是、這東方的老大國、卻把其巨大的封建殘骸、暴露於帝國主義勢力之面前。在另一方面、和中國相反、歷史傳統較淺的日本、當處於同樣的大變革之際、較能輕快的見到新生命的成長、並且進步的**開國論**能勝過保守的**鎖國論**、結果、竟然在成功裡達成「**明治維新**」的國內改革、並在其後百年之間、走上獨立富強的道路、在國際上、終成爲所謂五強之一。

這樣、整固東洋社會正處於動盪不安之際、台灣就如上述、終被歐美帝國主義及日本帝國主義捲入於殖民地采奪的漩渦裡去。

不僅是台灣、亞洲東北部的朝鮮、也成爲俄國・清國・日本等外來勢力的殖民地爭奪之對象、一八九四年（光緒二〇年、明治二七年）六月、朝鮮國內因東學黨的糾紛、曾向清廷求援、清廷乃派兵干涉、但日本也同時派兵、兩國竟起衝突並發展爲「**甲武戰爭**」。然而、戰況卻對清國不利、清軍不但是在朝鮮的牙山・平壤等地被打得一敗塗地、同時、被追入中國境內、東北的九連城・鳳凰城・大連灣等地相繼被日軍所佔。清國政府最精銳的北洋艦隊也在黃海之一戰、受到潰滅性的打擊而全軍覆滅。

當時在台灣方面、清廷在戰爭爆發時、就命福建水師提督・楊岐珍及廣東南澳總兵・劉永福防備台澎地區、但是、澎湖島在翌年的一八九五年（光緒二一年、明治二八年）二月二十九日、即被日本海軍大佐・田繁吉率領的海軍陸戰隊所佔。

於是、清廷不得不承認戰敗、乃派遣使臣往來中日之間、數次談判講和、但都無結果。清廷最後命北洋通商大臣兼直隸總督・李鴻章爲全權大臣、偕其子李經方及美國顧問福世德、參贊豐祿・馬建德・伍廷芳等赴日。日本政府命總理大臣・伊藤博文、及外務大臣・陸奧完光爲全權大臣。兩國代表於一八九五年（光緒二一年、明治二八年）三月二十日、會見於馬關（今之下關）的春帆樓、開始談判。初議時、伊藤要求清國割讓安東寬河・鳳凰城・岫岩州、及台灣與澎湖島、並索軍事費四億萬元。李鴻章主張先停戰而後交涉講和條件、日本不允。如此和議未決、三月二十五日、李鴻章自會議所將歸宿舍之途中、突然遭刺客小山豐太郎狙擊、面頰中彈負傷、因此、在日外交界各國使臣的輿論沸騰。日本驚恐國際形勢對它不利、才容納英・俄・法三國駐日公使的居中調停、於四月十七日、兩國締結所謂「**馬關條約**」、於是、和議告成。

馬關條約共有迫使清國喪權辱國等的一一條、除了賠償軍費二億萬元之外、關於賣身台灣與台灣人的契約、明文記載於其第二條第二項及第三項：

「第二條　清國將關於下開地方主權、並該地方所有堡壘・軍器・工廠及一切屬公物件、永遠讓與日本：

二　台灣全島及所有附屬各島嶼。

三　澎湖列島、即英國格林尼次東經一一九度起、至一二〇度、及北緯二三度起、至二四度之間的諸島嶼。

第九章

台灣民主國與台灣義民軍抗日

游擊戰中的台灣子弟兵

1　台灣民主國

甲午之戰和議成立、其條約由清國皇帝及日本天皇批准之後、於一八九五年（光緒二一年、明治二八年）五月八日、日本代表・伊藤美久治和清國代表・伍廷芳在煙台交換批准書、由此割讓台灣成爲定局。

預先不知情的台灣人民、事後才接到消息、當聞知自己及家鄉將被清廷當做戰敗求和的犧牲品而出賣於日本時、猶如晴天霹靂、莫不大爲震驚。當時正在北京會試中的台灣舉人、聞耗即一起聯名上書都察院、籲請勸阻割讓台灣、但無反應。在當地的台灣島內、以鄉紳邱逢甲爲首的台北士紳、急切電請清廷各衙門、呼籲勿放棄台灣說：「**割地議和、全台震駭。自聞警以來、台民慨輸餉械、固亦無負列聖深仁厚澤。二百餘年之養人心、正士氣、正爲我皇上今日之用。何忍一朝棄之。全島非澎湖之比、何至不能一戰。臣桑梓之地、義與存亡、願與撫臣拒死守禦、若戰不勝、待臣死後、再言割地**」（王亮等「清季外交史料」一九三四年、卷一〇九 p.5）、清廷均置之不理。唯兩江總督兼南洋大臣張之洞因和台灣巡撫有師生關係而欲想依賴英・俄・德三國的干涉來阻擋割讓台灣、但卻未成功。台灣士紳再請台灣巡撫・唐景崧於四月十六日、電奏哀請、申明台灣人民誓死抗戰而不願被統治於異族之下。但清廷仍然不理、反而電答唐景崧、下令抑制台灣住民「**不可因一時過激、致貽後患**」。台灣士紳的呼號、因爲得不到清廷的聽取、無不怒髮衝冠、憤然不已、各階層的台灣本地人也慷慨激昂、均紛紛表示抗戰到底的決意。於是、台灣的士紳和商賈、乃公推前清進士邱逢甲爲代表、連合林朝棟（清軍副將、台中・阿罩霧的大地主、其父林文察鎮壓「太平天國」有功、林朝棟本身也去過北京任職兵部郎中、清法戰爭時、和法軍戰於獅球嶺）等清方官員、於一八九五年（光緒二一年、明治二八年）五月十六日、倉促籌備組織政府、定名「**台灣民主國**」、建元永清、制定藍地黃虎爲國旗、並公舉唐景崧爲台灣民主國大總統。唐景崧爲應付一時、不得不勉強從其請。於是、五月二十六日、邱逢甲爲首、率領台北士紳陳雲林・洪文光等一〇餘人、往巡撫衙門、向唐景崧呈台灣總統金印及藍地黃虎旗、唐景崧受之。

唐景崧就任總統、即向清廷致電云：

「台灣士民、義不服從、願爲島國、永戴聖清。」（姚錫光「東方兵事略」第八篇、一八九七年 p.78）。

並向台灣民衆發出文告云：

「日本欺凌中國、大肆要求。此次馬關議款、賠償兵費、復索台灣。台民忠義、誓不服從、屢次電奏免割、本總統亦多次力爭、而中國欲昭大信、未允改約、全台士民不勝悲憤。當次無天可籲、無主可依。

台民公議自主、爲民主國、以爲事關軍國、必須有人主持、乃於四月二十二日、公集本衙門遞呈、請余暫統政事、再三推讓、復於四月二十七日、相率環籲。五月初二日、呈上印信、文曰台灣民主國總統之印、換用國旗藍地黃虎。竊見眾志已堅、群情難拂、故爲保民之計、俯如所請、暫允視事、即日議定改台灣爲民主之國。國中一切新政、應即先立議院、公舉議員、詳定律例章程、務歸簡易。唯台灣疆土、荷大清經營締造二百餘年、今雖自立爲國、感念舊恩、仍奉正朔、遙作屏藩、氣脈相通、無異中土、照常嚴備、不可疏虞、民間如有假立名號、聚眾滋事、藉端仇殺者、照匪類治罪。從此清內政、結外援、廣利源、除陋習。鐵路兵船、次第籌辦、富強可致、雄峙東南、未嘗非台民之幸也。」

（台灣省文獻委員會「台灣省通志稿」卷九台灣民主國 p.11　蔡爾康・林樂知「中東戰記本末」一八九六年 p.201 ─中國史學會〃中日戰爭〃一九五六年 P.172）。

民主國政府亦致中外文告云：

「竊我台灣隸大清版圖二百餘年、近改行省、風會大開、儼然雄峙東南矣。乃上年日本啓釁、遂至失和、朝廷保民恤民、遣使行成。日本要索台灣、竟有割台之款、事出意外、聞信之日、紳民憤慨、哭聲震天、雖經唐撫帥電奏迭事、並請代台紳民兩次電奏、懇求改約、内外臣工、俱抱不平、爭者甚眾、無如勢難挽回。紳民復乞援於英國、英泥外交之例、置之不理。又求唐撫帥電奏、懇由各總理事務衙門商請俄法德三大國併阻割台、均無成議、嗚呼慘矣。

查全台前後二千餘里、生靈千萬、打牲、防番、家有火器、敢戰之士、一呼百萬、又有防軍四萬人、豈甘俯首事仇。今已無天可籲、無人肯援、台民惟有自主、推擁賢者、權攝台政。事平之後、當再請命中國、作何處理。倘日本具有天良、不忍相強、台民亦願顧全大局、與以利益。唯台灣土地政令、非他人所能干預、設以干戈從事、台民惟集萬眾禦之、願人人戰死而失台、決不願拱手而讓台。所望奇材異能、奮袂東渡、佐創世界、共立勛名。至於餉銀、軍械、目前儘可支持、將來不能不借貸内地、不日即在上海廣州及南洋一帶埠頭、開設公司、訂立章程、廣籌集款。

台民不幸至此、義憤之倫、諒必慨爲傾助。洩敷天之恨、救孤島之危、並再希告海外各國、如肯認台灣自主、共同衛助、所有台灣金礦、煤礦、以及可墾之田、可建屋之地、一概租與開闢、均沾利益。考公法讓地爲紳民不允、其約遂廢、海邦有案可援、如各國仗義公斷、能以台灣歸還中國、台民亦願以台灣所有利益報之。

台民皆籍閩粵、凡閩粵人在外洋者、均望垂念鄉誼、富者挾資渡台、台能庇之、絶不欺凌、貧者歇業渡台、既可謀生、兼同洩憤、此非台民無埋倔強、實因未戰而割全省、爲中外千古未有之奇變。台民欲盡棄其田里、則內渡無家可依、欲隱忍偷生、實無顏以對天下、因此搥胸泣血、萬眾一心、誓同死守、倘中國豪傑及海外各國能哀憐之、慨然相助、此則全台百萬生靈所痛哭待命者也。特此布告中外知之。」（連橫「台灣通史」卷四獨立紀 p.106）。

民主國成立之後、唐景崧乃任命各部主管、並準備抵禦日軍來侵。

(1)　文職主管及地方首長則大體是以前清官員調任充當如下：㈠總統・唐景崧（前清台灣巡撫）、㈡民主大將軍・劉永福（前清軍務督辦）、㈢義勇軍統領・邱逢甲（前清進士）、㈣內務大臣・俞明震（前清刑部主事）、㈤軍務大臣・李秉瑞（前清禮部主事）、㈥外務大臣・陳季同（前清副將）、㈦遊說使・姚文棟（前清道員）。

㈧台北知府・俞鴻（前清候補同知）、㈨基隆廳同知・方祖蔭（前清廳同知）、㈩淡水知縣・凌汝曾（前清候補知縣）、⑪南雅廳通判・宋維釗（前清廳通判）、⑫新竹知縣・王國瑞（前清知縣）、⑬台灣知府・黎景嵩（前清候補同知）、⑭埔里社廳通判・溫培華（前清通判）、⑮苗栗知縣・李烇（前清知縣）、⑯彰化知縣・羅樹勛（前清葫蘆墩巡檢）、⑰台灣知縣・史道濟（前清候補知縣）、⑱台南知府護印・忠滿（前清江知縣）、⑲安平知縣・忠滿、⑳雲林知縣・羅汝澤（羅樹勛之子）、㉑嘉義知縣・孫育萬（前清大武壠巡檢）、㉒鳳山知縣・盧自鑅（前清候補府經歷）、㉓恒春知縣・歐陽萱（前清知縣）、㉔台東知州・胡傳（前清知州）（參閱連橫「台灣通史」卷四獨立紀 p.107　胡傳「台灣日記與稟啓」第二册 p.264）。此外、在台北設有議院、推舉全台士紳爲議員、並任台北富豪林維源（板橋林本源家）爲議長、但他怕事而不肯出任、議長缺懸未補、議院亦未聞有開會之舉。駐軍台南旗後的劉永福（太平天國的殘黨、遭清軍追討而逃至安南、組織黑旗軍、清法戰爭時、歸順清朝、任南澳鎮總督兵之後、調來台灣、任幫辦防務）、雖然也通電表示「與台灣共存亡」（姚錫光「東方兵事紀略」）、但他自度兵寡餉少、不足有爲、對於台灣自主問題、卻不表示意見。

(2) 武備方面、也不能例外、只把駐台清軍的殘餘士兵加以收編、並以台灣地方上的義民軍相助、就此急遽敷衍了事：㈠基隆一帶—提督・張兆連駐守、基隆通判・孫道義協防、㈡獅球嶺—胡永勝接防、㈢淡水一帶—候補總兵・廖得勝、海壇協副將・余致廷分守、㈣台北一帶—總統・唐景崧、義勇統領・邱逢甲巡守、㈤桃園一帶—提督・余得勝駐守、㈥新竹一帶—義民軍・吳湯興駐守、㈦台中一帶—候補道・楊汝翼及林朝棟分守、㈧台南一帶—民主大將軍・劉永福接防、㈨東港一帶—吳光忠駐守、㈩台東一帶—知州・胡傳駐守。當時駐防台灣的清兵、主要是集中在台北一帶、曾喜熙統領二營、胡永勝統領四營、張兆連統領七營、徐邦德統領一營、簡淡水統領一營、另有士勇四營（參閱台灣民主國內務大臣・兪明震「台灣八日記」—左舜生〃中國近百年史資料〃續編）。

圖32　台灣民主國守備範圍圖

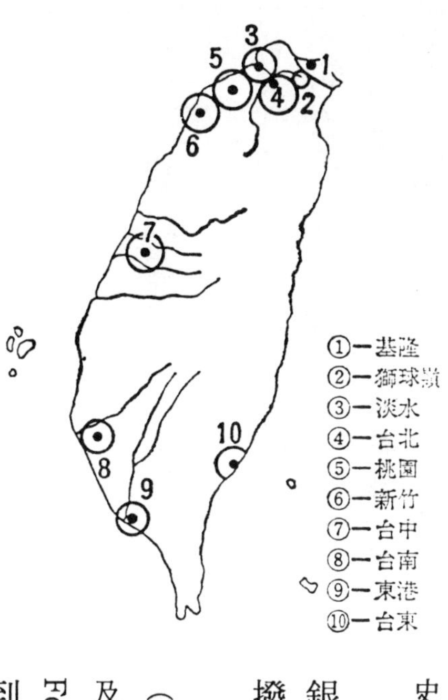

民主國爲了籌集軍餉、決定從民間商賈・地主徵借銀二〇萬兩、其他、只有南洋大臣・張之洞奏請清廷撥銀一百萬兩援台的消息傳來而已。

但是、「**台灣民主國**」迄未獲到任何一國的承認（只是 The New York Herald 報的記者 James W. Davidson, 及 H. B. Morse 在他們的著作稱爲 "The Republic of Formosa" 而已）、且唐景崧就任總統後的第四日、即接到日軍登陸澳底的警報。

2　日軍登陸澳底、進取台北城

中日代表在煙台交換了馬關條約的批准書（五月八日）之後、日本政府於五月十日、即任陸軍大將・樺山資紀爲台灣首任總督兼接收台灣的全權代表、並調近衛師團爲主力、由北白川宮能久親王率領、編成一支武裝部隊、準備以武力佔領台灣。

樺山總督、即統領民政局長官・水野遵、陸軍局長官・陸軍少將大島久直、海軍局長官・海軍大佐角田秀松、及文武官員八五人、憲兵三三七人等一行、從京都出發、先到琉球中城灣、和從旅順駛來的北白川宮所率領的武裝部隊會合、於一八九五年（明治二八年、光緒二一年）五月二十八日、率領艦隊二〇餘艘進至台灣北部的基隆港外。

滿清政府所派遣的交割台灣欽差全權委員・李經方（李鴻章之子）及隨員盧永銘・陶大鈞・馬建忠等一行、也在六月一日、搭乘德國輪船公義號抵達三貂角、投錨於樺山總督所乘橫濱丸的右舷近海。翌日六月二日、李經方偕同隨員至橫濱丸、樺山偕同水野遵公使・島村久外務書記官・仁禮敬之通譯官・大久保通譯官接見、經三次會商、始完成交割台灣・澎湖諸島的手續（參閱伊能嘉矩「台灣文化志」下卷 P.922　日本政府外務省「台灣受渡公文」——〃日本外交文書〃第二八卷、第二冊 P.578）。

但是、北白川宮所率領的日軍在交割手續未辦好的五月二十九日、即已由川村景明少將指揮、從三貂灣的澳底開始登陸。此時防守澳底方面的舊清兵共有三營、由曾喜熙指揮、並有守三貂嶺的一營、由徐邦德指揮、兩人均是清軍舊屬、但原來得奮勇迎戰的這些「**民主國防衛部隊**」、反而皆無戰意、未戰已潰。日軍於五月三十一日即佔領三貂嶺。

日軍自佔領三貂嶺之後、勢如破竹、攻佔九分仔・瑞芳・頂雙溪・暖暖、至六月三日加上日本艦從基隆外港掩護砲擊、猛攻基隆砲台、擊潰了張兆連・孫道義・李文奎等守軍、於是、日軍終於佔領基隆港（參閱俞明震「台灣八日記」p.304）。

當基隆失守而日軍進迫獅球嶺時、身爲民主國總統的唐景崧卻按兵不動、台灣北部的防線開始潰滅、敗將李文奎乘亂率領捕緝營殘兵竄入台北城、前線的其他敗兵也紛紛退至城內、其後的台北、竟成爲殘兵敗將燒殺刼掠的活地獄、朝夕不保、人心惶亂。從開始就無意維持台灣殘局的唐景崧、與內部大臣・俞明震及軍務大臣・李秉瑞一同潛行至滬尾、藏匿於英商忌利士海運公司、遂在六月四日、趁著黑夜、不顧一切的搭上英輪亞沙號逃回廈門（參閱 James W. Davidson, The Island of Formosa p.300）。

總統如此臨敵不戰而竄、主倡抗戰的士紳・文武官・大商人・大租戶等各級首領人物即前清統治階級、也全都爭先恐後的逃回中國大陸去。義勇軍統領的邱逢甲、據傳此時乃捲帶公款一〇萬元倉惶的逃回廣東嘉應州。被擬以議院議長的林維源更在唐景崧之前就潛逃廈門。林朝棟也暗渡漳州。至今、台灣民主國主持無人、從成立起僅僅十二、三天即告瓦解（參閱姚錫光「東方兵事記略」p.98　陳漢光「台灣抗日史」一九四八年 p.171）。

「**台灣民主國**」、雖然是以獨立自主爲宗旨、但是、其所代表的**思想意識**、並不一定和台灣本地人大衆相吻合、而且其中心人物不外乎仍是前清文武官員及其附庸的台灣士紳、所指向的政治目標也脫離不了老一套的滿清統治下**封建中國**之圈內。就是說、民主國未有完全建立在台灣開拓者子孫即台灣本地人大衆的基礎之上、所以曇花一現、誕生不久即告夭折、只在台灣社會發展史上留給後代的知識份子在強化其台灣人的意識上加添若干影響。

再者、日本總督・樺山資紀、於六月五日始從橫濱輪登陸基隆、立即派川村旅團麾下的三木大隊進至水頂腳（今之汐止）探聽台北城的軍情。正當此時、有個流浪台北的鹿港人辜顯榮、從台北到水頂腳向日軍吐露台北軍情、並告以唐景崧已逃走的消息、同時表示自己願作日軍攻台北城的嚮導。日軍經過一番詳細研討、確認辜顯榮所提供的各項情報可靠之後、於六月六日清晨、由三木大隊打先鋒、竟未受到任何的抵抗而進佔台北城（參閱吳德功「讓台記」p.40）。

同在六月七日、中西大佐所率領的日軍另一支隊也開始行動、走過八芝蘭、佔領滬尾街。日軍又另派一隊由福島大佐指揮、於六月九日從海上登陸滬尾街、台灣北部的殘兵敗將盡被肅清。於是、近衛師團登陸司令官・北白川宮乃派其麾下的混成旅團為二個梯團、第一梯團的川村旅團於六月七日先進入台北。第二梯團乃由北白川宮親自率領、於六月十一日進抵台北城、並設師團司令部於前清的布政署。日本總督・樺山資紀、於六月十四日、日暮細雨之中、統率文武官員進入台北城、六月十七日下午在台北城外練兵場舉行閱兵式之後、下午四點在前清巡撫署（其署址乃是今之中山堂）、正式舉行所謂「**總督府始政典禮**」。此後、每年以是日為日本的「**台灣始政紀念日**」、但台灣人卻自嘲的稱為「**恥政紀念日**」（參閱台灣總督府警務局「台灣總督府警察沿革誌」第一編、一九三三年 p.35）。辜顯榮、因協助日軍佔領台北城有功、被加獎勳六等、就任所謂「**台灣保良局局長**」（日本佔台當初的治安維持會會長）、兼任「**全台鹽館總辦**」、後來再被加獎給台灣人最高級的三等瑞寶章（一九二三年）、又再被封為台灣人第一個的貴族院官選議員（一九三四年）等、名利俱雙、辜顯榮一族在日本帝國主義統治台灣的五一年間、為了完成總督府所給的走狗任務、不惜犧牲無數台灣同胞的生命・財產・血汗、做了許許多多不可告人的罪惡行為、自己本身卻在政治上享受了莫大的特權、在經濟上也發了一筆極為鉅大的橫財、辜家的所謂榮華富貴、不只是在日據時代、而且還沿傳至日本敗戰後的子子孫孫身上。但是在另一方面、隨著台灣人大衆的抗日意識日益高漲、辜顯榮的生命經常受到抗日戰士所窺狙、辜家也一貫被台灣同胞所唾罵。

3 日軍南侵與台灣義民軍的抗戰

日軍自登陸澳底至在台北舉行台灣總督府始政典禮僅費二〇日、但是因日軍所佔領的地方是僅限於台灣北部的澳底至基隆及基隆台北間的交通路線上的鄉鎮而已、所以距離交通路線稍遠的北部地方及台北以南各地、均在台灣本地人及其義民軍的控制之下。因此、日軍師團進據台北後、第二天的六月十二日就派遣偵察隊至龜崙嶺・桃仔園・大嵙崁・中壢・大湖口・新竹等地、探察各地情況並準備再往南進軍掃蕩。

然而、自登陸以來一向都沒有遭到多大險阻的日軍侵略部隊、一開始南下、卻立即受到台灣本地人及其義民軍激烈的反擊。

就台灣義民軍抗日鬥爭的經過來說、當中日開戰不久、澎湖先被日本海軍所佔（一八九五年三月）之際、全台本地人聞警後無不切齒痛恨、抗日的怒潮洶湧而至、在這種情勢下、鄉里的青年子弟乃日益掀起保衛家鄉的高潮。另一方面、台中的邱逢甲、霧峰的林朝棟等各地鄉紳也以「**守土拒倭**」爲口號、奔走呼籲。於是、全台各地即紛紛出現大小的行動集團、並經編制操練、這乃是「**台灣義民軍**」

的端始。後來、中日和約成立、台灣竟成爲中國向日本求和的犧牲品而將淪陷於**更深**的殖民統治、其後、來攻的日軍戰鬥部隊又極其兇狠、到處焚毀村莊、肆意殺戮無辜的本地人、因此、台灣人大衆雖然手無寸鐵、但是抗日意識愈趨熾烈、青年子弟即痛心疾首的紛紛加入義民軍、毅然決然起來誓死抗日。

這樣由本地人子弟所結成的義民軍、就是「**抗日游擊隊**」、爲保衛自己的家鄉而士氣奮發鬥志大振、若是遭到日軍來襲、即拿起能做爲攻殺敵人的所有器具爲武器、一旦聞警、就從少數立即集成幾百人單位的大部隊、與日軍做一場壯烈的大血戰。他們在武器裝備方面雖然與日軍相差懸殊、但是、善於利用熟悉的地理形勢而聲東擊西、機動作戰、竟使具有近代裝備且兵力優勢的日軍、不得不吃了很大的苦頭。因此、從台北至台南的戰鬥之間、日軍終於投入爲數七萬大兵、費了五個多月、而且受到很大的死傷、甚至於其南侵司令官的日本皇族・北白川宮能久親王也爲此役而陣亡。

原來、在清朝統治末期的本地人社會、佔社會上層的士紳階級（鄉紳・讀書人・大小租戶和大小商人的子弟）、比起以農民・都市貧民爲主的本地人大衆、在**本地人意識**上就已有很大的差異。這種意識上的分岐、無不表現在抗日的行動。

台灣士紳階級、不外乎是外來者爲統治台灣所培養出來的一群中間份子（買辦份子）、一貫介存於外來統治者與被統治者本地人之間。他們的腦筋、幾乎被那與台灣現實不相吻合的所謂「**大中華思想**」所塡滿、並也振舞著陳腐不堪的封建中國的**正統觀念**（統治者觀念）、反而在做爲本地人的意識（共感）上卻不夠堅定、所以、對於本地人同胞受壓迫被屠殺、或者爲抗外鬥爭流血犧牲等現實問題也很少有所顧念。因爲這樣、所以當日軍來侵之際、台灣的士紳階級、不但是沒有和本地人打成一片、反而更爲死硬的選上與清國殘餘勢力相勾結之一途。因此、這樣所建立起來台灣民主國、究其實、無非是爲

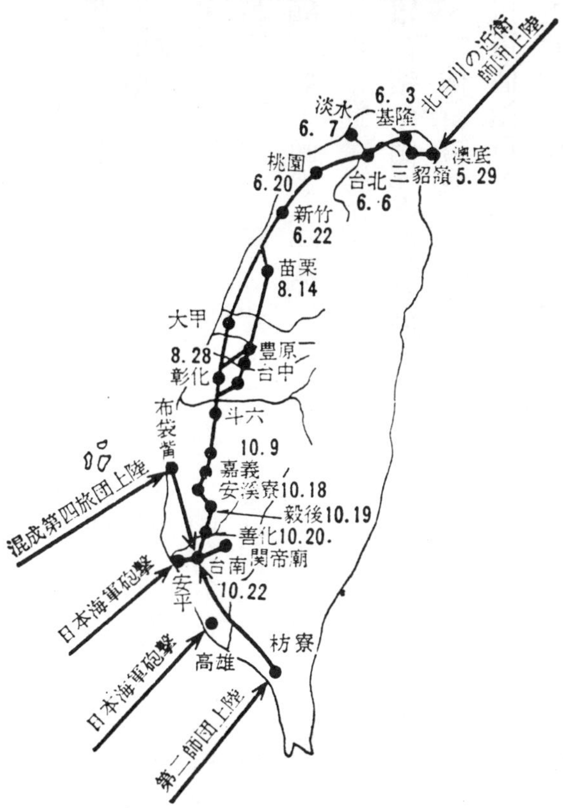

他們自己舖設潛返中國大陸的一條內道。在清朝統治時代所養成的這種**意識模糊與立場不定**的缺陷、一直傳下、導使後代的台灣知識份子、老在**奴隸根性**和**敗北主義**當中打滾、而不能解脫。

與士紳階級相反、農民・都市貧民爲主的**台灣本地人**大衆即開拓者社會的本流、雖然是文盲無學、但他們才是眞正繼承了父祖們所沿傳下來開拓者的心志、本地人的意識堅強、立場堅定、並一貫努力於開拓台灣、建立家鄉、且堅決反對外來者的統治與剝削、而成爲本地人社會的主流。他們並不否定與「**唐山人**」同屬漢族的歷史關係、但是由於受到來自中國本土極其殘酷的差別統治（殖民統治）、所以對於血統關係、久而久之、已成爲無任何幻想。抗日義民軍、就是出自這本地人大衆之中、並以本地人的共同命運（本地人意識）爲精神基礎、才能在廣大的本地人支持之下、爲保衛自己的鄉土而從事孤軍奮鬥的抗日作戰。吳湯興・徐驤・胡嘉猷等抗日首領雖然出身士紳階級、也是能站在本地人的立場、所以才能捨身取義的英勇作戰。這一支本地人子弟兵是如此壯烈無比的要爲台灣同胞爭一口氣、不僅是在日軍南下中、而且到日本政府完全控制台灣之後、更是百折不撓的繼續武裝抗日、迫使日本政府花費了巨大的國帑、並歷盡一〇年的歲月才告終熄。

圖 33　日軍侵佔台灣圖

且看日軍南侵後、各地義民軍抗戰的實況。

接上所序、日軍把步兵一大隊、騎兵一小隊、再配上新式機關砲隊而編成先遣隊、於六月十九日從台北出發、開始向南推進。此時、鎭守新竹的前清總兵提督銜・吳光亮、前清新楚軍統領副將・楊載雲等聞風立即潰散。唯有三角湧（三峽）的黃曉潭、安平鎭（平鎭）的胡嘉猷（又稱胡阿錦）、北埔的姜紹祖、苗栗的鍾石妹（吳湯興同屬）、頭份的徐驤、及楊梅壢・崩坡・大湖口・枋寮等各地義民軍、誓死抗戰。因此、日軍先遣隊、到處受到猛烈的狙擊而死傷甚多。於是、日軍阪井支隊長、率領部屬、不顧死傷、衝過一陣陣的義民襲擊、才能自中壢做迂迴作戰、繞至大湖口・藩仔湖、攻佔新社舊社兩地、再東進至金山而由東北包圍新竹城。日軍在大砲掩護下猛攻新竹城。姜紹祖・鍾石妹・徐驤等義民軍首領率領子弟兵戰於大湖口・枋寮等地之後、退入北埔・樹杞林、於是、日軍終在六月二十二日、攻佔新竹城（參閱日本參謀本部「明治二十七八年日清戰史」第七卷、一九〇七年 p.57）。

日軍佔領新竹後、因抗日的民氣極爲熾烈、所以未能即作南進、而受阻於此二個月之久。此時、在龍潭坡、日兵屢遭黃娘盛・胡嘉猷等義民軍痛擊。在海山口、日軍補給隊被義民軍盡奪其糧、簡玉和・林木生・王光頭等各地首領、也結集義民軍而紮營抗戰。

在台北坐觀形勢的近衛師團司令官・北白川宮能久親王、鑑於台北新竹間的連絡尙未就緒、乃派遣小島支隊、著手補修兩地間的鐵路。北白川宮再派遣山根支隊南下增援、但在三角湧・大嵙崁等處、爲江國輝及王振輝統領的義民軍所包圍、晝夜激戰、死傷過半。北白川宮聞報、緊急下令內藤支隊及松原支隊、齊赴三角湧救援山根支隊。至七月二十四日、義民軍寡不敵衆、才退出三角湧、轉移他處。此役的義民軍戰士及本地人住民戰死者五百餘人、民房被焚毀共有一千餘戶。日軍也受到很大的打擊、並且死傷衆多、因此、後來建「**三峽忠魂碑**」於此。北埔的義民軍首領・姜紹祖、首先狙擊日軍於中壢、戰於大湖口・枋寮等地、後來退回北埔。於七月七日、他再出擊於水仙崙（新竹北埔之中途）、和紮營於二重埔的鍾石妹相配合而待機欲動。七月九日、姜紹祖帶領二百餘人、擬以攻入新竹城、但為日軍所包圍、幸得烈士杜姜冒名代為受戮、姜紹祖才脫險回北埔。但姜紹祖抗日意識堅強、再次結集義民奮勇出陣、復與日軍搏鬥、不幸、在戰鬥中、被襲斃於戰場、年僅二〇（參閱日本參謀本部「門治二十七八年日清戰史」第七卷 p.77）。

至七月二十九日、台北新竹間的交通已能安全連絡、鐵路行車無阻、近衛師團長・北白川宮才從台北南下、當他到達桃仔園時、有簡朗山・林芳・顏清亮・劉達仁等地方士紳、也就是第二、第三的「幸顯榮」到火車站迎接並表示恭順而大受嘉獎。北白川宮於翌日三十日再從桃仔園往中壢、八月三日抵達新竹。

北白川宮至新竹後、親自指揮南侵軍、於八月八日開始攻擊據在牛埔山・尖筆山・枕頭山・雞卵山等險要地帶的義民軍。八月十二日、日軍先攻佔後壠・田寮等處、而後指向苗栗。此時、埋伏於苗栗・通宵・大甲各地的吳湯興・陳老松等義民軍皆奮勇應戰、但是在衆寡懸殊的形勢下、不幸被日軍打敗。日軍再由川村少將和山根大佐分率二隊、一從後壠攻苗栗西北、一從頭份進迫苗栗東面、於八月十四日苗栗街終被攻佔。

八月二十一日、山根支隊受命由山路搶攻葫蘆墩（今之豐原街）、再轉東進、和小島支隊會師於大甲街。翌二十二日、近衛師團長・北白川宮進發後壠、由海岸線經過白沙墩、至通宵・苑裡、抵大甲。此時、山根支隊已由葫蘆墩進至潭仔墘（今之潭子）、再分為兩縱隊攻陷台中。

北白川宮在大甲、乃召集幕僚計劃攻擊彰化城、把師團本隊分為二梯隊、第一梯隊由北白川宮親自率領、川村少將則統率第二梯隊、擬向彰化城開始總攻擊。彰化守軍由前清軍吳彭年・徐學仁・黎景嵩統領、分駐於大肚溪・茄苳腳・菜光寮・彰化城內及其近郊的八卦山等處。這些殘兵敗將、一如以往、聞風即不戰而逃。日軍於八月二十六日渡過大肚溪、進駐菜光寮、從東面進迫八卦山。前清守軍逃脫後、有從苗栗退下來的吳湯興・徐驤・李惟義等抗日首領、重整敗退的義民軍、誓死據守八卦山、士氣爲之大振。可是、菜光寮既已失陷、八卦山總是守不住的、遂被日軍包圍、歷戰的抗日烈士吳湯興、奮勇迎戰、不幸戰死於八卦山下。八卦山一旦失守、彰化城立即被攻下、日軍終於在八月二十八日進佔彰化（參閱日本參謀本部「明治二十七八年日清戰史」第七卷、一九〇七年 p.146, 153, 387）。

4　劉永福潛逃、前清守軍潰滅

先是台北失陷、劉永福乃在台南負責軍政要務、設立「**籌防局**」及「**議院**」、訓練前清守軍、招募義民軍、佈署一切、並設「**官銀票總局**」、發行紙幣、又成立「**安全公司**」、發行股票等、積極備戰、藉以抵禦日軍來攻（參閱吳德功「讓台記」p.50）。

日本南侵軍佔領彰化後、企圖一鼓攻下台南城、即調任台灣副總督・陸軍中將高島鞆之助爲攻佔台南的總司令、擬以三面侵進：㈠近衛師團（北白川宮率領）繼續南進、指向台南、㈡第二師團（陸軍中將・乃木希典率領）從南部枋寮登陸、爲夾攻台南而北上、㈢混成第四旅團（陸軍中將・伏見宮貞愛親王率領）從布袋嘴登陸、由側面進攻台南。其他、海軍中將・有地品之允率領日本海軍常備艦隊、從海上掩護而砲擊海岸各地砲台。

台南劉永福聞彰化失陷、立即派黑旗軍鎮守嘉義。日軍乘勢而長驅進佔大莆林、他里霧民軍協助黑旗軍攻擊大莆林、日軍敗退於北斗溪。然而、日軍自大莆林敗戰後、不敢輕率進軍、速退至彰化重整陣容。至十月初旬、日軍再開始南侵、十月五日、日軍經北斗、猛攻西螺、進犯油家庄・莿桐・頂麻園。黑旗軍統領蕭三發・王得標潰散於台南、簡義與徐驤義民軍、防守斗六街、日軍來攻、抗戰烈士徐驤不幸戰死於此、簡義義民軍敗退、日軍終於占領斗六（參閱日本參謀本部「明治二十七八年日清戰史」第七卷 p.214, 396）。

十月九日嘉義失陷、日軍混成第四旅團亦從布袋嘴登陸、第二師團第三旅團也從枋寮相繼登陸、於是、日軍再從南北並進、台南逐日告急。劉永福眼看大勢將去、乃通款日軍云：「**欲想抗戰唯有台灣人耳**」、他表示要投降並率領殘部退回中國大陸。但日軍司令官・北白川宮不允、於是、他在十月十九日夜晚、換了便衣、至安平港乘英輪爹兒士號（Thales）潛逃回廈門（參閱吳德功「讓台記」p.52, 70日本參謀本部「明治二十七八年日清戰史」第七卷、一九〇七年 p.393, 414）。

日軍三路進攻、遂於十月二十二日、無甚阻礙的佔領台南（參閱日本參謀本部「日本明治二十七八年日清戰史」第七卷 p.414）。據日本政府發表、日軍近衛師團司令官・北白川宮能久親王、於十月二十八日因瘧疾死於台南。但是、據台灣父老的傳說、當北白川宮騎馬渡過曾文溪不遠、在林投巷、被埋伏在路邊叢林裡的義民軍、用長柄鎌刀從馬上砍下來、身受重傷而延至台南、即死於此地。

日軍的南侵、於此告一段落。

第十章

日本帝國主義統治下的台灣

殖民統治的大本營「總督府」

1　日本帝國主義的統治方式

a　總督專制下的殖民統治

在十九世紀後半、當亞細亞遭到歐美帝國主義的大舉侵犯、各國社會動盪不安、民族的前途岌岌可危之時、獨有日本是唯一的例外、在國內、先把德川幕府三百年來的封建體制推翻、並建立起**天皇親政**、舉國努力於統一國政・實施憲法・開設議會・發展資本主義生產・發展科學等、踏出了建設**近代國家**的第一步、這就是名傳世界的「**明治維新**」（一八六八年—）、乃在日本近代史上成為新舊鼎革的轉捩點。

同時、隨著這種政治・經濟上的近代改革、日本在思想意識上、新式的「**大和民族主義**」也發展起來。然而、這個尙有著**前近代性**（後進性）的民族主義、由於端賴以天皇為首的軍人・宮僚・政治家等封建殘餘的日本統治階級為其發展的社會基礎（近代的民族主義本來是以近代社會的「新興資本階級」為其基礎）所以、一開頭就朝向「**富國強兵**」「**對外擴張**」的**侵略主義**、並在中日戰爭（一八九五年、明治二八年、清・光緒二一年）、及日俄戰爭（一九〇五年、明治三八年、清・光緒三一年）獲得勝利之後、終於賽過了在亞細亞從事**殖民地爭奪戰爭**的歐美帝國主義諸國、而先一步奪取台灣・澎湖、以及朝鮮和庫頁島南部等地、並把其列入於新版土。

然而、在另一方面、日本在國內政治卻是仍然墨守成規、一貫維持官尊民卑的**天皇政治**、對外則窮兵黷武、盡其武力而侵略他國、所以、雖然是踏出近代改革的第一步、卻使原來的封建遺制繼續苟延下去、所以政治民主化遲遲不進、經濟資本主義化也未得順利發展。就是說、其社會改革迄未達成像法國革命所顯示的那種「**市民社會**」（國家・主權・政府屬於**人民**）、相反的、一直指向普魯士式專制主義的「**臣民社會**」（國家・主權・政府屬於皇帝）。當時著名的自由主義者・福澤諭吉即把這種**變相**的、**畸形**的近代發展、諷刺的說爲「**日本雖有政府、但是沒有人民**」、或「**貧國強兵**」。

這樣、爲軍人・官僚壟斷一切的日本、到了大正時代（一九一二—二六年）、由於在第一次世界大戰獲得戰勝國的地位（一九一八年、大正七年、民國七年）、並出兵侵略俄國太平洋沿海的西伯利亞（一九一八年八月、大正七年）、結果、不但在國內招來資本主義的飛躍發展（經濟工業化）、而在國際舞台上也被列爲世界五強之一。

再到昭和時代（一九二六—一九八九年）、日本軍閥即隨著連年的對外擴張而愈來愈得勢、終於成爲一個強大的**法西斯集團**、連續發動「**五・一五**」（一九三二年、昭和七年、暗殺犬養毅首相）、「**二・二六**」（一九三六、昭和一一年、包圍皇宮、暗殺政府要員）的兩大政變、其後、日本帝國議會幾乎被壓制得不能執行其參政機能。在這種情況下、日本軍閥在中國大陸所策動的「**九・一八事變**」（一九三一年九月、昭和六年、民國二〇年）、及「**中日事變**」（一九三七年七月、昭和一二年、民國二六年）相繼爆發、於是、日本乃很快就陷入於所謂「**一五年戰爭**」（一九三一—四五年）的泥沼裡去、且在一九四一年（昭和一六年、民國三〇年）十二月開始的第二次世界大戰（太平洋戰爭）被打的體無完膚、終在一九四五年（昭和二〇年、民國三四年）八月、投降於聯合國。

就是在這半世紀間、日本正在進行變相的近代發展（資本主義發展）、且在世界上帝國主義列強瘋狂的搞起殖民地爭奪戰爭的漩渦中、台灣爲日本佔領、並受其殖民統治。

原來、歐美資本主義國家侵略亞細亞並宰割殖民地、大體上是出於其資本主義高度發展的**必然性**。尤其是十九世紀以後、由於國內的資本主義發展到極高的帝國主義階段、國內市場日趨狹隘的結果、企圖往外擴大其商品市場和資源供給地而必然的侵略他國。因此、當他們要奪取殖民地時、必是國內的資本主義勢力率先策動、並由政府指使軍人・官僚・再以國家武力佔據他國爲殖民地。

但是、日本並非如此、他們在國內、雖然是已開始資本主義的各種建設、但在當初的明治時代、國內資本主義還在初步階段、迄未解脫其濃厚的後進性、所以、從社會經濟發展來說、尚未具有定要向外擴張市場並侵略他國的**經濟必然性**。（日本乃在其後的一八九七年三月、明治三〇年、把從日清戰爭所獲得的賠償金四千七九〇萬英鎊爲準備金、才制定「貨幣法」、並確立「金本位制」的貨幣制度、始爲日本資本主義的發展開闢前途）。因此、日本帝國主義佔領台灣、並把其做爲**頭一個**的殖民地、無非是由日本獨特的**軍國主義**和**侵略主義**爲動力所造成、其統治台灣的思想背景、乃是「**武斷的大和民族主義**」、其統治方式也不外是以帶有日本特有的後進性的**中央集權官僚專制**、並借諸於法・德等資本主義先進國家的**近代殖民統治制度**所湊成的「**總督專制**」方式（參閱福田新吾「明治期に於ける殖民主義の形成」—《思想》一九六七年、五一一號、後藤新平「日本殖民政策一班」一九一四年）。

日本政府、爲了進行這種「**政治統治率先、經濟侵略跟後**」的殖民統治政策、一佔領台灣、就制定了「**總督府假（暫定）條例**」（一八九五年五月、明治二八年、光緒二一年）、並派遣現役軍人的基軍大將樺山資紀爲第一代台灣總督（一九代總督之中、現役陸海軍將官佔一〇名、高級文官九名）、同時宣佈施行軍政、置「**陸軍局**」「**海軍局**」「**民政局**」、使之支配台灣全島、並君臨於三百萬台灣人的頭上。

繼之、第二代總督・陸軍大將桂太郎、乃係循新公佈的「**台灣總督府條例**」（勅令第八八號、一八九六

圖34　台灣總督府統治機構

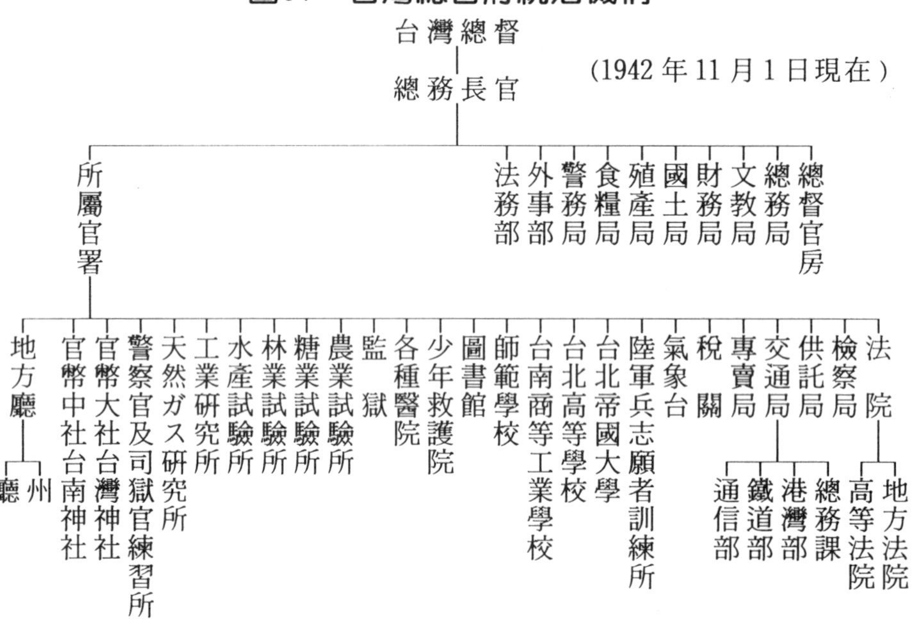

年三月、明治二九年、光緒二二年）、廢止軍政、屬下置官房（秘書處）、及民政・軍務二局。於一八九七年（明治三〇年、光緒二三年）十月、日本政府再公佈「**台灣總督府官制**」（勅令第六二號）、奠定台灣行政組織的基礎。其後、經過二九次的改廢、至日本敗退的前夕已成爲圖34所示的龐大的統治機構（參閱日本政府大藏省「昭和財政史」XV舊外地財政上卷 p.9）。

地方行政區域、當初是以「**台灣總督府地方官制**」（勅令第九一號、一八九六年三月、明治二九年、光緒二二年）而區分爲台北・台中・台南三縣、及澎湖廳。後來、再次修改、於一八九七年（明治三〇年、光緒二三年）六月、改置六縣（台北・桃園・新竹・台中・台南・高雄）、三廳（台東・宜蘭・澎湖）。其後、同樣經過多次改廢、才成爲五州（台北・新竹・台中・台南・高雄）、三廳（台東・花蓮港・澎湖）、並在其五州三廳屬下劃爲一一市五〇郡、郡市屬下再分爲五六街、二〇五村庄（一九四三年、昭和一八年統計）。

台灣總督、掌理所謂「**五權**」（政務統理權・出兵請求權・命令權・監督權・律令制定權）、把無論是立法・司法・

圖35　日據時代台灣行政區域圖

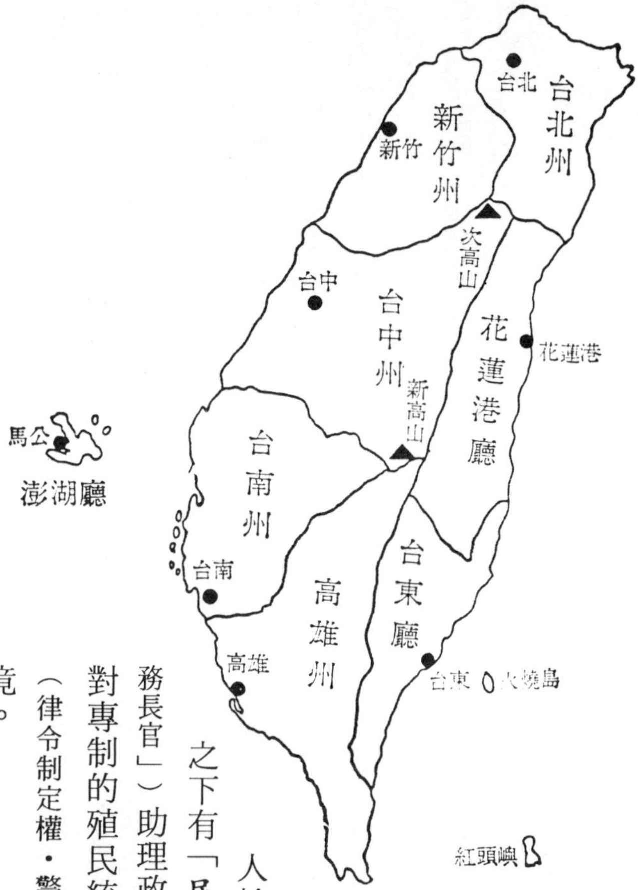

行政・軍事・經濟・社會・文化・學術・教育・宗教等一切權限都掌握在一手、其權柄之大乃在本國也無從比擬。如此、在本國只不過是區區一地方長官的台灣總督、一旦到殖民地卻可睥睨被統治的三百萬至六百萬的台灣人於底下而成為「**台灣土皇帝**」。總督之下有「**民政長官**」（一九一九年八月以後改稱「總務長官」）助理政務。然而、如要徹底瞭解台灣總督絕對專制的殖民統治、必須瞭解其所謂「**三大法寶**」（律令制定權・警察政治・特別會計制度）始能探討其究竟。

(1)　律令制定權

日軍佔領台灣的第二年即一八九六年（明治二九年、光緒二二年）一月、日本政府在第一〇屆帝國議會就通過「**關於施行台灣法令之法律**」（第六三號、簡稱「六三法」）、規定所謂「**委任立法制**」、就是有關台灣總督的律令制定權：

一　台灣總督、在其管轄地域之內、能發出具有與本國法律同一效力的命令、稱之為「**律令**」

二　若有把本國法律全部或一部施行於台灣之必要發生時、得以「**勅令**」施行之

就是說、有關殖民地台灣的統治、乃把其**立法權**授予台灣總督、使之所發佈的一切命令均能無條件的發生和本國法律同等的效力、而恣意行使。由於台灣總督握有這種空前的絕對權限（立法權）、所以不論何時何地、也不拘理由如何、均能任意壓迫・剝削台灣人、逮捕台灣人、蹂躪台灣人的人權、干涉宗教信仰、及沒收土地併呑財產等而爲之所欲。

這種苛政的根源「**律令權**」、即從一八九六年（明治二九年、光緒二二年）三月三十日開始發效、當初是規定限於三年爲期、然而、期限雖到、卻再三被延續行使（一八九九年、一九〇二年、一九〇五年）、不但不改廢、反而在一九〇六年（明治三九年、光緒三二年）一月、在本國的第二二屆帝國議會即以「**法律第三一號**」（簡稱「三一法」）、再進一步的硬性規定除去天皇敕令之外、帝國議會的任何決議都不能改廢之。至一九二一年（大正一〇年）、雖然又改爲可把本國法律施行於台灣（法律第三號）、但在實際上仍然由總督所發出的律令爲先。到了一九三七年（昭和一二年、民國二六年）、這個惡名昭彰的律令權才稍見被緩和運用、可是、經過四〇餘年的總督專制已堅如磐石、所以日本帝國主義對於台灣的殖民統治並不因此而受到絲毫的影響。再者、歷代總督所發出的律令總計有五二六件之多（參閱日本政府外務省條約局法規課「外地法制誌」第三部の二「律令總覽」一九六〇年）。如此、總督所發出的律令、無非是壓在台灣人頭上的一塊大石頭、使之在殖民統治下的火坑裡掙扎了五一年、而一瞬間都抬不起頭來。但是在另一方面、這個非理的「**律令**」、卻起了反作用、迫使台灣人提高政治覺悟、並成爲反殖民地鬥爭的導火線。

⑵ 警察政治

好比天羅地網而密佈於台灣各個角落的總督府警察組織、不外乎是日本帝國主義統治台灣**最基層**的國家權力機構、爲總督府專制統治起了骨幹作用。「**爲總督府的手足、能直接接觸台灣人即是警察、能入台灣人耳目的官吏、唯有警官耳。**」（鶴見祐輔「後藤新平傳」第二卷一九三七年 p.151 ）。這乃是第四代總督・兒玉源太郎及政務長官・後藤新平的得意傑作。

當初、日本軍佔領台灣後、即宣佈施行**軍政**、專以軍隊的暴力來掃蕩全島抗日份子的武裝起義。至一八九七年（明治三〇年、光緒二三年）、第三代總督・乃木希典、才把軍政改爲**民政**、停止軍事行動而採用所謂「**三段警備制度**」、藉以繼續肅清抗日勢力。即是：㈠第一地區―抗日勢力仍然熾烈的山岳邊緣地區、繼續以軍隊掃蕩、㈡第二地區―抗日勢力稍有消熄的平原僻地、即以憲兵鎮壓、㈢第三地區―治安轉好的平地市街地區、乃以警察負責警備。

然而、無論軍隊掃蕩或三段警備也未能殲滅堅強的抗日勢力。於是、總督府當局終於改爲以暴力和譎詐的軟硬兼施政策、想來達成以誘騙來肅清抗日份子的最後目的。這就是總督府開始佈置警察統治機構於台灣全島的出發點。

就在此時、提倡所謂「**生物學政治論之殖民政策**」的政務長官・後藤新平（他本來是醫師出身）、他一看到光靠武力鎮壓解決不了問題、就立即改變方針、宣稱必須先以科學方法解剖台灣舊有的人情・風習・制度等人文生活側面、然後、才有可能對症下藥的確立合乎台灣社會狀況的統治政策。這樣，他就從先設立**社會科學調查機關**的「**臨時台灣舊慣調查會**」、並進行地籍調查和人籍調查。同時在另一方面於一八九七年（明治三〇年、光緒二三年）六月、修改總督府官制、改置六縣三廳、並廢止以前的三段警備機構、代之、以警部三七五人、巡查三千三〇〇人而創立殖民地的「**警察制度**」、隨著又整備舊有的「**保甲制度**」爲警察的下級補助機關。就是在此時建立起來的警察制度及保甲制度乃成爲總督府統治台灣的基層機構、其後一貫的發揮了很大的威力。當時縣廳下屬的各地支廳首長必由警部就任、各支廳設有總務・警務・稅務三課、其中、警務課最重要、所以使之掌握該支廳一切的首要政務（參閱台灣總督府「警察沿革誌」第二編上卷一九三八年p.56　竹越與三郎「台灣統治志」一九〇五年p.244　佐佐木忠藏「台灣行政法論」一九一五年p.109）。

這樣、掌管在總督手裡的警察機構、後來經過多次的增員及擴充、機構愈來愈龐大、總督府有警務局、其下級機關各置有州警察部、市警察署・郡警察課・街庄警察分室及警察派出所等、從上而下、節節控制、一直浸透於最底層的台灣人大衆之間、猶如蜘蛛網似的纏縛於每個人身上。在殖民地台灣、警察的權柄是非常大的、這在本國是未曾見過。「**凡在台灣、非靠警察力量、萬事不能移諸實行**。」（持地六三郎「台灣殖民政策」一九一二年p.80）。台灣的警察不但要維持治安及檢舉犯人、早時是以「**匪徒刑罰令**」（律令第二四號）、就能肆意屠殺抗日義民（一八九七—一九〇一年的五年間留下記錄的就有了被捕抗日義士八千〇三〇人、被殺害者三千四七三人、一九〇二年被殺害者四千五八一人、實際上的數字是比此還多）、後來涉及更爲廣泛、掌握戶籍、管制居住・移動・旅行、控制文教、監視海外留學、管制言論、督促納稅、攤派勞役、甚至於沒收土地、強制賤賣農產物、強迫購買日本商社股票及加入人壽保險、強制負擔政府公債及郵政儲金等這一切都屬於警察管轄之內。又在一九二三年一月再把本國的「**治安警察法**」施行於台灣、藉以彈壓台灣人的民族運動及階級運動（參閱矢內原忠雄「帝國主義下の台灣」—〝矢內原忠雄全集〞、一九六三年p.363）。

再者、關於「**保甲制度**」、原來是創立於中國宋代王安石之手、清朝亦利用這**保甲法**、早就搬進台灣而沿用於管制地方治安。劉銘傳清查戶口時再加以整備運用、這乃是一種具有鄰保連坐責任性質的地方包辦性**鄉黨組織**、十戶立一牌頭、十牌立一甲長、十甲立一保正、替清朝政府包辦該地方的有關治安・戶口・稅收等地方行政。

後藤新平蒞任總督府政務長官後、就看重了清朝遺制的這個保甲制度對管制殖民地人民頗有效力、所以、在一八九八年（明治三一年、光緒二四年）六月乃公佈「**保甲條例**」（律令二一號）、主要是沿用其舊有的機能、「**以連帶責任、保持地方安寧**」（保甲條例七條之一、使之爲警察政治負起補助責任、而成爲台灣統治最低級的基層機構）。**保甲制度**所牽連到的工作非常廣泛、不只有關糾察犯人・監視百姓・整理戶口等治安問題、也要催繳捐稅・攤派勞役・清掃街道・預防疫病・召集開會等。保甲的下屬即另設「**壯丁團**」補助之。這些保正・甲長・牌頭及壯丁、一律是屬於義務工作、無報償（其中有力的保正、另外享有販賣專賣品的特權）、也不設置辦公廳。就是說、總督府採用台灣舊有保甲制度、無非是等於一箭雙雕、一個是「**以台制台**」、再一個就是不花分毫而能達成統治台灣的目的。由此、可以看到日本帝國主義統治殖民地台灣的本質之一端。這種前近代性的保甲制度經過幾次修改之後、到一九四五年（昭和二〇年、民國三四年）六月才被廢除。（參閱台灣總督府「台灣統治綜覽」一九〇八 p.102　台灣總督府「台灣統治概要」一九四五年—一九七三年復刻版 p.85　臨時台灣舊慣調查會第一部報告「清國行政法」第一卷、一九〇五年 p.313）。

(3) 特別會計制度

所謂「**台灣特別會計制度**」、乃是把台灣總督府的財政收支、從本國的政府財政（即「一般會計」）完全割開、使台灣總督不受本國的任何干涉、而能恣意加諸重徵及隨意揮霍的殖民地財政制度。

初在日本佔領台灣時、總督府的財源拮据、反而開支浩繁、所以財政赤字日俱遽增。

「日本佔領台灣後、爲了維持軍政、年年需要一千萬圓財政支出、其中七百萬員、不得不賴於本國的國庫支助。因此、國人把我國領有台灣一事、批評爲〃奢侈〃、有識者主張必把這無用之台灣、以一億圓售價、賣給外國。在這種國內政治情勢之下、日本政府終在明治三十年的第十一屆帝國議會、宣佈把其補助金削減至四百萬圓、以資收拾對統治台灣不好批評的國內局面。」（矢內原忠雄「帝國主義下の台灣」—〃矢內原忠雄全集〃第二卷 P.116）。

然而、於一八九七年（明治三〇年、光緒二三年）四月、「**台灣總督府特別會計法**」（律令第二號）施行之後、台灣財政立即面目一新、使本國的補助金年年減少、至一九〇四年（明治三七年、光緒三〇年）、終於解除了總督府在財政上的虧絀。就是不出八年（本來計劃是擬定須費一三年）、本國補助竟告完畢、自一九〇五年（明治三八年、光緒三一年）、台灣總督府不但能維持**財政獨立**、而且每年平均（一八九七—一九四三年）能有二〇%的盈餘。

就是說、日本統治台灣的五一年間、對台灣所投下的財政資金、僅是領台當初的補助金共計三、〇四八萬八千餘圓（本來所預定支出的補助金總額是四、七四八萬八千餘圓）、且從一九〇七年（明治四〇年、光緒三三年）開始、台灣財政不但能彌補赤字、而且進入尙有盈餘甚多的所謂「**黃金時代**」。這樣、自一八九七年（明治三〇年、光緒二三年）爲基準、至一九四四年（昭和一九年、民國三三年）的四八年間、總督府的財政收入竟膨脹爲七四倍（考慮到其間的貨幣價値的變動、這財政收入增加的實質價値、也不會低於一〇倍—參閱表9）。

並且、自一九〇九年（明治四二年、宣統元年）、開始能補助本國政府在財政上的短絀、使之受到很大的實惠。尤其在治台後期的戰爭時代、以「**軍事費分擔金**」爲名目、總督府繳納本國政府共達六億圓之巨。就是殖民地台灣終於成爲日本政府在財政上的一個重要財源。

表9　台灣總督府特別會計歲入歲出決算累計表（100萬圓）

年	歲入			歲出			盈餘	
	經常	臨時	計	經常	臨時	計	金額	%
1897（明30）	5.3	5.9	11.2	7.7	2.7	10.4	0.8	7.1
1902（明35）	11.8	7.6	19.4	10.9	7.4	18.4	10.1	5.1.
1907（明40）	28.8	6.4	35.2	19.6	8.0	27.7	7.5	21.2
1912（大1）	42.5	17.7	60.2	25.6	21.5	47.1	13.1	21.7
1917（大6）	50.3	15.0	65.4	34.4	11.6	46.1	19.3	29.5
1922（大11）	81.8	31.5	113.4	68.3	27.9	96.3	17.1	15.0
1926（昭1）	96.5	35.1	131.7	69.6	22.2	91.9	39.8	30.2
1927（昭2）	93.2	45.4	138.6	71.0	30.5	101.5	37.1	26.8
1928（昭3）	104.3	43.1	147.5	76.9	32.1	109.1	38.4	26.1
1929（昭4）	107.5	42.6	150.2	82.8	39.4	122.2	28.0	18.6
1930（昭5）	98.5	31.2	129.7	78.3	31.6	109.9	19.8	15.2
1931（昭6）	93.5	22.6	115.9	76.6	22.4	99.0	16.9	14.5
1932（昭7）	96.5	23.7	120.3	74.3	22.8	97.2	23.1	19.2
1933（昭8）	100.6	30.1	130.8	78.9	23.2	102.2	28.6	21.8
1934（昭9）	110.6	31.0	141.6	87.2	24.9	112.1	29.5	20.8
1935（昭10）	123.4	33.1	156.5	94.0	29.9	123.9	32.6	20.8
1936（昭11）	138.1	37.6	175.7	98.8	35.0	133.9	41.8	2.8
1937（昭12）	153.4	49.3	202.8	109.2	47.1	156.4	46.4	22.8
1938（昭13）	176.7	57.1	233.8	120.7	62.6	183.4	50.4	21.6
1939（昭14）	216.3	72.1	288.4	140.5	76.9	217.4	71.0	24.7
1940（昭15）	245.8	107.0	352.9	158.8	104.0	262.9	90.0	25.5
1941（昭16）	265.8	148.3	414.2	169.1	120.5	289.7	124.5	30.0
1942（昭17）	305.8	193.7	499.6	188.3	184.3	372.7	126.9	25.4
1943（昭18）	390.6	275.4	666.0	202.6	300.6	503.2	112.8	18.4
1944（昭19）	480.4	23.1	711.5	268.1	443.7	711.5	0	0
預算								
1945（昭20）	588.8	240.1	828.9	288.6	540.3	828.9	0	0

（資料）日本政府大藏省「昭和財政史」XV P.87 1960年

表10 台灣總督府特別會計項目別歲出累計表（100萬圓）

年	行政費		教育費		調查實驗費		事業費		其他		盈餘	
	金額	%	金額	%	金額	%	金額	%	金額	%	金額	%
1897（明30）	4.9	46.9	0	0	0.7	0.6	5.3	50.7	0.1	1.6	10.4	100.0
1902（明35）	4.2	23.3	0.4	0.25	0.2	0.1	12.3	67.2	1.2	7.0	18.4	100.0
1907（明40）	5.3	19.2	0.5	0.2	0	0	18.9	68.3	2.9	10.6	27.7	100.0
1912（大 1）	5.9	11.4	0.8	0.2	1.2	0.4	38.1	73.0	7.0	13.5	52.2	100.0
1917（大 6）	7.7	16.8	1.1	0.3	0.4	0.8	35.3	76.6	1.4	3.0	46.1	100.0
1922（大11）	18.8	19.5	3.0	0.3	0.9	0.9	71.5	74.2	1.9	2.0	96.3	100.0
1926（昭 1）	18.2	19.8	4.1	0.4	0.9	0.1	61.9	67.3	6.6	7.2	91.9	100.0
1927（昭 2）	18.7	18.4	4.4	.0.4	1.0	0.9	71.5	70.5	5.7	5.7	101.5	100.0
1928（昭 3）	19.0	17.4	5.5	0.5	1.0	0.9	72.2	70.8	6.2	5.7	109.1	100.0
1929（昭 4）	22.7	18.6	6.1	0.5	.1	1.7	81.9	67.0	9.2	7.5	122.2	100.0
1930（昭 5）	22.5	20.5	6.2	0.6	2.4	2.7	74.1	67.4	4.5	4.1	109.9	100.0
1931（昭 6）	21.0	21.2	6.0	6.0	2.4	2.4	64.6	65.1	5.1	5.1	99.1	100.0
1932（昭 7）	21.0	21.6	5.6	5.8	2.2	2.2	62.7	64.5	5.5	5.7	97.2	100.0
1933（昭 8）	20.4	19.9	5.7	5.6	2.3	2.2	68.8	67.3	4.8	4.7	102.2	100.0
1934（昭 9）	20.9	18.6	5.9	5.3	2.3	2.1	76.7	68.3	6.1	5.5	112.2	100.0
1935（昭10）	22.3	18.0	6.1	4.9	2.5	2.0	82.9	66.9	9.9	8.0	123.9	100.0
1936（昭11）	22.4	18.0	6.5	4.8	2.4	1.8	90.6	67.7	10.0	7.5	133.9	100.0
1937（昭12）	28.0	17.9	6.9	4.4	2.6	1.7	101.4	64.8	17.1	11.0	156.2	100.0
1938（昭13）	29.4	16.0	7.7	4.2	3.5	1.9	116.7	63.6	25.9	14.1	183.4	100.0
1939（昭14）	31.6	14.5	8.7	4.0	3.7	1.7	141.3	64.9	31.9	14.7	217.4	100.0
1940（昭15）	30.8	11.7	10.8	4.1	4.7	1.8	174.4	66.3	42.0	15.9	262.9	100.0
1941（昭16）	33.9	11.7	14.0	4.8	5.1	1.7	183.7	63.3	52.7	18.2	289.7	100.0
1942（昭17）	36.6	9.8	15.7	4.2	6.6	1.8	236.1	63.3	77.4	20.7	377.7	100.0
1943（昭18）	36.0	7.1	20.6	4.1	7.4	1.4	277.6	55.2	160.6	31.9	503.2	100.0
1944（昭19）	54.1	8.9	17.3	2.8	6.8	1.1	283.0	46.6	245.5	40.4	711.5	100.0

（資料）日本政府大藏省「昭和財政史」XV P.91 1960年

表 11　台灣總督府特別會計項目別歲入累年表（100 萬圓）

年	租稅		印紙		專賣①		交通②		通信③		其他④		①－④計		公債		前年度盈餘		其他		計	
	金額	%	金額	%	金額	%	金額	%	金額	%	金額	%	金額	%	金額	%	金額	%	金額	%	金額	%
1897(明30)	2.6	23.2	0	0	1.6	14.5	0.2	2.0	0.3	2.9	0.3	2.8	2.5	22.3	0	0	0	0	6.1	54.3	11.2	100.0
1902(明35)	3.7	19.1	0.06	0.3	6.2	31.8	0.7	3.7	0.5	2.8	0.4	2.4	7.9	40.9	4.7	24.3	0.4	2.0	2.5	13.1	19.4	100.0
1907(明40)	7.9	22.5	0.5	1.6	15.9	45.1	2.3	6.7	1.2	2.8	0.8	2.4	20.1	57.1	0	0	5.3	15.1	1.2	3.4	35.2	100.0
1912(大 1)	13.4	22.3	4.0	6.6	16.3	27.1	4.9	8.2	1.5	2.5	2.0	3.3	24.8	41.2	3.4	5.6	14.2	23.5	0.3	0.5	60.2	100.0
1917(大 6)	9.9	15.2	1.6	2.5	22.1	33.8	7.6	11.7	2.2	3.4	5.5	8.4	37.5	57.4	1.3	2.1	13.0	19.9	1.7	2.7	65.4	100.0
1922(大11)	19.0	16.7	2.4	2.2	37.1	32.7	12.5	11.0	3.6	3.2	7.0	6.2	60.4	53.3	13.2	11.7	17.5	15.4	0.6	0.6	113.4	100.0
1926(昭 1)	21.9	16.6	3.0	2.2	42.6	32.3	17.5	13.3	3.9	3.0	6.9	5.2	71.1	54.0	2.8	2.1	31.7	24.1	1.0	0.8	131.7	100.0
1927(昭 2)	18.5	13.3	3.5	2.5	40.3	29.0	19.2	13.8	4.2	3.0	6.8	4.9	70.6	50.9	4.6	3.3	39.8	28.7	1.3	1.0	138.6	100.0
1928(昭 3)	20.7	14.1	3.6	2.4	47.2	32.0	20.2	13.7	4.3	2.9	7.5	5.1	79.5	53.8	4.7	3.2	37.0	25.1	1.7	1.1	147.5	100.0
1929(昭 4)	21.5	14.3	3.6	2.4	48.4	32.2	20.8	13.8	4.7	3.1	7.6	5.1	81.7	54.4	2.2	1.5	38.4	25.5	2.5	1.7	150.2	100.0
1930(昭 5)	19.0	14.6	3.3	2.5	43.3	33.4	19.6	15.1	5.0	3.9	7.4	5.7	75.5	58.2	1.3	1.0	27.9	21.5	2.5	1.9	129.7	100.0
1931(昭 6)	18.0	15.5	3.7	3.2	39.4	34.0	19.0	16.4	5.2	4.5	6.8	5.8	70.6	60.8	0.4	0.4	19.7	17.0	3.2	2.7	115.9	100.0
1932(昭 7)	18.8	15.1	4.0	3.3	40.6	33.7	20.0	16.6	5.9	4.9	6.6	5.5	73.2	60.9	4.4	3.7	16.9	14.0	3.2	2.6	120.3	100.0
1933(昭 8)	20.1	15.4	4.0	3.1	41.0	31.3	21.6	16.5	5.9	4.5	6.8	5.2	75.4	57.7	4.9	3.7	23.0	17.6	3.0	2.3	130.8	100.0
1934(昭 9)	19.3	13.6	4.5	3.2	46.3	32.7	25.1	17.7	6.5	4.6	7.8	5.5	85.8	60.6	0.007	0.005	28.5	20.1	3.2	2.3	141.6	100.0
1935(昭10)	20.9	14.0	5.1	3.2	50.9	32.6	28.5	18.2	7.2	4.6	8.1	5.2	94.8	60.7	0	0	29.4	18.8	4.7	3.0	156.5	100.0
1936(昭11)	20.7	14.0	7.2	4.1	56.9	32.4	31.6	18.0	7.8	4.4	9.2	5.2	105.7	60.1	0	0	32.6	18.5	5.4	3.1	175.7	100.0
1937(昭12)	31.5	15.5	7.2	6.5	61.4	30.2	34.9	17.2	8.9	4.4	9.0	4.4	114.3	56.3	0	0	41.8	20.6	7.8	3.8	202.8	100.0
1938(昭13)	34.4	14.7	7.6	3.2	69.2	29.6	43.8	18.7	9.9	4.2	12.6	5.4	135.6	58.0	0	0	46.3	19.8	9.6	4.1	233.8	100.0
1939(昭14)	41.9	14.5	8.3	2.8	83.2	28.8	53.3	18.4	12.1	4.2	15.8	5.5	164.6	57.0	6.2	2.1	50.4	17.4	16.8	5.8	288.4	100.0
1940(昭15)	54.2	15.4	8.6	2.4	90.2	25.5	60.3	17.1	14.1	4.0	15.6	4.4	180.3	51.1	5.3	1.5	71.0	20.1	33.1	9.3	352.9	100.0
1941(昭16)	62.8	15.1	8.7	2.1	101.3	24.4	54.2	13.0	12.9	3.1	17.0	4.1	185.5	44.8	7.0	1.7	90.0	21.7	60.0	14.4	414.2	100.0

（資料）　日本政府大藏省「昭和財政史」XV p.96 1960 年

從一般來說、當歐美列強統治亞・非各地的殖民地時、欲想在財政上實現收支平衡、實在是難中之難。

例如、「**法國自從統治安南已有二〇餘年、其間、自一八八七年至一八九五年的八年間、財政虧空共計七億五千萬法朗（等於日幣三億圓）、此外、再公募八千萬法朗的公債、也投入於此、以至近年才見財政上實現平衡。**」（竹越與三郎「台灣統治志」一九〇五年 p.219）

然而、台灣總督府爲何能這樣在短期間內使財政獨立？其主要的原因無非是台灣總督能以這個「**特別會計制度**」爲工具、一意孤行、大肆剝削三百萬至六百萬的台灣人才能達成的。這點、乃是衆所週知、同時、其當事者也曾承認過：「**台灣的財政獨立、竟爲當初帝國殖民統治陷於危急所迫的緊急措施所使然、其所招來必然的弊病、卻是不可使之爲他國所聞、亦不可令使台灣新附之民所窺知、……貪圖財政上之苟安：苛求新附之民、而圖減輕母國負擔之舉、今後切須忌之。**」（後藤新平卸任台灣總督府民政長官後之演講—「日本殖民政策一班」一九二一年 p.50）。

「**我國（對台灣）課稅、比舊時（清國時代）稍稍苛重**」。（台灣總督府殖產局長・新渡戶稻造「糖業改良意見書」p.2）。

上面的文章所謂的「**緊急措施**」、不外乎是指「**台灣特別會計制度**」及在其基礎上所施展的地租、專賣事業・事業公債・地方稅・各種消費稅等苛酷的剝削手段而言。這些殖民地剝削手段到後來、不但不減輕、而且更爲加重、連續沿用至日本敗退的最後一天、使之對台灣的殖民統

表12　台灣・朝鮮・日本初期每人平均財政負擔

年	台灣	朝鮮	日本	安南
	圓	圓	圓	圓
1904（明37）	4.55		3.34	
1910（明43）	5.21	0.68	6.20	
1914（大 3）	3.17	1.04	6.35	
1921（大10）	7.67	2.11	13.44	2.18

（資料）　日本政府拓殖局「殖民地便覽」VX P.41

治更趨堅固不拔。參考表12、同時考慮到台灣與日本在經濟發展的不同及貧富的懸殊、就能具體的瞭解台灣總督剝削台灣人是如何的苛刻。

如此、台灣總督爲了彌補初期的財政赤字並進而獲得富裕的財政收入、從初就把左項的主要剝削手段一一移諸實行。

I　地租——一八九六年（明治二九年、光緒二二年）十月總督府公佈了台灣「**地租規則**」（律令第五號）、及「**台灣地租規則施行細則**」（府令第二八號）、整備地租徵收辦法。同時在另一方面、自一八九八年（明治三一年、光緒二四年）七月、開始「**地籍調查**」、至一九〇〇年（明治三三年、光緒二六年）、查出「**有租地**」（必要繳納地租的耕地）共有六一萬九千二八七甲（田三一萬三千六九三甲、園三〇萬五千五九四甲）、比未調查以前增加二五萬七千八四〇甲、若是比起清國時代劉銘傳的土地清查時、即增加七一%（參閱總督府臨時台灣土地調查局「第五回事業報告書」一九〇五年 p.97）。

於是、總督府在一九〇四年（明治三七年、光緒三〇年）十一月、再公佈「**台灣地租規則中改正**」（律令第一二號）、實施第一次修改地租徵收辦法。其結果、以田・園・魚塭爲徵税對象（一九一五年再加上建築物土地）、比起一九〇三年（明治三六年、光緒二九年）的地租税收九二餘萬圓、遽增至一九〇五年（明治三八年、光緒三一年）的二九八餘萬圓、就是在三年之間、地租税收一下子增爲三倍（參閱台灣總督府税務職員共慰會「台灣税務史」上卷一九一八年 p.86）。

於一九一九年（大正八年、民國八年）八月、總督府再以水利設施改進・農業發達・物價高漲等爲理由、第二次公佈了「**台灣地租規則中改正**」（律令第三號）、把地租税率再提高四〇%、結果、地租收入再遽增四三%、由向來的三七〇萬圓左右、增至五三〇餘萬圓（參閱「台灣總督府税務年報」一九二二年 p.3）。

又在一九二七年（昭和二年、民國一六年）、第三次修改地租規則、把徵收對象細分爲㈠**水田**一七等則（徵收地租每甲最高二五・八圓、最低一・〇圓）、㈡**園**一七等則（徵收地租每甲最高一九・六圓、最低〇・五圓）、㈢**魚塭**一〇等則（徵收地租每甲最高一三・八圓、最低〇・四圓）、㈣**建築物**地產七〇等則（徵收地租每甲最高二千六〇二・〇圓、最低一・〇圓）而再次圖謀增加地租稅收（參閱日本政府大藏省「昭和財政史」XV 一九六〇年 p.367）。

一九三五年（昭和一〇年、民國二四年）、總督府又公佈了「**台灣地租規則中改正**」（律令第五號）、實施第四次修改地租徵收辦法、再把山林・雜地等也加爲徵收對象、結果、台灣人的地租負擔、從一九三五年的五千八〇〇餘萬圓、增至一九三七年的八千二〇〇餘萬圓、又是大幅的增加了四一％（參閱「台灣總督府稅務年報」一九三八年 p.99）。

這樣、不虧是具有**封建性**的殖民權力機構的台灣總督府、不但施加近代式的殖民統治、而且把台灣的「**農民**」及「**土地**」「**地主**」視爲第一個對象、一重再一重的加重剝削其血汗果實。總督府一貫保持並籠絡台灣地主階級、只是爲了要通過這封建殘餘而來盡量刼掠從農民及土地所生產的財貨而已。

Ⅱ　專賣事業——台灣總督府從初就獨佔官辦專賣事業、其每年收益爲解決初期的財政虧空及實現其後的富裕財政所佔比率是非常的大、而且從專賣品所徵收的消費稅也甚爲可觀。

就是早在一八九七年（明治三〇年、光緒二三年）一月從鴉片專賣（律令第二號）做起、逐漸擴至樟腦（一八九八年、明治三一年、光緒二四年）、食鹽（一八九九年、明治三二年、光緒二五年）・香煙（一九〇五年、明治三八年、光緒三一年）的四種。後來、又增加度量衡（一九〇六年、明治三九年、光緒三二年）・酒及酒精（一九二二年、大正一一年、民國一一年）・洋火（一九四二年、昭和一七年、民國三一年）・石油（一九四三年、昭和一八年、民國三二年）、鹽汁（一九四四年、昭和一九年、民國三三年）等共有一〇種、獲得很大的利潤（參閱表11、

表13　專賣事業在財政收入所佔比率

年	專賣收入	與財政總收入對比	與財政經常收入對比
	千圓	%	%
1897(明30)	1,640	14.5	30.8
1902(明35)	6,210	31.8	52.3
1907(明40)	15,945	45.1	55.3
1912(大 1)	16,360	27.1	38.5
1917(大 6)	22,138	33.8	44.0
1926(昭 1)	42,688	32.3	44.1
1932(昭 7)	40,648	33.7	42.3
1940(昭15)	90,294	25.5	36.8
1941(昭16)	101,348	24.4	39.1
1942(昭17)	117,575	23.5	38.4
1943(昭18)	157,901	23.2	40.4
1944(昭19)	231,154	32.4	48.3
1945(昭20)	270,628	32.6	49.3

（資料）　日本政府大藏省「昭和財政史」XV P.114
「台灣總督府統計」

表14　專賣事業所得利潤

年	專賣收入	專賣支出	利潤	利率
	千圓	千圓	千圓	%
1942(昭17)	117,575	69,466	48,109	69
1943(昭18)	157,901	73,282	84,619	115
1944(昭19)	231,154	91,269	139,885	153
1945(昭20)	270,628	90,280	180,348	190

（資料）　日本政府大藏省「昭和財政史」XVP.114

表13、表14　台灣總督府專賣局「專賣事業」一九四五年p.89）。

Ⅲ　事業公債——台灣總督府獨佔台灣的基幹產業（鐵路・電信・郵政・港口・倉庫・山林事業・官有土地・官有財產等）、其每年的收益在總督府的財政歲收上佔很大的比率、同時構成著殖民地獨特的「**官僚資本**」、不但是壟斷了台灣的主要產業、竟而成爲本國資本主義侵入台灣的嚮導。這筆異常龐大且要長年繼續支出的資金、不外是台灣人的血汗錢、即根據總督府一八九九年（明治三二年、光緒二五年）三月所公佈的「**台灣事業公債法**」而以發行公債及台灣銀行等借款的方式抽出的（參閱「日本政府大藏省」「昭和財政」XV　台灣銀行「二十年誌」）。

在以上這麼龐大數目的列表上（參閱表15）、如果再加考慮到早期的物價水準、即能更深刻瞭解其貨幣量的實質價值（物資收購力）是無可衡量的大。

Ⅳ　地方稅——總督府、於一八九八年（明治三一年・光緒二四年）七月、公佈「**台灣地方稅規則**」（律令第一七號）、以總督府財政（中央）稅收之外的項目來徵收地方稅（地租附加稅・所得稅附加稅・營業附

表15　台灣總督府公債發行及借款（1000萬圓）

年	行政費			借款			總殘額
	金額	償還	殘額	金額	償還	殘額	
1899(明 32)	0	0	0	3,200	0	3,200	3,200
1900(明 33)	2,211	0	2,211	5,100	2,000	6,300	8,511
1901(明 34)	3,222	0	5,434	600	1,600	5,300	10,734
1902(明 35)	11,273	0	16,707	2,649	2,509	5,440	22,148
1903(明 36)	7,000	0	23,707	500	2,591	3,349	27,057
1904(明 37)	7,375	0	31,803	0	200	3,149	34,232
1905(明 38)	3,039	1	34,121	649	2,998	800	34,921
1906(明 39)	385	322	34,185	0	800	0	34,185
1907(明 40)	0	543	33,641	0	0	0	33,641
1908(明 41)	0	0	33,641	823	0	823	34,465
1909(明 42)	23	820	32,844	2,580	0	3,404	36,248
1910(明 43)	2,506	800	34,551	2,838	1,500	4,742	39,294
1911(明 44)	0	1,500	33,051	1,200	2,653	]3,289	36,341
1912(大 1)	0	1,500	31,551	3,427	1,450	5,266	36,818
1913(大 2)	0	1,500	30,051	1,791	638	6,419	36,471
1914(大 3)	0	1,500	28,551	3,048	1,200	8,267	30,818
1915(大 4)	0	800	27,751	1,394	3,427	6,234,	33,985
1916(大 5)	0	800	26,951	1,576	1,791	6,019	32,970
1917(大 6)	0	0	26,951	1,378	3,048	4,350	31,301
1918(大 7)	4,000	0	30,951	1,000	1,394	3,955	34,907
1919(大 8)	3,192	0	34,143	0	1,576	2,378	36,522
1920(大 9)	9,207	0	43,351	0	1,378	1,000	44,351
1921(大 10)	16,721	0	60,072	0	1,000	0	60,072
1922(大 11)	19,270	0	79,343	0	0	0	79,343
1923(大 12)	1,236	0	80,580	7,000	0	7,000	87,580
1924(大 13)	7,683	0	88,263	3,200	7,000	3,200	91,463
1925(大 14)	2,749	0	91,013	0	0	3,200	94,213
1926(昭 1)	3,000	0	94,013	0	0	3,200	97,213
1927(昭 2)	9,733	0	103,746	0	0	3,200	106,946
1928(昭 3)	5,266	0	109,012	0	0	3,200	112,212
1929(昭 4)	4,649	0	113,662	0	0	3,200	116,862
1930(昭 5)	1,913	1,370	114,2058	0	0	3,200	117,405
1931(昭 6)	687	1,456	113,435	0	0	3,200	116,635
1932(昭 7)	5,801	514	118,722	0	0	3,200	121,922
1933(昭 8)	8,248	439	126,530	0	3,200	0	126,530
1934(昭 9)	3,453	459	129,525	0	0	0	129,525
1935(昭 10)	145	1,468	128,202	0	0	0	128,202
1936(昭 11)	1,168	1,502	27,868	0	0	0	127,868
1937(昭 12)	0	1,487	126,380	0	0	0	126,380
1938(昭 13)	0	1,488	124,897	0	0	0	124,897
1939(昭 14)	6,340	1,466	129,771	0	0	0	129,771
1940(昭 15)	6,000	1,448	134,322	0	0	0	134,322
計	157,508	23,185	134,322	43,959	43,959	0	134,322

（資料）　日本政府大藏省「昭和財政史」XV P.135 1960年
大藏省理財局「國債參考書」，「國債統計年報」

表16　台灣地方財政收支（1000圓）

項　目	1921（大10）	1926（昭1）	1931（昭6）	1936（昭11）	1937（昭12）	1940（昭15）	1941（昭16）	1943（昭18）
歲入（決算）	32,980	32,380	44,486	74,286	95,500	122,787	154,019	
歲出（預算）	27,083	28,579	37,809	54,842	73,392	93,482	124,143	144,867

（資料）　台灣總督府「台灣事情」「台灣總督府統計書」

加稅・家屋稅附加稅・戶稅及其附加稅・雜稅及其附加稅・州廳地方稅等一四項目—一九四三年統計）、加上總督府特別會計補助金爲州・市・街庄各級的地方財政。由於這些地方財政的預算・徵稅・收支等、均屬總督專權處理、所以地方稅收給予整個台灣財政（中央・地方）的規模擴大起了很大的作用、當然、也更加重了台灣人很大的負擔。「**如此、伸縮自如・融通萬能的台灣地方稅收、乃在法治國家極爲罕見、也是總督府財政上一個有力的安全保險扭。**」（東鄉實・佐藤四郎「台灣殖民發達史」一九一六年 p.382）。

V　砂糖消費稅——總督府從初就看重砂糖課稅對財政上利點不小、所以在一八九六年（明治二九年、光緒二二年）三月、公佈「**糖業稅則**」（日本政府令第一一號）、斟酌清國時代的稅率而徵收蔗專稅與砂糖稅、並在一九〇一年（明治三四年、光緒二七年）十月、施行「**砂糖消費稅法**」（勅令第一五五號）、改爲徵收砂糖消費稅。其後、由於製糖業日益發展、總督府所徵收砂糖消費稅也日益激增、所以成爲財政上收入急速增加的一大財源。例如、一九〇五年（明治三八年、光緒三一年）所收砂糖消費稅一八六萬圓、至一九一〇年（明治四三年、宣統二年）遽增爲一千二〇〇萬圓、等於總歲收的二〇%以上。「**（砂糖消費稅的激增）、招來洪水湧上般的收入、實現了財政上的黃金時代**」（東鄉・佐藤「台灣殖民發達史」一九一六年 p.361）。

總督府於昭和初期、一時降低砂糖消費稅的稅率、但是不過幾年、到戰爭時代、再次把其提高、終在日據末年的一九四五年（昭和二〇年、民國三四年）、擬以增收三、四八九萬二千圓的砂糖消費稅。

表17　總督府財政收入・地方官廳財政收入・與台灣人納稅負擔

年	總督府收入	地方官廳收入	總督府稅收	地方官廳稅收	總督府稅每人平均	地方稅每人平均	每人納稅共計
	千圓	千圓	千圓	千圓	圓	圓	圓
1897（明30）	21,283	3,309	2,636				
1902（明35）	19,497	5,526	3,738				
1907（明40）	35,295	6,656	7,955				
1912（大 1）	60,295	9,222	13,493				
1920（大 9）	102,560	21,515	24,301	5,288	6.58	1.43	8.10
1922（大11）	113,420	34,134	19,017	17,014	4.97	4.44	9.41
1927（昭 2）	138,626	36,960	18,559	17,928	4.40	4.25	8.66
1932（昭 7）	120,303	45,060	18,364	19,127	3.78	3.94	7.73
1937（昭12）	202,836	95,500	35,384	33,302	6.64	6.07	12.71
1941（昭16）	414,225	132,265	95,261	58,726	15.99	9.59	25.59
1942（昭17）	499,612	154,019	99,844	70,073	13.45	11.13	24.58
1943（昭18）	666,071	231,222	128,053	71,148	20.34	11.30	31.64

（資料）　台灣總督府「台灣事情」「台灣總督府統計書」

如上所述、總督府爲了彌補初期的財政虧絀、並繼續維持所謂**緊急措施**、即加緊從台灣人剝削。總督府的剝削方法、當然是重徵**間接稅**（大衆稅）、而減輕**直接稅**（有產階級稅）。更具體的說、就是日本資本家及買辦台灣人或地主所要負擔的㈠「**取得稅**」（所得稅・臨時利得稅・特別法人稅）、㈡「**財產稅**」（遺產稅）、㈢「**收益稅**」（除了地租・家屋稅之外的・營業稅・礦業稅・利息稅・法人資本稅・紅利稅）、乃把其稅率盡可能減輕、反而台灣人無產大衆得要負擔的㈠「**消費稅**」（清涼飲料稅・砂糖消費稅・織物消費稅、及加在香煙・酒類等大衆消費品之中的專賣品消費稅等）、㈡「**特別消費稅**」（物品稅・建築稅・遊興飲食稅・骨牌稅・入場稅等）、㈢「**流通稅**」（登錄稅・通行稅・廣告稅等）、㈣「**關稅**」（關稅・噸稅）、一律加重其徵收稅率、使台灣人大衆一天到晚都得爲繳稅傷透腦筋、並且生活日益貧窮化（參閱表12、表17、表18）。

這樣、總督府以極端的**殖民主義**及**差別主義**來剝削台灣人、把地租及間接稅當做財政稅收上的主要泉源、並把專賣事業的超額獨佔利潤做爲富裕財政的有力工具、這點、不外是「**總督府特別會計制度**」的眞面目、也就是日本帝國主義殖民統治台灣的本質之一端。

「從明治三十七年（一九〇四年）的財政歲入（中央・地方）看來、日本本國每人平均負擔三・三四三圓・法國殖民地安南二・一八二圓、然而、台灣則高達四・五五四圓」（竹越與三郎「台灣統治志」p.221）。

如此、台灣總督恣意施展「**特別會計制度**」、不但在經濟上極端掠奪台灣人莫大的勞動果實、而且在**政治上**更迫使台灣人任其壓迫而來鞏固其殖民統治。

表18　台灣人每戶所得推定與納稅比較

年	每戶所得 (1)	每戶納稅 (2)	(1)÷(2)
	圓	圓	%
1926（昭 1）	435.00	50.21	11.5
1927（昭 2）	443.00	47.19	10.6
1928（昭 3）	446.00	50.07	11.2
1929（昭 4）	452.00	51.54	11.4
1930（昭 5）	458.00	47.00	10.4
1931（昭 6）	410.00	44.98	10.9
1932（昭 7）	408.00	44.12	10.8
1933（昭 8）	413.00	46.96	11.3
1934（昭 9）	418.00	46.37	11.0
1935（昭10）	436.00	52.20	11.9
1936（昭11）	482.00	58.24	12.0
1937（昭12）	—	—	—
1938（昭13）	515.00	71.99	13.9
1939（昭14）	—	81.20	—
1940（昭15）	—	92.97	—
1941（昭16）	—	116.00	—
1942（昭17）	—	146.00	—

（資料）　日本政府大藏省「昭和財政史」XV P.100

b　重演一連串的傀儡戲

獨裁專制的總督政治、這五一年間更換了一九任總督、其各有不同的統治手法、但在其對待殖民地的基本方針、當然是絲毫不可能有所相異。在這些土皇帝君臨之下的台灣與台灣人、一貫被迫而為日本本國的利益服務、這種差別主義的殖民統治政策、始終沒有改變。

日本政府鑑於台灣總督的專制統治過於顯露、爲了稍微加以隱蔽、即以瞞天過海的手段、在一八九八年（明治三一年、光緒二四年）四月、開設總督諮詢機關的「**台灣總督府評議會**」（勅令第八九號）。該會是由總督親自當會長、評議員也以總督府的高級文武官員充當、主要任務是在形式上、擬以研討總督發出的律令及答申總督所諮詢的有關政務事項、因此、與其說是議事機關、無寧說是虛構的參謀機關。後來、第五代總督・佐久間佐馬太把其改稱爲「**律令審議會**」。

第一次世界大戰後、自由民主及民族自決的世界潮流洶湧澎湃、日本國內的民主運動相繼而起。在朝鮮所掀起的所謂「**萬歲事件**」（一九一九年三月、朝鮮人要求民族獨立的大衆起義）、正驚動著日本的政界。當在此時、在東京的台灣留學生、被這種戰後的自由思想所洗禮、而開始攻擊日本帝國主義統治台灣的暴政、並主張台灣人也應該和世界各國的人民同樣、必須享有自由權利、同時要求廢除六三法及開設台灣議會。

日本帝國主義國家權力機關的總督府當局、對於這種具有近代政治覺醒的殖民地解放運動、一方面是加以毫不留情的鎮壓和逮捕、但在另一方面、也感到有必要更進一步把其醜惡的殖民統治隱蔽起來、所以、於一九一九年（大正八年、民國八年）十月、才頭一次任命**文官總督**・田健治郎（以前七代都是軍人總督）、使之提倡所謂的「**內地（日本）延長主義**」的同化政策。田健治郎一到台灣來就宣佈解除向來的武力鎮壓政策。「**台灣乃是帝國領土之一部份、當然屬於帝國憲法統治之版圖。……因此、其統治方針、必以此大精神爲其出發點、勵行各般的經營設施、使本島民衆成爲純然的帝國臣民、必須加以教化善導、以助涵養對國家的義務觀念**」（田健治郎傳記編纂會「田健治郎傳記」一九三二年 p.384）。

然而、這樣竭力宣傳「**開明政治**」的田健治郎、在實際的統治上是口是心非、根本就不想改變其殖民統治的基本原則、反而再次抬出了一時中斷的「**台灣總督府評議會**」、以掛羊頭賣狗肉的方式來對付台灣人上層階級的議會設置運動、並藉以防範所謂「**危險思想**」（自由民主思想）瀰漫於島內。

就是在一九二一年（大正一〇年、民國一〇年）六月、重新公佈「**台灣總督府評議會官制**」（勅令第二四一號）、除了歷來的日人高級官員之外、新添了一些唯諾是從的台灣人御用走狗份子、任命為冒充代表台灣民意的評議員、假戲眞做、演成一齣所謂「**民主政治**」的傀儡戲。

總督府自吹自捧為民意代表機關的這個「**總督府評議會**」、仍然是總督屬下的一個有名無實的諮詢機關、也就是換湯不換藥、所以日本帝國主義的殖民政策、並不因此而有所改變。「**台灣總督府評議會、乃是世界各國殖民地的許多評議會之中、最為缺乏實際效能的一個空頭機關。**」（矢內原忠雄「帝國主義下の台灣」—《矢內原忠雄全集》第二卷一九六〇年 p.365）。

總督府評議會的實際內容就是如下：

(1) 評議員皆由總督任命、任期二年、一共二五名之中、總督府高級官員佔七名、民間日人九名、台灣人御用份子九名

(2) 諮問事項限於除去有關律令及財政收支之外的一般政務

(3) 總督親自兼任會長、總務長官兼任副會長、並且、諮詢事項的答申案件是否採決、均由總督一意孤行、任意裁擇之

演唱著這種傀儡戲的台灣人角色、一向是從平常對殖民統治最表恭順的「**台灣四大家族**」（鹿港・辜顯榮家、板橋・林本源家、基隆・顏雲年家、高雄・陳中和家）、及霧峰・林獻堂家、（先是林獻堂、後來換為其妹婿楊吉臣）優先選任之（參閱杉山靖憲「台灣歷代總督の治績」一九二二年 p.333　「林獻堂先生年譜」一九六〇年 p.33）。

同在此時、總督府為了再進一步的獲得「**以台制台**」的實果、於一九二三年（大正一二年、民國一二

年）十一月、成立「**台灣公益會**」、使之對抗台灣知識份子的民族解放運動、同樣是走狗的特權份子辜顯榮、及林熊徵（林本源家第一房）爲主角、分任正副會長（參閱鷲巢敦哉「台灣警察四十年史話」一九三八年 p.76）。

再者、只要是具有近代政治體制的民主國家、在其行政機構上、必須設有「**行政裁判機關**」、藉以救濟人民在不當的行政措施上所受的損失和冤屈、並防範國家權力機構及其官員的橫暴和舞弊。當然、在獨裁國家或殖民地社會、這種旨在保護人權的民主機關、乃成爲有名無實。然而、殖民地的台灣、不用說、也是不可能有這種光明正大的行政裁判機關所能存在的餘地、因此、台灣人有冤也是無處可申、只能忍受外來專制者的總督及其下屬恣意揮舞強權而已。總督府爲了隱蔽這種殖民地的黑暗政治、再抬出一種所謂「**訴願法**」（一九二二年五月、大正一一年、民國一一年）、宣言如對總督政治有所議論者、可以用訴願方式提出爭辯。但是、連司法權也迄未保有獨立權限的情況之下（「台灣總督府法院條例」乃在一八九六年四月、即明治二九年律令第一號規定了有關法院的管理、甚至於推事及檢察官的任免權皆屬於總督的權限之內）、要依靠這種欺瞞的法制來爭取公道、簡直是等於與虎謀皮、根本就不可能辦到。

到後來、歷代的「**開明總督**」（文官總督）所繼續演出的就是「**台灣地方自治**」。一九三五年（昭和一〇年、民國二四年）四月、總督府連續公佈「**台灣州制**」（律令第一號）・「**台灣市制**」（律令第二號）・「**台灣街庄制**」（律令第三號）、在一九三七年（昭和一二年、民國二六年）九月公佈「**台灣廳制**」（律令第一六號）、擬以實施台灣地方自治。然而、若把其眞相揭穿、就能知道這無非是台灣總督府評議會的翻版、跟以前幾乎是同樣：

(1)　各級議會（州議會・市議會・廳街庄協議會）的議員半數是官選、半數才是民選

(2)　選舉權即以納稅的多寡而加以限制、所以大多數台灣人都不能取得選舉權

(3) 各級會議都得在警察及總督府官員的臨場監視下召開

(4) 提議案及議決方式等議會的權限都受到嚴格的規制、所以遠不及以前的「**諮問機關**」

就是說、日本帝國主義所給的所謂民主政治、也只不過是如此在島內更廣泛的製造一些「**御用紳士**」、而為總督更加鞏固其殖民統治而已。關於這點、於一九二七年一月二日版的「**台灣民報**」說得巧：「**到了第一代的文官總督田健治郎的時候、才施行了好看不好吃的地方自治制度、使人民加重了州市街庄等的經費、所以台灣人都恨田總督是個滑頭的政治家、說他用著假自治、騙了眞稅金。**」（參閱矢內原忠雄「帝國主義下の台灣」—〃矢內原忠雄全集〃第二卷 p.370）。

後來戰爭爆發、在戰雲籠罩之下、日本帝國主義為了更廣泛的動員台灣的人力及物力為戰爭服務、就再進一步的施展懷柔政策、先推舉辜顯榮（一九三四年）後來添上許丙・簡朗山・林獻堂（一九四二年）就任官選的日本貴族院議員。這無非是要把其當做假招牌、藉以表示對台灣人的親暱、然而、帝國主義者的殖民統治比以前是有過而無不及、決不因此而有任何的改變、只是辜顯榮・許丙・簡朗山等走狗買辦份子、自以為得寵獨厚、感恩得五體投地、而為其老闆更加鞠躬盡瘁而已。

c　壓迫言論、管制出版

日本帝國主義統治台灣的五一年間、以血腥的雙手、大肆鎮壓台灣人的政治行動、連其做人應有的基本人權、特別是言論和出版的自由、都在萌芽狀態就把其摘掉、這點也是屬於耳熟能詳的公開事實。

日軍在當初一佔領台灣、立即公佈「**匪徒刑罰令**」、及「**犯罪即決令**」、動輒就以匪徒罪名即時處決。

繼之、於一九〇〇年（明治三三年、光緒二六年）、總督府即公佈了「**台灣出版規則**」（律令第一一號）及「**台灣新聞條令**」（律令第一五號）極端壓制台灣人的自由言論及文藝創作。連在日本國內可以自由出版的一切刊物一旦進來島內、也得受到嚴格的檢閱、甚至禁止閱讀。特別是對報紙的管制最爲厲害、譬如在本國只要向當局登記就能刊出的報紙、在台灣就得通過州知事而取得總督的許可、才能刊行。其結果、在半世紀之中、日本人所經營的報社共有二〇餘家、但是台灣人被允許所辦的僅有一家而已。

這樣、好比在暗夜裡發出一點微光似的這張報紙就是「**台灣民報**」、原本是在東京由台灣留學生的進步份子所創辦、並給予灌漑和滋養、而後突破了總督府的萬般阻撓、才跨過千水萬山而搬回島內（一九二七年八月、昭和二年、民國一六年）、這週刊「**台灣民報**」才出刊於台北、一九三二年四月再改爲日刊。然而、這台灣人唯一的喉舌、不經多久就被迫廢止漢文版（一九三七年六月）。再經過許多壓迫及摧殘之後、被迫再改稱爲「**興南新聞**」（一九四一年二月）、最後、終於被日本人所創辦的總督府御用報紙「**台灣日日新聞**」（今日的「新生報」之前身）所呑併（參閱 p.485）。

像這樣徹底壓迫言論自由及管制刊物、不外是警察的重要任務之一。乖僻暴戾的日本警察、偏以陰險惡毒的手法、經常加以神出鬼沒的監視、就是連微不足道的言行也不放過去、動輒就以「**流言蜚語**」或「**舉動不審**」爲藉口、而加以搜索·臨檢·逮捕及處罰。如再被扣上思想犯或政治犯的黑帽子、就難免輪流被扣禁於各地監獄、再接下去、就連自己的家眷也不能知道其下落、而難見天日。

d　不平等的差別教育

當中國及印度等亞州諸民族的文盲人口仍佔總人口的九八%以上的二十世紀前半時期、在台灣日語的普及率已迅速提高、其在總人口所佔比率乃是：㈠一九三〇年—一二・三%、㈡一九三七年—三七・八%、㈢一九四四年—七一・一%（參閱「台灣總督府統計書」）。特別是就學年齡兒童的就學率、一直到戰爭末期（一九四〇年代）、已達如表19所示的高水準。

從這種情況看來、在日本統治下的台灣人教育、非但未能看出有所差別、而且還得歌頌總督府對台灣人教育問題的熱忱及公道。然而、若把問題再挖深一看、追根到底、就能看到總督府一貫所採取的教育政策並非如此的單純及寬厚。

表19　台灣人兒童就學率

年	男	女	平均
	%	%	%
1917（大6）			13.1
1922（大11）			28.8
1923（大12）	43.6	11.8	28.6
1927（昭2）			29.1
1930（昭5）	48.5	16.0	32.6
1932（昭7）			35.8
1937（昭12）	64.5	34.1	49.8
1939（昭14）			53.1
1940（昭15）			57.5
1941（昭16）			61.7
1942（昭17）			64.8
1943（昭18）	95.0	90.0	92.5

（資料）「台灣總督府統計書」
「台灣時報」1943年4月 P.17

原來、日本據台的當初、台灣在教學方面還保存著清國時代的一些教育色彩、除了舊時清國政府官辦的府學等被廢除之外、教育兒童的私塾即「書房」仍然繼續存在（參閱表20）。後來、島內戰事終息、治安同復之後、總督府才著手於所謂新教育、主要是教給台灣兒童講日本話、企圖通過語言教育來改造台灣人的思想意識、使之變成對日本天皇恭順的殖民地奴隸。就是說、日本帝國主義不只是在政治・經濟上佔統治者地位、就是在文化・教育上也得經常保持征服者的優越地位才可以的。

表20　初期台灣的書房與公學校

年	書房	書房學生	公學校	公學校教員	公學校學生
	所	人	校	人	人
1899（明32）	1,421	25,215	96		9,817
1902（明35）	1,623	29,742	139		18,845
1903（明36）	1,365	25,710	146		21,403
1904（明37）	1,080	21,661	153		23,178
1912（大1）	541	16,302	362		98,231
1917（大6）	382	7,625	327	2,224	88,099
1926（昭1）	128	5,275	539	4,921	202,257
1927（昭2）			744	5,153	211,679
1932（昭7）			762	5,544	283,976
1935（昭10）	61	1,407	781	6,238	391,112
1937（昭12）			789	7,282	457,165
1939（昭14）			812	8,763	564,682
1940（昭15）			824	9,563	632,782
1941（昭16）			843	10,770	690,670
1942（昭17）			879	11,848	745,638
1943（昭18）			922		

（資料）　「台灣總督府統計書」
「台灣時報」1943年4月P.17

這就是其不可更改的殖民統治的基本原則之一、所以、為了鞏固並加強這種優越地位、即從教育方面下手、而給台灣人子弟加以差別和抑制、甚至於有計劃的施展愚民政策。

基於這種殖民地教育政策、總督府乃一貫以培養一批具有一定文化程度的小職員・當差・勞動者・農民等勤勞大衆為教育目標、從教育的內容・制度・設施・就學機會等各方面加以有系統及有計劃的差別政策、使台灣人兒童進入「**公學校**」（日本人兒童所進去的是「小學校」）、接受比日本人兒童低一級（在教育內容上及就學年限上）的教育課程。同時在另一方面、為了防範台灣人的文化水準超過僑居台灣的日本人、總督府即極端抑制台灣人子弟再進入中學校深造、尤其是再進一級的高等教育及大學教育、幾乎全被日本人子弟所獨佔、所以台灣人子弟能衝過許多難關而受到高等以上教育的、實在寥寥無幾。

總督府對台灣人所施展差別教育的演變、在五一年間可以分為下述的三個階級。

(1) **第一期**——日軍剛佔領台灣的一八九五年（明治二八年、光緒二一年）七月、總督府第一任學務部長・伊澤修二、為了教給台灣人兒童講日本話、即在台北近郊的士林芝山巖山上開設「**芝山巖學**

堂」（七月二十六日開學）、這算是日本在台教學的端始。繼之、翌年的一八九六年（明治二九年、光緒二二年）、總督府爲了進一步通過教育而把台灣封閉於「**日本文化圈**」之內、開始在台北設立「**國語學校**」（分爲師範部和國語部）、並設立「**國語傳習所**」於台灣各地的主要市街、後來、把這兩種學校的畢業生任命爲公私各機關的下級職員・通譯、學校的補助教員・巡查補（日本警官的補助員）等、以資其統治上的實用。

於一八九八年（明治三一年、光緒二四年）、再把各地的「**國語傳習所**」加以擴充、並改稱爲「**公學校**」（與同年開設的日本人的「小學校」截然分開）。一九一九年（大正八年、民國八年）、再把台北的「**國語學校**」擴充爲培養公學校教員的「**台北第二師範學校**」（專爲培養日本人小學教員的、乃另設有「**台北第一師範學校**」）。

繼之、總督府連續開設「**台灣醫學校**」（一八九九年、明治三二年、光緒二五年）、「**中等學校**」（一九〇七年、明治四〇年、光緒三三年）、「**女子中等學校**」（一九〇八年・明治四一年・光緒三四年）、專爲收容僑居台灣的日本人子弟、授予專門教育和中等教育。

然而、對於台灣人子弟的中等以上的教育、仍然置之不理。這種公然化的差別主義、很快就引起台灣人的憤懣、遂由林獻堂等台中的富豪出面籌資、擬以台灣人自力創設「**私立台中中學校**」（一九一四年、大正三年、民國三年）。當時、總督府眼看情勢不妙、即把這將成於台灣人之手的私立中學接收爲官辦、改稱爲「**公立台中中學校**」、後來、才再改爲「**州立台中第一中學校**」（參閱山崎繁樹・野上矯介「台灣史」一九二七年 p.564）。日據時代的前半期、設有中學校的都市之中、台北和台南都是第一中學屬於收容日本人子弟、第二中學才收容台灣人子弟。唯在台中、由於台灣人經過上述的一番鬥爭、才把第一中學的名銜爭取過來、而讓台灣人子弟進入就學、總督府到後來再設立台中第二中學收容日本人子弟。日據時代的這「**台中第一中學校**」、就是今日的「**台中高中學校**」的前身。

這樣、到一九二一年（大正一〇年、民國一〇年）爲止、台灣人就學年齡兒童的就學率遠不到三〇%的時候、日本人兒童的就學率已高到九五%以上。至於中等學校的進學率相差更遠、大半的日本人小學畢業生都能進入中學繼續讀書、反之、台灣人兒童能上中學的、僅爲公學校畢業生的二·三%而已。（參閱台灣教育會「台灣の教育」p.20）。

(2) **第二期**——於一九一〇年代（大正年代）、一方面世界大戰爆發、民族自決的浪潮洶湧澎湃、日本國內民主運動發展、隨之、台灣人開始進行殖民地解放運動、另一方面在島內、日本資本主義終於完成壟斷台灣產業、台灣社會生產力發展、在這種內外情勢急遽轉變之下、上述的第一任文官總督·田健治郎、深感有必要提高台灣人的初等教育、一來是爲了造成熟練近代技術的勞動工人（要提高工人的生產技術、得先從提高其文化水準做起）、二來是擬以對於風靡世上的民族解放運動施展軟硬兼施的懷柔政策。「（**統台政策**）務必從先普及教育、一面啓發其知能德操、一面使之感得我朝廷撫育蒼生之精神與一視同仁之聖恩、醇化融合、以期在（**台灣人**）與內地人之社會接觸上、無有任何逕庭、教化善導務必使之進入政治均等之地步。」（田健治郎傳記編纂委員會「田健治郎傳記」一九三二年 p.385）。這就是田健治郎的所謂「**教育文化同化政策**」。於是、總督府即在一九一九年（大正八年、民國八年）一月公佈「**台灣教育令**」（律令第一二號）增設「**師範學校**」於台中·台南二地、並設立中學程度的「**職業學校**」及「**台北商業學校**」。

繼之、於一九二二年（大正一一年、民國一一年）、再公佈「**新教育令**」（律令第七號）、擴充公學校及小學校於台灣全島、並新設「**台北高等學校**」（今日的國立台灣師範大學）·「**醫學專門學校**」（後來、與今日的台灣大學醫學院合併）·「**高等農林學校**」（今日的中興大學農學院）·「**高等商業學校**」（今日的台灣

表21　台灣人・日本人進學比較（1926年）

項目	人口	公小學校		中等學校	實業學校	高等學校	專門學校	醫專學校	高農學校	高商學校
		學生數	就學率							
	人	人	%	人	人	人	人	人	人	人
台灣人	3,923,752	202,257	28.2	4,642	682	43	251	168	7	76
日本人	195,769	23,711	98.2	6,856	996	368	477	123	111	243

（資料）　「台灣總督府統計書」第三十

中興大學法商學院）・「**高等工業學校**」（今日的成功大學工學院）。再在一九二八年（昭和三年・民國一七年）、開設了台灣最高學府的「**台北帝國大學**」（今日的台灣大學）。如此、帝國主義者所高唱的開明教育、固然是冠冕堂皇、其所移諸實行的新教育的各級設施、的確是威容可觀、然而、其差別教育政策依然存在、如表21所示、新創的專門學校及大學、仍舊為日本人子弟所霸佔（參閱矢內原忠雄「帝國主義下の台灣」—〃矢內原忠雄全集〃第二卷p.342）。

表22　戰時的各級學校

學校	1935（昭10）	1941（昭16）	1942（昭17）	1943（昭18）
	校	校	校	校
國民學校（公）	781	849	879	922
國民學校（小）	136	151	152	152
師範學校	4	6	6	3
臨時教員養成所			1	1
中等學校	10	19	20	21
女子中等學校	13	19	20	22
高等學校	1	1	1	1
大學預科		1	1	1
實業學校	6	20	21	23
實業補習學校	39	79	84	86
青年學校		59	71	162
專門學校	4	4	4	4
大學	1	1	1	1

（資料）　台灣通信社「台灣年鑑」1944年P.501

(3)　**第三期**——一九二〇—四〇年代（昭和年代）、日本帝國主義相繼發動侵略戰爭、整個台灣成為日本對外侵略戰爭的前進基地、及軍需工業品供給地、於是、台灣總督府的教育政策也隨著轉變為第三期的「**戰時教育**」。

總督府為了把六百萬台灣人的**勞動力**（關於提高農業生產及促進台灣軍需工業化的勞動力）、及**人力**（當軍夫・通譯・護士・士兵而上前線）、動員為侵略戰爭服務、乃開始施予徹底的戰時教育及軍需工業生產技術教育。但是他們一方面爲了僞裝進行「**平等教育**」、即把公學校和小學一律改稱爲「**國民學校**」、並在一九三九年（昭和一四年、民國二八年）十月、宣佈實施「**初等義務教育制**」（到一九四三年、日本敗戰的前二年才移諸實行）。在另一方面、乃新設各種「**實業補習學校**」「**青年學校**」、並擴充「**青年團**」「**壯丁團**」「**防護團**」等、給台灣人子弟授予志願兵及被徵兵入伍的預備性的軍事教育。

在此時期、帝國主義者所推行的所謂「**皇民化運動**」、乃是其在戰時中最大的傑作。總督府推動**皇民化運動**、以灌輸「**日本精神**」、擬把台灣人從精神構造上（思想意識上）加以日本化、並想以這侵略主義的日本精神爲動力、使台灣人加重勞動而爲戰爭花出更大的犧牲。因此、總督府早在一九三四年（昭和九年、民國二三年）九月、就成立了所謂「**台灣社會教化協議會**」、把其做爲推動皇民化運動的核心組織、且在其「**台灣社會教化要綱**」之中、規定著：㈠徹底振作皇國精神、強化國民意識（這就是企圖徹底毀滅台灣人意識）、㈡滋長日台融合的精神、養成團結一致的習慣（企圖麻木台灣人的意識形態、改變台灣人的生活習慣）、㈢啓發技能知識、加強產業報國（強制勞動、加強剝削）、以這三個宗旨爲出發點同時也做爲其終極目標、而推行「**國語**（**日語**）**普及化運動**」、獎勵「**國語家庭**」「**國語部落**」、強迫改爲日本姓氏、甚至於強制廢除台灣舊有的敬神觀念而改爲信仰日本民族祖宗的「**天照大神**」等、其蠻橫自大、眞是不可言喩（參閱台灣總督府「台灣社會教化要綱」—〝台灣時報〞一九三四年五月號）。

帝國主義者如瘋狗狂吠似的使台灣人處處不吉、事事不宜的這種「**皇民化運動**」、一到中日戰爭爆發就更加猖獗、並擴充爲三大活動、即㈠「**國民精神總動員**」（一九三七年七月、昭和一二年）㈡「**民風作興協議會**」（一九三七年九月、昭和一二年）、㈢「**產業報國運動**」（一九三八年二月、昭和一三年、民國二七年）。後來、隨著戰事迅速的發展、這瘋狂的皇民化運動則更進一步的以國家強權來逼迫台灣人付出更大的犧牲服務於所謂「**國家總動員法**」（一九三八年四月、法律第八七號）、竟公然的由警察出面強制台灣人推進**皇民化**及加強**勞動報國**（參閱「台灣時報」一九四〇年十二月號）。

再往下、第二次世界大戰爆發、戰爭更爲激烈化、於是、日本帝國主義乃罔顧一切、終於露出馬腳而對台灣人專搞強制勞動・統制勞工及強徵士兵的勾當。就是在一九三九年（昭和一四年、民國二八年）、公佈了「**國民徵用令**」（勅令第二三二號）・「**學校卒業者使用制限令**」（勅令第五九九號）。於一九四〇年再公佈「**國民職業能力申告令**」（勅令第五號）・「**從業員移動防止令**」（勅令第一二六號）・「**賃金統制令**」（勅令第一二八號）・「**工業技能者養成令**」（勅令一三一號）・「**青年雇入制限令**」（勅令第一二六號）、並設立「**勞動協會**」、擬定「**勤勞新體制確立要綱**」等這麼一大堆**抓人的法令、而把台灣人送到軍需工廠或鑛山去做苦工**（參閱「台灣經濟年報」一九三九、四〇年）。

總督府同時在另一方面、於一九四二年（昭和一七年、民國三一年）四月、實施「**陸軍特別志願兵制**」、再於一九四四年（昭和一九年、民國三三年）八月再進一步的實施「**台灣人徵兵制**」、把二、三〇萬的台灣青年送到東南亞各地去當砲灰。

總而言之、日本帝國主義在台灣、對於台灣人的教育政策、乃是從不平等的差別教育出發、到後來、隨著日本資本主義發展所需要、即把教育方針改變爲提高台灣人的生產技術水準並實現「**台灣人全民勞動化**」、最後、爲了進行侵略戰爭、終於以動員台灣人到工廠去做苦工並上戰場去當砲灰爲其教育的終極目標。這無非是日本帝國主義殖民統治台灣的根本之一端。

e　被壓迫被剝削的勞苦大衆

原來、日本帝國主義統治台灣、不外乎是以「**台灣人勞動、日本人享受**」爲基本原則、在這種殖民

表23　台灣的職業別人口構成（1905年10月1日）

職業分類	總人口		職業人口			
			本業		附屬	
	人口數	%	人口數	%	人口數	%
總數	3,039,751	100.00	1,404,475	100.00	1,635,276	100.00
農林牧畜業	2,141,230	70.44	1,027,120	73.14	1,114,110	68.13
其中的農業	2,038,795	67.07	989,940	70.50	1,048,855	64.14
工業	192,479	6.33	90,479	6.44	102,604	6.24
其中的食品加工	44,360	1.47	21,211	1.52	23,149	1.41
商業及交通業	310,485	10.21	122,068	8.09	188,346	11.52
公務・自由業	73,740	2.43	31,660	2.25	42,080	2.57
其中的公務人員	36,218	1.19	17,434	1.24	18,784	1.14
其他	321,833	10.59	133,152	9.48	188,736	11.54

（資料）　台灣總督府臨時台灣戶口調查部
「臨時台灣戶口調查結果表」1908年 P.42

表24　台灣的產業別有職（勞動）人口構成（1905年10月1日）

產業別	總人口		台灣人	
	人口數	%	人口數	%
總人口	4,592,537		4,313,681	
有職人口	1,790,096	100.00	1,668,551	100.00
農林牧畜業	1,197,073	66.87	1,191,679	71.42
水產業	28,643	1.60	26,846	1.61
鑛業	19,756	1.10	18,362	1.10
工業	153,803	8.59	125,822	7.54
商業	178,345	9.96	150,996	9.05
交通業	63,149	3.30	49,792	2.99
公務・自由業	75,996	4.25	37,435	2.24
家事使用人	9,877	0.55	8,035	0.48
其他	63,454	3.55	59,584	3.57

（資料）　台灣總督府「昭和５年國勢調查結果表」1934年 P.52

統治的基本原則之下、種地・做工・當差・小職員等的勞苦工作才是日本帝國主義給台灣人大衆所留下的工作崗位。再加上總督府對於台灣人子弟施予差別教育、並使日本人子弟獨佔中・高等學校、就必然的更加招來就職上的差別及待遇上的不平等。

台灣在日據時代、有關職業別（產業別）的人口調查資料、只有如下所示、在一九〇五年及一九三〇年二次「**國勢調查**」所作成的表23及表24而已。至於一九三〇年以後、卻未再有此種資料被發表、但也不妨把這二表來做爲概觀台灣人就職及階級分化的參考資料。

(1) 台灣農民

表25　台灣農戶人口的推移

年	總人口 ①	農業人口	
		人口②	②÷①
	千人	千人	%
1905（明38）	3,309	2,141	70.4
1910（明43）	3,219	2,089	64.8
1919（大8）	3,630	2,297	63.3
1921（大10）	3,751	2,227	59.4
1926（大15）	4,155	2,377	57.2
1930（昭5）	4,593	2,534	55.2
1931（昭6）	4,715	2,583	54.8
1932（昭7）	4,930	2,576	52.3
1935（昭10）	5,316	2,790	52.5
1936（昭11）	5,452	2,855	52.4
1937（昭12）	5,609	2,880	51.3
1938（昭13）	5,747	2,877	50.4
1939（昭14）	5,896	2,925	49.6

（資料）　「台灣農業年報」1924 年版 P.22 P.17, 1943 年版 P.8

日本佔領台灣的當初、台灣農民人口佔總人口的七〇%以上、其後、隨著台灣社會的資本主義化、其比率雖然逐漸降低、但是到了日據末期、仍然靠農業生產過活的農民人口還佔台灣人口的半數以上（參閱表25）。這樣、佔台灣人口的大多數的農民、經常受著三**重剝削**、即是㈠台灣舊有地主的**封建剝削**——清國時代以來、台灣地主階級即小租戶階級的土地所有體制就極爲鞏固、加上、前期商業資本和地主階級緊密的勾結在一起、再一個就是日據後總督府竭力偏袒台灣地主階級、反而台灣農民的耕地規模愈來愈零細化、其力量愈顯單薄、因此、地主階級對於土地及農民的支配仍然很堅固、其所榨取的地代竟佔每年收成的六、七〇%。㈡日本政府的**殖民地剝削**——國稅・州稅，街庄稅・戶稅・各種附加稅、農會費・水租及其他各種捐稅。㈢日本資本的**資本主義剝削**——日本資本家與總督府官商勾結在一起、為了供應日本本國巨量且廉價的米・糖、乃推行台灣的單一農業化、同時、控制了水利・肥料・種植・集貨・倉庫・價格・運輸等生產的一貫作業、並以獨特的璞耕制度・資金前貸制度・原料採取地區制等的各種辦法而來剝削更多的勞動果實、另外、也佔有總耕地面積的一五%的田園而兼施等於封建地主的地代剝削。

台灣農民受到這樣苛酷的三重剝削、在半世紀之中、舊有的農村社會即開始走上分解過程（崩潰過程）、而被改造為日本帝國主義付出更多勞動的**近代殖民地農村社會**。

如表25、表26所示、農民人口不但是在總人口的構成上逐漸降低其比率、而且、於一九一九年及一九二一年、連其增加數也逐漸減小、這不外乎是日本資本

表26　台灣農戶的推移

年	自耕		半自耕		佃農		計
	戶數	%	戶數	%	戶數	%	戶數
	千戶		千戶		千戶		千戶
1922（大11）	116.7	30	111.5	29	157.1	41	385.3
1926（大15）	114.6	29	119.3	30	161.9	41	395.8
1930（昭5）	119.5	29	126.4	31	165.4	40	411.4
1931（昭6）	119.0	28	127.9	31	167.9	41	414.9
1932（昭7）	132.2	32	119.3	30	152.4	38	404.0
1935（昭10）	132.1	31	128.4	31	159.4	38	419.9
1936（昭11）	132.3	31	134.1	31	161.8	38	428.1
1937（昭12）	131.1	31	134.8	31	161.5	38	427.4
1938（昭13）	130.2	31	135.6	32	158.8	37	424.6
1939（昭14）	140.1	33	134.0	31	154.4	36	428.5
1940（昭15）	137.4	32	134.4	31	158.2	37	429.9

（資料）　「台灣經濟年報」1933年版 P.17, 1943年版 P.8

表27　台灣農戶經營規模

耕地規模	1921 年		1932 年		1939 年	
	戶數	%	戶數	%	戶數	%
	戶		戶		戶	
0.5 甲未滿	127,998	30.24	93,423	34.32	108,754	25.19
1.5 — 1 甲未滿	96,933	22.90	77,477	20.17	88,976	20.61
1 —— 2 甲未滿	100,403	23.72	99,129	25.81	112,555	26.07
2 —— 3 甲未滿	45,563	10.76	51,716	13.46	57,404	13.29
3 —— 5 甲未滿	33,342	7.89	40,007	10.41	41,711	9.66
5 —— 10 甲未滿	15,463	3.69	18,763	4.88	19,057	4.41
10 甲以上	3,576	0.24	3,643	0.95	3,327	0.77
計	423,278	100.00	384,152	100.00	431,784	100.00
	甲		甲		甲	
總　耕　地	691,367		780,227		853,561	
一戶平均耕地	1.633		2.031		1.976	

（資料）　台灣總督府殖産局「農業基本調査書」（第 2, 第 31, 第 41 ）耕地分配並びに經營調査

表28　台灣農戶平均人口

年	自　耕	半自耕	佃　農	平　均
	人	人	人	人
1922（大11）	6.0	5.8	5.6	5.8
1926（昭 1）	6.1	6.1	5.9	6.0
1930（昭 5）	6.2	6.3	6.1	6.2
1932（昭 7）	6.3	6.3	6.1	6.2
1935（昭10）	6.7	6.8	6.5	6.6
1939（昭14）	6.6	7.0	6.8	6.8

（資料）　「台灣農業年報」
涂照彥「日本帝國主義下の台灣」P.256

主義剝削台灣農村愈加嚴酷、並且台灣資本主義化也同時進展的結果、農民被動員到都市的工廠去當工業勞動者等情況所招來。

台灣農戶的經營規模、乃從古時即是屬於**零細經營**、如表27所示、於一九二一年（大正一〇年、民國一〇年）、耕地面積未滿一甲的農戶達五三%、然而、其後降低到四六%的界線。這樣、屬於貧農階級的農戶逐漸減少、似乎能使人推定在日據時代台灣農民生活已經提高、但在實際上恰是相反、這完全是台灣農民所受上述的三重剝削、加上農戶家口增加（參閱表28）、其結果、以致破產而被迫離開土地的農民層出不窮、才招來的一種饑餓現象。

例如、幾乎是佔台灣總農戶之七〇%的稻作農戶、他們爲了要承擔地主・總督府・日本資本家的三重剝削、即從

表29　台灣稻作農戶的綜合收支

（1931年，三甲以上農戶　台北・新竹・台中・台南・高雄五州平均）

	項　目	自　耕	半自耕	佃　農
		圓	圓	圓
①	農業收入（耕作・養畜・山林等）	1,822	1,670	1,448
②	農業經營費（肥料・地代・工錢等）	1,084	1,003	1,072
③	農業所得①－②	738	667	376
④	農業諸負擔（稅金・水祖等）	167	78	17
⑤	農戶生活費	955	664	534
⑥	農業收支③－（④＋⑤）	-384	-75	-175
⑦	農業外所得（農業外生產・做工・兼業等）	564	221	185
⑧	農業外支出	130	16	11
⑨	農業外諸負擔	34	19	11
⑩	農業外收支	400	186	163
⑪	總合收支⑥＋⑩	16	111	-12

（資料）　總督府殖產局「農業基本調查書」第30 P.15, P.18, P.28
總督府殖產局「農業基本調查表」第30 P.12, P.15
涂照彥「日本帝國主義下の台灣」105, 106, 107, 108, 109

事**集約農業**（就是想要增加農業收成而盡量投下更多自己的勞力）、並採取**輪栽辦法**（想要增加產量、在同一土地上輪流栽培稻米・甘蔗・蕃薯・菸葉・苧麻等不同的作物）、整天在田野裡拚命的勞動、然而、所得的農業收入、卻不夠整年的農業支出（參閱表29之⑥）、所以、還得從事農業之外的生產勞動（譬如：從事農產品加工、或做農村小商販等）、或往工廠去當臨時雇工而成爲半農半工的季節性**兼業農戶**、而另找現款收入、才能彌補其農業經營上的大幅虧空（參閱表29之⑩）。但是、這樣做、還不見得能完全解決其生活上的危機、而仍然浮沉於不安定的半饑餓線上（參閱表29之⑪）。上面所示表29、還算是屬於有著三甲以上耕作規模的農戶的資料、況且比其規模更小而處境更惡劣的貧苦農戶、就難免長期負荷重債、或者只得賣子女糊口。

上述是在日本帝國主義殖民統治下、台灣米作農戶的慘境、其餘的蔗農・鹽民・漁民等也大同小異。

「……**咱身軀、日暴黑、老至幼、著勞苦、瘦**

表30　台灣人・日本人的工業勞動者（1944年10月1日）

業種別	總計	台灣人		日本人	
		人數	%	人數	%
	人	人		人	
重要工廠工人	88,004	78,735	89.5	9,269	10.5
土木建築	31,619	30,009	94.5	1,614	5.1
食料品工業	28,569	25,559	89.5	3,010	10.5
製材及木製品工業	18,847	18,426	97.6	421	2.2
金屬機械及器具製造	16,049	15,388	95.9	661	4.1
化學工業	13,748	12,706	92.4	1,041	7.6
紡織工業	12,105	11,564	95.5	541	4.5
窯業及土石工業	7,939	7,672	96.6	267	3.4
印刷工業	5,410	5,084	94.0	326	6.0
瓦斯・電氣・自來水	5,661	4,041	71.4	1,620	28.6
計	258,392	238,856	92.4	19,536	7.6

（資料）　日本大藏省管理局「台灣統治概要」P.93 1947年
台灣總督府殖產局「工場名簿」

田園、納責稅。染病時、無人顧、咱綿被、世界薄、厚內衫、大概無。布袋衣、拵外套、寒會死、也著做、冬天時、迫近到。老大人、痰舀舀、少女兒、流鼻蚵、一家內、寒餓倒。腸肚哼、哼哼號、斷半錢、請醫生、不得已、祈神明。……」（赤色救援會「三字集」一九三一年九月）。

(2) 工人

日本帝國主義侵略台灣後、日本資本逐漸進來投資設廠、特別是興起製糖業、因此在日本人的大小工廠勞動的台灣人、也隨著日益增加（參閱表23、表24）。

繼之、自一九三〇年代以後至日本敗退的一五年間、由於日本帝國主義相繼發動侵略戰爭、台灣遂成爲重要的軍事基地、日本獨佔資本傾往台灣、台灣社會的工業化・軍需工業化突飛猛進、所以農村的貧苦農民迅速被動員到都市、成爲大企業的工廠勞動者及都市苦力等（關於強制台灣人到工廠去做苦工的戰時勞動統制、參考同章1、d之第三期條）。

上面的表30是戰爭末期、也是日本統治將近尾聲之

表31　台灣人與日本人的工資差別（台北市）

項　目	人　別	1938 年	1939 年	1940 年	1941 年	1942 年
		圓	圓	圓	圓	圓
麻糸紡績女工	台灣人	0.44	0.52	0.65	0.80	0.50
木　工	日本人	2.34	2.40			
	台灣人	1.50	1.63	1.68	2.00	2.00
家具工	日本人	2.25	2.75	3.30	3.45	3.45
	台灣人	1.25	1.75	2.80	2.30	2.30
建具工	日本人	3.65	4.00	4.20	3.45	3.45
	台灣人	2.60	3.00	3.60	2.30	2.30
桶　工	日本人	2.25	2.10	3.20	2.80	2.80
	台灣人	1.45	1.65	1.90	2.20	2.20
製糖工	日本人	2.45	2.54	2.04	1.71	1.71
	台灣人	1.57	1.69	1.40	1.35	1.35
大　工	日本人	3.65	4.00	4.50	3.60	3.60
	台灣人	1.40	2.35	3.50	2.40	2.40
電　工	日本人	1.78	1.91	1.98	2.00	2.00
	台灣人	1.40	1.42	1.52	1.80	1.80
總平均指數	日本人	100	108	116	129	123
	台灣人	100	116	136	149	147

（資料）　涂照彥「日本帝國主義下の台灣」P.147
「台灣商工統計」第 19 次，1944 年 P.156
「台灣商業統計」第 22 次，P.80

時、有關大工廠勞動者的資料、其他、未能統計在內的小工廠的工人・雇工・苦力等都市的勞苦大衆（即都市貧民階級）、其數目可以估計超過了上述大工廠勞動者的四、五倍之多。

再者、表30之中、爲數將近二萬人的日本人「**勞動者」幾乎是屬「工頭**」（俗稱「監督仔」）之類、他們即是「**內地人（日本人）職工、皆是佔著本島人職工指導者或監督的地位、自己並不下手做工。**」（台灣總督府殖產局商工課「台灣の工業」一九四〇年 p.287）。

當然、台灣人工人階級受到不平等的待遇、其工資、與日本人工人相距很大。如表31的資料、也不過是官方統計的數字、當然、實際上的情況更爲惡劣、日本人與台灣人的工資差別更爲厲害。

譬如、一九三五年（昭和一〇年、民國二四年）、可以說是經濟較安定的日據時代的後期、白米一升（台斤二斤半）、市面價格（台北市）差不多是一毛二分至一毛五分錢、豬肉一斤二毛五分的時代。當時、木匠・瓦匠的工錢、乃是日本人一天四圓・台灣人二圓。在工廠、台灣人技術工人的日薪是一圓至一圓二毛、瑞芳礦山的坑夫、日薪一圓五毛、南部台灣的甘蔗園農業雇工、男人工資一天七毛、女人三毛半。台北地方的苦力（都市雇工）、工錢一天六毛至一圓。原住民系台灣人被強制勞動的工錢一天只有二毛錢。

一九三七年（昭和一二年、民國二六年）、中日戰爭爆發以後、台灣被捲入於戰時體制、物資被掠去前線、島內日用品逐漸短絀、物價急騰、隨著工資也逐漸上升。但是、從一九三九年（昭和一四年、民國二八年）起、總督府公佈了「**賃金統制令**」（勅令第一二八號）、開始壓低有職者（勞動者・領薪者）的薪金及工資、所以在物價飛漲的情況下、勞動階級的工資都被國家權力壓低下去。

據日本政府的統計資料、一九四〇年的全島平均工資、日本人是一天二圓六毛、台灣人僅是一圓六毛八分（參閱日本政府大藏省管理局「台灣の經濟」其一—《歷史的調查》第五部 p.173）。但是、這也不過是日本統治者的官方數字而已。

如此、無產的台灣工人階級與農民階級同樣、由於受到㈠總督府的剝削（殖民地剝削）、㈡日本資本家的剝削（資本主義剝削）、㈢台灣人小資本家等的剝削（兼半封建的資本主義剝削）、所以、雖然整天勞動、卻只有獲到極大差別的低工資而已、一貧如洗、生活窮困、這就是殖民地勞苦大眾的寫照。

「**無產者、散鄉人、勞動者、日做工、做不休、負債重。住破厝、壞門窗、四面壁、全是穴、無電燈、番油點。三頓飯、蕃薯簽、每頓菜、豆補鹽、設備品、萬項欠。吾衣裳、粗破布、大小空、烏白補、吾帽子、如桶箍。……**」（赤色救援金「三字集」一九三二年九月）。

(3) 當差・小職員

總督府施行有系統的差別教育、收容了台灣人兒童入公學校唸書、這些兒童學生、學校畢業後、大體上都是在家裡種地、或到工廠去做工、或成爲小商販・擺攤子等、過著台灣人一般大衆所過的貧苦生活。其中的極少數人、若能在日本人的政府機關或民間企業當「給仕」「小使」（當差）、就算已很不錯、但是、如想再往上升、簡直是白日夢。

其他、再有些台灣人子弟、勤勉用功、克服了許多困難、而進入中學校・專門學校、或再進入高等學校・大學・就已是個高等人材、被稱爲「新知識」。然而、學校畢業後、也不過是在機關・學校、或民間企業當屬吏・雇員・或下級職員就算是頗負時譽。

其中、唯一的例外、就是少許的知識份子、在總督府政府機關當中・下級官吏。但據統計、爲數極少、在日本統治五一年之間、台灣人在總督府擔任課長（科長）的只有二人、郡守（州廳的下級行政區首長）三人、法院推事三人、中學校教員九名、公學校長及教務主任若干名而已。這些算是能獲得統治者的青睞而扶搖直升的台灣人、如與日本人官吏的龐大數目比較起來、簡直是小巫見大巫。根據一九四五年（昭和二〇年、民國三四年）九月一日即日本統台最後一天的資料、在政府機關及學校等當官的台灣人、㈠勅任官（簡任官）一六一名之中、台灣人僅有醫術人員的杜聰明一人、㈡奏任官（薦任官）二千一二〇名之中、台灣人僅有二九名、其大部份都是屬於技術人員、㈢判任官（委任官）二萬一千一九八人之中、台灣人三千七二六名、但主要爲公學校的教員（參閱前總督府財務局長・鹽見俊二「日據時代台灣之警察與經濟」—台灣銀行經濟研究室〝台灣經濟史〞初集、台灣研究叢刊第二五種、一九四五年 p.127 — 147）。

在民間企業也同樣、無論是從本國進來的壟斷性大企業、或設立在台灣的日本人企業、台灣人若能進入就職、也只能當一個小職員・通譯・給仕・工頭而已。像課長・係長（股長）・班長・主任等有權力的職務根本輪不到台灣人。

半官半民的台灣銀行、台灣人如想進入就職、幾乎是異想天開、所以在五〇年間、特別能夠在銀行上班的台灣人正式職員、竟不超過一〇個人。

這些台灣人小職員、也毫不例外的受到不平等的待遇。同樣在一九三五年（昭和一〇年、民國二四年）、居住在台灣的日本人子弟、中學校畢業後、大體上是就職於總督府及其附屬的政府機關・州廳・市政府・或者銀行・大企業等、而成爲日本統治台灣的骨幹人員。其初任給、乃是本俸四〇圓、加上**加俸**六〇％、共計月薪六四圓、並有嶄新的官舍可住。但是在另一方面、台灣人子弟同樣中學校畢業後、幾乎是不可能就職於政府機關或大企業、只能找到在街庄公所的雇員或中小企業的下級職員的崗位。其待遇乃是五年制中學畢業生三〇圓、三年制中學畢業生二五圓、就是等於日本人中等畢業生的五〇％以下的薪水、而且、日本人可以隨著就職年數而升爲主任・係長・課長等、相反的、台灣人只能做個永久性的下級職員、其外、別無他途。

再者、年老之後、日本人官員不但能領到高額的退職金、又能在民間企業或總督府的外圍團體（水利組合・拓殖會社・青果組合等）、獲得高級職員的崗位、或者就任街庄公所的首長。特別是專賣局的退職者、能領到菸・酒・鹽等的二盤專賣權、獲取優厚的生活保障。然而、台灣人跟這些日本人恰是相反、他們做了久年的下級職員之後、縱然退休回鄉、但在鄉里所能領到厚祿的郵政局長等職位、已被日本人退職者所佔、所以、這些退職的台灣人、頂多只能當上農會會長・青年團長・壯丁團長等名譽職位、僅靠微薄的退職金和「恩給」（養老費）、過著節儉散淡的餘生而已。

如上所述、日本帝國主義對於台灣人大衆所施展的殖民地壓迫剝削、必然的關聯到台灣社會的階級分化問題。總督府以強權爲主導的台灣資本主義化、竟使台灣產業的命脈能在短期間落到日本獨佔資本掌中。但是、像這樣被外來資本壟斷一切的台灣資本主義化、並不是出於台灣社會內部發展的經濟**必然性**、而是日本帝國主義為了殖民統治台灣的**政治必要性**所招來的。因此、隨著這樣的社會資本主義化而所導致的**台灣人無產大眾化**、無非是以殖民地的統治與被統治的矛盾對立（壓迫和反壓迫）為其政治背景。就是說、在總督府強權的壓迫下實現日本資本獨佔台灣產業的結果、殖民地壓迫剝削者日本人＝資產階級、被壓迫被剝削者台灣大眾＝無產階級、具有這種**國際性格的階級關係**、日見明顯。

同時、在這種**民族對立**和**階級對立**密切相關聯的國際性階級關係的基礎上、台灣社會內部即台灣人本身的階級分化、也逐漸深化下去。

f　被籠絡同時也分到一杯羹的地主階級與商人階級

台灣在滿清政府的殖民統治下、其社會經濟上的構造、乃是「**地主階級**」（大小租戶）和「**商人階級**」（行郊大小商人）、加上「**高利貸**」（地主高利貸及商人高利貸）的三者鼎立、構成著「**台灣開拓農民社會**」的有產階級、他們對外則承當了滿清統治勢力的買辦幫手、對內則做為台灣的特權階級而剝削著同胞的農民大眾（參閱第八章4、5）。

然而、一八九五年日本據台之後、這舊有的台灣人特權階級也難免受到日本政府的殖民政策所規制、而在日本資本獨佔台灣產業的過程中、也就是台灣社會資本主義化的過程中、被迫或自動的進行著從社會變革所帶來的消長。

(1) 地主階級

日本據台後、爲了其殖民統治所需、同時也爲了使日本資本侵入台灣取得土地之便、從第二年起、總督府即開始整理台灣舊有的土地所有關係、第一著手的就是在一八九六年（明治二九年、光緒二二年）十月公佈法令、開始徵收「**地租**」（清國時代的田賦）、並指定小租戶爲納稅義務者（參閱本章1、a(3)(1)之地租條）。

繼之、第四任總督・兒玉源太郎、政務長官・後藤新平、爲了清查土地和確立近代地權、於一八九八年（明治三一年、光緒二四年）、公佈「**台灣地籍規則**」（律令第一三號）及「**台灣土地調查規則**」（律令第一四號）、並設立了「**臨時台灣土地調查局**」（局長・中村是公）、主要是以台灣西部的土地爲對象、進行地籍調查・地形測量・三角測量等、並確立了土地的「**業主**」（土地所有者）、同時、調查土地的項目和地界。其結果清出：㈠田、三一萬三千六九三甲、㈡園、三〇萬五千五九四甲、總耕地面積六一萬九千二八七甲、比清朝時代劉銘傳丈量土地時的三六萬一千四二七甲、增加了七一%、同時、在地租稅收上也從九二萬圓（一九〇三年、明治三六年）、增至二九八萬圓（一九〇五年、明治三八年）、就是一下子增爲三・二七倍的地租稅收、等於是年總稅收的三五%、而奠定了總督府**富裕財政**的基礎（參閱臨時台灣土地調查局「第五回事業報告書」一九〇五年 p.97 台灣總督府稅務職員共慰會「台灣稅務史」上卷、一九一八年 p.86）。

總督府臨時台灣土地調查局、當要進行清查地籍時、乃一併厲行「**業主**」（土地所有者）及其所有土地的登記、同時也制定了「**大租名寄帳**」（大租名册）、於一九〇三年（明治三六年、光緒二九年）十二月、在農業人口九九萬人的情況下、查出㈠**大租戶**（其典胎權＝擔保權的所有者計算在內）三萬九千八〇〇人、大租權耕地佔台灣耕地總面積的六〇%、㈡**小租戶**（自耕農計算在內）三〇萬人、㈢**現耕佃人**（佃農）七五萬人、並禁止新設大租權。再於同年十二月、公佈「**關於大租之法令**」（律令第六號）、及翌年五月再公佈「**關於大租權整理之法令**」（律令第九號）、由總督府發給「**大租補償金**」三七七萬九千四七九圓（其中的九〇%是以總督府發行的「事業公債」代替之）、竟使之廢止大租權、然後、確定了小租戶爲近代法制上的土地所有者即「**地主**」、終於實現了土地所有權的「**近代化**」即**單一化及明確化**（參閱臨時台灣土地調查局「第五回事業報告書」一九〇五年 p.99, 104, 138）。

但是、這種辦法如再加詳細研究、就能知道狡猾奸詐的帝國主義者、乃就是藉此地籍調查、一方面增收到地租將近三〇〇萬圓、另一方面卻把其拿來抵消所謂大租戶補償金三八〇餘萬圓的絕大部份、尙且、使台灣銀行再從大租戶手裡、以四、五〇圓的廉價、收回面額一〇〇圓的事業公債（當時台灣銀行所收買的公債總面額達二九〇萬、等於大租償金總額的七六%—參閱台灣銀行「台灣銀行十年誌」一九一〇年、p.29）。其結果、總督府在財政上、不損分毫就能以台灣人（地主・自耕農・佃農）的負擔（多納地租）、而來整理台灣人（大租戶）、這種辦法就是日本帝國主義統治殖民地向來不變的基本政策。台灣的大租戶、本來就是隨著社會發展而即將滅亡的封建殘餘、然而、他們遭到總督府這種極其巧妙的消滅政策、每人平均拿到一〇〇圓的補償金（現款一〇圓和面額九〇圓的事業公債）、並且其所領到的公債又被台灣銀行任意殺價而收回、所以他們在轉瞬間很快就走向沒落。「**持有大租權者、竟然頻臨於窮困**」（台灣臨時台灣土地調查局「第五回事業報告書」一九〇五年 p.140）。

但是、大租戶之中、擁有廣大土地的大租權並兼有其小租權者、不但是領到巨額的大租權補償金、而且還成爲**近代法上**的大地主。他們就把所得的大租權補償金（主要是事業公債）爲資本、設立近代產業或金融機關、轉化爲近代的**資產家**。譬如、林烈堂・呂鶴巢・蔡蓮舫・蔡惠如的「**台灣製麻株式會社**」（資本金二〇萬圓、一九一二年設立）、林獻堂・吳汝祥・吳德功・吳鸞旂的「**彰化銀行**」（資本金二二萬圓、一九〇五年設立）、王朝文・徐德新的「**嘉義銀行**」（資本金二五萬圓、一九〇五年設立）乃是其典型例子（台灣大觀社「台灣產業之現勢」一九一三年、p.71, 193）。可是、這些台灣大地主階級所設立的近代企業或銀行、畢竟也不過是總督府要吸收台灣人的遊資而供給日本資本家利用的工具而已、後來、連其經營權也被日本人奪去。

然而、日本帝國主義認爲比起把台灣舊有的地主階級立即消滅並徹底進行台灣農業資本主義化、寧可利用其向來的封建剝削來得妥當、所以總督府即一貫保存並籠絡地主階級、透過其封建剝削而來掠奪台灣農民大衆的剩餘勞動並也使他們分到一份農民的血汗果實。因此、總督府消滅大租權而實現了土地所有權單一化之後、對於小租權或地田租（rent of land）則不再加以任何干涉、使台灣的地主階級照樣苛酷的**封建剝削**台灣農民。後來、從一九二〇年代起、總督府也曾宣傳過所謂「**業佃會**」的效能、揚言要改善地主・佃農間的相互關係。但是、這不外是爲了提高農業生產、才想更加**合理化**地主制度的殖民政策之一端、所以地主階級在土地上的支配權依然存在、向來的高率地田租代也並不因此而有任何更改（參閱台灣總督府殖產局產業調查書「小作制度の改善」一九三〇年 p.122）。

然而、台灣地主階級雖然不被消滅、但也無法逍遙於日本帝國主義的殖民統治之圈外。因此、他們在半世紀之中乃受到：㈠總督府所施展的殖民政策（苛捐重稅及對於經濟活動的各種規制）、㈡日本資本（主要是製糖資本）對土地支配的增大（土地的所有・強佔・控制・原料採取區域及「米糖相剋」所給的各種制約）、因這兩面的夾攻而慢慢的沒落下去。另外、台灣舊有的「**土地均等分配相續制**」、也削減了地主階級的力量集中、使大地主難以持續的集中所有土地。到了日據末期、在戰爭中的重稅・米穀統制・強制購買國債・強制戰時儲蓄等、即無不促使台灣地主階級走向衰亡。

表32、乃是總督府關於土地所有狀況所做的三次調查的統計資料、每次調查所採用的基準或項目都

表32　規模別土地所有

規模	1939年		1932年		1921年			
	戶數	%	戶數	%	戶數	%	面積	%
0.5甲未滿	186,423	43.22	130,732	38.37	172,931	42.68	40,987	5.68
0.5～1.0未滿	90,024	20.87	71,181	20.89	86,711	21.40	62,513	8.67
1.0～2.0未滿	74,151	17.19	63,851	18.74	70,739	17.46	100,140	13.88
2.0～3.0未滿	32,114	7.44	27,637	8.12	28,412	7.01	69,749	9.67
3.0～5.0未滿	24,238	5.62	22,641	6.65	23,276	5.74	88,672	12.29
5.0～7.0未滿	9,801	2.27	9,181	2.69	8,989	2.22	52,176	7.23
7.0～10.0未滿	6,210	1.44	6,143	1.80	5,902	1.46	48,890	6.78
10.0～20.0未滿	5,416	1.26	5,852	1.72	5,454	1.35	73,722	10.22
20.0～30.0未滿	1,489	0.35	1,594	0.47	1,353	0.33	32,995	4.57
30.0～50.0未滿	845	0.19	1,051	0.31	842	0.21	31,837	4.41
50.0～100.0未滿	383	0.09	514	0.13	376	0.09	25,497	3.54
100甲以上	272	0.06	261	0.09	196	0.05	94,072	13.06
計 戶 面積(甲)	431,366 853,561	100.00	340,674 780,227	100.00	405,181	100.00	721,252	100.00

（資料）　台灣總督府殖產局「耕地分配及經營調查」－
「農業基本調查書」第 2, 1921 年 , P.2
第 31, 1934 年 , P.2
第 41, 1941 年 , P.5

各有不同、所以從統計表上難以看出土地所有集中的一連串的傾向。但也不妨由此知道以下的幾項有關土地所有的演變。

當初在一九一〇年代、由於(一)大租權消滅後的土地所有零細化及一九〇四年（明治三七年、光緒三〇年）以後地租稅率的提高、導致台灣地主階級的蓄財能力減低、(二)日本資本開始獨佔製糖業及米穀輸出、導致台灣商人階級的經濟活動趨於消沉、因此、由台灣資產階級兼併土地所招來的舊有土地集中傾向、乃一時見到停頓（參閱持地六三郎「台灣殖民地政策」一九一二年 p.411）。

然而、第一次世界大戰爆發、因戰爭景氣的影響、台灣的米・糖價格急騰上升、使台灣資產階級（地主・商人）恢復其原來的蓄財能力、加上、總督府施行新「**地租規則**」（一九一九年）、這頗有利於土地所有者、所以、一時掀起台灣資產階級重新投資土地的浪潮、並導致土地所有重行集中化的傾向。

其結果、如表32的一九二一年（大正一〇年、民國一〇年）所示、佔地主總戶數之六四％（二六萬戶）的一甲未滿土地所有者、其所有土地僅佔地主所有土地總面積之一五％未滿的情況下、所有土地一〇〇甲以上的大地主一九六戶、卻佔地主所有土地總面積的一三％。

再根據一九三二年（昭和七年、民國二一年）的資料、台灣的土地集中乃更進一步的進展、就是所有土地五甲以下的小地主減少了六萬七千戶、但是再到一九三九年（昭和一四年、民國二八年）、客觀情況一變、五甲以下的小地主卻反轉爲增加九萬餘戶、同時擁有一〇〇甲以上的大地主也逐漸見到增加。

在另一方面、台灣的地主階級像這樣進行著盛衰無常的這二、三〇年間、日本資本陸續侵進、對於土地的支配也急速伸張、據一九三九年四月一日統計、日本人及日本企業的土地所有已達一一萬餘甲、佔耕地總面積的一三・二九％（台灣總督府殖產局「農業基本調查書」第四一、p.2）。

總言之、台灣的地主階級、本來是小租戶的後身、這些封建殘餘、若是總督府不加以支助、必然的隨著社會發展而只有走向沒落之一途。然而、日本帝國主義爲了把其做爲剝削台灣農民大眾的工具、並當做殖民統治的安定因素、盡量加以保存、之後、再施予籠絡和利用、在這種情況下、他們才能獲得比別人安穩一點的地位。但在另一方面、他們當然也逃脫不了受到日本帝國主義的壓迫和剝削。總督府就是放任台灣的地主階級以舊有的封建方式剝削農民大眾、然後、才以地租・水租・所得稅・戶稅及其各種附加稅等苛捐重稅、加上、再以政府公債・郵政儲金・銀行存款・人壽保險的方式等來剝削並吸取從農民所剝削得來的勞動果實、甚至於連其所有土地被「**收用**」或被強佔也屬於司空見慣。同時在政治上、總督府也不忘記利用他們、封爲甲長・保正・地方幹部等、使之成爲殖民統治的地方幫手。他們自己本身在總督府的這種「**鞭飴兼施**」的殖民政策之下、更加深化本來的**封建寄生性**、卻在社會・經濟上、緩和了其沒落的速度。

再者、地主階級在舊時所具有的高利貸之一側面、乃由「**台灣銀行**」爲首的日本金融機關、特別是以農村金融爲主要業務的「**日本勸業銀行**」取代之。

(2)　商人階級

日本帝國主義對於台灣再一個舊有的資產階級、即商人階級也跟對地主階級同樣、一方面加以壓迫和剝削、但在另一方面卻予以利用。總督府在當初、藉口保護台灣製糖業、於一九〇二年（明治三五年、光緒二八年）、公佈了「**台灣糖業奬勵規則**」（律令第五號）、據於此、翌年二月鹽水港廳率先公佈「**糖業組合規則**」（廳令第一號）、同年六月嘉義廳（廳令第七號）、同年七月阿緱廳（廳令第一三號）、也同樣公佈之、擬以強制各地的有關製糖業者設立「**糖業組合**」。

然而、觀諸「**糖業組合**」的規約及其辦法、與其說保護或奬勵製糖業、無寧說是總督府將施展強權而企圖奪取台灣人的製糖事業及其販賣商權、即爲日本資本來台投資而準備其前提條件。因此、其辦法極其嚴酷、使台灣人的製糖業者及販賣商人受到很大的約制和打擊。就是(一)：廳長指定設立糖業組合地區、並強制該地區的甘蔗栽培農民・製糖業者・販賣商人得一律參加設立「**糖業組合**」、同時禁止非「**組合員**」在該地區從事製糖及販賣、(二)組合長・副組合長及其常川議員的人選、必須預先經過廳長批准、(三)廳長有權任意派員檢查組合的業務、(四)栽培甘蔗農民得報告甘蔗種植面積・蔗苗種類・挿植數量・施肥數量・收成日期・收成數量等、(五)製糖業者得報告製糖數量・販賣數量・販賣價格・販賣對象等、(六)嘉義廳下的糖業組合除了實施上述各項規定之外、甚至於採取「**共同販賣**」制度、強制製糖業者把產糖全部交給組合委託其販賣（參閱臨時台灣糖務局「第二次糖業記事」一九〇三年 p.165）。

這樣、台灣製糖業受當頭一棒而遭到總督府有計劃性的嚴密管制的結果、「**台灣的製糖業及其交易**

表33　舊式糖廍・改良糖廍・新式糖廍的盛衰

年	舊式糖廍	改良糖廍	新式糖廠
	所	所	所
1987（明30）	1,334	—	—
1901（明34）	1,117	—	1
1905（明38）	1,110	57	8
1910（明43）	499	74	21
1915（大4）	217	32	35
1920（大9）	171	22	42
1926（昭1）	115	9	45

（資料）　台灣總督府殖産局「台灣糖業統計」1927年，P.43

舊慣從根底被推翻、尤其是糖商和糖廍的舊有關係被折斷、所以歷來的辦仲・糖行・輸出商等買賣商人立即受到致命的打擊、竟不能再繼續以前金制度來從事砂糖交易」（臨時台灣舊慣調查會「台灣糖業舊慣一班」一九〇五年 p.181）。並且、台灣糖商自己組成的「白糖組合」、及「商士會」（糖商王雪農主辦的同業公會）也受到壓迫而停止活動（參閱台灣總督府民政局「殖產部報告」第二卷第一册、一八九七年 p.103）。因此、在日本資本迄未傾注台灣以前、台灣舊有的製糖商人勢力就已受到總督府的殖民統治政策所壓制、幾乎不能動彈。

繼之、日本大資本侵入而從事於製糖業、近代化的大糖廠出現、並且產糖數量迅速的凌駕了舊式糖廍及改良糖廍、於是、台灣人從事的製糖業乃加速趨於沒落。就是㈠固守舊式「糖廍」的製糖業者頭一個被打垮（參閱表33）、㈡精製白糖的「糖間」也由一九〇二年的一四七家減爲一九一一年的一五家（參閱台灣總督府殖產局「台灣之糖業」一九一一年 p.167）、㈢台灣糖商新設的「改良糖廍」（有機器設備）、乃在一九一〇年代、幾乎被日本大企業所吞併（參閱表33、34）、㈣台灣人輸出商相繼倒閉（參閱表35）、㈤被半強制而投資於日本近代製糖大企業的台灣糖商只能做一個出資者而受到利用而已、㈥舊有的砂糖買賣人終於淪落爲島內砂糖小商人的慘境而苟延殘喘（參閱臨時台灣舊慣調查會「台灣私法」第三卷下一九一一年 p.257）。

然而、總督府在另一方面、爲了其殖民統治上便於利用、即在整個台灣糖商勢力走向沒落的情況

表34　台灣糖商新設製糖廠（改良糖廍）

會社名	社址	設立日期	開始生產	資本金	製糖能力
				萬圓	噸
維新製糖（合）	鹽水港	1902. 7.	1904	20	40
新興製糖（合）	鳳山	1903. 4.	1905	24	156
南昌製糖（合）	阿猴	1903. 7.	1905	60	60
麻豆製糖（合）	鹽水港	1903.10.	1905	50	60
鹽水港製糖（合）	鹽水港	1903.12.	1905	30	350
台南製糖（合）	台南	1904. 5.	1906	35	180
林本源製糖（合）	溪州	1909. 6.	1911	200	750
辜顯榮製糖（合）	連交厝	1910. 7.	1913	100	500
埔里社製糖（合）	埔里社	1913. 3.	1913	300	420

（資料）　台灣總督府殖產局「台灣糖業統計」1918, P.18

表35　1900年初期的主要砂糖輸出商

商店名	主持人	組織形態	資本金
			萬圓
和興公司	陳中和	個人・台灣人	10
捷興號	孫明輝	個人・台灣人	3
順源號	陳升冠	個人・台灣人	5
新德記	盧潤堂	個人・台灣人	2
怡記	張清輝	個人・台灣人	1
德昌號	王雪農	個人・台灣人	5
德記號	方慶在	個人・台灣人	5
Bain & Co.	Arlein Bain	個人・外商	不明
Tait & Co.	A. S. Arley	個人・外商	不明
海興號	H. Hegching	合資・外商	4-5
香野		個人・日商	不明

（資料）　臨時台灣糖務局「第二次糖業記事」1903年P.01

下、特選幾個在政治上關係密切的買辦台灣人、准許他們在製糖業投資設廠、其最顯著的例子、就是㈠陳中和的「**新興製糖合資會社**」、㈡林本源的「**林本源製糖合資會社**」、㈢辜顯榮的「**辜顯榮製糖合資會社**」（參閱表34）。但是、他們當然也無法避免受到總督府的殖民統治及日本資本的經濟支配、所以這些「特準」的台灣人系製糖會社、乃在資金・業務上及人事上、都得受到日本人的介入和支配、他們自己則不過是成爲一個**投資者**而已。

上述的、乃是在台灣南部的舊有製糖事業遭到總督府的整理而急遽走向衰亡沒落的經過。另一方面、在以台北爲中心的台灣北部、其商業狀況就稍有不同。由於北部的台灣商人所做的商業交易、種類繁多、交易關係廣泛、就是以米・茶・什貨・日用品等的生產・加工・對外貿易及島內供應爲主要的業務內容、所以、總督府一時無法像對製糖業那樣嚴厲的加以規制、因此、北部商人在日據時代初期、比較能依照舊慣來從事各業的生產和交易。最主要的製茶業也暫時未被干涉、仍在外商的支配之下、照樣從事於生產及加工、並輸售外國。

然而、台灣北部的商人階級、自從日本帝國主義侵略台灣後、爲了應付新的社會環境、也爲了彌補資金上的分散和短絀、逐漸發展獨特的「**合股**」方式。這個合股的商業組織方式、日見興旺、在一九〇〇年代、已有二三六家的商店參加、股東八〇〇餘人、出資總額達三七萬圓（參閱臨時台灣舊慣調查會「台灣私法」第三編上一九〇九年 p.187）。到了一九一〇年代、這合股組織更爲發展、增至四三四單位、合資共達二二七萬圓、並且、從當初的「**商事合股**」（只經營商店等商業交易）、發展到成立「**民事合股**」、而共同投資並從事於製糖・釀酒・開墾土地・建設埤圳・建設魚塭・開發林業等生產事業（參閱臨時台灣舊慣調查會「台灣私法」第三卷下、一九一一年 p.259　台灣總督府稅務職員共慰會「台灣稅務史」上卷、一九一八年 p.395）。但是，此時的「**合股**」事業、和近代商法上的「**股份公司**」當然大不相同。

這些「**商事合股**」及「**民事合股**」盛行於台灣北部（後來擴至中南部）、主要是舊有的商業交易習慣所使然。還有另外一個原因、就是日本帝國主義的殖民政策所導致。總督府即㈠爲了擴大日本商品的島內市場面積極利用「**商事合股**」的交易系統、㈡爲了開闢稅收的泉源、積極促進台灣商人發展「**民事合股**」來開發生產事業。但是再有一個極爲重要的原因就是、㈢總督府在另一方面卻深怕台灣商人階級更加強大起來、所以爲了抑制其勢力抬頭而兼施各種限制、其中、最爲非理的乃是禁止台灣人單獨成立近代法制上的「**會社**」（股份公司）、所以台灣商人階級才相反的向舊有的「**合股**」組織發展。

表36　初期的近代企業

（不包括本公司在日本的日本商社及外國商社）

年	株式會社		合名會社		合資會社		計	
	社數	授權資本	社數	資本金	社數	資本金	社數	授權資本金
	家	千圓	家	千圓	家	千圓	家	千圓
1906（明39）	13	8,432	4	183	14	640	31	9,255
1907（明40）	16	15,244	5	212	18	798	39	16,254
1908（明41）	24	19,079	8	512	15	635	47	20,226
1909（明42）	27	25,652	12	2,628	21	3,868	60	32,148
1910（明43）	40	39,091	12	2,603	26	4,403	78	46,097
1911（明44）	58	51,567	10	2,590	34	4,843	102	59,000
1912（大1）	93	63,534	10	1,196	41	2,248	144	66,978
1913（大2）	99	66,805	12	1,301	47	2,773	156	70,879
1914（大3）	102	73,610	15	1,250	59	3,090	176	77,950

（資料）　台灣銀行「台灣金融事項參考書」第2次，1918年，P.198

然而、這種「合股」組織不外乎是清國統治時代的「行郊」的後身、具有**前期性**的商業習慣及種種的封建束縛、因此、一旦遭到日本大資本近代企業的進襲、並且經過總督府的改變政策、這個過渡性的「合股」方式、即迅速的趨於沒落。

總督府爲了抑制台灣人的經濟發展、而在側面掩護本國資本家來台投資、並使僑居台灣的日本人能在經濟上佔優越地位、乃禁止台灣人單獨設立近代企業。就是在一九一二年（大正一年、民國一年）二月所公佈的府令第一六號、規定了「**本島人・清國人、或只有本島人・清國人參加設立的團體、其商號不得使用〝會社〞的名字、違者罰款二百圓**」。換言之、定要有日本人或日本資本的參加、台灣人才能設立法定的近代企業「**株式會社・合名會社・合資會社**」、不然、連其「**會社**」的名稱也不能擅自使用、這當然是對於台灣人的商業活動成爲很大的制約。由此、如表36所示、在日據時代初期所成立的近代企業、幾乎是屬於居住在台灣的日本人資本家所擁有。若有台灣人爲代表要設立「**會社**」就必是有日本人參加在內、或是日本人在該企業內掌握實權、才能得到總督府的批准。但這種名不符實的所謂「**台灣人企業**」也爲數不多。這種辦法、無非是總督府以強權擬把台灣產業控制於日本資本下的殖民政策之一端、一直沿用至一九二三年（大正一二年、民國一二年）、日本資本壟斷台灣產業的企圖大致就緒之後、才被廢除。

總而言之、台灣在日本帝國主義的殖民統治之下、㈠舊有的商人階級遭到總督府的強權壓制而走向沒落（一八九五－一九〇五年）、㈡日本資本侵入及製糖業的勃興、台灣商人階級及其事業被控制於其支配之下（一九〇六－一四年）、㈢日本資本壟斷台灣產業、接著蓬萊米的培植成功、台灣商人階級及其事業完全被騙人於日本資本主義的「**資本再生產構造**」之內、以至受到第一次世界大戰時的經濟大變動（戰爭中的經濟異常興隆、及戰後的經濟不景氣）及一九三〇年的世界經濟大恐慌的影響、而動盪不定（一九一五－三一年）、㈣台灣經濟的戰時體制化及軍需工業化的結果、台灣商人階級遭到更進一步的統制和併呑、幾乎被壓制得奄奄一息（一九三二－四五年）。

(3) 買辦特權階級的四大家族

如上所述、台灣舊有的資產階級因遭到日本帝國主義的壓迫和剝削而正走向沒落之時、唯有一些大富豪及政治買辦、勾結日本帝國主義並出賣台灣人、而獲得「**特權階級**」的地位、現把其典型例子列舉於左：

Ｉ　**辜顯榮一族**——這就是政治買辦走狗出賣台灣而獲得「**經濟代價**」的一個典型。

辜顯榮當日本侵佔台灣時、率先充當嚮導帶領日軍進台北城、並在其後繼續協助日軍「**剿匪**」（屠殺抗日武裝勢力）、及成爲總督府「**施政台灣**」（殖民統治台灣）的幫兇、做了許多不可告人的可恥的事情、這乃衆所周知、在此不必多贅（參閱第九章 p.264）。據其傳記所云、他是輸售煤炭的貿易商、但在

表37　辜顯榮一族所有及投資的企業（1930年）

企業名稱	代表者	任職	設立年代	登記資本金
			年	千圓
台灣官煙販賣	辜顯榮	代表	1899	180
鹿港鹽田	〃	總辦	1900	300
大祖公債收買所	〃	社長	1905	
大和製糖（株）	〃	社長	1920	5,000
大豐拓殖（株）	〃	〃	1922	5,000
大和商行（株）	〃	〃	1920	2,000
大和興業（株）	〃	〃	1925	1,000
鹿港製鹽	辜斌甫	監查役	1925	500
大和製冰	辜顯榮	取締役		300
台灣漁業	辜振甫	社長	1919	200
高砂鐵工所	辜顏碧霞	〃	1917	120
大和興業（株）	辜顯榮	〃	1932	1,000
大和拓殖（株）	〃	〃	1933	1,200
台灣製帽（株）	〃	〃	1936	300
集大成材木商行（株）	辜偉甫	社長	1938	300
大裕茶行（株）	辜振甫	社長	1938	300
食鹽運送人	辜顯榮		1926	
明治製糖（株）	辜顯榮	監查役	1922	32,500
台灣製鹽（株）	辜偉甫	取締役	1919	5,000
南洋倉庫（株）	辜顯榮	大股東	1920	5,000
大成火災海上保險（株）	辜皆得	取締役	1920	5,000
台灣倉庫（株）	辜顯榮	大股東	1915	1,000
台灣商工銀行（株）	大豐拓殖	大股東	1926	
台灣製麻（株）	辜顯榮	大股東	1912	
台灣合同鳳梨（株）	辜顯榮	取締役	1935	7,200
台灣鳳梨拓殖（株）	〃	〃	1936	2,200
台灣植物纖維興發（株）	辜班甫	〃	1941	150

（資料）　「辜顯榮翁傳」1939年　台灣通信社「台灣年鑑」
　　　　　涂照彥「日本帝國主義下の台灣」1975年

台北地方從早就流傳著「**辜顯榮睏豬俎**」的故事、說他本是流氓出身的鹿港人。他因出賣台灣有功、所以得到日本帝國主義者的垂青、且在經濟上獲得種種「**特權**」、才使他成爲在總督府庇護下的頭一個暴發戶。

就是日本佔據台灣後、辜顯榮當時才三〇歲即被加獎「**勳六等**」、就任「**台灣保良局局長**」（以維持治安爲藉口屠殺抗日份子）。同時在經濟特權上：㈠一八九六年（明治二九年、光緒二二年）起就獲得樟腦・鴉片・菸葉（都是總督府專賣品）的專賣特權、㈡一八九九年（明治三二年、光緒二五年）被總督府指定爲「**官鹽總賣捌人**」、獲得食鹽的專賣特權、㈢一九〇七年（明治四〇年、光緒三三年）在總督府的強權撐腰之下、強佔並控制了彰化廳的南靖埔庄、斗六廳的　園庄・旅瓜寮、嘉義廳的潭底庄、其他頂寮庄・連交厝・二林上堡竹頭仔庄・馬芝保崁仔腳庄等處的廣大田園、並仗勢併吞各處的糖廍、而開始從事製糖業、㈣一九〇二年（明治三五年・光緒二八年）獲得二林鹿港方面的官有地（總督府從台灣人充公的土地）一千五〇〇甲、㈤一九〇五年（明治三八年、光緒三一年）獲得阿緱方面的官有地一萬甲、及鹽田許可面積四七四甲、這樣、在短期間內、不費分毫而成爲台灣第一的大地主及大財閥（參閱辜顯榮翁傳記編纂會・尾崎秀太郎「辜顯榮翁傳」一九三九年 p.27,86,92）辜顯榮一族就是以這種非分之財做爲資本、再從台灣大衆剝削其勞動果實而自肥其腹、到了一九三〇年代、辜一族的財產及企業已遍佈於台灣全島（參閱表37）。

Ⅱ　**林本源一族**——清國時代以來的封建大地主兼買辦巨商、以做爲日本帝國主義統治台灣及侵略中國・南洋的幫兇爲交換條件、賣身於總督府、而換取在台灣所有土地財產的政治比護及各種經濟特權的典型。

台北縣板橋的林本源一家、本是居住於福建廈門的政商殷戶、清國時代、勾結統治勢力渡來台灣、

圖36　林本源一族系統圖

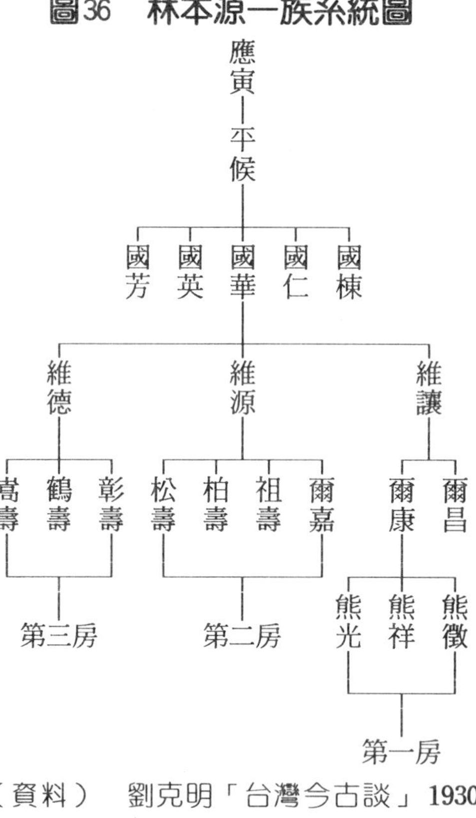

（資料）　劉克明「台灣今古談」1930年，P.116

獲得廣大土地的大租權、同時從事放高利貸・匯兌館・製茶・貿易等、而成為台灣第一的大地主。大茶園主・大買辦商人。清朝末葉、以金錢買來「**太常寺少卿**」一職的林維源（參閱圖36）、在台灣巡撫・劉銘傳手下、就任幫辦撫墾大臣、大撈不義之財而更為發跡（參閱第八章p.277）。建立台灣民主國時、林維源被士紳階級推為國會議長、但心存恐懼而不敢接受、終於在暗中潛回廈門（參閱第九章p.263）。後來、日本佔據台灣、於一九〇〇年（明治三三年、光緒二六年）四月、當時的民政長官・後藤新平為開設台灣銀行分行而往赴廈門之時、就如上述、林家與總督府以出賣台灣利益的協定遂告成立、於是、林本源各房（參閱圖36）才重來台灣、受到總督府優厚的保護、「**林本源一家、竟在台灣民政長官保護之下。**」（南溟漁人（若森久高）「解剖せる台灣」一九一二年p.208）。

從此、林本源一族的大亨們竟然犧牲台灣人的利益、在總督府政治・經濟的撐腰之下、重整旗鼓、從總督府收回以前被管制的土地和財產、並以強權為後盾而大興事業。

林本源一族、從清國時代就在台灣發跡、成為台灣頭一家的大地主（所有土地集中在台灣北部）、及兼放高利貸、後來又從事台灣・廈門間的茶業金融及匯兌金融（日本領台時在台北著名的「**建祥**」「**裕記謙棧**」、及廈門的「**萬記**」「**鴻記**」等的匯兌館皆屬林家一族所有）。其他、在製茶業等島內事業也異常發跡、據於日

表38　林本源一族所有及投資的企業

企業名稱	代表者	任職	設立年代	登記資本金
			年	千圓
大永興業(株)	林熊徵	社長	1921	5,000
大友物產(株)	林熊徵	社長	1923	3,000
林本源柏記產業(株)	林柏壽	社長	1922	2,000
林本源維記興業(株)	林祖壽	社長	1923	2,000
朝日興業(株)	林熊光	社長	1922	1,000
林本源松記興業(株)	林松壽	社長	1923	1,000
鶴木產業(株)	林鶴壽	社長	1925	1,000
台華興業信託(株)	林嵩壽	社長	1919	500
林本源彭記產業(株)	林忠	社長	1925	500
建興公司	林熊祥	社長	1919	
大同米穀(株)	林柏壽	社長	1931	200
福興建業(株)	林熊光	社長	1934	200
東陽護謨(株)	林熊徵	社長	1934	62
中國漢冶萍煤鐵	林熊徵	董事	1915	
台灣倉庫(株)	〃	股東	1916	1,000
新高銀行(株)	〃	監查役	1916	500
九州安川製鐵(株)	〃	取締役	1917	
ボルネオ護謨(株)	〃	監查役	1917	
台灣炭鑛(株)	〃	〃	1918	1,000
台灣紡織(株)	〃	〃	1918	
華南銀行(株)	〃	取締役	1918	10,000
台灣製鹽(株)	〃	取締役	1919	2,000
台灣煉瓦(株)	〃	〃	1919	3,000
日本拓殖(株)	〃	〃	1919	10,000
台北商事	〃	〃	1919	100
台陽鑛業(株)	〃	〃	1920	5,000
南洋倉庫(株)	〃	〃	1920	5,000
台灣商事	林熊祥	取締役	1918	200
大成火災海上保險(株)	林柏壽	取締役	1920	5,000
台灣興業信託(株)	林熊徵	取締役	1920	4,000
大安製糖	林鶴壽	取締役	1920	2,000
台灣商工銀行	林柏壽	取締役	1923	
台灣製冰	林熊壽	監查役	1924	
興南新聞社	林柏壽	取締役	1929	

(資料)　台灣通信社「台灣年鑑」1925年，東京興信所「銀行會社要錄」1926年，台灣新民報社調查部「台灣人士鑑」1934年，涂照彥「日本帝國主義下の台灣」1975年，台灣經濟研究會「台灣株式年鑑」1931年.

據當初的資料、其所有土地廣達五千二〇〇甲、一九二五年代的田租年收達米穀一八萬石（參閱田川大吉郎「台灣訪問の記」一九二五年 p.25 ）、總資產値當時貨幣的三千餘萬圓（參閱臨時台灣舊慣調查會「台灣舊慣記事」第一卷第二號、一九〇一年 p.64　根岸佶「清國商業綜覽」第四卷一九〇七年 p.391 ）。

林家一族重返台灣後、除了繼續依據廣大土地剝削農民大衆之外、再經由總督府的「**勸說**」（其實是強制）及台灣銀行的金融支援而從事製糖業、就是㈠一九〇九年（明治四二年）林鶴壽創辦「**林本源製糖**」（資本金二〇〇萬圓）、㈡一九一〇年（明治四三年、宣統二年）林熊徵創辦「**台北製糖**」（資本金三〇〇萬圓）、㈢一九一一年（明治四四年、宣統三年）林嵩壽創辦「**埔里社製糖**」（資本金二〇〇萬圓）、並在總督府強權支持下、強行收買中南部農民所有的廣大蔗園田地。後來、這些製糖業被日本製糖大企業所吞併、才改爲集中力量投資於土地・地產・信託・倉庫・保險等各種近代企業、不但是在島內大肆活動、而且在總督府撐腰之下也進出於中國・南洋各地、成爲日本帝國主義侵略他國在經濟上的幫凶、而大撈不義之財（參閱表38）。

Ⅲ　陳中和一族──清朝末葉由砂糖貿易發跡的大糖商、勾結日本官僚及日本資本家、而成爲製糖業者及大地地主・近代事業家的典型。

陳中和是在清朝末期以打狗爲基地而輸售砂糖於日本的貿易商人（參閱表35）。據聞、他又稱陳福謙、於一八七三年（明治六年）渡往日本橫濱、跟日商「**大德堂**」及「**增田屋**」做起赤糖交易、並和其弟陳德馨在該地設立了「**順和棧**」、且把銷售砂糖所得的代金帶到香港、換取鴉片・石油・什貨等回來打狗、獲利不小。他在中日戰爭中（一八九五年）、因協助日軍攻台、所以深怕受到抗日義民軍的誅討、而逃匿於廈門。等到日軍佔據台灣後、在總督府庇護之下、於一八九七年秋才回到台灣（參閱陳中和翁傳記編纂委員會「陳中和翁傳」p.7　糖業協會「近代日本糖業史」上卷 p.307 ）。

表39　陳中和一族所有及投資的企業（1930年）

企業名稱	代表者	任職	設立年代	登記資本金
			年	千圓
順和棧	陳中和	代表		
和興公司（合）	〃	〃	1883	
打狗南興公司	〃	〃		
中興精米所	〃	〃		
台灣製糖（株）	〃	取締役	1900	1,000
新興製糖（合）	〃	社長	1903	240
陳中和物產（株）	陳中和	代表	1922	1,200
鳥樹林製鹽（株）	〃	〃	1923	300
三文興業（株）	陳啓雲	〃	1941	100
興南製作所（株）	陳啓安	〃	1941	120
台灣倉庫（株）	陳中和	股東	1915	1,000
華南銀行（株）	〃	取締役	1919	10,000
大成火災海上保險（株）	陳啓貞	取締役	1920	5,000
高雄製冰（株）	陳啓峰	取締役	1925	500
台灣商工銀行	新興製糖	股東	1926	10,000
東港製冰（株）	陳啓川	取締役	1930	100

（資料）　「台灣商工十年史」1921年，台灣通信社「台灣年鑑」1921年，台灣新民報社調查部「台灣人士鑑」1934年，涂照彥「日本帝國主義下の台灣」1975年

陳中和重回台灣後、在總督府糖務局及台灣銀行・三井物產等日本資本的支持下、㈠一九〇〇年（明治三三年、光緒二六年）十月、參加台灣頭一家的日本大企業「**台灣製糖株式會社**」的創立、成爲大股東並就任取締役（董事）、㈡一九〇三年（明治三六年、光緒二九年）四月創立陳家一族獨資的「**新興製糖**」、成爲台灣人在製糖業的頭一個大亨。然而、其後日本資本跟著傾注台灣、從一九〇六年（明治三九年、光緒三二年）起、隨著「**台灣製糖**」的屢次增資、陳中和所擁有的股份相對的成爲微小、所以沒經過多久就被擠出於經營陣容之外（陳中和在一九〇六年已辭職董事）、而成爲單純的投資者。並且、「**新興製糖**」因在日俄戰爭（一九〇五年）當中受到糖價跌落的打擊而一蹶不振、於是、其業務及金融乃長期的被置於總督府糖務局及台灣銀行

等日本資本的管制和支配之下、終在一九四一年（昭和一六年、民國三〇年）被「**台灣製糖**」所併呑。這樣、陳中和所創始的製糖業雖然漸被日本資本所呑沒、但是、他曾在第一次世界大戰爆發後（一九二〇年）的糖價反轉飛漲之際、把其所得的額外利潤改爲投資土地（一九二七年六月統計、新興製糖所有土地達一千四九八甲、所控制的租借耕地三六六甲、其他、陳中和物產還擁有廣大的土地）、同時也將其資產分散投資於各種企業（參閱表39）、因此、陳家一族、遂成爲台灣數一數二的大地主及大企業家（參閱總督府殖產局「台灣糖業概觀」一九二七年 p.157）。

Ⅳ　**顏雲年一族**——舊時的煤鑛採掘者、以「**鑛山包辦**」（包辦招募鑛夫採煤）的寄生身份、勾結日本資本並成爲其買辦企業而發跡的一個典型。

台灣北部的瑞芳一帶、從早就以產煤而聞名於中外貿易界。日本據台後、總督府乃以該度的鑛山（金鑛・煤鑛）當做無價的經濟特權、把其採鑛權授予本國的日本企業、擬以引導其來台採鑛興業。然而、從總督府獲取採鑛權後的日本企業、因對台灣人地生疏、情況不熟、所以都把有關採礦工作交給本地的台灣人包辦、使之代爲招募鑛工採掘。從此、在基隆・瑞芳等北部地方、即產生了一種寄生性的**中間剝削階級**、只要能招募到鑛工就能從中撈到一筆非分之財、就是所謂的「**鑛山請負者**」。顏雲年・顏國年兩兄弟、他們二人從早就從事於採鑛工作、所以在一九〇三年（明治三六年）創立了供給台灣人鑛工苦力的「**雲泉商會**」、也從日本企業的「**藤田組**」包辦了採掘瑞芳鑛山及「**荒井泰治**」名義的四腳亭煤鑛而起家。總之、㈠一九一四年（大正三年、民國三年）十月以租金三〇萬圓取得藤田組在瑞芳鑛山（金鑛）的全部設備及其鑛業權爲己有、其後採掘金鑛增加到將近四倍（參閱台灣總督府「台灣事情」一九二五年 p.344）、㈡第一次世界大戰爆發後、煤炭價格直線上升、三瓜仔地區的產煤（一九〇四年獲得鑛業權）被高價售出、又獲得一筆超額利潤、㈢一九一八年（大正七年、民國七年）獲得「**三井物產**」

表40　顏雲年一族所有及投資的企業

企業名稱	代表者	任職	設立年代	登記資本金
			年	千圓
金裕豐號	顏雲年	代表者	1898	
金盈豐號	〃	〃	1899	
金盈利號	〃	〃	1900	
雲泉商會（合）	〃	〃	1903	
三瓜仔炭坑	〃	〃	1904	
猴石同・瑞芳炭坑	〃	〃	1906	
石底・五堵・三峡炭坑	〃	〃	1909	
台灣水產（株）	〃	取締役	1911	
基隆輕鐵（株）	〃	專務取締役	1912	300
台灣興業信託（株）	〃	社長	1912	200
義和商行（合）	〃	代表者	1912	1,000
台陽鑛業（株）	顏國年	社長	1918	1,000
雲泉商會（株）	〃	〃	1918	1,500
台洋漁業（株）	〃	〃	1921	200
海山輕鐵（株）	〃	〃	1921	500
瑞芳營林（株）	〃	〃	1921	1,000
台陽拓殖（株）	顏欽賢	〃	1922	1,000
禮和商行	顏國年	代表者	1923	1,000
義和商行	〃	〃	1923	1,000
海山炭坑（株）	周碧	社長	1915	1,000
台灣倉庫（株）	顏雲年	股東	1915	1,000
基隆炭坑（株）	顏國年	取締役	1918	300
基隆船渠（株）	〃	〃	1919	1,000
大正醬油（株）	〃	股東	1920	
南洋倉庫（株）	〃	副總理	1920	5,000
彰化銀行（株）	顏雲年	監查役	1921	
華南銀行（株）	顏國年	監查役	1923	1,000
台灣水產（株）	〃	取締役	1925	727.5
大成火災海上保險（株）	〃	〃	1926	5,000
中台商事（株）	顏德修	取締役	1926	200
德興炭鑛（株）	顏窗吟			

（資料）　「台灣鑛業公司四十年誌」1958,「台灣人士鑑」「台灣產業之現勢」，台灣通信社「台灣年鑑」1925 年，涂照彥「日本帝國主義下の台灣」1975 年，台灣總督府「商工月報」

及「三井鑛業」的資助、並由三者合資設立了「基隆炭鑛株式會社」（資本金三〇〇萬圓、其中、三井二社佔其五分之三的股份、顏家一族佔五分之二）、同年設立「台陽鑛業株式會社」（資本金一〇〇萬圓）時、也有三井系的資本參加（參閱大山綱武「三井財閥の台灣資本」—〝台灣事報〞一九四一年十月號）、從那時起、顏家一族的事業即一帆風順、連續設立了不少近代企業、並也參與投資各種企業（參閱表40）、而成爲台灣北部的新興財閥、同時、急遽走向資本買辦化的一途（參閱台陽鑛業公司四十週年慶典籌備委員會編輯組「台陽鑛業公司四十年誌」一九五八年 p.2, 21, 92）。

如上所述、台灣四大家族的財力之大、事業種類之多、簡直叫人眼花撩亂。然而、他們都具有下列七項共同的特質：

i　以承當日本帝國主義殖民統治的買辦幫兇爲代價、獲得經濟特權、得到一般台灣人不可能得來的非分之財。

ii　繼承台灣舊有統治階級的衣鉢（地主・商人・高利貸）、卻以土地所有（顏家是鑛山所有）爲經濟基礎、並發展各種企業及金融、而成爲殖民地特有的買辦財閥。

iii　四大家族在社會經濟上是具有緊密的有機關係、而構成著台灣社會的「特權階級」、即是台灣資產階級的中樞、但在各個的事業經營上、卻很少有相互間的協助和提攜、各個都在孤立狀態之下、受到日本帝國主義的統治和宰割。

iv　基於日本帝國主義統治殖民地的必然性、雖說是特權階級也逃脫不了總督府和日本獨佔資本的壓迫和剝削、連自己所創立的企業會社也難以確立在經營上的自主性、都得受到總督府或台灣銀行的管制、或其他日本大企業的資本參加、被派來日本人就任要職而掌握實權、所以他們與其說資本家或企業家、寧可說只靠股份分紅及利息的資產家而已。

v　日本的國家權力及獨佔資本驅使政治上・行政上的各種措施、及經濟上・金融上的各種辦法、向四大家族施予壓力、並頻繁逼迫他們所經營的企業實行增資、把日本人所持有的股份比率逐漸提高、結果、原來是他們創始並爲代表者的各種企業、逐一被日本政府及日本獨佔資本所併呑、因此、到了一九四〇年代（日本據台的末期）、勉強能夠說是屬於四大家族所實際掌握經營權的企業會社、已剩下沒有幾家。

vi　日本的國家權力及獨佔資本、在另一方面、乃積極的「**勸說**」（其實是強迫）以土地所有爲中心的四大家族的資產、移動及動員於投資官營及民營的日本人企業、而加以利用。

vii　四大家族在這種被壓迫以及步步退縮的情況之下、對於所擁有的土地及金融機關（商工銀行・彰化銀行・華南銀行）的股份即緊握著不放、到了第二次世界大戰結束之後、才以這些土地和金融機關爲「**經濟資本**」、再以承當蔣政權外來統治者的買辦幫兇爲「**政治資本**」、死灰復燃、而重新回復其「**特權階級**」的地位。

如上所述乃是屬於全島性的四大家族、其他、當然是還有大大小小的地方性的資產家、在犧牲台灣人大衆的情況之下受到日本帝國主義的壓迫和利用、同時也分到一杯羹、而自飽其腹。

(4)　民族資產家的林獻堂一族

台中阿罩霧的林獻堂・林烈堂一族（參閱圖37）、從清國時代就是台灣數一數二的大地主（大租權兼小租權）、擁有土地一千五〇〇甲、一九二五年代的地田租年收達米穀一二萬石（參閱田川大吉郎「台灣訪問の記」一九二五年、p.25）資產總值當時貨幣的一千萬圓（參閱臨時台灣舊慣調查會「台灣舊慣記事」第一卷第一二號、一九〇一年 p.62）。

圖37　林獻堂・烈堂一族系統圖

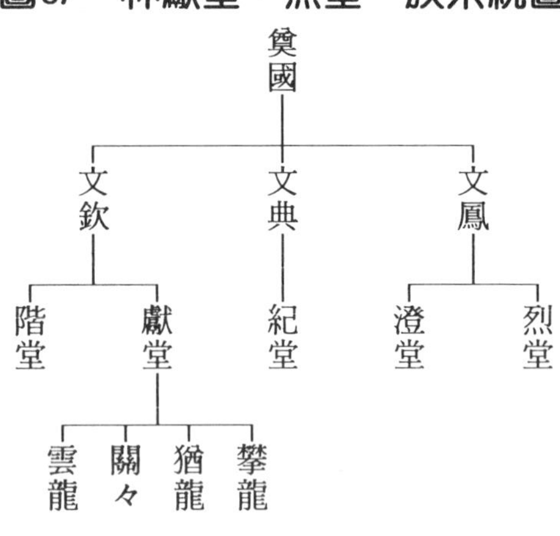

（資料）「林獻堂先生年譜」1936年，P.1

林獻堂一族在台灣社會上是跟上述的四大家族同樣、佔據著資產階級的中樞地位。然而、他們在日本統治時代、㈠民族意識優先於經濟活動、㈡堅守地主的立場而只以所收的田租把其運用爲經濟活動、因此、不像四大家族那樣只爲個人的利益而墮落於日本帝國主義買辦的地步、同時也不討好總督府及日本獨佔資本、相反的更進一步的成爲傾向於改良派的民族解放運動之中心勢力。

如表41所示、林獻堂一族所直接設立及自己經營的企業只有三家、並且、其設立的時期、皆屬於總督府禁止台灣人使用「**會社**」名義的所謂「**府令第一六號**」被廢除的一九二三年以後的事、同時、其股東及代表者・幹部・職員都是以林家一族或親近者充當、從此可見他們並不在其府令施行的期間冒然放棄自己的政治原則、而討好總督府來設立有日本人參加的企業會社。例如㈠「**三五實業**」的代表取締役（董事長）林獻堂、取締役（董事）林楷堂・林攀龍、監查役（監事）林猶龍・林涎生、乃是以土地・地產的買賣爲其營業目的、㈡「**大安產業**」的社長林獻堂、取締役林楷堂・林猶龍、監查役林瑞騰・林根生、該會社猶如地主身份的企業化（法定化）、只以處理有關土地和田租爲主要的營業目的、就是說、其收入乃是專以徵收租穀・米穀售出的代金・園地的田租・利息爲收入等項目、並以繳納捐稅・土地整理費・職員薪金等爲支出項目（參閱東京興信所「全國銀行會社要錄」台灣篇、一九二六年 p.16）。

總督府對於具有高度政治意識的林家一族、特別是對於林獻堂、即以鞭飴政策予以軟硬兼施、就是

表41　林獻堂一族所有及投資的企業（1930年）

企業名稱	代表者	任職	設立年代	登記資本金
			年	千圓
三五實業（株）	林獻堂	社長	1923	500
大安產業（株）	〃	〃	1930	2,000
三榮拓殖（有）	林攀龍	〃	1942	195
帝國製麻（株）	林烈堂	發起人	1911	175
製樟腦業者（株）	〃	指定人		
彰化銀行（株）	林獻堂	監查役	1912	500
台灣製紙（株）	〃	取締役	1919	1,500
華南銀行（株）	林烈堂	取締役	1919	10,000
海南製粉（株）	林獻堂	取締役	1919	2,000
台灣電力（株）	〃	發起人	1919	30,000
台灣鐵道（株）	林烈堂	監查役	1919	1,000
大成火災海上保險（株）	林獻堂	取締役	1920	5,000
南洋倉庫（株）	林獻堂	股東	1920	5,000
禎祥拓殖（株）	林烈堂	社長	1922	1,000
台灣商工銀行（株）	〃	監查役	1923	10,000
大東信託（株）	林獻堂	社長	1926	2,500
五郎合資會社	林階堂	社長	1926	100
東華名產	〃	社長	1926	350
台灣新民報社	林獻堂	社長	1929	

（資料）　「林獻堂先生年譜」「林獻堂先生記念集」1960年，「台灣產業之現勢」「商工月報」20號，東京興信所「銀行會社要錄」1926年，台灣の部，台灣新民報調查部「台灣人士鑑」1934年，台灣經濟研究會「台灣株式年鑑」1931年，涂照彥「日本帝國主義下の台灣」1975年・

對他們所從事的解放運動乃使用殘酷的鎮壓手段給予打擊、同時在另一方面則盡量引誘他們投資日本人的企業會社、一來以經濟利益爲餌而擬把其政治慾望削減、二來企圖管制其經濟活動於統治圈內、藉以防止資金流入於政治運動。然而、林獻堂一族對於投資事業的經濟活動乃積極響應（參閱表41）、在政治運動方面雖然也一時被迫妥協、但在大體上並不因此而有所泯滅。

林家一族投資企業之中、有關彰化銀行乃是經過總督府的「**勸說**」、才以大租權的補償金（大部份是政府公債）爲基金而合股創設的、但因受了前述「**府令一六號**」所規制、所以在台灣銀行台中分行長・奧山章次的投資和參與之下、才見到成立。林獻堂於一九一二年（大正一年、民國一年）就任該行的監查役、一九三五年（昭和一〇年、民國二四年）改任取締役、到了一九四五年（昭和二〇年、民國三四年）戰爭即將結束的前夕、才被總督府抬出來擔任取締役會長。當然、該行的業務・人事・股份等由始至終都在台灣銀行支配之下、但在日本據台終結之時、台灣人在該行所持股份還佔其總數的三九％、所以彰化銀行在戰後乃成爲林獻堂一族等人在經濟活動上的大本營（參閱王金海「灌園先生與彰化銀行」—《林獻堂先生紀念集》卷三、一九六〇年 p.74　「彰化銀行六十年史」一九六七年 p.32, 35, 59）。

再者、林獻堂爲了創設純然屬於台灣人的民族資本金融機關、於一九二六年（昭和一年、民國一五年）春、擬以設立「**大東信託株式會社**」、在台中設置籌備處、開始公募股份。這個計劃如所預料、一開始就遭到總督府及台灣銀行的壓迫和干涉、所以經過了一段艱苦奮鬥之後、才在同年十二月三十日、把擬定的股份全部聚齊、始能以登記資本（registered capital）二五〇萬圓、授權資本（authorized capital）六五萬圓、林獻堂親自就任取締役社長、而成立該會社（參閱林獻堂先生紀念集編纂委員會「林獻堂先生年譜」一九六〇年 p.52—《林獻堂先生紀念集》第一卷）。

然而、從翌年二月二十一日開始營業的第一天、持有股票及想要來社存款的台灣人、均受到臨場警察的干涉及迫害、當在此時、又接到總督府當局的禁止接收存款的命令。其後、總督府卻以台灣迄未施行「**信託業法**」爲藉口、對其業務頻繁的加以各種制約和干涉、因此、這百經折磨、孤軍奮鬥的一〇餘年之中、富有民族意識的林獻堂及陳炘等同志一同、在台灣人大衆無言支持之下、慘澹經營、始終不變的立志堅守這個台灣人所擁有的唯一的崗位。但是、終在被壓迫和阻撓而百思不得一解的情況下。於一九三七年（昭和一二年、民國二六年）、不得不中止歷盡艱辛、耗盡心血的這「**大東信託**」的業務、在一九四一年（昭和一六年、民國三〇年）終於被台灣銀行所併呑。

2　台灣在日本統治圈內進行跛行的「近代化」（資本主義化）

當日本國內正在進行近代改革及發展資本主義的時候、台灣社會與台灣人、在政治・經濟・社會・文化等各方面・均被捲入「**日本統治圈**」內、跟著日本國內資本主義化的進度、而逐漸走上「**近代化**」（資本主義化）的發展過程。

一般在**世界史**上的所謂「**近代化**」（modernization）、起碼得具備下列的四個因素、才算夠水準、即是：

(1) **民主化**、推翻封建專制、建立民主主義的政治體制。

(2) **資本主義化**、克服封建的自家生產、發展資本主義生產體制、特別是發展工業。

(3) **自我解放**、解除社會上的封建束縛、實現人性（humanity）和個我（an individual）的自由發展。

(4) **近代民族化**、克服封建的種族束縛、提醒民族意識及國民意識、實現民族統一（獨立）及國民統一（獨立）。

就是說、這四個基本因素在某一個社會的內部怎樣的相互纏繞為一個整體、並其**整體**進行著怎樣的發展、乃是要衡量該社會的近代化的主要**尺度**。

如以這種尺度來衡量台灣社會、就能知道在日本帝國主義殖民地統治下所進行的近代化（資本主義化）並不是全面的、正常的、而是跛行的、變相的、片面的、其原因可以舉出下列四點：

(1)　**受到殖民統治所制約的近代化**（**資本主義化**）——日本帝國主義統治台灣的終極目標、不外是只爲本國圖謀利益、所以有關台灣社會的近代化之中、必須合乎本國的利益、特別要有利於日本資本主義的發展、才有可能被移諸實行。也就是說、被認爲對本國有利的「**經濟開發**」乃被積極推行、相反的、被認爲對於本國沒有益處、同時對殖民統治更有害處的「**政治民主化**」「**人性解放**」「**近代民族化**」等方面則非但不准推行、且更爲徹底的加以壓制和阻撓。

原來、日本政府一佔領台灣、就擬定**治台要綱**、規定了㈠以統治殖民地台灣來提高日本的國際地位、㈡開發台灣、造成產生超額利潤的經濟條件、以供本國的資本主義發展、㈢建設軍事基地、藉以對華南及南洋的勢力擴張（參閱松島剛・佐藤宏「台灣事情」一八九七年）。因此、台灣總督府當局、爲了達成本國政府的這種治台目標、乃依照下列的政策和步驟、推行異乎其言的所謂「**台灣近代化**」（台灣資本主義化）：

㈠　建立總督專制的強權政治

㈡　鎮壓抗日份子、驅逐中國及歐美舊有的在台勢力、實行警察統治、而把台灣封閉於「**日本勢力圈**」內

㈢　廢除舊有的土地制度、確立土地所有權、爲日本資本主義侵入台灣掃除封建障礙

㈣　確立總督府特別會計制度、實施殖民地重稅政策、沒收土地和山林、推行專賣獨佔企業、爲本國資本主義發展而進行「**資本原始積蓄**」

㈤　爲了殖民剝削台灣、乃廢除或改變台灣舊有的社會關係、保存並籠絡地主階級和資產家、爲了日本資本主義浸透台灣、則準備大批的勞動者・農村貧民・都市貧民・下級職員、以及政治走狗御用

紳士和買辦資產家

㈥ 給予台灣人一定限度的文化教育和技術訓練、以助台灣工業化

㈦ 開設台灣・日本間的海洋路線、施行統一貨幣、施行保護關稅、建立基幹產業、整備流通機構、建設近代都市交通通信・文教設備及衛生設施等、以資本國的資本・商品・人員傾注來台

㈧ 推行在「**日本經濟圈**」內的台灣企業化・工業化・軍需工業化、發展單一農業生產、提供本國所急需的米糧和砂糖

㈨ 壓制台灣人的民族覺醒、阻撓台灣人的自我解放、強迫台灣人同化日本

㈩ 建設軍事基地、進行台灣社會軍事化、做爲侵略華南及南洋的前進基地

台灣總督府就是這樣的揮舞強權、把台灣逐漸封閉於「**日本勢力圈**」內、使之成爲日本「**資本主義資本再生產機構**」的一環。這從台灣社會來說、就是在其殖民地化的過程中、被投入於產業開發的旋渦裡、而進行了跛行的、變相的近代發展（資本主義發展）。

(2) **受到日本本國的後進性所制約的資本主義化（近代化）**——就如上述、日本佔領台灣的明治中期時代（一八九五年）、國內的資本主義建設還是停滯於初步階段、比起歐美先進諸國的資本發展乃具有不夠水準的後進性、因此、日本資本主義在當初對於殖民地台灣、非但不可能投資台灣來促使殖民地進行資本主義化、反而先得依靠國家權力掠奪**殖民地超額利潤**、以資本國的「**資本的原始積蓄**」（primitive accumulation of capital）。其後、等到國內的資本主義發展起來（一九〇五年的日俄戰爭之後）、並進入獨佔階段（一九一八年的第一次世界大戰結束之後）日本資本主義才對殖民地傾注其資本及商品、進而完成其獨佔糖業生產、壟斷蓬萊米的輸售本國、及壟斷台灣工業化而來掠奪更多的殖片地超額利潤。在這種「**國家權力走先、本國資本跟後**」的演變之下、總督府的國家強權則先一步的浸透於台灣

2　台灣在日本統治圈內進行跛行的「近代化」（資本主義化）

社會的社會經濟部門、因此、在這種中央集權制的官僚機構已成根深蒂固的情況下、使台灣社會進行更加一層的偏向於跛行的近代化（資本主義化）。

(3)　**受到日本本國的經濟需要所制約的資本主報化（近代化）**——就如上述、日本統治台灣完全是以本國利益爲出發點、所以台灣必然得按照日本國內經濟發展的各個階段所需要、才被進行其經濟開發、就是㈠據台初期（一九〇〇年代、明治末期）、爲供應日本國內所需的粗糖、而開發台灣的製糖業、㈡據台中期（一九二〇年代、昭和初期）爲供應日本國內糧食、而發展台灣的蓬萊米生產、㈢據台後期（一九三〇年代以後、昭和中・後期）、爲服務侵略戰爭及國內戰時體制、而進行台灣的軍需工業化。就在這種演變之下、台灣被迫進行一連串片面的資本主義化（近代化）。

(4)　**受到台灣本身的歷史・社會上的特質所約制的近代化（資本主義化）**——台灣乃是從荷蘭時代就依靠移民和開拓發展起來、所以其歷史社會上的特質、不外乎是以特殊的土地所有關係爲基本構造、再加上被鄉黨組織的保甲制度所統治的莊堡共同社會（Gemeinschaft）、同時又是從荷蘭時代就發展前期性商品經濟的一個殖民地社會。日本據台之後、日本帝國主義的國家權力（總督府）、即把這商品經濟較發達的莊堡共同社會置於其中央集權的官僚統治之下、特別是壓制於警察的強權之下、一方面保存其舊有的地主制度和保甲制度、並造成一小撮的買辦特權階級、而加以籠絡和利用、另一方面則極力抑制台灣產生獨有的民族資本階級。就是這樣、台灣即進行了更爲變相的資本主義化（近代化）。

下列圖38、就是日本資本主義發展過程和跛行的台灣資本主義化（近代化）的相互關係。

圖38　日本資本主義發展與跛行的台灣資本主義化

自一八九五年（明二八） — 日本資本主義初期階段 — 日本資本追隨日軍來台 — 台灣被封閉於日本圈內

自一九〇五年（明三八） — 日本資本主義開始發展 — 日本資本開始侵入台灣 — 日本資本開始壟斷製糖

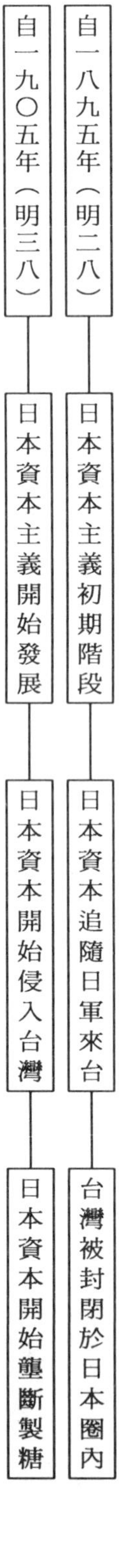

自一九一九年（大　八）	自一九二八年（昭　三）	自一九三七年（昭一二）
日本資本主義獨佔成立	日本資本主義對外擴張	日本資本主義對外侵略
日本資本獨佔台灣經濟	日本資本侵略中國・南洋	日本侵略中國・南洋
日本資本壟斷蓬來米	日本資本台灣工業化	日本資本台灣軍需工業化

隨著這種跛行的近代化（資本主義化）、殖民地台灣在社會・經濟上的「二重構造」也就浮現出來：

(1)　日本・日本人＝抑壓民族＝殖民地外來統治者＝外來剝削階級＝軍人・官僚・資本家・大地主・警察・憲兵・高級職員＝獨佔資本・獨佔金融・獨佔工業・獨佔商業貿易＝獨佔市場＝高價銷售工業品＝大和民族主義＝走狗買辦台灣人。

(2)　台灣・台灣人＝被抑壓民族＝殖民地土著被統治者＝土著被剝削階級＝農民・勞動者・農村貧民・都市貧民・下級職員・通譯・當差・苦力・中小地主・中小工商業者＝單一農業生產＝廉價提供農產品及原料品＝台灣民族主義（帶有空想的漢族主義）＝走狗買辦台灣人。

總而言之、日本帝國主義統治台灣逐漸深化的五一年間、就是台灣社會與台灣人的日本殖民地化的過程、這也就是日本資本主義經過下列五個階段來征服台灣的歷史過程

(1)　第一期（一八九五—九一八年）、總督府爲日本資本侵入台灣做「鋪路工作」及壟斷製糖業。

(2)　第二期（一九一九—二七年）、日本資本獨佔台灣產業、壟斷蓬萊米供應。

(3)　第三期（一九二八—三六年）、戰爭爆發、日本資本獨佔台灣工業化。

(4)　第四期（一九三七—四〇年）、戰爭擴大、日本資本台灣軍需工業化。

(5)　第五期（一九四一—四五年）、台灣軍需基地化、日本統台的尾聲。

3　日本資本主義征服台灣

a　第一期　總督府爲日本資本侵入台灣做「鋪路工作」及壟斷製糖業

凡是資本主義較發達的帝國主義國家、當爲了滿足本國的經濟利益而開始宰割殖民地之時、必須先把該殖民地社會加以若干的近代開發、並施以一定限度的文化教育和技術訓練、才能有效的達成其經濟剝削的終極目標。

日本帝國主義佔據台灣爲殖民地當然也不能例外、所以在初期的二四年間、即一八九五年（明治二八年）至一九一八年（大正七年）、在七代的軍人總督的強權壓制之下、爲引導日本資本主義侵入台灣而做了一些「鋪路工作」。

(1)　爲日本資本主義侵入做「鋪路工作」

領台當初的日本、雖然國內資本主義迄未發達、但是、被派來台的總督及其屬僚（軍人・官僚）、爲了在成功裡統治新佔領的殖民地台灣、並達成經濟剝削的最後目標、認爲需得引導本國資本積極的投資台灣、因此、他們均以兇狠的軍國主義和侵略主義爲其政治理念、竭力執行爲日本資本主義鋪路的下列各項政策。

Ⅰ　鎮壓抗日份子、清查戶口、確立治安

日軍佔領台灣後、總督及其屬僚（以下總稱為「總督府」）為了引導本國資本而頭一個必須做的、乃是確立治安。

一八九五年（明治二八年、光緒二一年）日軍一登陸台灣、清國政府的行政人員及殘兵敗將均捲起尾巴逃回大陸、台灣民主國的台灣人幹部也逃之夭夭、然而、被遺棄的台灣人大衆、並不因此而有絲毫的退縮、其子弟兵的游擊隊仍然四出襲敵堅持抗戰。這在日本帝國主義看來、不外是擾亂治安的所謂「不法之徒」、所以總督府即揚言要「**掃蕩匪徒**」、一開始就佈置軍隊及警察網於全島各地、並沿用歐美殖民統治的近代法制、制定了「**台灣總督府法院條例**」（律令第一號、一八九六年四月、明治二九年、光緒二二年）・「**匪徒刑罰令**」（律令第二號、一八九八年一一月、明治三一年、光緒二四年）・「**保安規則**」（律令第五六號、一九〇〇年七月、明治三三年、光緒二六年）、施以大鎮壓及大屠殺（參閱同章1、a(2)警察政治　竹越與三郎「台灣統治志」一九〇五年 p.166）。

同時、於一九〇三年（明治三六年、光緒二九年）六月、公佈了「**戶口調查法**」（律令三四號）、限於一九〇五年（明治三八年、光緒三一年）十月一日零時、清查全島戶口、把台灣與台灣人嚴密控制於其殖民統治之下（參閱表42）。

表42　台灣人口構成
（1905年10月1日）

	人　口	比率
	人	%
總數	3,039,751	100.00
日本人	57,335	1.89
台灣人	2,973,280	97.81
漢人系	2,890,485	95.08
福老	2,492,784	81.99
客家	397,195	13.07
其他	506	0.02
平埔原住民系	46,432	1.53
山地原住民系	36,363	1.20
外國人	9,136	0.30
中國人	8,973	0.29
其他	163	0.01

（資料）　臨時台灣戶口調查部『臨時台灣戶口調查結果表』1908年 ,p.8~10

Ⅱ　確立台灣人的日本國籍、掃蕩舊有的中國勢力、限制來往海外、驅逐外國資本

日本帝國主義所要做的第二件清除工作、就是肅清島內舊有的中國商人買辦勢力及歐美資本、並使台灣和中國大陸及其他海外各地斷絕舊有的關係。爲此、總督府早就公佈了「**清國人上陸條令**」（政令第二三號、一八九五年一一月、明治二八年、光緒二一年）、限制中國人在台灣的居住及活動、並拒絕清國政府設置駐台灣的領事館。

繼之、日本政府依據「**馬關條約**」、以一八九七年（明治三〇年、光緒二三年）五月八日爲期限、把居住在台灣的台灣人（原住民系台灣人和漢人系台灣人）一律編入於**日本國籍**、而在法律上正式置於日本天皇統治之下（當時、不願改爲日本國籍而限期回去中國大陸者、計有六千四五六人、其中、台北縣一千五七四人、台中縣三〇一人、台南縣四千五〇〇人、澎湖八一人、幾乎是屬富商・大租戶等資產家）。並且、限制台灣人往來中國大陸及海外各地。譬如、到了一九一九年（大正八年、民國八年）、台灣人口三七〇餘萬之中、旅行中國或海外各地者、只有二千七九七人而已（參閱竹越與三郎「台灣統治志」一九〇五年 p.214　「台灣總督府統計書」第二三、一九二一年）。

總督府爲了驅逐外商資本及中國商人勢力：㈠施行「**關於台灣關稅定率法**」（勅令第二一三號、一八九八年九月）及「**台灣噸稅規則**」（律令第二二號、一八九九年七月）、加徵**差別關稅**於外商的進出口貨物、㈡總督府竭力修築基隆・高雄二港並以財政資助「**大阪商船株式會社**」（一八九六年）及「**日本郵船株式會社**」（一八九七年）開設台灣・日本間的定期航路（一八九九年）、而使日本的「**本國商船會社**」打倒英商「**Douglas 輪船公司**」的獨佔海運、㈢開設「**台灣銀行**」（一八九九年、明治三二年、光緒二五年）、使之打倒「**香港上海銀行**」等外國銀行的金融支配、㈣實施專賣制度、使樟腦・鴉片・菸葉等商權皆歸「**三井物產**」等日本商社所控制、㈤支助設立「**台灣製糖會社**」（一九〇〇年、明治三三年、光緒二六

表43　台灣對日本貿易及對外國貿易的推移

	輸出				輸入			
	對日本		對外國		對日本		對外國	
	千圓	%	千圓	%	千圓	%	千圓	%
1897(明30)	2,105	14.8	12,725	85.2	3,724	22.7	12,696	77.3
1907(明40)	17,635	64.1	9,441	35.9	19,750	63.8	11,221	36.2
1917(大 6)	105,497	72.4	40,216	27.6	67,745	76.2	21,099	23.8
1927(昭 2)	202,079	82.1	44,598	17.9	121,108	64.6	65,840	35.4
1937(昭12)	410,259	93.1	29,916	6.9	277,895	86.3	44,229	13.7
1941(昭16)	379,795	76.9	114,109	23.1	371,842	87.9	52,665	12.1

（資料）　日本政府大藏省『昭和財政史』XV, 1960, p.184
『總督府統計書』第19, 1917

年）、在砂糖外銷方面也撐腰「**三井物產**」「**鈴木商店**」「**安部幸商店**」等日人糖商、給予各種援助、於一九〇九年（明治四二年・宣統元年）成立「**日本糖商俱樂部**」、全力對抗外商、再在一九一二年（大正一年、民國一年）資助「**台灣製糖會社**」收買英國糖商的商權、終於奪取外商所獨佔的砂糖貿易（參閱矢內原忠雄「帝國主義下の台灣」一九二九年——〝矢內原忠雄全集〟第二卷p.221）。

這樣、經過了一〇餘年的激烈商戰之後、歐美資本及中國買辦商人這百年來在台灣的**貿易商權**、幾乎被總督府及日本商社所奪去、並象徵著對外貿易上的這種大變革、以滬尾（八里坌）・安平二港爲商埠而往來中國大陸沿海的帆船貿易及航向廈門・香港的外國輪船航線、日見衰亡、相反的、連接基隆・高雄與日本神戶之間的日商定期航線代之欣欣向榮（參閱表43）。於是、台灣・中國大陸間的舊有關係急遽的趨於鬆散、反之、台灣不但在政治上、而在社會・經濟上、都被封閉於「**日本勢力圈**」內。

Ⅲ　清查土地、確立近代地權

總督府爲了強佔台灣的土地及增收地租（清國時代稱爲「地賦」）、同時、爲使本國資本家來台霸佔土地、第三著手的重要措施乃是清查土地及確立近代地權。關於這點、已記述於本章1、f⑴地主階級條、所以在此不再重複。

概括的說、經過近代的土地調查、並把清國時代以來的大租權廢除、且也確定小租戶爲近代法制上的土地所有者（地主）、使有關土地所有權單一化和明確化、這樣、總督府終於達成爲本國資本投資台灣而清除頭一個的**封建障礙**、同時、除了增收地租之外、還獲得加強治安及清理隱田的另外的效果。**繼之**、總督府又再制定「**土地登記規則**」（律令第三號、一九〇五年六月、明治三八年、光緒三一年）、做為土地的買賣及權利轉移之法定手續規準、並也公佈了「**土地收用規則**」（律令第八號、一九〇一年四月、明治三四年、光緒二七年）、藉以利用於沒收及控制所謂「**無主土地**」。「**土地調查、對內是隱定土地制度、增收地租、對外則使本國資本家能任意投資於台灣的土地、其成果永不窮盡。**」（竹越與三郎「台灣統治志」一九〇五年 p.214）。

再者、總督府乃「**勸說**」（其實是強迫）已獲得大租權補償金的台灣富戶得把其補償金的事業公債變賣、並再以其代金投資於「**台灣銀行**」所控制的「**嘉義銀行**」（一九〇五年設立）・「**彰化銀行**」（一九〇五年設立）・「**新高銀行**」（一九一〇年設立）、而且、這些在名目上雖是屬於台灣人所有的金融機關、卻被利用爲再從台灣一般的地主・商人・富豪等身上吸收遊資的工具、把其轉化爲**產業資金**、以供日本企業所使用。

Ⅳ　統一貨幣、統一度量衡

凡是一個前期性的封建社會當要進行資本主義化時、必須以其社會生產的「**商品生產化**」爲前提條件、然而、在商品的生產和流通的過程中、貨幣與度量衡、乃是不可缺少的一個交換手段和計算尺度。因此、先把停滯於前期階段的混雜的貨幣和度量衡加以整理、使之進行**統一化**和**普遍化**、這乃是爲資本主義商品生產化提供應有的第一個步驟。

且看清國據台末期、台灣眞不斷是被外來統治的殖民地社會、全島普遍的使用著清國（北京朝廷及台灣地方官廳）及外國等各種政府所鑄造的**硬幣**、以及由私人錢莊所發行的**紙幣**、其種類多至百餘種、有的是所謂根據秤量主義、必須把其貨幣先給秤量一下、才能使用爲商品交易上的交換手段、所以弊端百出。同時、日軍佔領台灣後、日本銀行的兌換券和一圓銀幣及其補助幣等大量流入台灣、使之更加錯綜複雜（參閱矢內原忠雄「帝國主義下の台灣」一九二九年―〃矢內原忠雄全集〃第二卷一九六三年 p.218）。

這種複雜的貨幣制度、即是日本資本要侵入台灣的一大障礙、所以、總督府爲了把台灣舊有的貨幣制度加以重新整理、使之能跟本國的貨幣制度統一起見、第一個步驟乃依照本國政府所制定的「**貨幣法**」（一八九七年三月、以在中日戰爭所獲的賠償金英幣四千七九〇萬鎊爲準備金才制定的、成爲日本資本主義發展的出發點）、公佈了「**勅令第三七四號**」（一八九七年十月、明治三〇年、光緒二三年）、及「**府令第一九號**」（一八九八年七月）、著手於貨幣改革、「**只允許舊有的一圓銀硬幣及蓋有日本政府印章的一圓紙幣才可無限制的流通。**」（台灣銀行「台灣銀行二十年誌」一九一九年 p.40）。

翌年、一八九九年（明治三二年、光緒二五年）九月、總督府設立了殖民地銀行的「**台灣銀行**」、附給發券機能、而使之負起**整理幣制**的任務。然而、當初所施行以**金**單位計算的**銀**幣制度頗爲不便、有時會使台灣銀行在幣值上遭到貶值、所以在一九〇四年（明治三七年、光緒三〇年）六月、再次公佈了「**幣制改正令**」（律令第八號）、改爲金幣兌換的「**台灣銀行券**」（簡稱「台銀券」）。其後、經過許多曲折、於一九一一年（明治四四年、宣統三年）四月、日本政府才以「**勅令六四號**」、把本國的「**貨幣法**」完全施行於台灣、而禁止舊有的銀貨和銀幣的流通、於是、台灣的貨幣制度才名符其實的被統一於日本本國的「**金本位制**」的貨幣制度。日本帝國主義的這種「**貨幣同化政策**」、把台灣再進一步的編入於「**日本經濟圈**」內、同時、更加一層的把台灣置於日本資本主義的支配之下、這無非是使台灣爲日本資本進來投資及傾銷商品而大開其門路（參閱臨時台灣舊慣調查會「台灣私法」第三卷上一九一一年 p.299）。

總督府又在一九〇〇年（明治三三年、光緒二六年）、公佈了「**台灣度量衡條令**」（律令第三七號）、以一九〇三年（明治三六年、光緒二九年）十二月末日爲限、禁止使用中國式的舊有度量衡、一九〇六年（明治三九年、光緒三二年）、再把有關度量衡器具的製造和販賣一律收歸官營、而達成跟貨幣改革同樣的統一化的效果（參閱台灣總督府「台灣事情」一九二八年 p.420）。

V　掠奪土地及山林、進行「資本原始積蓄」

當帝國主義國家開始統治殖民地的初期、即在著手於開發產業及開拓市場之前、必然先以國家強權掠奪土地及山林、而來達成所謂「**資本原始積蓄**」（primitive accumulation of capital）、乃是殖民地掠奪的一套慣用手段。就是說、在經濟上以資本主義生產來**剝削**（exploitation）殖民地人民的剩餘勞動之前、先以國家權力來**掠奪**（plunder）殖民地的土地・山林・礦山等資源、做爲其殖民地統治剝削及資本再生產的本錢。

關於這點、日本帝國主義也沒有例外、總督府在初期所進行的土地調查及林野調查的過程中、把一部份的土地、特別是把大部份的山林認爲是「**所屬不明**」而沒收歸官、然後、再把這些所謂「**官有**」的土地及山林等、無償或廉價的分給本國資本家・退職官吏・政治買辦走狗、使其獲得「**資本原始積蓄**」的實惠。譬如、日本財閥的三井・三菱、及僑居台灣的日本資本家、以及後來設立的製糖會社或拓殖會社、都在這種**官商勾結**的方式之下、掠奪了廣大的土地和山林、連政治買辦走狗的辜顯榮・林本源等也分到一杯羹、而在台灣各地掠奪了原屬台灣人所有的廣大土地。不僅如此、同時連台灣人所私有的土地・山林、也在總督府的國家強權壓力之下、被日本所呑併或被控制。其結果、據一九三九年的統計、台灣耕地八五萬三千餘甲之中、屬於日本企業及日本人所有的土地達一一萬一千餘甲、佔總耕地面積的一三・三%、若把被日本人所控制的台灣人私有地計算在內、還超過總耕地的四〇%

（參閱台灣總督府殖產局「農業基本調查書」第四一、一九四四年 p.2）。再者、關於山林被總督府及日本人所掠奪的、更爲廣大（參閱表44、表45）。

表44　台灣山林所有地概況（1938年）

項　　　　目	面積	%
	萬甲	
總面積（台灣總面積的 70%）	255	100.0
官　有　林	229	90.0
原住民系台灣人居住地	172	60.0
官　有　林	40	15.0
保　管　林	1	0.4
無償貸與日本人山林	10	3.0
私有權未確定山林	6	2.3
私　有　林	26	10.0

（資料）　『台灣總督府統計書』第 43, 1939 年

表45　主要的日本企業使用官有山林（1926年）

	面積
	千甲
台東開發株式會社	20.0
三井製茶株式會社	17.0
台灣拓殖株式會社	10.0
三菱製紙株式會社	15.0
台北帝國大學	130.0
台灣總督府營林署	80.0

（資料）台灣總督府『台灣事情』1928 年，P.28

Ⅵ　林野調查及森林計劃事業

經過「土地調查」的結果、由漢人系台灣人所開拓的西部平原、幾乎被日本人所控制。繼之、原住民系台灣人及一部份漢人系台灣人所佔有的中央山岳地及東部溪谷地的原始森林地帶、可以說是台灣唯一的天然寶藏、所以成爲總督府及日本資本家所垂涎的對象。

因此、總督府乃在一九一〇年（明治四三年、宣統二年）、擬定「**林野調查五年計劃**」、開始侵入佔台灣總面積七〇%的原始森林地帶。這即是基於「官有林野取締規則」（一八九五年）所規定：「**凡無所有權証件或足夠證明所有權的買賣契約的山林土地、一律收歸官有**」、所以大部份的山林土地均被總督府及日本人所呑併（台灣總督府內務局「台灣官有林野整理事業報告書」一九二四年 p.1　台灣總督府殖產局「台灣林業史」一九一七年 p.92）。

一九二五年（大正一四年、民國一四年）、總督府再把「**森林十五年計劃事業**」移諸實行、於是、共有一七二萬甲的原住民系台灣人的居住地區、開始被日本人所侵蝕、㈠北部的鹿場大山・棲蘭山・油羅

山・宜蘭濁水溪流域、㈡中部的阿里山・新高山・秀姑巒山・八仙山・大雪山・㈢東部的中央山脈東邊、㈣南部的大武山・恆春山岳地帶、均被蹂躪。因此、原住民系台灣人的生活被摧殘、狩獵被管制、同時、被強迫下山移居・改變特有的生活・強制勞動等。這樣、人煙稀薄的潔山幽谷、終於被侵略者打破了幾千年來的神秘和寧靜。「**日本資本敲開了原始共產生活的門扉。**」(矢內原忠雄「帝國主義下の台灣」一九二九年—〝矢內原忠雄全集〟第二卷 p.210)。

Ⅶ　加徵重稅、創辦專賣事業、造成雄厚的「官僚資本」

如上所述、總督府爲了彌補財政上的赤字、同時進一步的使財政收入泉源豐沛、早就採取**重稅政策**、並創辦專賣事業。總督府首先把清國時代的穀納制地賦徵收辦法、改爲貨幣繳納制度、再加以土地調查、同時頻繁的提高地租稅率、做爲以重稅剝削台灣人的藍本、而在這種土地稅的基礎上、再加上中央・地方的各種雜捐苛稅、其稅目之多及課徵之重、莫不令人驚訝。關於專賣事業、就如上述、在日本據台以來、逐漸增加其專賣品目、獲利巨大(參閱同章1、a、⑶特別會計條)。

Ⅷ　整頓水利、發展農業、造成殖民地的「單一農業化」

日本佔領台灣後、即基於「**工業日本、農業台灣**」的基本政策、企圖把台灣改成生產本國所需農產物的「**單一農業**」(monoculture)的殖民地。於是、總督府從初就竭力於農業發展、制定有關農業法規・設置研究機關・開發水利・改良土地・改良品種・改良耕種方法・進行開荒等。

再者、總督府於一九〇一年(明治三四年、光緒二七年)、公佈「**台灣公共埤圳規則**」、進行舊有的私設埤圳的改良工作。一九〇八年(明治四一年、光緒三四年)、再公佈「**台灣官設埤圳規則**」、著手於建設大規模的官設埤圳(此工事於一八年後的一九二六年才告完成)。其結果、一九一九年(大正八年、民國八年)、耕地總面積七五萬餘甲之中、官私埤圳的灌水面積有二八萬餘甲。再到一九四一年(昭和一六

表46　主要農產物種植面積・產量・價格

產品	1902（明35）			1943（昭18）		
	面　積	產　量	價　格	面　積	產　量	價　格
米	甲 355,687	石 2,821,424	千圓 20,229	甲 628,970	石 7,882,624	千圓 256,749
甘　蔗	16,526	千斤 1,567,025	1,966	134,872	千斤 24,837,378	125,079
蕃　薯	63,147	千斤 501,160	1,829	165,971	千斤 2,343,963	41,248
香　蕉	560	千斤 10,536	252	16,691	千斤 235,153	13,563
茶　葉	23,308	千斤 20,808	19,216	40,799	千斤 13,199	11,473
落花生	13,340	石 108,907	382	17,727	石 195,687	2,386
鳳　梨	1,224	千箇 13,632	243	7,558	千箇 93,647	2,893
柑　橘	779	千斤 4,932	195	5,443	千斤 47,767	5,433
黃　麻	1,147	千斤 1,564	67	11,023	千斤 12,400	2,628
苧　麻	1,686	千斤 1,658	247	3,243	千斤 1,675	1,255

（資料）　日本大藏省管理局『台灣統治概要』
　　　　　日本大藏省『昭和財政史』XV, p.30

年、民國三〇年)、耕地總面積八八萬餘甲之中、其灌水面積增至五四萬六千餘甲、這乃是日據時代水利灌溉達到最高峰的時期(參閱日本政府大藏省「昭和財政史」XIV、一九六〇年 p.24)。

總督府對於農產物的品種改良也非常熱心、改進甘蔗苗種、培植蓬萊米等、終於達成米糖的單一農業化、使其任日本資本所壟斷、並供給本國人享用(參閱表46)。

IX　發行事業公債、進行財政投資、發展官營事業、建設新都市

總督府從一八九七年(明治三〇年、光緒二三年)開始、把每年平均六八%的財政歲出投資於官營事業。特別在一八九九年(明治三二年)制定了「**台灣事業公債法**」(法律第一二號)、至一九一九年(大正八年、民國八年)的二〇年間、發行共有四千四〇〇萬圓的「**事業公債**」、並從台灣銀行借入龐大數目的「**政府借款**」(參閱表

15）、把其投資：㈠自一八九九年（明治三二年）三月開始的縱貫鐵路・土地調查・基隆築港・建設總督府辦公廳（今之「總統府」）等「**四大事業**」、㈡一九〇四年（明治三七年）三月起改正公債法、整理大租權、㈢自一九〇八年（明治四一年）開始水利開發・高雄築港・建設台東鐵路等「**三大事業**」、㈣自一九一七年（大正六年）開始八堵・蘇澳間、及屏東・枋寮間的鐵路建設、㈤自一九二〇年（大正九年）開始建設縱貫鐵路中部海岸線、及基隆第二次築港。其他、以地方財政所興建的公路・橋樑・港口・倉庫・電力・電信電話・自來水・住宅・學校・醫院等近代設施遍佈於全島。這些官營的基幹產業及近代設施、均有助於日本資本來台投資、並供於僑居的日本人所使用。

如此、總督府在統治台灣的五一年間、為支援本國資本侵入台灣、而年年所支出的財政投資及財政補助（總督府特別會計上稱為「繼續費」即屬於此類開支）為數至巨。譬如、僅在日據末期的昭和年代（一九二六—四〇年）的一五年間、此類的繼續費達二億八千餘萬圓。若把這數目跟日本資本至昭和初年為止所投資台灣的總額約一三億圓（參閱矢內原忠雄「帝國主義下の台灣」—〝矢內原忠雄全集〞第二卷 p.304）比較起來、即可知道總督府所投下的資金（就是從台灣人剝削得來的血汗錢而成為「官僚資本」）在台灣產業所佔比重之大（參閱大藏省「昭和財政史」XIVp.31　台灣銀行「台灣銀行二十年誌」　持地六三郎「台灣殖民政策」p.129)。

X　強權撐腰、財政支助、培植日本資本在台灣生根茁壯

日本佔領台灣的當初、資本積蓄迄未充足的日本資本家、對台灣還沒有感到興趣、所以跟隨日本軍隊來台的是寥寥無幾、只有「**大阪中立銀行**」（後來改稱三十四銀行）開設連絡處於基隆（一八九五年九月）而已。後來、於一八九八年（明治三一年、光緒二四年）、「**三井物產**」才在台北開設「**支店**」、「**大阪商船**」也同樣、獲得總督府的補助金、才勉強開設基隆・神戶間的定期航線、稱為「**命令航路**」（參閱矢內原忠雄「帝國主義下の台灣」—〝矢內原忠雄全集〞第二卷 p.222, 230）。

其後就如上述、在總督府強權的絕對控制之下、確立治安・清查人籍地籍・確立近代地權・統一貨幣・統一度量衡等、爲台灣資本主義化掃清封建障礙、進而興建基幹產業・建設新都市・發展農業、促使舊有停滯性的台灣農村生產體制**開始崩潰**、而招來農業生產的擴大、並更加提高農業生產的資本主義性商品化的速度。

這樣、在台灣社會開始歷史性大變革的情況之下、因日俄戰爭的景氣而積蓄了莫大資本的本國資本家、才逐漸認識到台灣產業的前途、於是、三井系・三菱系的二大財閥、以及阿部商店・鈴木商店等日本國內的**商業資本**、乃一步步的開始侵入台灣而從事於糖・米・茶葉・章腦・鴉片等的進出口貿易、及開拓衣料・什貨等日本商品的銷售市場。

但是、日本資本主義之所以能在短期間傾注於台灣、並進一步生根茁壯而把台灣經濟編入於其「**資本再生產機構**」之內、這無非是賴於總督府以國家權力予以保護、特別是以警察強權的撐腰・行政力的支援・財政上的資助、一呼百應的協助支援才見實現。

舉例來說、起初是要日本天皇給予獎勵性的出資才見到成立的「**台灣製糖株式會社**」(資本金一〇〇萬圓、一九〇〇年創立、明治三三年)、當在台灣開始業務並建設新式製糖廠的時候、總督府就公佈了「**土地收用規則**」(一九〇一年、明治三四年)、以強權支援「**製糖會社**」能從台灣農民搶奪甘蔗耕地及工廠・辦事處・宿舍・交通等建設用地・同時也依法規定能強制收買甘蔗的所謂「**原料採取地區**」、且支援改良蔗苗、發給建設工廠補助金及生產補助金等、授與應有盡有的保護政策。總督府在初期的二六年間(一九〇〇—二六年、乃是米一石値五、六塊錢的時代)、爲製糖業發展新支出的財政開支之中、單是屬於「**行政費**」一項、就達二千四七〇萬圓(參閱台灣總督府殖產局「台灣製糖業概觀」一九二七年 p.22)。並且、自從一九〇二年(明治三五年、光緒二八年)第一家新式製糖廠建立於高雄橋仔頭以來、近代設備的大糖廠即如雨後春筍似的陸續出現於屏東・虎尾・北港等南部各地。其後、基隆・高雄的第一期築港完成（一九〇八年、明治四一年、光緒三四年）、及電氣事業「**官營化**」（一九一〇年、明治四三年、宣統二年、其後、台灣大工廠所用電力的使用料已成爲世界上最低廉）、這都無不促使日本資本所壟斷的製糖業在生產上及運輸上均起了大變革。在當時名冠世界的「**嘉南大圳**」（一九一九年起工、總工資四千八〇〇萬圓之中、總督府的補助金佔其五〇%、其他、再貸給予一千四〇〇餘萬圓的政府低利資金、才見完成）、也是以增產甘蔗而保護製糖業所施的政府支援之一。這樣、在總督府優厚的保護之下、糖業生產欣欣向榮、日本資本壟斷了台灣的製糖業。

製茶業也同樣、受到總督府的積極培植、一九一八年（大正七年、民國七年）「**三井合名株式會社**」在新竹開設二千四三四甲的大茶園、「**台灣拓植株式會社**」也設立了一千三一八甲的大茶園、都在直營工廠精製茶葉之後、輸售外國。其他、米・香蕉・鳳梨等本國所需的台灣特產品、皆在總督府的支援之下逐漸被日本資本把其企業化、專賣品的樟腦・菸葉・酒等也都是在官僚資本的控制之下、逐一被企業化、而成爲台灣重要的生產事業。

到了大正年代（一九一二年—）、日本在日俄戰爭打了勝仗（明治三八年）、隨著、又逢到第一次世界大戰的經濟景氣而國內資本主義飛躍發展的結果、日本資本乃更快速的傾注於台灣、日本人企業急遽增加、因此、除了製糖・製茶等本來就有的農產加工業之外、再加上機械・化學・水泥・煤炭等的各種企業也逐漸發展起來、官僚資本所控制的專賣・鐵道・電力・土木工程等也更加發展。爲資本主義發展所不可缺的**金融資本**、乃在政府系的台灣銀行・日本勸業銀行、以及三井・三菱等財閥系金融機關的壟斷之下、而擴大發展。

日本資本征服台灣、不僅是限於這些島內產業、而在對外貿易也同樣、很快就盤佔其首要地位。本來、清國統治末期以來台灣產業的開發、大體上是由外國資本的侵入所促成。然而、先來的歐美資本和後到的日本資本、在其本質上及活動方式上有所不同、歐美資本僅是商業資本、只能支配台灣內外的商權而已、然而、日本資本在國家權力撐腰之下、一侵入台灣就以迅雷不及掩耳的速度、把其商業資本改成爲**產業資本**、一直深入並揷根於台灣社會的生產機構。因此、在商戰上、日本資本能佔其主導地位、又加上總督府的正面干涉及側面掩護、終使日本資本驅逐外商、並奪取從清國以來由外商所壟斷的內外商權（參閱表43）。

這樣在總督府所做「**鋪道工作**」的基礎上日本資本順利侵入台灣、逐漸壟斷了台灣產業、終於征服整個的台灣社會。

(2)　「台灣銀行」壟斷台灣的經濟命脈

在資本主義世界史上的發展過程中、由於其所信奉爲金科玉律的「**自由競爭**」必然招來**以大吃小**的方式而進行「**資本集中**」（concentration of capital）、結果、反而見到其**反對物**的「**獨佔**」（monopoly）頓然出現、因此、生產和市場必由特定的巨大資本所壟斷、並且、經過了這種資本集中而更爲膨大起來的巨大資本、爲了更加鞏固其獨佔地位、即難免跟有力的金融機關（大銀行）相勾結、終於成爲「**金融資本**」（Finanzkapital）而進行其無窮盡的資本再生產及資本再集中、這就是資本主義的最高獨佔形態、即**金融獨佔**的成立。

然而、日本帝國主義佔領台灣的當初、由於本國資本迄未發展到獨佔階段、所以、日本政府乃優先成立一個具有金融獨佔性格的「**殖民地銀行**」、企圖從上而下的控制台灣的經濟命脈、以資培植日本資本在台灣的獨佔勢力。

表47　台灣銀行成立當初的營業狀況（1000圓）

項目	1899年末（明32）	1900年末（明33）	1901年末（明34）	1902年末（明35）	1903年末（明36）	1904年末（明37）
存款	—	15	115	237	168	443
貸款償還	—	—	—	—	519	463
其他	—	—	—	—	—	124
政府貸款	2,500	6,200	5,200	6,850	3,978	3,552
貸款	101	204	257	435	580	921
活存透支	146	188	242	479	487	598
支票貼現	607	1,057	1,257	2,174	3,707	4,424
倉庫支票貼現	21	22	33	50	122	192
雜項	44	33	5	15	12	19
收買各種公債	236	2,215	2,138	2,086	2,081	2,698

（資料）　台灣銀行『營業報告書』第1期—第8期
　　　　　涂照彥『日本帝國主義下の台灣』1975, p.47

「**台灣銀行**」乃在這種情況之下、基於「**台灣銀行法**」（一八九七年三月）及「**台灣銀行補助法**」（一八九九年三月）、獲得日本政府的資本參加及補塡虧損的保證、終在一八九九年（明治三二年、光緒二五年）九月成立於台北。實際上、台灣銀行不外是日本國家權力及日本大資本雙方的經濟代表、所以除了行使商業銀行一般的金融業務之外、還擁有**發行銀行劵**的特權、並兼管國家中央銀行的**國庫業務**、同時也從事於投資事業・投資不動產・投資重要物資等資本家企業活動、而且、透過這些廣泛的銀行業務及企業活動來控制整個台灣產業、乃是一個既強且大的**殖民地獨佔銀行**（參閱p.351）。

但是、台灣銀行創立的當初、並不如所想像那樣的一帆風順、如表47、剛成立的台灣銀行、因台灣產業迄未發達、並且一時尙無法赢得地主・商人等台灣人舊有資產階級的信任、所以存款屢屢不增、以致資金短絀、業務萎縮不振、因此、須得賴於國家權力的一手培植、就是仰賴總督府在資金上的支援及業務上的撐腰、譬如㈠政府貸款、㈡政府公債的交易、㈢政府權力爲後盾而殺價收購大租權補償金的政府事業公債等、才勉強的渡過創業當初的許多難關（參閱台灣銀行「第一次台灣金融事項參考書」一九〇二年p.15　「台灣銀行二十年誌」一九一九年p.115）。

表48　台灣銀行的資本存款放款等主要數字（1000圓）

年	登記資本	授權資本	積蓄金	存款	放款	台金券發行額	Over loan
1915(大 4)下期	20,000	12,500	4,150	74,580	115,130	17,611	40,550
1916(大 5)下期	20,000	14,992	4,880	111,019	172,019	25,452	61,590
1917(大 6)下期	20,000	20,000	5,380	240,265	357,956	33,512	117,691
1918(大 7)下期	30,000	25,000	6,030	389,201	457,271	42,108	68,070
1919(大 8)下期	60,000	37,000	7,030	286,529	529,609	49,654	243,080
1920(大 9)下期	60,000	45,000	9,680	182,242	455,939	40,249	273,697
1921(大 10)下期	60,000	45,000	11,080	159,818	501,259	40,864	341,341
1922(大 11)下期	60,000	52,488	12,180	170,253	556,345	34,244	386,092
1923(大 12)下期	60,000	52,500	12,980	201,905	630,609	39,703	428,704
1924(大 13)下期	60,000	52,500	13,780	224,984	716,714	51,260	491,730
1925(大 14)下期	45,000	39,375	1,840	134,380	670,859	53,186	536,479
1926(昭 1)下期	45,000	39,375	1,766	92,807	666,488	48,640	573,681
1927(昭 2)下期	15,000	13,125	1,906	75,375	540,733	53,602	465,358
1928(昭 3)下期	15,000	13,125	—	76,090	340,377	55,713	264,287
1929(昭 4)下期	15,000	13,125	—	71,678	320,383	49,241	248,705

（資料）　台灣總督府財務局金融課『台灣の金融』1930, p.85 － 93

這樣、經過一〇年有餘的歲月、等到總督府所進行的「鋪路工作」告一段落、同時、台灣產業在低廉的勞動力及良好的天然條件下開始發展、台灣銀行才在業務上逐漸伸張、終於佔據在台灣經濟的支配地位、而爲日本資本侵略台灣起了嚮導作用（參閱表47）。

但是、由於辦事人員懷有濃厚的帝國主義思想、殖民地官僚習氣十足、而且業務鬆散、放款投機並偏倚不規等弊病百出、所以在第一次世界大戰後、一旦遭到世界經濟不景氣及連續襲來的經濟恐慌時、立即面臨倒閉的危機（參閱表48之一九二五年以後的數字）、結果、日本政府大藏省（財政部）代之補償總額達四億二千二〇〇萬圓的虧損金、才免得破產（參閱「昭和金融恐慌史」—〃銀行論叢〃第九卷臨時增刊—一九二七年七月 p.82　台灣銀行「台灣銀行四十年誌」一九三九年 p.306）。

其後、台灣銀行在總督府強權的保護之下、逐漸鞏固其銀行業務、把日本帝國主義從台灣人大眾所搜刮得來的巨大資金集中在手裡、反過來再行使帝國主義的經濟支配。

台灣銀行的營業範圍乃涉及廣泛、共有三三家本

表49　各銀行在島內的本行・分行・資本・存款・放款（1945年6月）

	本行	分行	辦事處	登記資本	授權資本	存款	放款
	家	家	家	千圓	千圓	千圓	千圓
台銀	1	15	17	60,000	37,500	369,831	726,274
商工	1	30	9	5,000	2,589	254,564	98,210
華南	1	5	5	5,000	3,750	20,704	17,578
彰化	1	18	16	4,800	2,840	141,183	61,203
貯蓄	1	11	19	1,000	250	106,467	7,626
三和	—	3	—	—	—	124,420	58,624
勸業	—	5	—	—	—	26,672	132,025
計	5	87	142	75,800	46,929	1,046,641	1,101,540

（資料）　大藏省『昭和財政史』XV, 1960, p.167

行・分行及辦事處遍佈於全島、其他、另外在日本本國及海外各地設有分行或辦事處、並且、支配著商工・華南・彰化・台灣貯蓄等民間四大銀行（參閱表49）、又控制了全島的信託會社・保險會社・無盡會社・產業倉庫・信用組合・農會等金融及其關連的大小機關、另外、負有在人事・資金・業務上監管台灣人所經營的企業會社的特別任務（參閱同章1、f(2)商人階級條）。

台灣銀行因是爲殖民統治台灣而被創立的「**殖民地銀行**」、其首要任務乃是成爲日本資本主義征服台灣的重要一翼來控制台灣產業的命脈、並培植日本企業在台勢力、所以其**放款**的對象即極端的集中於日本人企業、尤其對於日本資本定要壟斷的糖・米兩大企業均是給予特別優待的融資辦法（參閱表50）。

表50　台灣銀行對糖業放款

年	金額	與對糖・米・茶等重要產業總貸款對比
	千圓	%
1903(明36)	2,666	32.19
1905(明38)	6,987	35.43
1910(明43)	31,975	43.85
1915(大 4)	57,021	46.05
1920(大 9)	292,395	52.24
1925(大14)	151,789	60.73
1927(昭 2)	223,141	71.89
1929(昭 4)	305,915	66.17
1931(昭 6)	259,518	64.66
1933(昭 8)	212,846	57.02
1935(昭10)	178,139	48.15
1936(昭11)	181,989	46.86
1937(昭12)	184,393	43.41

（資料）　『台灣銀行二十年史』1919年，p.285
『台灣銀行四十年史』1939年，p.160

另一方面、台灣銀行不但是殖民地銀行、同時也具備著「**帝國主義銀行**」的本質、兼行㈠注重對中國・南洋各地的侵略性的金融業務（匯兌・貿易・投資）、㈡對中國的中央及地方的各級政府給予貸款、㈢設立帝國主義性企業「**中日實業株式會社**」「**中華匯業銀行**」「**中日銀行**」等、㈣勸說南洋華僑投資「**華南銀行**」及對其放款、㈤資助侵略華南・南洋各地的日本政府機關及日本企業等、譬如一九一五—二九年的一五年間對**島外放款**每年平均達三億二千六〇〇萬圓、比**島內放款**同期的每年平均一億四千八〇〇萬圓多至二倍以上（參閱台灣銀行「台灣二十年誌」一九一九年 p.384 — 430　台灣總督府財務局金融課「台灣の金融」一九二〇年 p.104）。就是說、台灣銀行把在台灣剝削台灣人大衆的剩餘勞動所生產的**商品**及所搜刮的**資本**、輸出於中國・南洋等新的殖民地或半殖民地、從事帝國主義的經濟侵略活動。

(3)　日本資本獨佔製糖業

日本帝國主義統治台灣的半世紀當中、日本資本主義對台灣產業的獨佔乃是開始於製糖業也是終結於製糖業、就是說只要能獨佔製糖業及其一連串的附帶產業就能成爲台灣產業界的佼佼者。換言之、獨佔製糖業不外乎是日本帝國主義擬把台灣統治爲殖民地的一個必需條件。這從日本本國來說、由於國內所消費的砂糖的大部份都得依靠外糖的輸入、譬如一八九四年（明治二七年）國內砂糖消費量計有四〇〇萬擔、其中三二〇萬擔是仰賴於外國的供應、所以在當時日本佔領了自十七世紀以來就是砂糖供給地的台灣時、正如時人所說、乃是得到了「**一個救星**」（竹越與三郎「台灣統治志」一九〇五年 p.394）。同時在另一方面、從負有統治台灣實際任務的總督府來講、發展台灣的製糖業乃其利益更大、等於一箭雙鵰、一來能供應本國足夠的砂糖並節省了價值二千餘萬圓的巨額外匯、二來能開發台灣首要的產業、藉以實現財政獨立、並鞏固其殖民地的統治基礎（參閱伊藤重郎「台灣製糖株式會社史」一九三九年 p.64

日本大藏省「昭和財政史」XIV p.32）。

因此、日本帝國主義乃從初就看重了台灣的製糖業（這點乃是和舊時的荷蘭人一模一樣）、有計劃•有系統的以官商併進的步伐而推行其**近代發展**、並依循其發展而逐步加以支配、終於達成獨佔的終極目標。當初就是：㈠一八九八年（明治三一年、光緒二四年）、兒玉源太郎就任第四代總督、後藤新平就任民政長官之後立即把「**獎勵糖業**」定爲振興台灣產業的基本政策、㈡一九〇〇年（明治三三年、光緒二六年）十二月、以一〇〇萬資本金設立台灣第一家近代製糖業的「**台灣糖業株式會社**」、㈢一九〇一年（明治三四年、光緒二七年）九月、日本著名的農業學者•新渡戶稻造就任總督府殖產局長、並提出「**糖業改良意見書**」而提供開發糖業方策、㈣一九〇二年（明治三五年、光緒二八年）一月、台灣製糖會社建設於高雄橋仔頭的台灣第一家「**新式製糖廠**」開始動工製糖、㈤一九〇二年（明治三五年、光緒二八年）六月、總督府公佈「**糖業獎勵規則**」、並設立「**臨時台灣糖務局**」（參閱矢內原忠雄「帝國主義下の台灣」一九二九年——〃矢內原忠雄全集〃第二卷 p.403）。

新渡戶稻造的「**台灣糖業改良意見書**」乃被總督府當局所採用、成爲初期獎勵糖業具體方案的藍本、其內容就是：㈠改良甘蔗苗種、㈡改良栽培法、㈢改良水利灌溉、㈣把不適於稻作的田園改爲種植甘蔗、㈤開墾適於蔗作的荒蕪地、㈥製糖工業近代化、㈦改長壓硤製糖法等、主要是以「**蔗作農業生產過程**」的改進及「**製糖工業過程**」的近代化（大機械化大工廠化）爲其二大目標。這從製糖技術方面看來、可以說是具有相當的科學水準、然而、從殖民政策上來說、難免具有日本企業獨佔製糖業的必然性、尤其在意見書當中特別強調爲發展台灣製糖業必須行使國家權力而清除有關蔗作及製糖的台灣人土著勢力、所以在其本質上、無非是具備著代表日本帝國主義殖民統治台灣的一側面（參閱「新渡戶稻造全集」第四卷、一九六九年 p.192　矢內原忠雄「新渡戶博士殖民地政策講議及論文集」一九四三年 p.177）。

I　總督府所施行的「**糖業獎勵政策**」——如上所述、日本資本獨佔台灣製糖業、不外是日本帝國主義爲了成功的殖民統治台灣的一個必需條件、因此、總督府乃依據「**糖業改良意見書**」及其政策措施的「**糖業獎勵規則**」、並以「**臨時台灣糖務局**」爲執行機關、動員了廣泛的國家權力（警察強權爲主幹）、而給予日本資本的新興製糖大企業應有盡有的支援和保護、即㈠資金援助、㈡指定原料採取地區、㈢保護市場爲三大措施、以期新式糖業發達及其獨佔的成立。

關於第一的資金援助、總督府即在一九〇〇—一六年的一六年間：㈠補助製糖企業及製糖廠建設費和周轉資金、㈡補助購進新式機械資金、㈢補助收買（併呑）「**改良糖廍**」資金、㈣補助購進原料（甘蔗）資金、㈤補助製造原料糖（粗糖）資金、㈥補助製造冰糖資金、㈦補助蔗苗（無償供給七、二八八萬二千株蔗苗）、㈧補助蔗苗圃（無償供給二億〇、二〇四萬八千株苗種）、㈨補助肥料（無償供給肥料）、㈩補助建設灌漑水利（提供土地、補助建設費）、㈩㈠補助開墾土地（無償提供官有地九千二一四甲）、㈩㈡其他（補助農具購買金、補助模範蔗園耕作資金等）、以這些極爲廣泛的名目、給予日本製糖大企業共達一、二七九萬二千餘圓的「**國家補助金**」、都是出於從台灣人剝削得來的稅金即血汗錢（參閱台灣總督府殖產局「台灣糖業概要」一九二七年 p.35）。除了這種總督府以財政支出直接授助之外、另外還指示台灣銀行提供日本製糖大企業在金融上優厚的資金支援（參閱表50）、例如、自一九〇三年至一九二三年的砂糖輸出總額九億六千八〇〇萬圓的情況下、台灣銀行在同一期間對糖業放款卻達一七億六千八〇〇萬圓（涂照彥「日本帝國主義下の台灣」一九七五年 p.281）。由於總督府給予「**製糖會社**」（日本大企業）這樣廣泛且細緻的資金援助、結果、這些新式製糖大企業乃迅速的發展起來、相反的、台灣人舊有的「**糖廍**」製糖勢力卻被打擊得體無完膚、終被日本大資本所併呑。

關於第二的**指定原料採取地區**、總督府在一九〇五年（明治三八年、光緒三一年）六月、公佈「**製糖場**

表51　製糖會社（日本資本）使用田園

所有別	自耕・贌耕	1920 年		1935 年	
		面積	%	面積	%
		甲		甲	
社有地	自耕	19,235	22.50	41,096	44.61
	贌耕	13,187	27.12	35,025	38.02
	計	42,422	49.61	76,121	82.62
借用地	自耕	23,764	27.79	11,072	12.02
	贌耕	19,319	22.59	4,943	5.37
	計	43,083	50.39	16,015	17.38
總面積	自耕	42,999	50.29	52,168	56.62
	贌耕	42,506	49.71	39,968	43.38
	計	85,505	100.00	92,136	100.00

（資料）『台灣糖業統計』第 12, p.114, 第 25, p.50, 第 17, p.70
涂照彥『日本帝國主義下の台灣』p.174

取締規則」（府令第三八號）、規定：㈠不經政府許可不能新設新式糖廠及改良糖廍（獨佔製糖業）、㈡不經改良機械的舊有糖廍不許製糖及購進甘蔗（驅逐台灣人製糖勢力）、㈢台灣農民所生產的甘蔗不許搬出其他地區或使用爲製糖以外的原料、只得以廉價售給政府所指定的該地區的製糖會社（獨佔原料）。總督府以這種強權指定原料地區的制度、導致日本大資本的製糖會社能自己任意決定收買甘蔗的價格而來提高其獨佔利潤、並霸佔及控制台灣的蔗作田園（參閱表51）、且強迫蔗作農民更加廣泛的隸屬於製糖會社、同時在另一方面、消滅台灣人製糖勢力（參閱台灣總督府臨時台灣糖務局「台灣糖業一班」一九〇八年 p.53）。

關於第三的**保護市場**、日本政府即以「**保護關稅政策**」爲主幹、給予「**台灣糖**」強有力的保護措施。日軍佔領台灣的當初、日本政府乃抄襲清國時代的關稅、對於台灣產糖乃照舊加以徵收輸出稅。後來、㈠自一八九六年（明治二九年、光緒二二年）二月起、台灣在關稅上被編入於「**日本國內市場圈**」內、而在「**日本關稅法**」及其關稅率的保護之下、台灣糖在輸出日本本國時比起輸出外國乃開始享有輸出稅差額的利點（引導台灣糖從輸出外國轉爲更易於輸售日本國內）、並且、在日本國內市場則比「**外糖**」又享有輸入稅差額的利點（保護台灣糖在日本國內市場的有利地位—台灣總督府殖產局「台灣糖業概要」一九二七年 p.38）、㈡自一八九九年（明治三二年、光緒二五年）一月起、日本政府前後三次提高對外國商品的關稅定率、於是、台灣糖更加享有其保護政策的實惠、㈢自一九一一年（明治四四年、宣統三年）七月日本完全回復「**關稅自主權**」、之後、台灣糖乃名符其實的受到「**日本關稅障壁**」的引導、把其產糖的絕大部份銷售於日本國內市場、以廉價提供砂糖於本國日本人享用（參閱表52、53、台灣總督府殖產局「台灣の糖業」一九三五年 p.31）、㈣自一九一〇年（明治四三年、宣統

表52　台灣糖在日本國內砂糖所佔地位

年		日本全國生產			日本全國消費量
		台灣	其他	計	
		10萬斤	10萬斤	10萬斤	10萬斤
1903(明36)	產量	507	850	1,357	5,117
	%	9.9	16.6	26.5	100
1908(明41)	產量	1,092	900	1,991	4,121
	%	26.5	21.8	48.3	100
1911(明44)	產量	4,506	1,143	5,648	5,558
	%	81.0	20.6	101.6	100

（資料）　台灣總督府『砂糖に關する調查書』1930, p.71

表53　台灣糖輸出的增加數量（1896－1939年）

期間	生產量		輸出量		輸出量在生產量的比率	
	100萬斤	指數	100萬斤	指數	總輸出	日本輸出
					%	%
1896－99年平均	75	100	75	100	96.0	48.0
1900－04年平均	64	85	56	78	87.2	70.0
1905－09年平均	126	165	118	164	93.7	93.3
1910－14年平均	291	388	265	368	91.0	88.0
1915－19年平均	541	721	524	728	96.8	53.9
1920－24年平均	545	727	566	786	103.9	99.8
1925－29年平均	920	1,227	895	1,243	97.3	95.1
1930－39年平均	1,293	1,724	1,221	1,656	94.5	93.4

（資料）　『台灣糖業統計』第25, 1937年, p.77, 107
涂照彥『日本帝國主義下の台灣』1975年, p.69

二年）十月成立「**糖業聯合會**」開始、在台灣的製糖大企業、更加享有台灣糖銷售日本國內市場的「**獨佔價格**」（參閱小島昌太郎「我國主要產業に於けるカルテル— cartel —的統制」一九三二年 p.340）。

Ⅱ　日本資本製糖企業進行資本集中、併呑台灣人製糖勢力——日本帝國主義在日俄戰爭（一九〇五年）打勝仗後、本國的資本主義飛躍發展、近代企業如雨後春筍均相續出現、隨著、日本資本家開始把所積蓄的巨大資本傾注於殖民地台灣、以期覓尋有利的資本再生產、於是、被日本資本所撰定投資的台灣製糖業、乃呈現著空前的盛況。譬如、在台灣製糖界保持著先人一步的「**台灣製糖會社**」、即在此時把資本金增爲五〇〇萬圓（原先是一〇〇萬圓）、並相繼增設第二（橋仔頭）、第三（後壁林）的新式製糖廠而擴張其生產力。繼之、於一九〇八年（明治四一年、光緒三四年）、「**明治製糖**」「**大日本製糖**」「**鹽水港製糖**」「**東洋製糖**」等日本製糖大企業相繼出現。

表54　五大日本資本製糖企業獨佔糖業（1915年）

會社名稱	授權資本		生產量	
	千圓	%	千斤	%
台灣製糖	18,400	29.67	72,060	23.02
明治製糖	8,925	14.39	45,073	14.40
鹽水港製糖	7,875	12.70	42,341	13.53
東洋製糖	5,900	9.51	42,566	13.60
大日本製糖	5,300	8.55	36,205	11.57
計	46,400	74.81	238,245	76.11
新高製糖	3,500	5.64	28,046	8.96
帝國製糖	3,000	4.84	20,552	6.78
台北製糖	2,250	3.63	3,270	1.08
南日本製糖	2,100	3.39	3,867	1.24
其他	4,775	7.70	19,058	6.09
計	15,625	25.19	74,793	23.39
總計	62,025	100.00	312,038	100.00

（資料）　台灣總督府殖產局『台灣產業年報』第 11, 1915 年, p.260 — 264

這樣、日本資本大肆傾注於台灣的結果、在另一方面、必然的招來以大吃小及合併集中的方式來呑併資力弱小且力量分散的舊有台灣製糖勢力、而由寡數的日本大資本系統來壟斷台灣製糖業。就是說、日本帝國主義花費了一〇餘年、才把舊有台灣製糖勢力的後盾即歐美糖商完全驅逐（一九一一年、英商「**怡記製糖**」被台灣製糖會社呑併爲其尾聲）、之後、日本糖業大資本

表55　砂糖（分密糖）價格・生產費及會社所得利潤

年	①東京市場批發價格（每100斤）	②砂糖生產費（每100斤）	③生產費中的原料代金及其諸費	④會社所得利潤（千圓）				
				台灣製糖（授權資本2千萬圓）	明治製糖（授權資本1千萬圓）	鹽水港製糖（授權資本1千萬圓）	東洋製糖（1千1百萬圓）	大日本製糖（1千4百萬圓）
	圓	圓	圓					
1914（大3）	7.950	6.963	3.910	2,301	1,350	780	382	2,365
1915（大4）	8.400	7.223	4.483	3,542	2,299	1,544	1,514	2,877
1916（大5）	10.130	6.284	4.138	6,021	3,789	2,922	3,383	3,825
1917（大6）	10.970	6.733	4.190	8,980	4,416	5,029	6,127	4,684
1918（大7）	11.870	9.552	5.170	7,018	2,476	4,318	2,142	5,232
1919（大8）	22.490	11.961	6.829	6,959	4,188	7,867	6,352	8,948
1920（大9）	30.330	20.771	11.444	22,121	11,516	14,824	13,284	14,263

（資料）　台灣總督府殖產局『砂糖に關する調查書』1930年，p.134, 149
台灣糖業聯合會『製糖會社要覽』1933年，p.1, 15, 43, 175
涂照彥『日本帝國主義下の台灣』1975年，p.303

仍在總督府的支援之下、把台灣人的舊有糖廍・糖間・改良糖廍及其所擁有所控制的蔗作田園等逐一呑併或加以消滅（參閱表33）。次之、就是剛設立的台灣四大家族系製糖會社的新式製糖廠・改良糖廍及其蔗作田園也不得倖免、王雪農系・陳中和系・林本源系・辜顯榮系等新設糖廠大體上在一九〇七—二〇年之間均被日本大企業呑併殆盡（參閱台灣總督府殖產局「台灣糖業概要」一九二七年p.144）。於是日本資本幾乎獨佔了台灣製糖業（參閱表54）、同時、這日本製糖獨佔資本竟成爲在台灣的資本再生產的主座、壟斷了整個的台灣產業。矢內原忠雄把其叫著「**台灣糖業帝國主義**」（參閱「帝國主義下的台灣」）。

Ⅲ　糖業資本的異常肥壯——在一九一〇年代呑併了台灣舊有製糖勢力而突飛猛進發展起來的日本製糖資本、到了第一次世界大戰爆發後、由於世界砂糖市場（主要是歐洲方面）供不應求、而且日本國內消費也急速伸張、所以糖價自一九一五年就開始上漲（參閱表55—①）、於是、台灣的製糖業在短期間內、更加一層的顯示空前的興隆、因此、日本糖業企業除了獲得驚人的高

表56　日本糖業資本的集中與獨佔（1920年）

財閥系統		資本金（1928年6月30日）		產糖量	
		登記	授權	1927年	1928年
		千圓	千圓　%	100萬斤　%	100萬斤　%
三井系	台灣製糖	63,000	38,100(21.73)	1,801(26.45)	2,377(24.96)
三菱系	明治製糖	48,000	34,800(19.95)	897(12.73)	1,877(19.70)
	鹽水港製糖	58,500	34,875(19.85)	873(12.83)	1,209(12.69)
藤山系	大日本製糖	51,417	34,749(19.82)	613(9.00)	1,795(18.85)
	新高製糖	28,000	10,705(6.11)	530(7.79)	670(7.04)
	東洋製糖	—	—	818(12.01)	—
	計	248,917	153,229(87.40)	5,504(80.82)	7,930(83.82)
糖業界總計		282,867	175,326(100.00)	6,814(100.00)	9,527(100.00)

（資料）　台灣總督府『台灣事情』1928年，p.341
涂照彥『日本帝國主義下の台灣』1975年，p.311

額利潤之外、同時也更加壯大起來、竟呈現了史上未有的所謂「**黃金時代**」。（參閱表55—④、伊藤重郎「台灣製糖株式會社史」一九三九年 p.191）。當然、製糖業能獲得這樣巨大的高額利潤、並非單因世界市場景氣上升、而是台灣蔗作農民在**強權**和**大資本**的雙重壓迫之下、遭到更大的剝削、並花更大的犧牲、才見實現（參閱表55—①②③）。

日本糖業資本、就把這樣剝削得來的高額利潤積蓄成爲巨大的資本、再使用於：㈠會社增資、㈡擴大生產設備、㈢收買土地、㈣改良蔗作、㈤改良製糖技術、㈥加強原料前金制度來更加控制蔗作農業、㈦投資本國設置精製砂糖工廠、㈧進出亞洲市場並投資外國。就是說、對內是再一層的加重剝削來降低成本、對外則擴大經濟圈進行更廣泛的資本再生產。

Ⅳ　日本製糖資本再次進行資本集中及加強獨佔——

第一次世界大戰爆發後的經濟繁榮、一到戰爭結束、卻立即逆轉爲嚴重的不景氣、隨著、砂糖價格即從一九二〇年開始下跌、東京市場的批發糖價由一九二〇年每百斤平均三〇餘圓、跌落到一九二一年的平均一四圓。其後、世界經濟恐慌及日本國內的金融恐慌接踵襲來、導致台灣的製

表57　日本糖業資本的集中與獨佔（1943年）

財閥系統	資本金 登記（1943年）	資本金 授權（1942年）	產糖（1939年）	工廠數（1943年） 甘蔗糖	甜菜糖	精製糖	酒精
	千圓	千圓	10萬斤	所	所	所	所
三井系－台灣製糖	64,200	44,280	5,479	14	－	1	4
三菱系－明治製糖	61,000	45,200	5,137	8	2	2	7
三菱系－鹽水港製糖	60,000	36,937	2,893	8	－	1	2
藤山系－日糖興業（舊大日本製糖）	96,170	85,083	5,300	23	－	2	6
計	281,370	211,500	18,709	53	2	6	19

（資料）　東洋經濟新報社『昭和產業史』第二編 1950年，p.406
『株式會社年鑑』1942年，p.275
涂照彥『日本帝國主義下の台灣』p.334

糖業及砂糖交易受到更大的打擊、於是、因缺欠以大財閥為後盾的鈴木商店・安部幸兵衛商店・增田商店・湯淺商店等著名糖商相繼倒閉、連台灣銀行也因此在業務上生出破端而一時不得不停止營業（參閱表48）。然而、這種經濟恐慌的襲來及糖商的倒閉、反而提供於日本製糖大企業要再次進行資本集中及併呑中小企業的一個大好機會、結果、鈴木系（鹽水港製糖、東洋製糖）・大倉系（新興製糖）・松方系（帝國製糖）・台銀系（新興製糖、台東製糖、台南製糖、林本源製糖）等中小製糖企業均被三井・三菱・藤山（大日本製糖）三大財閥所併呑、終在一九二八年（昭和三年、民國一七年）、這三大財閥在資本上佔台灣製糖總資本的八七％、且在產糖上佔了其八三％、而完成了其獨佔地位（參閱表56、57）。

原來、日本獨佔資本、已在一九一〇年（明治四三年、宣統二年）十月就成立了企業聯合（cartel）的「**糖業聯合會**」於東京、使之操縱市場・抬高糖價藉以奪取獨佔利潤。後來、這三大財閥自達到台灣糖業獨佔階段之後、就更加利用「**糖業聯合會**」的機能、共同操縱生產・販賣・市場・糖價等來再加一層的剝削一二萬戶台灣蔗作農民及一萬二千人製糖工廠的台灣工人、並更加壓迫消費者、而大撈高度的獨佔利潤。

表58　台灣糖業在台灣經濟中的地位（1935年）

項　　　別	①	項　　　別	②	②／① %
耕地面積（甲）	856,755	庶作面積	121,605	14.2
農家戶口（戶）	411,981	庶作戶數（新式製糖）	126,808	30.8
農業生產額（千圓）	361,046	甘庶生產額	55,233	15.3
工業生產額（千圓）	269,494	砂糖生產額	164,068	60.9
會社授權資本額（千圓）	230,935	製糖會社九家授權資本額	185,550	56.1
工業會社授權資本額（千圓）	200,192	同　　上	185,550	92.6
輸出額（千圓）	350,745	砂糖輸出額	151,533	43.2

（資料）　高橋龜吉『現代台灣經濟論』1937年，p.202

例如、一九二六年（昭和元年、民國一五年）、糖業聯合會所進行的「**限產協定**」成立之後、糖價立即從每百斤二三圓漲至二五圓（參閱矢內原忠雄「帝國主義下の台灣」——〃矢內原忠雄全集〃第二卷、一九六三年 p.426）。

再到一九三〇年代、製糖業三大財閥在總督府的戰時經濟統治之下、爲了更加集中、把所有的製糖會社及其製糖廠合併於「**台灣製糖**」「**日糖興業**」（舊大日本製糖）「**明治製糖**」（鹽水港製糖在內）的三大直系製糖會社、於是、寡佔的大財閥三井・三菱・藤山乃把台灣製糖業**完全**掌握於掌中。再者、由於獲得高度的獨佔利潤而資本愈成爲雄厚的三大財閥、爲了再進一步擴大其獨佔的經濟範圍、即編成所謂「**混合企業體制**」（konzern）、兼營土地開拓・水利灌溉・鐵路運輸・海上運輸・酒精製造・紙漿製造・食品加工・製鹽・乳業・化學工業等、終於達成更爲廣泛的企業壟斷。

如上所述、日本統治台灣的五一年間、在總督府殖民地強權的統治及日本巨大資本的侵略之下、台灣糖業變成日本資本傾注開發的首要對象、隨著、糖業一路走上興隆發達、譬如以製糖業在最盛旺的一九三九年期（昭和一四年、民國二八年）爲例：㈠蔗作面積一六萬七千餘甲、佔耕地總面積的一九％、㈡蔗農一四萬六千餘戶、佔全農家戶數的三〇％、等於台灣總戶口的一五％、㈢新式製糖廠共有四九所、㈣產糖量達二三億六千餘萬斤（一四〇萬公噸）、等於日本領台當初產量

表59　台灣糖業發達的推移

年	新式工廠		改良糖廍		舊式糖廍		生　產　比　率			
	數	生產量	數	生產量	數	生產量	總生產	新式	改良	舊式
	所	千斤	所	千斤	所	千斤	千斤	%	%	%
1901(明34)	1	—	—	—	1,092	—	—	—	—	—
1904(明37)	2	5,674	—	—	1,029	70,160	75,834	7.36	—	92.64
1905(明38)	6	7,558	4	642	1,055	74,432	82,633	9.14	0.79	90.07
1908(明40)	8	28,651	61	21,548	847	59,003	109,202	26.24	19.73	54.03
1909(明42)	15	118,798	40	29,141	582	55,940	203,850	58.26	12.34	29.40
1911(明44)	21	323,746	74	67,923	499	58,815	450,595	71.85	15.08	13.07
1912(大元)	29	251,031	50	28,790	212	12,865	292,717	85.07	9.81	5.12
1913(大 2)	26	105,048	32	7,267	191	6,838	119,149	88.16	6.09	5.75
1914(大 3)	31	222,382	34	13,910	217	14,987	251,279	88.48	5.53	5.99
1916(大 5)	35	487,619	32	27,725	217	19,763	535,107	91.12	5.18	3.70
1918(大 7)	36	497,807	33	26,131	311	47,599	573,538	86.83	4.55	8.62
1921(大10)	42	401,984	22	8,695	171	10,580	421,259	95.42	2.06	2.51
1927(昭 2)	45	671,018	9	5,572	115	8,644	685,234	97.93	0.81	1.26
1933(昭 8)	45	1,028,076	8	16,784	79	11,356	1,056,216	97.34	1.59	1.08
1937(昭12)	48	1,645,751	7	17,372	70	15,797	1,678,920	98.02	1.03	0.95
1944(昭19)	45	880,266	5	4,945	35	7,078	892,289	98.65	0.55	0.79

（資料）　拓殖局『第26次台灣糖業政策』1921年，p.40
台灣總督府殖產局『第26次台灣糖業統計』1938年，p.12, 76
涂照彥『日本帝國主義下の台灣』p.169

的五〇倍、㈤產糖總值一億九千餘萬圓、佔工業總生產的四八％、㈥砂糖輸出達二億六千餘萬圓、佔總輸出的四三％、運回日本本國竟達一二〇萬公噸（參閱表58、表59、日本政府大藏省「昭和財政史」XV第一九六〇年p.32　「台灣總督府統計書」第四二）。

三井・三菱・藤山的三大財閥、自一九一〇年代起、竟然控制著台灣耕地面積的三、四〇％（蔗作為二年輪作之故）、支配廣大的台灣農民和工人、而獨佔了台灣首要產業（製糖業）的寶座、並透過這製糖業、主宰整個的台灣產業、被稱為「**民間總督**」而肆意支配・剝削台灣人大衆。

日本帝國主義統治下的第一期的二四年間、如此台灣已在經濟上被日本資本主義所壟斷、因此、台灣社會在「**日本圈**」內的近代化及資本主義化也飛躍的發展起來、成爲在當時的亞洲極爲開發進展的工業地區、同時、殖民地的矛盾對立也隨著愈來愈尖銳化、日本人即資本家、台灣人即勞苦大衆的這種帶有國際性的民族矛盾與階級矛盾日見深刻化、這乃成爲初期武裝抗日鬥爭繼起不迭的最主要的導火線（關於初期武裝抗日詳述在後）。

在這第一期的二四年間：

㈠　人口——由日據當初的二五〇萬人、增至一九一七年（大正六年）的三六〇餘萬人、增加四二・七%、其中、日本人一四萬五千餘人。

㈡　耕地——一九〇五年（明治三八年）土地調查的結果是六四萬餘甲、一九一七年（大正六年）增至七四萬餘甲、增加一五・六%。

㈢　鐵路——縱貫鐵路全線完成、由基隆・新竹間的一百公里增至六百餘公里。

㈣　米——一九一七年（大正六年）米產超過五〇〇萬石（七五萬公噸）、其五分之一運往日本。

㈤　糖——一九一七年（大正六年）甘蔗種植面積一五萬甲、自一九〇六年（明治三九年）增至一〇倍、甘蔗收穫七〇億斤、產糖五億七千〇〇〇萬斤（二四萬餘公噸）。

㈥　工業生產——一九一七年（大正六年）總計二千二〇〇餘萬圓。

㈦　對外貿易——一九一七年（大正六年）共計二億三千餘萬圓、自一八九七年（明治三〇年）增至七・五倍。

㈧　日本企業會社資本——一九一七年（大正六年）共計一億二千二一〇餘萬圓、自一九〇二年（明治三五年）增至一二〇倍。

㈨　總督府財政——歲入是一九一七年（大正六年）共計六千五〇〇餘萬圓、自一九〇四年（明治三〇年）增至六倍、歲出是四千六〇〇餘萬圓、增至四・五倍。

(十)　總督府官業收入――一九一七年（大正六年）共有三千六五〇餘萬圓、自一八九七年（明治三〇年）增至一五倍、其中、專賣收入佔二千二〇〇餘萬圓、增至一四倍。

（參閱日本大藏省「昭和財政史」、大藏省管理局「台灣統治概要」、「台灣總督府統計書」）

由上述各項的台灣經濟在**計量上**的大幅增加、可以看出台灣產業在日據時代的前期實現了很大的生產擴大、同時、也可以探討到在這種激烈的**生產力**發展之下、台灣社會的**生產關係**、及台灣人的日常生活均招來從根底上的（革命的）大變革。

當然、這種殖民統治下的大變革乃是偏向於**計量經濟**的（econometrics）、並且、與其說出於台灣社會內部的經濟發展的必然性、勿寧說是日本帝國主義的**外來要求**所導致、這點無庸置疑。

那麼、日本帝國主義在政治上・經濟上・社會上所掀起的這種破天荒的大變革、給予台灣與台灣人帶來的是什麼？

台灣社會與台灣人、臨到這種空前的大變革即不可避免的騷動起來、尤其在社會發展的過程中、從清朝統治時代的封建與半封建狀態、一下子就被外來勢力**牽入**於變相的、跛行的資本主義初期階段、同時、也不可避免的開始進行**資本主義性**的階級分化。

原來從荷蘭統治時代就一貫屬於殖民地社會的台灣、在舊有的封建的社會構造上就有著外來統治者即最高剝削階級・大租戶即高層剝削階級・小租戶即下層剝削階級、並在這三階層剝削階級統治之下、再有了廣大的開拓農民大衆而構成著殖民地的被統治被剝削階級、這乃是台灣殖民地社會一貫的基本階級關係。以這種階級關係所構成的台灣、在日本帝國主義下所發生的「**資本主義性階級分化**」即是從其最基層的農村開始的。就是高層剝削階級的大租戶頭一個被新的外來統治・剝削者所淘汰、繼之、下層剝削階級的小租戶縱然是被認爲近代法制上的地主、但也免不了同樣的遭到外來統治者的土地掠奪・苛求重斂・籠絡駕馭、而逐漸走下長期的沒落過程。

並且、台灣的廣大農民、在這四分之一世紀中所受到總督府・日本資本家・台灣人地主的封建及資本主義的壓迫・剝削、結果、有的是從自耕農變成自耕兼佃農、有的是變成佃農和雇農、有的是成爲半農半工的兼業農民、再者、有的即完全從土地和農耕被放逐而成爲都市貧民雇工、或工廠工人。就是：

(一)　土地所有集中——以一九二〇年（大正九年、民國九年）爲例、耕地總面積七七萬六千餘甲、由總督府及日本企業佔去五萬五千餘甲、其餘的七二萬一千餘甲之中、農民戶數六四%（二六萬戶）僅佔其土地的一四%（一〇萬三千甲）、反而其他的三六%（一六萬五千餘戶）卻佔其土地的八六%（六一萬八千餘甲）。就是所有土地一甲未滿的農民佔總農戶的六五%（參閱表32、山川均「殖民地下の台灣」—《山川均全集》7一九六六年 p.259）。

(二)　如表60所示、耕地不滿一甲的農戶佔台灣農戶總數的五三%。在台灣農家每戶的平均人口五・八人的情況下（參閱表28）、這些二四萬二千戶（一三九萬人）的農戶、僅耕種著不滿一甲的土地、可以想像是難以生活下去的、所以得從地主租借更多的土地或成爲半工半農的兼業農民才活得了。因此、佃農・佃農兼雇工的愈來愈增加、擁有足夠的土地且能夠自主生活的自耕農逐漸減少、這樣、日本人的企業及工廠所需要的都市貧民和工人、也從農村的變革而繼續被造成出來。

表60　台灣農戶耕地規模（1920年）

耕地規模	戶數	面積
	%	%
0.5 甲未滿	30.22	4.89
0.5 － 1 甲未滿	22.88	10.08
1 － 2 甲未滿	23.72	20.20
2 － 3 甲未滿	10.76	15.99
3 － 5 甲未滿	7.84	18.16
5 － 7 甲未滿	2.48	8.68
7 － 10 甲未滿	1.24	6.04
10 － 20 甲未滿	0.78	5.57
20 甲以上	0.13	9.90

（資料）　山川均『殖民地下の台灣』"山川均全集" p.762

(三)　農村人口年年增加、但是農戶人口對總人口的比率卻逐漸降低（參閱表25）、就是依靠種地過活的農民年年相對的減低、相反的、都市人口卻逐年增加。

㈣　農業人口的增加遠超過耕地面積的增加、所以半失業的農民或被擠出農村的農民也逐年增多。

㈤　台灣的農業生產年年增加、例如自一九一四年（大正三年、民國三年）農業生產總值八千餘萬圓、增至一九二二年（大正一一年、民國一一年）的一億八千六〇〇餘萬圓、但是台灣農民的生活並不相比例的好起來、就是多勞動、多提高生產、反而多被剝削。

另外、就如上述、日本帝國主義爲了更有效的統治殖民地台灣、從據台的前期就開始培養了以辜顯榮爲典型的一批政治產物的買辦爪牙並給予若干的經濟代價、使之成爲暴發戶。這些買辦爪牙及暴發戶雖然爲數不多力量也極小、然而、他們即在日據時代形成著台灣社會的「特權階級」、而爲日本老闆來壓迫・剝削勞苦的台灣人大衆（參閱同章1、⒆(3)台灣四大家族）。

b　第二期　日本資本全面獨佔台灣經濟、台灣人提高政治覺悟

自一九一九年（大正八年、民國八年）、至一九二七年（昭和二年、民國一六年）的九年間、乃是第一階段的鋪道工作告一段落及製糖業的獨佔成立、而後本國的日本資本全面湧到、台灣產業普遍被壟斷、蓬萊米培植成功、同時在另一方面、台灣人的政治覺醒逐漸提高、殖民地解放運動竟然勃興了一個時期。

(1)　日本資本陸續擁到

第一次大戰爆發後、日本國內資本主義趁此時期加速發展並即時走上獨佔階段。當日本資本因逐漸

表61　在台灣的日本企業

年	會社數	資本總額
	家	千圓
1889（明 32）	3	10,170
1912（大 1）	147	125,891
1916（大 5）	176	140,685
1918（大 7）	235	200,895
1920（大 9）	434	572,415
1922（大 11）	517	622,420
1923（大 12）	585	619,687
1924（大 13）前半	634	620,817

（資料）　台灣總督府殖產局『商工統計』『台灣年鑑』

表62　在台灣日本企業的種類（1922年）

企業種類	會社數	資本金	資本金百分比
	家	千圓	%
農業	50	37,749	6.09
工業	147	359,710	58.06
商業	213	170,079	27.45
交通業	33	10,900	1.76
水產業	15	5,729	0.93
鑛業	21	35,380	5.71
計	479	619,548	100.00

（資料）　台灣總督府殖產局『商工統計』

感到國內市場狹隘而正想向外覓尋海外市場的時候、治安良好並工資低廉且資本收益率極高的殖民地台灣立即受到這本國資本家所注目、因此、不僅是上述的糖業資本、竟是其他的日本資本也陸續向台灣湧上而來。

日本企業在台灣的增勢可以從表61看到、並在表62也能看到其對台灣產業各方面的浸透。

凡在此時期渡來台灣投資設廠或從事商業貿易的日本企業、大體上可以分為左列的二重企業·

日本企業
- ①本社設在日本本國的企業會社
- ②本社設在台灣島內的企業會社

其中、①項都是日本本國的大資本大企業、就是已壟斷著日本本國內產業的大財閥集團。例如、早就置分社於台灣或此時期接踵而來的、主要有了日本勸業銀行、明治·帝國·第一·日清的各生命保險會社（人壽保險公司）、三井物產·三井合名、三菱商事、大日本製糖、鈴木商店、大日本鹽業、日本石油、日本樟腦、淺野水泥、大倉商事·大倉土木、星製藥、三井製藥、日東製冰、大阪商船、近海郵船、其他有關金融・商事・貿易・海運・工業的各種大企業等。這些日本大企業傾注台灣後、不經多久、即把台灣的各種產業加以壟斷。

②項、本行設在台灣（設立於台灣、所以本社登記在台灣）的日本企業、大致是由和總督府的權力機構保有緊密連繫的國內資本家或在台發跡的日本資本家所設立、不外乎是日本國家權力統治台灣及日本資本獨佔台灣產業的幫手、比①項的國內大企業更細密深入於台灣社會的各方面而壟斷了中小企業、因此、金融・證券・信託・製糖・製腦・製茶・製鹽・製粉・製紙・纖維・煤炭・漁撈・水產・土地・開拓・牧蓄・肥料・建築・土木・製藥・青果・印刷・鐵路・運輸・海運・倉庫・保險・旅館・日用什貨・一般商事等、盡受其日本企業所盤佔。且看一九二六年（昭和元年、民國一五年）爲例、資本金三〇萬以上的大小企業、其九〇％即屬於這②項的日本資本所擁有、並且、其餘一〇％的台灣人企業也幾乎被日本資本家所派來的董事等控制其經營權、所以台灣人資產家雖然投資或設企業、但實際上是等於一無所有。譬如・新興製糖會社（台灣人出資者佔總股份的七一・三％）、台灣製鹽會社（台灣人出資者佔總股份的三一・七％）、華南銀行（台灣人出資者佔總股份的七一・八％）、台灣商工銀行（台灣人出資者佔總股份的七一・八％）、彰化銀行（台灣人出資者佔總股份的四九・四％）、均被日本人董事掌握其經營實權及日常業務（參閱矢內原忠雄「帝國主義下の台灣」─〃矢內原忠雄全集〃第二卷一九六三年 p.283）。

同時在另一方面、若把此時期所設立的企業從**投資者**來區別、即可以分爲左列的三種類：

投資企業的資本家（本社在台灣）
- 日本人資本家
  - 本國居住者(甲)
  - 台灣居住者(乙)
- 台灣人資本家(丙)

其中、(甲)項的日本人投資者乃資本雄厚、幾乎是屬於本國大資本家。例如帝國製糖株式會社、其股份的九〇%即由(甲)項的日本資本所獨佔。

(乙)項的日本人資本家、從早就渡來台灣而做爲日本帝國主義統治台灣的幫手並獲得經濟代價。他們特別是在第一次世界大戰中發跡起來、所以集中於戰後的一九二〇年代設立並投資各種企業（參閱上述的②項）、其中的佼佼者有了後宮信太郎・古賀三千人・柵瀨軍之佐・賀田金三郎・坂本素魯哉・桂二郎、木村泰治等代表人物、一貫成爲總督府及本國大資本的幫手而盤據於台灣產業界（參閱橋本白水「台灣統治と其功勞者」第五編、一九三〇年）。

關於(丙)項的台灣人資本家即是台灣四大家族爲首、就如上述、他們只是基於新的「**股份**」的企業形態及總督府的強迫性的「**勸說**」、爲了保存自己的資產而以投資方式把其提供於日本企業利用、或設立自己名義的企業、但是對於自己所投資的日本企業乃不能加以過問（沒有股東應有的發言權）、連自己名義的「**會社**」也由總督府和台灣銀行以及日本大企業所派來的日本人幹部掌管一切（沒有企業經營權）、所以、與其說資本家、勿寧說是只靠股份分紅或利息的**資產家**而已（參閱同章1、(1)(2)商人階級、四大家族）。

(2)　總督府透過支配「水利」來控制台灣產米

第二期（一九二〇年代）、再一個的特點就是**蓬萊米**的培植成功以致產米飛躍發展、但是由於總督府一貫透過支配「**水利**」事業而來掌管稻作農業及米穀的輸出本國、所以要談起蓬萊米以前、必先瞭解台灣的水利灌漑才能探討其眞相。

總督府爲了有計劃的推展「**單一農業生產**」以資供給本國所需的米・糖、乃先將台灣的水利設施掌管於手中、並把其分爲如表63所示的四種埤圳灌漑。這四種類的埤圳灌漑雖然是按統治者所需（前期需

表63　總督府支配並發展『水利』的經過

年	官設埤圳		公共埤圳組合		水利組合		認定外埤圳		合計	
	數	灌溉面積	數	灌溉面積	數	灌溉面積	數	灌溉面積	數	灌溉面積
	所	甲	所	甲	所	甲	所	甲	所	甲
1904(明37)			106	88,689				109,410		198,099
1909(明42)			171	153,977				741,666		228,144
1910(明43)	1	3,817	176	155,424			12,325	79,896	12,522	228,873
1912(大 1)	3	11,094	162	157,489			12,102	71,600	12,267	240,183
1915(大 4)	3	11,216	159	162,304			11,902	76,454	12,064	249,974
1917(大 6)	3	11,499	132	177,829			11,521	80,774	11,656	240,183
1919(大 8)	3	11,629	128	177,542			11,923	92,307	12,054	281,479
1920(大 9)	3	11,483	111	207,762			12,122	95,487	12,236	314,737
1922(大11)	2	9,213	115	227,302	1	1,428	12,127	96,137	12,243	324,867
1925(大14)			3	80,192	103	190,389	8,472	90,759	8,578	361,340
1926(昭 1)			3	99,479	104	193,076	7,126	89,526	7,233	382,082
1930(昭 5)			2	135,621	107	231,509	6,987	38,039	7,096	455,169
1935(昭10)			2	139,052	106	234,050	7,015	97,067	7,122	480,369
1937(昭12)				140,546		258,786		127,313		526,645
1938(昭13)				140,700		285,113		117,860		543,673
1940(昭15)				139,849		326,694		87,425		548,968
1943(昭18)				140,107		400,885		21,007		561,999

（資料）　『台灣總督府統計書』第四二，p.6,『台灣土木事業統計年報』1932年，p.42, 台灣總督府『台灣事情』1939年，p.454, 大藏省管理局『台灣統治概要』1974年，p.246

要多供給本國砂糖、第一次世界大戰後加上多供給米穀）而在各個的組織形態有所不同、但在被利用爲以台灣農民的負擔來實現總督府的支配水利這點、均無兩樣。

I　官設埤圳——總督府自一九〇八年（明治四一年、光緒三四年）起建設「官設埤圳」以來、至一九二五年（大正一四年、民國一四年）的一八年間、投下共計二千萬圓的巨大財政支出、以資發展大規模的灌溉事業、這不外是以國家財力徹底支配「水利」的典型辦法、但這種官僚式的掌管辦法因所需經費過於龐大而不能持久、所以從一九二五年以後、總督府除了對「**嘉南大圳**」的建設工事發給補助金之外（參閱p.358）、把這些官設埤圳逐漸縮小、竟使「**水利組合**」取代之（參閱台灣總督府「台灣事情」一九三九年p.445）。

Ⅱ　公共埤圳——台灣舊有的埤圳設施乃在清朝統治時代就已相當發達、「**只要有水流就能看到埤圳的灌溉設備。**」（嘉南大圳組合「嘉南大圳新設事業報告」一九三〇年p.1　參閱第八章3b）。這些舊有的灌溉設備就如上述、不外是當時的開拓農民出於耕種的需要而合力築成、或者由殷戶出資所建、並由實際使用者的開拓農民每年繳納一定數目的「**水租**」而維持下來的（參閱臨時台灣舊慣調查會「第二回報告書」一卷p.424）。這乃稱爲「**公共埤圳**」。

總督府爲了掌管這些從舊時沿傳下來的公共埤圳、早在一九〇一年、（明治三四年、光緒二七年）就公佈了「**公共埤圳規則**」、規定：㈠在各地區推進組織「**公共埤圳組合**」、㈡以受惠於各處公共埤圳的土地所有者・土地典當權所有者・佃農・埤圳所有者爲組合員、並徵收加入金及組合費、㈢明文規定其權利關係及管理辦法、㈣關於該埤圳組合的人事・經費・增設或改廢事項都得經過總督府批准、才能移諸實行。這種公共埤圳由於自一九〇三年起被認定持有「**法人**」的資格、從此即能由日本勸業銀行等金融機關借到長期的貸款、所以組合陸續成立、其總數年年增加、竟成爲一九二〇年代總督府支配水利最重要的組織形態（參閱台灣總督府「台灣事情」一九三九年p.449）。

Ⅲ　水利組合——繼之、總督府在一九二一年（大正一〇年、民國一〇年）十二月又公佈了「**台灣水利組合令**」、於是、從一九二三年（大正一二年、民國一二年）「**水利組合**」再度取代公共埤圳組合及官設埤圳、使之成爲支配水利的第三形態。總督府對於水利組合的管制比對公共埤圳更爲廣泛且嚴密、除了仍舊實行公共埤圳的掌管辦法之外、再更仔細的管制了經費出入・資金借貸及償還辦法・加入金組合費的徵收辦法及其用途等有關水利組合的財政事項、同時組合長一職也由公共埤圳時的選拳制改爲總督府的直接任命制、並且、重新加工「**以土地生產物爲原料的製造業者也有加入水利組合的資**

表64　耕地面積及水田面積的擴大經過

年	耕地總面積		田		園		田園比率	
	甲	指數	甲	指數	甲	指數	田	園
							%	%
1898（明31）	414,302	100	243,538	100	170,764	100	58.8	41.2
1905（明38）	643,868	155	314,364	129	329,505	193	48.8	51.2
1909（明42）	682,478	164	337,780	138	344,698	202	49.4	50.6
1912（大 1）	711,282	172	346,374	141	364,908	214	48.7	51.3
1917（大 6）	742,985	180	350,468	142	412,517	242	47.1	52.9
1919（大 8）	760,808	181	355,804	146	405,005	238	46.7	53.3
1924（大13）	776,691	184	377,434	155	411,134	242	48.6	51.4
1926（昭 1）	814,545	197	393,943	161	420,603	247	48.3	51.7
1930（昭 5）	837,302	202	408,971	168	428,330	252	48.7	51.3
1934（昭 9）	851,334	205	462,914	190	338,419	198	54.3	45.7
1937（昭12）	883,256	213	544,437	224	338,819	198	61.6	38.4
1938（昭13）	884,409	213	543,167	224	341,242	200	61.4	38.6
1941（昭16）	886,118	214	544,367	224	341,751	200	61.4	38.6

（資料）　『台灣總督府統計書』第四二，p.6, 第四四，p.8

格」一條、而替日本大企業的製糖會社開闢了支配水利的門路。像這種日本的官民勾結在一起、而透過支配水利來共同控制台灣的農業生產、無非是日本帝國主義殖民統治的本質之一端。

更爲重要的、就是這種具有強大的水利支配權的「**水利組合**」即成立於蓬萊米培植成功（一九二二年）的同一時期、並且、隨著水利組合的興隆、蓬萊米的生產乃急速發展起來。

如表63所示、水利組合自成立以來、至一九三〇年（昭和五年、民國一九年）的八年間、其灌溉面積增爲二三萬餘甲、等於台灣全島被灌溉田園的五〇%以上、一貫成爲總督府支配水利的基本形態（參閱台灣總督府「台灣事情」一九三九年 p.417）。

Ⅳ　認定外埤圳——水利組織第四種類的所謂「**認定外埤圳**」、乃是不屬於前三者的私有埤圳的總稱、總督府雖然沒有給予正式認定、但同樣沿用了「**台灣公共埤圳規則**」加以掌管、如表63所示、這些認定外埤圳自從水利組合成立後的一九二五年（大正一四年、民國一四年）、正象徵著外來統治者支配台灣水利的進展而急速減少、但是其灌溉面積卻逐漸見到增加。

總督府為了要擴大蔗作及稻作的產量、也曾積極的著手於建設在當時的亞洲屬於第一級的「**嘉南大圳**」（一九一九年起工、一九二七年完工）、及「**桃園大圳**」（一九二四年起工、一九三〇年完工）、特別是以增產米穀為名目所支出的財政資金四千七四六萬圓（一九〇六—三四年）之中、其九〇%的四千六六二萬圓都用於灌溉設施的修築工事（參閱同章3、p.354,358　日本政府農林省米穀局「台灣米關係資料」一九三四年p.158）。

就如上述、總督府力求透過支配水利來掌管台灣的農業生產、結果：㈠耕地面積見到顯著的擴大（參閱表64）、㈡水利灌溉面積已達耕地總面積的六三%、等於水田面積的八八%（參閱表63、表64）、㈢園地的水田化（參閱表64）、㈣二期稻作水田的增加（參閱台灣總督府「台灣農業發達の趨勢」一九三〇年p.2）、㈤稻作（特別是蓬萊米）產量增加。

(3)　蓬萊米培植成功及其生產普及化

第一次世界大戰後總督府想要移植本國**稻種**於台灣的嘗試遂告成功、命名為「**蓬萊米**」、並使之迅速普及於全島的米穀生產上、這確實是屬於農業技術上的成功、但是這追根究底、也不外乎是日本國內資本主義發展及總督府改變其經濟政策所招致的。就是在中日戰爭（一八九五年）以後才開始發達的日本資本主義、再以日俄戰爭（一九〇五年）為契機而逐漸走上獨佔階段、結果、招來㈠國內工業異常發達、農村經濟受到壓迫、人口急速集中都市、㈡勞動階級的生活見到改善、米穀消費增加、㈢本國產米供不應求、米價上漲、㈣本國更成為米穀輸入國。在這種本國經濟發展的演變之下、台灣總督府殖產局為了積極解決本國米穀的火急之需、即竭力推行「**米穀增產政策**」、除了加強上述的㈠水利支配及推廣灌漑設施之外、且勵行：㈡改良品種（一九〇三年設立「台灣總督府農事試驗場」、一九一〇年「取締赤米」）、㈢施行米穀驗查（一九〇四年公佈「移出米檢查規則」）、㈣改進肥料（一九二七年「肥料取締法」）、㈤改進流通機構（一九二〇年設立「台灣農業倉庫」）、㈥驅除害虫、㈦推進二期米作等、在這一連串的生產改良及支配政策之下、終使蓬萊米於一九二二年頓然問世（參閱台灣總督府殖產局「產米の改良增殖」一九三〇年　台灣總督府「台灣事情」一九三七年 p.8）。

於是、台灣總督府即把發展糖業（發展蔗作）爲中心的一九一〇年代的農業開發政策改爲振興稻作農業的獎勵政策、而積極的推進台灣農民多種蓬萊米。這種蓬萊米的獎勵政策順利進展、並且由於：㈠總督府發揮支配水利的威力而強制農民種植蓬萊米、㈡對於商業利潤敏感的台灣地主要求佃農盡量以蓬萊米繳納地代、㈢種植蓬萊米比在來米能多收成二〇％、㈣蓬萊米的市場價格比在來米高五—一〇％、㈤種植蓬萊米比蔗作有利、㈥水利組合成立、園地的水田化及二期稻作水田增加、㈦商品經濟的農業生產發達、生產者對於市場變動的反應靈敏、㈧台灣的售價低廉（勞動力低廉）、使之在本國市場具有競爭力、輸出急增等、所以、蓬萊米的種植乃迅速遍佈於全島、導致稻米生產大爲上升。但是、本來就非爲台灣島內消費所推廣的蓬萊米、培植一旦成功、即理所當然似的把其大部份運往本國而供日本人享用。

如表65所示、蓬萊米迄未出現的一九一〇年代、台灣產米還不到五〇〇萬石、輸出量也只有其二三％的一〇〇萬石而已。然而、一到一九二〇年代、蓬萊米普及化之後、稻米生產突飛猛進、產量最高時幾乎達一千萬石大關、輸出量也不斷的大爲增加、終於超過五二〇萬石、佔產米總量的五三％。其中、蓬萊米在輸出總量所佔的比率高達八四％、等於其產量的八一％。但是、由於蓬萊米的普及化導致**商品經濟**更加廣泛的浸透於台灣農村、使農家需要更多的現款、所以貧窮的農民連自家消費的米量

表65　米的種植・產量・輸出

年	種植面積		產　量		輸　出		②／①	蓬萊米輸出比對產量	蓬萊米輸出比②=100	輸出日本比①=100
	千甲	指數	千石①	指數	千石②	指數				
							%	%	%	%
1900(明33)	363	100	2,864	100	436	100	15.3			7.4
1909(明42)	495	147	4,630	158	981	225	21.2			18.9
1912(大 1)	496	147	4,646	159	780	179	16.8			17.6
1917(大 6)	481	143	4,834	168	908	208	18.8			19.3
1919(大 8)	513	152	4,923	172	998	229	20.3			22.1
1926(昭 1)	584	174	6,214	217	1,404	322	22.6	68.6	40.6	37.6
1930(昭 5)	633	188	7,371	255	2,970	681	40.3	72.8	48.2	37.7
1934(昭 9)	685	204	9,089	318	4,317	988	47.5	96.5	76.1	43.1
1937(昭12)	676	201	9,233	322	4,441	1,018	48.1	79.1	45.3	50.2
1938(昭13)	643	191	9,817	343	5,212	1,195	53.2	80.9	84.3	52.1

（資料）『台灣總督府統計書』第 42, p.6, 18, 22,
『台灣米穀要覽』1939 年, p.9-12, 61

也得拿到市場去以廉價販賣、自己卻以雜糧（主要是蕃薯）充食、所以在這種情況下所進行的蓬萊米輸出的擴大、無非是犧牲殖民地農民的一種「**飢餓輸出**」。

這樣、蓬萊米的生產普及化、導吏台灣的殖民地單一農業（monoculture）起了大變革、從一九一〇年代的砂糖生產轉化為米・糖二大農產的商品生產、這就是日本資本主義征服台灣進入第二期以後的最大特點。

蓬萊米的培植成功不僅是在生產方面、而在米穀的商業流通也起了大變化。台灣本在清朝末期、就在地主階級（小租戶）兼放高利貸的基礎上、發生了「**土壟間**」的米穀商業機構、從農家收購穀子、加工為精米、再販賣於島內的消費者及輸出商人。在台灣農村各處都有的這種**前近代性零細經營**的土壟間（精米所）、竟成為台灣米穀商業流通的基本機構、並殘存於日據時代。後來、蓬萊米的生產普及化並輸出的發展、這些舊有的土壟間仍然成為收購輸出米的島內機構、而把所收購的大部份米穀賣給日本輸出商再輸售於本國。就是說、在台灣產米輸售日本的商業流通過程中、分為土著零細資本的土壟間即擔負著島內集貨、日本巨大資本的輸出商乃從事於島外輸售。然而、日本米穀輸出商社均以本國獨佔資本爲後盾、由寡數的商社來壟斷台灣的米穀輸出、例如、三井物產・三菱商事・加藤商會・杉原產業等日本四大米商、乃獨佔了米穀輸出的九〇%以上（參閱台灣總督府殖產局「台灣の米」一九三八年 p.58 ）。這些日本巨商爲了要控制整個台灣的米穀收買機構、即以雄厚的資金、並驅使購米代金的前貸制度先來支配土著資本的土壟間、再透過土壟間對農民的放高利貸而廣泛的控制了台灣農村的稻米生產。

然而、這些有歷史性的、土著米穀商業機構的「**土壟間**」、由於組織零細、資力單薄、並且具有前近代性的經營方式、所以從早就受到日本獨佔資本壟斷輸出系統的影響、而被排擠以致走向沒落。例如、連在台北著名的米穀商「**瑞泰合資會社**」（代表者許雨亭、資本金三〇萬圓）、及「**株式會社泉和組**」（代表者劉蘭亭、資本金五〇萬圓）、於一九二七年相繼倒閉、以上就是其典型例子。到了一九三〇年代、由於總督府所掌管的「**產業組合**」繼辦了「**農業倉庫**」（一九三八年發展到一三五所）、島內的米穀收購機構逐漸被壟斷、所以地方的「**土壟間**」受到壓迫而加速衰亡、再到其後半期、總督府發出一連串米穀統制的措施（一九三九年十一月的「台灣米穀移出管理令」、一九四一年十二月的「台灣米穀應急措置令」）、因此「**土壟間**」更加走向衰亡（參閱台灣總督府殖產局「台灣の米」一九三八年 p.20 ）。

(4) 台灣人提高政治覺悟、殖民地解放運動抬頭

二十世紀初葉的大正年間、歐美資本主義國家間的帝國主義侵略競爭日趨激烈、史上空前的**世界性**第一次大戰終於爆發（一九一四年）、趁機日本資本主義高度發展並逐漸到達名符其實的**資本帝國主義階段**（國內資本主義高度發展的結果必然的往外侵略他國、尋求市場和資源、這稱爲資本帝國主義、相對的、以前的日本帝國主義可以說是**軍國帝國主義**）。

另一方面、第一次大戰的前夕、爆發「**中國辛亥革命**」（一九一一年、明治四四年、宣統三年）、「**中華民國**」成立（一九一二年、大正元年、民國元年）。繼之、大戰後期、「**俄國無產革命**」成功（一九一七年、大正六年、民國六年）、世界性的「**社會主義運動**」抬頭、同時、「**民族自決**」的一大洪流轟動世界、殖民地解放運動及階級解放運動如火燒燎原而瀰漫於亞細亞・阿非利加的各個殖民地社會。

這樣在國際・國內的兩方面都開始變動的情況之下、台灣與台灣人仍然受盡日本帝國主義橫暴的殖民統治、每逢台灣人的武裝起義、都是犧牲了好多可貴的同胞生命、之後、仍是在日本帝國主義兇狠的槍砲之下、再度被壓制下去、而繼續過著殖民地的奴隸生活。

但是、處於這種內外動盪社會變革的激流之中、台灣社會與台灣人豈有不變之理？就是由於：㈠台灣社會的資本主義化進展、㈡近代教育較爲普及、㈢青年人提高政治覺悟、以這些社會上・思想上的近代發展爲時代背景、當時的「**台灣民族主義**」澎湃而生、終於發展到留學東京的台灣學生舉起**殖民地解放**的第一把火炬、創刊「**台灣青年**」（一九二〇年）、繼之、「**台灣文化協會**」成立於島內。

另一方面、隨著資本主義化的進展、台灣殖民地社會的資本主義階級矛盾也更爲深刻化、工人・都市貧民等勞動階級逐漸壯大、並且受到「**俄國革命**」及「**世界共產主義運動**」（第三國際）的影響和鼓勵、「**台灣無產青年**」「**台灣黑色青年聯盟**」「**日本共產黨台灣民族支部**」（台灣共產黨）相繼出現、**社會主義運動**迅速抬頭、工廠罷工・農民運動・大衆行動等層出不窮。

日本帝國主義面對著台灣人這樣的政治覺醒及洶湧澎湃的民族解放運動和階級解放運動、乃一方面加緊其殘酷的壓迫・逮捕・處刑等彈壓政策（鞭笞政策）、在另一方面、卻標榜所謂「**日台融和**」（同化論）、以懷柔政策（糖果政策）想來瓦解台灣人的民族反抗和階級鬥爭。但是、這種**軟硬兼施**的辦法無非是帝國主義統治殖民地的兩面政策、所以、日本政府對於台灣人並不因此而有所讓步、殖民地統治也絲毫沒有改變（關於台灣人的近代解放運動詳述在後）。

c　第三期　經濟恐慌侵襲台灣、帝國主義加緊對外擴張、日本資本獨佔下的台灣工業化

自一九二八年（昭和三年、民國一七年）、至一九三六年（昭和一一年、民國二五年）的九年間、其前半期乃是世界及日本國內的經濟恐慌襲來、台灣經濟蕭條、但在後半期、日本發動侵略戰爭、台灣卻在日本資本獨佔下開始軍需性的工業化、可以說是戰前和平時代的尾聲。

日本資本主義進入昭和年代之後、繼續著第一次大戰後的世界經濟恐慌、自一九二七年（昭和二年、民國一六年）起日本發生金融恐慌、國內銀行相繼倒閉。繼之、一九三〇年（昭和五年、民國一九年）世界規模的經濟恐慌再次波及日本國內、引起空前的經濟不景氣。然而、日本資本主義擬把這一連串的經濟災害嫁禍於殖民地、想在殖民地人民的犧牲之下來減免本國的經濟災害、以致招來台灣受到莫大的打擊、即經濟頓時萎縮、工廠倒閉、失業增加、台灣人大衆的生活陷於塗泥炭火之中。此時、殖民地銀行的「**台灣銀行**」由於業務鬆散、貸款對象杜撰、所以一遭到恐慌襲來、立即瀕於倒閉的危機、因日本政府設法挽救、代爲塡補巨大數目的虧損（參閱同章3、p.361）、才使之避免破產、可是島內經濟因之所受創傷是不可言喩的大。再者、當台灣經濟如此頻臨危機之際、日本獨佔資本乃趁火打劫、併吞或消滅了弱小企業來進行再一層的資本集中、藉以更加鞏固其獨佔地位。譬如、「**三井物產**」趁機消滅台灣人的二大米商（「瑞泰」「泉和組」）、竟把「**正米市場**」（米穀交易所）的霸權操在掌中、或者「**大東信託會社**」受到台灣銀行和總督府警察的阻撓和迫害、都是在此時期。

日本資本主義在另一方面、爲了要逃出這些世界性的經濟恐慌及國內的經濟危機、乃採取㈠「**通貨膨脹政策**」、㈡「**對外侵略政策**」、就是一面對內停止「**金本位體制**」並採取通貨膨脹政策、對外則脫離「**金本位體制**」而自行貶値日幣、他面乃借諸「**對外侵略政策**」想來打開國內經濟的僵局。於是、日本軍國主義勢力和獨佔資本勾結之下、在促使國內的「**五・一五事件**」（一九三二年、昭和七年）「**二・二六事件**」（一九三六年）等大小**武力政變**相繼爆發之後、終於在中國大陸發動了「**九・一八事變**」（一九三一年）及「**中日事變**」（一九三七年）的侵略戰爭。

因此、台灣即時被推下於「**戰時體制**」的旋渦裡、以致台灣經濟除了仍舊負有供應本國米・糖的任務之外、被迫再負起做爲軍需工業品「**生產基地**」及「**南進補給基地**」的二大任務。

(1)　日月潭發電所完成、總督府控制工業生產的命脈

如上所述、日本帝國主義曾在一九一〇年代、爲了要支配台灣的農業生產即先下手控制「**水利**」、同樣在工業也如法泡製、擬把「**電力**」先控制在手裡、所以在總督府和獨佔資本的官商勾結之下、早在一九一九年（大正八年、民國八年）就設立「**台灣電力株式會社**」、逐漸呑併其他的大小電力工廠、終而獨佔全島的電力事業。該會社以雄厚的資本（資本金達一億五千四八〇萬圓）、同時得到總督府的巨額補助、並費了一五年的工程、於一九三四年（昭和九年、民國二三年）七月、完成了「**日月潭發電所**」及大甲溪的發電設備、後來、全島的發電所增爲水力發電所共有二六處、火力發電所九處、一九四四年的發電量竟達一〇億四四二萬KW小時、一貫控制了台灣工業的命脈。

台灣電力會社爲了要響應「**台灣軍需工業化**」的政府號召、自一九三五年起、以特別低廉的用電費來優待所謂「**新興工業**」、就是對於重新來台投資設廠的日本大企業的用電、只徵收比在台舊有工廠

（以食品加工業的製糖會社爲主要）低至五分之一的用電費、於是、爲軍事作戰所急需的化學工業及金屬工業迅速發展（參閱台灣銀行經濟研究室「台灣之電力問題」一九五三年 p.74）。

(2) 日本財閥勾結日本軍閥、傾注於台灣的軍需工業化

九・一八事變爆發（一九三一年）之後、日本軍國主義勢力更加猖獗、軍閥竟然奪取國內的政治領導權、於是、日本獨佔資本在軍閥強有力的撐腰之下、更加積極的侵略殖民地（台灣・朝鮮・滿州）、著手於所謂國策事業的工業建設。當時、重新傾注資本於台灣軍需工業化的大企業、有了舊有的三井・三菱二大系統、以及古河・日產・日曹・安田・淺野等新興財閥。

I　三井系——除了增資或加強既有的有關製糖・礦山・樟腦・製茶・米穀輸出及其他各種獨佔企業之外、重新設立「**台灣電化**」（製造阿母尼亞）、「**台灣苧麻**」（製麻）、「**日本拓殖農林台灣支店**」（拓殖土地）、「**東京芝浦電氣松山工廠**」（電氣・機械）、「**台灣農林**」（拓殖山林）、同時、投資於「**台灣拓殖**」「**南日本汽船**」「**三井農林**」等新企業。

II　三菱系——三菱財閥在台灣的企業本來是比三井系規模較小、只有設立了「**圖南產業**」「**三菱製紙**」、並投資於「**明治製糖**」「**台灣電力**」或從事米穀輸出等進出口貿易而已。然而、從一九三〇年代起即以直系的「**三菱商事**」「**三菱重工業**」「**三菱合資**」「**日本郵船**」等巨大企業爲主力、(一)設立「**日本鋁業高雄工廠**」（製鋁）、「**東台灣電力興業**」（壟斷東部台灣的電力事業）、(二)投資於「**高雄交通**」「**南日本汽船**」「**東亞海運**」「**台灣船渠**」等。

III　古河系——設立「**東邦金屬精鍊**」（製造含鎳銑鐵）、「**旭電化工業高雄工廠**」（製造蘇打）、「**高砂化學工業**」「**台灣有機合成**」等化學大工廠。

Ⅳ 日產系——設立㈠「台灣化學工業」(製造硫安)、「台灣油脂」(製油)、㈡透過直系的「日本礦業」而投資並控制「金瓜石礦山」(金礦)、「竹東油田」及「凍仔腳油田」(採掘石油)、㈢透過「日本水產」而控制「拓洋水產」「台灣畜產興業」(從事漁業・牧畜・食品加工・食品冷凍)、「台灣肥料」(製造化學肥料)等。

Ⅴ 日曹系——設立「南日本化學工業」「南日本製鹽」、投資於「台灣製鹽」「鐘淵曹達工業」等。

Ⅵ 安田系——設立「高雄製鐵」(製造銑鐵)、「台灣製麻」「帝國纖維」「台灣黃麻」等。

Ⅶ 淺野系——除了以前設立的「台灣地所建物」「淺野物產」之外、重新建立了「台灣セメント」(製造水泥)、並投資於「日本石油台灣工廠」「日本鋪道台灣支店」等。

其他、住友財閥的「大阪商船」「東亞海運」、野村財閥的「台灣纖維工業」「台灣興業」、鐘淵財閥的「鐘淵曹達工業」、日窒財閥的「台灣窒素肥料」(製造氮肥)、東洋重工業系的「大豐炭鑛」「南海興業」「台灣重工業」「南方セメント」、石橋系的「台灣護謨」(製造橡膠)、大建系的「台灣紡織」、日糖系的「台灣パルプ」(製造紙漿)等、本國財閥在台所設的新興大企業大工廠、乃如雨後春筍似的相續出現(參閱持株會社整理委員會「日本財閥とその解體」一九五一年。「全國銀行會社要錄」上卷台灣編一九四一年。「台灣經濟年報」一九四二年。樋口弘「日本財閥論」一九四〇年)。

(3) **國策會社「台灣拓殖會社」的出現**

日本政府在此時、爲了要更加推廣台灣及東南亞各地的資源開發、以助日本資本恣意進行經濟侵略、於一九三六年六月公佈了「**台灣拓殖株式會社法**」(法律四三號)、並在同年十一月設立官商合辦的「**台灣拓殖株式會社**」於台北。

這個台灣拓殖會社、由於以法律規定：㈠以推行日本南進國策、即從事於對台灣・中國華南・南洋各地的拓殖事業及供給其事業資金爲設立的目的、㈡政府折半出資、㈢可以免除對政府出資金的股份分紅、㈣有權發行等於其授權資本額的三倍的事業公債、㈤有關人事・業務・利益的分配等都得受政府的監管、所以被稱爲**國策會社**。

該會社設立時就有資本金三千萬圓、並且、經過三次的增資、於一九四一年授權資本已達四千八七五萬圓、同時發行事業債權共計八千萬圓、這樣、不出幾年竟擁有一億餘萬的巨額資金、而廣泛的投資於台灣及華南・海南島・安南等日軍所侵略的各個地方。根據一九四二年的統計（參閱日本政府企畫院研究會「國策會社の本質と機能」一九四四年 p.155）、台灣拓殖會社所投資的對象大體上有著：㈠拓殖關係八社、㈡工業關係六社、㈢商業關係二社、㈣礦業關係七社、㈤運輸・交通關係四社、㈥興業關係四社、㈦證券關係一社、共計三二社、投資總額達一億六千七〇〇萬圓。其中、台灣島內佔二二社、投資一億七〇〇萬圓、而且、特別重視台灣島內的化學工業生產而設立了「**南日本鹽業**」「**台灣化成工業**」「**南日本化學工業**」「**台灣石棉**」「**台拓化學工業**」「**稀元素工業**」等各種化學工業企業。同時、當要設立會社時乃透過又龐大且廣泛的投資力量來控制各個會社的人事・業務等、譬如、社長・加藤恭平一個人就兼任了一二社的社長、可見其在台灣產業的支配權之大（參閱台灣拓殖株式會社「事業要覽」一九四〇年。台灣銀行史編纂室（東京）「台灣銀行史」一九六四年 p.319）。

這種「**國策會社**」的設立和發展、無非是象徵著日本帝國主義統治台灣已經根深蒂固、並也意味著台灣經濟已成爲他們所謂的「**東亞共榮圈經濟**」重要的一環。

如上所述、日本統治台灣第三期的這九年間、乃是日本帝國主義將要發動更大規模的侵略戰爭的先

表66　台北批發物價年平均指數

年	1929年（昭4）爲基準	1914年（大3）爲基準
1929（昭 4）	100.0	170.9
1930（昭 5）	86.3	154.1
1931（昭 6）	71.8	136.2
1932（昭 7）	75.9	137.8
1933（昭 8）	81.0	148.6
1934（昭 9）	81.8	154.9
1935（昭10）	79.5	157.6
1936（昭11）	92.2	163.1
1937（昭12）	107.8	188.7
1938（昭13）	127.1	215.7
1939（昭14）	154.2	232.1
1940（昭15）	165.7	238.4
1941（昭16）	180.1	285.4
1942（昭17）	185.5	293.4
1943（昭18）	215.4	364.9
1944（昭19）	239.0	404.5

（資料）　日本政府大藏省「昭和財政史」XV,1960年，p.42
台灣總督府「台灣事情」p.127
「台灣金融經濟月報」1944年12月號

聲（準備階段）、其特點即是：㈠前半期是世界恐慌及國內經濟不景氣傳播於台灣、導使島內經濟蕭條（參閱表48、表66）、㈡日本政府採取通貨膨脹政策、本國的資本和商品日漸擁擠而到、導使台灣經濟反轉爲通貨膨脹、物價日益上升（參閱表66）、㈢日本帝國主義準備發動侵略戰爭、擬把台灣做爲軍需品生產基地及南進軍事基地、㈣總督府勵行從上而下的台灣軍需工業化、把財政歳出的六、七〇%轉爲培植工業發展（參閱表10、總督府歳出的「事業費」條）、㈤日本資本和商品傾注來台、㈥總督府及日本資本更加動員台灣資產階級的資金、並併呑台灣人企業、導使台灣人的地主及資產家開始走向沒落（參閱同章1、f⑴、⑵、⑶）、㈦農村生產起了大變革、導使農民貧民化（無產化）而爲日本帝國主義所進行的台灣軍需工業化準備了「**產業預備軍**」。

一九三六年（昭和一一年、民國二五年）乃是日本帝國主義發動大規模且長期戰的侵略戰爭即「**中日事變**」爆發的前一年、也就是**戰前**的最後一年。有關這一年的經濟數字即可以做戰前經濟水準的參考：㈠總人口五四〇萬人、其中、農業人口的比率已減低爲總人口的五二%、㈡耕地面積八八萬一千甲、埤圳灌漑面積達五四萬甲、㈢米的產量九〇〇萬石、其中、五〇%輸出本國、㈣砂糖產量一三〇萬公噸、其中、九三％輸出日本、㈤農業生產突破四億圓大關、工業生產也趕上三億六千萬圓、㈥對外貿易是輸出四億三千萬圓、輸入三億五千萬圓、三三％的出超、其中、日本貿易佔總額的八五％、總督府的歲入一億七千五〇〇萬圓、歲出一億三千三〇〇萬圓、財政盈餘達四千三〇〇萬圓、等於歲入的二五％、以上乃是美鈔和日幣的比率一對二的時期的統計數字。

當台灣在社會經濟上繼續第一、二期而如此起大變革的時候、台灣人在生活・文化上雖然也跟著提高了一些、但是日本資本主義獨佔的鞏固化及商品經濟的普遍化、必然的招來更大的企業集中・土地所有集中・貧富懸殊、並且、由於總督府變本加厲的施以殖民地的統治和剝削、結果、統治・剝削者「**日本帝國主義**」與被統治・被剝削者「**台灣人大眾**」相互間的殖民地矛盾對立愈趨深刻化。

從台灣社會本身來說、資本主義性階級分化日深一日、工廠工人和都市貧民以及沒有土地的農村貧民等無產階級日益增大、下級領薪階層、以及具有政治覺悟的小資產知識份子仍然在承擔著台灣殖民地解放運動的重任。但是解放運動的右派份子（民主主義派）被鎮壓及受籠絡而逐漸成爲有名無實或脫離戰線。舊有的封建殘餘（土豪・地主及其思想靈魂的舊因習・舊道德・舊禮教等）乃依舊被統治者加以籠絡和利用、成爲日本帝國主義統治台灣的**安定因素**。台灣人的大地主・資產家・中小工商業者等資產階級、乃轉變不了爲民族資本家、只能把所有的遊資現款變爲存款或沒有經營權的企業股份、任其日本資本家所利用。再者、自耕農等中產階級不外乎是天生的保守份子、依然脫離不了明哲保身等舊有的自私觀念。

當在此時、進步的知識份子即前仆後繼的繼承了大正時代的慘烈鬥爭、團結工人・農民而不斷的發動工廠罷工和農民抗爭運動。然而、總督府對於這些台灣人的革命鬥爭、乃更殘酷的加以大鎮壓和大檢舉、就是鎮壓左右兩派的「**文化協會**」（一九三一年）、檢舉「**台灣黑色連盟**」（一九二七年）和「**台**

灣共產黨」（一九二九年）。並且、原住民系台灣人所發動的「霧社武裝抗日事件」（一九三〇年）、也在統治者的飛機・槍砲・毒瓦斯等毀滅性的攻擊之下終被鎭壓。這樣、台灣人的解放戰線因受盡了敵人強大的武力彈壓而漸趨消沉或轉移地下。

如此、從表面上看來、台灣解放運動似乎被迫消聲匿跡、可是、台灣人大衆並不因此而放棄對敵人的反抗鬥爭、不但不放棄、只要是日本帝國主義的壓迫剝削存在一天、台灣人也就愈加堅強的反抗一天。就在這種情況下、「**南音**」（一九三二年）・「**民烽演劇研究會**」（一九三二年）等純粹屬於台灣人的文藝團體迭起而生。再者、當日本人作家成立「**台灣文藝作家協會**」（一九三二年）於台北之際、不甘就範的台灣人文藝家張文環・王井泉等乃另起爐灶、自己成立「**台灣文藝連盟**」（一九三五年）並創刊「**台灣文學**」於台中、表示抵抗。

d　第四期「中日戰爭」爆發、戰時體制確立、台灣軍需工業發展

自一九三七年（昭和一二年、民國二六年）「**中日戰爭**」爆發、至一九四〇年（昭和一五年、民國二九年）「**第二次世界大戰**」（太平洋戰爭）開始的前一年的四年間、這第四期雖然時間短暫、但是台灣確立「**戰時體制**」、「**軍需工業**」發展、同時、日本帝國主義把其殖民統治的黑手伸到台灣人的思想意識、家庭生活・敬神祀祖以及風俗習慣等裡面去、就是警察強權干涉到物質生活和精神生活雙方面的最黑暗的時代。

一九三七年七月七日、日軍在中國華北發動了侵略戰爭、蘆溝橋的槍擊一響立即影響到台灣、於是、日本政府即派來海軍大將・小林躋造、使之取代文官總督中川健造、擬以施展更爲**武斷**的「**戰時**

體制政策」（戰爭中的小林躋造・長谷川清・安藤利吉等三任總督都是軍人）。

這個**軍人總督**蒞任後、一開始就改變過去的統治方針、依照戰時國策而竭力推行：㈠動員農業生產、㈡動員人力、㈢動員財力、㈣擴大軍需工業生產、㈤推行「**皇民化運動**」等、就是其所謂的「**工業化・皇民化、南進**」三大政策。

⑴ 動員農業生產

總督府為了完成侵略戰爭所給的任務、先從動員農業生產下手、主要是由下列的二大措施做起：

Ⅰ 改變農業生產構造——把過去以米・糖為中心的農業生產、改為增產「**時局作物**」、盡量多種植黃麻・亞麻・植物油等以供前線。

Ⅱ 強制收購米穀——總督府為了要**優先**供應「**台灣米**」於本國及前線、在一九三九年（昭和一四年、民國二八年）五月公佈了「**台灣米穀移出管理令**」（律令第二五號）、行使強權而以**公定米價**（比市價低為一五—二五％）來進行米穀的強制收購、把產米的五〇—六〇％集中於「**總督府食糧局**」的掌管之下。

後來、因中國大陸的戰事長期化以致本國物資缺乏、甚至呈現米荒現象、於是、總督府就再公佈「**台灣米穀等應急措置令**」（一九四一年十二月、律令第一一號）、實行**食米配給制度**、壓低島內消費而搜括更多的米穀來接濟本國。

如此、總督府乃施展這種蔑視經濟發展規律的政治措施、始能壓低島內消費而以廉價提供更多的蓬萊米於本國及前線、同時從台灣農民刧去巨額的財富（僅看米穀收購價格與「**輸出價格**」的**差益金**、輸出一石米、總督府就能從中賺到八圓至一〇圓）、充當於台灣工業化及戰時的財政開支。不過、台灣社會本身卻被

表67　台灣稻作的構成變化（1938－44年）

	面積（千公頃）				產量（千公噸）			
	蓬萊米	在來米	其他	計	蓬萊米	在來米	其他	計
1938(昭13)	301	247	49	598	754	716	02	1,371
1939(昭14)	308	236	58	602	685	474	120	1,279
1940(昭15)	324	250	40	614	615	425	71	1,111
1941(昭16)	353	240	29	623	682	441	51	1,174
1942(昭17)	380	206	12	598	768	366	21	1,156
1943(昭18)	382	205	7	594	753	352	12	1,117
1944(昭19)	401	181	4	586	753	300	6	1,059

（資料）　「台灣糧食統計要覽」1959, p.6, 7, 12, 13
涂照彥「日本帝國主義下の台灣」1975年，p.135

鬧得天翻地覆、在各方面都起了很大的變化：㈠稻作在一九三七—四二年之間、種植面積減少一六％（一二萬甲）、產米在農業生產總值上所佔比率也從五八％降低到四七％（參閱台灣農會「台灣の農業」一九四一年、「台灣農業年報」一九四三年）、㈡台灣人所消費的在來米及其他米穀、自一九三八年—四四年之間、種植面積減少三四％（一〇萬一千公頃＝一〇萬五千甲）、產量也減少六二％（五一萬二千公噸＝二〇五萬石）、相反的日本人喜歡吃的**蓬萊米**、其種植面積卻增加三三％（一〇萬公頃＝一〇四千甲）但是產量卻只維持原來的水準（因戰時中逐漸缺乏化學肥料、所以雖然種植面積增加但只能維持原來的生產水準——參閱表67）、㈢不合理的抑低稻穀價格導使農民增加更多的勞動卻更爲貧窮化（無產化）、有的甚至於陷入破產的境地、只好流浪到都市以致工人人口・都市貧民人口・半工半農的產業預備軍急速增加、㈣低米價成爲**低工資**和**低薪金**的決定因素、㈤米穀的強制收購導使地主・土壟間等農村的上層階級加速沒落、㈥食米配給制導使領薪階級和都市貧民生活窮迫。

其他、一九三九年（昭和一四年、民國二八年）十月的「**台灣糖業令**」、同年十二月的「**小作料（田租）統制令**」、一九四一年（昭和一六年、民國三〇年）三月的「**臨時農地價格統制令**」、同年四月的「**台灣農業水利臨時調整令**」等、都是對於農業生產加以**經濟**

表68　戰前・戰時的總督府財政收入比較

年	稅收		官業收入		「其他」收入		總收入	
	百萬圓	指數	百萬圓	指數	百萬圓	指數	百萬圓	指數
戰前 (1932 — 36)	99.8	100	354.9	100	19.5	100	724.9	100
戰時 (1937 — 41)	224.8	225	780.3	220	127.3	652	1,492.1	205

（資料）　日本政府大藏省「昭和財政史」XV,1960年, p.96　「本書」表11

統制的**政治**措施、給予台灣農民增加好幾層的壓制和剝削。

(2)　**動員人力**

由於日本政府施加於殖民地台灣的所謂「**工業化**」、並非在台灣經濟發展過程中的必然所產生、而是日本帝國主義的侵略政策（戰爭政策）所招來的、所以、其工業化乃以總督府的強權爲主導、在台灣人的犧牲和負擔之下才被推行。這種以犧牲殖民地及其被統治者爲前提的「**工業化**」、必然得先從動員殖民地的人力（勞動力）和財力（資金）下手、因此、總督府即把有關動員人力問題、和前述的「**學校教育**」及「**皇民化運動**」相結合、擬以達成其終極目標。關於這點已記述在前、爲了避免重複、請參閱同章1d(3) p.303。

(3)　**動員財力**

戰爭一開始、總督府爲了調度軍事費用及籌集台灣工業化資金所推行的經濟措施有四：㈠擴大財政規模、㈡強制購買國債、㈢增發台銀券、㈣強制戰時儲蓄。就是要想盡辦法來劫掠更多的血汗錢、把其充當爲侵略戰爭所需要的軍事開支及各種經濟資金。

這四大經濟措施之中、第一的所謂「**擴大財政規模**」、不外乎是依賴「**增稅**」的辦法來達成財政收支的增加。如表68所示、總督府在戰時五年間的財政收入、比戰前五年間增爲二・一倍、其中、**稅收**增加到二・二倍、就是依靠提高稅率及

表69　戰前・戰時的總督府財政支出比較

年	行政支出		官業支出		「其他」支出		總　支　出	
	百萬圓	指數	百萬圓	指數	百萬圓	指數	百萬圓	指數
戰前（1929 — 36）	173.2	100	602.3	100	55.1	100	880.6	100
戰時（1937 — 41）	280.4	162	1,514.2	251	653.1	1,188	2,602.0	294

（資料）　日本政府大藏省「昭和財政史」XV,1960年，p.90　「本書」表10

表70　台灣財政對本國財政的繳納金（軍費負擔）

年	繳納金①	指數	歲出②	①÷②
	千圓		千圓	%
1936（昭11）	1,900	100	79,357	2.39
1937（昭12）	6,315	385	103,908	6.08
1938（昭13）	14,537	765	111,186	13.07
1939（昭14）	17,658	929	128,242	13.99
1940（昭15）	23,362	1,229	166,965	13.25
1941（昭16）	24,545	1,392	185,259	26.78
1942（昭17） 1943（昭18） 1944（昭19）	299,653	15,768	1,118,851	20.49
計	387,970		1,893,768	20.50
預算 1945（昭20）	208,870	10,989		

（資料）　「台灣經濟年報」1941年，p.763
「昭和財政史」XV, 1960年，p.136

新設稅目所達成、官業收入也增加二・二倍、也是提高專賣品售價及交通費・電力費等（相等於提高間接稅）才見實現、同時、**其他收入**乃最爲突出的遽增到六・五倍、這就是巧立了「**北支事變**」（中日事變）特別稅等新稅目而達成的。這些被提高稅率的苛捐重斂、大部份是屬於**間接稅**之類、其終極負擔不外乎是台灣人大衆。

次之、再參考表69、總督府財政歲出在戰時的八年間、總支出增爲三倍、其中、一般性的**行政支出**及**官業支出**卻相反的只增爲三倍以下、獨有臨時性的**其他支出**（爲軍事分擔金及戰時開發資金的支出佔其大部份）、乃猛然增爲一二倍、計有六億五千三一〇萬圓之巨。由此可以知道、總督府在戰時中、提高稅率而從台灣人加重剝削得來的巨額的政府資金、其大部份是投入於軍事分擔金・軍需工業化資金・開發南洋資金等有關侵略戰爭的開支。特別是總督府所負擔的所謂「**軍事分擔金**」、不外乎是由日本中央政府攤派於殖民地政府的軍費的一部份、如表70所示、竟

表71　台灣金融機關在戰時的信用膨脹（100萬圓）

年	台灣銀行（年末）					全島金融機關（年末）						
	發券額(6月末)	發券指數	發券增加	存款增加	放款增加	存款	存款增加	放款	放款增加	保有國債①	Over loan②	①+②
1936(昭11)	75.4	100				180.3		277.3			97.0	
1937(昭12)	112.0	148	36.6	13.9	9.5	186.8	6.5	300.5	23.2	103.1	113.7	216.8
1938(昭13)	140.0	184	28.0	19.8	2.1	249.2	62.4	306.0	5.5	135.0	56.2	191.2
1939(昭14)	171.1	225	31.1	14.1	45.1	321.2	72.0	362.4	51.4	212.5	49.2	261.7
1940(昭15)	199.6	263	28.5	14.6	53.0	361.9	40.7	457.6	95.2	225.6	95.7	321.3
1941(昭16)	252.8	333	53.2	13.8	33.1	420.7	58.8	523.9	66.3	256.8	103.2	300.0
1942(昭17)	289.2	380	36.4	13.9	36.4	522.4	101.7	607.2	83.3	279.2	84.8	364.0
1943(昭18)	415.5	548	126.3			630.0	107.6	710.1	102.9		80.1	
1944(昭19)	796.0	1,047	380.5			924.3	294.3	913.2	203.1			
1945(昭20)	1,021.0	1,290	245.3			1,146.8	222.5	1,101.2	188.3			

（資料）　大藏省管理局「台灣統治概要」p.479
「台灣經濟年報」1943年，p.383, 391
大藏省「昭和財政史」XV, p.168, 174

在一九三六—四四年的九年之中、一共繳上三億八千七九七萬圓、佔了表69的「**其他支出**」項目的半數以上、這成爲總督府在財政上很大的負擔、當然、挑起這些重擔的無非是台灣人大衆。

如表71表示、動員財力第二、第三的辦法、即「**強制購買國債**」及「**增發台銀券**」、這又是另外一種極其兇狠的殖民地剝削辦法。強制購買國債乃是總督府以警察強權推銷日本政府所發售的「**戰時國債**」（又稱「**愛國國債**」）、把其攤派於全島的金融機關收購、及強制台灣人購買。這種戰時國債乃隨著戰爭長期化而一直遽增、到了一九四二年（昭和一七年、民國三一年）、僅看全島金融機關所擁有國債的總值、已超過其總存款的半數以上（參閱表71①）。同時在另一方面、自從戰爭爆發以來、負有爲台灣產業工業化等提供資金之重任的「**台灣銀行**」、由於其放款數目年年見到異常增加、單靠存款的自然增加已不能應付急需、所以、他們乃有求必應的印發更多的「**台銀券**」、這就是總督府所謂「**增發通貨動員財力**」的辦法。

然而、總督府把從上述的增稅・銷售國債・增發通貨所刼來龐大的財政收入即「**台銀券**」、按軍費・補助金・投資・放款等名目分配給各種機關及公私大企業、然後、這些機關及企業會社再把其帶到市場去換取（刼奪）台灣勞苦大衆所生產的「**財富**」（建設材料・生產原料品・事務用品・日用品・食糧等）及「**勞動力**」、結果、台灣市面及台灣人手裡竟被這些遽增的「**台銀券**」所充斥、以致發生「**通貨膨脹**」、而招來物資缺乏・物價上漲、通貨貶值。

總督府為了要使泛濫於市面及台灣人手裡的通貨回籠而藉以防止這種無止境的「**通貨膨脹**」繼續發展、乃一展身手重新推行的就是第四的「**強制戰時貯蓄**」。於是、總督府終於一九三八年（昭和一三年、民國二七年）五月公佈了「**戰時貯蓄辦法**」、決定其執行機關及應達成的目標、同時、與「**國民精神總動員**」（皇民化運動）相結合、而在各機關各團體・都市・鄉村等普遍設立「**貯蓄組合**」、擬以把無論怎樣細少的現款都要凍結於所指定的金融機關（參閱表72）。

這種所謂「**戰時貯蓄**」（又稱「國民貯蓄」）其實是總督府下令各地的警察挨戶「**勸說**」（強制）各階層的台灣人加入「**信用組合**」、要他們把其生活資金盡量存入該組合裡（參閱表73）。特別在鄉村的農民幾乎都被迫加入、例如、一九四〇年（昭和一五年、民國二九年）、在人口五八〇萬人（八五萬戶）的情況之下、全島的組合會員已達五八萬人之多、其中農民佔六三%（參閱台灣總督府「台灣產業組合要覽」一九四〇年 p.12）、可見當時在各地的信用組合即好像吸塵器一樣的把農民等勞苦大衆的血汗錢全都吸收進去。並且、總督府乃把透過這種**強制**的執行辦法所得來的大衆資金再加以統制運用、就是以「**臨時資金調整法**」（一九三七年十月、昭和一二年）等法令、把這些組合存款的大部

表72　戰時貯蓄的目標與實績（100萬圓）

年	目　標	實　績
1938（昭13）	50	108
1939（昭14）	100	151
1940（昭15）	200	200
1941（昭16）	280	210
1942（昭17）	350	320
1943（昭18）	400	465
1944（昭19）	700	585
1945（昭20）	1,000	
計	3,080	2,039

（資料）　大藏省管理局「台灣統治概要」p.487

表73　全島『信用組合』在戰時的發展狀況

年（年末）	都市信用組合				農村（農會）信用組合			
	組合數	會員數	存款	放款	組合數	會員數	存款	放款
	所	人	千圓	千圓	所	人	千圓	千圓
1935（昭10）	22	19,285	19,492	15,908	373	300,501	58,411	61,438
1936（昭11）	22	20,596	20,711	17,413	382	328,089	67,290	74,826
1937（昭12）	22	21,229	20,469	18,645	400	357,362	63,732	82,294
1938（昭13）	21	21,288	26,031	18,636	406	396,081	87,235	83,417
1939（昭14）	22	26,224	36,052	21,320	416	468,342	120,381	93,618
1940（昭15）	25	32,864	46,499	29,897	418	547,863	134,045	112,061
1941（昭16）	25	34,996	49,988	32,610	416	586,745	140,456	124,619
1942（昭17）	25	35,968	59,155	35,578	419	610,362	160,959	129,670
1943（昭18）	25	36,681	75,408	39,180	390	045,148	250,292	144,351
1944（昭19）	39	65,874	47,067	57,426	266		306,185	106,100

（資料）　大藏省管理局「台灣統治概況」p.484
　　　　　大藏省「昭和財政史」XV, p.172

份轉用於他們所推行的軍需工業建設及購買國債等。

再者、總督府又在另一方面、藉口「**國民精神總動員**」而發動了「**銅鐵收回運動**」（一九三九年、昭和一四年）、把各地建築物的金屬器具・鐵欄杆・銅像等一律拆下、轉送到兵工廠去改鑄大砲。同時也發動「**貴金屬收回運動**」、於一九三八―三九年兩次的收回運動之中、把台灣婦女的金銀手飾及金銀硬幣等劫得乾乾淨淨（當時所收回的金銀總值竟達六千七〇〇萬圓――「台灣經濟日記」―〝台灣經濟年報〞一九四五年付錄 p.36）。

如上所述、總督府用盡千方百計而從台灣人大衆所劫奪的財力（資金）、其數目竟然到達無可計數的地步。

(4)「軍需工業化」的進展

如表74所示、台灣工業本在一九一〇年代是以製糖業為中心的「**食品工業**」開始發展、到了一九三四年日月潭發電所完成之後、「**化學工業**」「**金屬工業**」「**機械器具工業**」「**窯業**」等各種工業生產等逐漸擴大起來、再進入戰爭時代、軍需工業在短期間內迅速發展、金屬工業及化學工業的第一級大工廠相繼出現於台灣各地、其規模龐大為

表74　台灣各種工業發展狀況（年平均）

年	總計		紡織		金屬		機械器具		化學		食品		其他	
	百萬圓	%	百萬圓	%	百萬圓	%	百萬圓	%	百萬圓	%	百萬圓	%	百萬圓	%
1921－24	165	100.00	3	1.7	3	1.7	4	2.1	13	7.9	122	74.6	20	11.9
1925－29	217	100.00	3	1.5	4	2.0	5	2.2	20	9.3	153	70.3	29	12.7
1930－34	228	100.00	3	1.1	6	2.5	5	2.3	18	7.8	167	73.3	29	12.9
1935－39	387	100.00	6	1.5	17	4.5	12	3.1	38	9.9	269	69.4	45	11.6
1940－42	664	100.00	11	1.7	46	7.0	30	4.5	80	12.1	406	61.1	91	13.7

（資料）　George W. Barclay, Colonial Development and Population in Taiwan, Princeton University Press, 1954　p.38
涂照彥「日本帝國主義下の台灣」p.149

表75　台灣各種產業發展狀況（年平均）

年	總計		農業		鑛業		漁林業		工業	
	百萬圓	%	百萬圓	%	百萬圓	%	百萬圓	%	百萬圓	%
1915－19	262.7	100.00	144.5	55.0	7.2	2.8	9.1	3.4	101.9	38.8
1920－24	411.5	100.00	207.0	50.3	12.0	2.9	23.0	5.6	169.5	41.2
1925－29	559.0	100.00	293.6	52.5	16.8	3.0	31.8	5.7	216.8	38.8
1930－34	525.5	100.00	255.8	48.7	15.5	3.0	26.5	5.0	227.7	43.3
1935－39	901.0	100.00	432.7	48.0	39.6	4.4	41.5	4.6	387.0	43.0
1940－42	1,388.4	100.00	567.4	41.5	62.8	4.5	91.8	6.6	657.4	47.4

（資料）　George W. Barclay, Colonial Development and Population in Taiwan, Princeton University Press, 1954　p.38
涂照彥「日本帝國主義下の台灣」p.149

數可觀、例如：

Ⅰ 金屬工廠——「高雄製鐵」的銑鐵工廠、「台灣重工業」的銑鐵工廠、「南海興業」的海綿工廠、「東邦金屬精鍊」的含鎳銑鐵工廠、「台灣電化」的鐵錳鐵工廠、「台灣電化」的特殊鋼工廠、「日本鋁業」的製鋁工廠、「旭電化」的氣化鎂工廠等。

Ⅱ 化學工廠——「台灣電化」的製氨（阿母尼亞）工廠、「台灣電化」的石灰窒素工廠、「台灣セメント」的水泥工廠、「旭電化」的蘇打工廠、「台灣電化」的碳化物工廠、「帝國酸素」的酸素工廠、「台灣窯業」的耐火磚工廠、「台灣護謨」的橡膠工廠、「**杉原產業**」的油脂工廠、「**台灣興業**」的製紙・製紙漿工廠、「**台灣化學工業**」的硫安工廠等。

其結果、工業生產突飛猛進、一九三九年（昭和一四年、民國二八年）的工業生產總値達五億七千萬圓、佔台灣總生產的四五・九％、終於超過農業生產而佔台灣產業的首位。一九四二年（昭和一七年）工業生產再繼續擴大、竟超過了七億圓大關、成爲日據時代工業生產的最高峰（參閱表75）。

(5)　兇惡無比的「皇民化運動」

總督府所施展的再一個戰時體制就是惡名昭彰的「**皇民化運動**」。日本帝國主義者爲了毀滅對侵略戰爭成爲障礙的「**台灣人意識**」、並爲了排除台灣人所擁有的「**非日本人因素**」而使之成爲對日本天皇更順從的「**臣民**」（奴隸）、即展開了所謂「**皇民化運動**」（前已記述——參閱同章I、d(3)）。這自欺欺人的同化政策花樣繁多、其中、他們帝國主義者最重視的就是以「**皇民奉公會**」（於一九四一年四月由一群台灣人買辦走狗及御用紳士所成立）爲幫兇、從強迫台灣人改姓名（例如姓施的改爲布施、姓許的改爲大山等）以至禁止穿台灣衣服講台灣話、甚至於禁止信仰台灣固有的神佛・禁止祭祖先、且卻強制崇拜「**天照大神**」（家家戶戶都得安置其神位）。同時也冒稱「**志願**」而抽調台灣青年當軍夫・通譯・海軍工員、把他們送到中國・南洋各地的前線去。這樣、「**皇民化運動**」就是不但在政治・經濟上、而且在個人的思想上與信仰上以及生活習慣等都得受到憲兵・警察・皇民奉公會的監視及迫害、其兇惡橫暴眞是令人不寒而慄。

胸襟狹小認識不清的日本統治者、自以爲只要施以暴力和譎詐就可以把一個人或一民族輕而易舉的使之「**日本化**」、而變成非驢非馬的「**日本臣民**」。然而、不管日本統治者如何的驕橫自大、台灣人當然是不會無頭無腦的屈服於這種暴戾的作爲之下。其中、固然有些人被迫改爲日本姓名、也有些不懂日語的老人家在公共場所勉強扯一扯不朗不秀的日本話、或者在街頭再也看不見穿著台灣衣服等、然而、一旦回到家裡來、大家都隨時換上台灣衣服、講台灣話、並把隱藏在秘密場所的觀音菩薩或太陽公・太陰公等神像抬出來、向其行香念經。

另一方面、這不法的戰時統制及想要毀滅台灣人意識及生活的橫暴作爲卻起了反作用、使台灣的青年們更加提高政治覺悟、所以**反日**和**反戰**的思想意識逐漸滋長並瀰漫全島。總督府當然是會察覺到這種情形、於是、一方面更加嚴酷的施展壓制和檢舉、另一方面卻提出了一些欺瞞政策、想來緩和青年人的反抗情緒。例如、把小學校（日人兒童上學）和公學校（台灣人兒童上學）統一稱爲「**國民學校**」等。但是、這種欺騙的手法反而更加激起台灣人大衆對日本帝國主義的反抗心。

不過、戰爭的腳步已漸漸靠近台灣來、對岸的廈門（一九三八年五月）・廣東（一九三八年十月）・海南島（一九三九年二月）相繼被日軍所佔、不論願意與否、台灣已被編成日軍對南方作戰重要的一部份。於是、台灣青年一批又一批的被徵調爲軍夫及軍屬而被送到戰場去當砲灰、或者到軍需工廠去做苦工、甚至於爲農耕所不可缺的水牛也被牽走、變成罐頭肉而供給前線士兵食用。

e　第五期　台灣軍事基地化、日本據台的尾聲

自一九四一年（昭和一六年、民國三〇年）、至一九四五年（昭和二〇年、民國三四年）的五年間、台灣軍事基地化、也是日本據台的末期。

一九四一年十二月八日、日本帝國主義冒然不宣而戰、於是、太平洋戰爭（第二次世界大戰）爆發、

戰爭初期、日軍在跟美英等聯合軍的對敵之下、很快就席捲了東南亞的大部份地區、菲律賓•印尼•安南•泰國•馬來半島•新嘉坡•緬甸等地都被日軍所佔。於是、台灣立即成爲陸海空軍最重要的「**軍事基地**」。秘密被徵調的原住民系台灣人所編成的所謂「**高砂義勇隊**」也參加南方各地的戰鬥、又在一九四二年（昭和一七年、民國三一年）四月、總督府公佈了「**陸軍特別志願兵**」、而把被「**勸說**」（強迫）志願的台灣青年陸續送到南方去打仗。

然而、不經多久、日本海軍在太平洋上的「**中途島**」（Midway Island）的海戰打了敗仗之後（一九四二年六月）、形勢立即逆轉、從此日軍節節敗退。這樣一來、位於太平洋上的台灣就難免暴露其海中孤島的缺陷、即面臨著直接捲入戰禍的危機。由於戰況愈來愈對日軍不利、所以在台灣沿海日本船隻相繼被美軍潛水艇炸沉、台灣島內也頻頻受到美機的轟炸。到後來、當美軍快要登陸台灣的最後危機已迫在眉睫的時候、「**海軍特別志願兵制**」（一九四三年七月）及「**徵兵制**」（一九四四年八月）相續被施行、因此台灣的青年就難免應徵入伍、其他、不論老少都被編成隊伍、或者守衛台灣沿海或者從事防空工作、甚至於婦女也被動員來擔任後勤補給和救護等工作。這樣、在戰雲籠罩之下、台灣人只有抱著無可奈何的心情來和日本人混和在一起、正在緊張到極度的時候、忽然聽到大戰已結束。

然而、當想起大戰末期之際、必須銘記的就是當時的台灣雖然處於大戰當中、但比起日本本國或在日軍鐵蹄蹂躪下的中國大陸及東南亞各地、其所受的戰爭禍害是非常的小。當然、在戰局不利並且台灣四周的海洋及航空都被美軍控制的時候、島內和外界的交通路線幾乎完全斷絕、內外的物資交流也被迫停頓、但是這種戰事的演變因早就被預料到、所以台灣經濟的自給體制在幾年以前就開始被準備著。因此、所謂「**不沉航空母艦**」的台灣、不但是能維持在一定限度內的自給自足、而且還成爲日軍南方作戰的軍需工廠和補給基地、支援大軍而使之進行戰事。

後來、由於海上漸被封鎖、所以島內物資難免也逐漸缺乏起來、民生當然受到很大的影響。但是最起碼的米糧・糖・鹽等還夠於維持島內消費。就是說、台灣島內生活並沒有碰到過像日本本國那樣的大都市被炸得體無完膚、交通也長期停頓、物資缺乏、居民只能食用豆渣來補充米糧的缺乏等慘痛的災殃。自一九四三年（昭和一八年、民國三二年）起、日用品等物價就開始猛漲、有的黑市價格漲到一〇—二〇倍、因總督府所配給的食料品不夠食用、所以家庭主婦竟得在「**經濟統制**」及警察逞兇取締之下、到黑市尋搜必需品而東奔西走。然而、台灣雖然這樣物資缺乏及物價上漲、但從來也沒有像當時的上海等中國各地那樣、米糖油菜都**每天**漲了好幾倍、黃金・美鈔一漲就漲到戰前的幾十萬倍。

台灣最爲僥倖的就是無論怎樣的窘迫、總算是避過了成爲戰場的悲劇。因而台灣所遭到戰爭的禍害、可以是限於一時性的、如果戰爭一旦結束、外界的交流被打通、那麼、島內的社會經濟等的復興並不是一件爲難的事。

總言之、在過去的半世紀間、流了無可衡量的血汗、使日本帝國主義獲得殖民地經營的成功、被日本獨佔資本掠奪了巨大的財富、也供應日本人豐富的蓬萊米・砂糖・香蕉等的「**台灣與台灣人**」、當面臨千載難逢的歷史變革之際、所得到的是什麼？衆所周知、日本政府與日本人不但沒有給予台灣人留下一針一線或一槍一劍、反而唯唯諾諾的把台灣・台灣人與所有的政治上・軍事上・經濟上・社會上的設施及財富、而且連人權・自由等都奉獻給新的統治者。

4　台灣人的「抗日」與台灣人意識（前期）

a　初期武裝抗日

如上所述、日軍登陸台灣後、前清守軍不戰而潰、唐景崧・劉永福等統治勢力急遽潛回大陸、台灣士紳也逃之夭夭。譬如、第一級買辦士紳的前清進士・邱逢甲將暗渡廣東時云：「**……此地（台灣）非我葬身之地也、須變計早去、父母在世、應求自己平安……**」（參閱邱逢甲「嶺雲海日樓詩抄」一九三七年）。曾經代替滿清政府屠殺施九緞起義民軍的前清副將・林朝棟亦云：「**我戰朝廷不我賞、我避而日本不我仇、我何爲乎。**」（參閱洪棄生「瀛海偕亡記」一九〇六年 p.4）。如此、這二大主腦在臨走時所吐露的言辭、正是象徵著當時的台灣士紳階級普遍懷有的意識、並也暴露了他們所標榜過來的「**誓死抗日**」「**與台灣共存亡**」等言都屬虛僞。

然而、台灣人大衆即開拓農民的子孫、也是台灣社會的主成員、他們做爲台灣人的立場極爲堅定、抗外意識（台灣人意識的歷史屬性）也很堅強、正因此故、雖然眼看著曾在高唱「**抗日**」的前清勢力及台灣人買辦士紳不戰自逃、但遍佈全島的抗日義民軍（台灣人大衆的子弟兵）並不因此而潰散、依然與敵戰鬥於自己家鄉的山前山後及原野河畔、且以不惜犧牲生命的流血鬥爭來表示和台灣共存亡。因此、在這孤立無援且退無可退的情況之下、抗日鬥爭不但未見泯滅、反而更爲壯烈的繼續下去、無論北部或

圖 39　初期武裝抗日圖

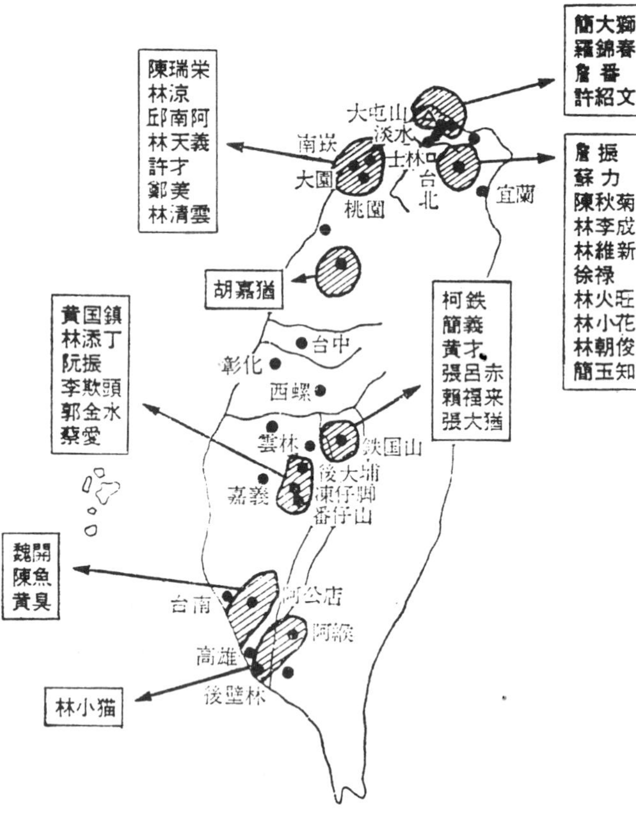

中南部、當義民軍一擁至、竟使日軍・憲兵・警察皆不能高枕無憂、其奮戰之勇、流血之多、雖敗猶榮。

初期武裝抗日時期、敢與敵死拚而把台灣人原有的抗外熱血傳下後代的、無非是來自台灣人大衆的這些抗日戰士。因此、後來台灣人所念念不忘的抗日英雄、並非那些看敵自逃的清軍殘部或台灣上層士紳、而是此等不屈不撓與敵死戰的地方人士和無名戰士。他們台灣的子弟兵眼看自己的家鄉受敵人侵佔、毅然奮起從先人傳下的抗外血氣、不惜任何犧牲而拿起竹桿、菜刀或鳥槍與近代裝備的日軍火拚到底。當然、這種抗日行動幾乎是出於激情衝動、但這種直情的直接行動才能得到同胞的共感、使之傳誦於後代。

也有一些出身士紳（進士或舉人）・生員（文武秀才、介存於士紳階級與台灣人大衆的讀書人）・大租戶・大商人等人、因愛鄉心強而依然留居台灣、且與台灣人大衆的抗日義民軍打成一片、並以實際行動來「抗日」、正如曾在抵禦日軍南侵時戰死於雲林的徐驤（前清秀才）所說：「**不守此地、台灣必亡、我不願生還於中原。**」（參閱丘逢甲「嶺雲海日樓詩抄」）。其中、仇敵心強並富有戰鬥能力的人、皆成爲抗日首領、轉戰台灣各地而受到台灣人大衆廣泛的支持。但當形勢臨危時、這些讀書人出身的抗日首領還是亡命大陸或投降日軍者居多、例如、宜蘭深坑・陳秋菊（前清四品武官）、新竹平鎮・胡嘉猷（又名阿錦、前清五品武官）、宜蘭三貂堡遠望坑・林李成（前清秀才、經營金礦）、宜蘭二圍・林維新（前清武秀才）、金包里・許紹文（前清武秀才）、三角湧・蘇力（樟腦製造商人、隘勇統領）等北部的抗日首領乃是其代表人物。

總督府雖然在日軍佔領台南後即宣佈「**全島平定**」、但對於仍在隨時隨地都把武裝繼續抗日的台灣義民軍・乃抄襲清國政府的故技、稱之爲「**土匪**」、以大屠殺大焚燒的殘暴獸行擬殲滅之。

就如第一代總督・樺山資紀、在一八九六年（明治二九年・光緒二二年）一月、本國議會通過「**律令制定權**」（六三法）而掌握了統台絕對權限之後、一方面整備全島的行政機構、置台北・台中・台南三縣及澎湖廳、並宣佈緩行軍政並施行「**民政**」、但在另一方面、卻是積極整備軍隊、於同年四月公佈了「**台灣守備混成旅團司令部條例**」（勅令第七二號）、依此配置：㈠混成第一旅團於台北、㈡混成第二旅團於台中、㈢混成第三旅團於台南。同年五月再公佈「**台灣憲兵隊條例**」（勅令第三九號）、同樣佈置各級憲兵隊於全島各地。這樣、總督府以正規兵五萬人・軍屬二萬六千人・憲兵二千人・警察一千二〇〇人的龐大武裝力量、黷武揚威、而開始所謂「**討伐土匪**」、就是不分皀白的到處施展大屠殺和大焚燬（參閱日本參謀本部「明治二十七八年日清戰史」第七卷、附錄第一〇八、一九〇七年　台灣憲兵隊「台灣憲兵隊史」一九三二年 p.19）。

第二代總督・桂太郎（一八九六年六月蒞任）也呈上「**台灣經營之方針**」（參閱德富豬一郎「公爵桂太郎」乾卷、一九一七年 p.707）於日本總理大臣・伊藤博文、建議擴充地方行政機構及增強憲兵警察、藉以更爲廣泛的進行「**討伐土匪**」。

第三代總督・乃木希典（一八九六年十月莅任）、乃把桂太郎的「**剿匪計劃**」移諸實行、㈠公佈「**修改台灣總督府地方官制**」（勅令第一九二號）、把三縣一廳擴充爲六縣（台北・新竹・台中・嘉義・台南・鳳山）三廳（宜蘭・台東・澎湖）、㈡縣廳的下屬改置辦務署・警察署・撫墾署、㈢公佈勅令第一五七號、在辦務署之下屬置街・庄・社、並任命台灣人「**御用紳士**」爲街長・庄長・社長、以便利用、㈣警察增爲三千二〇〇人、㈤廢止台灣憲兵隊、依法律創設在本國・台灣共通的「**日本憲兵隊**」、並把全國憲兵人員之三〇％的三千四〇〇人配置於台灣全島（參閱台灣憲兵隊「台灣憲兵隊史」p.21　井出李和太「台灣治續志」一九三七年 p.275）。同時、施行所謂「**三段警備**」（參閱本章1、a⑵ p.279）、擬以徹底消滅抗日義民軍。

第四代總督・兒玉源太郎、民政長官・後藤新平（一八九八年二月莅任）對於鎭壓抗日義民軍更爲兇狠、他們一到台灣來就進行大規模的軍事掃蕩、並公佈了「**匪徒刑罰令**」（律令第二四號）而依「**法**」屠殺大量的抗日義士。同時、更爲狡猾的運用軟硬兼施的「**懷柔政策**」、一方面施行調查人籍地籍・建設交通・發展產業等社會開發、以便軍事行動、在另一方面、卻利用台灣舊有的保甲制度及投降份子的上層御用紳士、以詐術和利誘想來瓦解台灣人的抗日意志並引誘抗日義民軍歸順就範。

台灣各地的抗日義民軍、不惜任何犧牲與敵死拚而傷亡了無可計數的同胞生命、被燬盡了自己的家鄉、就在這種前無進道後無退路的慘境之下、這些台灣人大衆的子弟兵乃逐漸被消滅或被迫投降。於是、台灣人大衆的初期武裝抗日竟在孤立無援之下、終被鎭壓下去。

總督府竟以南部抗日首領的林小貓戰死於高雄溪州庄後壁林的那一天（一九〇二年五月三十日）、爲「**全島治安完全回復**」。但如表76所示在初期武裝抗日的八年間、抗日義士被判爲「**匪徒**」而被處死刑者計有四千六一二人、被處徒刑二千二〇二人。另一方面根據劊子手的民政長官・後藤新平親自吐

表76　以『匪徒』名義依『法』被殺害及被處徒刑的抗日義士

年	台北地方法院		台中地方法院		台南地方法院		第一次第二次臨時法院		計	
	死刑	徒刑	死刑	徒刑	死刑	徒刑	死刑	徒刑	死刑	徒刑
	人	人	人	人	人	人	人	人	人	人
1895(明28)					35	17			35	17
1896(明29)	50	18	4	4	17	43	2	12	73	65
1897(明30)	5	96	49	119		43			54	258
1898(明31)	116	388	93	60	38	160	35	16	282	624
1899(明32)	349	98	209	60	307	78			868	236
1900(明33)	224	101	1,370	359	188	98			1,782	538
1901(明34)	71	73	329	101	510	116			910	290
1902(明35)	30	13	165	16	315	67			510	96
1903(明36)	19	16	25	8	38	12			82	36
1904(明37)	8	5	4		1	1			13	6
1905(明38)		1			6	1			6	2
1906(明39)		1				1				2
總計	872	810	2,248	727	1,455	637	37	28	4,612	2,202

（資料）　秋澤烏川「台灣匪誌」1923年 p.55

露、自一八九七年至一九〇二年的六年間、被逮捕的「**土匪**」計有八千〇三〇人、其中、依「**法**」被處死刑者三千四七三人、另外、以「**臨時處分**」（不經法律手續）而被殺戮者達四千〇四三人（參閱鶴見祐輔「後藤新平傳」第二卷、一九三七年 p.149）。再有一說、自一八九八年至一九〇二年的五年間以「**匪徒刑罰令**」被處死刑者計有二千九九八人、不經法律手續而被殺戮者共達一萬九五〇人（東鄉實・佐藤四郎「台灣殖民發達史」一九一六年 p.158）。

然而、實際上在初期武裝抗日時期被殺害的抗日義士及無辜百姓、非但是遠超過上述的數目、而且到後來竟達到無法計算的程度、這點是不必贅言、可見日本帝國主義摧殘殖民地人民的殘忍狠辣。

總督府於一八九五年（明治二八年、光緒二一年）十一月宣佈「**全島平定**」。但在台灣北部的抗日義民軍卻頗有迫不及待之概、於同年除夕就發動攻勢擬以攻克台北城。

(1)　第一次圍攻台北城

當時在台灣北部的抗日首領主要的有：(一)深坑的陳秋

圖 40　台灣北部武裝抗日圖

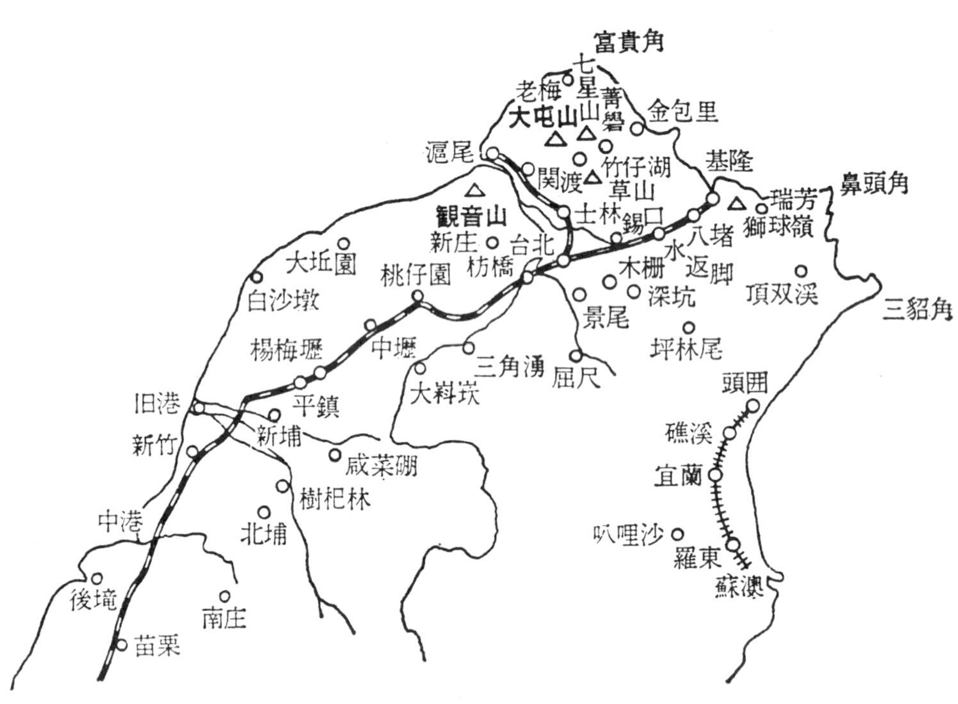

菊、㈡錫口（松山）五分埔的詹振、㈢八芝蘭（士林）的賴唱、㈣北投的楊勢、㈤金包里的許紹文・許石・林烏棟、㈥淡水的簡大獅・蔡伯、㈦大屯山的盧錦春、㈧宜蘭三貂堡的林李成・林大北・徐祿、㈨宜蘭二圍的林維新・林火旺、宜蘭三叉坑的王秋鴻・須錄英、㈩大嵙崁的簡玉和、(十一)三角湧的蘇力、(十二)新竹平鎮的胡嘉猷等人、各自統領義民戰士數百或數千人、於一八九五年秋、由林李成主謀、共推胡嘉猷負責總指揮、大家約定在十二月三十一日除夕、以大屯山上舉火爲號、各路一起行動、擬在翌日元旦會攻台北城。

I　一八九五年十二月二十八日——林李成・王秋鴻・須錄英等抗日首領、正在宜蘭頂雙溪召集部屬時、不料爲日軍的密探所獲悉、日軍聞報、爲先發制人、立即攻擊義民軍、林李成等數百人在不備中遭受攻擊而倉皇應戰、終在圍攻台北城之前歸於敗退。

Ⅱ　一八九五年十二月二十九日——陳秋菊等聞知林李成等在頂雙溪失事、深恐影響全體作戰、所以趕緊率領部屬急襲深坑的憲兵屯所、擊斃了憲兵警察一〇餘人、佔領深坑庄。

Ⅲ　一八九五年十二月三十一日——林維新・林大北・徐祿・陳其山等統率義民軍、和從頂雙溪・瑞芳方面趕來的林李成・王秋鴻等會合、共有二千餘人之衆、由林維新指揮、等到除夕在山上火號一起、立即圍攻宜蘭城、擊斃了日軍守兵二〇餘人。守城日軍無力應戰只得退守城中、但在一月四日援軍趕到、才在一月八日出城反攻。義民軍團城已經八天、子彈漸不敷用、於是、解圍而退、此役義民軍戰死者達五〇〇餘人。其後、一月十二日日軍混成第七旅團第二大隊登陸蘇澳、立即掃蕩宜蘭平原、被殺戮的台灣人達一千五〇〇餘人、被焚燬民房一萬餘戶、眞如日人所說：「**宜蘭平野之一大半盡歸灰燼**。」（台灣總督府警務局「台灣總督府警察沿革記」第二篇上卷、一九三八年 p.307）。

同在除夕、據於金包里山中的許紹文乃率領一支隊混進金包里街、襲擊憲兵分駐所並殲其全數。許紹文・許石・林烏棟等首領再率領一千餘人、乘機向基隆進攻、擬先攻克基隆而後與各路義民軍會師台北城。不料、日軍埋伏於途中、許紹文等一到就受夾擊、傷亡慘重、只好再退入山中。日軍於一月五日再次攻入金包里、即採取報復性的燒殺手段、所以全庄盡被焚燬、無辜百姓被殺害者不計其數。

同在除夕、以大屯山一帶爲根據地的簡大獅率部一千餘人、等到和大屯山相望的觀音山上火號一起、即先攻關渡、再和林甫・蔡伯・蔡池・李璋浪・洪成枝等各路義民軍齊向淡水街進攻。但在途中處處遭到日軍的埋伏夾擊而陷於苦戰、翌日元旦敵我交戰終日、義民軍死傷頗重、林甫陣亡、且子彈無從補充、只得退入山中。其後、蔡池・蔡伯・李璋浪等竟脫離戰線而密渡廈門、洪成枝一人卻屈膝投降敵人（參閱台灣省文獻委員會「台灣省通志稿」卷九 p.39）。

Ⅳ　一八九六年一月一日——旋至三十一日除夕、各路抗日首領等待大屯山火號一舉、即率領所屬的義民軍會同圍攻台北城。胡嘉猷率領新竹・苗栗・平鎮等地的義民軍提早北上、按時包圍台北城。詹振率部先攻錫口街、並切斷台北・基隆間的交通通信線、然後加入台北戰線。蘇力先攻克三角湧後、即趕來台北參加戰鬥。其他八芝蘭・北投，草山・竹仔湖・板橋等各地義民軍也趕來一起圍攻台北城（參閱「警察沿革誌」第二編一卷 p.302）。

然而、此次攻打台北城、由於：㈠宜蘭方面的義民軍不料早三天就被敵軍牽入戰鬥以致該地方義民軍腳步混亂、不能趕來會攻台北城、㈡金包里・淡水等地義民軍的戰鬥已趨不利、也不能按時趕到台北、㈢深坑的陳秋菊在進襲台北途中獲悉戰況不利、竟未與敵開始戰鬥之前就轉退新店山中、㈣敵我火力懸殊、「**匪徒等槍枝不敷用、十之八九只得持刀槍而戰。**」（台灣總督府警務局「台灣總督府警察沿誌」第一編上卷、一九三八年 p.297）、因此、義民軍雖然一時稍佔優勢、但總督府當天即從新竹調來援軍後、圍城的抗日義民軍立即受到裡外夾攻、於一月一日午後、終於敗退。

繼之、一月二日、日軍第一師團的補充兵二千人從本國到達基隆、總督府立即派遣於搜索台北城及其附近的錫口・南港・水返腳（汐止）・八芝蘭・北投等地、盡燬民房並殺戮居民。一月十三日、本國陸軍大本營再派來混成第七旅團也趕到、總督府再把其投入於掃蕩新店・深坑・板橋・宜蘭・頭圍・番仔寮・三角湧・大嵙崁・平鎮・新竹等地、抗日義民軍及無辜百姓飲恨遭戮者極多。再到二月下旬、台北附近的義民軍一旦被鎮壓、抗日行動才各見消熄。

這樣、欲想攻復台北的計劃統歸失敗後、胡嘉猷・蘇力・許紹文・徐祿・林李成等抗日首領相繼密航上海・廈門等地。林維新首先向日本官方自首、其後因不耐警察的虐待和侮辱、才逃亡大陸（參閱「清國廈門等ニ逃避スル匪徒ノ略歷」第一枚——東京市政調查會修藏〝後藤新平關係文書〟台灣民政長官時代八一）。

此次參加戰鬥的義民軍戰士爲數計有五、六千人之多、但在敵我裝備懸殊的情況下、攻城失敗、傷亡慘重、並且抗日首領紛紛逃亡之後、他們多以深山爲根據地、準備東山再起、雖然屢遭日軍的討伐搜索、但都以化整爲零的游擊戰術來避過其殘酷的軍事掃蕩。一般的台灣人大衆、不但是反對日本來佔領台灣、而且深恨日軍不分皀白的焚燒殺戮、所以一聽到「**討伐軍**」的掃蕩、立即堅壁清野、然後避難於附近山中、同時、心懷著無比的連帶感（共感）來協助抗日戰士的游擊作戰。「**沿道居民恐懼討伐隊來襲、皆逃避山中、民屋竟變成無人空房。**」「**如向人民審問匪情、皆不申告實況。**」（台灣總督府警務局「台灣總督府警察沿革誌」第二編上卷 p.311）。唯有台灣上層階級的殷富大戶、因義民軍屢向他們借糧及抽軍費（稱爲「保庄金」、或「九一稅」）、所以頗感威脅。

⑵ 第二次圍攻台北城

第一次圍攻台北城失敗後、台灣北部的抗日義民軍乃分散於各地的山中險要：㈠林火旺・林小花・蔣老福・林朝俊等據於宜蘭頭圍方面、㈡林李成等據於澳底瑞芳方面、㈢江振源據於龍潭方面、㈣陳秋菊・徐祿・鄭文流等據於景尾深坑方面、㈤詹振等據於南港錫口方面、㈥簡大獅・盧錦春・李勇・林清秀・劉簡全等據於淡水金包里方面、㈦王貓研・陳豬英等據於三角湧方面、㈧陳瑞榮・林涼・林天義・許才・林清雲等據於桃園南崁方面、神出鬼沒而使日軍疲於奔命。

Ⅰ　一八九六年春季——一月一日、賴唱率領義民五〇〇人襲擊八芝蘭的芝山巖學堂、擊斃日本教官六人。

一月三日、江振源結集一千餘義民、與日軍戰於龍潭坡、終被打敗、戰死者達六〇〇餘人、其後、隨從江振源退入馬武督原住民同胞地界者達四〇〇餘人。

一月十四日、板橋方面的義民數百人、與日軍戰於土城庄、戰死者三〇人、被俘而遭殺害者六五人。

二月十九日、日軍一隊（一個團）掃蕩三角湧、王貓研・陳豬英等抗日義民起來應戰、與敵周旋了十六天。此地歷來抗戰最爲激烈、所以日軍對他們所施展的焚燬殺戮特別殘忍、尤其是在三層及頭寮屠殺了頑強抵抗的義民一三人、後代稱之爲十三公、現仍有十三公墓。

三月六日、詹振・林李成・陳捷陞等率領義民二〇〇餘人、攻擊錫口憲兵屯所、雙方交戰於錫口街中、各有死傷。

四月十六日、抗日義民一千餘人集合於鶯哥石、日軍接報立即派隊來攻、交戰於鶯哥石山下、各有死傷、抗日義民軍敗後、各自分散（參閱「台灣省通志稿」卷九 p.35）。

Ⅱ　一八九六年六月——詹振和林李成聯名頒發檄文並舉起「**日寇十大罪狀**」、㈠不敬天不敬神、㈡不敬孔子不惜字紙、㈢貪官污吏輕侮百姓、㈣不重律法、私刑罰、㈤不顧廉恥禽獸、㈥不分善惡逆天意、㈦日本做事同乞食、㈧放尿要罰錢、㈨買賣要抽稅、㈩台民被迫奮然起義（參閱台灣憲兵隊「台灣憲兵隊史」一九三二年 p.77）。

從此可以知道、當時的台灣人大衆非但仇恨四腳（日本）的侵略台灣及兇狠的焚燬殺戮、而且對於他們所施展的政治壓迫及侵害台灣風俗習慣的具體暴行也感到厭惡。

Ⅲ　一八九六年十二月——宜蘭的抗日首領林火旺、率領義民三〇〇餘人出沒於台北地方的新店・錫口・水返腳（汐止）等地、與日軍做了敵去我進、敵來我退的游擊拉鋸戰、日軍屢派大軍圍剿、但皆歸徒勞。林火旺等義民軍曾在文山堡下洞突然遭到敵人所包圍、雖然傷亡慘重、但他們勇敢抗戰的結果、幸得突圍而退回宜蘭山中。詹振與詹番也率領義民軍二〇〇餘人、在獅頭山上前後二次與敵作戰、其後退入內山。

Ⅳ　一八九七年五月八日——明治三〇年（光緒二三年）五月八日、就是爲台灣人決定國籍的最後一天。當在此時、詹振・陳秋菊・簡大獅・徐祿・詹番等台北地方的抗日首領、在台灣人民心慌惶不安的情況下、受到逃亡廈門的林李成等人暗地裡的鼓舞、乃準備再次圍攻台北城、竟在五月八日拂曉、抗日義民軍一千餘人分爲二隊、一隊從東南角的三張犁、另一隊從西北角的八芝蘭方面同時起事、開始向台北進攻。然而、總督府對此日早有戒心、聞報立即出動大軍反攻、敵我激戰了三、四個小時、抗日軍傷亡慘重、戰死者已達一〇〇多人、延至八日晨即不得不自動撤退。在此戰役中、農民出身且最爲堅強的抗日首領詹振、不幸中彈陣亡（參閱「警察沿革誌」第二編上卷 p.329）。

Ⅴ　一八九七年下半年——此年的六、七月間、桃仔園南崁方面的陳瑞榮・林涼等、大坵園（大園庄）方面的林天義・許才・林清雲等、再有南港・四堵方面的林慶・林傑等、各地抗日首領聚集義民屢起抗日、他們雖然到最後都被打敗、但時聚時散、皆以游擊戰而竟使各地的憲兵警察不得安寢。

同年十月、簡大獅攻入金包里阿旁庄、其屬下的曾享遂殺死日軍指揮官松本少尉。

同年十一月、簡大獅・盧錦春・林大平・詹番等共率抗日義民五〇〇餘人、集合於大屯山下的竹仔湖、準備襲擊淡水街、但因消息事先漏洩、以致遭到日軍的阻擊、終於敗退大屯山山中。二坪頂的抗日義民二〇〇餘人也同時與敵戰鬥、也因戰敗而同樣的退入山中（參閱「台灣省通志稿」卷九 p.39）。

Ⅵ　一八九八年三月——大屯山的簡大獅・盧錦春・李養・徐祿・陳煌等、再次結集抗日戰士一千餘人於竹仔湖、同年三月十日襲擊金包里瑪陵坑・大武崙・礦溪等處的憲兵屯所。日方的憲兵及警察雖能應戰但實際上卻在等待日軍來援。翌日十一日、基隆守備隊趕到、十三日、日軍援兵及北投憲兵隊再到、敵我相持至十六日晨、抗日軍的各處據點漸受威脅。於是、簡大獅即率衆退入內寮山中、盧錦春也率領群衆突破日軍的封鎖線、經過八堵而退入深坑唐口坑庄。其後、簡大獅・盧錦春・詹番等各首領率衆各據一方、出沒於淡水・八芝蘭・基隆・景尾等地、旋聚旋散、逼使日軍無法追擊（參閱台灣省文獻委員會「台灣省通志稿」卷九抗日篇 p.41）。

Ⅶ　一八九八年四月——宜蘭方面的抗日勢力逐漸被重整、於是、草湳庄的林火旺、小金面庄的蔣老福、猴洞庄的林小花、福德坑庄的陳小憨、三份六庄的吳水養、小礁溪的藍繼旺、五峰旗山林俊目等抗日首領、共率抗日義民六〇〇餘人、由林火旺統領、再次攻擊宜蘭街。日方的軍憲警結隊應戰、戰線迫近短兵相接、各有死傷。抗日軍給予敵軍若干的打擊之後、因補給不敷、只得化整爲零而各自退回山中的根據地。

(3) 總督府在台灣北部的招降政策

如上所述、第四代民政長官・後藤新平經過一番調查研究後、才逐漸認識到台灣人一般大衆的抗日意識極爲堅強、同時也認識到單靠武力鎮壓畢竟是難以使台灣人及其義民軍俯首就範。因此、他就在一方面竭力於更新吏治及社會開發、想來收買台灣人民心、但在另一方面、卻採用第一號買辦走狗辜顯榮的建議而沿用了保甲制度藉以整頓治安、並公佈「**匪徒刑罰令**」殘酷殺害被捕的義民戰士、然後、再利用各地的台灣人御用紳士、擬以「**招降政策**」對付抗日義民軍。

此時在各地的抗日首領及義民戰士因自日軍侵台以來抗戰日久、所以在孤軍奮鬥並子彈糧食皆缺乏、且軍心逐漸鬆懈的情況之下、無奈下山、或上其利誘之當而投降歸順者略見增多。

Ⅰ　陳秋菊等投降——民政長官・後藤新平當要施展「**招降政策**」之際、乃撰定了據於文山堡山中的陳秋菊等抗日勢力爲第一個目標、所以在一八九八年（明治三一年、光緒二四年）六月即下令台北縣知事・村山義雄負其責任、並派景尾支廳辦務署長・谷信敬、以當地御用紳士爲嚮導而入山和陳秋菊・徐祿等抗日首領會見。谷信敬先向陳秋菊保證不追既往及在歸順後發給生業補助金、然後提出了歸順條件、其中主要的有：㈠必須正式提出「**歸順嘆願書**」、㈡必須提出「**歸順者名簿**」、㈢必須集中武器備以檢收、㈣「**生業補助金**」在正式歸順之後才發給等。於是、陳秋菊等在八月十日表示要接受日本當局所提條件、並繳出共有一千二三五人的投降者名簿而歸順投降。總督府即以道路建設資金的名目、交給陳秋菊等二萬圓、並命陳秋菊等投降者從事於從宜蘭頭圍經過坪林尾而至景尾新店的公路開鑿（參閱「台灣北部土匪投誠顛末」第二三—三二——東京市政調查會修藏〝後藤新平關係文書〞台灣民政長官時代「警察沿革誌」第二編上卷 p.340）。

這種「**歸順政策**」給予日本帝國主義者帶來一箭雙鵰的實際效果、一來是不損一兵一卒就能消滅抗日義民勢力並打擊整個台灣人大眾的抗日意識、二來則不費分毫而開鑿道路以資產業開發及今後的討伐軍事行動。

Ⅱ　林火旺等投降——宜蘭廳長・西鄉菊次郎乃透過頭圍辦務署參事・莊雲卿等當地的御用紳士、確認了林火旺等抗日首領有意投降、即請求民政長官派來總督府通譯官・谷信近、於一八九八年七月十二日會見林小花・林朝俊、並當場接收「**歸順嘆願書**」及林火旺屬下的義民名簿。旋在同年八月二十八日、假礁溪公園、在民政長官・後藤新平、第八憲兵隊長・林忠夫、第一旅團參謀長・生井靜男等臨場印證之下、林火旺率領屬下三〇〇餘人出席「**歸順典禮**」。

Ⅲ　盧錦春等投降——一八九八年七月、台北水返腳（汐止）辦務署長・木下賢二郎、乃透過御用紳士鄭維隆誘降盧錦春。八月二十三日、盧錦春・李養等竟會見台北縣知事・村上義雄、並辦理投降手續。

Ⅳ　簡大獅等投降——同伴的盧錦春等投敵後、簡大獅・林清秀・劉簡全等也受到總督府通譯官・谷信近的勸誘、終在一八九八年八月二十三日提出了六〇〇餘人的「**歸順嘆願書**」。九月七日、台北縣知事・村上義雄前往士林雙溪口想會見簡大獅、但簡大獅不與會見、只派林清秀・劉簡全應接。旋至十月八日、在民政長官・後藤新平的臨場印證之下、簡大獅即率領屬下六〇〇餘人出席在士林舉行「**歸順典禮**」。後藤新平以開鑿從士林經過菁礐而至金包里的公路爲名目、供給簡大獅等三萬圓資金（參閱「匪首簡大獅歸順ニ對スル處分顚末復命書」第一─七枚──〝後藤新平關係文書〞）。

V　簡大獅・林火旺等再起抗日──簡大獅及其部屬降敵後、被日本當局驅趕於北部山中從事開鑿道路的勞動、但只經過一個多月、簡大獅因憤慨日本警察的橫暴、乃和仍在山中堅持抗日的詹番等取得連繫、並發檄文給予徐祿・盧錦春已降敵的舊日抗日同伴、同時也寫密書連絡士林南大街的潘盛清請求資助、如此、在芝蘭堡燒坑寮計劃於同年的一八九八年十二月十一日再度進行武裝蜂起。但這消息爲日本當局所探悉、日軍爲了先發制人、乃在暗中編成軍憲警混合部隊、於十日開始進攻搜索、十一日佔領燒坑寮。簡大獅及其部屬被襲擊其不備、雖然奮勇抵抗、但被殺害或被逮捕者竟不計其數。簡大獅有幸能脫出重圍、即先退入大屯山、後來才逃亡廈門。詹番率領一隊衝出重圍而返至關渡、就在此反攻林口警察派出所、至同月二十一日、不幸被敵軍擊斃於此地。徐祿也先後逃入山中、後來密航廈門（參閱「簡大獅討伐に關する參事官長より民政長官への報告」明治三十一年十二月十七日、第一─七枚──東京市政調查會修藏「後藤新平關係文書」台灣民政長官時代、七八　台灣總督府警務局「台灣總督府警察沿革誌」第二編上卷 p.352）。

林火旺在宜蘭也是因不滿宜蘭辨務署長・小濱爲五郎的傲氣凌人、所以投敵不出二個月就退居山中、窺機想再起抗日。適在翌年的一八九九年七月、舊同伴的施矮九因事與警察起衝突、林火旺立即偏袒他、並再和已從廈門潛回台灣的林李成連絡、屢次襲擊宜蘭地方的警察派出所。日軍聞報即從台北派遣一聯隊趕赴宜蘭進行討伐。同年的一八九九年十一月八日、林李成不幸被擊斃於宜蘭山中。林火旺也在一九〇一年（明治三四年、光緒二七年）三月被捕、遂被處死刑（參閱台灣總督府警務局「台灣總督府警察沿革誌」第二編上卷、一九三八年 p.354, 357, 368 ）。

盧錦春則以通謀簡大獅及林李成爲由而被處死刑（一八九九年七月）。

這樣、各地的抗日首領因先後被消滅、竟使英勇作戰的抗日義士群龍無首而失去中心。在這險惡的情勢之下、堅決抗日歷盡兇險的這些義民戰士、也只得改名換姓而四散他鄉、或走入原住民同胞的內山地界、以做暫時的棲身之地。

其後、台灣北部的抗日戰線漸趨消熄、遂不再有這種大規模且有組織的武裝抗日行動。

(4) 日軍出兵廈門與孫文對台態度

如上所述、因台灣北部的武裝抗日相繼失敗、以致各地的抗日驍將紛紛亡命於中國大陸、其後、他們就在彼地策動支援島內的武裝抗日、以期東山再起（這點、和逃亡大陸後就罔顧台灣的丘逢甲・林朝棟等台灣民主國的上層士紳階級完全兩樣）。尤其在廈門、已有林李成・蘇力・許紹文・林清秀・王振輝等加上後到的簡大獅、都是從事於收集武器・連絡外國勢力・派人往返廈門・台北間或親自密行台灣等。

然而、日本政府以保持台灣的安全爲藉口、屢向清國政府主張不把福建割讓於他國的要求遂告成功、於一八九八年（明治三一年、光緒二四年）四月清日兩國之間即訂立了「**福建省不割讓條約**」。嗣後、日本帝國主義在華南的勢力迅速擴張、於是、台灣總督府乃在一九〇〇年（明治三三年、光緒二六年）一月、新設「**對岸事務掛**」、使之統轄和福建・廣東的有關政務。同時在同年四月、民政長官・後藤新平即訪問廈門、一方面表示日華親善、另一方面、卻在彼地開設「**台灣銀行**」廈門分行、或連絡林維源等買辦商人、準備再進一步的進行經濟侵略、以期鞏固對台灣的殖民統治。

在這種情況之下、於一九〇〇年二月。廈門當局乃應日本政府的要求而逮捕了簡大獅、把他交給台灣總督府。因此、簡大獅被押返台灣後、在台北地方法院被判死刑、並且當日就被槍決（參閱「台灣日日新聞」一九〇〇年二月十三日）。

同在一九〇〇年八月日本再以「**廈門東本願寺布教所**」的火警爲藉口、從台灣派遣日本軍登陸廈門。此時、台灣總督府即向廈門官憲施以壓力要求逮捕蘇力・許紹文等一一個台灣人抗日份子交給日本當局、幸得當地清國官憲不允、才未能得逞（參閱「廈門本願寺布教燒失一件」—日本外務省〝日本外交文書〟第三三卷、別册一、〝北清事變〟上、一九五六年 p.977）。

當在此時、正在廣東從事中國革命而策動打倒滿清政府的孫文、趁此機會渡來台灣、與台灣總督・兒玉源太郎訂立「**密約**」、乃以台灣總督援中國革命爲交換條件、表示可以把廈門委於日本之手（參閱藤井昇三「孫文の研究」一九六六年 p.32-36）、試想本土的廈門如此、何況台灣？

(5) 雲林「鐵國山」的武裝抗日

日軍佔領台灣後、台灣中部的武裝抗日之中、首當舉出簡義・柯鐵所統領的「**鐵國山**」武裝抗日、最爲壯烈輝煌。

I　簡義・柯鐵建立「**鐵國山**」抗日基地——雲林大坪頂的山地乃是地勢險要的一所天然要塞、從古時就是柯氏一族入殖永住之地。當時、柯錢的長子柯鐵因素來富有俠義心、且有臂力而善鬥、所以被稱爲「**柯鐵虎**」。當日軍南侵時、柯鐵率衆會同梅仔坑的簡義・溪邊厝的陳文晃・西螺的廖璟琛・他里霧的黃丑等、與日軍戰鬥於斗六門。其後、簡義爲堅持抗戰、乃率領斗六人張呂赤・張大猷・黃才・賴福來等義民走入大坪頂、與柯鐵結盟、並把大坪頂命名「**鐵國山**」、做爲抗日基地。簡義此時被推爲首領、稱「**九千歲**」、柯鐵等一七個驍將稱爲「**十七大王**」、改元「**天運**」、並飛檄各地號召抗日。同時、聚集了附近的義民一千餘人、一時聲勢大振（參閱台灣憲兵隊「台灣憲兵隊史」p.199）。

總督府於一八九六年（明治二九年、光緒二二年）四月、把舊有的雲林縣改隸台中縣、並設立「**雲林廳**」於斗六街、廳長・松村雄之進於四月五日到任視事、且在六月十日由台中的第一旅團派來一中隊（一個連隊）駐防此地。

鐵國山的簡義・柯鐵探悉敵情後、即率領六〇〇餘義民突然下山襲擊斗六街、而後、即日返回鐵國山。翌日、日軍的小部隊進襲鐵國山、卻受到義民軍激烈的反擊、死傷數十人之後敗退斗六街。旋至六月十六日、斗六廳長・松村雄之進乃發出警報、依此、第二旅團即從台中派來一聯隊（一個團）開始掃蕩該地區、在連續掃蕩的七天之間、到處施展報復性的所謂「**雲林大屠殺**」、焚燬民房四千九二五戶、殘殺不下三萬人的無辜百姓、受害範圍廣及五〇餘村庄、斗六街及石龜溪庄的受害最爲慘重（參閱台灣總督府警務局「台灣總督府警察沿革誌」第二編上卷、一九三八年 p.432, 436 ）。

Ⅱ　抗日義民軍攻克斗六街——簡義・柯鐵等鐵國山抗日義民眼看台灣同胞遭受慘無人道的大屠殺大焚燬、都激憤不已、即在一八九六年六月二十八日襲擊林杞埔並佔領其憲兵屯所。旋至六月三十日晨再以迅雷不及掩耳的突擊戰猛攻斗六街、竟使日方守軍倉惶失策、而敗退北斗・大莆林方面、斗六街遂爲抗日義民軍所佔（參閱台灣總督府警務局「台灣總督府警察沿革誌」第二編上卷 p.433 ）。鐵國山抗日義民軍攻克斗六街的消息傳出後、各地義民莫不受到鼓舞而奮勇起義：㈠六月二十九日、集集的義民襲擊當地的日軍守備隊並佔領憲兵屯所、㈡七月二日鐵國山義民軍圍攻南投、使此地的日軍守備隊陷於危急、㈢七月三日數百義民襲擊台中守備隊、㈣七月四日義民襲擊北斗、義民軍相繼攻克員林・永靖、㈤在彰化・嘉義皆有義民蜂起、到處襲擊守備隊、殺死憲兵警察多人、㈥旋至七月七日・劉獅・楊勝率領鐵國山義民軍六〇〇餘人、長驅攻擊了鹿港街、日軍應戰待援。此時、連辜顯榮（鹿港出身）所編成的日方守軍「**別動隊**」（保甲壯丁團改編）也反戈而向日軍開槍、更使日軍守備隊陷於苦戰、等到從彰化派來的援軍趕到、義民軍才解圍退返鐵國山（參閱台灣憲兵隊「台灣憲兵隊史」一九三二年 p.202, 205 「警察沿革誌」第二編上卷 p.372）。

台中的第二旅團司令部獲悉斗六等雲林地方全被抗日義民軍佔領之後、立即派遣「**討伐隊**」再次進

圖 41　台灣中部武裝抗日圖

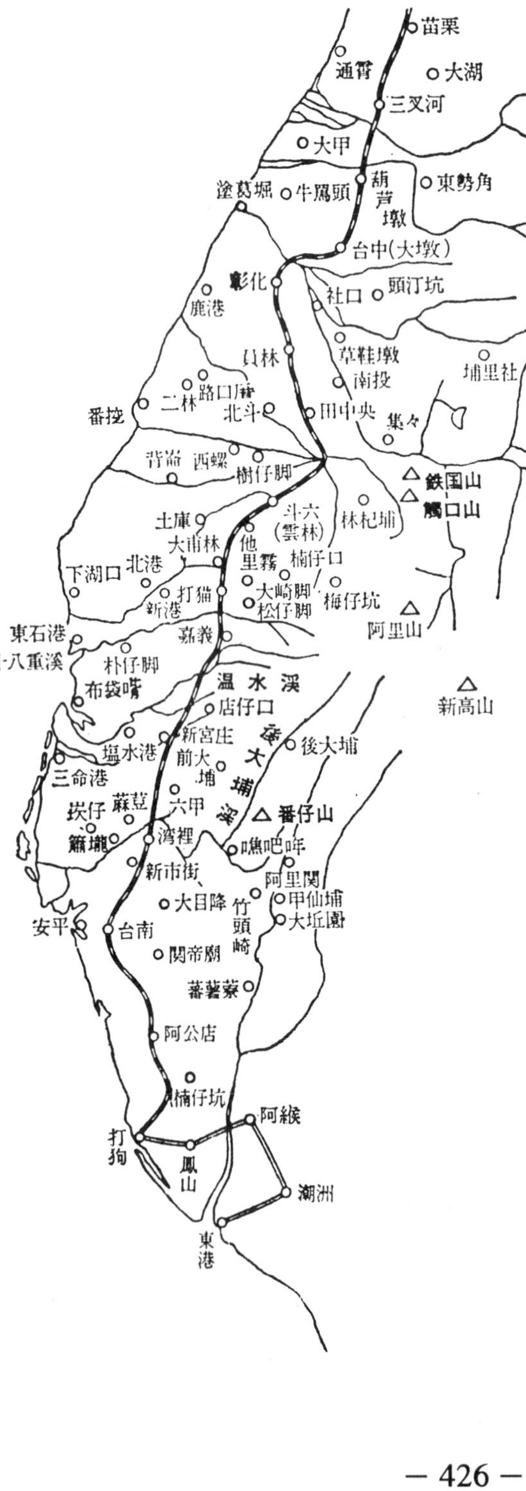

行掃蕩、於是、員林（七月八日）・北斗（七月十日）・斗六街（七月十三日）等又落於日方手中、「討伐隊」所到之處的民房幾乎全被焚滅、被慘殺的百姓橫屍遍地。

總督府鑑於日軍屢次的大燒殺已引起對日仇恨日益加深、且恐爲內外輿論窺知而受到抨擊、所以不得不兼施慰撫政策、乃特派民政局內務部長・古莊嘉門往斗六街、廣施招撫・賑貧、及調查戶口。同時也利用辜顯榮・陳紹年等買辦幫兇、擬向鐵國山抗日義民軍施展「**招降政策**」。不料、首領的簡義上了辜・陳二人利誘的當、於十月二十五日單身下山投敵（參閱「警察沿革誌」第二編上卷 p.375, 435 「辜顯榮翁傳」p.40）。

Ⅲ　柯鐵統領「鐵國山」堅持抗戰——簡義去後、鐵國山的抗日士氣反轉高昂、柯鐵即受衆共推爲「**奉天征倭鎮守台灣鐵國山總統各路義勇軍**」、與衆誓同生死、仍舊堅守鐵國山、並頒檄文呼籲鄰近居民協助抗日：「**奉天征倭鎮守台灣鐵國山總統各路義勇軍柯、爲曉喩事、照得我台灣自開闢以來、治本仁政、俗敦禮義、民殷國富、斯文日盛。去年日賊來侵疆土、我民俱思清官已去、唯望平治、盡皆歸降。不意此賊大非人類、任意肆虐、無大小之罪、無善惡之分、無黑白辨、唯嗜殺戮、拏之即決、燒庄燬社、淫辱婦女、種種非法、難以盡擬。本總統等目擊不平、爰招英雄、聚鎮鐵國山、與伊抗拒、誓欲滅彼、朝夕克復台灣、實爲我台灣生靈、並非希圖漁利也……天運元年十月二十七日**」（台灣省文獻委員會「台灣省通志稿」卷九抗日篇、一九五四年 p.49）。

台灣總督・乃木希典、看到鐵國山抗日義民軍聲勢浩大、頗感爲心腹大患、即嚴令日軍攻取鐵國山。日方以軍憲警編成混合大軍、於一八九六年十二月十二日直向鐵國山進發。柯鐵率領黃才・張呂赤・賴福來等一千餘人義民軍、奮勇拒戰於打貓東頂堡吊境庄及同堡二坪仔庄、經過一場猛烈的攻防戰之後、竟擊退來侵日軍。柯鐵再利用山地險峻、堅守各條防線、然而、日軍卻佈置砲兵陣於湖仔寮東北高地、並從台中再調來大批援軍、於十二月二十五日、不顧任何犧牲而開始總攻擊、因敵我火力懸殊、所以抗日義民軍的第一、第二防線漸次失守。柯鐵乃再做了一番最後的猛烈抵抗之後、知敵勢兇猛而無法久守、即命諸首領化整爲零、各自分散退入深山、以待東山再起。於是、十二月二十六日、歷戰的「**鐵國山**」終爲日軍所佔（參閱台灣憲兵隊「台灣憲兵隊史」p.382　「警察沿革誌」第二編上卷 p.396）。

鐵國山抗日基地被佔領後、柯鐵以下各抗日戰士雖然是暫避深山、但在其後、乃不斷分組爲少數人、以游擊戰和各地憲兵警察周旋、所以在一八九六—九七年的二年間、有無數的大小游擊戰發生於中部地方。譬如：㈠一八九六年一月黃隆・賴鳥屎等抗日戰士潛返嘉義公田庄與日軍打游擊、㈡同年三月張呂赤據打貓東下堡大崎腳、陳仔裕據同堡松仔腳、時常出擊深坑仔庄・竹頭崎・凍仔腳・梅仔坑・大莆林・過溪庄等地、㈢澮水溪・番仔山・九重橋各地皆是鐵國山抗日戰士出沒之地、㈣一八九七年三月南投方面的憲兵警察屢遭抗日戰士所擊斃、㈤同年七月員林皮仔寮警察派出所遭襲擊、㈥同年六月六甲辦務署被襲擊、㈦同年十月二林路口厝警察派出所警察八人被擊斃、番挖警察派出所被襲擊等、皆是鐵國山抗日義民軍打游擊的一部份（參閱「警察沿革誌」第二編中卷 p.442, 518　「台灣省通志稿」卷九 p.51）。

旋至一八九七年（明治三〇年、光緒二三年）十一月、柯鐵再聚集舊部屬的抗日義民六〇〇餘人、據於林內的觸口山、準備恢復大規模的抗日作戰。日軍獲悉此消息後、乃在十二月十二日先下手進攻該地。抗日軍因敵不過日軍猛烈的砲擊、柯鐵以下負傷者五六人、才再退入深山、使日軍遂在十四日佔領觸口山基地。

一八九八年一月、柯鐵再召集抗日義民七〇〇餘人、並與林發・劉德杓等首領取得連繫、重新據於大鞍庄。三月九日、日軍派遣步兵第四聯隊於林杞埔、從三面圍攻大鞍庄。大鞍庄雖然位於斷崖絕壁之上、但敵軍火力猛烈、所以柯鐵等只得向南後退散入深山、其後、鐵國山抗日戰士時常出沒於林杞埔・南投・東勢角等地打游擊、皆使日軍防不勝防。

Ⅳ　柯鐵等抗日軍首領上當投敵——一八九八年（明治三一年、光緒二四年）二月、新任總督・兒玉源太郎及政務長官・後藤新平到任後、決定從同年十一月開始對中南部（台中・台南二縣）抗日義民軍的「**軍事大掃蕩**」、同時在另一方面、擬以兼施欺瞞的「**招降政策**」。

台中縣的「**大掃蕩**」乃是自同年十一月十二日開始、至二十三日終止。在這一二天之間、據總督府的統計：㈠被殺戮者二二八人、㈡被捕三二四人、㈢所獲槍枝五二枝（參閱「參事官長より民政長官への報告」一八九八年十二月—東京市政調查會修藏〃後藤新平關係文書〃台灣民政長官時代、七八）、實際上當然是遠超過這數目。

台中縣知事・木下周一爲了進行對抗日義民軍的招降工作而盡量利用各地的辦務署參事・總理・庄長等地方御用紳士、在一八九八年中被利誘而上當投降者共有九三二人。鐵國山舊首領、張大猷也於十二月十六日下山投降。

台中縣知事再命辜顯榮及嘉義的林武琛、斗六街的吳克明・鄭芳春等御用紳士、勸誘柯鐵下山出降。柯鐵提出了一〇項要求：㈠設立「**治民局**」於雲林斗六街、必得由台灣人主持、再用一日本人管理、㈡把鐵國山歸返柯鐵、不許日軍駐防雲林地方、㈢同意柯鐵・張呂赤・賴福來・黃才等保有軍隊、藉以保護人民、如日本官吏有事要交涉、只用文書、不得面決、㈣同意柯鐵等抽收九一稅以充軍費、㈤柯鐵等統領軍隊志在保國、日軍不得與其相爭、㈥柯鐵等議和之後、擬調兵在山地保民、誓不爲非、恐有挾前怨而揑詞向日本當局控訴者、務必把訴狀繳予治民局、由主持官查實、不得派遣軍兵圍捕、再生不測之事、㈦同意雲林居民使用軍械藉以自防盜賊、㈧雲林界內如有愚頑之人、由柯鐵聯庄格除、㈨講和成立後、如有再控訴前非者、均歸治民局主持處理、不得由日方拷問毒打、㈩講和之後、如在雲林界內能久持安寧、三年之滿、再議條規（參閱總督府警務局「台灣督府警察沿革誌」第二編上卷 p.440）。就是說、柯鐵竟站在戰勝者的立場而提出**講和條件**、這當然不能以統治者姿態欲想欺瞞誘降的日本當局所接受。

翌年一八九九年春、總督府爲了要再進一步的積極進行誘降政策、即委派總督府囑託官白井新太郎爲專任者。白井新太郎乃與總督府陸軍幕僚參謀・澤井同道前往中南部、並會同台中縣知事・木下周一及台南縣知事・磯貝靜藏、磋商有關誘降工作。磯貝靜藏就擬定「**歸順土匪處置法**」、就是㈠縣知事有權釋放被捕的投降者以施寬大政策、㈡投降者必得每月到辦務署・憲兵屯所・警察派出所備案一次、㈢投降者轉往住所及旅行外宿時、必得從辦務署等預先取得許可證、㈣辦務署務必常備一份「**歸順者名單**」、以資加以監視・臨檢・觀察等。以上經過總督府批准後、即移諸實行、換言之、抗日首領雖然是已投降總督府、但仍以罪犯而受到監視與檢驗（參閱「台灣總督府警察沿革誌」第二編上卷 p.518）。

由於「**大掃蕩**」（一八九八年）後、中南部的抗日首領逐漸變爲四大主流、即：㈠雲林地方「**四大頭**」（柯鐵・張呂赤・賴福來・黃才）、㈡溫水溪地方的黃國鎮・林添丁、㈢十八重溪地方的阮振、㈣鳳山地方的林小貓、所以總督府乃想盡辦法要向這四大主流進行再進一步的掃蕩工作、並兼施欺詐的「**懷柔利誘政策**」、其結果、在這掃蕩與利誘兼施之下、下山出降者日益增多、一八九九年中、僅在台南縣就有投降者二千一〇八人。與柯鐵等有特別關係的黃國鎮・林添丁也在同年三月投降日軍。

就在這種險惡的情況之下、雲林的「**四大頭**」、終在一八九九年三月二十三日、投降於總督府派來的白井新太郎。總督府乃接受了柯鐵等所提的投降條件、就是㈠爲自衛及維持治安、允許四大頭各保有三〇人的部屬、㈡總督府每月發給四大頭各三〇圓、部下一二〇人各一〇圓、㈢撤退駐鐵國山的日軍守備隊、把此地還給柯鐵。雖然雲林地方的四大頭已經投敵、但仍然保有一定的武裝力量、且尚存槍枝六〇〇挺及子彈三〇〇萬發、柯鐵的部下六〇人、其勢力以雲林地方爲中心、南至嘉義東堡四九庄、北至台中葫蘆墩（豐原）。張呂赤・賴福來・黃才也各據一方、以溪州・打貓・斗六爲各個的勢力範圍（參閱台灣總督府警務局「台灣總督府警察沿革誌」第二編上卷 p.442）。

本來是名響全島的抗日英雄、卻因貪圖一時的榮華富貴而淪落爲一小地方的御用紳士、變成帝國主義的幫兇。觀諸當時抗日的動機、無非是因爲具有強烈的**排外心**（台灣人意識的歷史屬性、也就是台灣近代民族主義的雛型）及對於日軍的燒殺暴行的**仇恨心**、但因時代環境爲要接受近代解放思想（民族解放與階級解放）尚早、所以未能做到有意識並立場堅定觀點正確「**現代革命**」的地步。因此、當置身於孤立無援形勢險惡之時、一受到敵方的甜言及利誘、就容易放棄「**與台灣共存亡**」的本來的大義、而向敵俯首稱臣。這點不但是雲林地方的四大頭、就是當時初期武裝抗日的諸首領都有的傾向、乃是跟清朝時代的朱一貴・林爽文等諸先烈的「**抗戰到底、視死如歸**」的心志大不相同。

他們投降後、受到外來者的飼養、卻持有不應得的各種特權來魚肉台灣同胞、於是、從來是擁護他們的英勇抗日而慷慨解囊或任其征糧抽稅的一般台灣人大衆、從此以後就無不對他們感到反感。

尚且、他們以爲日本帝國主義者是會把他們當做自己人一樣的以禮相待、其實卻相反、這不外乎總督府爲要消滅抗日軍的頭一個步驟而已、等到他們爲名利相爭、民心離反而逐漸走向沒落之時、即以斬草除根的手法將他們消滅殆盡。

V　總督府以欺瞞的手法來誘殺歸順者——柯鐵投敵後、於一九〇〇年（明治三三年、光緒二六年）二月、因患重病不治而死。其後的統領地位由簡水壽繼之。

柯鐵死後、斗六辦務署長・山形脩人看到雲林地方的舊有抗日勢力日趨沒落、乃與台中縣警務部長・小林三郎、第二旅團長・山中信義協議擬以趁機將他們消滅。於是、一九〇〇年五月、編成軍憲警混合部隊、以歸順者不守規律爲藉口、突然襲擊張呂赤・賴福來・黃才・劉榮・陳提・簡水壽等原屬鐵國山的抗日首領、但除了擊斃黃才及一〇〇餘人部屬之外、並未得所期結果。斗六辦務署參事・張大猷再次被捕、但不經多久、他即脫獄逃入山中、再起抗日。因此、以雲林地方爲中心的台中縣下各地義民、遂再次起來連合抗戰。㈠一九〇〇年十月林杞埔的陳賜・陳子寥率領義民二〇〇餘人、與來攻的日軍戰於樟湖山、陳賜等多數義民皆戰死於此。㈡一九〇一年二月、據於台中近郊頭汴坑的苗栗罩蘭人詹阿瑞及其胞妹詹阿荅、連合賴阿來・莊錄・陳阿金等義民三〇〇餘人、採取迂迴戰術而逸過山間險路、襲擊大墩街（台中市）、一隊攻擊衛戍病院、一隊攻擊北門砲兵隊、再一隊乃攻入大墩街北端、焚燬日人妓女院、居民多數起來助戰、與日軍市街混戰數小時之後、即退入汴坑山內。㈢一九〇一年六月多數義民襲擊崙背辦務署並殺死警察七人、然後退入觸口山。㈣一九〇一年八月、原鐵國山首領張呂赤・張呂莿・張呂良等三兄弟率義民百餘人、襲擊北斗辦務署沙河崙支署、與日軍交戰後退入山中（參閱「台灣總督府警察沿革誌」第二編上卷 p.412, 445, 448, 452　「台灣省通志稿」卷九 p.56）。

總督府鑑於各地的抗日義民前仆後繼、終無止境、乃命斗六廳長・荒賀直順、會同斗六守備隊長及斗六憲兵分隊長、擬以詐術向抗日義民誘降而後殺害之。於是、斗六廳長即利用斗六廳參事李昌・林月汀・吳克明・西螺區長廖璟琛・勞水坑區長張水清等御用紳士勸誘抗日首領下山投降。張大猷・張呂良・劉榮・陳提・鐘佑・張雍・張金環・李汝漢・吳文枝・劉文吉・劉安貞・李榮・莊榮・廖璟琛・張水清・徐才端等各地抗日首領、因被切斷糧道而陷於苦境、以致受御用紳士甜言勸誘遂相繼下山出降（參閱台灣省文獻委員會「台灣省通志稿」卷九 p.58）。

於一九〇二年（明治三五年、光緒二八年）五月二十五日午前九時、擬在斗六・林杞埔・崁頭厝・土庫・他里霧・下湖口等各支廳同時舉行所謂的「**歸順典禮**」。斗六廳長・荒賀直順及警務課長・岩元知乃受了總督府上級的命令、已在各地典禮會場的周圍埋伏機關槍隊、等到典禮完畢、日本官員皆先退場後、命令一下、機關槍立即開始掃射。這樣、在各地的歸順典禮會場計有張大猷等二六〇人的抗日首領及戰士、皆在無抵抗中飲恨被殺戮。翌日、協助了日本當局而誘騙抗日首領降敵的西螺區長廖璟琛・勞水坑區長張水清等御用紳士一五人也以通諜的罪名而全被槍斃。只有簡水壽一人因見情勢不妙、乃乘機逃脫才免被殺害（參閱台灣總督府警務品「台灣警察沿革誌」第二編上卷 p.451, 458, 461）。

其後、總督府再命斗六廳編成軍警混合部隊、並下令參事吳克明・林月汀召集台灣人壯丁二千人、再次搜索抗日義民、至同年八月共殺所謂「**抗日嫌疑者**」四八八人。尚有張呂赤・張呂莿・賴福來・蔡三等首領、自始便懷疑日人的詭計、所以始終不肯出來投降、這些人後來皆逃亡大陸。其他、未肯自首的簡水壽・陳旺・黃傳枝等也相繼被警察捕殺之後、雲林鐵國山系統的武裝抗日才見消熄（參閱「警察沿革誌」第二編上卷 p.463, 475　「台灣憲兵隊史」p.283）。

⑹ 嘉義黃國鎮・阮振等的武裝抗日

台南縣以嘉義為中心、阿里山山脈（前山山脈）縱貫南北、其東面的內山地帶更是緊接三千公尺高峰聳天的中央山脈、山岳溪谷與斷崖絕壁參差其間、這乃是南部抗日義民軍絕好的作戰基地。因此、該地區的居民幾乎是從初就奔走抗日、以致義民軍經常四起且頻繁出擊西部平原的嘉義地方、並延至下淡水溪下游的鳳山・阿緱地方。在這南部地區最盛名的抗日首領即有：㈠溫水溪地區的黃國鎮・林添丁・李欺頭、㈡十八重溪地區的阮振、㈢蕃仔山地區的陳發・蔡愛、㈣鳳山下淡水溪左岸地區的陳魚・郭騰・簡慶・魏開・張石定、㈤鳳山下淡水溪右岸地區的鄭吉生、㈥阿緱地區的林小貓等、並且各地首領皆保有密切的連繫、竟使守備南部地方的日軍當局顧此失彼而疲於奔命。

Ｉ　黃國鎮結集各地首領起來抗日——溫水溪後大埔羗仔寮的黃國鎮、生來好俠善鬥、有勇有謀、因激憤日本侵略台灣、乃在一八九五年十二月、即全島被日軍佔領後不出二月、就招請後大埔的葉裕、竹仔林的李烏貓、三界埔的張德福・張頭筐、南門外街的許萬枝、白芒埔的陳貓甓・陳祥、枋仔林的陳蕃仔・赤蘭埔的黃乞食、二佃的何唉、大士烏的葉通等、一二人歃血爲盟、立誓抗日、並結拜爲異性兄弟、稱爲「十二虎」、一時聲勢大振。翌年一八九六年一月再開第二次盟會於溫水溪庄字頂厝、到會者一二虎之外、尙增有大槺榔堡蒜頭庄的黃貓騫・蔡進發・蔡來成・同堡田尾庄的陳豬屎等三〇〇餘人。同年二月又開第三次盟會、再邀請內埔的郭金水・李欺頭參加、同時決定日期圍攻被日軍佔領的嘉義城。

黃國鎮如此按部就班的結集了各地首領、並醞釀抗日士氣之後、即於一八九六年（明治二九年、光緒二二年）七月十日召集溫水溪地區的各地抗日義民、並連合了十八重溪橫山的阮振、共率義民軍八〇〇餘人、大舉圍攻嘉義城。守城日軍適在雲林被鐵國山抗日軍所打敗、所以一聞抗日軍來攻、莫不心驚膽跳、即退守城內。黃國鎮率領抗日軍團團圍住嘉義城至五天之後、才被日方援軍敗於八掌溪邊、於七月十五日、使各軍化整爲零、散歸於溫水溪的抗日基地（參閱台灣總督府警務局「台灣總督府警察沿革誌」第二編上卷 p.480）。

黃國鎮撤回後大埔之後、一意竭力於擴張活動範圍及鞏固抗日基地、結果、至一八九七年一月、竟把嘉義東堡（山地）的四九個村庄完全控制於勢力範圍之內、組織聯庄自衛、支配了各村莊的總理庄長等地方士紳、並透過他們征糧抽稅以充軍餉武器。黃國鎮所率領的抗日義民軍、乃跟當時各地的抗日義民軍同樣、與地方居民具有極爲密切的連帶關係、抗日軍大部份的成員、皆是農民、平時在家耕田種地、一旦有警即拿起槍桿而戰。黃國鎮等待所率抗日勢力壯大之後、乃改元「**大靖**」、並自稱為皇帝、經常率領抗日義民軍出擊於嘉義地方、竟使日方各地的憲兵警察一聞警報、莫不驚慌失措而忙於備戰。當時的嘉義縣知事・小倉信近連忙向駐守台南的日軍第三旅團請求派來一大隊、於八月十二日掃蕩溫水溪地區、擊破了各處的抗日據點。黃國鎮利用險要的地理與敵周旋、遂見機逃出重圍、部屬的抗日義民皆逃散於山中而避過日軍瘋狂的燒殺。日軍因地理不熟而不敢深追、乃在翌月九月二日退守嘉義（參閱台灣憲兵隊「台灣憲兵隊史」p.316）。

一八九八年（明治三一年、光緒二四）二月、第四代總督・兒玉源太郎到任後、於六月改正台灣地方官制、但嘉義已廢止縣政、改隸台南縣。黃國鎮立即抓緊機會、放出了「**日本將放棄台灣**」的風聲、竟使嘉義地方的民心漸起變化。同年五月黃國鎮乃連合內埔的郭金水及凍仔腳的林添丁等、趁此襲擊北港埔姜崙等各地的警察派出所。同年九月黃國鎮與林添丁、各率抗日義民一〇〇人、合攻嘉義東保三層崎、擊斃了日軍指揮官千葉少尉以下一六名、而後退回各基地。又在同年十月當總督府開始徵收「**地方稅**」（地租附加稅・戶稅及其附加稅等）之際、黃國鎮看出台灣人的不滿、即動員一般百姓參加襲擊店仔口辦務署（十月二十日）・店仔口竹仔門警察派出所（十月三十日）・鹽水港辦務署（十一月三十日）等（參閱「警察沿革誌」第二編上卷 p.486, 489）。

Ⅱ　總督府的大掃蕩與欺詐誘降——如上所述、總督府一八九八年十一月在台中・台南二縣開始軍事大掃蕩、台南縣即自十一月二十五日至十二月二十七日之間、日軍第三旅團會同第十憲兵隊及各地警察署、「**討伐**」了嘉義・曾文溪・溫水溪・十八重溪・蕃仔山・下淡水溪左岸等各地區。據總督府的統計：㈠被殺戮者二千〇五三人、㈡被捕二千〇四三人、㈢被焚燒民房五千八一三家、㈣被獲槍枝一千一七四枝（參閱「參事官長より民政官への報告」一八九八年十二月—東京市政調查會修藏〝後藤新平關係文書〞台灣民政長官時代、七八　其他資料）、可見總督府在台南縣所施展的燒殺暴行是何等的殘酷及徹底。其中、對阿公店的大屠殺大焚燬最為殘忍、這被當時的人稱為「**阿公店大虐殺事件**」。此時、黃國鎮於十一月末日受到日軍的圍攻、在後大埔與敵交戰後、突破重圍、始免被殲滅、阮振也同樣突圍自逃。

總督府在另一方面、自一八九九年初再開始其慣用的誘降故技、在這一年中僅在台南縣受騙投降者竟達二千一〇八人。黃國鎮之父黃響及阿公店的陳魚也包括在內。於同年二月總督府派事務囑託官・白井新太郎前來嘉義、命黃響及石碄庄長・林烏毛誘降黃國鎮。黃國鎮即出了一些條件：㈠任命黃響為後大埔的庄長、㈡支給四〇人部屬每人每月八圓、㈢撤退駐守後大埔的守備隊與憲兵隊等。總督府下令白井新太郎接受這幾個條件之後、在同年三月黃國鎮・林添丁等才下山投降（參閱台灣憲兵隊「台灣憲兵隊史」p.385　「警察沿革誌」第二編上卷 p.422, 466）。

十八重溪的阮振也同樣在三月、提出條件即：㈠設置「**保安局**」、由台灣人處理地方行政、㈡把前大埔一帶為保安局的保護地區、㈢同意阮振保有一〇〇人部屬、每人每月支結六圓補助金、㈣分給槍枝・子彈、㈤由阮振負責保護地區內的治安、㈥投降後、如有人控訴阮振等、務必交給保安局處理、日本當局不得加以干涉、㈦撤退駐防前大埔的日軍守備隊、㈧不問保護地區居民的前非、㈨保護地區居民因日軍的燒殺・掠奪所受損失略達一萬四千圓、務必由日本當局補償、㈩出示招回逃散的居民、以便防止田地荒廢等。總督府除了不允許設置保安局之外、其他的條件皆表示可以接受。於是、阮振乃在同年四月投降於前大埔警察派出所。當然、這也和誘降鐵國山首領同樣、不過是總督府一時的欺詐手段而已（參閱「警察沿革誌」第二編上卷 p.524　「台灣憲兵隊」p.386）。

Ⅲ　黃國鎮・阮振等再次起來抗戰——店仔口大客庄的殷戶陳尚義、素來富有俠義心、在嘉義・

台南地方的抗日首領之間、頗有信譽。另一方面、台南縣日本當局也爲了想籠絡他、仍任命他爲壯丁團長、並任命其子陳曉峰爲辨務署參事。其後、日本當局因懷疑他在私底下串通抗日義民軍、以致搜捕他的一些重要部屬。爲此陳尙義即連絡黃國鎭・阮振・黃茂松等抗日首領、擬攻台南縣下的各地支廳、欲想劫回被捕的同伴。於是、在一九〇一年十一月二十三日、黃國鎭・林添丁等雖已投敵、並各在後大埔及凍仔脚過著耕田種地的生活、但也聯合十八重溪的阮振（也已在土地公坑從農）・雲林的賴福來・天公會的劉榮・陳提・黃茂松・簡水壽・陳堤・簡施玉・葉德生・周岱等諸首領、並由黃茂松爲總指揮、率領義民軍五〇〇餘人攻入樸仔脚支廳、擊斃支廳長・郵便局長・日人醫生以下一〇多人。抗日義民軍佔領樸仔脚一〇幾個小時之後、因日方援軍趕到、才退出該地而向應菜埔方面散去（參閱「警察沿革誌」第二編上卷 p.548）。

Ⅳ　總督府再施展騙術誘殺黃國鎭等抗日首領——一九〇一年（明治三四年、光緒二七年）十一月、總督府再次著手改革官制、在民政部底下新設「警察本署」、使之專管全島的警政、並在地方官制上廢止縣底下的辨務署制度、重新把台灣劃爲二〇廳的行政地區。

樸仔脚事件發生後、總督・兒玉源太郎及民政長官・後藤新平、爲了根除溫水溪及十八重溪的抗日義民軍、特派新任的警察本署署長・大島久滿次前往嘉義、召集嘉義・鹽水港・台南・蕃薯寮的四廳長與第三旅團及第十憲兵隊各級幹部共同協議的結果、決定了：㈠據於山地的黃國鎭・林添丁・阮振等抗日首領擬以軍隊消滅之、㈡居住於平地的陳尙義等抗日首領以警察把其一網打盡。於是、同年十二月三日晨、日軍分三隊、同時進襲後大埔的黃國鎭・凍仔脚的林添丁・十八重溪的阮振。黃國鎭・林添丁接報即率領義民三〇〇餘人迎戰於竹頭崎、擊斃不少日軍、而後分返後大埔及凍仔脚。阮振得報事先逃脫。但翌年一九〇二年三月黃國鎭等遂被再度來攻的日軍擊斃於後大埔。同年四月林添丁等同樣被日軍所指使的御用紳士林武琛・鄭蘭香誘殺於生桐腳、阮振等也被斬殺於店仔口支廳。另一方面在平地、同在一九〇一年十二月三日、店仔口大客庄的陳尙義・陳曉峰父子、噍吧哖口霄里庄長・張添壽、六甲官田庄・胡細漢等抗日首領盡被殺害。不經過多久、嘉義等台南地方主要的抗日首領皆遭難於日軍的大掃蕩之下。其他、上了日軍誘騙之毒計而被殺戮的抗日首領及義民、就有林大頭・林福來・黃透・陳登發・潘萬力・陳有忠・林枝・陳臭・王壽・陳慾・田廷・簡施玉等。這樣、至一九〇二年五月爲止、嘉義・台南方面的抗日義民軍不問已投敵與否、幾乎盡被消滅（參閱台灣總督府警務局「台灣總督府警察沿革誌」第二編上卷、一九三八年 p.546, 564, 572, 596　兒玉源太郎「台灣南部土匪討伐報告」一九〇一年—東京市政調查會修藏〝後藤新平關係文書〞　台灣省文獻委員會「台灣通志稿」卷九抗日篇 p.77）。

(7)　嘉義蕃仔山陳發・蔡愛等的武裝抗日

溫水溪南邊的蕃仔山・九重橋方面地勢非常險要、自一八九五年起是陳發的抗日基地、他統領了三、四〇〇抗日義民、時常出沒於麻豆・六甲方面、襲擊日方守軍。同年十一月、日軍因屢受陳發愚弄、所以派遣大隊攻入蕃仔山、然而、陳發早已率部屬退入深山。後來、陳發當與溫水溪的黃國鎭一起作戰時、竟在一八九六年二月被日軍捕殺。陳發被殺戮後、蕃仔山抗日義民軍乃歸蔡愛・蔡雄統領。一八九七年春、蔡愛計劃襲擊警察派出所、但噍吧哖日軍的守備隊得報後即編成大隊進攻蕃仔山、卻因山內無人、終無所獲。日軍遍查該地居民、但無一人肯告實情、偶有抗日義民一人被捕、他被拷問抗日軍的去向時、這英勇的抗日義士竟將頭顱碰大樹而壯烈就義。同年年底、日軍準備再度攻入蕃仔山、蔡愛先探悉情況之後、即伏兵於王爺宮突襲來攻的日軍、但因日軍改用大砲轟擊、抗日軍才退避內山、其後、蔡愛等再盤據於蕃仔山、經常出沒於麻豆・六甲方面打游擊與敵周旋。到了一九〇〇年、田廷・胡細漢等抗日義民軍數百人再據蕃仔山、同年日軍第三旅團司令部（駐台南）分七路進攻蕃仔山、抗日義民軍據守險要、並費了一個月的時間將來攻的日軍各個擊潰於水流東・九重橋・王爺宮・嗎吧哖・茄萣溪。六甲・湖山等地。後來因台南縣下的抗日勢力逐一被日軍消滅、以致蕃仔山的抗日義民軍也逐漸四散而消熄（參閱「台灣省通志稿」卷九 p.52, 60, 75）。

(8) 鳳山阿公店魏開・陳魚等的武裝抗日

南部抗日首領鄭吉生於一八九六年（明治二九年、光緒二二年）七月十四日、邀集得力的抗日同志陳魚・林春・郭騰・黃國成・簡慶等共率五、六〇〇抗日義民據於鳳山港東下里、時常出擊日軍的電信隊・營宿等。同年五月十三日陳魚再聯合魏開・黃臭・張石定等、據於觀音山抗日基地、擬率抗日義民軍三〇〇餘人攻入楠梓坑及阿公店、但日軍卻先來攻觀音山、被抗日軍擊斃數人而退守楠梓坑。同月二十五日、據坑仔庄的黃臭等百餘抗日義民、再攻鳳山大樹腳的日軍守備隊、殺一〇餘人後才返回坑仔庄（參閱「台灣省通志稿」卷九 p.61）。

旋至一八九八年（明治三一年、光緒二四年）、諸抗日首領即下淡水溪左岸的陳魚・楠梓坑山豬窟的魏開・坑仔庄的黃臭・張石定等實現大同團結、並據於下淡水溪左岸的阿公店方面、各自率領抗日義民堅持抗戰、即：㈠同年三月魏開等襲擊阿公店辦務署、㈡四月陳魚攻阿里港、受和尚寮憲兵分遣隊及御用紳士的夾攻而敗退內山、㈢五月以後陳魚・魏開・黃臭共率抗日義民二〇〇餘人、與水哮庄的方清・方發等相互聯繫而打游擊於台南・鳳山之間、㈣九月魏開・陳魚・黃臭共率抗日義民二〇〇餘人突襲阿公店、圍攻日軍守備隊、但因鳳山的日軍趕到、遂被擊退、㈤十二月魏開・陳魚等連續襲擊各地的日方官廳、即二日攻彌陀警察派出所、三日攻赤崁警察派出所、十一日襲擊阿蓮警察派出所、㈥

同在十二月十四日、魏開率抗日義民四〇〇人、擬攻台南縣半屏右沖庄、進至仁壽下里援巢庄、不料、與日軍相遇、交戰的結果、魏開及抗日義士二七人都戰死於此（參閱「警察沿革誌」第二編上卷 p.503「台灣省通志稿」p.66）。

隨後、日軍派大兵在阿公店開始上述的「**一八九八年大掃蕩**」。於是、陳魚等共率百餘人抗日義士、在二十日晨與「**討伐隊**」戰於阿公店近郊、同晚再夜襲日軍、而後化整爲零、分爲少數人的多數部隊與敵周旋。日軍「**討伐隊**」顧此失彼、被抗日軍愚弄得疲於奔命、老羞成怒、終於大肆殺戮無辜百姓並廣燒民房。因爲日軍所施展的橫暴獸行太過於殘酷、燒殺太多、以致引起內外報紙的抨擊、而被稱爲「**阿公店大虐殺事件**」。到了一九〇二年台灣整個抗日戰線漸趨消沈、阿公店方面的抗日勢力終告消熄（參閱「台灣總督府警察沿革誌」第二編上卷 p.503-512　「台灣省通志稿」卷九抗日篇 p.66, 69）。

⑼　鳳山阿緱林小貓等的武裝抗日

下淡水溪左岸觀音內里田寮的抗日首領鄭吉生、於一八九六年（明治二九年、光緒二二年）七月、率領有力同志林春・陳魚・黃國成・郭騰・簡慶・劉榮・張輝貫・張和尚・張大經等抗日義民一千餘人、擬先於下淡水溪截劫日方軍糧、然後再攻鳳山、但皆未成功、以致不得不放棄下淡水溪左岸的抗日基地、而渡河到右岸的阿緱・潮州方面、化整爲零、繼續與敵周旋、並在同年年底、以優勢的抗日軍屢敗日軍於阿緱・鳳山各地。鄭吉生於翌年一八九七年一月再攻鳳山之後、於同年二月、因所持槍械走火自傷腳部而出血過多、不幸死於頂營庄、殘餘抗日義民失去首領後即潰散四方。此時、同樣活躍於阿緱・潮州的抗日首領林小貓、乃收拾殘局、再召集鄭吉生的舊部並繼承了他的遺志而堅持抗日（參閱「台灣總督府警察沿革誌」第二編上卷 p.497）。

圖42　台灣南部武裝抗日圖

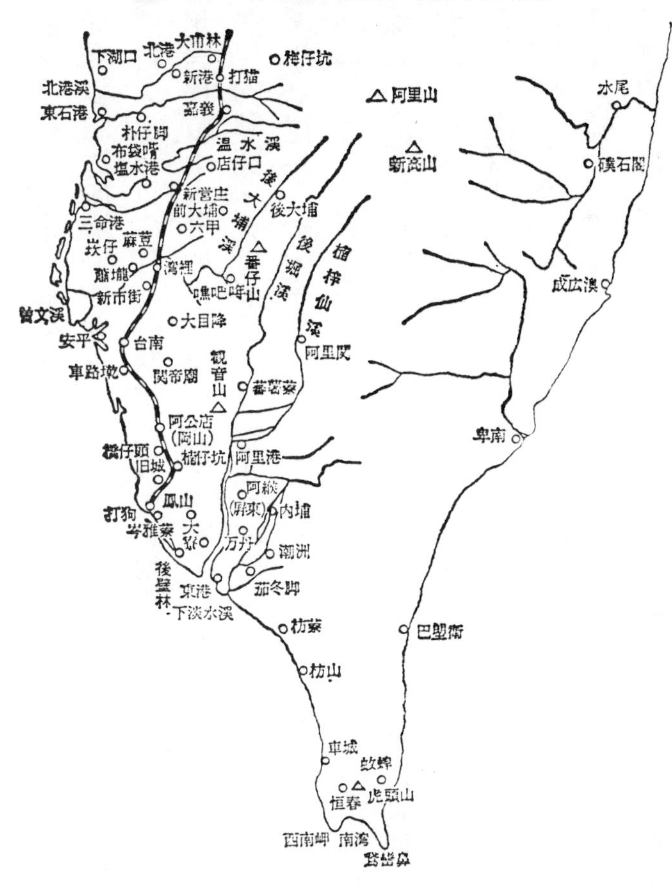

林義成別號林小貓、祖居阿緱。日本佔領台灣後、林小貓憤然起來武裝抗日、自一八九五年即召集義民而經常戰於阿緱・潮州之間。林小貓自承繼鄭吉生的遺志後、更爲堅強的與敵作戰、他與北部的簡大獅及中部的柯鐵竟被稱爲「**抗日三猛**」、使日軍一聞林小貓率隊來攻莫不心驚膽戰。

Ｉ　一八九七年襲擊阿緱・潮州等處——鄭吉生死後不到三個月、林小貓就聚集其殘部作戰於阿緱・潮州各地方。就是㈠四月二十五日晨、率抗日義民四〇〇餘人圍攻東港日軍營房、同日黃昏時又再率領三〇〇餘人襲擊潮州憲兵屯所。㈡九月十三日率領二〇〇餘人攻阿緱憲兵駐屯所。㈢十月林小貓又召集黃布袋・吳萬興・廖泉・廖角・鄭家定等各地首領、共率義民四〇〇餘人、正擬進攻鳳山時、日軍先制來攻、所以攻城之事遂未見實行。㈣十一月襲擊內埔辦務署及警察署、擊斃了警察數人而後退散（參閱「警察沿革誌」第二編上卷 p.497, 500, 502　「台灣通志稿」卷九 p.70）。

Ⅱ　一八九八年十二月二十八日攻佔潮州城——本年年底日本當局雖然派遣大軍進行「**大掃蕩**」、然而林小貓不但未有絲毫退縮、而所動員的人數反比以前還多、作戰規模也更爲龐大。再就是因總督府從今年開始加徵「**地方稅**」以致引起百姓普遍的不滿、所以鄰近的鄉村皆自動起來協助抗日。林小貓四月二十三日率二〇〇餘抗日義民襲擊東港辦務署之後、十二月二十七日又率二〇〇餘人、且得到潮州居民數十人參加、一起再襲擊阿緱、從拂曉與日軍戰到日暮、未克而退。翌日二十八日再獲到更多居民的參加、竟變成民衆大起義、如中萬巒庄・五溝水庄・新北勢庄・鳳山厝庄・九塊厝庄・打鐵庄・小勢尾庄・竹圍庄等居民、皆由各庄長率領而一致奮起、客家人即以五溝水庄長林天福爲總指揮、與福老人並肩作戰。萬金庄・赤山庄・清仔墘庄等原住民系台灣人也奮勇參加。這些義民共有一千餘人、浩浩蕩蕩的擁至潮州城外、協助林小貓等抗日義民軍攻擊潮州城。此役乃分成四隊、林小貓攻北門、林天福攻東門、劉安記攻西門、吳老漏攻南門。日軍以猛烈的火力防戰數小時之後、軍憲警集合在一處擬死守。抗日義民聯合軍攻進城內後、在辦務署打死署長、並焚燒辦務署及憲兵屯所。日方雖然屢從萬丹等處派兵來援、但皆被擋截於途中。約在三十日夜半、從鳳山派來混成大隊才趕到、抗日義民聯合軍與其交戰數小時後、因敵我火力懸殊、才退散各處。總督府在翌日三十一日乃派大兵對於潮州一帶的三〇幾村庄加以大搜索大掃蕩（參閱台灣總督府警務「台灣總督府警察沿革誌」第二編上卷 p.512　台灣省文獻委員會「台灣省通志稿」卷九抗日篇 p.67　台灣憲兵隊「台灣憲兵隊史」p.377）。

Ⅲ　一八九八年十二月二十九日圍攻恆春城——因總督府自本年十一月起派大兵於中南部各地開始「**大掃蕩**」、以致各地的首領皆率領部屬逐漸南下、暫時蝟集於恆春的馬公古庄。林小貓乃飛檄號召此地抗日義民軍起來繼續抗戰。於是、以盧松元・陳福得・薛崎之等當地的首領爲中心、聚集抗日義民一千餘人、於同年十二月二十九日圍攻恆春城。日軍退守城內、並以猛烈砲火反擊抗日軍。抗日軍乃佔領城外的虎頭山要地而奮勇作戰。台南日軍第二旅團聞警、即以「凱旋丸」登載援兵從安平開抵車城、援兵從此登陸而行軍趕到恆春、同時守軍也出城夾擊、於是、虎頭山被授軍奪回、抗日義民軍前後受敵、即在二十一日解圍退散（參閱「台灣省通志稿」券九抗日篇 p.68）。

Ⅳ　總督府誘騙林小貓等——如上所述、總督府自一八九八年改變政策而兼施「招降」、先在北部進行、次之在中部同樣實施、柯鐵・黃國鎮等抗日首領義民戰士已在一八九九年三月受騙投敵。總督府同時在南部也照樣扮演、一方面派遣大兵進行掃蕩、另一方面卻派來專管招降事宜的總督府事務囑託官・白井新太郎及台南縣囑託官・富地近思等人、並命打狗的富商陳仲和・鳳山街長陳少山・鳳山富商林璣璋・台南縣參事許廷光・阿緱辦務署參事蘇雲梯等御用紳士進入加禮山向林小貓勸降。林小貓正在山中準備攻敵、對勸降之事毫不爲所動。然而、日本當局欲想誘騙林小貓頗費心機、再三透過御用紳士以甜言與利誘加以勸說。林小貓在前無救兵後無糧餉的窘境之下、才在一八九九年四月提出十條要求、這要求大體上被日本當局所接受、並由阿緱廳發給所謂「十大要求准許書」後、遂在五月二十日率領部屬下山降敵。被准許的所謂十大要求即是：㈠同意林小貓居住於後壁林、㈡對開墾後壁林荒地免除繳稅、㈢日本官吏不得往來後壁林、㈣部屬如有犯罪、可提訴於林小貓、日方不得擅自搜捕、㈤該地方如有犯罪者、由林小貓逮捕交官、㈥同意林小貓等攜帶武器、如有誤被日方逮捕者、由林小貓交保釋放、㈦保護林小貓以前所保有的債權、並補償被剝奪的財產、㈧不追究林小貓等的前非、如有被捕者當即釋放、㈨日本當局應推誠待林小貓、林小貓亦改過自新、㈩日本當局應支給林小貓補助金二千圓（參閱台灣憲兵隊「台灣憲兵隊史」p.386　「警察沿革誌」第二編上卷 p.52）。

V　林小貓再次起來抗日——林小貓等投敵後、在後壁林專心於開荒土地及經營製糖業、一時家業興隆、生活也頗爲安定。但帝國主義者做賊心虛、不可能信任林小貓、總是經常加以監視並想藉機消滅他以除後患。因此、總督府警察本署長・大島久滿次、在總督・兒玉源太郎及政務長官・後藤新平指使之下、於一九〇二年（明治三五年、光緒二八年）五月二十五日、在台南召集台南・鳳山・阿緱・蕃薯寮四廳長及第三旅團・第十憲兵隊等的幹部人員、密傳消滅林小貓等原抗日義民軍的訓令、計劃先由警察隊突襲林小貓住宅、如不得成功、再以軍隊加以掃蕩。於是、同年五月三十日晨、鳳山廳警察隊的突襲果然失敗、所以待機於後壁林・溪州的日軍大隊立即包圍林小貓的住宅。林小貓雖然知道情勢不妙、但也毫不示弱的出來迎戰。日軍先以大砲轟擊到日暮、然後才衝入林小貓的住宅。不幸、這抗日英雄林小貓遂戰死於自家的前庭、當場死者有男四一人・女二五人・兒童一〇人、屍體遍地、而林小貓的妻子也一同患難。日軍殺了林小貓還嫌不夠、同時在後壁林擊斃了居民五六人、逮捕婦人三二人。其後、總督府在鳳山・阿緱二廳的管區內繼續警察搜索及軍隊掃蕩、自五月三十日至六月四日、假藉抗日義民嫌疑犯的罪名殺了三二〇人、其他、以所謂「**臨時處分**」名目而殺害者不可計數。曾在攻潮州城時擔任居民起義總指揮的林天福、他雖已投降但也在被殺之內。與林小貓有親交的溪州富戶楊寔、壯丁團長林漏太・林占魁・及吳萬興・林雄・林生等均被殺害（參閱「警察沿革誌」第二編上卷 p.616-628,　台灣省文獻委員會「台灣省通志稿」卷九抗日篇 p.77）。

以上、是日本帝國主義統治台灣最初期的武裝抗日、乃自一八九五年（明治二八年、光緒二一年）至一九〇二年（明治三五年、光緒二八年）、前後打了八年戰、主要是因：㈠缺乏全島性的**組織**與**領導者**、㈡受時代環境所約制而還未能持有明確的民族革命及階級革命的**政治綱領**、㈢**戰略上**不得不以復仇心或迷信心等封建手法來動員群衆、所以缺乏有效的連繫及堅固團結、**戰術上**迄未有充分的游擊訓練等、因此而終被鎭壓下去。但是、這台灣人抗日義民軍所做的激烈的武裝鬥爭、竟使台灣人大爲提高其民族自覺、同時在另一方面、也使日本統治者傷透了腦筋、他們在惱羞成怒之下、每一次都以大燒殺大恐怖的鎭壓手段來對付這台灣人反抗外來統治的革命行爲。然而、林小貓的戰死竟是台灣人初期武裝抗日的最後一役、由此、帝國主義者才卸下戒心。

但是、除非日本帝國主義放下對台灣的殖民統治、否則台灣人的抗日是不可能眞正被消滅的、這血淋淋的反抗鬥爭依然仍會繼續於後代。

b　農民大衆反抗警察政治與强奪土地

二十世紀的帝國主義諸國當要統治殖民地時、爲了達成其終極目標即**經濟剝削**、已有了共同的一套周密的政策和步驟、就是從強權掠奪「**土地**」下手、先來達成殖民地的「**資本原始積蓄**」、然後再行壟斷「**金融**」及獨佔「**企業**」、而控制其經濟命脈。

日本帝國主義統治台灣的當初、關於這點當然毫不例外、就是在一九〇二年林小貓受騙殉難且初期武裝抗日漸趨平熄後、總督府乃依此宣佈「**治安回復**」、並在確立強權（一八九六年「六三法」成立）・地籍調査（一八九八年）・財政獨立（一九〇五年）・戶口調査（一九〇五年）等各種政治統治的基礎上、頭一個染手的經濟措施不外是以警察強權來呑併「**土地**」。

然而、台灣人大多是以農業爲生活的基本、佔總人口絕大多數的農民大衆、或佔少數的地主階級與農產品加工業者也同樣、都是依靠「**土地**」爲生存手段（生產手段）。因此、這不可缺欠的生存手段如被他人所佔、或農業生產受到蹂躪、其生活立即遭到重大的打擊、甚至陷於破產的深淵。再者、台灣

圖43　中期抗日革命圖

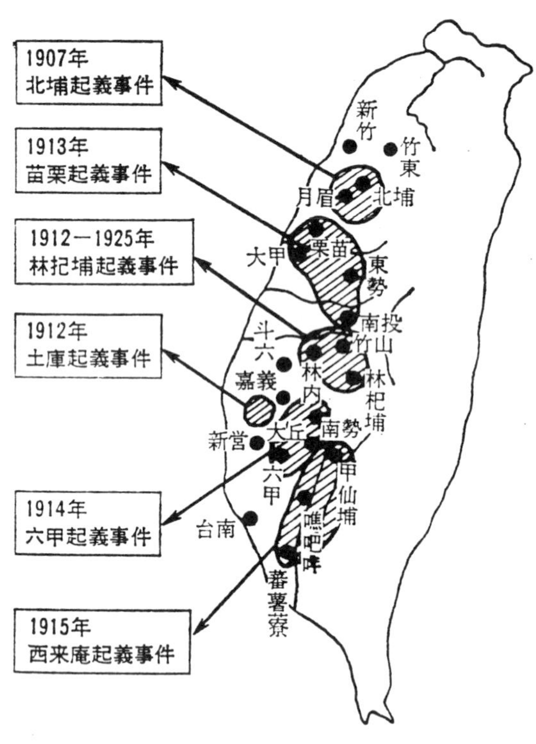

本來就是依靠開拓土地起家的一個殖民地社會、「**土地**」不但是在這生活上佔主要地位、同時也是歷代祖先的墳墓之地、所以台灣人熱愛鄉土的觀念不但不落人後、還勝過有餘。

在這種歷史・社會的環境之下、日本帝國主義以警察強權及資本主義支配來併呑土地及山林、並強奪農產果實、竟迫使台灣農民大衆失去了土地以致生活困苦、終於不得不起來繼續起義反四腳（抗日）。當在此時、總督府在另一方面、對於台灣的地主階級乃是保障其土地及山林的所有、所以地主階級及其附庸的知識份子、對於農民的中期武裝抗日也是始終採取**旁觀**的態度。

(1)　北埔起義事件

日本帝國主義誘殺抗日首領並鎮壓抗日義民軍後、就強佔平地的田園土地、又深入山岳地帶侵佔原住民系台灣人的居住地區、而為「**賀田組**」等日本資本家撐腰來採伐樟樹及獨佔樟腦事業、為此、總督府一方面沿用了清國時代「**以台制台**」的「**隘勇制**」藉以壓迫原住民系台灣人另一方面則苛酷的奴役隘勇・腦丁等漢人系台灣人。

一九〇七年（明治四〇年、光緒三三年）、第五代總督・佐久間佐馬太正在加緊壓迫山地的原住民同胞之時、素以精悍著名的大嵙崁原住民同胞都起來抗戰。佐久間佐馬太把其當爲所謂「**討伐作戰**」的一大障礙、即派遣日軍及警察隊前往鎮壓、但也遭到反擊且傷忙慘重。於是、總督府擬使新竹北埔支廳管內的隘勇赴援大嵙崁、但諸隘勇皆不願前往。

北埔支廳月眉莊的住民蔡清琳、年二七歲、雖然平時好俠喜遊、但他在潛意識中的抗外意識比他人強烈、同時對於總督府警察的橫行霸道也深感憤懣、恰在此時看到隘勇的不滿情緒異常高漲、認爲時機成熟、即散佈清國軍隊將再登陸台灣的風聲、趁機召集了隘湧一〇〇餘人、於同年十一月十四日夜激起抗日起義。蔡清琳乃揭起「**安民**」「**光復中興總裁**」的旗幟、並指揮胞弟何麥賢・何麥榮等隘勇大衆、後來又得到彭阿石等群衆唱義參加、連續襲擊鵝公髻・一百分・長坪頭・加禮山等處的警察分遣所及大平警察官派出所。繼之、於翌日十五日晨、攻入北埔支廳、殺了支廳長以下的日人官員・警察一六人及家眷二四人、其他的日人住民也被殺十五人。

北埔管內的日人幾乎被殺盡的消息由新竹廳報到總督府、總督・佐久間佐馬太、民政長官・祝辰已聞報皆嚇得心驚肉跳、急派台北守備隊一中隊及警察官練習生一二〇人至新竹會同該地警察隊、共赴北埔擬以討伐。蔡清琳率領起義的隘勇・腦丁及原住民同胞二〇〇餘人、已進至水仙崙、企圖直撲新竹城、但在途中遠見日軍整隊趕來、大家急向北埔潰散。蔡清琳乃倉皇近入內山、匿身於大益社頭目・戴太郎（Taitaro）家裡、不幸以散佈虛言爲由被戴太郎所殺。

日軍及警察隊一路未受抵抗而進入北埔及其管內各地、到處搜捕抗日黨人、起義者被殺戮八一人、被迫自殺一〇人、被捕者一〇〇餘人。總督府即開設臨時法院於北埔、何麥賢等九人被判死刑、其他、被處於行政處分者九七人、三人被釋放、在同年十二月二十八日全案才告結束（參閱台灣總督府法務部事務官・秋澤烏川〔秋澤次郎〕「台灣匪誌」一九二三年 p.63）北埔事件因當初的動機尙未鮮明、所以未能得到更爲廣泛的支持而被敵人殲滅、但這不虧是爲台灣人大衆洩憤而成爲中期抗日鬥爭的先聲。

(2)　林杞埔起義事件

從這「**林杞埔事件**」（台灣人方面稱爲「竹林事件」、今之竹山）可以看到、在日本帝國主義統治下、㈠總督府警察爲日本資本的利益而如何殘酷的壓迫台灣農民、㈡總督府當局爲日本大資本撐腰而如何的枉法來顚倒是非、㈢被壓迫被剝削而生活窮困的台灣農民爲主張生存權利而如何的反抗日本帝國主義（參閱 p.644）。

就如上述、早在一八九五年總督府就公佈了所謂「**林野取締規則**」、以無人所有爲藉口而把台灣的山林土地一一收歸官有、而後再放領於日本資本家享用（參閱同章3、p.353）。到了一九〇八年（明治四一年、光緒三四年）、總督府又將日本大財閥三菱株式會社爲採伐製紙原料的竹林而垂涎不已的嘉義・竹山・斗六等廣至一萬五千甲的竹林所有權、以無主山林爲由、從五千五〇〇戶的貧農及小地主的手裡沒收歸爲官有、然後再以「**委託經營**」的名目、放領於剛設立在林內庄的「**三菱製紙廠**」（這就是掠奪殖民地的土地來進行「資本原始積蓄」的典型）、因此該地區的二萬餘人台灣住民不但在刹那間失去了從祖先沿傳下來的該山林的使用權、而且生活立即受到極端的壓迫、所以在其後的一〇幾年皆爲此而爭議不休。像這種所謂林野調查的結果、被總督府編入於「**官有**」的舊屬台灣農民共同使用的山林、竟達一八萬七千甲──（台灣總督府內務局「台灣官有林野整理事業報告書」一九一三年 p.277　矢原忠雄「帝國主義下の台灣」p.216）。

本來該地方的山地竹林、自清國時代就從未有過所謂確定性的所有權、只由附近的庄民僅繳少許稅金即可自由上山採伐、藉以補助日常生活。然而、總督府竟把該山林編入官有林並放領於三菱株式會社後、三菱製紙廠即在警察的強權庇護之下、侵佔該山地並大舉採伐竹木、而僅留一小部份放給該地方的地主及御用紳士、使之成立了所謂「竹林組合」任其自由進入採伐、但卻嚴格的禁止一般的庄民進入採伐、違者都被捕到警察派出所、受盡兇狠的毆打、甚至以竊盜罪問擬。

這竹林問題、因壓迫附近庄民的生活問題愈來愈嚴重、所以大家即向「總督府林野調查會」提出抗議、並要求總督府當局收回該山林而改為放領於從舊時就具有聯帶關係的附近庄民。然而林野調查會卻置之不理、總督府則更為強硬的答覆必得依照所發命令執行、且命令當地警察從嚴取締。因此、庄民的憤懣漸至極點、竟到了一觸即發的地步。

該山林附近的南投廳沙連堡羗仔寮庄、有一個劉乾者、他家道清貧、以卜筮為生、鄉人多尊敬。他對於日本警察欺庄鄉民之事素抱憤懣、並在沙連堡外安庄曾遭受過警察的侮辱、以致被迫退入大安山居住、但有時下山、宿於信徒林逢的家裡、集衆宣傳信仰神佛、並挿入反日言論。

同在南投廳大坑庄中心崙、住有林啓禎者（又稱林慶興）、以農為業、也依靠採竹木而經營製紙業。一九一〇年（明治四三年、宣統二年）四月、有一天、林啓禎照常上山伐竹時、被三菱製紙廠的巡視員所發現、當場被抓到警察派出所、因遭毆打而負重傷。庄民嘩然皆為他打抱不平、林啓禎也把遭警察欺侮之事向劉乾訴苦。劉乾見時機成熟、乃秘密召集有志庄民、藉以神佛的啓示、痛罵日本強佔我台灣並奴役我同胞、同時主張理當對日人有所報復、聽衆皆表贊同。

於是、一九一二年（大正元年、民國元年）三月二十二日、劉乾・林啓禎二人約會於林逢的家裡、來會者另有林慶禎・劉賜・蕭知・蕭漢・黃邱・張祿・楊振添・張桂・林助・林木・林氏蕊・劉氏若等人、大家祭告神佛、誓在明日起義。

翌日的三月二十三日拂曉、劉乾爲總指揮、召集一批庄民襲擊距離林杞埔（今之竹山）約有五公里的頂林警察派出所。駐在此地的二個日人警察及一個台灣人巡查補三人皆被殺於睡夢中、其家眷因爲隱匿於廁所等處、才得免一死、但頂林派出所已告全滅。劉賜・蕭知等庄民消滅了頂林派出所後、劉乾想再襲擊林杞埔支廳、即命劉賜等火速赴援先發的友黨。劉賜乃率一隊直奔林杞埔、但在途中遇見林玉明、林玉明向他問其底細並警告：「**如攻林杞埔、必無一人可得生還**」。大家一聽其言皆大驚失色、竟各自四散而走入山中。劉乾等在林逢家裡接到這消息、知事已失敗、也匿入山中。

林杞埔支廳接到警報後、立即派遣警察隊趕到頂林庄中心崙、大肆搜索民房、即日逮捕劉賜和蕭知二人。南投廳也派出警察大隊及壯丁團入山搜索、至三十日被捕抗日黨人共有一二人、當場被殺一人。同年四月七日、總督府開設臨時法院於南投支廳、劉乾等抗日義士被判死刑者八人、無期徒刑者一人、有期徒刑者三人、無罪一人。抗日首領劉乾等當在臨刑時、皆視死如歸、從容就義（參閱秋澤烏川「台灣匪誌」p.78　南投文獻委員會「南投縣革命志稿」一九五九年 p.144）。

然而、被萬人所怨嗟的三菱製紙廠、不經多久就因業務不振而關門大吉。該地區的庄民見此皆以爲該山林必能回復原狀、所以再向總督府申請歸還其山林使用權。但總督府當局寧可犧牲台灣農民的生活、對於既定方針卻不許有分毫的改變、不僅如此、同時有了繼續庇護日本大資本、乃再進一步的把該山林土地指定爲預約買賣的許可地、而後把其所有權引渡於三菱製紙廠。可是、由祖先繼承下來的這既得使用權、從台灣農民來說是猶如貼身之物、因此、台灣農民跟警察及日本大資本的反抗鬥爭在其後的十幾年間綿延不絕。

到了一九二五年（大正一四年、民國一四年）、時有日本天皇的皇弟・秩父宮殿下駕臨台灣巡察、該地方的居民在百思不得一解的情況之下、企圖召集成千的農民跪在林內車站、等秩父宮路過該地時再向其訴苦、以期日本皇族替他們洗冤。但此舉非但不能實現、反而促使總督府當局老羞成怒、即時將該地正式過戶於三菱大財閥。如此、台灣農民終究還是在有苦無處伸訴的情況之下、永遠被抑壓下去（參閱矢內原忠雄「殖民及殖民政策」—〝矢內原忠雄全集〞第一卷 p.383）。

(3) 土庫起義事件

嘉義廳大埤頭庄的住民黃朝、年三〇、因家貧而日出勞動以做苦力爲生。他與同伴的黃老鉗因受日人苦力監督的欺壓而常跟他們打架。他們二人再於一九一二年（大正元年、民國元年）五・六月中、以玄天上帝的啓示爲憑聚集同伴並號召大家奮勇起來驅逐日人。此事因被區長張兵・保正張加高・甲長張龍等日人幫兇所獲知並密告警察、竟被搜捕同件一六人。九月三日黃朝被處死刑、無期徒刑二人、有期徒刑一二人、行政處分一人。這雖是刹那間的抗日行動、但正顯示著台灣勞苦工人奮起反抗外來統治的一面（參閱台灣總督府法務部〔秋澤次郎〕「台灣匪亂小史」一九〇二年 p.39）。

(4) 苗栗起義事件

時代一到一九一〇年代、因在中國大陸反滿清的辛亥革命遂告成功並改元民國（一九一二年）、其對台灣抗日運動的影響日益普遍。時有居住於新竹廳苗栗的羅福星、在台北・基隆・桃園・新竹等地準備發動抗日暴動、另在中南部的台中・南投二廳及台南等地也相繼發生抗日起義事件、就是：㈠羅福星起義事件（苗栗）・㈡李阿齊起義事件（台南關帝廟）、㈢賴來起義事件（台中東勢角）、㈣張火爐起義事件（新竹大湖）、㈤陳阿榮起義事件（台中南投）。後來、被警察逮捕抗日義士七六〇人、因都與羅福星有關聯、所以總督府即把被捕者皆集中在苗栗臨時法院審判、稱之為「**苗栗事件**」。

I　羅福星起義事件——羅福星又名羅東亞或羅國權、生於廣東省嘉應州鎮平縣高思鄉、一九〇三年（明治三六年、光緒二九年）隨其祖父來台、居住苗栗一堡田寮庄、曾肆業於苗栗公學校、於一九〇六年（明治三九年、光緒三二年）又同其祖父搬回廣東。他路過廈門時、乃加入「**中國同盟會**」（國民黨的前身）、歸還故鄉後即任小學校教員。後來、他又往南洋、曾在新嘉坡・巴城等地擔任中國人小學校教員、又至緬甸就任中國同盟會所經營的書報社書記、經常往來於南洋各地、同時在中國第一次革命時、曾加入革命軍、暫居蘇州、而後再返廣東的故里執教。

羅福星經過了這一段在中國本土及南洋各地的奔波、對於革命運動頗有心得、於一九一二年（大正元年、民國元年）十二月八日、再渡來台灣、但居無定所、以台北大稻埕為活動中心、常宿於台南館・三合興茶棧・廣成茶棧等處、並時常往來台北・苗栗之間、暗地裡宣傳抗日運動。其間、他又結識了華僑黃光樞・江亮能、及台灣人謝德香・傅清鳳・黃員敬等人、互相論及日本帝國主義的殖民統治台灣、並鼓吹革命思想、同時結論除了以革命手段來推翻日本帝國主義並爭取台灣解放之外、別無自救之路。於是、羅福星・黃光樞二人、即促使大家誓共生死、決定各以「**華民會**」「**三點會**」「**同盟會**」或「**革命黨**」的名義、向各方面爭取秘密同志、同時密謀擬以由中國大陸取得軍械子彈。

其後、羅福星偶於大稻埕路上遇到舊同志的華僑吳覺民、也和他約定互相提攜來進行革命行動、以吳覺民投宿的北門外大瀛旅館為連絡處、而密議今後的抗日行動。另一方面、羅二人乃獲得江亮能、謝德香及一〇數個台灣人同志的協助、以苗栗地方為中心而在新竹・桃園・台北・基隆等地秘密招募同志、凡願參加者須繳入會費、分為五角・一圓・八圓等三級、又得填寫父祖三代的姓名、且一切用語概以符號代之、譬如：苗栗（中部酒）・台灣華民會（副家掌）・事務員（暗鬼）・人員（若干圓）・助金（增壽）・機關（我華）等、積極的在準備發動抗日暴動。

但在一九一二年五月中、有關羅福星等的起義準備、在新竹廳後壠支廳爲警察所發覺、竟在同年十月被檢舉二〇〇餘人、翌年三月又被捕一〇餘人、該起義暴動終告失敗。

羅福星在警察未開始大檢舉之前、已察覺局勢不妙、所以立即藏身匿跡、到同年十二月十六日、逃至淡水支廳管內、潛伏於芝蘭三堡的農民李稻穗之家、擬見機密渡中國大陸、但由於保正密告興化店警察派出所、以致羅福星與周齊二人終被來圍捕的警察所捕獲、同時被搜去手帖二册、其中寫有加入組織者的名册等二份。

Ⅱ　李阿齊起義事件——羅福星等在台北竭力於策動革命的時候、中南部相繼發生起義事件。台南廳關帝廟住民李阿齊、又名李阿良、其父曾在日軍侵台時參加武裝抗日義民軍而被日軍所殺害。李阿齊從此就痛憤日人、一直想爲其父報仇。他居無定所、常出入於原住民同胞的居住地區、並在一九一三年六、七月中、頻繁往來於關帝廳支廟管內及大目降支廳各地、從事宣傳抗日、同時也以神佛的啓示爲名、在五甲庄獲得一〇幾個庄民的支持並皆願同他參加起義。李阿齊及其同志即決定同年十月中先襲關帝廟後攻台南城、擬以殺盡日人來爲父報仇、並解救被壓迫的台灣同胞、但舉事前被警察所探悉、終在同年十月盡被破獲。

Ⅲ　賴來起義事件——苗栗三堡圳寮庄的住民賴來、以看地理爲業、一九一二年跟謝石金密渡上海、滯滬數月、因目睹辛亥革命成功、即於翌年趕回台灣、從此他心懷大志、自以驅逐日人爲己任。他乃跟同志計劃首先襲擊東勢角支廳、奪取槍枝子彈後、並廣募同志、然後再直搗葫蘆墩・大湖・苗栗等地、最後擬集攻台中至全島。於是、在一九一三年十二月二日拂曉、結集了謝石金・詹墩・李文鳳・張阿頭・謝水旺・江阿呆等一〇餘人、一同殺進東勢角支廳、殺了日人警察二人及台灣人巡查補一人。不幸賴來與詹墩竟被埋伏於宿舍內的警察所擊斃、以致起義軍旋即潰散。

Ⅳ　張火爐起義事件——台中廳阿厝庄的住民張火爐、傳聞中國大陸的辛亥革命成功、以致受其影響而想起義來驅逐日人、乃在一九一二年三月、跟黃炳貴・紀硐二人計劃組織抗日革命黨、在台中廳的大甲鐵砧山腳庄及下罩蘭等處獲得同志四七人、擬待時機成熟、就要在大甲及大湖二地同時起義、不幸舉事前竟被檢舉。

Ⅴ　陳阿榮起義事件——陳阿榮是台中廳棟東上堡水底寮庄人、對於日人欺壓台灣素抱不滿、再受中國辛亥革命的影響、於一九一二年十月、在南投・林杞埔・埔里・東勢角各地宣傳抗日革命、並招募同志、得隘勇同伴徐香及苦力工人等八四人參加組織、擬待時機成熟而一舉向南投進攻、不幸也在舉事前被檢舉。

Ⅵ　警察大舉鎭壓搜捕——總督府保安當局先是在一九一三年五月中、探悉新竹廳後壠支廳的羅福星革命組織、後來又獲知李阿齊擬攻關帝廟的計劃、又在同年十月中、因發現在新竹廳大湖支廳的倉庫內失去槍枝六枝、即倉皇指揮警察與保甲進行大搜索、在大湖天后宮捕獲了被大湖區長指控爲革命黨員者八人、並且、在全台秘密進行的這大檢舉中賴來恰在東勢角奮勇起義、因此、總督府當局愈感恐懼、即更加督促警察擴大其搜捕範圍、嚴密的檢舉抗日份子、自一九一三年十月至翌年一九一四年一月止、共被捕去所謂抗日嫌疑犯五三五人。

如此在全台灣的大檢舉告一段落後、總督府才在一九一四年（大正三年、民國三年）二月十六日、開設「**苗栗臨時法院**」、把苗栗羅福星・關帝廟李阿齊・東勢角賴來・大湖張火爐・南投陳阿榮等在各地被捕的抗日義士共九二一人全部集中審判。到三月三日苗栗臨時法院結案時、被判死刑者二〇人、被處有期徒刑者二八五人、行政處分四人、無罪三四人、又在檢察庭受不起訴處分者五七八人。受刑者雖皆面黃肌瘦、但意氣高昂、從容就義。羅福星留有「**苗栗部共和黨機關失敗風潮紀念**」一書及在獄中所做的幾首詩、內容慷慨激昂、竟使讀者不禁愴然淚下、足見當時抗日革命之壯烈。這一連串的起義事件因幾乎是事洩而未果、所以對於日本帝國主義的直接打擊雖然不能算大、但在促使台灣人大衆再進一步的提高政治覺悟這點、仍是起了相當的作用（參閱秋澤烏川「台灣匪誌」p.102-149　「台灣省通志稿」卷九 p.87）。

(5)　六甲起義事件

羅福星等起義事件結束後僅隔二個月、相繼有六甲起義事件發生。就是嘉義廳店仔口支廳南勢庄的住民羅臭頭、家世本是富裕而後漸衰落、他幼時習過拳術、又能文也好交友、後來遷居於六甲支廳管內的烏山內。他從早就富有台灣人意識、又因曾受過日人警察的欺壓而懷恨在心、逐漸欲想驅逐日人並實現台灣獨立。但因隱棲山中而自力薄弱、所以時常下山覓尋同志、竟與大坵園庄的陳條榮結識、進而誓爲同心起義。

羅臭頭於一九一四年四月、再遷居於大南勢庄、築小屋於山中、天天誦經拜佛、一夜竟卜得自己有「**台灣皇帝**」之命、即加緊召募同志、就在六甲支廳管內獲得羅獅・羅陳二兄弟、並與陳條榮共四人、聚首研討起義革命的方法。其結果、決定在同年農曆七月揭竿起義、想先攻六甲支廳。他們在所定的舉事之前、就在五月五日從店仔口支廳大埔派出所偷出若干槍枝及子彈、但被警察當局所發覺並立即進行大搜查。羅臭頭看到警察緊張的情況、恐在舉事前被捕獲、乃先發制人、於五月七日夜召集同志一〇餘人、提早襲擊大坵園・王爺宮二地警察派出所、因警察皆不在所以均無所獲。然而、沿途居民一聞抗日起義、即自動踴躍參加者計有七、八〇人、各持槍刀・棍棒等現成的東西爲武器、一路向六甲支廳進發。六甲支廳已有接到情報、警察隊於八日夜急忙出動、在王爺宮的造林地與羅臭頭率領的起義民軍遭遇而開戰。義民軍一開戰就打死其警察隊長、經過一場混戰後、因漸次不支、才分散退入山中、但敵方卻再動員大隊圍山。羅臭頭・羅陳・羅其才三首領知事已不妙、因不願被俘受辱、所以三義士皆同時壯烈自殺於山中、其他、李岑等九人義士也皆奮勇殺敵而戰死、其後被捕者計有一〇〇餘人。

一九一四年（大正三年、民國三年）十一月十三日、總督府開審判庭於台南地方法院。到翌年一九一五年二月十二日、以匪徒刑罰令被判死刑者計有八人、無期徒刑四人、有期徒刑一〇人、無罪一人、行政處分一五人、在檢察庭受不起訴處分者六八人、以上共有一〇六人（參閱台灣總督府法務局「台灣匪亂小史」p.90）。

(6) 西來庵革命事件

且看一九一五年的國際形勢、第一次世界大戰已爆發在歐洲、中國大陸的辛亥革命遂告成功、在亞・非地區的反殖民地鬥爭也正在發展、同時在台灣島內、日本帝國主義統治台灣已經過了二〇餘年、其殖民統治成爲根深蒂固、日本大資本也從資本浸透逐漸轉爲獨佔階段、因此、其對台灣・台灣人的壓迫與剝削乃更加深廣、在另一方面、台灣人大衆對這外來統治者的反抗鬥爭就如上述、也愈來愈頻繁及愈成大規模、而且每次都給被壓迫者的台灣人大衆帶來巨大的流血犧牲、但台灣人愈遭挫折卻愈爲堅強、加上在這時候偶而有了日本在野的自由主義者・板垣退助來台鼓吹自由思想、倒也給予台灣的青年人起了鼓勵著追求自由人權的若干作用。在這種國際環境及島內形勢均動盪不已的情況下、爆發於台彎中南部的「**西來庵革命事件**」、可算是在中期的抗日鬥爭中最大規模並且犧牲最慘烈的一齣抗日革命行動。

就在一九一五年、余清芳・江定・羅俊等抗日首領、志在推翻日本統治並建設台灣國、以解救台灣同胞免受外來的統治、即假台南市東巷街的「**西來庵廟**」爲秘密據點、擬以發動武裝抗日、不幸因在事前爲日方所探悉而終告失敗、但其所發動抗日的範圍之廣泛、抗戰之壯烈、及犧牲之慘重、乃永遠令人難忘。

Ⅰ　西來庵革命起義的三首領——余清芳又名余清風、字滄浪、人皆稱他余先生、一八七九年（明治一二年、光緒五年）十一月生於阿緱（屛東街）、六歲時上書房學漢文、因父早逝、乃一三歲就在左營被雇傭於雜貨店、領微薄薪金來奉養寡母。當在一七歲時、日軍侵台、他曾參加抗日義民軍而轉戰於台灣南部各地。戰敗後、自一八九九年（二一歲）起、至一九〇二年（二四歲）之間、卻在日方擔任巡查補而勤務於阿公店（今之岡山）・鳳山等地的警察派出所及關帝廟區役場（區公所）。他性豪爽且喜交遊、以致結識了廍後庄的卓有德及左營庄林慶・卓有信・林發等爲親友、之後因漸露反日言動、而引起警察的注目、遂被撤職。從此他就經常出入於台南・五里・林庄・舊城等地的「**食菜堂**」（齋堂）、就在擔任「**隆平會**」書記的職務時利用其勸誘佛教信徒、藉以爭取抗日的同伴。一九〇八年（三〇歲）又加入鹽水港「**二十八宿會**」的秘密結社、以致翌年一九〇九年一月被警察押禁於「**台東加路蘭浮浪者（流氓）收容所**」。其後、經過了二年一〇個月的日子、於一九一一年十月（三三歲）才被釋放回台南、同年十二月在阿公店當人壽保險及信託事業等的外務員、以其能廣泛接觸民衆而來宣傳抗日思想及糾合同志。此間、余清芳結識了大目降的世家出身且在當時任台南廳參事的蘇得志、並利用蘇得志爲台南市西來庵廟堂董事、遂漸深入於西來庵、這乃是到後來把其利用爲抗日革命的秘密據點的端緒。他同時也透過蘇得志的齋友關係、再結識了大潭庄區長鄭利記、而後三人屢次密會於西來庵、互相傾吐反日心情。如此、余清芳長年所懷有抗日革命的決心乃一步步的具體化起來。

江定、是台南楠梓仙溪竹頭崎庄隘寮腳的住民、他出身於該地方的望族、富有俠義心、一八九七年（明治三〇年、光緒二三年）被舉爲該地區長。在職二年有餘、於一八九九年因職務上擊斃了庄民張椪司、卻被噍吧哖憲兵隊所扣押、但他趁隙脫出憲兵扣禁所而逃入山中。他在一九〇〇年曾率領抗日義民四、五〇人、據於天險要地的後堀仔、時常下山、與日軍戰於嘉義廳的後大埔方面。後來、江定與其子江憐繼續在後堀仔的石壁寮結茅屋居住、並糾合了甲仙埔隘勇及六甲方面的抗日同伴共數十人、以待時機成熟想再下山抗日、而且、其所需糧食等概由竹頭崎的庄民供給、幸無人漏洩此消息於日方憲警。如此、江定據於山中歷時一〇餘年、同伴愈聚愈多、竟有「**内山王**」之概。但他因不願永困於山中、乃時常放哨於平地、做爲打探消息的耳目、且臨機待動。

羅俊、又稱羅璧・羅秀・羅俊江・賴秀・賴乘等名、因他早在一八五四年（清・咸豐四年）農歷十二月生於嘉義縣他里霧、所以參加西來庵革命起義時已是年六二的白頭翁。他年青時在各地行醫、日軍侵台的當初、乃在辜顯榮的保良局當過書記、因目睹日人暴政、即在一九〇〇年（明治三三年、光緒二六年）參加抗日義民軍、戰敗後密渡中國、廣遊大陸各地達七年。後來、他以假名羅璧潛回台灣、但三子皆亡、妻已改嫁、自己又有被警察發現之險。遂於一九〇六（明治三九年、光緒三二年）六月、再渡往中國而行醫於漢口、又遷居於福建省天柱巖、誦經念佛、渡持齋生活。一九一四年（大正三年、民國三年）八月、有台南人陳全發密渡廈門尋訪羅俊、告以余清芳正在台南籌劃抗日革命、並勸誘他回台共謀大事。繼之、他又得到台灣舊知的嘉義廳西螺堡新安庄賴成、及台中廳燕務下堡黃厝庄賴慶二人共同送來的一〇〇圓旅費。於是、羅俊即在同年十一月中旬、以齋友的名義率同許振乾・余金鳳・余炳祝・余大志・白氏石紫・余氏世鳳由廈門抵達淡水、隨即尋訪賴水、並會見了賴慶・賴成・賴淵國・

賴楚・賴宜等舊同伴、一同研討糾合同志的辦法。

Ⅱ　余清芳在西來庵籌謀抗日革命——余清芳以西來庵為籌謀抗日暴動基地之後、再由同庵董事又是同志的蘇得志・鄭利記二人的協助、深得諸信徒的信仰。於是、余在表面上以修築廟宇的名義廣募捐金、其實擬以把其用於革命資金、同時也已有了不少同志向各方面推廣工作。另一方面、在台中組織革命黨的羅俊、也帶同志三人前來台南、經同志張重三的介紹、假名賴守、跟余清芳密會於福春碾米廠。他們一談及革命乃志同道合、於是、誓約齊待準備周至、擬在南北同時起義。

余清芳又經同志林吉的介紹、入山探訪江定。江定雖然居住內山已有一〇餘年、然而對於抗日的熱忱卻未泯滅、所以、與余清芳一見如舊、立即表示參加革命、並誓約時機一到、當率同志下山共舉大事。

余清芳自結識羅俊・江定之後、深喜協助有人、即急於準備、他因熟悉於利用信佛來喚起民族自覺並鞏固革命的信心、所以一方面透過信徒而宣傳日本暴政、號召推翻日本統治並建立台灣國、同時在另一方面則分發神符・咒文等、謂如持之可即避彈、又常藉神佛的啓示而宣告台灣革命一定成功。羅俊及其同志也在台灣中北部積極工作並糾合同志。江定在山中所聚集的武裝抗日同志也日漸增多。如此、革命陣營日見壯大、其同志已散佈於各地並廣及台北・台中・台南・南投・嘉義・阿緱等各廳管內、尤其是居住於台南・阿緱二廳的山間僻地各部落的革命同志特別衆多。

余清芳見時機漸熟、並由觀察日方的動靜而感到舉事不容再有遲緩、乃開始在多數同志聚集的場面、以「**大明慈悲國大元帥**」名義揭出諭告文、廣泛號召台灣民衆參加抗日革命並建立台灣國。

然而、舉事尚在醞釀中、總督府當局已略有探悉台灣各地的反日舉動、並也獲知特別在台南廳的蕃薯寮（今之旗山）・甲仙埔（今之甲仙）・噍吧哖（今之玉井）等支廳及台中廳的員林附近皆有可能起反日

圖44 西來庵革命起義圖

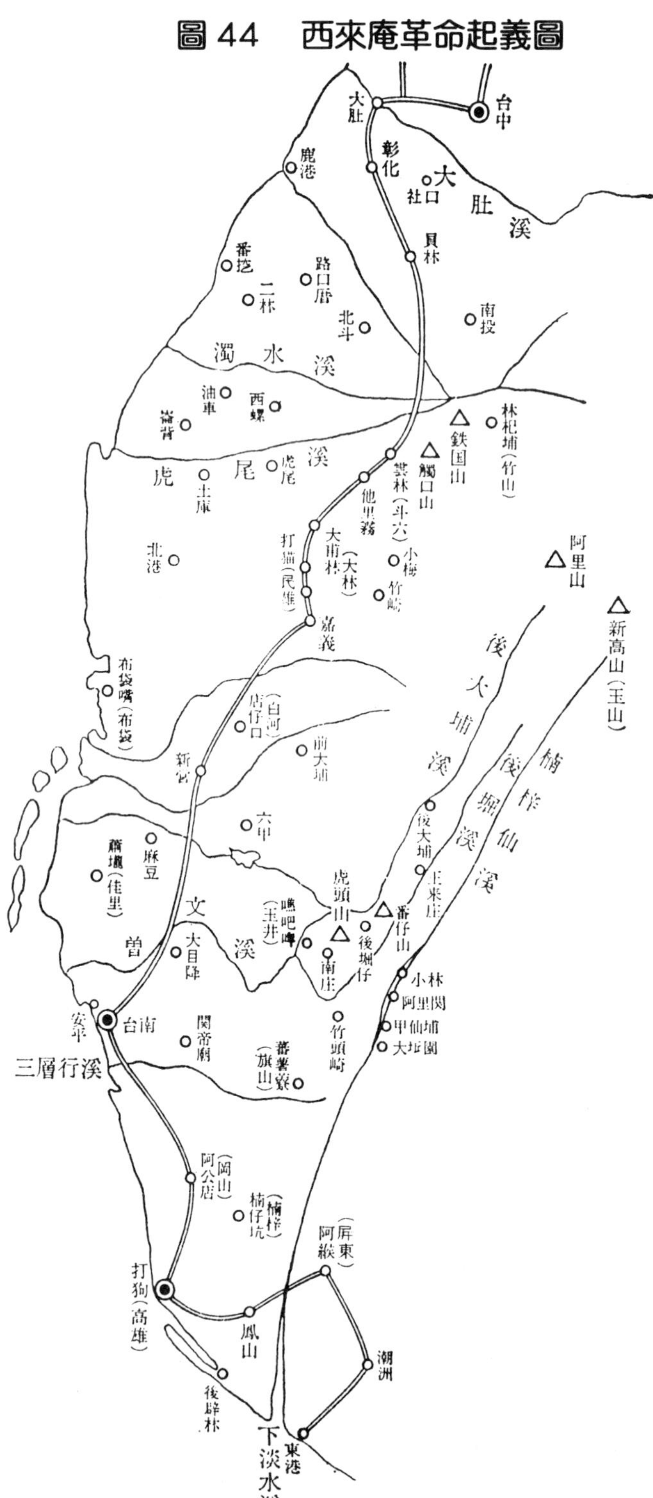

義舉的形勢、只因事屬秘密、未得其詳、所以嚴命警察除在上述各地積極密偵之外、對於各地港口也要進行特別的警戒。

Ⅲ 革命行動事先洩漏、羅俊被捕——一九一五年五月二十三日、由基隆港往廈門的「大仁丸」船中、乘有台南廳阿公店人蘇東海及同伴的華僑二人。日方當局認為他們行蹤可疑、即把其扣押於基隆水上警察署。蘇東海在扣禁所乃託同監內的一日人娼婦代他送信於羅俊派下的員林人賴淵國、告以形勢危險、不幸此信竟落於警察之手。日本當局從此線索終於察明余清芳・羅俊等抗日革命黨的眞相、立即連絡全台警察開始大檢舉。

余清芳得知事已洩漏即脫險入山、乃至江定住所跟他商討應付今後局勢的策略、並決定聚集散在各處的革命同志趕緊備戰。羅俊也在台中廳員林方面突破了警察的警戒線而走入嘉義廳管內的內山。警察當局雖然在全島大舉捕獲革命同志、但因檢舉不到余清芳・江定・羅俊三首領、所以焦急萬分、乃繪像頒佈於全島、誓必擒到爲止。不經多久、台南廳警務課接獲密報、才得知羅俊及同志二人已同向大目降方面而去。於是、在台南與嘉義二廳的警察隊協同進行大搜索中、於一九一五年六月二十九日、羅俊及其同志多人不幸均被捕獲於嘉義東堡竹頭崎庄尖山的森林裡。

Ⅳ　革命軍四出襲擊警察派出所——羅俊被捕後、日方當局即以全力搜查余清芳・江定二人的去向、但因他們所避住的嘉義・台南・阿緱三廳交界的後堀仔山、山谷重疊、乃是天然要地、非有當地人嚮導、任何人也不能進入、所以台南・阿緱二廳以警察二七〇人圍山至八天、竟一無所獲。到同年七月六日有一隊革命同志在台南廳噍吧哖支廳牛港仔山遇到警察隊即互相開火、江定之子就是壯烈戰死於此、之後、他們乃是退入甲仙埔支廳大坵園庄山中。

於是、余清芳・江定二首領即自七月九日起、以攻爲守：㈠趁甲仙埔支廳警察全部出動之隙、急襲甲仙埔而盡殺台灣人巡查補三人與警察及其家眷等六人、㈡襲擊大坵園（今之大邱園）警察派出所並殺日人警察及其家眷等六人、㈢襲擊蚊仔腳警察派出所並殺日人警察及其家眷等四人、㈣襲擊河表湖警察派出所並殺日人警察及其家眷等三人、㈤襲擊小林警察駐在所並殺日人警察一人、其他、相繼突襲並佔據小張犁・阿里關・楠梓仙溪・葡萄田等地的警察派出所、共殺日人三四人。至七月十四日、日本當局才派遣全副武裝的警察二〇〇餘人出動反攻。革命隊因力量分散、寡不敵衆且火力懸殊、遂先後放棄所佔據的各地警察派出所、並在附近庄民的協助掩護之下、突破了警察隊的包圍而退返山中。

V　噍吧哖南庄及虎頭山的大血戰——又在八月二日夜半、余清芳・江定二首領再次率領革命同志三〇〇餘人襲擊噍吧哖支廳南庄派出所、以火焚燬官廳並盡殺日人警察及其家眷共二〇餘人。當時的第六代總督・安東貞美接報之後、認爲事態嚴重、即下令出動軍隊、必得把革命軍消滅殆盡。於是、八月六日下午、台南守備隊步兵第二聯隊派來黑田少佐所率領的步兵二中隊及山砲一中隊、與在㮚蘭方面演習中的今村大尉所率領的一中隊一齊趕到、隨即奪回南庄。

此時、抗日革命軍已增至一千餘人之衆、仍由余清芳・江定二首領率領、據守距離噍吧哖僅有二公里的虎頭山上、一方面與正從大目降來援的警察隊三〇〇餘人對峙血戰、另一方面則準備攻佔噍吧哖支廳。但如上述、從台南所派來的大批正規軍一到、日軍即從正面突擊虎頭山、警察隊乃由側面攻擊竹圍庄・後日仔・蕃仔厝等地的抗日革命軍左翼部隊、再以軍警混合部隊由沙仔田庄・後堀仔溪・坑內庄等地從背面向虎頭山進擊。虎頭山上的抗日軍主力部隊雖然奮勇應戰、但只有舊式大砲二門而且槍枝既少、子彈且已缺乏、以致背腹受敵而終於不支、竟在當天傍晚即各自分散退入山中。

VI　報復性的大屠殺無辜百姓——日方軍警因看革命軍退散、立即圍山開始大搜索。此時、革命義士遭殺害者甚多、被捕者也不少。然而、兇狠的總督・安東貞美接到革命軍潰散的消息還不以爲足、他爲了藉此軍事作戰來彈壓反日民心、再下令給台南的第二守備司令官、命必須施展一番報復性的誘殺詭計。於是、當地的軍警乃在噍吧哖・甲仙埔等地高懸了假的安撫政策、招呼避難在山地的民衆歸庄就業、並誘騙在逃的抗日義士如歸案者可免一死、但是、等待台灣民衆大多數歸庄之後、卻藉口要辨別善惡、即命庄民全數排列於庄外的廣場、又命他們攜鋤挖壕、待壕挖成、即開槍掃射、將這些無辜的百姓全數殺害並把死屍踢下於壕內。據傳說、至少有五、六千人中其毒手而殉難、當此地的台灣父老們如一提到這「**噍吧哖大屠殺**」、即不寒而慄、爲之欷歔不已。

Ⅷ　余清芳等抗日義士被捕並被屠殺——余清芳自噍吧哖虎頭山的一戰退後、於八月六日夜半帶領同志二〇〇餘人脫出敵軍的封鎖線、經過放弄山及楓櫃嘴山腳而露宿於鹽水坑。八月七日拂曉再經過後堀仔山並越過石壁寮的天險、至四社寮溪畔、江定也率領同志會合於此地。余清芳・江定二首領乃經過了幾次研討之後、決定大家暫時分手以避風險、等待東山再起的機會、再做會合之策、於是、大家在此揮淚而別、各分東西散去。

最後剩下的余清芳等一一個同志、乃轉移於附近山中露宿六天、到八月十四日才向土潭方面進發、翌日露宿於大竹坑、再越過台南・阿緱二廳交界的山岳地帶而至新寮溪、露宿於流籐頂。八月十九日再越過三千公尺的高山地帶而至二會林坪、在此地終爲警察搜查隊所探悉。八月二十一日警察隊再追蹤余清芳等同地至曾文溪支流的密林中、但都不敢接近、所以命令附近的保甲長邱通・陳瑞盛等把他們先誘入王來庄、遂在一九一五年（大正四年、民國四年）八月二十二日、余清芳等抗日義士八人不幸均遭捕獲。

接到余清芳遭捕報告的總督府、即特以府令第五〇號開設了「**台南臨時法院**」、自八月二十五日至十月三十日乃審判了被捕抗日義士共達一千九五七人、其中、被判死刑者余清芳・羅俊・蘇得志・鄭利記・張重三・林庭綿・卓銅・李保外・黃旺等義士八六六人、有期徒到四五三人、行政處分二四一人、不起訴處分三〇三人、無罪八六人、其他八人、受刑同志皆態度從容、視死如歸。

其後、因日本本國的報界及帝國議會對於台灣總督如此殘殺台灣人之事議論沸騰、於是、總督・安東貞美才藉以大正天皇登極爲名、於同年十一月頒佈了所謂「**特赦令**」、宣告赦免死刑、以致被判死刑的義士之中、除去已受刑者九五人之外的七七一人才得減為無期徒刑。

Ⅶ 日警誘捕並屠殺江定等抗日義士——江定等二〇〇人革命同志在噍吧哖的四社寮溪畔跟余清芳分手後、即退入阿緱廳內山方面的後堀仔溪・楠梓仙溪及台南廳管內的羌黃溪方面、據險要並時常移動於廣至五、六〇方公里的深山地帶、因此任其警察隊如何的搜查而疲於奔命、也不能發現他們的蹤跡。於是、總督府當局乃改為採用誘降方式、即廣泛利用台南廳御用紳士許廷光・辛西淮、阿緱廳參事藍高山・江德明・江以忠、區長張阿賽・江亮、蕃薯寮區長陳順和、噍吧哖區長江寬等走狗幫兇、並叫江定的舊部下石端穿針引線、藉以誘騙江定等殘餘的革命同志下山入其圈套。

這些走狗以三寸不爛之舌說服了江定等同志、並保證降後能安全無事。江定、鑑於二、三〇〇餘人的革命同志困在山中已久、同時糧食・子彈等各種補給也已缺乏、遂決意下山向噍吧哖支廳投降。江定一旦下山、其他同志也只得相繼出來自首。至一九一六年（大正五年、民國五年）五月一日為止、如此被誘騙而下山投降的抗日義士共達二七二人。

但是誘降工作既畢、總督府卻自食前言而反說抗日者雖然前來自首、但國法不可不尊重、即把江定等義士一三人扣押於噍吧哖支廳、潘春香等義士四七人扣押於甲仙埔支廳。其他、有義士二二七人被捕後、據傳全部被警察活埋而殉難。

總督府又在一九一六年七月二日、假台南地方法院宣告江定以下三七人被處死刑、有期徒刑一四人。江定等抗日義士終被處死於台南監獄的絞首台上（參閱秋澤烏川「台灣匪誌」p.159-315　「台灣省通志稿」卷九 p.99-111）。

然而、災殃深重的台灣民族、遭到如此一連串悲慘的大屠殺・大鎮壓之後、為了自由、為了反對外來統治、今後不知還得受到幾次像這種殘酷的遭遇、才有可能掙脫殖民地統治的鎖鏈？

5　台灣人的「抗日」與台灣人意識（後期）

a　近代民族運動與階級鬥爭的抬頭

上述前後二期的「**武裝抗日**」乃完成了一定的時代使命、均成爲台灣解放鬥爭史上不可磨滅的一大道標。然而、因這些英勇壯烈的武裝鬥爭不外乎是出於**前近代**的社會環境之下、所以難免帶有一些自然發生的偶發性及地方性等缺陷、結果、犧牲了無可計數的同胞生命、竟以一九一五年的西來庵革命起義爲最後的一著而終歸消熄。

繼之、台灣乃在第一次世界大戰時受到西歐的「**自由民主主義**」、美國總統・威爾遜（T.W. Wilson）「**民族自決主義**」及列寧（Lenin）「**社會主義**」等世界思潮的重大影響、及亞非各殖民地熾烈的民族獨立鬥爭所刺激、開始進入**近代的且有計劃性**的「**民族鬥爭**」與「**階級鬥爭**」。

如上所述、日本帝國主義**殖民統治台灣**、其終極目標無非是爲本國資本主義利益來剝削台灣、所以爲了達成這目標、首先著手的即是掠奪土地山林及農業勞動果實、次之、再進一步的獨佔金融及企業。這樣、把台灣的經濟命脈控制於掌中之後、再以殖民統治的政治強權爲後盾而加強對台灣・台灣人的資本主義剝削、結果、日本帝國主義統治下的台灣即必然的成爲具有：㈠統治民族即日本人、剝削階級也是日本人、㈡被統治民族即台灣人、被剝削階級也是台灣人、這二重結構的「**近代**」殖民地社會。從社會矛盾關係來說、這就是意味著台灣社會具備著「**民族矛盾**」與「**階級矛盾**」必然相互結合的殖民地性。

因此、台灣的反殖民地解放鬥爭**即**須建立在民族解放**即**階級解放之上、換言之、爲了推翻日本帝國主義的殖民統治（民族鬥爭）就要與反對其經濟剝削（階級鬥爭）一起進行、同樣爲了要反對其經濟剝削（階級鬥爭）就必須通過推翻其殖民統治（民族鬥爭）、只有這樣做才能達成其終極的台灣解放。

再者、一個社會的「經濟關係」（生產關係）、不外乎是其**上層構造**（Uberbau—政治・法律・思想意識・宗教・藝術等）所賴於站立的**基層構造**（Unterbau）。從此可以知道、民族鬥爭定要插根於這基層構造的矛盾關係之上、換言之、民族鬥爭必須建立在經濟鬥爭（階級鬥爭）的基礎上、才能發揮其所有的革命力量。同時反過來說、也就是要看其民族鬥爭是基於怎樣的經濟關係（階級關係）、才能確定其所應採取的是怎樣的方向及方法。

譬如：當日本要求割讓台灣時、由於台灣對於絕大多數的中國人大衆來說、在其經濟上・社會上是幾乎沒有關係的、所以失掉了台灣對於他們並不感到絲毫的痛癢、因此、除了一部分所謂憂國之士在政治上略表不滿之外、一般中國人就從未有過任何反對割台之舉。日軍登陸台灣後、台灣士紳階級（舊統治階級）爲了要保衛自己既得的特權地位、才起來號召抗戰及建立台灣民主國、但是他們一旦知道其政治上・經濟上的特權地位保不住、就爭先恐後的放棄台灣而逃回大陸。日本佔領台灣後、農民階級與無產大衆堅強抗日並堅持鬥爭、這除了其傳統的抗外意識特別堅強之外、不外乎是他們從初就受到的壓迫・剝削極其慘重、生活深受威脅而才使之更加堅強的抗戰到底。

然而、在下一階段的近代民族鬥爭與階級鬥爭也是同樣、因各階級各階層所具有的經濟關係（生產關係、階級關係）不同、所以他們在解放鬥爭上面所採取的目標・方向・方法等也就有所不相同。

譬如、在初期武裝抗日時、台灣的地主及資產家、因其土地所有權開始就優先的受到保障、所以對於武裝抗日一向是採取罔顧一切的旁觀態度。然而再往下去、日本帝國主義開始染指於金融及企業的獨佔、特別是爲了發展製糖業或獨佔蓬萊米而把其強權伸張到地主階級所有的土地之上、並禁止台灣人資產家設立近代企業等、也就是當他們自己的經濟利益開始被侵害時、這些地主階級與資產家及其子弟的台灣新興知識份子、才放棄其原來的旁觀態度、開始直接或間接的加入台灣解放運動。這就是在大正年間（一九二一—二六年）、民族自決的世界思潮湧到台灣時、以林獻堂等大地主爲代表的「**台灣文化協會**」「**台灣議會設置運動**」才見到抬頭、並包括各階級各階層而起來抗日的經濟因素。就日據時代整個的解放鬥爭來說、這也是屬於民族鬥爭與階級鬥爭相互結合而所築成的「**抗日統一戰線**」（台灣民族統一戰線）的一個時期。當在此時、唯有帝國主義走狗幫兇的辜顯榮等四大家族爲代表的台灣買辦份子卻設立了所謂「**公益會**」、爲其老闆的利益而企圖分裂台灣解放運動。

然而到了大正末期、日本帝國主義在大體上已完成了其資本主義剝削體制、繼之、爲了再進一步的加深統治・剝削台灣人大衆、並兼施分裂政策來懷柔資產階級的民族鬥爭（鎮壓台灣人大衆的階級鬥爭）、總督府即解除對於台灣人設立企業的禁令、進而開始動員台灣資產家的財力（資金）投資於日本企業、使之能分到一份殖民地剝削的超額利潤、於是、地主階級與資產家及其子弟的小資產階級知識份子、就開始與帝國主義發生了經濟利益上的一定的相互關係。這種台灣資產階級在經濟關係上的變化、乃影響到台灣的解放運動、以致各階級各階層在其鬥爭的觀點・目標・方法上都發生分岐、因此招來「**抗日統一戰線**」的分裂：㈠地主階級與資產家及小資產階級知識份子漸往後退（由文化協會分裂出來）、變爲單以**和平**的民族鬥爭想來達成**合法的民族自決**、而成立了「**台灣民衆黨**」、㈡又其中的大地主與大資產家乃再往後退（由台灣民衆黨再分裂出來）、而成立樂於在日本帝國主義統治下要以哀求叩頭方式

圖 45　台灣近代民族運動與階級鬥爭的團體系統

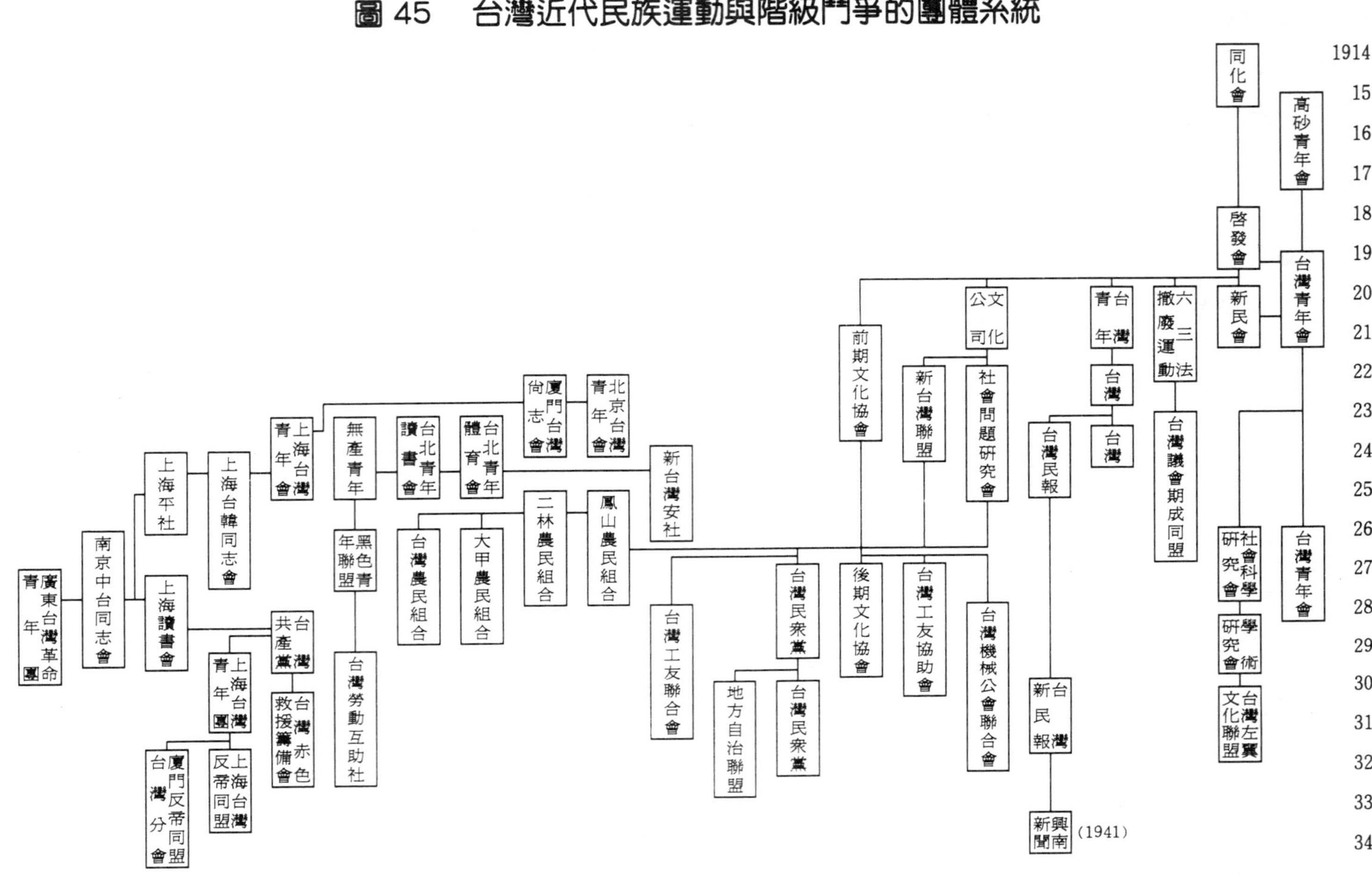

來祈求**自治**的「**台灣地方自治聯盟**」、㈢生活最窮困的農民階級與無產大衆所擁護的一部份社會主義革命份子、乃堅持以階級鬥爭的**革命手段**來推翻日本帝國主義、以期實現**台灣獨立**及**階級解放**、而領導了「**後期文化協會**」、並成立「**台灣黑色青年聯盟**」「**台灣共產黨**」「**反帝同盟**」「**台灣農民組合**」「**左派工會**」等各種革命團體。

b　板垣退助創立「台灣同化會」

一九一四年第一次世界大戰爆發、帝國主義諸國在國際上的侵略戰爭日益激烈化、但在另一方面、民主主義及民族解放運動的熱潮也日趨高漲、受這世界潮流影響的台灣、在其社會內已是：㈠資本主義發展、㈡教育普及、㈢青年覺醒等近代民族運動抬頭的三個基本條件也日趨成熟。當在此時、日本明治維新的元勳同時也是著名的自由主義者・板垣退助、獲得林獻堂的贊同而設立了「**台灣同化會**」、對於啓發台灣知識份子起了初步的一定作用。

前清武官・林文察的後裔林獻堂、他是台中霧峰的大地主、也是當時台灣青年人的前進份子（參閱同章1、p.337）。他於一九〇七年（明治四〇年、光緒三三年）、在日本橫濱與主張「**變法自強**」的滿清保皇維新派巨頭・梁啓超不期而遇、並接觸到其**保守派改良主義**、以致對於他的思想傾向受其影響頗大。梁啓超後來曾經來台訪問過林獻堂（一九一一年四月）、同時林獻堂也前往北京訪問了已組織「**進步黨**」而就任袁世凱政權司法總長的梁啓超、當時二人相交頗密。

一九一三年（大正二年、民國二年）五月、林獻堂從北京的歸途東渡日本、在東京經由前台中清水庄長・王學潛的介紹而會晤了東京每日新聞副社長・寺師平一、前台灣稅關官吏佐藤原平及中西牛郎等所謂「**政治浪人**」之後、再由這些人介紹、得與板垣退助促膝長談。此時、林獻堂告以日本政府對於台灣統治的苛酷及僑居台灣的日本人的蠻横等事。板垣退助乃大談「**亞細亞主義**」、披瀝了其所謂促進中日親善乃是東洋和平之關鍵的主張、並慫恿台灣人應起中日親善的橋樑作用。以上的一番談話竟使林獻堂非常感動（參閱甘得中「獻堂先生與同化會」—《林獻堂先生紀念》集卷三追思錄— p.30）。

翌年一九一四年三月、由林獻堂提供旅費、板垣退助才與寺師平一等相率來台、投宿於台北站前的鐵路飯店。他在官民（日本人與台灣人）合辦的歡迎會及台灣基督教青年會主辦的演講會上、即發揮了其雄健的辯論、滔滔數萬言、論及：「**日本人做為亞細亞人、當與支那人（中國人）相提攜來對抗白種人。台灣最為靠近支那、頗適合於促進親善融合、故在台的内地人（日本人）應尊重人種、充分保護台灣人的生命與財產。我此次旅行台灣、廣視治績、並細察土人（台灣人）與内地人（日本人）的相處關係、深感應以廣舉同化之實為目標。切望諸君共同努力於發展南方、以資建設良好的殖民地。……**」（台灣總督府警務局「台灣總督府警察沿革誌」第二編中卷、一九三九年 p.14）。他雖然不外乎是站在殖民統治者的立場、但是比起横暴的總督府當局較為嶄新的這一番談論、因而博得滿場的喝采。

板垣退助訪問了台灣一〇餘天、當他回到東京後、立即起稿「台灣之急務」、發表了他旅台時所見聞即台灣人所受壓迫的實況及其不滿情緒、並主張應以「同化主義」來收拾現實的缺陷、且在同年七月廣泛主倡應設立「台灣同化會」。他在其「台灣同化會首唱に就て」（關於主倡台灣同化會）的文中說：「**原來天不造人上之人、亦不造人種上之人種、頂天立地、保持平等乃是人類生存之原則、徒想抑制人智（權）而求全統治、何以能哉。若不加施精神教育即不生愛國之心、既不生愛國之心、奈得養成完善之國民、然則唯有斷然實行精神教育開發知識、施行善政而使民毫不鳴不平之聲耳。……治台之根本唯有採取同化主義、別無他途。**」（台灣總督府警務局「台灣總督府警察沿革誌」第二編中卷 p.15）。

板垣退助本對明治維新有功、被封爲正二位勳一等伯爵、他曾遊歷歐美、受到當時的自由主義思想所洗禮、後來、竟成爲日本初期民權運動的領袖、晚年他雖久離政權而不甚得志、但在日本政界的聲望仍然很高、所以、當他主倡台灣同化會時、朝野之間、贊助他的同化主義者不乏其人。於是、他乃很快就收集了日本首相・大隈重信、貴衆二院（日本國會）的議長・德川家達及奧繁三郎、海軍元帥・東鄉平八郎及川村景明等各界名士的贊助文、編纂爲「**台灣同化會に對する朝野名士の意見書**」、大爲倡導創立同化會之舉。同時、於同年晚秋、當林獻堂再次旅行東京時、板垣退助乃偕同林獻堂訪問朝野名士、並在各界的新聞・雜誌登刊有關台灣的政治問題、竟使林獻堂對創立同化會之事深懷信心而感激返台。再者、於同年十一月中、板垣退助又把其「**台灣同化會設立趣意書**」分發給全島各地的區長・保正及台灣人地方名士（參閱甘得中「獻堂先生與同化會」—林獻堂紀念集編纂委員會〝林獻堂先生紀念集〞卷三追思錄、一九六〇年 p.31）。

一九一四年（大正三年、民國三年）十一月、板垣退助等一行再度來台、廣招同志、於同年十二月二十日假鐵路飯店舉行台灣同化會創立典禮。當時有官民五〇〇餘人參加、當場推舉板垣退助爲總裁、選任理事三人、幹事四人、會計監督一人（雖是他的親信但卻對台灣全然陌生）、並由總裁指名各地方首長及台日的知名人士若干名爲評議員。其活動資金規定除了由會員徵收會費之外、並經過總督府以府令第六號批准擬在今後的五年間募捐一五〇萬圓的事業費。板垣退助又親往台中・台南、主持二支部的成立典禮、得林獻堂等三千一七八人的會員參加、竟盛況一時。

台灣人因在總督府的強權統治下久受其壓迫・剝削之苦、所以當一聞到「**應廢除人種差別而授予台灣人與日本人同等待遇**」的這種同化主義的論調時、皆喜出望外、均給予熱烈的喝采。許多人都崇拜板垣退助爲「**自由之神**」、甚至亦有前台北樹林庄長・黃純青立血書：「**同化會如慈母**」、台灣醫學校的學生蔣渭水也鼓勵同學一七〇餘人加入該會（當時的台灣醫學生總數還不到二百人）、在這種情況下、台灣人大衆漸受啓發、並對台灣的政治遠景開始抱著一點希望（參閱台灣總督府警務局「台灣總督府警察沿革誌」第二編中卷 p.18　甘得中「獻堂先生與同化會」p.36）。

然而、僑居台灣的日本人方面反對同化會者卻大有人在、尤其第五代總督・佐久間佐馬太、民政長官・內田嘉吉等總督府當局乃在暗中給同化會很大的反對與搔擾。當初、他們因一時懼怕板垣退助在本國的聲望、所以未敢表面化反對的它、只由被稱爲「**民間總督**」的日本人有力者・三好德三郎從中操縱台北日人律師公會、以「**在台北日本人有志**」的名義向板垣退助提出抗議書「**台灣同化會に對する意見**」而已。但等到同年十二月底、板垣退助一旦離台返日、總督府及在台日本人的反對同化會、竟不擇手段、一意搜集同化會的缺點、以此爲把柄、並藉諸政府權力加以打擊及陷害。譬如：同化會理事・寺師平一被警察以詐欺罪名檢舉、同時又下令就任同化會評議員的總督府各機關首長得立即辭退並與該會脫離關係、台灣人方面的會員乃受到更大的抑壓、林獻堂・蔡惠如（台中清水人）・甘得中（彰化人）等積極份子均被監視、蔡培火被免職台南第二公學校教員等。總督府乃在一九一五年一月二十三日再進一步的取消其募捐許可、終在三天後的同月二十六日即以「**妨害治安**」爲藉口、下令立即解散同化會、因此、成立僅有一個多月的「**台灣同化會**」、竟被迫告終（參閱台灣總督府警務局「台灣總督府警察沿革誌」第二編中卷 p.23）。

板垣退助信奉自由主義思想、雖然在當時的本國是屬於進步份子、但他對外是一個狹隘的「**大和民族主義者**」、早就懷有欲想伸張日本國力及制霸中國・南洋的野心、所以他所倡導的所謂「**同化政策**」、其本意乃在懷柔台灣人的成分居多、並想利用台灣人來侵略中國而擬以發揚「**大日本帝國**」的國威。

如此板垣退助是以日本的國家利益爲出發點、然而、在總督府施展極其殘酷的壓迫・剝削的客觀情勢之下、雖然這同化政策所含有的**改良主義**因素也給即將開始的資產階級解放運動種下了一個**投降主義**的禍根、甚至有毀滅台灣人意識的可能性、但在當時卻也給予台灣人一種鼓勵、以致起了促使一部份的地主階級及小資產階級知識份子起來高倡解放台灣的一定作用。特別是林獻堂等當時的青年知識份子所受影響最大、這竟使他們後來在東京進行反對「六三法」等解放運動上成爲其骨幹人物。

c　東京的台灣人留學生舉起解放運動的第一把火炬

凡在亞・非地區的諸民族・部族・種族過去的一世紀間、自己社會的封建・後進性根深蒂固、近代化・資本主義化遲遲不前、近代性階級分化也未進展的情況之下、一方面是受到西歐帝國主義的侵略和殖民統治、同時在另一方面卻也受其西歐文明及西歐民族主義的刺激和影響、結果、各社會（民族・部族・種族）自然發生了：㈠反白人、㈡反帝國主義、㈢反貧窮等這三項的抗外感情及大小暴動。到了二十世紀初葉、這些**初期**的抗外感情與行動逐漸被思想化・組織化起來、終於發展爲亞・非地區的民族主義及殖民地解放鬥爭。然而、在這個亞・非型民族主義及殖民地解放鬥爭形成的過程中、能夠擔負起這思想化、組織化的啓蒙作用、不外乎是地主土豪等舊有上・中階級出身的新興知識份子、例如：教師・律師・醫師・青年學生・下級職員或土著出身的下級官吏等、尤其是**留學海外**的青年學生特別都能起重要的帶頭作用。其主要原因可以指出二點：㈠殖民地的地主・統治階級已老朽不堪、同時這些封建殘餘份子本是應被淘汰的革命對象、再者、新興的資產階級除了一小部份的民族資本家之外、大體上都帶有著買辦性格而跟帝國主義同分一份利潤、所以這新舊的資產階級均在殖民地解放鬥爭上、根本就不可能起帶頭作用、㈡新進的知識份子卻跟上述的新舊資產階級相反、他們大體上是屬於中間性格的小資產階級、已接受了近代的西歐文明、也受到西歐民族主義深刻的刺激、逐漸覺悟到做人的權利、並且他們也有一定的能力來把握網羅各階級各階層的共同利益即「**民族獨立**」、能指出爭取民族獨立的方向即「**殖民地解放**」、能發揮其宣傳技倆而成爲近代思想的傳播者、把民主主義・民族自決主義・社會主義及世界形勢等介紹給一般大衆、同時也能揭起一般大衆容易接受的民族象徵來組織他們。當然、這小資產階級知識份子難免具有其特有的中間性・投機性・動搖性・觀念抽象性等缺陷、但他們只要從其突出的正義感及熱忱出發、且穩站在勞苦大衆的立場與觀點來思想及行動、那麼、在反殖民地・反封建的初期解放運動是能起一定的領導作用。

關於上述這點、當然在第一次世界大戰前後的台灣也不例外、就是在台灣社會所釀成的抗日的土壤之上播下革命種子的、不外是新興的小資產階級知識份子、特別是留學東京及中國各地的青年學生。

早在一九〇〇年渡往東京的第一個留學生就是「**芝山巖學堂**」第一期畢業生的柯秋潔（士林人）。其後、留學東京的台灣青年人逐漸增加、一九一二年總督府在東京小石川區設立台灣留學生宿舍的「**高砂寮**」、這也是促使留學生年年增加的一個原因、在一九一五年其總數已有三〇〇餘人、一九二二年增至二千四〇〇餘人。他們一方面受了苗栗起義事件（一九一三年）及西來庵起義事件（一九一五年）的大屠殺所刺激、在另一方面、也受到國內日本民主主義思想的高潮（一九一八年）・朝鮮萬歲事件（朝鮮獨立起義、一九一九年）・日本共產黨成立（一九二二年）、及國外的中國辛亥革命成功（一九一二年）・俄國社會主義革命成功（一九一七年）・第一次世界大戰結束（一九一八年）・中國五四運動發展（一九一九年）・中國共產黨成立（一九二一年）等接踵而來的內外形勢所影響、結果、抱有「**台灣應是台灣人的台灣**」的觀念急遽增多、所以大家都頻頻舉行各種研究會、並想要爲台灣的民族獨立來奮鬥。這樣、在此時期的台灣讀書人（知識份子）能對於台灣的前途開始自覺、並將要起帶頭作用、這從台灣的歷史上看來、乃是一件破天荒的事。

當初是林呈祿（桃園人、明治大學政治經濟科）・蔡培火（台南人、東京高等師範）・蔡式穀（新竹人、明治大學法科）・鄭松筠（豐原人、明治大學法科）・彭華英（埔里人・明治大學）・吳三連（台南人・東京商科大學專門部）・石煥長（宜蘭人、東京醫專）等爲中心人物、台灣先輩的林獻堂・蔡惠如也僑居東京（「警察沿革誌」第二編中卷 p.24）。

(1)　啓發會

一九一八年（大正七年・民國七年）夏、林獻堂召集了留學生在東京神田的中華第一樓菜館會合、一共有林呈祿・蔡式穀・蔡培火・石煥長・彭華英・黃朝琴（嘉義人）・陳炘（台中人）・吳三連（台南人）等約有二〇人、大家研討今後的台灣解放運動的推行辦法、爲了要從要求撤廢六三法做起、決定組織「**啓發會**」、推舉林獻堂爲會長、並由會長指名林呈祿爲幹事、擬在留學生之間展開啓蒙運動。啓發會的同志一方面是跟日本民主主義者的東京帝大教授・吉野作造等頻繁接觸並受其影響、另一方面則跟中國留學生及朝鮮民族主義者來往、同時成立了「**應聲會**」而做爲互相的聯絡機關（參閱宮川次郎「台灣の政治運動」一九三一年 p.74　「警察沿革誌」第二編中卷 p.24）。

(2)　台灣新民會

啓發會到後來在推進解放運動的方法上及資金上發生了不少分歧和對立、但由蔡惠如奔走調停的結果、才獲得再統一、並爲了擴大組織、一九二〇年（大正九年、民國九年）一月即把啓發會發展爲「**台灣**

新民會」、決定章程一六條、並以「考究有關革新台灣的一切事項、以圖文化的向上」爲其中心任務、繼續在留學生中推廣民族自決主義（參閱葉榮鐘・蔡培火・陳逢源・林柏壽・吳三連共著「台灣民族運動史」一九七一年 p.83—〃自立晚報叢書〃）。

「**台灣新民會**」創立後、在東京留學生中確也掀起了解放運動的一個高潮、會員增至一〇〇多人、他們到後來都成爲整個解放運動的骨幹份子、就是：

會長林獻堂　副會長蔡惠如　幹事黃呈聰　蔡式穀　名譽會員陳懷澄　連雅堂

普通會員（明大）林呈祿　羅萬俥　蔡玉麟　蔡先於　彭華英　陳全永　李烏棕　林濟川
林石樹　林朝廷　郭國基　顏春芳　呂靈石　吳清水　陳添印　黃成旺
鄭松筠　陳福全　莊垂勝

（早大）王敏川　黃　周　林仲輝　呂盤石　施至善　王金海　林仲澍　吳火爐

（中大）蘇維梁　吳境庭　（商大）吳三連　蔡珍曜　陳昆樹

（東大）劉明朝　林攀龍　（專修）林伯殳　柯文質　蔡敦曜

（慶大）陳　炘　王江漢

（其他）林資彬　李君曜　莊以若　洪元煌　黃元洪　蔡培火　石煥長　陳天一
謝春木　楊維命　蔡炳曜

再者、一九二〇年三月、林呈祿・蔡培火・王敏川（台中彰化人）・鄭松筠・彭華英・蔡伯汾（台中人、東京帝國大學）・陳炘・劉明朝・蔡玉麟等積極份子會合並研討新民會今後的具體行動、決定了下列的三項方針：

一　爲增進台灣人的幸福、推行台灣統治的改革運動

二　爲廣泛宣傳新民會的主張並啓發島民及爭取同志、發刊機關誌

三　與中國人同志取得連繫

其中、第一點就是要繼承啓發的「**六三法撤廢運動**」、後來發展爲「**台灣議會設置運動**」。第二點乃成爲發刊「**台灣青年**」的出發點。第三點則促使蔡惠如・彭華英・林呈祿等人來往中國大陸、與國共合作時代的中國國民黨左右派人物開始交往（參閱「警察沿革誌」第二編中卷 p.27）。

(3) 東京台灣青年會

早在一九一五年（大正四年、民國四年）春、東京的留學生已成立了一個同鄉親睦團體「**高砂青年會**」（林茂生・蔡式穀・陳炘相繼擔任各屆會長）、這個高砂青年會到後來改稱爲「**東京台灣青年會**」、在會員・組織・行動各方面均大體上與「**台灣新民會**」打成一片以「**涵養愛鄉心情、發揮自覺精神、促進台灣文化的開發**」爲表面上的綱領、但實際上是擬以推進台灣民族自決主義的實踐運動、於一九二〇年七月、發刊其機關雜誌「**台灣青年**」、並支援台灣議會的各次請願運動（參閱山崎繁樹・野上矯介「台灣史」一九七二年 p.565　「警察沿革誌」第二編中卷 p.28）。

(4) 台灣青年會「社會科學研究部」

第一次世界大戰爆發後、在國際政治上的另一個特點、就是一九一七年十一月俄國共產主義革命成功、隨著、世界上的社會主義革命思潮洶湧澎湃、一九一九年列寧（Lenin）又創設了「**第三共產國際**」（the Third "Communist" Internation）於莫斯科、擬以推進世界共產主義革命、特別是支援世界上的殖民地與半殖民地的反帝國主義鬥爭。因爲這樣、殖民地出身的台灣人留學生、當然是最有可能接

受其革命思想的影響、以致他們逐漸傾向於以階級鬥爭的革命手段而想來徹底解放自己故鄉的殖民地台灣。然而這種革命思想在大正年間、無論是無政府主義（anarchism）或共產主義（communism）、均被一般日本人認為是要推翻社會正軌的所謂「**危險思想**」、所以一向被日本政府當局所禁忌、一旦被發現、不但以法嚴辦、而且還要受其慘無人道的拷打•逼供以致刑死等重刑、日本人既然如此、當然被統治的台灣人及朝鮮人所受的摧殘也就更為殘酷。但是為了要使這前進的革命思想在台灣傳播並生根茁壯、其草創時期即必有一批不惜生命的**先覺份子**、為實現自己所懷有的理想去排除萬難而努力奮鬥、例如：

范本梁——嘉義人、上智大學生、一九二〇年與日本著名的無政府主義者•大杉榮相識、在思想上深受影響、時常出席神田基督教會的「**社會問題講演會**」、因宣傳無政府主義而被日本警察檢舉過、一九二二年八月往北京、進北京大學哲學科、加入無政府主義者梅景九等的「**北京安社**」、同時也創立了「**新台灣安社**」、向僑居中國的台灣留學生宣傳無政府主義、可算是台灣人最早的一個革命思想傳播者。

許乃昌——彰化人、一九二二年進上海大學、此時與中國共產黨書記•陳獨秀相識、一九二四年八月由陳獨秀保送往莫斯科進「**孫逸仙大學**」、一九二五年六月由莫斯科經過上海而東渡東京、進日本大學、在東京台灣人留學生之間從事宣傳共產主義並組織革命團體。

謝廉清——彰化人、一九二四年進北京朝陽大學、跟許乃昌往莫斯科、進「**東方勤勞者共產主義大學**」、翌年回北京而後返回台灣工作。

謝文達——台中人、台灣頭一個的飛機駕駛員、「**北京台灣青年會**」的積極份子、傾向共產主義、一九二三年到東京擔任「**台灣民報**」編集、翌年在長春入中國軍隊、與島內的蔣渭水取得連絡、後來往廣東與無政府主義者・張深切等組織「**廣東台灣革命青年團**」。

連溫卿——台北人、在台灣時就接觸了東京女子高等師範學生・山口小靜所信奉的共產主義思想、當他在一九二四年前往東京時、由山口小靜的介紹而住宿於山川均之家、因受其共產主義思想的薰陶、後來竟成爲堅強的日本勞農派共產主義者（主張一下子就進到共產主義革命的所謂「一次革命論」）、其後、返台參加「**無產青年**」。

陳來旺——新竹梧棲人、一九二六年中途退學台中師範、乃往東京並進入成城高等學校尋常科、此時深讀馬克思主義著作、並與「**無產者新聞**」發生關係、而成爲堅定的共產主義者、一九二八年二月與由莫斯科歸來的林木順及謝氏阿女（謝雪紅）一同前往上海、創立了「**台灣共產黨**」、同年八月重返東京、並擔任「**台灣共產黨東京特別支部**」的負責人。

林木順——一九二七年末、畢業於莫斯科「**中山大學**」、創立「**台灣共產黨**」的首要人物。

謝氏阿女——又稱謝雪紅（以下統稱爲謝雪紅）、一九二七年末畢業於莫斯科「**東方勤勞者共產主義大學日本人班**」、與林木順一同歸來並創立「**台灣共產黨**」。

上述的社會主義先覺者之中、許乃昌稍早就從事於在日本的革命工作、他在一九二五年赴東京之後、逐漸打定活動基礎、而在翌年一九二六年（昭和元年、民國一五年）一月、乃召集東京大學生商滿生（台南人）・高天成（台南岡山人）、日本大學生楊貴（台南新化人）・楊雲萍（台北士林人）、專修大學生林朝宗（台北新莊人）、印刷工人林聰（台南新豐人）等、設立了「**台灣新文化學會**」、同時採用東京帝國大學「**新人會**」（日本人共產主義學生的校內團體）的建議、擬在東京台灣青年會內部設立「**社會科學研究部**」、以資擴展共產主義組織。於是、台灣新文化學會的幹部乃再成立一個所謂「**社會科學研究部組織準備委員會**」、做爲推行機關、並基於建黨的組織原則而嚴密的決定：㈠「**社會科學研究部**」的內部組織應對外保守秘密、㈡實際行動應在研究工作發展到一定程度之後才能移諸實行、㈢與國共合作下的中國國民黨及朝鮮無產革命者取得連繫、㈣研究幹部一律委任準備委員會選定之、但不向外發表、㈤以準備委員充當研究部委員、不再另選、㈥科學研究部本部設置於台灣青年會內、經費可由青年會取出充當之、㈦研究部的內部組織應以黨的組織原則爲準繩、即採用民主集中制、㈧因研究部的部則勢必與青年會的會則相衝突、所以暫不向外發表、㈨研究部本部應每月聘請東京帝大的教授講演一次、以資僞裝、㈩研究部應在各地設支部、以資推展工作。

如此、以東京台灣青年會爲掩護的社會科學研究部、從其內部組織來說、已是一個道道地地的革命團體、對外則盡量與「**帝大新人會**」及「**無產青年同盟**」（日本共產主義青年同盟的前身）等當時的日本革命團體取得連繫、並每週開一次秘密會議、同時請來帝大新人會的會員一同開討論會。另一方面、在暑假時乃動員研究部員歸返台灣、與「**台灣文化協會**」的左派會員及「**台灣農民組合**」等相提攜、以期深入群衆以便擴展組織。

「**社會科學研究部**」在上述的中心人物積極推進的結果、一年之中會員大爲增加、除了帝大之外、早稻田大學也出現了楊景山・何火炎・林桂端・林加才・莊守・林聰敏・陳煥章・陳永珍等積極份子、同時各校已有專任的負責人在推展工作、即大成中學蘇新・中央大學黃宗垚・商科大學鄭昌言・早稻田大學楊景山・日本大學林兌・帝國大學陳水土・東京醫專吳新榮。

在這種「**社會科學研究部**」秘密發展的情況之下、台灣青年會左右二派的對立磨擦逐漸表面化、終於一九二七年十一月十三日所召開的幹部改選臨時總會中、當研究部員正式取得領導權時、右派的賴遠輝・沈榮・楊肇嘉・陳朝景・江充棟・洪清及高天成・吳春霖・蔡拱南・游柏・林江氏續・洪青等人當場表示退會、於是、東京台灣青年會竟由科學研究部派所佔（參閱「警察沿革誌」第二編中卷 p.37, 69,

183, 589, 876　山邊健太郎「現代史資料」22台灣2 p.85, 87）。

(5) 東京台灣學術研究會

台灣青年會社會科學研究部的日方友黨、即「**社會科學聯盟**」「**東京無產青年同盟**」「**日本共產黨**」的所謂左翼三團體、於一九二八年（昭和三年、民國一七年）三月、因遭到日本當局突襲式大檢舉而被強迫解散（在日本社會主義運動史上稱爲「三・一五事件」）。從此、留學生的社會科學研究團體也受到嚴格的監視和取締、同時在台灣青年會內部的右派留學生卻想趁機恢復其領導權而開始活動起來。在這種客觀形勢漸趨緊張的情況之下、許乃昌等社會科學研究部的諸幹部乃開會討論、認爲把科學研究部從台灣青年會撤出而再另起爐灶建立一個新的組織較爲上策、於是、在同年三月二十八日發表了「**台灣青年會社會科學研究部獨立聲明書**」、先把其科學研究部改爲獨立機關的「**社會科學研究會**」、之後、於同年五月、再改稱爲「**台灣學術研究會**」（參閱「警察沿革誌」第二編中卷 p.42）。

同年四月底、陳來旺從上海的「**台灣共產黨**」（日本共產黨台灣民族支部）的創立大會回到東京、並成立了「**日本共產黨台灣民族支部東京特別支部**」。於是、上述「**台灣學術研究會**」竟歸陳來旺領導。陳來旺爲了推展工作、前後三次（同年十月五日、十一月十九日、十二月十二日）召集了林兌・蕭來福・黃宗垚・陳銓生・何火炎・林裳・蘇新等、於東京府下中野町的「**大衆時報**」（「後期文化協會」的機關報）召開「**台灣學術研究會委員會**」、商討今後的組織及工作・財政・機關誌等問題。其結果決定了：㈠組織方針是暫以學校爲單位、並任早稻田大學高等學院何火炎・日本大學林兌・中央大學及明治大學李清標爲各校的負責人、㈡把東京台灣青年會改變爲能接受「**台共黨東京特別支部**」領導的大衆團體、㈢發行機關誌、㈣擴大分發「**無產者新聞**」（現狀是購讀者在東京僅四〇人、島內一二〇人）、㈤成立

「**台灣解放運動犧牲者救援會**」、任命蘇新爲負責人、何火炎・陳銓生爲委員、會員每人每月徵收五分錢、並通過救援工作來吸收同志、㈥向「**台灣農民組合全島大會**」（十二月三十日召開於台中）發出聲明。

翌年的一九二九年「**台灣學術研究會**」的組織急速發展、即**地區班**就有：㈠中野班蘇新以下五人、㈡余丁町班謝清澤以下九人、㈢戶塚町班黃宗垚以下八人、㈣落合班郭華洲以下五人、㈤池袋班莊守以下四人、㈥千駄谷班商滿生以下七、㈦目黑班林寶煙以下六人。**學校班**乃是委員長蘇新、組織部陳詮生、教育部陳來旺、調查部黃宗垚、會計部蕭來福、同時各校置負責人以便推進工作（參閱「警察沿革誌」第二編中卷 p.43）。

一九二九年一月二日、陳來旺・何火炎・蘇新・蕭來福・黃宗垚・林兌・林添進・李清標・林加才等會合並召開「**組織者會議**」、決定以學校爲單位加強發展會員工作、並勸誘購讀「**無產者新聞**」。同時在同年二月三日所召開的「**東京台灣青年會**」定期總合會上、提議並使之通過「**青年會組織化**」「**青年會規約改正**」「**結成留學生聯合會**」等案件、並在委員改選中取得優勢、終再次奮回該會的領導權、即㈠委員長黃宗垚、㈡宣傳部林兌・何火炎、㈢教育部陳水土・鄭昌言、㈣調查部黃宗垚・賴遠輝、㈤會計部吳新榮・林有財、㈥書記部郭華洲・楊景山・蘇新。

這樣、受到「**第三國際**」及「**日本共產黨**」的支援、並受了「**台灣民族支部東京特別支部**」的幕後領導、這「**東京台灣學術研究會**」及「**東京台灣青年會**」竟成爲台灣人留學生共產主義革命陣營的大衆組織、完成了一定的時代使命、譬如：宣傳共產主義革命、擴展在日的台灣人革命組織、主張解放殖民地台灣、派林兌等返台支援島內的「**台灣農民組合**」、特別在一九二九年二月島內農民組合幹部被大檢舉時、立即派蘇新・蕭來福・莊守等返台協助重建工作等。

然而、當在一九二九年四月「台灣民族支部東京特別支部」遭受到日本當局的檢舉時、因「台灣學術研究會」幹部也被捕四三人（其中、共產黨員三人）、所以研究會竟遭潰滅性的打擊。但是非黨員被釋放後、由林寶煙等發動所謂「研究會更生運動」、根據陳傳興・黃宗垚等同志的意見、暫以地下活動爲主、並分散於各校的「讀書會」而待機再行組織化。「東京台灣青年會」的幹部也被檢舉殆盡。後來、非黨員幹部被釋、但再建工作遲遲不進、終流於消沈。

此時、在東京的台灣留學生共產主義者、即以「東京台灣學術研究會」及「東京台灣青年會」的名義發出宣言：「被抑壓的台灣民眾當在此時、我們所能選擇的道路只有二條、一條就是違背正義、甘當統治階級的忠僕及奴隸而歸滅亡、再一條就是決然起來向社會的虛僞挑戰並給予一番痛擊而來解放自己。……我們願以全部的被抑壓大眾的腕與拳來向統治階級示威、並誓必再建學術研究會與青年會而跟他們進行再一次的大決戰！台灣共產黨萬歲！台灣獨立萬歲！全台灣學生聯盟萬歲！」（參閱台灣總督府警務「台灣總督府警察沿革誌」第二編中卷 p.42, 49, 51, 667　山邊健太郎「現代資料」22台灣2 p.83）。

以上初期社會主義革命大眾團體的「東京台灣學術研究會」及「東京台灣青年會」、竟遭日本帝國殘酷的摧殘而終結其短暫的革命鬥爭史、但卻爲今後的台灣社會主義革命鬥爭留下了一批英勇的革命戰士。再者、「東京台灣青年會」後來由民族自決派奪取領導權而繼存到一九三七年才被迫解散。

(6) 台灣左翼文化聯盟結成運動

一九三〇年（昭和五年、民國一九年）春、住在岩手縣並任職岩手女子師範教師的王白淵、他所著作的詩集「荊棘之道」頗受日本左翼文壇的好評、這乃成爲日本的台灣人左翼文學運動的端始。當在此時、林兌・吳坤煌・葉秋木・張麗旭等「台灣學術研究會」派正想把同志們的革命熱潮轉移於左翼文化運動、但因有第三國際所規定的「**一國一黨主義**」（一國只能有一黨）的組織原則所限制、所以難以另外組成如「**台灣左翼文化聯盟**」的組織。於是、他們即與王白淵取得連繫之後、於一九三二年三月二十五日、在高岡寺的林新豐家會合、並決議在「**日本左翼文化聯盟**」的系統之下組織一個「**台灣人文化サークル**」（Oculture circle）、並決定：㈠設置文學部・美術部・演劇部・音樂部・出版部等、㈡任命東洋大學張文環・中央大學吳坤煌及林衡權・日本大學翁廷森・帝國大學張水蒼・法政大學吳遜龍・日本神學校吳坤煌及謝榮華等爲各校負責人。

「**同志諸君！我們在東京結集於學術研究會共同學習、使之成爲台灣解放的革命學校、然後當我們參加島內的戰線時、才能進步而成爲眞實的馬克思主義者、列寧主義者、同時才能成爲未來的勝利者。……**」（學術研究會ニーユス）。

然而、當發行一次機關報紙「**學術研究會ニーユス**」（the News）之後、因葉秋木參加九月十日的「**反帝遊行**」而被捕以致牽連到林兌・吳坤煌・張文環・張麗旭等均被捕、所以剛要起步的「**台灣人文化サークル**」就被解散。

「**台灣文化サークル**」雖然迅速的消沈下去、但重建工作卻立即振作起來、就是克服了許多困難與波折之後、於一九三三年（昭和八年、民國二二年）三月十五日、六日的二天、「**國際革命演劇同盟**」在築地小劇場主辦的記念演劇場上、吳坤煌等上演了「**出草智**」「**杵搗手**」「**霧社之月**」等台灣的舞蹈及民謠。繼之、於同年三月三十一日、由魏上春・張文環・吳鴻秋・巫永福・黃波掌等積極努力的結果、終於組織了「**東京台灣藝術研究會**」（負責人蘇維熊）。同年五月十日、吳坤煌・王白淵・張文環・巫永福・蘇維熊・施學習・陳兆柏・王繼呂・楊基振・曹石火等又會合於張文環所經營的咖啡店「トリオ」（本鄉區西竹町）、選出蘇維熊・張文環・施學習・吳坤煌等爲負責人、竟發刊了「フォルモサ」（the Formosa）五〇〇部、在合法的僞裝之下宣傳台灣解放的社會主義革命運動（參閱「警察沿革誌」第二編中卷 p.53）。

其他、在「**日本左翼文化聯盟**」（coup）之內、也設有「**朝鮮台灣協議會**」、努力於殖民地文化運動的組織化並與朝鮮・台灣各地的文化團體取得連絡（參閱「警察沿革誌」第二編中卷 p.61）。

d　中國的台灣人留學生積極進行解放運動

一九二〇年七月第三共產國際的第二屆大會中、通過了列寧所提議的「**關於民族及殖民地問題的綱領**」、於是、中國革命乃開始被認爲是亞洲頭一個重要的問題。繼之、一九二一年七月「**中國共產黨**」成立、並在一九二二年五月的「**二全大會**」中決定立即實現「**第一次國共合作**」以資進行反帝・反封建的資產階級民主主義革命。又在一九二二年一月第三國際「**東方民族大會**」、再次強調中國革命的重要性、一九二三年一月、中國國民黨總理・孫中山及蘇聯政府外務人民委員會代表・愈飛（A.A. Joffe）發表共同聲明、第三國際駐國民黨顧問鮑羅廷（M.M. Borodin）等來華、同年六月蔣介石赴莫斯科研究建立國民軍、在一九二四年回中國設立黃埔軍官學校等、第一次國共合作終於實現。就在這種中國革命熱潮沸騰的環境之下、留學中國各地的台灣人青年學生、對於台灣的解放運動即自然而然的活躍起來、特別是當時的上海已成爲通到第三國際大本營莫斯科在東方的根據地、廣東則是孫中山所進行的中國國民革命的策源地、同時北京亦是中國歷來的文化中心、所以導使僑居各地的台灣留學生能深刻的認識到民族解放及共產主義革命的歷史意義。

(1) 蔡惠如等的台灣民族自決運動

當時最爲堅強的台灣民族自決主義者蔡惠如、自一九二〇年五月就頻繁來往東京・上海之間、並廣遊北京・上海・廣東等地、與各地的台灣留學生熱烈的討論有關台灣民族自決等問題、同時、也接觸了中國國民黨・中韓互助社・朝鮮人革命團體・第三國際人員及朝鮮共產黨員崔昌植・呂運亨・金萬謙・姜漢記等人、向他們揭露「**台灣統治的愚民政策、殘忍的軍事裁判、極端的差別政策、橫暴的剝削制度**」等、奔走於爭取這些革命團體的連合戰線。又在一九二一年七月、與接踵而來上海的林呈祿・彭華英相會合、一同出席於上海大東旅社的在滬印度・朝鮮・菲律賓等民族主義者的開會、竭力主張東方弱小民族的政治自決及提倡組成亞洲民族自決連合戰線。

(2) 上海的台灣青年會等

一九二三年（大正一二年、民國一二年）十月十二日、蔡惠如・彭華英・許乃昌共同召集在上海的台灣留學生一〇餘人於上海南方大學、組織了「**上海台灣青年會**」、這表面上是以學生親睦爲名、實際上乃是推進「**台灣獨立**」。該會訂定會則七章一六條、同時分配各種工作、即謝廉清（彰化人）・施文杞（台中人）・許乃昌（彰化人）負責文書、許水・游金水負責庶務、李孝順（汐止人）・林堯坤（台北人）負責會計、其後會員增至五〇餘人。

上海台灣青年會自創立以來工作相當活躍、譬如：(一)一九二四年一月召開「**上海台灣人大會**」、出席者除了上述該會幹部之外、還有連枝旺（彰化人）・陳滿盈（彰化人）・甘文芳（彰化人）・張我軍（台北人）・林瓊樹（嘉義人）・鄭進來（台北人）・羅渭章（嘉義人）・張桔梗（台南人）等積極份子、均在會中反對台灣總督府於一九二三年十二月檢舉「**台灣議會設置運動**」。(二)同年五月九日參加中國國民對日外交會主辦的「**國恥紀念大會**」、並散佈了「**反對日本帝國主義殖民統治台灣**」的傳單、㈢一九二四年六月十六日發動「**台灣始政紀念日反對運動**」、散佈傳單「**勿忘**」、㈣同年六月散發反對辜顯榮・林熊徵等走狗的「**有力者大會**」的傳單等。

一九二四年十一月、上海台灣青年會爲了擴大組織、決定改組爲「**旅滬台灣同鄉會**」、並任命蔡孝乾（彰化人）・陳北塘（彰化人）・陳紹馥（汐止人）・鄭進來（新店人）・陳炎田（宜蘭人）・林劍英（嘉義人）・何景寮（旗山人）爲籌備委員、擬以繼續以前的台彎民族解放運動、但其後在無形中漸歸消熄、其會員竟被其他團體所吸收。

其他、當時在上海的台灣解放運動是以台灣人留學生爲中心、反對日本帝國主義的熱潮漸起高漲、所以主張民族自決的團體迭起而生、略有：㈠「**台灣自治協會**」（蔡孝乾・林維金・洪緝治・張深切・謝雪紅等人主辦）、㈡「**平社**」（居住在法租界霞飛路的中國人共產主義者・羅豁宅的台灣人及朝鮮人、即彭華英與蔡惠如之長子蔡炳燿、及呂運亨・卓武初・尹滋英、加上林堯坤・許乃昌・張沐眞・游金水・吳沛法・陳傳枝等人所組織的、發行機關誌「**平平**」、傾向於共產主義革命思想、主張以革命手段來徹底解放台灣、並與島內蔣渭水等有連繫）、㈢「**台韓同志會**」（注重革命思想的一批台灣人・朝鮮人共同的啓蒙運動、並主張台韓獨立及建設自由聯邦）、㈣「**上海台灣學生聯合會**」（蔡孝乾・彭華英・許乃昌・何景寮・王慶勳等糾合了上海大學・暨南大學・大廈大學・南洋醫科大學的台灣人留學生而創立於一九二五年、並在同年十二月設立「**留華台灣學生聯合會**」、努力於宣傳共產主義革命、並把其傳播於台灣島）、㈤「**讀書會**」（林木順・謝雪紅從莫斯科回上海後、乃透過共產主義者翁澤生糾合台灣學生聯合會的左傾份子、即江水得・楊金泉・林松林・劉守鴻・張茂良・陳粗皮・陳氏美玉・黃和氣等、從一九二七年十一月起、在上海源源里及協興里等處召開「**讀書會**」、做爲後來上海創立「**台灣共產黨**」的準備工作）（參閱「**警察沿革誌**」第二編中卷 p.69-90）。

(3) 北京台灣青年會

一九二二年（大正一一年、民國一一年）一月、留學北京的台灣青年學生僅有三二人、但在民族革命高潮的時代環境之下、他們爲了響應島內及海外各地的解放運動、也在同年一月與僑居北京的一些普通台灣人一同創立了「**北京台灣青年會**」、其積極份子有北京大學生的林炳坤（台北板橋人）・陳江楝（台中集集人）・鄭明祿（新竹苑裡人）・黃兆耀（台北人）・范本梁（嘉義人）及蔡惠如（台中清水人）・劉錦堂（台中人）・林子明（台北人）・林瑞膽（霧峰人）・吳子瑜（台中人）・林松壽（台北板橋人）・林煥文（新竹頭份人）・林飛熊・廖景雲等人、同時也聘請北京大學校長・蔡元培、前財政總長・梁啓超、北京大學教務長・胡適、前司法總長・林長民、北京大學教授・李石曾、參議院議員・王勤齊等保守派的中國人名士爲名譽會員。該會主要是與島內的「**台灣文化協會**」取得連繫而協助其推行台灣民族自決主義的啓蒙運動、尤其是對於主張設置台灣議會乃深表贊同。當台灣總督府在一九二三年十二月檢舉「**台灣議會期成同盟**」時、該青年會即在北京召開「**華北台灣人大會**」、堅決反對日本帝國主義壓迫台灣人的政治運動並號召大家起來支援「**台灣議會期成同盟**」、並推翻一切強權（參閱「警察沿革誌」第二編中卷 p.90）。

其他、當時在北京亦有了范本梁所創立的「**新台灣安社**」、及關錦輝・謝廉清・謝文達等台灣人留學生相率主倡的共產主義思想、以致影響在島內一時掀起無政府主義革命運動及共產主義革命運動的熱潮。

(4) 廈門的台灣尚志社・閩南台灣學生聯合會・廈門中國台灣人同志會

廈門與台灣之間僅隔台灣海峽、來往二地的輪船輻輳、不費一晝夜即可到達、並因台灣人歷代的祖先多來自閩南地方、語言大致相同、所以台廈之間的關係特別密切。不過、日本當局爲防備台灣人親近中國所以在廈門警戒最爲嚴格、且把此地納入日本的勢力範圍之內、想做爲要再進一步侵略大陸的重要基地（參考「福建省不割讓條約」p.423）、以致駐廈門日本領事館內設有的「**領事警察署**」機構特別龐大、配置領事警察及密探多人、一方面監視台灣人在中國的行動、另一方面則唆使一部份台灣人無事生非而擬以推行其侵略性的所謂「**大陸政策**」。因此、除了甘當日本帝國主義爲鷹犬而爲虎作倀的敗類之外、當時持有政治意識的台灣人如想在廈門讀書或謀事乃是一件不容易的事。據一九二三年七月統計、台灣人學生留學廈門者（包括內地的集美學校生）僅有一九五人。雖然如此、但因華南本是孫中山及中國國民黨推行中國國民革命的策源地、同時也是中國共產黨開始武裝鬥爭的草創之地、所以僑居廈門・廣東的大部份台灣人留學生當然是無可避免的受到其影響、以致對台灣革命懷有深切的關心及決心參與台灣解放運動的革命行列。

同年六月二十日在廈門由李思禎（嘉義人）創立了「**台灣尚志社**」、其章程上是以研究學術促進文化爲宗旨、但實際上的目的是在於喚醒台灣人意識、同時企圖使台灣脫離日本的殖民統治。又在同年八月發刊「**尚志廈門號**」而揭發日本帝國主義的暴政。翌年一月三十日、再以尚志社名義召開「**廈門台灣人學生大會**」、反對總督府檢舉「**台灣議會期成同盟**」、同時把其宣言書寄送於台灣・東京及中國各地、藉以喚醒台灣同胞起來抗日。

繼之、於一九二四年四月二十五日、六日以李思祺（嘉義人、廈門大學生）・郭丙辛（台南北門人、中華中學生）・王慶勳（彰化人、廈門大學生）・翁澤生（台北人、集美中學生）・洪朝宗（台北人、集美中學生）・許植亭（基隆人、同文書院學生）・江萬里（台南人、中華中學教員）・蕭文安（英華書院學生）等人爲中心、假廈門柳眞甫長壽學校舉行「**閩南學生聯合會**」的成立大會、到會者共有四〇〇餘人、會中開演話劇

「**八卦山**」「**無冤受屈**」等都是描寫了台灣人英勇抗日及受殖民統治的慘狀、皆使觀衆激動不已。此時、來賓代表的廈門廈聲日報主筆・陳沙崙也起來發表了一場熱烈的談話、滿場的觀衆受到鼓勵不小。同年七月、該會印刷了反對辜顯榮・林熊徵等走狗所開的「**有力者大會**」的傳單寄回台灣各地。又在同年十一月十六日、假廈門思明教育會館召開秋季大會。該會後來、以莊四川（嘉義人）及張棟（嘉義人）爲主編而創刊機關誌「**共鳴**」、並於一九二五年由郭丙辛・黃和氣・張輝煥等、跟「**上海台灣學生聯合會**」取得連絡、因受其影響而逐漸左傾化並開始潛回台灣從事地下工作。

再則、一九二五年四月以林茂鉾及郭丙辛爲中心、召集台灣留學生及中國人同學共同組織「**廈門中國台灣同志會**」、在廈門街上貼了「**中國台灣同志會第一次宣言**」「**第二次宣言**」、而來反對日本政府對於中國的「**二十一條不平等要求**」、並攻擊對於台灣的殖民統治（「警察沿革誌」第二編中卷 p.94 台灣省文獻委員會「台灣省通志稿」卷九 p.228）。

(5)　南京的中台同志會

中台同志會乃是以南京爲據點的台灣人留學生及中國人學生一起創立的一個左傾性的學生團體、其會員大體上是受到「**五卅慘案**」（一九二五年）的深刻刺激而奮勇起來努力於反帝運動的、他們是以驅逐日本帝國主義來爭取台灣的民族獨立及保衛中國爲終極目標。

該會的中心人物吳麗水（羅東人）、於一九二三年五月由台灣赴滬進上海暨南大學中學部、其後轉進南京的新智中學及東南大學中學部、在學校中結識了一些傾向於共產主義思想的中國人同學。又在同年九月、他巧遇了同鄉的李振芳（羅東人）、二人因談得志同道合、所以在南京大石橋租房同住。他們二人乃不分晝夜的共同學習共產主義的革命方法、並時常跟中國人同學相互交換意見、尤其是對於台灣的解放運動特別深加討論、竟使他們做了「爲解放台灣除了起來革命而爭取台灣獨立之外別無他途」的結論。

於是、他們二人乃開始組織革命團體、先是得到中山中學教員・文化震的協助而起草「宣言書」、內容論及如要排除日本帝國主義者、台灣人與中國人必須互相努力提攜、台灣若能獨立、中國亦可免受日本的侵略。其後、共得居住南京的台灣人留學生及中國人學生四〇餘人的贊同、而在一九二六年（昭和元年、民國一五年）三月二十一日、假南京新街中山中學堂舉行了「中台同志會」的成立大會、訂定規約並發出宣言。

該會成立後、很快就開始行動：㈠把同志會的簡章及宣言書寄到上海・廈門・東京・島內、以資宣傳革命並廣募同志、㈡同年五月在上海得到藍煥呈・翁澤生・蔡孝乾・何景寮等台灣留學生的參加、並委任翁澤生及蔡孝乾二年籌備設立上海分會、㈢與「廈門中國台灣同志會」（郭丙辛・黃和氣等）取得連絡、但因廈門的日本密探非常多、所以即秘密共謀潛回台灣、㈣印發「反對六・一七台灣始政紀念日」的傳單二千份、擬以繞過東京而寄回台灣各地、其內容是：「台灣同胞起來吧、起來繼承過去的犧牲者的革命精神、而以最好的方法來創立團體並組織民眾、且聯合全世界的被抑壓民族、與日本帝國主義死戰到底」（台恥紀念日宣言）、但因事前被日本警察發現而未果、他們又與東京留學生藍阿嬰（羅東人、東亞商業學校學生）取得連絡、擬在日本發展組織、但因被發現上述的傳單以致藍阿嬰遭捕、所以工作未能如期推展、㈤一九二六年七月吳麗水・李振芳等利用暑假相率回台、於同月二十三日在羅東街李振芳家聚會、到會者有楊如松・黃天海・藍煥呈・陳招松・吳麗水・李振芳等人、在會中報告在中國的工作經過及討論如何在島內展開組織。

然而、日本當局早就從南京・上海・廈門・東京等處探得消息、終在一九二六年七月底開始在台灣檢舉吳麗水・李振芳・藍煥呈・楊如松・黃天海・陳招松等、並在東京逮捕藍阿嬰、後來公審的結果、吳麗水・李振芳被處徒刑三年、藍煥呈徒刑二年、其他受到不起訴或免訴的處分。因爲這些積極份子的被捕以致招來「**中台同志會**」失去重心、所以、這剛成立的革命組織在無形中竟告夭折（「警察沿革誌」第二編中卷 p.103　台灣省文獻委員會「台灣省通志稿」卷九 p.236）。

(6)　廣東的台灣革命青年團

一九二五年三月中國國民黨總理・孫中山逝世於北京、但國民黨・共產黨及革命政府所在地的廣東、並不因此而失去其做爲革命策源地的熱潮、此時、蔣介石在國共合作之下、即將開始北伐、一時兵馬倥傯。因此、居住在廣東的台灣留學生目睹這中國革命的前程似錦、深感在日本帝國主義抑壓之下的台灣人若非起來革命、將無法達成民族解放的目的。恰在一九二六年六月十五日、有台灣留學生張月澄（台北人、嶺南大學生）在廣東日報發表「**台灣痛史**、**一個台灣人告訴中國同胞書**」、又在同六月二十八日有以楊成志名義發刊一篇「**毋忘台灣**」的小册、並秘密分發於台灣各地、這些都是在廣東地方的台灣留學生反對日本帝國主義並提倡台灣革命的先聲。

一九二六年（昭和元年、民國一五年）七月、蔣介石北伐後不經多久、共產主義者謝文達及無政府主義者張深切等台灣留學生二〇餘人即在同年十二月會合於廣東中山大學（校長戴季陶）、成立了「**廣東台灣留學生聯合會**」、並選出洪紹潭・張深切（南投人）・郭德金（南投人）・張月澄・林文騰爲委員、每月借用中山大學召開研究會及演講會等。

又在翌年一九二七年三月、除了在表面上仍襲用廣東台灣留學生聯合會的名稱之外、爲了再進一步的組織具有革命行動的團體、乃以林文騰・郭德金・張深切爲規章及綱領的起草委員、再成立一個秘密組織的「**廣東台灣革命青年團**」、其內部機構較爲龐大：㈠總務部長謝文達（台中人）、㈡宣傳部長張深切、㈢外交部長張月澄、㈣庶務部長陳辰同（台北人）、㈤調查部長廖啓甫。該團設聯絡處於廣州市一德路明星影片公司三樓、分發報紙及宣傳文書於中國・日本・台灣各地、並跟台灣的「**文化協會**」取得連絡、而進行島內的革命組織工作。同時、以林文騰爲負責人而發刊機關誌「**台灣先鋒**」、經常刊上「**台灣是台灣人的台灣**」「**台灣民眾團結起來**」「**台灣農工商學聯合起來**」「**世界被壓迫階級聯合起來**」「**打倒日本殖民政策**」「**打倒基於舊教的家族制度**」「**台灣革命成功萬歲**」「**東方弱小民族解放萬歲**」「**世界革命成功萬歲**」等標語、表明其革命路線並號召台灣人大衆起來奮鬥（參閱「警察沿革誌」第二編中卷 p.117-137）。

然而、於一九二七年四月、蔣介石在上海開始大屠殺中共黨員及起義工人、當時中國各地被捲入於無終止的白色恐怖、於是、思想左傾並漸走共產主義革命路線的「**廣東台灣革命青年團**」即被中國國民黨認爲是中國共產黨的外圍團體、所以其活動份子全被追放、組織也在同年五月被迫解散、以致團員四散、組織的活動頓然停頓。並且、該團的團員也緊被日本當局所追究、於同月二十四日張月澄被駐上海的日本領事館所捕獲並立即押回台灣之後、而跟張月澄持有連絡的簡錦銘也在台中草屯被捕、以致台灣警察由此獲悉在台的關係人名單、即在同年八月六日開始在台灣・日本・上海各地檢舉有關人員、共有六四人之中、先後被捕三二人。其結果、林文騰徒刑四年、郭德金・張深切徒刑二年・張月澄徒刑二年（五年間執行猶予）林仲節・林萬振・簡錦銘徒刑一年六個月（四年間執行猶予）、林如金・吳文身・溫幸義・盧炳欽徒刑一年（四年間執行猶予）、其他受不起訴處分（台灣省文獻委員會「台灣省通志稿」卷九 p.249）。

e　創刊「台灣青年」

如上述、台灣人留學生自一九一〇年代起、在東京及中國各地相繼舉起解放台灣的火炬之後、給了島內的台灣同胞很大的啓蒙與鼓舞、其中、因在東京的大部份留學生是傾向於民族自決主義的政治路線、所以當時由他們所創始的「**台灣青年**」「**台灣議會設置運動**」「**台灣文化協會**」（在民族自決派取得主導權爲止的前期）的三大系統、可以說是同工異曲而成爲台灣民族自決派（屬於整個台灣解放革命的**右派**）的主流、這即在今後一〇年間的台灣資產階級民主主義革命上（bourgeois democratic revolution）起了相當的作用。

(1)　月刊「台灣青年」

一九二〇年三月在東京的「**台灣新民會**」（當時已跟「東京台灣青年會」打成一片）幹事林呈祿等決定創刊該會的機關雜誌之後、先由蔡惠如資助一千五〇〇圓、與後來的募捐所得共計五千餘圓、由林呈祿・彭華英・蔡培火（擔任編集主任兼發行人）三人負責設立「**台灣青年雜誌社**」於麴町區飯田町、並首先分發「**台灣青年發行趣意書**」（發刊辭）。這趣意書由世界的局勢說到台灣被殖民統治的現狀、同時慫恿台灣留學生應藉此機會自省過去並探索將來、進而號召大家啓發同胞起來努力奮鬥。於是、月刊雜誌「**台灣青年**」竟在同年（大正九年、民國九年）七月十六日創刊於東京。這個純粹屬於台灣人所創辦的月刊雜誌乃並用漢文及日文、當初在東京的有關編集人員是人才衆集、有如下：

李瑞雲　石煥長　徐慶祥　林仲澍　羅萬俥　蔡敦曜　蔡式穀　蔡伯汾　王敏川　蔡玉麟
吳丁福　陳昆樹　林呈祿　陳　炘　呂磐石　彭華英　郭馬西　林伯殳　郭國基　劉青雲

顏春芳　劉明朝　吳三連　蔡先於　呂靈石　林攀龍　陳以文　蔡珍曜　涂　火　林仲輝
林濟川　林舜聰　陳光明　林朝槐　楊維明　張明道　李乘鰲　蔡培火（「台灣青年」創刊號　葉榮鐘等「台灣民族運動史」一九七一年 p.547 ）。

「**台灣青年**」第一卷發行五期、第二卷五期、第三卷六期、第四卷二期、一共出版了一八期之後、於一九二二年四月一日才改稱爲「**台灣**」。然而、該誌創刊的目的本在宣傳並主張台灣的民族自決主義、所以其後乃迅速的加增了政治色彩、批評日本的殖民政策並要求廢除六三法及主張設置台灣議會等、例如林呈祿所著「**從地方自治談至台灣自治**」（第一卷第二期）・「**六三法問題之歸點**」（第一卷第五期）及蔡培火著「**我島與我等**」（第一卷第四期）等。彭華英也寫了「**社會主義概說**」（第二卷第四、五期）、這到後來被連溫卿稱爲是由台灣人所介紹社會主義最早的文章（參閱連溫卿「過去台灣的社會運動」—《台灣民報》一九二七年一月二日第一三八號）。其後、「**台灣青年**」乃隨著台灣議會設置運動及台灣文化協會的發展、宣傳有關這二方面的記事及文章逐漸增多、竟成爲這二大運動唯一的喉舌、對於今後的台灣民族自決運動啓蒙頗大。

這從日本當局來說、因當時是第一次大戰後自由・平等・民族自決主義的世界潮流澎湃、所謂「**大正民主主義**」在日本國內風行一時、「**普選運動**」（日本在大正時代的議會民主主義運動）正在高潮、並且在朝鮮已發生了民族獨立的「**萬歲事件**」、所以、日本當局對台灣的統治政策也不得不稍有修正、第七代總督・陸軍中將明石元二郎（民政長官・下村宏）、第八代總督・男爵田健治郎（總務長官・賀來佐賀太郎）即相繼發表以所謂「**內地（日本）延長主義**」的同化政策爲施政方針、特別是頭一個文官總督的田健治郎、乃在蒞任台灣後的第一次廳長會議席上就發表了同化政策的具體辦法即改正教育制度、改正地方制度、把警察行政從一般政務分離、登用台灣人爲總督府官吏、廢止笞刑、廢止台・日人通婚禁令等、並強調「**必須竭力使台灣民眾也成爲在世界上無可比擬的大和民族**」（田健治郎傳紀編纂會「田健治郎傳」一九三二年 p.386）。就在這種客觀形勢的演變之下、當「台灣青年」創刊之際、台灣總督・田健治郎乃爲其題字「**金聲玉振**」、擬對台灣留學生所要推行的文化啓蒙運動表示理解、同時、台灣朝鮮留學生監督官的貴族院議員・永田秀次郎、大日本平和協會副會長・男爵阪谷芳郎等日本右翼要人、也同民主主義派的東京帝國大學的名教授・吉野作造、明治大學校長・木下友三郎、東京神學校校長・植村正久等一起贈稿、爲祝賀他們的創刊並給予鼓勵。

然而、這「**台灣青年**」的發刊當然是最受台灣同胞所歡迎、無論在日本・台灣島內或中國大陸的台灣學生之間、都在爭先閱讀這由台灣人所創辦而且突破了許多政府的檢閱才被准進島內的進步刊物。特別在台灣島內、台灣人最高學府的台北醫學專門學校及台北師範學校的學生們、以及各地中學以上的青年知識份子都視這「**台灣青年**」爲旱天逢甘霖似的總是非常認眞的閱讀並給予熱烈的支持。「**雜誌台灣青年給予在台灣中學以上的學生的思想刺激既深且大、他們對於功課以外的思想問題也逐漸引起很大的興趣、並加以熱烈的硏討。台北師範學校的學生乃每月定閱數十份、他們避過了監督官嚴格的監視、在宿舍的寢室裡輪流閱讀了一年有餘、而未被發現。**」（謝春木「台灣人の要求」一九三一年 p.14）。

這樣、主張設置台灣議會及批評殖民政策的「台灣青年」在島內廣泛受歡迎、實出乎日本當局的意料之外、所以即把其上述的懷柔政策（同化政策）慌忙的改爲鎭壓政策、而施壓力於台灣青年雜誌社。因此、在同年十月所發行的第一卷第四期就遭到初次的禁止發行、以下第二卷第三期、第三卷第六期、第四卷第二期也相繼的受到日本政府內務省停刊處分、同時在島內的讀者也受到百般的阻撓、以致該雜誌的發行部數即由二千餘份而降爲一千五〇〇份（參閱〝台灣民報〞六七號―林灌園《獻堂》「民報發刊一萬號感言」、蔡培火「創業五週年和發刊一萬部所感」、林慈舟《呈祿》「懷舊談」）。

(2)　**月刊「台灣」**

月刊雜誌「**台灣青年**」於一九二二年（大正一一年、民國一一年）四月一日改稱爲「**台灣**」、主幹林呈祿、日文編集主任劉明朝、漢文編集主任王敏川、庶務主任黃呈聰、會計主任鄭松筠、幹事蔡伯汾・王江漢・吳三連・蔡培火。又在翌年一九二三年、「**台灣雜誌社**」爲了籌募較有安定性的資金、乃派蔡培火爲台灣分社主任而返台活動、於是擁有資金二萬五千圓的「**台灣雜誌社株式會社**」終在同年六月成立於台北、董事長是林幼春、常務董事由林呈祿充當之。「**台灣**」從發刊到一九二四年六月的停刊共刊出一九期、仍是漢文・日文各佔一半、但在內容方面卻是相當充實、並在論調上也逐漸由抽象而轉爲具體化、發表言論的進步學人也有增加、例如：㈠杜聰明（當時是台北醫學專門學校的講師）的「**就生物之潛在生活而說**」、㈡羅半仙（留學美國）的「**太平洋會議與中國問題**」「**愛爾蘭問題**」、㈢劉明朝的「**有色民族終必勝利**」、㈣吳三連・陳逢源・彭永海・陳材洋等人的有關台灣的經濟・稅收・物價・金融等的報導及論文、㈤連雅堂的有關台灣史的著作、㈥黃呈聰・黃朝琴的白話文運動、尙有楊肇嘉・王金海・郭國基・林垂撰・張我軍・蔣渭水・王江漢・黃登洲・謝文達等人也常在該刊物上發表言論（參閱「楊肇嘉回憶錄」一九六七年 p.411）。

然而、因「**台灣**」發刊的二年之間、也是「**台灣議會設置運動**」及「**台灣文化協會**」正在活躍的時期、所以該雜誌乃特別爲這些民族自決主義運動提供很多有關運動的文章及現實資料、尤其是該雜誌的主幹同時也是「**台灣議會設置運動**」領導者的林呈祿、他在刊物上所提到的民族自決理論、包括介紹自治、主張廢除六三法、或提倡改革教育等、都使當時的讀者獲益非淺。

也因爲如此、「**台灣**」才被日本當局認爲是所謂危險份子之巢穴而受到嚴密的監視與壓迫。「**雜誌台灣及文化協會皆不外乎是台灣議會設置運動的另一個機構、尤其是前者的該雜誌及公開的擁有一批**

文壇學人、他們一向都以挑撥台灣民眾的反抗思想爲中心任務、另一方面、後者的文化協會也以發展文化爲藉口、處處掩飾官憲的耳目、在暗中盡量糾合同志。」（「台灣人の台灣議會設置運動と思想」後篇、一九二二年 p.8）。

(3)　半月刊的「台灣民報」

東京的台灣留學生創刊「台灣青年」及「台灣」後、一來是爲了要供給島內不懂日文的台灣民衆閱讀、二來是受到陳獨秀「文學革命論」（一九一七年）・胡適「文學改芻議」（一九一七年）等具有革命性的中國白話運動所影響、所以早就想要創刊一個白話文的台灣刊物、這個計劃由林呈祿・蔡惠如・黃呈聰・黃朝琴等人醞釀了一個時期之後、終在一九二三年（大正一二年、民國一二年）四月十五日、漢文版的半月刊「台灣民報」即由「台灣雜誌社」發行。「時勢已經進步、只有一種雜誌、實在不足以應付社會各方面的要求；這次的新刊本報、專用平易的漢文、滿載民眾的知識、宗旨不外乎是啓發我島的文化、振起同胞的民氣、以謀台灣的幸福……」（創刊詞）。

關於中國白話的介紹及台灣白話文的普及運動、可算是黃呈聰・黃朝琴最爲熱心、他們寫了「論普及白話文的新使命」（黃呈聰）及「漢文改革論」（黃朝琴）均獲得多人的響應。「台灣民報」同仁也創設了「白話文研究會」於台南市東門町、有志研究白話文者均可入會、該報上面也設有「應接室」一欄、專爲指導白話文的寫作問題、當時向有林佛樹（台北人）・李自明（鹽水港人）等表示擁護白話文運動並請求告訴研究方法。

同時、以北京五四運動在文學上的革命理論來爲楔機、在台灣文化界也掀起了新舊二派的文學鬥爭、例如、許秀湖・張我軍・蔡孝乾・張梗・楊雲萍・賴懶雲等少壯革命派、他們以「台灣民報」爲基地、跟以八股文無病苦吟的陳舊學人做了激烈的筆戰、也弄得當時滿城風雨。當時、周天啓・吳滄洲等所主辦的「鼎新社」（彰化）及「新光社」（新竹）・「炎峰劇團」（彰化）・「星光演劇研究會」（台北）等話劇運動派也從旁給予少壯革命派的白話運動支持及打掩護。

「台灣民報」半月刊共刊出七期、其社論皆由編集負責人輪流寫作、就是第一期「創刊詞」（林呈祿）、第二期「濟濟多士」（林呈祿）、第三期「見賢思齊」（醒如）、第四期「社會改造和我們的使命」（蔡炳耀）、第五期「中國威脅利誘的政策」（蔡炳耀）、第六期「要至誠發露天性」、第七期「學生的風氣怎樣不好呢？」、都博得好評（參閱楊肇嘉「楊肇嘉回憶錄」p.415）。

(4) 旬刊及週刊「台灣民報」

半月刊「台灣民報」、於一九二三年（大正一二年、民國一二年）九月一日遭受「關東大地震」的襲擊以致印刷廠被焚毀、所以一時停刊。到了同年十月十五日才見復刊、同時、從其復刊的第一號（第八期）起乃由半月刊改爲旬刊。

再到一九二四年六月即把原來的月刊雜誌「台灣」停刊、但其中的日文版繼續在旬刊「台灣民報」刊出。後來、因旬刊「台灣民報」的讀者愈來愈多、業務方面也異常的發展、所以在一九二五年（大正一四年、民國一四年）七月十二日再行擴張、由第六〇期起改爲週刊、並在同年九月、把以前的台灣雜誌社株式會社改稱爲「台灣民報社株式會社」。一九二五年八月二十六日、在週刊「台灣民報」第六七期發行了紀念「創立五週年及突破一萬份」的臨時特刊、登載了許多同仁在這五年間的回憶錄、篇幅竟達五六頁之多。「依照蔣渭水所說當時日人所發行的三大日報〃台灣日日新報〃的發行份數一八、九七〇份、〃台南新報〃一五、〇二六份、〃台灣新聞〃九、九六一份、而〃台灣民報〃爲唯一的中文週刊報、其份數竟超過一萬份、雖然在運輸上不方便、而且還遭受嚴密的檢查、報上的重要記事常常被割掉、但這也看出台灣同胞對該刊的愛讀與熱烈的支持了。」（楊肇嘉「楊肇嘉回憶錄」p.423）。

一九二六年二月、「**台灣議會期成同盟**」正在東京推行請願工作、當該會向日本國會提出第七次請願書時、「**台灣民報**」就從旁打掩護、登載了不少有關同盟會的主張及活動消息、並且、因在該報九八號刊上「**日本首相若槻禮次郎在眾議院聲明台灣遲早應施行自治主義**」的記事、以致被日本當局禁售該號刊物、同時、九六號刊物也在台灣一併受到禁讀處分（參閱「警察沿革誌」第二編中卷 p.378）。

又在同年三月七日、在該報所刊上的「**為什麼不及早設置殖民地統治調查機關**」一文、此舉倒也起了作用、竟使日本的各政黨（憲政會・新正俱樂部・政友會・政友本黨等）召集了七三人議員而在國會通過了「**朝鮮及台灣施政調查機關設置建議案**」（參閱「台灣民報」九七號）。

一九二六、七年的二年間、乃是「**台灣文化協會**」左右二派及中間派開始理論鬥爭並由左派漸佔上風的時期。換言之、就是林獻堂・蔡培火等民族主義派、與連溫卿・王敏川等社會主義派、加上蔣渭水等中間派、互以思想背景及政治路線的不同為導火線、竟發展到為爭奪領導權的權力鬥爭。同時、這三派在理論上・政治上的主張均在「**台灣民報**」上發表、因此、該報一時議論沸騰、也可以說是該報記事最為精彩言論也最活躍的一個時期。

其中、在一九二七年一月二日的一三八期上、有三篇文章最能代表這些派別的政治立場及其主張：

(一)蔡培火「**我在文化運動所定的目標**」（站在資產階級立場而以啓蒙文化為解放台灣唯一的方法—文化中心主義）、

(二)蔣渭水「**今年的口號**」（仿效中國國民黨左派份子而站在小資產階級立場想以工農階級為基礎來團結全體台灣人、以期解放台灣—全民主義）、(三)連溫卿「**過去台灣之社會運動**」（站在無產階級立場而想以無產階級為基礎來推行階級鬥爭、以期爭取台灣解放—社會主義）、這些都各自闡明對於台灣解放運動的觀點與方法。就是說、

「連案擬以俄國為祖師、蔣案是想拜中國國民黨為師父、蔡案則企圖堅持文化協會本來的文化啓蒙運動。」（謝南光「台灣人の要求」p.39）。

再者、民族主義者陳逢源與社會主義者許乃昌之間所做的所謂「資本主義爭論」也很受人注目。就是以陳逢源所著「最近之感想(二)我的中國改造論」（「台灣民報」一九二六年八月二十九日刊）為開端、許乃昌則以「駁陳逢源氏的〝中國改造論〞」（「台灣民報」十月十日起、一二六期・一二七期・一二八期・一二九期共四期）來反對其論點。繼之、陳逢源又於「答許乃昌氏的〝駁中國改造論〞」一文（「台灣民報」自十一月七日起、一三〇期・一三一期・一三二期・一三三期・一三五期・一三六期・一三七期・一三九期）、再行反駁。尚且、從上海回來的社會主義者蔡孝乾也在該報上刊載了「駁芳園君的〝中國改造論〞」、（「台灣民報」一三四期）、許乃昌又在前後二期發表了「給陳逢源氏的公開狀」（「台灣民報」一四二期・一四三期）、由此、這次的爭論才告終止。連溫卿曾寫一篇「一九二七年之台灣」、這較能探討當時的所謂「資本主義爭論」的要點、在此略引述如下：「在一九二七年一月台灣文化協會實行改造而台灣社會運動在倉卒中發展起來之前、已有了二大潮流對峙不下的局面。換言之、就在該協會改組之前、曾在中國改造問題上惹起了關於台灣有否資本主義的爭論。一個就是主張因台灣迄未有過所謂的資本家及資本主義的存在、所以台灣必須先使台灣人資本家發展到能夠對抗日本資本家的地步才算合理、為此、應該推行民族運動（陳逢源之說）。再一個就是主張台灣雖已有資本家、但因日本資本主義統治台灣已成堅固、所以他們並不能隨心所欲的獨立發展、而且還有最大數的勞動者及農民受到極其殘酷的壓迫與剝削、因此、如要解放台灣、必須從階級鬥爭下手（許乃昌之說）。前者的主張因以少數者的利害關係當做整個台灣人的基本要求、所以、跟日本當局所標榜的〝內地延長主義〞相一致、結果、其只能求到政治上的獨立、就是他們只能要求設置台灣議會為最高限度。然而、後者的主張乃以解放最大多數的台灣無產階級爲終極目標、因此、這必然的會引起二者的衝突、猶如無產階級・農民及都市勞動者的利害關係、必然的會跟小數地主・資本家不能一致一樣。」（「警察沿革誌」第二編中卷p.203）。

(5) 日刊「台灣新民報」

「台灣民報」屢經申請的結果、於一九二七年（昭和二年）八月一日才獲得總督府的批准而搬回台灣發刊。

同年八月一日的第一六七期「台灣民報」、竟以報紙的方式出現於台北、開頭的社論就有了主筆林呈祿感慨萬分的一篇文章：「民報的誕生、屈指已滿七年了、此間雖經過日文本位的〝台灣青年〞〝台灣〞而演進到漢文本位的〝台灣民報〞、但在實質上、仍爲我台灣人的言論機關、代表民意、要求民權、擁護民生、執不屈不撓之筆、抱任勞任怨之心、這是我們自創刊以來、始終一貫、絲毫沒有改變的根本精神：：。」（「民報的轉機」）。同時也載有台灣同胞及同情台灣解放運動的一人阪谷芳郎・田川大吉郎・清瀨一郎等的祝詞。

回到台灣來發刊的這台灣人唯一的言論機關：「除了是台胞忠實的喇叭手之外、它的戰鬥目標、著重於攻擊日本官憲及其手底下的御用報紙・御用紳士。那時的民報字裡行間洋溢著民族正氣、嚴正伸張民權。該民報的社論由主筆林呈祿氏等幹部執筆、其立場公正、見解正確、頗受一般人的愛讀、其他該報的短評〝冷語〞〝小言〞〝不平鳴〞由陳旺成・黃周諸人執筆、亦屬警世的好文字。而且該報的經營者・記者以及一般關係者、都是日據時代自青年期就與日本征服者周旋鬥爭的一群人、與其說是新聞業者毋寧說是社會運動家倒恰當些。：：」（楊肇嘉「楊肇嘉回憶錄」p.428）。

週刊「**台灣民報**」、從一九二〇年（昭和五年、民國一九年）三月二十九日的第三〇六期起、改稱為「**台灣新民報**」、並在一九三二年四月十五日、開始發行**日刊**「**台灣新民報**」。

當時該報的機構已相當龐大、其編集營業印刷各部門人材衆集：

㈠　編集局——主筆兼局長林呈祿　編集總務黃周・吳三連　論說委員林呈祿・吳三連・黃周・黃呈聰・陳旺成・陳逢源　整理部長黃周・吳三連　政治部長吳三連　經濟部長陳逢源　社會部長黃呈聰通信部長陳旺成　學藝部長黃周　調查部長黃登洲。輯集局客員—學藝部林攀龍・賴和・陳滿盈・謝星樓　駐上海謝春木　駐南京黃朝琴　駐嘉義吳文龍　編集局員何春喜・張梗・林雲龍・楊景山・陳萬・林佛樹・鍾添富・許胡・謝廉清・許炎亭・簡進發・施丹梯・邱鴻儀・吳萬成・楊添財・林錦鴻・駱香林・黎氏香有・陳氏媛　照相班技師二瓶將・河崎寛一・沈相成。新竹支長陳旺成、局員劉春木・陳記。台中支局長何景寮、局員王友芬・羅志標・廖進平。台南支局長郭發、局員沈清根・吳拜。高雄支局長李金鐘・局員許乃昌・謝賴登。東京支局廣告部長祖上祐一、通信部長森岩吉。大阪支局浮田金次。

㈡　營業局——局長羅萬俥　販賣部長阮朝日　廣告部長阮朝日　會計部長林煥清　庶務部長林煥清。

㈡　印刷局——局長羅萬俥　工務監督呂靈石　印刷部長呂靈石　技術部長鈴木慶一郎。

然而、隨著日本軍國主義勢力日見擴張、對外軍事侵略日益逞兇的演變之下、台灣總督府為了加強殖民統治及強化「**皇民化政策**」、對於這台灣人唯一喉舌的管制也愈來愈緊、言論自由的口號一落千丈、終在一九三七年六月（中日事變發生前）、「**台灣新民報**」竟被迫廢止漢文版。再到一九四一年（太平洋戰爭爆發）二月、又被命令改稱為「**興南新聞**」、而在一九四四年（昭和一九年、民國三三年）三月、當台灣總督府以「**新聞併合令**」把台灣所有的報紙合併爲「**台灣新報**」時、這擁有二五年輝煌鬥爭史的台灣人唯一的報紙、終於被迫停刊（參閱楊肇嘉「楊肇嘉回憶錄」p.436）。

f　台灣議會設置請願運動

(1)　六三法撤廢運動

台灣總督府有權施行極端的獨裁政治、本是基於「**六三法**」所附與的委任立法權（參閱同1、a(1)）、所以在一九二〇年（「台灣青年」創刊的那一年）、東京新民會（東京台灣青年會）的諸幹部即把要求撤廢六三法做爲民族自決運動的中心任務、林獻堂也從台灣趕來東京、頻頻的訪問日本要人而奔走於撤廢六三法。但一九二一年末日即是這六三法的施行期限將期滿、因此、東京的台灣留學生都特別注目於所謂「**開明總督**」的田健治郎、看他對此項將有如何處理。不料、這開明總督卻於一九二〇年十一月預先說出「**本島的現況尚未到達能廢棄本法的程度**」、這消息傳來、竟使大家大失所望、終在一九二〇年十一月二十八日、林獻堂等新民會會員共有二〇〇餘人乃在麴町區富士見町教會召開了反對六三法的示威集會、在當場、蔡培火・鄭松筠等一〇多個人一起登壇高呼「**還我自治權**」「**撤廢六三法**」等口號、參加者無不唱和、一時情緒高漲（參閱「林獻堂先生年譜」p.27　「警察沿革誌」第二編中卷 p.311）。

然而在另一方面、林呈祿等卻認爲要求撤廢六三法運動畢竟是等於否認台灣的特殊性及台灣民族主義、並且會招來肯定內地延長主義的後果、所以應中止六三法撤廢運動、而來推行具有強調台灣特殊性的意義的「**台灣議會設置運動**」。

「**總督府的委任立法權遲早必被撤廢、施行於台灣的法律必得歸結於將來在帝國議會所制定、時期**

一到、眾議院選舉法當然也要施行於台灣。……六三法的歸著點、若從純理論上來說、在將來台灣的特別統治必被撤廢而其法律應在帝國議會制定、但若按實際上看來、台灣必須再進一步的創立特別的代議機關而使之制定特別的立法才可。」（林呈祿「六三法問題的歸著對」台灣青年第五期——〝警察沿革誌〞第二編中卷 p.312）。

林呈祿・蔡惠如等所標榜的這種「設置台灣議會」的主張、乃受到把六三法撤廢運動認爲不夠徹底的一般留學生所熱烈支持、後來、林獻堂等諸幹部也同意這個意見、於是、「台灣議會設置運動」乃成爲大家共同推行的統一工作。

(2) 第一次台灣議會設置請願運動

一九二〇年末、新民會會長林獻堂及副會長蔡惠如相繼由台灣及上海趕到東京、同時召集了新民會（該會同年一月成立、已與東京台灣青年會有表裡一致的相互關係）的諸幹部研討有關今後的民族運動的方針、並決定應開始向日本國會進行設置台灣議會的請願運動、於是、共獲到林獻堂等一七八人的簽名（東京留學生一六六人、島內林獻堂等一一人、上海蔡惠如一人）、就在二一年（大正一〇年、民國一〇年）一月三十日提出了第一次「台灣議會設置請願書」於日本國會的貴族院及衆議院。其宗旨是只限於在日本殖民統治下要求台灣人自治：「設置台灣議會、並附與有關應施行於台灣的特別法律及台灣總督府預算的協贊權、以圖與帝國議會一致而來實現台灣統治的健全發達、……」（「第一次台灣議會設置請願書」〝警察沿革誌〞第二編中卷 p.340）。

當時、台灣總督・田健治郎因預先獲知林獻堂等東京留學生的議會請願運動、所以在同年十一月就趕忙往東京而向各方面策動、並於一九二一年一月二十七日、他又向日本國會提出了「關於施行台灣

的法令之法案」、擬以延長六三法的施行期限（這本在同年十二月就將期滿─參閱同章1、p.277）。田健治郎在尚未提出該法案之前的二月四日、乃邀請林獻堂・蔡惠如・林呈祿・蔡培火等四人於「**總督府東京辦事處**」當場警告他們：「**日本當局絕對不容許有如設置台灣議會的這種台灣自治主義**」並提出了官製的「**台灣總督府評議會**」的代案（參閱「警察沿革誌」第二編中卷p.343）同時在台北的總務長官・下村宏也發表談話：「**此種運動往往是冒然煽動島民而使之輕舉盲動、以致危害、甚至影響到本島的施政、……因此不予同意。**」（下村宏「關於台灣議會設置請願運動的談話」─許世楷〝日本帝國主義の台灣〞p.196）。

其結果、台灣總督所提出的有關延長六三法的法案竟在同年三月通過了日本國會的議決、並在翌年一九二二年一月一日以「**法律第三號**」繼續施行於台灣。相反的、林獻堂等所提出的議會設置請願卻在貴族院請願委員會（二月二十八日）及衆議院請願委員會中（三月二十一日）同被否決。

台灣人最低限度的要求雖然被日本國會所否決、但對於一般台灣同胞所給的影響及刺激是不可衡量的大、特別是促使青年知識份子意氣更爲高昂、他們認爲：「**不拘請願成否、一方面能引導台灣同胞提高政治自覺、另一方面把台灣人熱望參政權的願望顯示於海外、這無非是給予橫暴的統治者一個嚴厲的警告**」、同時、當總務長官　下村宏於同年三月照例召開的「**在京留學生懇親會**」時、台灣留學生乃團結一致的拒絕出席（參閱「警察沿革誌」第二編中卷p.343）。

再者、本來對於撤廢六三法運動尚存有希望的一部份留學生、親眼看到「**法律第三號**」成立時即感非常的失望。從此、「**台灣人的解放運動乃自然而然的更爲團結一致而單向議會設置請願運動英勇邁進。**」（謝南光「台灣人の要求」p.12）。

總督府看到台灣人政治自覺的飛躍提高即驚慌不已、他們爲了要緩和台灣人的反日情緒、乃在一九二一年六月公佈了「**台灣總督府評議會官制**」（勅令二四一號）、擬以似是而非的民議機關來籠絡台灣民衆。「**台灣議會的設置並非能適應台灣的特殊情況及表達民意的唯一辦法、……鑑於世界潮流所趨及民意所望、而擬以設立總督府評議會。**」（下村宏「關於台灣議會設置請願運動的談話」）。於是、台灣總督任會長、總務長官（一九一八年八月起把民政長官改稱爲總務長官）任副會長、高級官員佔評議員的七人、僑居台灣的日本人佔九人、台灣人只佔九人的這種「**總督府評議會**」即告成立。台灣人評議員乃由辜顯榮·林熊徵等買辦幫手及御用紳士所擔任、其中、林獻堂也被任命在內（參閱同章1、b）。

第一次台灣議會請願運動在日本人方面的反應、就是在本國有：㈠吉野作造（東京大教授、大正民主主義運動「黎明會」的中心人物）·高田早苗（早大教授、前文部大臣）·山本美越乃（京都帝大教授、殖民政策學權威）·安部磯雄（早大教授·著名的社會主義者）·清水泰次（早大教授）·內ク崎作三郎（早大教授）·泉哲（明大教授）·植村正久（有名的牧師）·神田正雄（朝日新聞記者）、㈡貴族院議員阪谷芳郎·江原素六、㈢衆議院議員田川大吉郎·島田三郎·尾崎行雄·清瀨一郎（立憲國民黨）·鵜澤聰明（立憲政友會）·關直彥（立憲國民黨）·永井柳太郎（憲政會）·大竹貫一（憲政會）等給予或明或暗的支援。其中、學界與言論界的支援者大多是站在人道主義立場而給予精神上的支持、政界人士則在請願手續上給予幫忙、但均未能超出殖民統治的範圍之外（參閱「警察沿革誌」第二編中卷 p.343）。

然而、在島內的日本人方面當然是不可能贊同、不但不贊同、同時還給予百般的阻撓、例如、總督府的御用報紙「**台灣日日新報**」乃大幅的刊登反對的言論、即「**台灣議會的設置無非是違反統治方針、若要強行就與叛逆同罪。**」（「台灣日日新報」一九二一年二月十日）、「**設置台灣議會等於是推行台灣獨立運動的前奏、罪實不可赦**」（同年二月二十日）、甚至對於這些議會設置運動者在台灣的家屬即施以百般的迫害、例如、趁著林獻堂不在家、派人送給恐嚇信、揚言「**逆賊林獻堂、應儘速返台改過自新、不然、必處一死。**」（參閱「警察沿革誌」第二編中卷 p.344）。

如此、隨著時代的演變、曾在板垣退助的「**同化會**」成立時即大肆反對其同化政策的總督府及僑居台灣的日本人、當此卻搖身一變的標榜了內地延長主義的同化政策、相反的、贊同同化政策的林獻堂等台灣知識份子卻成爲反同化主義的台灣民族主義者。台灣議會設置請願運動、乃與島內「**文化協會**」（一九二一年十月十七日）的啓蒙運動雙管齊下、成爲當時台灣資產階級民主主義運動的主流、而在今後一四年間繼續了一五次的請願運動、這可基於台灣解放運動內部的演變而分爲三個時期、就是：

㈠統一戰線時代、㈡戰線分裂時代、㈢沒落時代。

第一期　統一戰線時代——一九二一年第一次請願至一九二六年第七次請願的五年間、當時是不論東京及島內的學生知識份子、或是中國各地的台灣留學生團體、都爲支持請願運動而求得一致、建立了極有系統的統一戰線、所以不顧總督府的任何壓迫、也不管日本國會每次都給予否決、大家均愈來愈爲請願運動的發展努力奮鬥、同時、也克服了總督府的逮捕鎮壓及內部小許的糾紛而成立了「**台灣議會期成同盟**」、百折不撓的繼續請願工作。「**本人在日據時代追隨全台同志作台灣民族運動、感覺民氣最旺而人心最能一致、莫若此時期。**」（蔡培火「日據時代民族運動」座談會——〝台灣文獻〞一九六五年六月第一六卷第二期 p.177）。

第二期　戰線分裂時代——隨著世界社會主義革命的發展及台灣民衆的政治水準提高、另一方面地主・資產家因已分到資本主義利潤而在民族運動上開始後退、以致於一九二七年在島內是社會主義派取得台灣文化協會的領導權、在東京則社會科學研究部（社會主義派）獲取台灣青年會的領導權、於是、文化協會的右派（舊幹部派）乃分裂出來、另外成立了「**台灣民衆黨**」（一九二七年七月）、結果、文化協會在新幹部的領導下即向階級鬥爭的民族解放發展、民衆黨則仍然固守自治的民族運動、在蔡培火・林呈祿・蔡式穀・陳逢源等的領導之下。繼續進行請願運動。然而、先在一九二六年十月、

「無產青年」派即向林獻堂・蔣渭水・謝春木等聲明：「台灣議會設置請願運動實屬不可能實現的妄動行爲、假若能實現也非爲台灣人謀幸福之途。此運動的效能不外乎是承認並加強資本主義與帝國主義、因此我無產階級黨反對如此不徹底的妄動行爲、這必須立即中止。」（參閱「警察沿革誌」第二編中卷 p.885）。社會主義派的台灣文化協會及東京青年會也認爲再繼續以叩頭式請運動不可能達到解放台灣的目標、所以也表示反對、例如、東京台灣青年會乃發表聲明：「**台灣議會的哀願叩頭式請願運動、與其說推行台灣解放工作、毋寧說是破壞台灣民眾的英勇鬥爭及延長日本帝國主義對台灣的支配、因此、莫不成爲台灣解放運動的障礙、絕不可能完成解放台灣的任務。……**」（參閱蕭友三「台灣解放運動の回顧」一九四六年 p.46）。但民衆黨的民族主義派卻在第八次請願運動再獲得二千四七〇人的簽名而繼續進行。

第三期沒落時代——日本軍國主義發展、日本當局的壓迫愈來愈逞兇、台灣民衆黨的蔣渭水派（左派）與蔡培火派（右派）的對立也逐漸表面化、於是、大地主・大資產階級派的林獻堂・蔡培火等、竟在一九三〇年七月另外成立「**台灣地方自治聯盟**」、同時由林獻堂・蔡培火・陳逢源・楊肇嘉等代表台灣資產階級的利益而從第十一次堅持所謂**合法**的哀願叩頭式請願運動、直到一九三四年（昭和九年、民國二三年）第十五次請願之後才終止。

(3) 八駿馬・犬羊禍・林獻堂變節

林獻堂等自第一次請願之後、即往來台灣・東京之間宣傳設置台灣議會而廣受歡迎、同時、一九二一年一〇月在台北所成立的「**台灣文化協會**」也成爲請願運動的工作中心、大家鬥志大振。然而、總督府「**一向以懷柔土著資產階級爲對台灣土著百姓的基本政策、不料、卻從這土著資產階級的一角、**

表77　台灣議會設置請願經過

次數	年月日	介紹人 貴院	介紹人 衆院	請願人	結果
第一次	一九二一年（大正一〇年）一月三〇日	江原素六	田川大吉郎	林獻堂以下 一八七人	兩院皆不採擇
第二次	一九二二年（大正一一年）二月一六日	〃	田川大吉郎 清瀨一郎	林獻堂以下 五一二	〃
第三次	一九二三年（大正一二年）二月二二日	山脇玄	〃	蔡惠如以下 二七八	〃
第四次	一九二四年（大正一三年）一月三〇日	〃	〃	林獻堂以下 七一	一月三一日 衆院解散 貴院停會
第五次	一九二四年（大正一三年）七月五日	〃	清瀨一郎 神田正雄	蔡培火以下 二三三	貴院未上程 衆院審議未了
第六次	一九二五年（大正一四年）二月一七日	山脇玄 渡邊暢	〃	林獻堂以下 七八二	〃
第七次	一九二六年（大正一五年）二月九日	渡邊暢	清瀨神田 中野寅吉	林獻堂以下 一、九九〇	貴院未上程 衆院不採擇
第八次	一九二七年（昭和二年）一月一九日	〃	清瀨一郎 神田正雄	林獻堂以下 二、四七〇	貴院不採擇 衆院審議未了
第九次	一九二八年（昭和三年）四月二五日	〃	〃	林獻堂以下 二、〇五〇	〃
第一〇次	一九二九年（昭和四年）二月一六日	〃	神田正雄 土井權太	林獻堂以下 一、九三二	貴院不採擇 衆院審議未了
第一一次	一九三〇年（昭和五年）四月二八日	〃	田川大吉郎 清瀨一郎	林獻堂以下 一、三一四	貴院未上程 衆院不採擇
第一二次	一九三一年（昭和六年）二月一二日	〃	〃	蔡培火以下 一、三八〇	貴院不採擇 衆院審議未了
第一三次	一九三二年（昭和七年）六月三日	〃	清瀨一郎 清水留三郎	林獻堂以下 二、六八四	〃
第一四次	一九三三年（昭和八年）二月六日	〃	〃	林獻堂以下 一、八五九	兩院皆不採擇
第一五次	一九三四年（昭和九年）二月六日	〃	〃	林獻堂以下 一、一七〇	〃

（指林獻堂等大地主資產家）竄出了叛逆」（謝南光「我等の要求」p.14）、以致總督府即驚慌失措、乃急遽在請願運動最為盛旺的台中州施行所謂「**具體取締方策**」、這主要是要以警察的強權來干涉林獻堂等請願運動及文化協會在各地的宣傳活動、並利用街庄・保甲等統治機構而來阻撓一般民衆的參加。依此、在各地參加開會者屢見減少、向來是支持請願運動的街庄長之中退出者也相繼出現。台中州知事・常吉德壽擬再進一步的施展瓦解政策、終在一九二二年秋成立了「**向陽會**」、想由此來號召林獻堂等中止請願運動、即利用楊吉臣慫恿林獻堂就任「**向陽會**」參事。楊吉臣就是林獻堂的妹婿、前清五品武官、他因對鎮壓武裝抗日有功所以被總督府加獎勳六等瑞寶章、當時任彰化街長、同時也由林獻堂推薦為文化協會協理、但此次受台中州廳的壓力而在同年七月已辭職該會協理（參閱「林獻堂先生年譜」p.333）。常吉德壽、進而再斡旋林獻堂・楊吉臣・林幼春・甘得中・李崇禮・洪元煌・林月汀・王學潛等在台中的請願運動幹部八人前往台北晤面總督・田健治郎。田健治郎當場告訴他們：「**日本政府絶不容許設置台灣議會、請願運動將必屬於徒勞、若能及早中止方謂賢明**」。同時在另一方面、台灣銀行又在背後施壓力於林獻堂、逼迫他得急速償返借款。於是、林獻堂乃在翌日再訪問田健治郎、向總督聲明即日起脫離台灣議會請願運動（參閱「警察沿革誌」第二編中卷 p.354）。

自林獻堂等退出請願運動後、在台灣及東京的同志們莫不感到憤慨、有的投書攻擊、有的面斥其變節、以致世人把與總督會談的這八個幹部諷刺為「**八駿馬**」、也把林獻堂及楊吉臣的變節說成「**犬羊禍**」（犬是獻字的犬旁、羊是楊的同音字——謝南光「我等の要求」p.20）。

(4)　新台灣聯盟

雖然林獻堂等脫離運動、但台灣議會請願運動並不因此遭到挫折、其他同志卻更奮勇邁進、擬以推行第三次請願運動。文化協會領導者蔣渭水、爲了反抗總督府這種極端蠻横的鎮壓政策、乃在一九二二年（大正一一年・民國一一年）十月、當文化協會召開創立一週年記念大會之際、與同志一九人選出石煥長爲主幹、組成政治結社的「**新台灣聯盟**」於台北。後來、因「**台灣議會期成同盟會**」相繼成立而擔負起有關請願的一切任務、竟使該聯盟一時停止活動、但這就是後述的「**台灣問題研究會**」不可缺欠的前奏階段。「**到了十一年、什麼犬羊禍出現了、任三爺（林獻堂）被困在犬羊城裡、形勢太壞了、我以爲非更加一層的決心去做事不可了、遂組織新台灣聯盟、這本是本島政治結社的嚆失、且又是全島唯一無二的政治結社。後來因爲事多人少不能彼此兼顧、致使這個政治結社沒有活動的機會、這是我的一個大遺憾事啊……**」（蔣渭水「五個年中的我」——《台灣民報》一九二五年八月二十六日六七期臨時特刊）。

(5)　台灣議會期成同盟會

林獻堂等脫離戰線後、在台北的蔣渭水・石煥長及從東京歸來的蔡培火等共獲同志四一人、自一九二三年起準備組織法定的政治結社「**台灣議會期成同盟會**」、擬以再進一步的推行請願工作。但這立即被總督府誣賴爲有害社會公安、竟依據治安警察法第八條第一項而被禁止（參閱「警察沿革誌」第二編中卷 p.355）。

其後、台北方面的請願運動即派蔣渭水・蔡培火・陳逢源等三人爲代表趕赴東京、擬以跟在東京的同志們磋商有關第三次請願的準備工作。當一九二三年二月、這三代表抵達東京時、台灣新民會（台灣青年會）乃召集二〇〇餘人舉辦歡迎會、並有台灣出身的飛行員謝文達駕駛飛機從東京上空散播傳單、在東京的台灣留學生情緒高漲、也頗引起日本人的注目、日本報紙乃以「**島民大舉上京、要求台**

灣自治並開設台灣議會」的大幅標題來報導。二月六日蔣渭水・蔡培火・陳逢源、與在東京的林呈祿・鄭松筠及從中國福州趕到的蔡惠如等會合、並決定重新再建「**台灣議會期成同盟會**」、旋至二月二十一日、大家再次會合於台灣雜誌社、舉行成立大會、選出幹部人員：

專務理事五人——蔡惠如（上海）　林呈祿（東京、台灣雜誌主幹）　蔣渭水（台北、醫師）
蔡培火（台南、台灣雜誌社員）　林幼春（霧峰、地主）

理事一一人——蔡惠如　林呈祿　蔣渭水　蔡培火　林幼春　鄭松筠（東京、律師）
邱德金（基隆、醫師）　石煥長（台北、醫師）　蔡式穀（東京、律師）
林麗明（台中、醫師）　林篤勳（彰化、醫師）　蔡年亨（大甲地主）
林伯廷（霧峰、地主）　陳逢源（台南、地主）　簡仁南（台南、醫師）
石錫勳（高雄、醫師）

林呈祿代表同盟會前往該地區的早稻田警察署備案、於是、在台北被禁止的「**台灣議會期成同盟會**」即告成立、就在翌日二月二十二日立即辦好第三次請願手續、並以林呈祿爲編集兼發行人而分發「**台灣議會設置請願理由書**」、同時也舉行記者招待會加緊宣傳工作（參閱「警察沿革誌」第二編中卷 p.358　謝南光「台灣人の要求」p.20）。

(6) 辜顯榮的「公益會」與林獻堂的「全島無力者大會」

第三次請願後、從東京返台的蔣渭水等乃在島內各地頻繁舉行文化協會講演會、同時在講演會場分發「**台灣議會期成同盟**」的參加申請書、積極勸誘聽衆參加請願運動。總督府知道這對台灣民衆的影響很大、一方面以警察出面檢舉鎮壓、另一方面則慫恿辜顯榮等敗類設法從中破壞。辜顯榮受其老闆的指示而頓時驚心動魄、於一九二三年六月在台中公會堂舉行所謂「**時事講演會**」、誇張的描述日本據台後的社會變遷以歌頌日本的「**德政**」、並揚言︰「**吾人寧可做太平之狗、而不做亂世之民**」（「辜君的演說大要」──〝台灣民報〟一九二三年八月一日）、但這卻受到聽衆的不屑唾罵。辜顯榮爲對抗文化協會及台灣議會期成同盟會的民族解放運動、乃再次召集一批買辦御用紳士、即林熊徵・李延禧・許丙・鄭肇基・吳子瑜・許廷光・吳昌才・余逢時等、於一九二三年十一月八日組織了惡名招彰的「**公益會**」、辜顯榮自任會長、林熊徵爲副會長、同時公開的發表其會員共有一千六五〇人、其實多屬敷衍附和之徒。台灣民衆看其走狗面貌十足、莫不痛罵爲「**賣國奴**」「**豬**」「**臭狗**」等（參閱「警察沿革誌」第二編中卷 p.178）。

旋至一九二四年、辜顯榮等公益會幹部乃於同年六月再次舉行所謂的「**有力者大會**」（也稱「全島有志者大會」）於台北、當場宣佈反對文化協會並表示將要阻撓台灣議會期成同盟的請願運動、同時把其大會宣言呈上出差於東京的第九代總督・內田嘉吉及總務長官・賀來佐賀太郎、以表忠誠。爲此、台灣文化協會的各地同志莫不對公益會的走狗行爲感到激憤、乃在各地開會進行反駁、林獻堂・林幼春等終於再度出面在台北・台中・台南三地舉行「**全島無力者大會**」、並在當場嚴厲的指斥公益會、同時在大會宣言中辱罵辜顯榮等爲「**二十世紀的敗類**」、進而決議︰「**我們爲擁護我們自己的自由與權利、誓必撲滅僞造輿論蹂躪正義而自稱爲有力者大會的怪物。**」（參閱「警察沿革誌」第二編中卷 p.178）。

(7) 台灣議會期成同盟會幹部被檢舉

台灣總督・內田嘉吉及總務長官・賀來佐賀太郎對於台灣議會期成同盟成立於不同法域的東京之事均懷恨在心、終於假借「**台灣治安警察法**」的條例、於一九二三年（大正一二年、民國一二年）十二月十

表78　台灣議會期成同盟會被捕者名單

被告人	第一審 求刑	第一審 判決	控訴審 求刑	控訴審 判決	上告審 求刑	上告審 判決	備考 收監	備考 出獄
	公判審期日・一九二四年七月二五日－八月一八日 裁判長・堀田眞猿		公判審期日・一九二四年一〇月一五日－一〇月二九日 裁判長・伴野喜四郎		公判審期日・一九二五年一月二〇日 裁判長・相原祐彌			
蔣渭水	禁錮六個月	無罪	禁錮五個月	禁錮四個月	上告棄卻		一九二五年二月二〇日	五月一〇日
蔡培火	同　六個月	同	同　五個月	同　四個月	同		二月二一日	五月一〇日
蔡惠如	同　四個月	同	同　四個月	同　三個月	同		二月二一日	五月一〇日
林呈祿	同　四個月	同	同　四個月	同　三個月	同		三月二日	五月一〇日
石煥長	同　四個月	同	同　四個月	同　三個月	同		三月二二日	六月一六日
林幼春	同　四個月	同	同　四個月	同　三個月	同		三月二日	五月一〇日
陳逢源	同　四個月	同	同　四個月	同　三個月	同		二月二一日	五月一〇日
王敏川	同　三個月	同	同　三個月	無罪				
鄭松筠	罰金百圓	同	罰金百圓	罰金百圓	上告棄卻			
蔡年亨	同　百圓	同	同　百圓	同　百圓	同			
蔡式穀	同　百圓	同	同　百圓	同　百圓	同			
林篤勳	同　百圓	同	同　百圓	同　百圓	同			
石錫勳	同　百圓	同	同　百圓	同　百圓	同			
蔡先於	同　百圓	同	同　百圓	無罪				
林伯廷	同　百圓	同	同　百圓	同　百圓	上告棄卻			
吳清波	同　百圓	同	同　百圓	無罪				
韓石泉	同	同	同　百圓	同				
吳海水	同	同	同　百圓	同				

許嘉種・蔡梅溪・賴和・林資彬・楊振福・周桃源・許天送・蘇璧輝・邱德金・陳世煌・鄭輝東——不起訴

六日拂曉、在台北地方法院檢察官長・三好一八的指揮之下、非法的在島內各地檢舉期成同盟會諸幹部（參閱「警察沿革誌」第二編中卷 p.359）。

但是總督府硬要以強權來壓迫殖民地人民的這一舉、「**卻促使四百萬台灣同胞更加提高政治覺悟、同時也博得中外人士普遍的同情、並使台灣民報的銷售急速上升、以致其發行部數竟在短期內突破了一萬部大關……**」（謝南光「我等の要求」p.23）。就是說、在島內台灣民衆憤慨咬牙切齒的議論沸騰之下、每次在台北的公審法庭都異常的擁擠、一時中止活動的林獻堂等也再度出來進行請願運動。在東京、台灣青年會即在十二月三十日召開緊急大會而決定堅持今後的請願工作、並在翌年一月五日林呈祿等一六人新民會幹部再次會合、研討第四次請願的準備工作。在中國、一九二四年二月二十日上海台灣青年會召開「**上海台灣人大會**」、一月三十日廈門的台灣尚志社也召開「**廈門台灣學生大會**」、北京台灣青年會也在三月五日召開「**華北台灣人大會**」、都是抗議日本帝國主義蔑視人權並非理逮捕台灣議會期成同盟會幹部。

然而、絕對專制主義的殖民統治者總督府乃罔管一切、一意孤行的把被捕的幹部判爲上述表78的處刑（參閱「警察沿革誌」第二編中卷 p.360）。

但如後來林呈祿所回想：「**狂風暴雨一過、山川尚在草木新、經一年有半在法庭的鍛鍊、我等同志所得效果不少……**」（林呈祿「最近五年間的台灣統治根本問題」—《台灣民報》一九二五年八月二十六日）、「**治警事件即是這十年史中所築成的第一個山頭、平坦的平野就在眼前。**」（謝春木「我等の要求」p.23）、就在蔣渭水於一九二五年五月假釋出獄後立即展開議會請願運動（第七次）的講演會、陳逢源出獄後也在台南舉行政談演說會（同年十一月）、依此請願運動又迎接再一次的高潮（參閱「警察沿革誌」第二編中卷 p.376）。

(8) 台灣議會設置請願運動的終止

如上所述、台灣議會設置請願運動在過去的一四年間、經過了三個時期的曲折之後、一來是該運動已失去民族解放本來的大目標而竟成爲只代表林獻堂・楊肇嘉等地主・資產家階級利益的惰性運動、二來是九一八事變後的中外形勢急據變化、所以難以再繼續進行。於是、林獻堂・林呈祿・蔡培火等提出第一五次請願書之後、即於一九三四年（昭和九年、民國二三年）九月二日、召集各地幹部於台中市大東信託株式會社、到會者有：

林獻堂　楊肇嘉　洪元煌　許嘉種　郭　發　莊垂勝　溫成龍　葉榮鐘　蔡年亨　鄭松筠
陳　炘　陳朔方　黃朝清　楊基先　蔡先於　張深繻　林伯廷　黃呈聰　廖德聰　丁瑞圖
呂盤石　謝耀東　林楷堂　蔡式穀　林呈祿　呂靈石　何景寮　陳逢源　羅萬俥等二九人。

大家研討今後方針乃一致同意中止運動、依此台灣議會設置運動即告終止（參閱「警察沿革誌」第二編中卷 p.402）。

g　前期台灣文化協會（民族主義派領導時期）

一來是在海外（東京・中國各地）的台灣留學生因吸收自由民主・民族自決・社會主義及反帝反殖民地等世界風潮的結果而創立的東京新民會（東京青年會—一九二〇年一月）・反六三法及台灣議會設置請願運動（一九二一年一月）・台灣青年（一九二〇年七月）及中國各地台灣留學生的反帝鬥爭等很快就影響到島內、二來是第一次世界大戰結束後在世界上及日本國內的經濟恐慌導致日本資本主義對於台灣・朝鮮等殖民地加重壓迫剝削的結果而釀成的台灣人大衆反帝國主義情緒日益高漲、就是在這中外的經濟社會上及政治思想上的氣運成熟的情況之下、以「**台灣是台灣人的台灣**」爲思想靈魂的「**台灣文化協會**」終被創立於台北（一九二一年十月）。

這「**台灣文化協會**」、乃是由當時在島內知識份子的代表人物蔣渭水的奔走、以及一批初期社會主義青年知識份子的代表人物王敏川的協助、才應運而生、並且、在其台灣解放鬥爭過程中、可分爲前・後二期、「**前期文化協會**」是台灣民族主義者所領導的「**民族鬥爭**」台灣殖民地解放運動階段、「**後期文化協會**」則由台灣社會主義者（無政府主義者・共產主義者）所領導的「**階級・民族鬥爭**」台灣殖民地解放運動階段。

⑴　蔣渭水與「文化公司」

蔣渭水自畢業於台北醫學校（一九一八年改稱爲台北醫學專門學校）之後、在台北市太平町（今之延平北路二段）經營「**大安醫院**」。他早就有超群的台灣人意識、曾在一九一四年「**同化會**」成立時、受林獻堂之邀而約同留學生一七〇餘人（台灣人醫學生還不到二〇〇人）參加該會。後來、接到從海外被搬進來的民族自決思想及反帝反殖民地鬥爭的影響、對於台灣民族解放的願望愈來愈趨強、乃時常召集醫學專門學校及台北師範學校等學生到他的醫院討論有關台灣解放的進行方法、他在一九二〇年（大正九年、民國九年）十一月、設立「**文化公司**」於台北、從事推廣海外的新聞・雜誌・書籍的閱讀、以資大家研究世界文化及民族問題。東京的「**台灣青年**」發刊後、他乃更爲積極的以該公司爲據點、並邀請李應章・吳海水・何禮棟（以上負責醫學專門學校）、及謝春木（即謝南光）・盧丙丁・蔡朴生（以上負責師範學校）爲推銷員、廣泛的勸誘學生知識份子閱讀該雜誌（參閱「警察沿革誌」第二編中卷 p.138　蔣渭水「五個年中的我」—〝台灣民報〞一九二五年八月二十三日第六七期臨時特刊　謝南光「我等の要求」p.15）。這個「文化公司」所進行的啓蒙工作、可以說就是即將成立的「**台灣文化協會**」的前奏。

(2)「台灣文化協會」的創立

當一九二一年一月第一次台灣議會設置請願運動在東京進行時、蔣渭水等在島內的進步份子無不欣嘉雀躍、並覺得島內的民族運動也不久即將開始、所以認爲有必要創立一個島內的民族運動及啓蒙運動的核心組織、於是、立即計劃成立「**台灣文化協會**」。蔣渭水即在同年七月訪問林獻堂、與他協商有關成立文化協會等事情、而後以自己的醫院爲籌備處、並邀請吳海水（醫學專門學校專科學生）・林麗明（台北紅十字醫院醫師）・李應章（醫師）・林瑞西（醫師）・林仲澍（東京留學生、返台後就職電力會社）等同志一同起草趣意書・大會宣言及會則、他在同年的一九二一年（大正一〇年、民國一〇年）十月十七日、假台北雙連的靜修女學校舉行成立大會（台中的有力者林子瑾任大會議長）。到會者有醫學專門學校・師範學校・商工學校・工業學校等學生及島內知識份子共三〇〇餘人、當場推舉林獻堂爲總理（繼續就任到一九二七年社會主義派取得領導權爲止）、楊吉臣爲協理（一九二三年第三次大會時由林幼春取代之）、蔣渭水爲專務理事（一九二三年由蔡培火取代之）、又有理事四一人、評議員四四人、並設本部於台北（一九二三年移於台中、台北另設支部——參閱「警察沿革誌」第二編中卷 p.138　台灣省文獻委員會「台灣省通志稿」卷九 p.132）。

文化協會會員從當初就網羅各階段各階層的台灣人、即包括農民・勞動者・學生・職員・醫師・律師・地主・資產家、甚至有不少的御用紳士也參加在內、均爲同一目標而築成**統一戰線**。創立大會時全員總數有一千〇二二人、其中、醫專學生四九人、中央研究所農業部學生（後來的高等農林學生）三〇人、台北師範學生一三六人、台北工業學生三人、台中商業學生六六人、這些學生積極份子都在會中起了骨幹作用。會員最多時增至一千三一四人、其積極份子即有：

台北——蔣渭水　王敏川　蔡式穀　連溫卿　石煥長　鄭明祿　謝春木　高兩貴　黃細娥
　　　周桃源　陳增全　許天送　鄭耀東　蘇璧輝　劉蘭亭　邱德金　陳世煌　王萬得
　　　莊孟侯

新竹——林冬桂　黃運元　楊　良　戴雙喜　曾圭角　吳廷輝

台中——林獻堂　林幼春　蔡惠如　李應章　洪元煌　林篤勳　賴　和　許嘉種　林資彬
　　　鄭松筠　蔡年亨　林伯廷　黃呈聰　林　糊　黃　周　林碧梧　張信義　吳石麟
　　　林梅堂　林子瑾　林水來　林麗明　陳英方　吳鬧寅　莊海兒　吳清波　黃鴻源
　　　王傑夫　林根生　施至善　林伯楝　陳朔方　蔡炳曜　蔡江松　蔡梅溪　陳滿盈
　　　謝廉清　蔡先於　謝文達　葉清耀　林楷堂

台南——蔡培火　陳逢源　韓石泉　黃金火　王受祿　林茂生　簡仁南　陳瑞明　劉子恩
　　　劉青雲　江萬里　劉　虎　王鐘麟　吳三連

高雄——吳海水　楊振福　洪石柱　劉歲和　石錫勳　　　　東京——林呈祿　楊肇嘉

台灣文化協會成立的眞正目的、不外乎是要喚醒台灣同胞的政治覺悟、造成民族自決的氣運、最後企圖爭取台灣獨立、但因總督府的鎭壓政策極其兇暴、所以在表面即如其趣意書所述、只以助長台灣文化發展的啓蒙運動爲掩飾：「按方今文明乃是物質文明、現行的思想混沌、社會形勢險惡、……台灣海峽乃是東西南北船舶往來的關隘、同時亦是世界思潮合流之處、回顧台灣島內、新道德尚未建立而舊道德早已衰頽、人心澆漓、唯利是圖。……爲台灣前途著想不勝心寒之至。吾人有感、即糾合同志、組織台灣文化協會、以謀台灣文化的向上、……。」（參閱「警察沿革誌」第二編中卷 p.138）。但在醫師周桃源起來致詞之中有：「中國有四千年的歷史、因懶惰貪眠、遂墮落於劣等地位、台灣因之爲日本所領有、世界大戰後自由平等民族自決之聲高唱入雲、我等同胞應奮起中日親善的楔子、盡瘁於東洋和平。」（參閱「警察沿革誌」第二編中卷 p.140）、如此在隱約之間卻表示了台灣人的反抗精神。

文化協會在自成立後至一九二七年的左右派分裂爲止、乃成爲台灣議會運動・台灣民報發行・傳播社會主義思想等凡有民族運動在島內的策源地、並且擔負起其一切工作的實際活動任務。同時、也發行會報・開設閱報處・舉行各種講演會・舉行電影放映會・推行戲劇運動・開辦夏季學校・普及羅馬字等、而且於其所謂文化啓蒙運動之中、自然而然的釀成民族自決・社會主義思想・反帝反殖民地的自覺與氣概、以致逐漸獲得農民・勞動者等勤勞大衆的共鳴、這在初期解放運動的行列中、對於喚起台灣人大衆的民族覺醒與階級覺醒等貢獻非淺。特別在世界大戰後大正末期的土地政策及糖業政策的壓迫剝削之下、當台灣的農民・勞動者生活更加受到威脅而與日本資本及其走狗的台灣人買辦資本階級（辜顯榮・林本源等）開始爭議時、以王敏川等初期社會主義者爲先鋒、並以文化協會爲後盾所做的反帝・反外來剝削的鬥爭、終於導使農民・勞動者認識到團結與組織的必要性、並招來農民組合及工會的抬頭與發展。

(3) 各種啓蒙工作活動

文化協會所進行的文化啓蒙運動（其實是民族解放工作）種類很多、並且從都市到鄉村、對於各階層的台灣民衆影響很大、同時也引起總督府極大的恐慌。

I　會報——文化協會的機關報紙「**會報**」是於同年十一月二十八日開始發刊第一期、其中的一篇文章「**臨床講議**」乃把台灣比喩爲「**原籍中華民國福建省台灣道、現住所大日本帝國台灣總督府**」而使日本當局怒髮衝冠、同時在「**苦惱之靈魂**」的一篇中、是訴說資本家（日本人）剝削工農階級來藉以射影日本帝國壓迫台灣人大衆、即是：「如此、勞苦大衆流血流汗所生產的勞動果實、偏使資本家自肥其腹、而辛苦勞動的本人卻連自己的生活也保不住、同樣是一個人、爲什麼這樣的不公平、……總言之、這不外乎是社會組織不對頭所招來的。現今的社會組織即是養肥了一小部份人而置大部人於瀕死的漩渦裡、……做爲一個青年人的我、眞能看得過去嗎？」、因此、從一開頭的第一期就受到總督府的禁售處分、到了十二月十日才再發刊第一期的改訂版。自第三期改稱爲「文化叢書」、以單行本發行。第四期又爲總督府藉口抵觸所謂「新聞條令」而被禁刊。自第五期起再以「會報」名稱續刊、但因被禁止登載有關時事問題、所以至第八期即自動停刊（參閱「警察沿革誌」第二編中卷 p.147）。

Ⅱ　讀報社——文協會另一個的啓蒙事業、就是普遍設置「讀報社」於各地而常備島內及海外（日本・中國）的各種新聞雜誌、以供一般民衆閱讀、尤其是有關反帝反殖民地及民族自決運動的中外記事即把其劃上紅線藉以引起讀者的注目。這種讀報社是自一九二二年一月起至一九二四年六月廣設在台北、新竹州的苑裡・大湖、台中州的草屯・彰化・北斗・員林・社頭、台南州的台南・嘉義、高雄州的高雄・屏東・岡山等處、因人氣頗盛、以致受到總督府的阻撓與鎭壓、所以到後來讀者逐漸減少（參閱「警察沿革誌」第二編中卷 p.148）。

Ⅲ　通俗講習會——文化協會爲了要給台灣民衆（特別是青年知識份子）初步的近代科學知識、經常開設各種講習會、例如：台灣通史講習會（講師連雅堂）・通俗法律講習會（講師蔡式穀、因批評總督府非法壓迫台灣人、以致在中途被迫解散）・通俗衛生講習會（講師蔣渭水、石煥長、林糊）・西洋史講習會（講師林茂生）・經濟學講習會（講師陳逢源）。一九二三年十二月總督府檢舉台灣議會設置期成同盟時、因講習會的講師都被逮捕、終於自動停止講習。

Ⅳ　夏季講習會——文化協會基於一九二三年十月在台南召開第三次大會所決定、自一九二四年七月起、假霧峰林獻堂宅（萊園）爲會場、利用暑假開辦了爲期一—二禮拜的「**夏季合宿講習會**」、參加者一九二四年六四人、一九二五年一〇七人、一九二六年七九人、講題除了包括上述通俗講習會的主題之外、再有了例如：哲學（林茂生）・經濟學（陳炘）・憲法大意（蔡式穀）・科學概論（蔡培火）・中國學術概論（林幼春）・外國事情（王受祿）・社會學（林履信）・新聞學（謝春木）・法之精神（鄭松筠）等、也有日本人的律師・牧師參加講義教授其專門科目、都博好評。並且、志同道合的青年人集合在一處共住一個時期的意義是非常的大。（參閱「警察沿革誌」第二編中卷 p.150）。

V　演講會——一九二三年四月「**台灣民報**」發刊後、又在同年五月文化協會理事黃呈聰・王敏川以台灣民報記者的身份從東京返台、一方面爲擴展民報讀者而巡迴全島、另一方面則到處舉行文化協會演講會、其所講述的民族自決主義及批評殖民統治均獲得地方民衆的唱合。於是、蔣渭水等文化協會諸幹部乃重新估計演講會對民衆的啓發力量、並決定把台灣議會請願運動與文化協會的演講工作結合起來、每週禮拜六及禮拜天在都市舉行定期的演講會、同時也頻繁的派演講隊前往鄉村各地向農民・勞動者平易的講釋民族主義及有關階級矛盾的諸問題。再者、東京台灣青年會的留學生也利用假期趕回台灣並組織了文化演講團、參加文化協會在各地舉辦的演講會（參閱蔡孝乾「五年來的台灣」—《台灣民報》一九二五年八月二十六日第六七期）。這文化演講會當在各地開會時、都是注重於講述風靡現今世界的自由民主・民族自決及社會主義等革命潮流、並引例事實來批評日本帝國主義的統治台灣、特別是時常以總督府警察的橫暴爲例而痛斥其不法、同時勸誘大家支援台灣議會請願運動、所以、聽衆莫不給予鼓掌喝采、甚至於放鞭炮助勢。當時、臨場的警察即立刻出面干涉、命令中止演講或解散開會、因此、當場的文化協會會員及講師往往都與警察發生衝突、然而聽衆就更加熱烈的鼓掌並放鞭炮、同時大聲疾呼「**警察無理**」以助聲勢。這對於喚醒民族意識及反對殖民統治在無形中起了絕大的效果。特別是在鄉村當農民與製糖會社發生衝突時、文化協會的演講隊即立刻趕到當地開示威的演講會及遊行、這乃逐漸成爲台灣議會請願運動的先鋒及即將開始的農民運動與勞工運動的先驅。這種具有政治效果的演講會乃以一九二五年（大正一四年、民國一四年）爲最高峰（參閱表79）、使總督府警察嗟嘆的說：「**文化協會與留學生的演講隊無非是台灣議會設置請願團的別動隊。**」（參閱「台灣民報」一九二三年十一月一日）。總督府當局看到文化協會所舉辦的演講會在短期間內瀰漫於全島並增長其反帝反殖民地意識、所以、除了慫恿辜顯榮等買辦走狗出面舉辦「**公益會**」（一九二三年十一月）來從中破壞之外、再以「**治安警察法**」（一九二三年一月施行）來加強鎮壓文化協會這種民衆運動、甚至於逼迫林獻堂・蔣渭水得再三聲明：「**文化協會不再從事政治活動**」、並且、不經多久、總督府再以檢舉台灣議會期成同盟爲藉口、逮捕了文化協會幹部及活動份子的一大部份（參閱「警察沿革誌」第二編中卷 p.151）。

表79　文化演講會（1923－26年）

年	數次	講師	聽衆	被解散	被中止
	次	人	人	次	次
1923（大12）	36	214	21,086	5	19
1924（大13）	132	432	44,050	12	36
1925（大14）	315	1,165	117,880	7	64
1926（大15）	315	1,180	112,965	35	157
計	798	2,991	295,981	59	276

（資料）　「警察沿革誌」第二編中卷 p.151

VI　青年運動——文化協會開始啓蒙運動後、當然是島內的青年人最受影響、以致留學海外（東京・中國）的青年學生逐漸增加、並提高對於民族問題及階級問題的認識。於是、文化協會即開始重視青年運動、且在各地幫助組織青年團體、竭力於對青年學生再進一步的思想啓發、例如：**台北青年會**（蔣渭水與從廈門返台的翁澤生等在一九二三年八月十二日創立的、但即日就被總督府當局以違反治安警察法第八條命令解散、其後大家在暗地裡以體育會或讀書會的名目相結合、並組織了**台北無產青年會**、同時也結成**台灣黑色青年聯盟**、對於後半的文化協會起了很重要的作用）。**基隆美麗也會**（文化協會理事邱德金及會員吳金發等召集了當地青年學生四〇餘人、於一九二六年六月創立的、每月開一次例會研究民族問題、並時常邀請文化協會幹部及返台留學生在基隆舉辦演講會）。**通宵青年會**（新竹州通宵的詹安・陳發・陳煥珪・黃煌輝・邱傳枝等四〇餘人當地青年、於一九二五年十月組成的、時常在文化協會的指導之下舉辦演講會、以資提高民族意識、一九二六年九月因有同志被警察檢舉、即立刻邀請台北無產青年會派人來支援、連續開了九天的示威演講會而藉以鼓勵患難同志的革命精神）。**草屯炎峰青年會**（文化協會理事洪元煌及李春哮等領導當地青年一〇〇餘人創立於一九二四年十月、他們時常舉辦農村巡迴演講會、並組織了文化劇團、演話劇來啓發民衆）。**大甲日新會**（大甲街的陳煌・陳炘・王錐・黃清波・郭戊己・杜香國等起帶頭作用、召集了當地青年三四人創立於一九二六年一月、每月開一次例會、也時常與文化協會一同開演講會）。**彰化無產青年會**（蔡孝乾等經常與台北無產青年會取得聯擊、努力於提高島內青年對無政府主義及共產主義的認識、後來進而支援組成台灣黑色青年聯盟、並在連溫卿的指導下、爭取文化協會的領導權）。**彰化婦女共勵會**（在文化協會的影響之下創立於一九二五年二月、會員都是已有民族自覺的當地婦女、時常召開婦女問題研究會）。**諸羅婦女協進會**（一九二六年七月創立於嘉義、提倡婦女覺悟、主張女權）。其他散在島內的青年團體的台南基督教青年會・赤嵌向山會等大部份都是在文化協會影響之下（參閱「警察沿革誌」第二編中卷 p.166　蕭友山「台灣解放運動の回顧」p.15）。

⑷　台北師範學生的二次反抗鬥爭

如上所述、前期文化協會所舉辦的文化講義・新劇運動・民衆工作・青年學生運動等民族主義啓蒙工作均給予台灣民衆深刻的影響、同時、留學生從海外（東京・中國）搬進來並透過文化協會秘密傳播於台灣人大衆之中的無政府主義及共產主義等革命思想、當然也獲得一部份的學生・勞動者・農民階級的共鳴、使他們逐漸起來爲反帝反殖民地鬥爭奮鬥。然而、在文化協會前期時代即民族主義派領導運動的時代、有關這種民族鬥爭及階級鬥爭在青年學生之間所起的前奏、不外乎是在學校裡所發生的一些抗日鬥爭事件、並且、台北師範學生的抗日鬥爭就是其第一著。

本來、青年學生參加文化協會的是以台北師範學生爲最多、從創立時就有一三六人、其後急遽增加、他們因民族意識普遍的高、階級意識也較爲強烈（因爲貧寒的學生較多之故）、所以常跟學校當局發生糾紛。適在一九二二年二月三日及五日、該學校學生杜榮輝等數十人、因交通紀律問題跟台北大稻埕新街派出所（今之延平北路二段）的警察發生爭端。當該所警察到校擬以查問時、該校台灣人學生六〇〇餘人將他們團團圍住而向其投石。該地區的台北南警察署聞報後急遽增派警察隊到校鎭壓、結果、被捕學生四五人、他們被扣押了三、五天後才被釋回家、但總督府當局這次所採取的鎭壓逮捕手段卻導致富有正義感的青年學生們加添強烈的仇恨心、使之更加燃起抗日的熱血起來。

總督府在另一方面、認爲這次的學生反抗事件必有文化協會在後操縱、乃再給予該協會施加壓力、其御用新聞的「**台灣日日新報**」也在報上公開攻擊、同時、指使各校當局逼迫學生退出該會、因此、各校學生被迫退會者一時遽增、就台北師範學校的退會者竟達二〇五人、台中商業七三人、一般社會的教員・官公廳・銀行・會社的職員也被迫相繼退會、以致文化協會的會員一時大爲減少。

自第一次抗日鬥爭事件發生並有同學們被逮捕之後、台北師範學生的反日意識更加激昂、以致其後與學校當局發生不可計數的小衝突、終在一九二四年（大正一三年、民國一三年）十一月、起因於台灣人學生忍不住日本人學生同學的傲慢淩人、也因爲敬禮問題及宜蘭旅行問題等意見分岐而分派武鬥、結果、學校當局因偏袒日本人學生、所以再度引起更大的「**第二次抗日鬥爭事件**」、以致台灣人學生三六人遭受退學處分。這些台灣人學生都是民族意識強烈、且已有社會主義思想的初步認識、所以被迫退學後即各奔前程、大部分都渡往東京或中國各地而獻身於社會主義運動（特別是共產主義運動）、成爲後來的台灣社會主義革命鬥爭的有力戰士。當時被迫退學者如下：

台北——林懋貴　陳植棋　張伴池　李石岑　陳炘圻　黃詩禮　陳喬岳　徐風墻　林朝綜
　　　簡萬火　許　吉　李承基　連明燈　蘇永福
新竹——李講從　謝武烈　范仁登　陳世昌　陳和貴　廖喜郎
台中——紀清山　張大端　賴萬得　陳在癸　何火炎　林　兌　周宗河　王榮華　王　連
　　　陳　慶　呂江水　賴明天　林添進　曾新發　台南——廖興家
高雄——阮德茂

從此、在醫學專門學校・台北商工學校等全島各校的大小抗日鬥爭層出不窮（參閱「警察沿革誌」第二編中卷 p.117）。

h　島內社會革命運動的抬頭與發展

如上所述、僑居海外的一部份台灣留學生在第一次世界大戰中、被俄國共產革命及反帝反殖民地的熱潮所激動、並在思想上也受到共產主義及無政府主義的洗禮・乃逐漸把自己舊有的資產階級立場或小資產階級立場拋棄而改爲站在無產階級立場、想要以革命手段來推翻日本帝國主義（民族解放）、以期達成台灣的社會主義革命（階級解放）。

於此、台灣留學生的社會革命團體即在海外各地迭起而生。就是：㈠北京新台灣安社（一九二四年二月、范本梁等）、㈡上海台灣青年會（一九二三年十月、許乃昌・彭華英等）、㈢上海平社（一九二四年三月、蔡孝乾・陳傳枝等）㈣上海台灣自治協會（一九二四年五月、蔡孝乾・謝雪紅等）、㈤上海台韓同志會（一九二四年六月、許乃昌・彭華英等）、(六)東京台灣青年會社會科學研究部（一九二六年一月、許乃昌・商滿生等）、(七)南京中台同志會（一九二六年三月、吳麗水・李經芳等）、(八)廣東台灣革命青年團（一九二七年三月、謝文達・張深切等）、(九)上海讀書會（一九二七年十一月、林木順・謝雪紅）等。

尤其是他們在北京五四運動（一九一九年五月）・上海五卅慘案（一九二五年五月）・廣東沙面事件（一九二五年六月）等中國的反帝・反封建鬥爭之中、實際的看到學生及工人所發揮的強大的革命力量之後、對於社會革命的前途又增加深一層的信心、就更爲積極的發動革命同志秘密返台並加緊把革命刊物送進島內、以資傳播共產主義及無政府主義。當時被送進島內的許多革命刊物之中、即以北京新台灣安社的「**新台灣**」・上海平社的「**平平**」・廣東台灣革命青年團的「**台灣先鋒**」、及東京台灣青年會社會科學研究部所送進的「**無產者新聞**」最爲出色、其所起的啓發作用實在非淺。

因爲有了這些初期海外革命同志及其團體在**人員補充上及革命理論的傳播**上均做了百折不撓的艱苦奮鬥、才能使台灣的工人・農民等勞苦大衆更進一步的提高其民族的和階級的覺悟、同時也促使資產階級及小資產階級出身的一些學生知識份子開始改變其階級立場、而逐漸站在無產大衆的立場來思想和工作。這樣、經過了一段艱難的鋪道工作之後、島內的社會革命運動才見抬頭、並在後來掀起一陣革命的高潮。

然而、當時在島內、初期社會革命陣營裡是系統分岐、成員混雜、就是有了無政府主義・共產主義・社會改良派等湊在一起、並在個人的思想意識裡面也同樣的有了不同系統的社會思想參雜在一起而迄未有明確的區分、這種現象本來是起因於日本社會運動的同樣現象所導致（日本在社會革命運動初期的大正時代、Anarchism 與 Bolshevism 之間、迄未有所區別）、但也是因爲有了這些各派系的**反體制份子**在默默的合作之下、積極努力於耕耘革命的土壤、所以台灣的社會革命運動才能在短期中被往前推進一步。

(1) 范本梁與「新台灣安社」

如上所述在東京接受了無政府主義的范本梁（嘉義人）、於一九二二年八月渡往北京後、即加入中國無政府主義派梅景九等一九〇餘人所創辦的「北京安社」、並在一九二四年與燕京大學生許地山（廈門人、曾到過台灣）一起設立「新台灣安社」、這不外乎是台灣人無政府主義社會革命組織的嚆矢。范本梁所信奉的無政府主義雖然在當時僑居北京的台灣留學生間不太受到歡迎（當時的大部份留學生已傾向於謝廉清・謝文達等所倡導的共產主義）、但其機關誌的「新台灣」卻陸續被寄到上海・廣東及台灣島內、成爲當時傳播無政府主義的先鋒、它給予一部份青年學生很大的影響。尤其是在島內、其所起的啓發作用可以說是破天荒的、竟使之組成「台北無產青年」、後來發展爲「台灣黑色青年聯盟」。「……與世界任何地方的弱小民族同樣、台灣民眾所受的一切的不自由・不平等・悲苦・貧困・黑暗……皆是國家・政客・官僚・軍閥・貴族等強者的罪惡所招來、資本家・地主・工廠主・銀行家等盜賊的罪科所導致、總言之、就是維持一切的權力及私有財產制度的惡果。……爲了打到這一切的壓迫與剝削、如在東京所進行的幼稚的台灣民選議會請願運動絕不可能解決其根本問題。……鑑於馬克思派的赤俄竟帶著資本家的色彩、馬克思主義已錯誤的主張中央集權、於此、我們無政府主義者應毅然起來賭生命堅決鬥爭、……」（「新台灣安社宣言」—《警察沿革誌》第二編中卷 p.878）「台灣民族如欲想維持生存、非驅逐日本強盜不可、要驅逐日本強盜、除了採取暴動的革命方法之外、別無他途。……不斷的進行暗殺、重複的推行暴動、以期台灣民眾革命成功。」（「實行宣言」—《警察沿革誌》第二編中卷 p.877）。「把日本人欺凌台灣人的慘狀暴露出來、使三六〇萬我同胞自覺猛省、殺台灣民眾之兇敵的日本人、

折破日本的強盜統治、破壞一切不合理的制度與組織、實現沒有壓迫沒有剝削的自由平等的新台灣、為此、必須犧牲吾身、供為同胞之血肉、……同胞們！勿忘巴庫寧（M.A. Bankunin）在盧昂（Rouen）被訊問時所喊出的二事、及虛無黨的一語。二事即：㈠腦中的思想、槍口的子彈、㈡一個炸彈勝過一〇萬冊的書籍。一語則目的決定手段。」（「台灣革命運動方法」――〝新台灣〞第三期――「警察沿革誌」第二編中卷 p.877　張深切「我與我的思想」一九六五年）。

這種熱血的鐵腕革命家范本梁的又徹底且直截了當同時也是破天荒的革命思想、使在總督府強權統治下的不少青年知識份子大為驚動、並也強有力的吸引他們、竟造成台灣最初的一批無政府主義信奉者。

一九二六年（昭和元年、民國一五年）三月、因東北軍閥的張作霖佔領北京並對共產主義者及無政府主義者開始施展鎮壓、於是、范本梁乃秘密返台擬在島內推行革命、卻被總督府所探悉、被捕後、於一九二八年二月二十七日被處五年徒刑。然而、在九一八東北事變爆發時（一九三一年）、再次被捕並處於一五年徒刑、不幸在服刑中逝於獄裡。

⑵　**社會問題研究會**

島內的文化協會諸幹部之中、蔣渭水等一部份人思想較左傾、他們從早就以中國國民黨裡的廖仲愷等社會改良派為民族解放運動的榜樣、因此、於一九二三年在孫文及中國國民黨決定採取「**聯俄容共政策**」並推進國共合作之後、他們也受其影響而又向共產主義靠近一步、同時有從東京返台的連溫卿・王敏川及從中國回來的翁澤生・洪朝宗等青年學生竭力宣傳共產主義及無政府主義、這也再使蔣渭水等島內知識份子更加左傾化。從此、於一九二三年（大正一二年、民國一二年）七月、蔣渭水・石煥長・蔡式穀・連溫卿・謝文達等爲發起人、以過去的「**新台灣聯盟**」爲群衆基礎、乃創立了「**社會問題研究會**」於台北大稻埕、並在召開成立典禮之前的同月二十三日印刷了趣意書・綱領規約等五〇〇份分發於島內各地、而成爲島內的社會運動的先聲。然而、總督府立即以違反出版規則爲藉口（未有呈報警察就散發刊物）、把蔣渭水等發起人處以罰款並阻撓該會的成立（參閱「警察沿革誌」第二編中卷 p.184 連溫卿「過去台灣之社會運動」—〝台灣民報〞一三八期 p.12）。

(3) 台北青年會・台北青年體育會・台北青年讀書會

總督府鎮壓「**社會問題研究會**」之舉、不但未能阻擋台北的一些知識份子左傾化、反而成爲他們更加熱烈的研讀社會革命思想的促進劑、更使他們在暗地裡繼續會合並討論有關在島內如何傳播社會革命思想的辦法。再者、恰有翁澤生等返台渡假的廈門集美留學生、在太平公學校同學會席上排斥講日本話及反對總督府政治等事爲契機、想要組織社會革命團體的願望即死灰復燃、於是、同樣在蔣渭水・連溫卿・王敏川等幹部的領導下、同年一九二三年八月二日夜、聚集翁澤生・洪朝宗・許天送・鄭石蛋等一〇餘人於大稻埕的江山樓、大家討論的結果、決定擬在八月十二日召開「**台北青年會**」的創立大會、並推舉林野爲常任幹事、同時也決定該會在表面上是標榜「**圖謀地方文化向上、獎勵體有**」爲宗旨、實際上是想宣傳社會革命並擴展組織。但這又被總督府事先發現、並再以治安警察法禁止之。

然而、此時蔣渭水等想要組織青年並傳播社會革命思想的意志已堅如磐石、所以根本不管台北青年會成立與否、一方面私下繼續聚集青年們照常開會、另一方面即以原班人馬先來秘密組織「**台北青年同志會**」、然後在同年八月底再以更多的會員、假楊朝華宅秘密成立了「**台北青年體育會**」、選出楊朝華爲常任幹事、鄭石蛋・陳世煌・童琴爲幹事。

此時、也在翁澤生・楊朝華・鄭石蛋等人的準備之下、於九月二十五日假藉觀月會爲名、召集三〇餘人同志於淡水河中的小舟上、成立了「**台北青年讀書會**」、並推舉許天送爲常任委員、鄭石蛋・潘欽德・林佛樹・楊朝華爲委員。

這些「**台北青年體育會**」及「**台北青年讀書會**」都是由具有社會革命思想的同一群人、爲了要跟總督府的鎮壓政策周旋而所造成的一種表面上的名義、實際上即是在這所謂非政治性親睦團體的合理掩飾下、自一九二三年九月起不間斷的會合於文化協會讀報社內、共同研討共產主義或無政府主義等。

蔣渭水等台北的青年知識份子起初是三〇餘人、後來增至全島的二〇〇人以上、他們在這公開合法的掩飾下從事於秘密工作、同時在這艱難的工作崗位上自然而然的受到鍛鍊而幾乎都成爲堅強的所謂左派運動者（社會革命派）、在「**前期文化協會**」是屬於最富有組織性的骨幹份子、並在「**後期文化協會**」（分裂後的文化協會）的階級鬥爭上擔負了重要的革命任務。當初的積極份子即有左列：

蔣渭水　連溫卿　王敏川　童　琴　林　野　許天送　鄭石蛋　張福全　陳清慧　劉夢路
黃白成枝　簡明宗　黃玉齊　郭金城　高兩貴　楊朝華　黃朝宗　陳世煌　林金定　連震東
陳清善　許榮華　黃春暉　潘欽德　蘇玉鵬　翁澤生　林佛樹　陳氏甜　楊鴛鴦　李玉岑
洪朝宗　黃春成　劉興泉　蘇日生　張暮年　周和成　吳世傳　張福義　辜滄洲　傅治生
陳天賜　簡順福　劉建才　周進中　鄭日端　林讚康　王榮宗　林玉印　李乃文　葉松碧
蔡火旺　陳東淵　蔣渭川　廖樹藤　許秋容　蘇璧輝　王租派　林濤亭　黃火隆　黃潘萬
楊顯達　蘇麗亭　胡柳生　王萬得　張道福　張我軍　（參閱「警察沿革誌」第二編中卷 p.188, 883）

(4) 台北無產青年

台北青年體育會及台北青年讀書會爲了迴避總督府當局不法的取締鎭壓、於一九二四年（大正一三年、民國一三年）十一月三、四日、及翌年一九二五年一月四日至八日的前後二次、乃以「台北無產青年」的名義、在港町文化協會讀報社舉行「**打破陋習大演講會**」、藉此宣傳共產主義及無政府主義。這立即被警察當局所發現並被命令解散、同時以妨害警察執行職務的罪名、把抗拒警察進入會場的洪朝宗及翁澤生逮捕、二人均被判徒刑三個月。

從此、所謂「**台北無產青年派**」的名稱及其概念漸被鑄成、竟成爲台灣初期社會革命半公開的重要據點。台北無產青年派即在一九二五年七月把其辦事處從港町文化協會讀報社搬到太平町二丁目（今之延平北路二段）頻繁召開座談會及研究會、並與散在彰化等島內各地的無產青年（包括無政府主義及共產主義）取得連繫、到各地去開演講會。

一九二五年五月從東京返台的連溫卿即以這台北無產青年爲群衆基礎、連絡了台北的周和成・王萬得・高兩貴等、及彰化的連枝旺、勸誘大家購讀日本共產黨發刊的「**無產者新聞**」「**前進**」等報紙、做爲傳播山川均等日本勞農派共產主義革命思想的端緒（參閱「警察沿革誌」第二編中卷 p.884）。

於一九二六年六月十七日的總督府「**始政紀念日**」、台北無產青年乃在台北舉行「**政談演講會**」、在聽衆三五〇人的面前公然攻擊總督府的帝國主義統治、但因被臨場的警察命令解散、以致大家又再更換場所繼續開會並大罵警察的橫暴。同時也舉行野外集會、同樣攻擊總督府的暴政及宣傳社會革命、爲此、潘欽信・洪朝宗・胡柳生・王萬得・高兩貴等積極份子被警察檢舉並以治安警察法各處扣留及罰款。在這反對始政紀念日的傳單上面有下述的一段：「**十九世紀以來資本主義制度因機械發達的結果、導致少數的資本家能掌握到一國的經濟支配權、一方面乃因自由競爭及生產放任於無政府狀**

態、以致國內生產力膨脹到無可收拾的地步、另一方面則呈現了生產過多、以致爲尋求銷路於國外而侵略殖民地、並且、在殖民地即爲傾銷剩餘商品及奮取原料品而橫行霸道、竟招來正如今日台灣的這種慘境。被侵略民族若想起來反抗、帝國主義者則立即派軍隊進行屠殺、五卅慘案乃是此種屠殺暴行最好的例證。我們要知道帝國主義乃是強盜的先鋒隊、資本家才是眞正剝削殖民地人民膏血的大強盜、大家迅速起來抵抗吧……」（「警察沿革誌」第二編中卷 p.189）。

再者、台北無產青年派乃在一九二六年八月一日的「台灣民報」上、發表了「公開狀」（宣言書）、表明跟台灣文化協會在革命手段上已有所不同、進而在同年十月十二日、王萬得・高兩貴・黃白成枝・洪朝宗・潘欽信・周和成・徐氏玉緞・黃氏細娥・張氏美玉・黃氏甜等台北無產青年派幹部一七人、邀請林獻堂・蔡培火・葉榮鐘・謝春木・蔣渭水等剛從第七次台灣議會設置請願返台的諸幹部到中西喫茶店商談。他們當面表示反對台灣議會設置請願運動：「該運動畢竟是屬於無法達成目的的一種妄動行爲、縱使能達成、也不能造福於台灣人。此種妄動行爲不外乎是承認並助長資本主義及帝國主義、我們無產階級之黨絶對反對此種不徹底的妄動行爲、應盡快中止。」（「警察沿革誌」第二編中卷 p.885）。

如此、島內的社會革命運動即從海外吸收了一些革命理論、並從「社會問題研究會」出發、而在跟總督府當局的鎭壓政策鬥爭的過程中迅速發展起來、經過了「台北青年會」等階段、竟在「台北無產青年派」公開出面時、終於一方面公然攻擊總督府暴政、在另一方面跟台灣文化協會及台灣議會設置運動劃一條界線、明確指出無產階級的社會革命路線。

(5) 台灣黑色青年聯盟

小澤一乃是生長於台北的日本人、一九二二年台北第一中學四年級時渡往東京、在彼地加入「**勞動運動社**」而成爲無政府主義者、他於一九二六年重返台北、同年十二月在「**東京黑色青年聯盟**」近藤憲二・岩佐作太郎的指導之下、和台北無產青年王萬得・周和成・王詩琅・洪朝宗及彰化無產青年吳滄洲・蔡禎祥等人一起創設「**台灣黑色青年聯盟**」於台北、並分發「サバトランド」（Savatland —無政府主義的烏托邦）「**革命之研究**」「**告青年書**」「**列寧的革命運動**」等小册子、主張無政府主義的暴力革命：「**……吾人認爲只有直接行動才是獲得人性解放的唯一手段、以暴力・暗殺爲最完善的革命手段、吾人誓約將死於黑旗之下。**」（「宣言」—〃警察沿革誌〃第二編中卷 p.887）。這台灣黑色青年聯盟因以既成的台北無產青年派爲擴大組織的群衆基礎、所以發展非常的快、在短期間內其組織已瀰漫於全島（參閱圖46）。

台灣黑色青年聯盟的政治活動主要的有：㈠一九二六年十二月組織了「**中南部宣傳隊**」、巡訪新竹（陳金城）・嘉義・朴子・東石・鳳山（謝賴登）・屛東（黃石輝、洪石柱）・潮州・東港・高雄等處、宣傳革命並擴大組織。㈡一九二七年一月二日王萬得・高兩貴・周天啓・蔡孝乾・陳崁等聚會於彰化陳金懋宅、決定糾合各地無產青年創立各業的勞動工會、並委任各地區負責人、即台北高兩貴、黃朝宗・陳崁・周天啓・蔡孝乾・嘉義張棟。

然而、在一九二七年一月底、因與東京黑色青年聯盟的往來書信被警察發現、以致台灣黑色青年聯盟的秘密組織及台北・彰化二處無產青年的內情均被揭露、全島竟有四四人被檢舉、小澤一被判徒刑二年六個月、王詩琅及吳滄洲均被判徒刑一年六個月、吳松谷徒刑一年。但他們自從經過無政府主義的革命理念洗禮而自覺以來、竟如脫韁之馬、任警察加何的逮捕與阻撓、都不能減其對革命的熱情、

圖46　台灣黑色青年聯盟組織圖

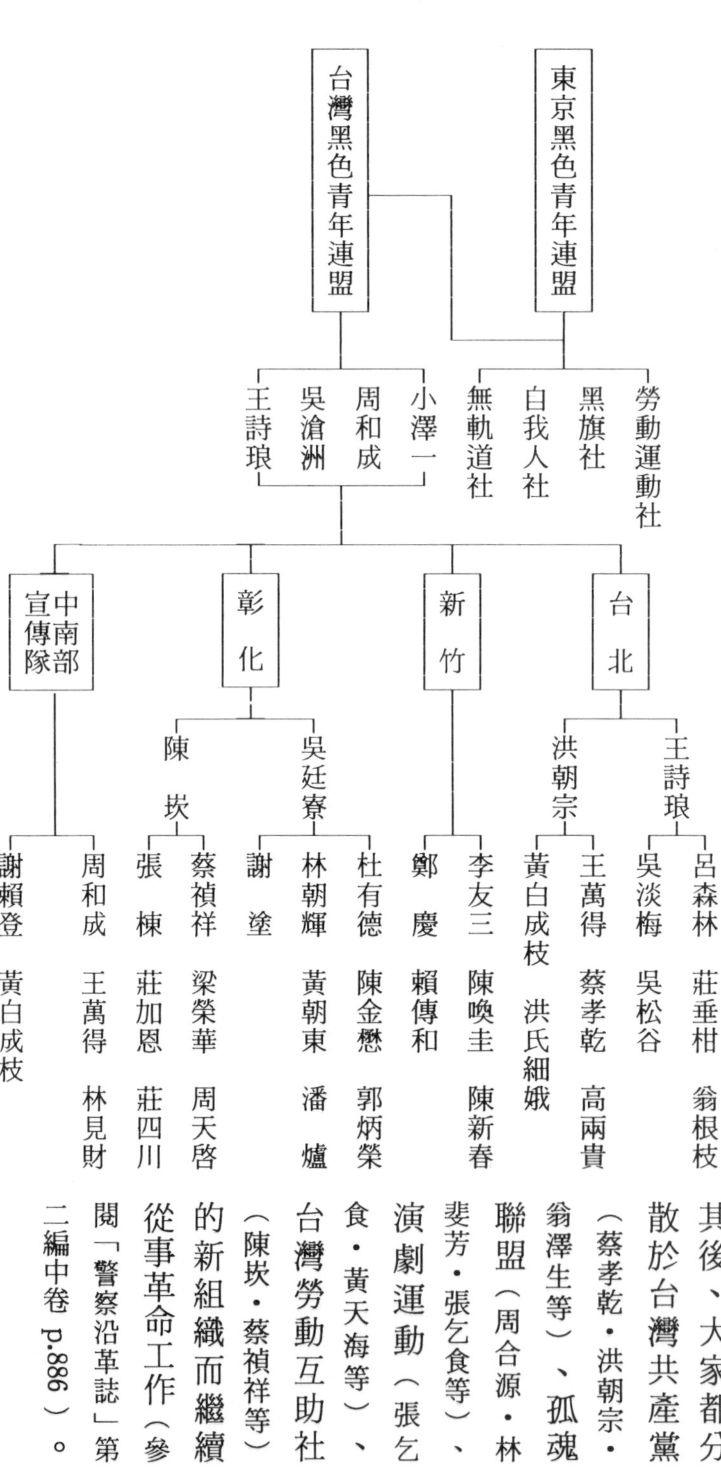

其後、大家都分散於台灣共產黨（蔡孝乾・洪朝宗・翁澤生等）、孤魂聯盟（周合源・林斐芳・張乞食等）、演劇運動（張乞食・黃天海等）、台灣勞動互助社（陳崁・蔡禎祥等）的新組織而繼續從事革命工作（參閱「警察沿革誌」第二編中卷 p.886）。

(6) 孤魂聯盟

台灣黑色青年聯盟被檢舉後、無產青年周合源・林斐芳・張乞食（維賢）・楊德發・楊清標・蔣德卿等、與日本人無政府主義者稲垣藤兵衛（在大稱埕開辦貧民私塾的「稻江義塾」）、在一九二六年七月結成

「**孤魂聯盟**」、目的在研究無政府主義並企圖解放無產階級。他們經常在稻江義塾舉辦演講會、按張乞食的說明：「**孤魂即是生前孤獨死後無處可依的靈魂之稱、其悲慘哀痛猶如活在現代的無產階級、依此、組織孤魂聯盟、竭力於無產階級解放運動**」、乃是一個充滿著虛無思想（nihilism）的無政府主義團體、後來跟台北萬華「**博愛團愛愛寮**」（收容貧民的救濟院）的施乾一起聯合從事救貧工作（參閱「警察沿革誌」第二編中卷 p.890）。

(7) 無政府主義戲劇運動

台北與彰化的無產青年從早就推行戲劇運動、想藉演話劇來深入民衆、期以傳播無政府主義及社會革命運動。這些戲劇運動雖然因資金短絀所以都不見持久、但卻也起了初期的播種作用、使後來的台灣新戲（話劇）逐漸發展起來

Ⅰ　星光演劇研究會——台北無產青年的張乞食・范薪傳・陳明棟等、於一九二五年十月糾合了王萬得・潘欽信・陳總・陳期綿・翁寶樹・王井泉・潘新傳等、設立「**台灣藝術研究會**」於台北市日新町（今之南京西路）、後來再添上楊木元・賴麗水・楊旭・蔡建興・唐金富・余王火等的參加、重新組織「**星光演劇研究會**」、並透過倡導打破舊習及改良風俗想來宣傳社會革命、例如、在大稻埕的永樂座及新舞台等當時的大戲院開演「**終身大事**」（提倡自由戀愛）・「**黑籍怨魂**」（揭露鴉片的毒害）・「**母女皆拙**」（勸弁虛榮）等戲劇、頗受到民衆的欣賞、但因資金短絀竟在一九二七年宣告解散。

Ⅱ　宜蘭民烽劇團——宜蘭的無產青年黃天海因受張乞食的影響、終在一九二八年十二月六日糾合韓德發等同志一二人結成「**宜蘭民烽劇團**」於宜蘭街、即準備開演日本文藝作品「**金色夜叉**」及俄國托爾斯泰的「**行屍走肉**」等、也是因資金不夠而未能實現、竟在一九二九年二月宣告解散、但這卻

給宜蘭地方留下一顆文化的種子。

Ⅲ　民烽演劇研究會――張乞食乃在一九二八年五月渡往東京研究無政府主義理論及戲劇運動、而後在一九三〇年二月返台、一方面指導剛成立的「**台灣勞動互助社**」、另一方面乃重新推行戲劇運動、就在同年六月十五日假大稻埕蓬萊閣舉行「**民烽演劇研究會**」的成立大會、參加者王詩琅・張乞食・黃天海・藍煥呈・蔡陳氏美玉等會員二六人、並有來賓連雅堂・王萬得・賴昆炎・吉宗一馬・稻垣藤兵衛等二〇人、盛況一時。該會成立後即聘請講師張乞食（舞台藝術）・黃天海（近代戲劇概論）・楊佐三郎（美術概論）・謝春木（文學概論）・連雅堂（白話文）・余樹（舞踊）・吉宗一馬（音樂）、在台北市日新町研究會場每晚開辦研究會、但又是因爲資金的關係而不得不在半年後宣告解散。

Ⅳ　彰化鼎新社――彰化無產青年陳崁・周天啓・謝塗・楊松茂・林朝輝等、爲了想透過戲劇運動來宣傳無政府主義、一九二五年（大正一四年、民國一四年）一月成立「**鼎新社**」於彰化街、參加者賴通堯・吳滄洲・林清池・莊佳恩・杜有德・溫龍德・吳身潤等、初次在員林戲院開演八幕話劇「**良心的戀愛**」、此劇竟贏得民衆所歡迎。後來、因社員中發生意見分岐、乃分爲主張以純粹戲劇運動爲本位的藝術派、及主張以演劇爲手段來啓發思想的社會派、結果、社會派即脫離鼎新社而另起爐灶、稱爲「**台灣學生同志聯盟會**」、各據一方分庭抗禮。到了一九二六年夏、從中國旅行歸來的陳崁才居中調停、使二派再度和解並統合爲「**彰化新劇社**」、繼續巡訪台北・新竹・苑裡・宜蘭・彰化・員林・台中・北港・大林等地、以改良風俗・打破迷信・諷刺資本主義等爲演題、到處都受到民衆熱烈的喝采、在啓發民衆的意識上起了不小作用。但也因資金上入不敷出而在一九二八年七月宣告解散（參閱「警察沿革誌」第二編中卷 p.891）。

(8) 台灣勞動互助社

彰化無產青年派本來就內含著二系統的社會革命思想、就是無政府主義及共產主義。自從一九二七年一月台灣黑色青年聯盟被檢舉後、無政府主義派（郭炳榮・陳崁・謝有丁・潘爐・王清實・陳源等）、與共產主義派（楊貴・吳石麟・葉氏陶・謝進來・石錫勳・李中慶・莊萬生・李明德・吳衡秋等）之間開始尖銳的理論鬥爭、竟在一九二八年十二月三日假彰化天公廟舉行公開的理論鬥爭大會、無政府主義即以**相互扶助**（mutual aid —無政府主義的革命理論）來反對共產主義派的階級鬥爭、共產主義則以**階級鬥爭**（class struggle —共產主義的革命理論）來反駁相互扶助、這樣、二派都在聽衆面前對峙不下、激烈的辯論了二小時之後、不歡而散。繼之、於一九二九年九月所舉行的台灣文化協會（後期文化協會）彰化特別支部大會中、無政府主義派竟遭共產主義派的吳石麟等所排斥、以致周天啓・陳崁・蔡禎祥・郭炳榮・王清實等決意以**自由聯合方式**（共產主義派是中央集權的**民主集中制方式**）另創一個無政府主義團體。

於是、一九二九年（昭和四年、民國一八年）十一月一日、假彰化天公廟舉行「**台灣勞動互助社**」成立大會、出席者有會員陳崁・蔡禎祥・王清實・溫良德・郭炳榮・杜有德・張金鍗・陳長庚・丁引宗・吳錫欽・薛國棟・賴水河・吳清木・謝金鐶・楊以譯・吳泉等、及來賓李友三・張道福・莊守等、在大會上決定綱領：「**促進互助社會的實現**」、並發表宣言書：「……通觀現代社會百年來的貧富懸殊、並非起因於人口增加、而實屬社會組織及分配的不均衡所導致。我等如要廢除這種社會罪惡及痛苦即非打倒資本主義不可、既然要打倒資本主義、我等必須提高階級自覺並團結一致而與敵鬥爭。我等必須以自覺與團結來完成光榮的五一勞動節所留下的歷史任務。」（「警察沿革誌」第二編中卷 p.898）。

「**台灣勞動互助社**」從其人員及組織關係看來、可以說自范本梁的「**新台灣安社**」時至「**台灣黑色青年聯盟**」後的台灣無政府主義派的集大成、其會員及關係者幾乎包括當時所有的人員、並且其連絡系統也廣泛的遍及全島、同時也連繫東京的日本人無政府主義團體（黑色青年聯盟・勞動運動社・黑旗社・白我人社・無軌道社・全國勞動組合自由聯合等）、及上海・廈門・泉州等處在中國的台灣無政府主義派。

該社主要的活動即有：㈠編成四組的宣傳隊巡迴全島、舉行社會問題演講會及座談會、㈡一九三〇年七月由黃天海・林斐芳・張乞食・王詩琅・陳崁・王清實・鄭水河・謝有丁・蔡禎祥等創刊雜誌「明日」分發全島（但自第四期就被禁止發刊）、㈢一九三一年六月發表六・一七台灣島恥政紀念宣言：「……我等必須依靠民眾勇敢的自發力量來消滅一切在朝在野的野心家、並促成沒有任何一個強權也沒有剝削的眞實共產的自由社會即無政府共產主義社會。這才是眞正的解放台灣民眾。我等定要使炸彈的爆炸聲音響亮於日本強盜的各種政治經濟機構之中、必使資本家全部遭到槍擊與刀殺的命運、未來的六月十七日必是強權階級遭恐怖至死之日、也是我等被壓迫的勞動階級實行直接行動而暴動示威之日、……六・一七即是我等開始行動之日、反抗之日！建設萬人幸福的社會之日！」（「警察沿革誌」第二編中卷 p.902）。

由於台灣勞動互助社的理論徹底、主張嚴密、並且會員遍及全島、以致對台灣民衆的影響極大、所以總督府當局竟在一九三一年（昭年六年、民國二〇年）八月三十日、以治安警察法及違反槍砲取締規則而在全島一齊檢舉該社的主要人物、結果、陳崁・蔡禎祥・王清實・吳泉木・王詩琅・張乞食等一五人被移送法院懲辦、其中蔡秋宗在獄中逝世。從此、台灣無政府派竟漸告消熄（參閱「警察沿革誌」第二編中卷 p.895-914）。

i　台灣文化協會轉變方向、社會主義勢力取得領導權

再續上文化協會自成立以來（p.517-527）、雖在日本帝國主義壓迫下一向是安若泰山、但隨著解放運動的發展、其內部卻難免在思想・行動・組織上開始發生分歧。特別是因爲無產革命思潮滔滔流進島內、以致激起台灣勞動人民的階級自覺、又因文化協會本身仍缺乏可以滿足工農階級的具體辦法、所以雙方的矛盾對立頻頻發生、終在一九二七年一月的臨時代表大會上、導致受台灣無產青年派（共產主義派及無政府主義派）所支持的連溫卿・王敏川等奮取領導權、從此、文化協會在思想・組織及行動上均告左傾化。這文化協會轉變其方向的基本原因、追根究底無非是：

(一)　日本資本主義及其帝國主義經過了第一次大戰中的經濟繁榮而在國內（本國與殖民地）完成其獨佔地位、同時在台灣也完全打定了其經濟上・政治上的絕對支配權、而後他們統治者爲了要更加深入於台灣社會來剝削台灣人大衆、乃事先著手於更加籠絡台灣人的地主・資產家等舊資產階級、從此、總督府就解除了不許台灣人單獨設立「**會社**」的禁令、進而再允許他們投資金融業（銀行・信託業・組合等）、同時也吸收其遊資於日本資本支配之下、使之能投資於日本企業而從封建的土地資本轉化爲資本主義的企業資本（但是沒有經營權的單純投資）、因此、台灣的地主・資本家普遍的與日本企業及日本資本主義開始發生經濟利益上的相互關係（參閱本章1、f）。然而、這種日本帝國主義所施行的新政策（對台灣資產階級的懷柔政策）、在台灣解放運動上竟促使台灣的地主・資產家等新資本家階級及一部份小資產階級從民族解放戰線開始後退甚至於逃脫、這乃是台灣民族統一戰爭分裂以致台灣文化協會開始轉變方向（左傾化）的社會經濟背景、也就是資產階級及一部份小資產階級在推行反帝反殖民地鬥爭上終不能超過的階級界線。

(二)　無政府主義與共產主義及其人員與組織等從海外逐漸滲透島內、並在島內生根、以致提高台灣工農大衆的民族意識與階級意識、促使農民組合及工會的產生及其勢力壯大、無產青年派遍佈全島。

(三)　文化協會成立以來、都是地主・資產家等台灣資產階級及其出身的小資產階級知識份子佔據領導地位、然而、他們在工作當中不但不能克服其階級界線、而且更是助長了其形式主義・正統觀念・領袖慾望等缺陷、老是計較眼前的勢力消長而缺乏長期的革命計劃、也缺欠能夠適合於台灣社會特殊情形的具體方策、老套重演抽象的研究會・演講會・座談會等、缺少能任勞任怨的工作人員、反而充滿機會主義的投機份子佔多數、於是、啓蒙運動終流於商業化傾向（參閱謝南光（春木）「台灣人の要求」p.49）、因此、這些資產階級的民族主義者不但是提供不出能夠滿足台灣人一般大衆的具體辦法、而且本身裡頭也具有濃厚的組織鬆懈工作散漫的重大缺陷、其所謂的「**民族**」理念也極爲模糊。

如上所述、當時的文化協會已有了三個思想傾向而構成三個系統在暗中對立著、就是：(一)林獻堂・蔡培火・陳逢源等**民族主義派**（站在資產階級立場、只想依靠文化啓蒙來合法的達成民族自決）、(二)蔣渭水・石煥長等**全民主義派**（站在小資產階級知識份子立場、以右翼工會爲組織基礎想包括工農大衆來達成民族自決）、(三)連溫卿・王敏川等**社會主義派**（站在無產階級立場、以無產青年派與農民組合爲組織基礎想來推行階級鬥爭、以期爭取台灣民族解放、最後達成階級解放）。

台灣人一般大衆隨著其民族的與階級的自覺逐漸提高、大衆性的農民運動・勞動運動及政治運動開始活躍起來、尤其是在一九二五年台灣農民組合的前身即「**鳳山小作（佃農）組合**」及「**二林蔗農組合**」成立、另一方面台灣資產家階級也加強其對農民的壓迫與剝削、例如林本源製糖會社竟向二林蔗農開始武力進攻等、在這工農階級起來加入反帝反殖民地鬥爭戰列的情況之下、文化協會當在同年五月十五、六日在霧峰召開理事會時、總理林獻堂以下出席理事二〇餘人、除了依舊討論一些文化啓蒙工作及決定了有關促進演講工作及慰問入獄同志等老問題之外、借口文化協會初創時已向總督府聲明不干與政治運動為理由、對於島內所掀起的新形勢及與工農大衆協調的現實問題卻隻句也沒提到、僅僅只有提議擬把文化協會改組爲政治團體爲今後的懸案、並在會後決定如有具體方案者可提案到蔣渭水處、這樣就敷衍了事。換言之、林獻堂以下大部份理事都不大關心解放運動即將如何的發展、而只想保守原來的文化啓蒙工作的界線而已。

到了同年七月底、因受到客觀形勢急速發展（工農大衆勢力伸張、與帝國主義及其爪牙的對立尖銳化）所逼迫、當台灣民報社開總會之後、趁此機會由幾個文化協會理事即磋商有關擬改組爲政治團體的事、結果有了連溫卿・王敏川所提的「**平民黨案**」及蔣渭水所提的「**台灣自治會案**」二案出現、但這二案卻在是否注重無產階級解放或民族解放的路線問題上尖銳對立得不能下場。然而、在一九二六年十月十七日假新竹市召開的台灣文化協會第六屆定期總會上、卻先把上次所定的改組問題廢止、而後決定只擬改正該會會則就算了事。這實出乎大家意料之外、於是、連溫卿・王敏川等乃急遽將前次所擬定的「**平民黨案**」廢除、並重新改爲準備把無產青年派浸透於文化協會裡而擬以爭取該會的領導權。關於連溫卿等社會主義派這樣突然改變方針之事、其原因有一傳說：「**一來藉以日本社會主義的左翼份子企圖打進右派團體裡而想獲取右派群衆支持的戰術、二來是仿效在中國國民黨採取容共政策時的中國共產黨所站的立場、即在中國國民黨裡發展其本身的組織。**」（謝南光「台灣人の要求」p.56）。

文化協會第六屆總會既然決定擬把該會會則加以改正、總理林獻堂就任命協理林幼春、專務理事蔡培火、理事蔣渭水・陳逢源・鄭松筠・連溫卿、會員謝春木・陳旺成等八人爲「**會則改正起草委員**

會」委員、並決定在翌年一月三日召開臨時總會擬以審議會則改正方案。同年十一月二十一日即依照既定方針而先召開該起草委員會、在會上蔡培火・蔣渭水・連溫卿乃各自提出改正案、即在該委員會審議的結果、決定把蔡・蔣二案折衷爲「**委員會案**」、同時也決定把「**連案**」保留到臨時總會之前的理事會上再行審議。然而、蔡培火卻在會後就爭先的把未經最後決定的該委員會案印成書面並分發於會員、其後、連溫卿派發現此事時非常憤慨連案被藐視、一方面對蔡培火提出抗議、並把自己的連案隨後也印刷並分發於會員、同時在台中・新竹方面開始群衆活動、另一方面則急遽指使洪朝宗・高兩貴・王萬得・陳崁・陳金懋・潘爐・謝有丁・郭炳榮・蔡禎祥・林朝輝・黃朝宗・楊松茂等無產青年（當時已成立了台灣黑色青年聯盟）向文化協會辦入會手續、準備在臨時總會上與蔡培火等保守派決一高低（參閱「警察沿革誌」第二編中卷 p.190, 888）。

在這樣內部對立尖銳化的情況之下、翌年一九二七年一月二日、文化協會乃假台中市榮町的東華名產株式會社（林獻堂的商事會社）辦公廳召開臨時理事會（理事八四人之中出席者三六人）。開會的當初就爲了四〇餘人無產青年的入會問題議論沸騰、但終被出席的大多數理事所承認、這對連溫卿派所企圖爭取文化協會領導權之事帶來初步的成功。繼之、該理事會當按起草委員會決定將開始審議「**起草委員會案**」（折衷蔡培火案與蔣渭水案而成的）與「**連溫卿案**」時、蔡・蔣・連等三派明爭暗鬥、糾紛不已。其中、蔣渭水派爲了防止蔡培火等保守派在今後的解放運動上佔據領導地位、於是、與連派聯合、突然提議必得先決定要先議起草委員會案或連溫卿案、等到以一九票對一二票而表決先議連案之後、蔣渭水派才反過來再以自己的蔣案爲底子來修正連案、而企圖爭取優勢。

但不料在審議的過程中、蔡培火與陳逢源看出蔣・連二派已聯合起來擬以對抗保守派、乃聲明放棄其理事的表決權來表示抗議、其他的保守派理事也紛紛退席、最後、竟在所剩餘的理事一五人之下表決的結果、以五票之差、連案的委員長制終於勝過於蔣案及起草委員會案的總理制（參閱「警察沿革誌」第二編中卷 p.191　謝南光「台灣人の要求」p.56）。

關於會則改正：㈠起草委員會案乃是把理事與執行的二機關完全分開、並在總理的統領下較靠近西歐式民主方式、㈡蔣案並不異乎西歐式民主方式、但是把理事會改稱為中央委員會、並稍微削減總理的權限、㈢連案則一貫類似於俄國蘇維埃的民主集中制。但所通過表決的所謂連案卻受到蔣案的許多修正而成為在理事・執行二機關也具有西歐式的區分、所以也可以說是一種混合方式。然而、問題並不在會則的細節有如何不同或不受到如何的修改、而是在這三案表決的成敗乃是表示那一派可能取得領導權的前奏。

繼之、翌日即一九二七年（昭和二年、民國一六年）一月三日、假台中公會堂召開「**臨時總會**」、出席代表一三二人、因蔡培火・陳逢源・韓石泉・王受祿等保守派（右派）都認為大勢已去而不願出席或在中途退席、所以表決者幾乎被台北與彰化的無產青年及大甲青年會會員等支持連派的佔其絕大多數、因此、在會上決議把本部從台北遷移台中之後、終於選出了**臨時中央委員**如左：

林獻堂　王敏川　黃細娥　邱德金　林幼春　連溫卿　蔡孝乾　鄭明祿　林冬桂　洪石柱
賴　和　蔡培火　蔣渭水　林碧梧　周天啓　林伯廷　洪朝宗　王萬得　黃運元　吳庭輝
林資彬　彭華英　莊泗川　張信義　高兩貴　吳石麟　黃石輝　林　糊　王　錐　黃白成枝

其中、大部份都是屬於連派（參閱「台灣民報」第一四一期、一九二七年一月二十三日）。

林獻堂藉此機會表示辭任中央委員、但被大家極力挽留才繼續留任。蔡培火與蔣渭水即表示辭任中央委員並當場退出。於是、連溫卿・王敏川等社會主義派（無政府主義派及共產主義派）企圖爭取領導權之事終於達成、從此、文化協會在實質上即由資產階級的文化啓蒙團體開始轉變為無產階級的思想啓蒙團體（參閱「警察沿革誌」第二編中卷 p.192）。

j　後期台灣文化協會（社會主義派領導時期）

(1)　所謂「左傾」後的初次臨時中央委員會

由於連溫卿・王敏川等社會主義派想爭取文化協會的領導權之事、猶如上述的謝南光所說、其當時的所期目的乃是：「**在右派團體中獲取廣泛的群眾支持及發展社會主義組織**」、所以他們取得領導權之後、即挽留林獻堂等留任中央委員、並且、於同年二月三日在台中所召開的臨時中央委員會席上、即以林獻堂的總理任期未滿爲理由、決定不另選中央委員長、表示對於保守派份子的溫和態度。同時、由所出席的臨時中央委員一六人（原來是選出委員三〇人、但保守派不就任者八人、總督府在二月一日檢舉台灣黑色青年聯盟時被捕的委員六人）、選出常務委員而開始推行會務。

(2)　第一屆全島代表大會

轉變後的後期台灣文化協會（以後略稱爲「新文協」）爲了想在手續上及組織上都名符其實的成爲無產階級的思想啓蒙團體、於是、在同年一九二七年（昭和二年、民國一六年）十月十七日、召開第一屆全島代表大會於台中市醉月樓、出席的代表一七一人、來賓七人、旁聽者一五人、首先爲紀念新文協的成立、乃決定一月三日爲「**文化日**」、其他通過了制定會章・會旗・會歌、取消曾經由林獻堂向總督府所提出的「**台灣文化協會不干與政治的誓約書**」、同時設立「**台灣民報不買同盟**」等一六件議案、之後、選出了中央委員：

新竹州——林冬桂（基隆人、國語學校畢業、無職）　王禮明（新竹人、公學校畢業、雜貨商）

李傳興（新竹人、國語學校中退、事務員）　謝武烈（苗栗人、師範學校中退、無職）

彭作興（新竹竹東人、公學校畢業、米穀商）

台北州——邱德金（豐原人、醫學校畢業、醫師）　張天送（宜蘭人、公學校中退、金飾工人）

盧清潭（羅東人、公學校中退、無職）　連溫卿（台北人、公學校畢業、無職）

洪朝宗（台北人、上海大學中退、無職）　黃細娥（福建泉州人、台北第三高女中退、洪朝宗妻）

李規定（台北人、公學校畢業、塗工）　曾金泉（南投人、公學校畢業、雜誌社員）

王紫玉（松山人、公學校畢業、香店家眷）　楊添杏（台北人、公學校畢業、鐵工）

台中州——鄭明祿（苑裡人、北京大學中退、無職）　林碧梧（台中神岡人、公學校畢業、地主）

張信義（台中內埔人、日本大學中退、地主）　王敏川（彰化人、早大畢業、無職）

吳石麟（彰化人、工業學校中退、表具工人）　劉素蘭（彰化人、彰化高女畢業、賴通　妻）

楊老居（彰化人、醫學專門學校畢業、醫師）　楊標棋（台中烏日人、教員養成所畢業、無職）

林糊（彰化福興人、醫學校畢業、醫師）

台南州——丁塗龍（北港人、公學校中退、鹽魚商傭人）　李曉芳（嘉義人、上海大學中退、無職）

林見財（台南新港、公學校畢業）　許碧珊（嘉義人、台北靜修女學校、無職）

吳仁和（斗六人、公學校畢業）　莊孟侯（台南人、醫學校畢業、醫師）

楊宜祿（台南人、書房修漢學、無職）

高雄州——黃知母（岡山人、公學校畢業、無職）　洪石柱（屏東人、台北師範學畢業、無職）

王科（屏東人、公學校畢業、無職）

從此中央委員的出身與職業等可以探討出新文協的階級立場及其將要走的政治方向。同時也決定常務委員及其工作分擔：

農工部主務連溫卿、部員鄭明祿・洪石柱
青年部主務洪石柱、部員王敏川・鄭明祿
婦女部主務劉素蘭、部員許碧珊・黃細娥
調查部主務鄭明祿、部員連溫卿・洪石柱
宣傳部主務王敏川、部員莊孟侯・鄭明祿
教育部主務張信義、部員邱德金・林碧梧
會計部主務林碧梧、部員邱德金・張信義
庶務部主務林冬桂、部員吳石麟
懲戒委員會王敏川・張信義・鄭明祿・林碧梧・連溫卿・洪石柱・邱德金

新文協除了中央人事之外、很快就確立支部及特別支部・分部等地方機關、進行全島性的組織佈置（以前的「舊文協」時代只有中央機關而已、在地方缺乏具有系統的支部組織）、就是：

台北——㈠台北特別支部（連溫卿）、㈡基隆特別支部（邱德金）、㈢文山分部（曾金泉）、㈣蘭陽支部（黃天海）

新竹——㈠新竹支部（林冬桂）、㈡通宵苑裡特別支部（陳南輝）、㈢苗栗大湖分部（郭常）、㈣竹東分部（彭作衡）

台中——㈠台中支部（林碧梧）、㈡大屯分部（楊標棋）、㈢彰化特別支部（吳石麟）、㈣豐原分部（林碧梧・張信義）、㈤員林分部（林糊）

台南——㈠台南州支部（洪石柱・莊孟侯）、㈡台南特別支部（洪石柱・莊孟侯）、㈢斗六分部（詹阿本）、㈣北港特別支部（蔡返・吳丁炎）、㈤嘉義支部（李曉芳・許碧珊）

高雄——㈠屛東分部（黃知母・廖劉德郎）、㈡岡山分部（王科）、㈢潮州分部（陳崑崙）

「……大資本家階級在產業組織上所建築的政治體制、無非是擁護特殊（剝削）階級、壓迫我等台灣民眾、強制收買土地、壓迫佃農及勞動爭議、解散集會、逮捕多數的社會運動鬥士並把其禁閉於黑暗的鐵檻裡等、這些事實都有目共睹、乃是特殊階級對於弱小民族施展高壓政策的鐵證。我等台灣民眾已受其壓迫而成其肉餅（剝削對象）、……覺醒吧、奮起吧！　我等台灣民眾！　台灣社會已具備了我等的運動能夠迅速進展的必然條件、已開拓了寬闊的戰場、使我等能朝向激烈的鬥爭、進軍的喇叭久已響亮在我等的耳朵裡！　前進！　前進！　台灣文化協會永爲台灣民眾即農・工・小商人及小資產階級的後盾的戰鬥團體！……㈠台灣文化協會的任務是促進實現大眾文化、㈡組織農民工人、㈢團結小商人小資產家、㈣凡是站在台灣民眾的利益的抗日團體皆是吾等在戰線上的戰友、㈤背馳台灣民眾利益並破壞共同戰線的任何團體都被認爲是台灣民眾的叛賊、必遭本會的革除、㈥統一戰鬥力而向正面的敵人進軍吧！」（「台灣文化協會第一屆全島代表大會宣言」——蕭友三〝台灣解放運動の回顧〞一九四六年 p.19）。

把這宣言書跟草創時的文化協會宣言相比較、即可知道新文協乃是將要從舊文協時代的抽象的文化啓蒙運動躍進於具有階級路線及具體目標的革命鬥爭。

同時、關於其具體目標、連溫卿在其「一九二七年之台灣」中有如下的敘述：「本會的目的即如其綱領所示、不外乎是促進大眾文化的向上、但在綱領上的所謂〝促進大眾文化〞、必須以預先認識現在的台灣社會狀態及一般民眾的覺醒狀態的如何爲先決條件。觀睹舊有的文化運動因都偏向於精神方面、關於經濟產業方面則幾乎被藐視、以致隨著運動愈發展而愈偏向於形而上的方面、因此要求把其改組的呼聲逐漸高漲、這乃是必然的結果。社會機構猶如一棟樓房、經濟即是其基層構造、樓房無非是建立於其基層構造上面的一座建築物。吾等的文化運動已與從前大不相同、今後我等乃擬以現實的經濟與文化為中心目標、這點乃不庸置疑。……」（參閱「警察沿革誌」第二編中卷 p.204）。

再者、以這第一屆全島大會為契機、地主、資產家階級及一部份小資產階級知識份子竟從新文協開始總退卻、林獻堂・蔡培火・陳逢源・楊肇嘉・蔣渭水・蔡式穀・林呈祿・謝春木・王開運・陳旺成・洪元煌・韓石泉等舊幹部均一齊脫離轉變後的文化協會（新文協）、後來另組台灣民衆黨（參閱蕭友三「台灣解放運動の回顧」p.18）。

(3)　舉行演講會

新文協為了宣傳社會主義革命、並排除舊幹部勢力同時也想獲得島內青年更廣泛的共鳴及組織、以致比過去更為頻繁的到各地去開演講會、特別是把返台渡假的東京台灣青年會科學研究部部員及中國各地的台灣留學生組成巡迴演講隊、使之下鄉開會而攻擊資本主義與帝國主義的罪惡、並號召大家團結起來向日本帝國主義與資本主義開始鬥爭。這種演講會僅在一九二七年的一年之中就開了二七一次（講員計有一千六二〇人）、聽衆總計達二五萬人。但演講會開的愈熱烈、數次愈增多、警察當局的取締壓迫也愈趨嚴厲、所以受到命令而中止演講的共有五九一次、被命令解散開會的有四二次、每次的講員鮮有不被命令而停止者。然而、演講隊是愈打愈強、聽衆也愈受壓迫而意氣愈高昂、每逢警察橫暴的壓迫而發生爭執之時、聽衆都以熱烈的聲援來助勢、文化協會即連日繼續開會向警察提出抗議、或把事實登刊於島內各地的新聞雜誌來指斥警察的橫暴。像這樣在開會中與警察發生衝突事件最大的可算是所謂「**新竹騷擾事件**」。即在同年十一月三日（日本明治天皇節）假新竹市西門媽祖宮舉行「**反對土地及產業政策大會**」時、警察藉口散發違法文書、乃把文化協會新竹支部委員陳繼章與楊國基逮捕並處刑禁閉二〇天。陳・楊二人被釋放後、隨即在同月二十七日開「**糾彈警察政談演講會**」、指斥警察的無理扣押及在扣押所內被凌辱等事。該演講會再度又遭警察命令解散、以致文協會中央委員鄭明祿・林冬桂・林碧梧・張信義及張喬蔭等率領三〇〇餘聽衆向郡役所（州的區級行政機關）提出抗議。警察再以騷擾罪而逮捕一〇九人、並在秘密審判之下、處七一人爲有期徒刑。此事轟動至東京、以致原日本勞動農民黨的水谷長三郎及上村進從東京趕來台灣爲被捕者上書法庭及開會支援。這樣、百折不撓的開演講會並頻繁的與警察周旋鬥爭之下、不知不覺之中對於提高台灣民衆的民族意識及階級意識乃發揮了極大的影響力（參閱「警察沿革誌」第二編中卷 p.224　「台灣民報」二一一期、二一三期、一九二八年六月三日、一七日）。

(4)　發刊「大衆時報」

新文協成立後的一九二七年二月、臨時中央委員鄭明祿・王敏川及王萬得三人就從「**台灣民報社**」退出來、繼之、新文協再發動罷讀台灣新民報而成立了「**台灣新民報不買同盟**」。於是、新文協乃集資二萬圓、於一九二八年三月二十五日創立「**株式會社大衆時報社**」（董事林碧梧・王敏川・張信義・莊孟侯・邱德金・黃信國・楊老居、監事張喬蔭・莊泗川・吳石麟・林三奇・賴和）、任命蘇新爲發行人兼編集主任、擬在島內發行機關刊物。但因在台灣無法獲得發刊的許可、所以派遣王敏川・洪石柱・吳石麟等前往東京籌備發刊事宜、終在五月七日發行創刊號、又在同月十日再發行五一紀念號。後來、因王敏川被捕及遭到總督府百般的阻撓、所以到一九二八年七月九日發出了第一〇期後、終告停刊（參閱蕭友三

「台灣解放運動の回顧」p.22　「警察沿革誌」第二編中卷 p.220）。

(5) 協助工農運動與發展新劇運動

新文協基於其階級立場以致一切的工作都由勞動階級及農民大衆的利益出發、竭力推進工農團體發展組織並協助其確立領導權、這乃是屬於必然的歸結。然而、自從農民運動者李應章・簡吉・趙港・黃石順・黃信國等於一九二四年起在鳳山・二林等地協助農民向總督府及製糖會社進行土地・蔗作等爭議以來、台灣的農民運動主要是在日本「**勞動農民黨**」的支援之下獨自發展起來的。到一九二六年六月全島性的「**台灣農民組合**」成立時、各地的無產青年即後來的新文協基本幹部才開始與其發生較密切的相互關係、因此、再到新文協成立之後、二者之間乃迅速的加深其友黨關係。例如在一九二七年十二月台灣農民組合召開第一屆全島大會時、新文協即派遣王敏川・連溫卿・洪石柱・蔡孝乾・賴通堯等幹部出席支援。關於這新文協與農民運動的相互關係、擬詳述於台灣農民運動（參閱 p.651）。新文協與勞動運動也同樣、二者關係密切、連溫卿等在一九二七年三月協助成立「**台北機械工會**」、成爲台灣勞動組合的濫觴、請參考台灣勞動運動（參閱 p.688）。

新文協爲了宣傳社會主義並啓蒙民衆起見、把其有力的宣傳工具即新劇運動加以利用、所以舊有的文化演劇團・新光劇團・星光劇團・新劇團・民聲社等的足跡遍佈全島、據一九二七年統計、全島較大的演劇竟有五〇餘次、觀衆共達一萬八千餘人、較小戲劇則不可計數。一九二八年二月由王敏川・郭炳榮・賴通堯・周天啓・吳石麟・謝有丁・黃文育等人準備再成立一個具有綜合性的大衆文化劇團、但因新竹糾彈警察事件的發生及幹部被捕而未見實現。後來、又是劇團工作的共產主義者與無政府主義者開始分化、導使戲劇運動未能再進一步的發展。

(6) 反對台南廢墓及台中一中學生總罷課等

一九二八年五月一日、台南州公佈了爲紀念昭和天皇登極即位、擬將台南市大南門外的一九甲公用墓地廢止、改建綜合大運動場。新文協台南特別支部委員洪石柱・莊孟侯等鑑於台灣民衆一致反對但無處可伸冤、即連續舉行反對廢止公用墓地演講會・墓地關係者大會・各姓宗親會聯合大會等以助無告之民的聲勢、同時在六月四日聯合台灣民衆黨・各勞動團體・各商工團體・各姓宗親會等結成聯合戰線、舉出代表六〇餘人前往台南州向知事提出抗議。台南州當局看到台灣民衆紛紛起來反對、因怕事情牽連到天皇即位的國家大事、乃不得不在六月十二日召集御用紳士開台南州協議會、擬在會上聲明中止廢墓計劃。這樣、事情可圓滿解決、勝利將歸於民衆、然而、不料在討論中竟有台灣人御用協議會員劉揚名卻附和日本人協議會員、極力反對發表這種聲明、結果、該廢墓計劃終於被議決爲按原案強制執行。台南州的台灣民衆接到消息後莫不怒髮衝冠、新文協趁機擬在翌日的六月十三日召開糾彈劉揚名演說會、是日在會場預先掛上演題及講員、例如：㈠反對利用紀念事業爲護符而建設少數人享利的運動場、使多數人受虧（侯北海）、㈡打倒市州協議會的御用走狗答應將墓地任敵人糟蹋（楊順）、㈢台灣人只有「團結」與「抗爭」才能達到完全的自由解放（王萬得）。民衆按時陸續到場、但卻被警察命令解散、新文協會員侯北海等即與一群民衆擁上劉揚名家加以痛罵、同夜又有人在劉家窗戶塗上人糞污物、藉以洩憤、再過幾天、在協議會贊同強制執行廢墓案的許多台灣人協議會員幾乎都接到來路不明的一些警告信。警察當局把這件事以抵觸恐嚇罪的嫌疑而加以查辦、檢舉了新文協會員洪石柱・侯北海・莊孟侯・謝水・白錫福、及民衆王添登・蔡國蘭・李開・郭松・蔡添壽等人、王敏川・連溫卿・連七・周榮福・林江龍等人也被牽連在內、此事在台灣全島轟動一時。其他、新文協在各方面也影響青年學生頗深、以致在此時期台灣學生與各校當局發生糾紛者層出不窮、台中師範事件及台中一中總罷課事件就是其典型例子（參閱「警察沿革誌」第二編中卷 p.225　蕭友三「台灣解放運動の回顧」p.25）。

(7) 第二屆代表大會

新文協自成立的那天起就頻繁的與日本當局開始激烈的政治鬥爭、幹部們忙無寧日、以致忽略了應把組織系統整頓爲一個堅強的戰鬥部隊、對於工作人員的教育訓練均未得就緒、籌募資金辦法也迄未建立、所以新竹及台南等大事件一旦發生、領導幹部多數被捕、就呈現著中央領導無人、支部工作停頓、會員退縮等消沈的狀態、譬如成立時全島會員達一千〇三三人、但至一九二七年底卻減爲六七七人。

於是、林碧梧等中央委員二五人於一九二八年（昭和三年、民國一七年）十月三十一日午前九時、在本部辦公廳召開中央委員會、決定縮小組織及節省開支、把常務理事減爲七人、工作單位也縮小爲六部份。

繼之、於當日午後三時假台中市醉月樓召開第二屆全島代表大會、出席代表七九人、來賓四九人、推李傳興爲議長、湯長城爲副議長、黃朝東・張炳煌任書記、提出了一一條議案、在大會上討論至午後八時、因突遭臨場的警察命令解散、以致案件審議未了就被迫散會。並且、當夜在台中公園又被捕代表一六人。因警察當局來勢凶惡、把代表們一一加以跟蹤及監視、所以爲了要避這風險才中止開會、等到翌年一九二九年一月十日、爲代替第二次代表大會處理一些迄未議決的案件、才再召集中央委員會於本部、出席委員林碧梧等一五人、旁聽者農民組合幹部簡吉等五人、推楊貴爲議長、林冬桂任書記、在會上決議：㈠定義文化協會爲「**代表無產階級的思想團體**」、㈡置通信責任人於分部與支部、㈢今後的工作方針爲①組織左翼團體、②組織小市民、③訓練青年、④促進工農合作、⑤統制問題等。

然而、同年二月十二日、「**台灣農民組合**」突遭警察的大檢舉、就是所謂「**二・一二事件**」爆發、新文協本部與各地分支部均被搜索、而受到再一次的極大打擊、以致工作全部停頓。其後、等到警察的捕風告一段落、林碧梧・鄭明祿・林冬桂・吳石麟・胡柳生・郭常・吳仁和等幹部七人、才在五月六日聚集於本部開中央委員會、爲了振作今後的各地活動而決議：㈠組織巡迴演講隊並與無組織大衆的啓蒙工作相結合來進行廣泛的思想宣傳、㈡與東京台灣青年會社會科學研究部蘇新所計劃的救援會組織運動相結合來推行救援工作、同時、入獄中的王敏川等幹部逐漸被釋放、且也受到整個社會主義運動盛旺起來所刺激、新文協的運動也跟著再活躍起來。

但是在另一方向、自「**台灣黑色青年聯盟**」遭到一連串的檢舉以來（一九二七年二月）、島內的社會主義陣營裡的勢力關係開始變化、即無政府主義與共產主義的二大系統開始分化、並由共產主義派逐漸佔上風。再到一九二八年四月「**台灣共產黨**」（日本共產黨台灣民族支部）成立於上海之後、同年秋、其島內領導機關也見到成立、從此、新文協即無可避免的受其極大的影響、以致在工作當中開始出現一些國際共產主義的思想傾向、例如、三月十八日在台灣共產黨中央委員莊春火的指導之下、文化協會會員林朝宗・周宗遠・詹條欉等召集了工會會員三〇餘人、在基隆支部開「**巴黎公社**」（la Commune）紀念座談會、並散發二〇〇份檄文。

再一方面就是台灣解放運動自從一九二七年起、乃比以前更爲**直接的**受到來自國際共產主義運動・日本共產主義運動・中國共產主義運動等尖銳的影響、特別是在日本共產主義革命陣營裡的「**山川均思想路線**」（yamakawa-ism）與「**福本和夫思想路線**」（Fukumoto-ism）的鬥爭、以及莫斯科共產國際本部對於這思想鬥爭所下的審判性的「**一九二七年日本綱領**」、再加上中國共產黨裡的清算「**陳獨秀右傾機會主義**」「**李立三路線**」「**羅明（鄧發）路線**」、蘇聯共產黨清算托洛茲基（Ieon Trotski）等、均錯綜的波及於台灣島內、以致分爲以王敏川爲首的「**上大派**」（上海大學派—蔡孝乾・翁澤生・莊春火・洪朝宗・蔡火旺・王萬得・陳玉瑛・潘欽信・周天啓・莊泗川・李曉芳等）、及連溫卿的「**非上大派**」（胡柳生・林清海・陳本生・陳總・黃白成枝・藍南山・林朝宗・林斐芳等）。然而、連溫卿派本來就是受到日本山川均思想所指導、但是王敏川派則遵奉「**一九二七年日本綱領**」（也就是台灣共產黨在上海創立時所定的綱領的根源）、所以隨著日本共產主義陣營裡的相剋、在台灣也引起連溫卿派與王敏川派的相互鬥爭、後來、山川均沒落也導致連溫卿派在解放運動裡受排擠（參閱「警察沿革誌」第二編中卷 p.232-244　蕭友三「台灣解放運動の回顧」p.27）。

(8) 第三屆代表大會與台灣共產黨取得領導權

當台灣共產黨成立於上海時（一九二八年四月）、其所定的「**政治大綱**」第六項「**黨當前任務**」中、對於新文協有所規定：「……**工農階級的聯合組織（大眾黨）是必須要有的。目前必得利用台灣文化協會、把其組成黨活動的廣大的舞台、就是一方面先來克服該會的幼稚病、使工農先進份子及青年先進份子加入該會、同時在另一方面乃竭力暴露台灣民眾黨的欺瞞政策、促使在他們指導下的群眾左傾化（革命化）、這樣、把文化協會逐漸改變爲革命聯合戰線的中心、並在一定的時間內再把其改造爲大眾黨的組織。**」（「警察沿革誌」第二編中卷 p.610）。從此、一九二八年六月、駐在島內的台灣共產黨中央委員林日高・莊春火、及候補中央委員謝雪紅乃根據這政治大綱所規定、並在日本共產黨的指導之下、當組成「**黨中央**」於島內時、即特派黨員吳拱照（台南支部書記）與黨員莊守（彰化支部所屬）加入新文協、同時也指示農民組合幹部的黨員趙港・簡吉等從側面打掩護、開始在該會內進行黨團工作並擴大黨組織及爭取領導權。

然而、新文協自第二屆全島代表大會之後、因如上述的受到農民組合被大檢舉的重大影響、以致會員減少、各方面工作萎縮不振、所以幹部們都爲準備召開第三次代表大會以期挽回局面、就在一九二九年（昭和四年、民國一八年）十一月二日、假本部召開中央委員會、出席委員張信義・林碧梧・王敏川等一四人、旁聽者趙港・簡吉・莊守等八人、推陳崑崙爲議長、鄭明祿任書記、審議有關修改會則的「**本部案**」（張信義・林碧梧提案）、及「**彰化支部案**」（吳拱照・莊守提案＝共產黨案）、但在會內的共產黨員與農民組合員以及其關係者的策動之下、卻把「**本部案**」否決、之後、通過了「**彰化支部案**」、從此、新文協的領導權終於被操在幕後的台灣共產黨「**島內黨中央**」手中。

翌日的十一月三日午前十時、新文協乃召開第三屆全島大會於彰化街、出席代表五二人、來賓一〇〇餘人、因所提出的九條大會議案之中有六條被警察當局禁止討論、所以只能審議：㈠修改綱領爲「**團結無產大眾・參加大眾運動、以期獲得政治・經濟・社會上的自由**」、㈡修改會則的「**彰化支部案**」、㈢選出委員三人前往東京交涉復刊「**大眾時報**」、㈣把農民組合所提出的「**指斥連溫卿一派反動抗議書**」的受理問題委任中央常務委員會處理、㈤選出中央委員：

張庚申　吳丁炎　鄭明祿　吳拱照　蘇振鎰　鄭錦和　林　糊　林碧梧　郭戊己　李浚川
張信義　莊孟侯　李應章　陳書生　郭　常　邱德金　李傳興　王敏川　楊老居　吳石麟
陳　總　張道福　江賜金　王紫玉　羅再添　侯補委員—莊守　林水龍　林德旺
王萬得　李明德

接著在同年十二月十九、二十日召開大會後第一次的中央委員會、選出中央常任委員、並決定工作分擔：財政部王敏川　青年部王敏川　組織部吳石麟　庶務部吳拱照　救援部吳拱照　教育部莊孟侯　婦女部黃石輝　調查部楊老居。

(9)　會內幹部間的思想鬥爭與其歸結

如上所述、新文協自從肅清林獻堂・蔡培火・蔣渭水等派及社會改良派等以來、大體上已由共產主義派與無政府主義派共同進行階級鬥爭的台灣解放運動、但因二派在思想上及戰略戰術上的相異而互相對立起來、其後、隨著台灣共產黨的出現及取得新文協的領導權、使彰化的周天啓・陳崁・蔡禎祥・謝有丁・潘爐・王清實・謝塗等無政府主義派也是新文協的舊幹部、與吳石麟・楊貴等共產主義派的對立竟成爲尖銳化、甚至在演講會上公然反目、並在「**台灣民報**」上筆鋒相對、終於在新文協第三次大會上、無政府主義派都從本部及支部完全被排擠出來、結果、他們到後來都朝向於建立「**台灣勞動互助社**」（參閱 p.539）。

連溫卿派與王敏川派、一方是思想上受日本山川均勞農派共產主義影響並在派系上代表「**非上大派**」、他方即遵奉共產國際的「**一九二七年日本綱領**」且代表「**上大派**」、後來、前者即屬非台共派、後者則屬於靠近台共派、所以二派的反目對立愈趨深刻。自一九二九年起、開始於勞動運動的指導方針問題、新文協台北特別支部（由連溫卿一手培植並站領導地位）、與中央本部（王敏川派站上風）的反目有增無減、並且、這二派的對立再牽連到農民組合（幾乎已在台灣共產黨的領導之下）的內爭問題、以致農民組合向新文協第三次全島大會提出「**指斥連溫卿一派反動抗議**」、並在大會散發排擊左翼社會民主主義者連溫卿一派的檄文。於是、接受了這抗議書的代表大會乃把其委任於中央常務委員會處理。中央常務委員會再決定把其付議於中央委員會、因此、該委員會乃於一九二九年十一月十九日、二十日召開懲罰委員會、由鄭明祿告發連溫卿・李規貞等的五大罪狀、就是㈠污辱中央體面、㈡違犯本會的統制、㈢濫用職權毀壞本部威信、㈣揑造會員資格、㈤擾亂戰線。在這種情景之下、乃以全數決議對連溫卿・李規貞等人加以除名處分。過後、台北特別支部的李武舉・陳樹枝・許塗水・黃金水等人一聞連派被除名、立即發表反駁聲明、並擬以訪問由台中來台北的王敏川等於北投沂水園、但竟遭王敏川所拒。中央委員會再進一步的決議解散台北特別支部、並派中央委員陳總・陳紫玉前往台北特別支部辦事處、卸下其招牌、並托薛玉虎把該辦事處關閉。連溫卿等一怒不可收拾、即聚衆同派人員討論如何加以反擊、但因議論百出、最後還是未得結論而不了了之。其後、連派等人在無形中逐漸脫離解放運動。

再一個就是鄭明祿・張信義・林碧梧、他們因所提出於中央委員會的所謂修改會則「**本部案**」在台灣共產黨策動下遭否決、所以聯袂辭任中央委員職務、但後來又再回復關係而一起活動（參閱「警察沿革誌」第二編中卷 P.252）。

⑽　組織大衆黨與新文協的解散問題

台灣共產黨本在創立時的「上海綱領」之中已有規定必須把**文化團體**的新文協置於黨的領導之下進行擴大及強化組織、並經過一定的時期之後才以此爲母胎來建立一個**左翼政黨**的台灣大衆黨。但是關於這點在現實上、早已在新文協進行第一次轉變（淘汰資產階級民族派）的時候、就在日本勞農黨（日本初期共產主義運動的黨）的指導下進行了其結成大衆黨的準備工作、並在新文協第三次全島大會上乃再進一步的想把它改組爲在台灣共產黨領導下包括一切小市民・學生等的大衆黨、但因在審議這改組案之中被警察命令停止討論、才未見實現。然而、到了一九二七年八月在莫斯科召開的共產國際第六屆大會上所決議的基本綱領裡、即「一九二七年綱領」中、卻把這種建立共產黨以外的合法的大衆黨之事認定爲錯誤、以致在日本發生了關於解散勞農黨的爭論、並在這種新的形勢之下、台灣島內在過去的有關建立大衆黨的事也被斷定爲錯誤、以致引起解散新文協的主張：「列寧主義的革命理論乃是規定殖民地解放運動必須在無產階級黨（共產黨）的領導下進行一切的革命工作、因此隨著無產階級發展起來、領導問題必然抬頭。台灣的革命運動乃是發端於文化協會、繼之、左翼份子站在馬克思的立場、而透過初期的啓蒙運動來進行政治領導、進而排除資產階級民族自決派、然後才發展爲馬克思主義的運動形態。然而、新文協在這發展過程中、因所包括會員的階級成份不齊、所以隨著運動的高揚、竟招來各方面的動搖、尤其是以知識份子爲中心的領導階層卻不朝向訓練大衆及進行大衆鬥爭去努力、光想要加強其政黨色彩、以致招來脱離群衆的缺陷、不但是不成爲鬥爭團體而卻轉化爲領導團體、所以終被懷疑其所執行的領導權到底是有何階級根據、竟成爲跟大衆完全遊離並紙上談兵的團體。這樣、新文協終於變成台灣解放運動極大的障礙、因此必須解散之。」（「警察沿革誌」第二編中卷 p.263）。

這種新文協的解散問題、乃在一九二九年農民組織組合披檢舉（二・一二事件）的前後時期即由一部份的共產黨員所主張、但因領導層已把組織大衆黨決定爲當時的工作重點、所以一時無法將其更改。然而、當在一九三〇年九月張信義爲復刊「大衆時報」而前往東京之際、受到日本產業勞動調查所的高山洋吉與布施辰治等左翼人士的忠告性批評：「文化團體的新文協若要採取政黨的行動、寧可把它解散、不然、會妨害到台灣無產階級的生長與發展、若不是不認爲是政黨、像〃指導勞動者・農民〃等言辭、應把其撤廢爲要。」（「警察沿革誌」第二編中卷 p.263）。日本左翼人士的這種批評乃成爲新文協的頂門一針、竟引起了台灣共產黨東京特別支部及東京台灣青年會社會科學研究部的內部爭論、又等到張信義返台並把這批評傳達於左翼陣營之後、農民組合內的黨員幹部就公然發出新文協解散論、其論據乃是：

㈠　當殖民地的革命運動即將從啓蒙運動轉化為實際鬥爭之際、啓蒙運動團體（指新文協）的合法性必被解除、非轉換爲革命的無產階級的非法團體不可。若想要使大衆停留於組合主義（非革命性）、具有合法組織的領導團體的存在還可以被容許。然而、從馬克思主義看來、殖民地解放運動的歷史使命乃是以脫離帝國主義統治爲其基本任務、所以、必須進行透過階級鬥爭的民族革命才可、因此、絕對沒有這種合法團體存在的餘地。在台灣無產階級即將抬頭的情況之下、文化協會的存在逐漸變成無產階級執行領導權的障礙、依此必得把其解散、而來發展「**產業別紅色工會**」的組織。

㈡　台灣的一般大衆對於新文協還存有無條件的信心、但無產階級黨（共產黨）的存在尚從大衆的眼睛被隱蔽著、所以它對大衆的行動必然的被認爲是新文協的行動、因此、會妨害共產黨與大衆接觸的這種新文協必須被解散。

㈢　因殖民地革命運動的主要鬥爭不外乎是反帝國主義鬥爭、所以農業無產階級與都市無產階級的當前急務乃是結成反帝國主義鬥爭的團體、新文協若是繼續存在下去、將會再障礙到反帝國主義的鬥爭、所以必須解散。在新文協的解散過程中、當要組織工會時、同時也要組織反帝國主義同盟、這反帝同盟要兼行新文協在過去所推行的一切工作、即啓蒙運動・組織工會・街頭鬥爭・對學生的社會科學指導等、尤其是要徹底進行對於反帝國主義侵略・反帝國主義戰爭的鬥爭。新文協解散後的會員必須改編爲知識份子・急進資本家等的文化團體。

以上有關解散新文協的論調、隨著日子的過往愈來愈高漲、但一論及其解散的具體步驟、有的主張在發展紅色總工會的過程中來把其解散、也有主張應先來組織反帝國主義同盟而後再把新文協吸收過來的辦法、又有的是認爲應把新文協改編爲無產階級的文化團體等、反正是議論紛紛、結果、因台灣共產黨候補中委謝雪紅表示贊同新文協中央委員長王敏川所提的解決案、就是將新文協當做小市民階級的大衆團體而使它暫時存在之案、所以、才在一九三〇年的第四屆全島代表大會上、把新文協改組爲小市民階級的鬥爭團體。但在另一方面、與謝雪紅相對立的一些少壯黨員卻把這種辦法批評爲具有機會主義傾向、所以更爲堅強的主張新文協必得解散（參閱「警察沿革誌」第二編中卷 p.262）。

⑾　第四屆全島代表大會及新文協的消熄

經過許多崎嶇的途徑才成爲台灣共產黨外圍組織的新文協、於一九三一年（昭和六年、民國二〇年）假彰化街的彰化座戲院召開第四屆代表大會。此時、因警察當局早已探悉新文協已完全入於台灣共產黨的領導之下、所以對於其幹部及會員的監視愈來愈趨嚴厲、在一月四日、從全島三三五趕來彰化的代表之中、鄭明祿・張信義・林碧梧・陳神助・蔡天來・郭常等二三人、以在彰化街上高唱勞動歌示威遊行爲理由而被警察扣押。但全島代表大會卻按時開幕、出席代表七七人、來賓・旁聽者一〇〇餘人、王萬得任司儀、推王敏川爲議長、李明德・黃朝東・詹以昌任書記、先由住彰化的石錫勳致歡迎辭、周合源致答辭、由吳拱照報告本部事務、吳石麟報告財政、再往下就是各支部的工作報告、即宜蘭（李振芳）・台北（周合源・張道福）・新竹（戴友釗）・苗栗（楊尾）・通霄（張振鐘）・豐原（林水龍・林德旺）・彰化（吳石麟）・員林（林糊）・竹山（張庚申）・北港（鄭盤銘）・台南（柳德裕・李明德）・高雄（張添財）。

繼之、選任中央委員・中央常務委員・委員長如左：

中央委員長王敏川　常任委員吳拱照　王萬得　張信義　吳石麟
中央委員　王萬得　周合源　李振芳　謝祈年　郭　常　鄭明祿　張信義　吳拱照　王敏川
　　　　吳石麟　張庚申　李明德　吳丁炎

同時、大家基於新文協已成爲共產黨領導下的一大衆團體所以只能有「行動綱領」而不必要有「固定綱領」的這種想法、乃把新文協的既有的固定綱領即「我等糾合無產大衆、參加大衆運動、以期獲得政治的・經濟的・社會的自由」這一條給予撤廢、代而把「行動綱領」的制定委任於中央委員處理。大會爲了避免警察出面干涉、就這樣宣佈閉幕、其他的議案都在幹部們默契之中決定擬在秘密會上討論。

繼之、翌日的一月六日夜、在豐原郡內埔庄屯仔腳的張信義宅繼續召開秘密的新中央委員會、決議「台灣文化協會支持台灣共產黨」而公然化該會爲台灣共產黨的外圍組織、擬以從事小市民・小資產階級爲中心的日常鬥爭來實行黨的政策。同時決定了會則・行動綱領・大會宣言及口號等。

「現在的資本主義已進入第三期、不可挽救的世界經濟恐慌日益深刻化、各個帝國主義列強爲了苟延殘喘、如狼虎似的強行產業合理化及更對其國內無產階級與廣大的殖民地工農勞苦大衆擅施狂暴的彈壓與剝削、以致失業者如洪水似的激增不已。……在這種世界危機急迫的情況之下、日本帝國主義則以外債進行日月潭工事及強行產業合理化等、對我等被壓迫的工農大衆施展更露骨的剝削與彈壓。另一方面以完成縱貫鐵路複線化及擴張三路線來準備戰爭的結果、失業者激增、廣大的工農大衆愈趨貧窮化、一般勤勞大衆與無產市民階層也逐漸沒落而陷於無產階級的地步、因此、不但是自然發生的工農群衆爭議迭起而生、並且在本國金解禁政策施行以來、北港賣冰小販的爭議・彰化行商的蹶起・台北菜市場的罷工等、勤勞大衆對於統治者的鬥爭也急遽的尖銳化。……因一九二九年的二・一二事件發生、我等戰鬥份子幾乎盡被逮捕、以致革命戰線一時停頓。當在此時、反動的台灣民眾黨及台灣地方自治聯盟所代表的土著資本地主等、竟公然無恥的被日本帝國主義所懷柔、以致愈成意識的反動化。因此、被剝削的我等勤勞大眾、必須在無產階級的領導下、起來跟日本帝國主義進行鬥爭、推翻帝國主國統治與封建專制政治、掃蕩封建遺制、並打倒反動團體、這樣做才能完成我等的任務。我等既然組成勤勞大眾的集團、當然應爲勤勞大眾的利益而奮鬥、勤勞大眾的解放只有在無產階級的領導下與農民大眾緊握著手來進行徹底的鬥爭才有可能達成。因此、我等必須勇敢的清算過去一切的錯誤、尤其是文化協會必須聲明絕對不是政黨才可。第四居全島大會以全體一致誓願在無產階級的旗幟之下勇敢實行大會所決定的新方針、而跟日本帝國主義抗爭到底。」（「第四屆全島代表大會宣言」—《警察沿革誌》第二編中卷 p.278）。

如此、新文協經過了一段的整肅與建設之後、正在整裝待發、擬以踏出在共產黨領導下的新的解放運動、但因同年六月台灣共產黨遭大檢舉、以致新運動的展開終不能實現。其後、文化協會幹部與農民組合幹部及其二團體的會員等、都在一起努力於黨的重建工作及建設「台灣赤色救援會」、因此、文化協會本身的工作在實際上幾乎已陷於停止。

接著、得先來敘述「台灣共產黨」及與其創設具有密切聯繫的「共產國際」「中國共產黨」「日本共產黨」等問題。

k　台灣共產黨（日本共產黨台灣民族支部）

(1) 共產國際（第三國際）

自一八四八年馬克思・恩格思（Karl Mark-Friedrich Engels）發表「**共產黨宣言**」以來、「**無產階級國際主義**」（Proletalian Internationalism）乃成爲「**世界革命**」（World Revolution）的出發點、又在一八六四年西歐各國的勞動者代表集會於倫敦而成立了「**國際勞動協會**」（International Workmen's Association）、也就是「**第一國際**」（the First International）、這乃再進一步的爲世界革命奠定了其實踐化的組織基礎。第一國際經過一些波折而在一八七六年自行解散之後、一八八九年「**第二國際**」（the Second International）重新出現於巴黎、但是當時的西歐資本主義已進入興隆時期（就是帝國主義時代）、所以從海外殖民地剝削得來的超額利潤使其能在本國提高勞動階級的生活水準、以致在西歐各國的勞動陣營裡見到要在和平裡解放勞動階級的所謂「**改良主義**」（Reformism）的出現、並在各國社會民主黨（當時的馬克思主義的黨）內的小資產階級出身黨員比率的增大也起了反作用、而使「**第二國際**」逐漸喪失其原來的革命傳統、並擴大了**機會主義**（opportunism）。這種缺陷竟在一九一四年第一次世界大戰爆發時最爲顯著的暴露出來、就是各交戰國的社會主義者均以「**保衛祖國**」爲名而偏袒於本國的資產階級政府、使各國勞動大衆在帝國主義戰爭的戰場上演出了相互殺戮的慘劇、因此、「**無產階級國際主義**」被拋棄無餘、以致第二國際歸於潰滅。

列寧（Nikolai Lenin）、一開始就反對考烏茲基（K.J. Kautsky）所領導的第二國際的這種改良主義、他把馬克思主義的精髓（不可改變的原則）、即「**武裝革命**」（power revolution）及「**無產階級專攻**」

(dictatorship of the proletariat)、與俄國革命傳統的「**少數精銳主義秘密組織原則**」（「民主集中制」的雛型）相結合、而組成馬克思・列寧主義（馬列主義）的革命黨、即「**布爾塞維克**」（Bolsheviki ─一九一八年三月改稱爲「蘇聯共產黨」）、在一九一七年二月打倒帝俄（二月革命）、十月消滅機會主義改良派的「**免塞維克**」（Mensheviki ─十月革命）、終在十一月樹立「**蘇維埃政府**」、而成立史上第一個無產階級國家「**蘇維埃聯邦**」（Union of Soviet Socialist Republic ─一九二二年十二月）。

但是、按列寧遠大的世界革命思想來說、俄國革命成功與蘇維埃體制的樹立不外乎只是無產階級世界革命的**前奏**。再就是因有第二國際的背叛行爲、另一方面則過去四年有餘的第一次世界大戰招來戰勝國的英・法等列強都呈現國內的經濟蕭條・產業荒廢・人民生活窮迫・工人罷工等社會破產與政治危機、以致令使列寧及其布爾塞維克黨認爲世界上的資本主義體制正面臨崩潰、也就是無產階級革命的時機已經成熟、所以、列寧即決定糾合各國的無產階級革命黨來組織新的勞動國際機構、擬以向世界資產階級展開**決定性**的革命鬥爭。

就是在這種客觀的與主觀的條件之下、一九一九年三月二日「**共產國際**」（Communism International ＝Comintern）、即「**第三共產國際**」（the Third "Communist" International）乃成立於莫斯科。這共產國際即以「**打倒世界資本主義、廢除一切階級與國家、樹立能夠實現社會主義（共產主義的前一階級）的無產階級專政與國際蘇維埃共和國**」爲最高目標、同時主張爲了達成這最高目標必得採取「**包括武裝鬥爭的一切有效手段**」。勞動國際即以全體形成著一個**統一的・國際性**的布爾塞維克黨、即所謂「**世界黨**」（Welt-Partei）、並以各國共產黨爲其「**支部**」（例如中國共產黨即共產國際中國支部）、但是在對於希望加入的各國共產黨的審查極爲嚴格、必須同意遵守「**二一條加入條件**」才能通過、所以「**加入共產國際就好比駱駝要穿針穴之難**」。其所謂「**二一條**」之中、最爲重要的乃是：㈠遵守民主集中制、㈡無條件的服從「**共產國際執行委員會**」（又稱「莫斯科總部」）的決議與指示、㈢支部黨的規約・綱領・幹部等重要事項必得預先經過共產國際執行委員會的批准、㈣雖已經過支部黨的正規手續而被決定的事項、如逢共產國際執行委員會的反對、也得服從更改、㈤有關共產國際的決定・決議・指示等都得一律刊登在支部黨的機關報紙上、藉以把其徹底於全部的下級黨員、㈥爲了防止反布爾塞維克的混進、必須實行定期清黨等。共產國際在執行革命任務上、也規定著必須根據布爾塞維克的革命方法去執行、不僅在合法的範圍之內、就是在**非法活動**上也得浸透於如軍隊・工會・農村等大衆團體內去做「**黨團工作**」（fraction activities）、盡量把大衆勢力集中在黨的領導之下。

共產國際因組織嚴密、領導極爲嚴格、所以不過幾年、其支部黨竟然遍佈於全世界、六〇餘國的支部黨之中、在亞洲即有了土耳其共產黨（一九一八年）・印尼共產黨（一九二〇年）・中國共產黨（一九二一年）・日本共產黨（一九二二年）・印度共產黨（一九二二年）・緬甸共產黨（一九二四年）・朝鮮共產黨（一九二五年）・日本共產黨台灣民族支部（一九二八年）・越南共產黨（一九三〇年）・馬來西亞共產黨（一九三〇年）・菲律賓共產黨（一九三一年）等。

共產國際自一九一九年成立至一九四三年宣佈解散的二五年間、從其世界革命戰略路線來說、可分爲三個時期：㈠**第一期**（一九一九—二〇年）的所謂世界革命幾乎是意味著「**西歐革命**」而言、所以在戰略上完全集中於西歐各國的無產階級革命、特別是想要先以德國革命的成功爲世界革命即西歐革命的導火線、再使其波及全歐各國的無產階級革命而來樹立西歐國際蘇維埃・列寧曾經說過：「**爲了爭取德國革命成功、犧牲所有的共產黨員也不覺遺憾**」。但是、在這第一著的德國革命卻事與願違、一九二一年三月德國共產黨所領導的武裝起義終歸失敗、所以列寧爲了克服其所犯急心病的左傾冒險主義、乃著作「**左傾共產主義—幼稚病**」一書、才把其收場。㈡**第二期**（一九二一—二八年）是把西歐方面轉變為統一戰線政策、同時在東方則開始注重被抑壓民族與殖民地的解放運動、尤其是特別重視中國革命、所以給予中國的共產黨與國民黨應有盡有的指導及援助。然而、到第二期末葉的一九二七年、在中國所採取的共產黨與民族資本家階級的同盟政策歸於失敗、即國共分裂為契機、東方的共產主義革命運動一時陷於混亂狀態、共產國際的戰略方針也動盪不已。㈢**第三期**（一九二九—四三年）、共產國際即與蘇聯共產黨及蘇維埃聯邦同樣、本來都由列寧一手培植並受其領導才建立起來的。但在一九二四年一月列寧逝世之後、其徒弟史大林（Joseph Stalin）與托洛茨基(Leon Trotskii) 卻開始激烈的權力鬥爭、史大林乃首先聯合吉諾比易夫（Zinoviev）等左派份子來追放托洛茨基派（一九二七年）、反過來、又與布哈林（Bukharin）等右派相結合而肅清吉諾比易夫等左派（一九二八年）、最後、終把布哈林派也一併淘汰（一九二九年）、這樣、以史大林在蘇聯共產黨內完全掌握領導權為起點、馬克思與列寧的「**無產階級國際主義**」卻被史大林的「**一國社會主義**」（socialism in one state）所侵蝕、所以「**共產國際**」雖在表面上依然標榜國際主義的「**人民戰線**」（People's Front）並在一九三〇年代的前段因世界經濟恐慌而一時趨於極左的世界革命急進化戰略、但在實際上卻已喪失其做為世界革命指揮部的權威與機能、終於墮落而成為史大林的情報系統與外交工具。

總言之、第一次大戰後的世界共產主義運動與各國共產黨的興隆、不外乎是與「**共產國際**」的存在具有不可分離的連帶關係。世界共產主義運動與各國共產黨都是在其指導與協助之下而見到成立、並受其思想上・組織上的培植與支持、及人員上・資金上的訓練與支援等才發展起來的、同時在另一方面、**主要**也是受其在戰略方針上與政策指示上的缺陷所影響而消沈下去。尤其是：㈠地理疏遠及交通不便以致情報不靈而招來莫斯科總部對於各國的現實情況了解不夠、㈡不夠充分考慮到各國的客觀情勢及社會特殊性而**硬性的從上而下的**適用馬列主義的一般原則、導致共產國際的戰略方針及政策指示

與各國革命實踐發生乖離、㈢史大林的獨裁主義透過「**共產國際**」體制給予各國革命的壓制等、乃是導致共產國際與各國共產黨趨向沒落的內部缺陷（參閱 William Z.Foster: History of the Three Internationals. 1955　インターナショナル研究會日譯「三つのイーナショナル」一九五七年　Jane Degras: The Communist International 1919-1943 Documents. 1956　荒畑寒村等日譯「コミンテルン・ドキュメント」全三卷、一九六九年　G. Dimitrov: Selected speeches and Articles. 1951　Branko Lazitch, Milorad M. Drachkovitch: Lenin and the Comintern. Volume 1.1972）。

(2)　中國共產黨（共產國際中國支部）

當在十九世紀中葉馬克思曾經指出：「**一九四八年以後的西方列強已以侵略並剝削亞細亞爲其資本主義飛躍發展的泉源**」、並看透：「**太平天國（一八五一年、清・咸豐元年）的農民起義不僅是反對中國內部的封建勢力、同時也反對著侵略中國的西方資本家**」、接著又論及**中國革命**在世界史上所具有的重大的意義：「**中國革命必能將革命的火炬擲入於資本主義產業組織火藥庫裡、讓其醞釀已久的危機引起爆發、進而促使歐羅巴社會起了政治革命。當英・法・美等西方列強將要以軍艦大砲強制上海・南京以及大運河的下游等地接收新的〝秩序〟（資本主義體制）之時、在另一方面中國卻要將〝無秩序〟（反體制）送進西方世界。**」（馬克思「中國と歐羅巴の革命」—〝馬克思選集〟大月書店日譯版第八卷 p.8）。正如馬克思所說、自十九世紀初葉以來、中國一方面受到西方資本主義國家的帝國主義侵略、同時在另一方面也導使傳統的封建社會開始崩潰、並開始百年來的反帝・反封建的革命鬥爭。

次之、列寧即把馬克思的革命原則發展爲再進一步的反帝國主義理論、在一九一七年四月發表了名著的「**資本主義最高階段的帝國主義**」、開始注重被抑壓民族與殖民地的解放運動、同時領導俄國的無產革命成功（一九一七年、民國六年）、這一些歷史事跡都給予中國的革命知識份子極大的刺激、使之逐漸接受了列寧主義的革命理論。從此、北京大學文學系主任教授・陳獨秀所創刊在上海的「**新青年**」（一九一五年、民國四年）竟變成介紹列寧主義的左翼刊物、北京大學名教授・李大釗也相繼創辦了「**馬克思主義研究會**」（一九一八年、民國七年四月）於北京大學之內。

又在一九一九年、反帝・反封建的「**五・四運動**」爆發於北京之後、列寧就更加重視中國的新的革命勢力、終在一九二〇年（民國九年）六月派遣共產國際東方局書記長・霍金斯基（G. Voitinsky）與楊明齊（山東人）前往中國、在李大釗・陳獨秀等中國共產主義者的協助之下、設立了「**共產國際東方局**」的機關於上海、擬以推進東方共產主義革命運動的發展。從此、在霍金斯基的直接領導與人員・資金的援助之下、中國各地的共產主義者很快就被組織起來、即在北京（李大釗・張國燾）、上海（陳獨秀・李達）、長沙（毛澤東・何叔衡）、武漢（惲代英・董必武）、長辛店（張國燾・鄧中夏）、濟南（王儘美・鄧恩銘）、廣州（陳公博・譚平山）等地的「**共產主義小組**」迭起而生。此時在莫斯科的中國留學生也成立了「**中國共產主義者中央組織局**」（一九二一年六月）、留法勤工儉學學生也相繼成立「**勞動互助社**」（一九二一年七月—後來改爲「在法中國人共產主義小組」—周恩來・王若飛・蔡和森・李富春・李維漢・李立三・鄧小平等）於巴黎。

一九二〇年（民國九年）七月、共產國際當在莫斯科召開「**第二屆代表大會**」時、由列寧起草並在大會決議通過了「**關於民族與殖民地問題的綱領**」、其要點即是：

㈠　世界上有被抑壓民族與抑壓民族之分、二者必須被區別清楚。

㈡　帝國主義國家從殖民地剝削得來的超額利潤、不外乎是維持現代資本主義體制的最大武器。

㈢　帝國主義本國的無產階級革命必須與殖民地解放運動相結合、才有可能打倒資本主義。

(四)　在被抑壓民族與殖民地的無產階級革命勢力尙未壯大之前、無產階級及其利益代表的共產黨必須首先與資產階級民主主義革命勢力相結合、一起進行反帝・反封建的民族革命、一方面促使民族革命成功、同時在另一方面則藉以擴大無產階級的革命勢力。

於是、殖民地的解放問題乃成爲無產階級國際主義的重要任務之一、特別是「**中國革命**」即被共產國際更加重視。

就在這種內外形勢急趨成熟的情況之下、一九二一年（民國一〇年）七月一日、「**中國共產黨**」的成立大會被召開於上海法租界、全國黨員五七人之中參加大會的代表一三人、共產國際代表・馬倫（H. Maring）與霍金斯基臨場指導、結果、決議黨綱・黨章・黨規等、並推舉陳獨秀爲中央總書記。繼之、翌年的一九二二年（民國一一年）五月、中共正式加入共產國際而成爲「**共產國際中國支部**」。不但是黨、就是「**中國共產主義青年團**」（國際共產主義青年團中國支部— the Young Communist International = Kim）、「**中華全國總工會**」（國際紅色勞動工會中國分會— Red International of Labour Unions = Profintern）、「**中國革命互濟社**」（國際革命鬥士救濟會中國分會— International Class War Prisoner Aid = Mopr）也在共產國際的培植之下相繼出現。

一九二二年（民國一一年）一月香港海員開始大罷工、共產國際又在此時召開「**東方民族大會**」於莫斯科、在會上決定了有關中國革命的戰略問題、即規定：「**中國無產階級的當前任務乃是發展〝國民革命〞、中共必須與資產階級民主革命勢力結成聯合戰線**」。於是、中共即在同年五月召開「**第二屆代表大會**」於杭州、基於共產國際所指示乃決議中國革命的「**最低綱領**」（反帝・反封建的民族革命）、並提出了「**民族統一戰線**」的基本戰略、擬以進行「**國共合作**」。又在同年十一月共產國際的第四屆大會上通過「**東方問題的一般綱領**」、決定東方的各國共產黨必須進行「**反帝統一戰線**」與組織「**工**

人運動」。隨著、中共又在翌年一九二三年（民國一二年）六月召開第三屆代表大會於廣州、決定了中共黨員的加入國民黨問題。

同時在另一方面、蘇聯的駐華全權大使・兪飛（A.A. Joffe）被派往中國後、與孫文及廖仲愷屢次商議的結果、一九二三年一月發表「**孫文・兪飛宣言**」、相互聲明：㈠孫文及國民黨必得採取「**聯蘇容共、扶助工農**」的政策及承認中共黨員加入國民黨、㈡中共必須贊同「**三民主義**」、在這種條件之下、共產國際將要採取支持孫文及國民黨進行「國民革命」的聯合政策。

繼之、同年十月共產國際代表・鮑羅廷（M.M. Borodin）等前往中國就任孫文的顧問。他到任後就跟孫文提到：「**我爲協助中國的國民革命而來、你的目的也在於跟帝國主義進行鬥爭、這點我們的目的都相互一致的、所以關於共產主義的問題現在根本無須討論。……我們在中國的工作是促進國民革命、我們已經指示中國共產黨寧可集中力量於國民革命也絕對不得涉及共產主義。……中國一切的革命份子、包括中共黨員在內、必須在國民黨的旗幟之下努力完成三民主義。然而、國民黨本身尚存有不少重大的缺陷、第一是國民黨的組織不夠嚴密且缺乏嚴格的規律、第二是黨內充滿了官僚與投機份子、因爲這樣、國民黨缺欠大眾組織的一般基礎、以上就是最先得改正的要點。**」（Tang Leang-li: The Inner History of the Chinese Revolution p.159）。

於是、孫文及國民黨乃在一九二四年（民國一三年）一月召開「第一屆全國代表大會」、宣佈反帝・反封建（其實只是反軍閥）的二大革命目標、及聯蘇・容共・扶助工農的三大政策、並選出中央執行委員二四人（其中的李大釗・譚平山・于樹德等三人爲中共黨員）、候補執行委員一七人（其中的林祖涵・毛澤東・瞿秋白・于方舟・韓麟符・張國燾等六人爲中共黨員）。共產國際即以：㈠派遣多數的政治・軍事顧問、㈡設立黃埔軍校、㈢供給二個師團的裝備、㈣供給二萬枝來福槍及若干飛機大砲、㈤每月支給三〇萬元一般經費、㈥每月支給四〇萬元宣傳費等來支援國民黨。又在一九二五年（民國一四年）秋、創立「**孫逸仙大學**」（中山大學）於莫斯科、由拉蒂固（Radek）、與密夫（Rawel Miff）負責訓練中國革命幹部（學生之中、二〇%是中共黨員、八〇%國民黨員）、一九二六年（民國一五年）三月邀請國民黨加入「**共產國際**」、胡漢民出席共產國際執行委員會第六屆擴大總會、並派遣邵力子爲代表常駐於莫斯科、如此、共產國際與中國國民黨的同盟關係是一時熱烈的如火如荼。

中國共產黨就是在上述的情況之下得以成立並發展起來的。一九二四年一月列寧死後、代之掌權的史大林乃更爲積極的領導中共、並指出：「**中國革命的基本戰略爲武裝鬥爭**」（「史大林全集」──大月書店日譯版第八卷 p.409）。

中國共產黨乃藉諸共產國際所積極推行的「**國共合作**」而壯大起來、如表80所示、中共創黨當初僅有五七人、至一九二四年開始國共合作時也不過於五〇〇人的中共黨員（此時國民黨黨員已有五〇萬人）、但在國共合作之後、以共產國際爲後盾而舞弄了國民黨三年有餘當中、透過建立農民協會・領導工人罷工（一九二二年京漢鐵路罷工、一九二五年上海五卅慘案・廣東沙基事件、省港罷工等）・參加廣州國民政府・參加北伐等、到了一九二七年（民國一六年）國共分裂時、中共黨員已增至將近六萬人、共產主義青年團團員四萬人、再加上在其領導下的工會會員・農民協會會員以及北伐軍隊的左派官兵等、就在這短期間內、中共終於成爲在中國社會裡最具有力量且有組織性的第一級革命勢力。

表80　中國共產黨各屆大會時黨員總數

屆	時期	地點	黨員數
1	1921.7	上海	57人
2	1922.5	杭州	123
3	1923.6	廣州	433
4	1925.1	廣州	950
5	1927.4	漢口	59,900
6	1928.7	莫斯科	40,000餘
7	1945.4	延安	1,210,000
8	1956.9	北京	10,730,000
11	1977.8	北京	35,000,000

（資料）　中國研究所「新中國年刊」1965, p.161

然而、孫文在一九二五年三月逝世之後、中共與國民黨右派之間乃不可避免的開始發生衝突、經過了「**中山艦事件**」（一九二六年三月）即蔣介石逮捕中共黨員之後、二者的對立竟成爲一觸即發、一九二六年（民國一五年）七月北伐開始、轉瞬間北伐軍到達長江而佔領武漢（一九二六年十月）並進取上海（一九二七年三月）、此時國共終於分裂、蔣介石在上海大屠殺中共黨員與勞動者（所謂「四・一二事件」）、張作霖在北京槍斃李大釗等中共北方幹部（所謂「四・六事件」）、唐生智・何鍵等軍閥也在長沙屠殺中共黨員及工農份子（所謂「馬夜事變」）等、白色恐怖遍佈全國、繼之、武漢政府（廣州的國民政府已在一九二七年一月轉移於武漢、由汪精衛主持）也開始逮捕中共黨員、於是、跟國民黨北上前往武漢的鮑羅廷・賀龍（Galoin）・羅易（M.N. Roy—印度共產黨員）等共產國際派來的顧問一四〇人即從同年七月相繼撤回蘇聯。

先在共產國際一手培植的「**國共合作**」即將崩潰的當初即一九二六年十一月、在莫斯科召開共產國際執行委員會第七屆擴大總會的「**中國特別委員會**」席上、史大林在「**中國革命的前途**」的演講之中、還在批評布哈林（Bukharin—後來被史大林肅清）的提案、就是：「**爲了獲得中國農民支持而來鞏固民族統一戰線、應該組織農村蘇維埃、實行土地改革**」、同時也反對中共中央總書記陳獨秀（也是共產國際中國支部負責人）、因他屢次請求共產國際允許中共黨員撤出國民黨。史大林乃強調的說：「**想把中共黨員撤出國民黨乃是最大的錯誤、爲中國革命長遠的利益著想、中共黨員必得在國民黨內堅持到底**」、並電告中共中央・指示他們爲了避免刺激國民黨、應該抑制農民運動。在席的國民黨代表・邵力子乃敷衍的辯道：「**蔣介石同志及國民黨必在共產黨與共產國際領導之下、努力於完成中國革命的歷史任務。**」（托洛茨基「中國革命」日譯版 p.284）。

再到國共分裂深刻化而武漢的國民黨左派開始全面排除中共勢力之際、莫斯科正在召開共產國際執行委員會第八屆擴大總會（一九二七年五月）、中共黨員被屠殺的惡耗頻頻傳來、這就促使史大林・布哈林・托爾茲基・吉諾比易夫（Zinoviev）等領導幹部之間議論沸騰、特別是因蘇聯共產黨內的史大林派與托洛茨基派的反目對立尖銳的射影於共產國際之中、所以二派即藉諸國共分裂的問題來相互指斥、史大林一方面主張必須堅持國共合作的原來路線、另一方面則拒絕托洛茨基所提倡的中共應退出國民黨之論說（不經多久、托洛茨基派盡被史大林從蘇聯共產黨及共產國際驅逐）。

其後、中共領導層再三請求允許撤出國民黨、但莫斯科總部卻始終沒有答應、只有發表「**共產國際執行委員會第八屆擴大總會對於中國問題的決議**」、仍然確認「**國共合作**」的正確性、並指示中共必須停留在武漢政府、繼續與國民黨左派保持合作、而以農民革命爲反帝鬥爭的中心任務來把武漢政府改變爲工農聯合專政的革命政府、但這個勞動國際決定終被中共中央委員會所拒絕（這乃是中共中央不服從共產國際的開端）。

國共分裂發展到不可收拾的一九二七年（民國一六年）四月、中共乃召開第五屆全國代表大會於漢口、在席上瞿秋白・任弼時等嚴厲批評中央總書記・陳獨秀的領導方法爲右傾機會主義、但一時也找不出更好的辦法來代替。同年八月一日、在朱德・賀龍・葉挺・張國壽・周恩來等領導之下強行「**南昌起義**」（後來這「八・一」成爲中共的建軍節）。

同年八月七日在共產國際新的代表・羅彌那折（Rominuze）及諾易曼（Noyman）的指導之下、召開了中共中央委員會的「**八・七緊急會議**」於九江、總書記同時也是共產國際忠實的指令執行者陳獨秀及譚平山等、終以右傾機會主義・逃跑主義等名義被撤職。繼之、史大林的忠貞學徒・瞿秋白（當時才三二歲）乃繼任中央總書記兼政治局主席、他即發出「**八・七宣言**」、把過去的右傾機會主義從根底肅清、並改爲：㈠土地革命、㈡武裝鬥爭、㈢蘇維埃政府的新的三大政策。

在莫斯科、事到如此才由布哈林在同年十二月所召開的蘇聯共產黨大會上做了：「**中國革命並未死亡、不但不死亡而正在新的革命高潮即將掀起的前夕**」的談話。又在共產國際執行委員會第九屆擴大總會「**中國委員會**」上（一九二八年二月）、大家討論的結果才有所轉變、即是：㈠中國資產階級既然不進行資產階級民主革命的各種鬥爭、中共就應該集中力量來準備武裝鬥爭、㈡反對派所做的「**中國革命已吃了決定性的敗仗**」的這種說法無非是犯了取消主義與敗北主義的錯誤、㈢中共黨內已有新的左傾冒險主義將取代右傾機會主義的預兆、當此必須增強革命主力的勞動階級、並進行長期且詳密的日常鬥爭來反對左・右傾機會主義。同時、發表了「**共產國際執行委員會第九居擴大總會對於中國問題的決議**」（所謂「二月綱領」）、指出：㈠中國革命的現階段仍然是屬於資產階級民主主義革命、並不是無產階級社會主義革命、也不是所謂的「**永久革命**」（托洛茨基的主張）、㈡中國革命在過去顯示著極端不齊的發展、㈢中共爲了準備下一段的革命高潮、必須樹立新的戰略路線、即團結廣大的工人・農民、教育他們、組織他們・並宣傳沒收地主的土地、施行八小時勞動、實現民族統一、反對帝國主義、推翻現政府來樹立工農聯合專政及蘇維埃等、㈣中共的幹部及地方組織應及時整頓、勞動運動當中必須禁止暗殺行爲才有可能獲得廣大群衆的支持。

然而、瞿秋白上台後、因他所領導的湖北・江西・廣東・湖南等處的「**四省秋收暴動**」都失敗、以致引疚辭職（一九二七年十一月）、繼之、向忠發任總書記。但其後的「**廣東海陸豐維埃政府**」（同年十月—彭湃指揮）、「**廣州人民公社**」（同年十二月—共產國際代表・諾易曼及張太雷指揮）等也相繼失敗、因此、在一九二八年（民國一七年）七月召開於莫斯科的中共第六屆全國代表大會上、在史大林・布哈林・李立三・向忠發等的領導下、徹底清算瞿秋白的**左傾盲動機會主義**、並換上李立三爲新任總書記、李立三乃、宣佈了：㈠工・農運動並進、㈡蘇維埃運動、㈢建立紅軍等爲新的三大政策。

共產國際在此時乃鑑於「**國共合作**」（聯合戰線）的失敗、即從「**共產國際第六居代表大會**」（一九二八年）七月以後、認爲中國的民族資本家已投降帝國主義、而自聯合戰線戰略改爲注重以蘇維埃爲基礎來推進資產階級民主主義革命與無產階級社會主義革命。

但因李立三領導下的中共中央政治局把中國現階段的革命力量估計過高、以致過份的召開「**中國蘇維埃地區代表大會**」於上海郊外（一九三〇年五月五日）、並在一九三〇年（民國一九年）六月公佈了「**關於黨的當前的政治任務**」（六月決議、就是「李立三路線」）、而發動全國一齊起來武裝鬥爭、結果、卻在同年七月在其開端的長沙起義就大吃敗仗（所謂「長沙人民公社」）、且在他當權之中、再一個要提起的就是在一九二九年（民國一八年）十一月、以取消派·托洛茨基派的罪名而肅清陳獨秀·彭述之·劉仁靜·高語罕·李季等舊幹部。

其後、反對「**李立三路線**」的留蘇派王明（陳紹禹）·秦邦憲（博古）等、與駐上海的共產國際代表·密夫（原莫斯科中山大學校長）取得聯繫後、一起向莫斯科總部報告李立三路線的**左傾冒險機會主義**。莫斯科總部乃向李立三發出警告性的指示、逼使他辭職並再赴莫斯科受訓。

翌年一九三一年（民國二〇年）一月在共產國際代表·密夫的指導下、召開了中共第四屆中央委員會（四中全會）於上海、王明·秦邦憲二人都是年僅二三歲的青年·乃被推舉爲中共新任的最高領導者、他們一上台就提出了「**中共的布爾塞維克化**」、並相繼把㈠李立三派（李立三·向忠發）、㈡中間派（瞿秋白·周恩來·李維漢）、㈢反李立三派（羅章龍·何孟雄·李求實·林育南）等一律加以淘汰。從此、他們乃擬以獨自來領導中共向共產國際所指示的路線發展。然而、這些剛從學校畢業返國的學生幹部、因缺乏革命鬥爭的實際經驗、所以一直往更爲急進的所謂**左傾教條機會主義**發展下去。

當在此時、朱德·毛澤東正在井崗山建立「**中國工農紅軍第四軍**」（一九二八年四月）、並以㈠土地改革、㈡武裝鬥爭、㈢農村革命、㈣建設根據地爲四大政策來發展革命勢力、而成爲與中共中央不盡相同的「**毛澤東路線**」（土地改革・革命根據地・游擊戰術・人民戰爭）。朱德・毛澤東因在井崗山根據地少受共產國際不切實際的指示及中共中央（在上海）所演出的左・右傾機會主義的影響、所以較能順利的實行了土地改革與建設根據地、並在一九三一年（民國二〇年）十一月召開「**中華工農兵蘇維埃第一次全國代表大會**」於瑞金、會上通過「**蘇維埃憲法大綱**」及「**中華蘇維埃共和國中央蘇維埃組織法**」、同時成立了「**中華蘇維埃中央政府**」（主席毛澤東、副主席項英・張國燾）。這樣、到了一九三二年（民國二一年）、以朱德・毛澤東在井崗山根據地的革命勢力爲中心、紅軍及蘇維埃地區竟如火燒燎原似的瀰漫於中國各地、即有**蘇維埃地區**：㈠中央區（江西省瑞金及福建省建寧等共二五縣）、㈡鄂豫皖地區（湖北省黃安・麻城及安徽立煌、河南商城等六縣）、㈢湘鄂地區（湖南省桑植、湖北省巴東、四川省西陽等七縣）、㈣閩浙贛湘地區（江西省上饒、福建省浦植、浙江邊區等六縣）、㈤贛鄂湘地區（江西省銅鼓、湖北省通城、湖南邊區等一〇縣）、㈥贛湘地區（江西省蓮花、湘南邊區等六縣）、㈦陝北地區（陝西省延安・保安等）、㈧左右江地區（廣東省、廣西省龍州）。紅軍乃有：㈠第一方面軍朱德・毛澤東（第一軍團林彪・聶榮臻、第三軍團彭德懷・滕代遠、第五軍團董振武・蕭勁光、第六軍團孔荷寵・蕭克、第七軍團方志敏・唐在剛）、㈡第二方面軍賀龍・夏曦（第二軍團賀龍）、㈢第四方面軍徐向前・張國燾（第四軍團徐向前・陳昌浩）、㈣獨立第二五軍徐海東・吳煥先、㈤獨立第二八軍劉志丹等。

蘇維埃與紅軍的出現赫然驚倒了南京的「**國民政府**」、因此、軍事委員長・蔣介石即親率三〇萬至九〇萬的大軍、費盡了四年有餘的歲月、進行五次大圍剿才使紅軍漸趨不利。

當在此時、已在一九三三年（民國二二年）春從上海轉移到中央地區瑞金的**中央中共**（王明・秦邦憲等）接到莫斯科總部的指令、乃決定放棄瑞金・井崗山、於是、從一九三四年（民國二三年）十月起、朱德・毛澤東親自指揮第一方面軍的一三萬大兵團、展開了大游擊戰、開始史上未曾有的二萬五千華里的「**長征**」。

紅軍在共產國際派來的軍事顧問・李德（Otto Braun）的指導之下、先後突破四層的敵人封鎖線、經過了江西・湖南・廣東・廣西等地、於一九三五年（民國二四年）一月渡過了貴州的烏江而初到交通要衝的遵義鎮。長征當中、以農村工作及游擊戰術爲主的毛澤東即一方面避開蔣軍的追討、另一方面則對於注重都市工作的所謂「**國際派**」的黨中央做了孤注一擲的黨內鬥爭、結果、在朱德・彭德懷・林彪等軍事將領的支持之下、終於奪取了黨的領導權。首次是一九三五年（民國二四年）一月「**遵義會議**」（黨中央政治局擴大會議）的會議上、毛澤東提出「**北上抗日**」而得到朱德等的全力支持、然後、才趁機以左傾教條機會主義爲名而追放「**國際派**」的巨頭也是黨中央領導者王明・秦邦憲等、終於獲得黨・軍的最高領導權。按中共所公認的原毛澤東政治秘書・胡喬木著「**中國共產黨小史**」的敘述、毛澤東就是以這「**遵義會議**」爲跳板才確立了對於黨中央與全黨的領導地位。相反的、國際派幹部從此卻失去了一〇年來的領導地位、同時、隨著國際派的失勢、過去的國際・民族兩派的爭執也斷然結束、「**共產國際**」對於中共的領導權卻大爲降低。

又在同年六月、當毛澤東・朱德的中央紅軍（減至四萬人）與徐向前・張國燾所率領的第四方面軍（五萬人）會師於四川並發出「**八・一宣言**」而高唱抗日救國之際、在「**毛兒蓋會議**」（中央政治局會議—同年六月）的席上、毛澤東的「**北上抗日**」又說破了張國燾的「**西進**」青海・西康等地的主張。但在繼續北上的白龍江邊、毛澤東與張國燾再起爭執、結果、張國燾・徐向前終於率領第四方面軍重返毛兒蓋。

毛澤東即以土地革命（農民革命）與抗日民族統一戰線（民族主義）來獲得廣大農民的支持（也就是黨的

大衆化）、跟對共產國際唯諾是從的留蘇派（國際派）做了激烈的黨內鬥爭、屢戰屢勝、終成爲名符其實的唯一的最高領袖。於是、他乃重新**率領**「**黨中央委員會**」並把紅軍殘部改編爲「**陝甘支隊**」、而克服了千辛萬苦、跋涉川北的草原地帶、突破甘肅的天險峻嶺、並跨過了渭水上游而一直北上、最後、於一九三五年（民國二四年）十二月終於抵達陝北的延安（參閱日本國際問題研究所中國部會「中國共產黨資料集」第一―四卷　橘樸「中國革命論」　波多乾一「中國共產黨史」全七卷　藤井實美「中國革命史」　石川忠雄「中國共產黨史研究」　胡華「中國新民主主義革命史」　華岡「中國民族解放鬥爭史」　戴季陶「國民革命與中國國民黨」Benjamin I Schwartz: Communism and the Rise of Mao.）。

(3)　日本共產黨（共產國際日本支部）

在日本資本主義與日本帝國主義急速發展、且有封建統治與近代警察制度相結合的國家權力之下、日本共產黨乃是經過了極其崎嶇且慘烈的途徑才得以誕生並生長起來的。

Ｉ　日本社會主義運動的開端――二十世紀初、日本初期的社會主義者•片山潛與近藤榮藏在美國開始從事僑居美洲日本人間的社會主義運動、並在日俄戰爭當中的一九〇四年（明治三七年）八月假荷蘭首都阿姆斯特丹（Amsterdum）所召開的「**第二國際第六屆大會**」上、片山潛代表日本勞動階級跟俄國代表的布列哈納夫握手而互相表示無產階級國際主義的敬禮、這竟使片山潛聞名於世界上的勞動運動界、同時也成爲日本共產主義運動的開端。

當時在日本國內、初期的共產主義運動也見到端倪、即有共產主義組織及其刊物出現、同時相對的有警察所施展的鎮壓事件頻頻發生：㈠一九〇三年（明治三六年）十一月即日俄戰爭爆發的前夕、幸德秋水（無政府主義者）與堺利彥（共產主義者）創立「**平民社**」並創刊月刊「**平民新聞**」、開始反戰的宣傳及傳播共產主義、但在一週年的記念刊物上登載馬克思・恩格思的「**共產黨宣言**」而被當局命令解散（一九〇五年）、㈡一九一〇（明治三四年）五月大冤獄的「**幸德事件**」（大逆事件）發生、日本當局以企圖暗殺明治天皇並圖謀改變日本國體爲藉口、檢舉幸德秋水等無政府主義者及共產主義者、並以大逆罪（刑法第七三條）處死刑二四人、㈢一九一二年（大正元年）八月、日本勞動運動的先驅者・鈴木文治創立了「**友愛會**」（「日本勞動總同盟」的前身）、並發刊月刊「**友愛新報**」（後來改爲「勞動與產業」）、㈣一九一二年十月、大杉榮（無政府主義者）與荒畑寒村（共產主義者）創刊了「**近代思想**」、鼓吹「**工會組織主義**」（Syndicalism）的勞動運動。也就是說、日本社會主義開始崛起的當初乃是無政府主義與馬克思主義（共產主義）或社會民主主義等都混雜在一起、而在思想・組織・行動的各方面均尙未見到分化。

到了一九一七年（大正六年）、當俄國無產革命成功、另一方面日本國內因產業發達卻招來勞苦大衆愈趨貧窮化、同年八月終於發生「**搶米騷動**」、在這種內外形勢急速變化的情況之下、僑居美國的片山潛與近藤榮藏爲了加緊推行共產主義運動、乃決定近藤榮藏先返日本、片山潛則繼續留在海外跟莫斯科的托洛茨基取得聯繫、擬從國外協助國內運動。

近藤榮藏返國後遍訪當時著名的社會主義理論家山川均（馬克思主義者）・堺利彥（馬克思主義者）・荒畑寒村（無政府主義者）・大杉榮（無政府主義者）等人、勸說要組織共產主義「**黨**」的時機已成熟、但這些知識份子出身的共產主義者、因對於一〇年前幸德秋水等人被處死刑的印象還很深刻、所以不敢輕信近藤榮藏的主張、只在一九一八年（大正七年）創立東京大學的「**新人會**」、並由大杉榮與堺利彥在一九二〇年（大正九年）創立「**日本共產主義同盟**」。

一九二一年（大正一〇年）、近藤榮藏在山川均處跟「**共產國際東方局**」從上海派來的密使林某不期而遇、結果、他乃在同年六月往赴上海跟東方局直接取得連繫並領取若干的工作資金後、重返東京。於是、近藤榮藏即召集了一二個同志秘密結成「**曉民共產黨**」。但這日本最初標榜共產黨的共產主義團體、即在同年十一月因在陸軍大演習時散發反戰傳單而被檢舉以致潰滅。

當在此時、適逢共產國際東方局又派來密使・張太雷、他乃慫恿日方派遣代表參加即將召開的「**東方民族大會**」。於是、近藤榮藏・德田球一等代表七人（共產主義者二人、無政府主義者五人）、即經過上海（當時日本・上海間可以自由來往）密航莫斯科而參加一九二二年（大正一一年）一月所召開的「**東方民族大會**」。此時、片山潛也被美國共產黨日本人支部派遣到莫斯科參加大會（他從此就定住於莫斯科並擔任共產國際執行委員、一向指導日本及世界各國的共產主義運動至一九三三年歿於莫斯科）。共產國際執行委員會即派史大林負責有關日本代表的共產主義教育、終把他們四個無政府主義者改造爲布爾塞維克的信奉者、其中、留下了工人送進「**東方勤勞者共產主義大學**（the Communist University of Eastern Toilers＝KYTB）」再行教育、經過二年的特訓之後再送回日本擔任建黨工作。後來就任日本共產黨中央委員長的德田球一（當時才二七歲的青年）也在此時成爲史大林唯一的日本人徒弟。

Ⅱ　第一次日本共產黨建黨——這些年青的日本人共產主義者在莫斯科受到共產國際的洗禮並以布爾塞維克的姿勢重返東京後、日本的建黨工作乃急速進展、即在一九二二年（大正一一年）七月十五日召開秘密組織的「**日本共產黨成立大會**」（所謂「第一次日共建黨」）、選出中央委員長堺利彥、中央委員堺利彥・山川均・荒畑寒村・近藤榮藏・高津正道・橋浦時雄・德田球一等七人、並在同年十月的「**共產國際第四屆代表大會**」（日共派德田球一與荒畑寒村爲代表參加）上被允許加入而成爲「**共產國際日本支部**」。

然而、主要是起因於：㈠剛成立的「**日本共產黨**」不外乎是把既有的共產主義者湊起而成的聯合體、所以一時無法以鐵的規律來組成爲富有戰鬥力的革命黨、㈡日本當局以社會主義爲國禁的危險思想、早已制定「**治安警察法**」（後來發展爲更加慘酷的「治安維持法」）來做爲鎮壓共產主義者的工具、㈢莫斯科與日本地理遙遠交通困難（單程就需時一個月）且通信不便、以致共產國際總部對於日本社會的實際情況極爲生疏、㈣以布哈林爲中心的領導層都不太考慮到日本的特殊情況而把馬列主義的一般原則硬性的適用於對日共的領導上、所以、日共成立後、除了一九二二年（大正一一年）十一月設立「**學生聯合會**」及一九二三年（大正一二年）三月結成「**左翼勞動組合**」・「**日本無產青年同盟**」之外、幾乎沒有多大作爲。

Ⅲ　一九二二年綱領——當如上述日共在莫斯科被允許加入共產國際時、布哈林隨即起草有關日共的「**規約草案**」及「**綱領草案**」交給德田球一。德田球一乃把這二草案帶回日本、在一九二三年（大正一二年）二月的「**第一屆黨代表大會**」（此時早大著名教授・佐野學及最初的勞動階級出身者渡邊政之輔加入黨）及同年三月所召開的「**臨時黨代表大會**」上提出討論。這綱領草案又稱「**一九二二年綱領**」或「**布哈林綱領**」、把日本認定是封建殘餘尙佔優勢的半封建國家、並由天皇爲頂點的大地主與大資本家掌握國權、同時也規定「**日本革命**」的**第一階段**應是無產階級協助農民與中小資本家來打倒「**天皇制**」的資產階級民主主義革命、再往下的**第二階段**才是要實現無產階級專政的無產階級社會主義革命、就是所謂「**二階段革命論**」。

從莫斯科帶回來的這些規約與綱領在形式上是要交給日共自做討論、但在實際上、根據共產國際的二一條加入條件、這都是屬於必須接受的一種硬性的指令。然而、在討論的過程中、起因於日本社會的特殊性、有關綱領草案之中即有二個問題引起爭論：㈠對於二階段革命論表示有疑問、大多數都主張應直接進行無產階級社會主義革命、即「**一階段革命論**」、㈡關於廢止天皇制、在當時若是主張打倒天皇制、如被發覺即有被處死刑的危險、並也恐遭深厚信仰天皇的一般國民所唾棄、所以大家都不敢公然議論、只得勉強付於決議通過。

Ⅳ　第一次檢舉與獄中解黨——然而因當時已被警察的特務滲透黨內、以致大會記錄竟被劫去、所以剛成立不久的日本共產黨終被一網打盡（一九二三年六月的「第一次檢舉、被捕一〇〇餘人」）、只有佐野學・近藤榮藏等幹部五人因預知其情才能在事先亡命於莫斯科。

適在同年的一九二三年（大正一二年）九月一日發生史上著名的「**東京大地震**」、在其社會動盪民心不安的情況之下、日本軍閥及右翼份子乃趁機企圖消滅所謂不良朝鮮人與共產主義者而施展大屠殺：㈠「**朝鮮人大屠殺事件**」（僑居東京一帶的朝鮮被暴徒殺害六千餘人）、㈡「**大杉榮慘殺事件**」（著名的無政府主義者・大杉榮及其一家大小都被憲兵大尉・甘粕正彥非法逮捕後慘殺於憲兵隊的內庭）、㈢「**龜戶事件**」（在渡邊政之輔領導下的南葛勞動組合幹部・川合義虎等九人遭龜戶警察慘殺）。

然而、被捕的日共幹部在獄中聽到這些消息後即嚇得魂不附體、都向警察當局投降示誠、並以「**被告團**」的名義隨即宣佈**解黨**、而後才盡被假釋。到了一九二四年（大正一三年）三月、被釋放的山川均・堺利彥・德田球一・野坂參三・市川正一等黨的領導幹部乃會合於東京大森區、終於正式議決並宣佈解散日共。

Ⅴ　第二次日共建黨與上海會議一月綱領——此時莫斯科正在召開「**共產國際第五居代表大會**」（佐野學・近藤榮藏代表參加）、東京的「**解黨派**」也派荒畑寒村等前後三次前往莫斯科請求共產國際對於解黨之事予以同意、但均遭駁斥。共產國際隨即成立了「**日本委員會**」（委員長・英國黨員 Brown 、委員霍金斯基・片山潛・德田球一等）、並指示佐野學負責黨的重建工作、同時下令東方局書記長・霍金斯基召集所有的日共幹部於上海。霍金斯基與佐野學商討的結果、於一九二五年（大正一四年）一月在「**上**

海會議」上、推舉新的委員長德田球一、中央委員佐野學・渡邊政之輔等六人、重新成立黨的領導核心、使之返國並負責重建工作（所謂（「第二次日共建黨」））。共產國際同時在上海會議上發表了有關日共重建工作的指針（所謂「上海會議一月綱領」）、其中、特別指出：㈠黨的崩潰乃以缺乏對革命工作（尤其是地下工作）的規律・覺悟・知識爲最大的原因、㈡今後必須少做抽象的理論宣傳、多抓著實際問題來從事於具體的組織工作、㈢地下活動的工作並非一朝一夕、必須透過具體的日常工作來實際的積蓄經驗才可、㈣盡早創刊黨中央的機關報紙。

這樣、第二次日共建黨工作乃在共產國際嚴格的督促之下、由上述的六人領導幹部開始進行、到一年後才把黨員增爲二〇餘人、再過一年當召開「**黨重建大會**」時、黨員才再增至一〇〇餘人、其後在發展時期的黨員記錄最多時有六〇〇餘人。如把日共的這種情形與上述的中國共產黨比較起來、就能知道沒有武裝的革命工作之難、並也能認識到在敵我力量懸殊的客觀條件之下、定要有嚴密的組織・正確的戰略戰術及完善的工作方法（特別是地下工作方法）才能把革命運動往前推進一步。

當時日共的黨員雖少、其外圍勢力卻很雄厚、學生與勞動者的日共共鳴者（sympathizer）就是其**黨團工作**的重要對象、主要的就有著：㈠「**學生連合會**」（以東大的「新人會」爲核心、結集了五〇餘大學的「社會科學研究會」、會員一千八〇〇餘人、在所謂「京都學連事件」一九二六年一月會員學生被捕不少、但從此培養出來野呂榮太郎・志賀義雄・田中清玄・中野重治等不少後進的領導幹部）、㈡「**日本勞動組合評議會**」（從勞動運動中心的「日本勞動總同盟」分化出來而成立的、最盛時的參加工人計有三萬五千餘人等於當時工廠工人的一%、後來改爲「日本勞動組合全國協議會」、從此輩出了純粹的勞動者出身的日共領導幹部渡邊政之輔・山木懸藏・杉浦啓一・鍋山貞親・三田村四郎・春日庄次郎等）。因日共在這些學生團體及勞動組合的黨團工作一時較有發展、以致促使日本當局急速的制定了「**治安維持法**」（一九二五年四月―比舊有的「治安警察法」更加嚴厲並殘酷）、擬以做為鎮壓社會主義運動的有力工具。

再回到日共的秘密活動上面、莫斯科總部為了督促日本共產黨加緊進行重建工作、於一九二五年（大正一四年）六月派來共產國際代表・殷遜（Jansen—荷蘭共產黨員、老練的共產國際工作幹部、以蘇聯駐日大使館通商代表的身份常駐日本）。於是、日共在殷遜的指導與監督及資金援助之下、竭力進行地下活動、並以合法為掩護而創刊「**無產者新聞**」（一九二五年九月—佐野學擔任主筆、最高發行數量為三萬份）。一九二六年（昭和元年）九月莫斯科總部再透過殷遜指示日共領導部應盡早召開「**黨重建大會**」、但日共幹部佐野文夫等即因所起草的大會宣言及綱領遭殷遜所反對、以致他們也拒絕殷遜的修改綱領草案的指示、成為日共第一次反抗共產國際的前例。

Ⅵ　山川主義與福本主義——當時在日共及共產主義者之間、有了所謂山川主義與福本主義之爭。

「**山川主義**」（Yamakawa-ism）乃由老馬克思主義者・山川均所提倡：㈠列寧主義不外乎是把馬克思主義適用於俄國的特殊環境而成的、所以不能無條件的把其移植於日本革命、必須把馬克思理論與日本的社會現實相結合而新創合乎日本革命的方法才可、㈡日本天皇只是一種封建的遺物而已、一切的國權均握在帝國主義的資本家掌中、所以日本革命應該是要行使反資本主義的「**一階段革命理論**」、㈢在現階段不必有著非法的「**共產黨**」來做秘密活動（因有這種主張他才被稱為「解黨派」）、必須以合法的「**無產政黨**」來結合廣泛的一般大衆而從事於反資本主義鬥爭（因有此種主張、才被稱為「勞農派」）、㈣日本資本主義正在發展過程中、所以革命情勢尚未成熟、㈤無產階級意識乃是隨著革命情勢的發展而自然發生於勞動者之間、㈥盲從共產國際是錯誤的、應該建立一個日本特有的革命路線（當時有這種想法的人都被認為是機會主義者或破壞主義者而一律被黨所清除、成為非共產黨員的共產主義者）。

「**福本主義**」（Fukumoto-ism）則由新進的馬列主義學徒・福本和夫所提倡：㈠「**共產黨**」應該是純粹的馬列主義者的黨、必須通過激烈的理論鬥爭先來清除（**分離**）不徹底馬列主義的動搖份子、然後把百分之百的馬列主義者結合起來（所謂「分離・結合論」）、㈡日本革命必須先以天皇爲革命對象、而採取「**二階段革命論**」才可、㈢共產黨員應該是少數精銳主義的職業革命者、㈣日本資本主義已在崩潰過程中、所以革命情勢現已成熟、㈤勞動者具有工會組織主義・經濟主義等思想傾向、所以要由知識份子從外界搬進階級意識與革命意識才有可能使之參加革命鬥爭、㈥日共必須遵守共產國際的決定與指示、不能有任何自主的革命路線。

這二者的革命路線各均有長短、並自一九二六年二月起就在山川均主辦的月刊「**馬克思主義**」雜誌上開始轟轟烈烈的理論鬥爭、結果、把知識份子稱爲革命先鋒的福本主義乃一時獲得學生出身的共產主義者的熱烈支持而佔優勢。但莫斯科總部的「**日本委員會**」接到報告、卻不同意這種空洞的所謂理論鬥爭、乃指示：㈠過去的所謂理論鬥爭都具有小資產階級性格且缺乏實際的抽象傾向、應被糾正、㈡限一年之內得盡量擴大組織、竭力進行黨的重建工作、㈢多發展工廠支部、盡量吸收勞動者爲黨員。

Ⅶ　五色溫泉黨重建大會——共產國際執行委員會「**日本委員會**」即派遣德田球一攜帶該會的指令返國、並促使殷遜直接督促的結果、於一九二六年（昭和元年）十二月假山形縣五色溫泉秘密召開「**日共第三屆黨代表大會**」（所謂「五色溫泉黨重建大會」）、黨員一二五人之中出席者一七人、選出委員長佐野文夫（後來由德田球一取代）、中央委員佐野學・德田球一・市川正一・佐野文夫・福本和夫・渡邊政之輔・鍋山貞親、政治部長福本和夫、組織部長渡邊政之輔。

Ⅷ　一九二七年綱領與克服福本主義及山川主義——然而新領導部成立之後、因山川主義與福本主義之爭的餘燼未熄、所以黨內的對立仍然熾烈、般遜偏袒山川派、新領導幹部則支持福本派、般遜乃攜帶山川均的意見書返莫斯科、新領導幹部佐野文夫・德田球一・福本和夫・渡邊政之輔等也大舉渡往莫斯科擬向共產國際報告詳情。莫斯科總部早已重視日共對於共產國際的反抗及福本主義問題、乃以共產國際主席・布哈林任主任委員、並召集著名幹部即英國黨員的馬非（Murphy）、芳蘭黨員的庫西念（A.F. Kuusinen）、匈牙利黨員的培拉・坤（Bela Kun）、比亞托尼茲基（Piatnitsky）等為委員、設立了「**日本特別委員會**」擬以整肅日共幹部。時逢莫斯科總部有史大林・托洛茨基之爭、中國革命則開始國共分裂、所以共產國際的戰略方針正在動盪、但日本問題處理委員會卻不顧一切的進行了長達三個月的指斥抗命問題並整肅福本主義與山川主義的缺陷、日共只得認錯屈服。該委員會乃決定了「**關於日本問題的綱領**」（所謂「一九二七年綱領」）為今後的工作指針、並給予四個活動方針：㈠發展工廠支部、㈡創刊中央機關報紙、㈢組織非法運動、㈣公然出現於大衆面前來發展合法運動、同時任命中央常任委員渡邊政之輔（二七歲、工人出身）・鍋山貞親（二五歲、工人出身）・市川正一（三五歲、知識份子出身）・佐野學（三五歲、知歲份子出身）、中央委員杉浦啓一（二九歲、工人出身）・山本懸藏（三二歲、工人出身）・國領伍一郎（二四歲、工人出身）・中尾勝男（三二歲、工人出身）・荒畑寒村（三九歲、工人出身的知識份子）等。這樣、使新的領導部帶領新方針返國重新進行建黨工作。

Ⅸ　日共參加普通選舉——一九二八年（昭和三年）二月日本政府施行所謂「普選」（根據普通選舉法、滿二五歲的男子均享有選舉權與被選舉權）、日共指導部接到上海東方局般遜的指令：「**必須利用選舉而在大衆面前公然展開宣傳、藉以擴大黨勢**」、於是秘密組織的日共乃藉諸左派無產政黨的「**勞動農民黨**」（簡稱「勞農黨」）為合法的掩護、舉出德田球一等一一人為候補而參加競選、結果、雖然全數落選、但也獲得有效投票的〇・五％（四萬票）票數、並因在競選中廣泛的散發印有日共名義的傳單、同時在同一時期也創刊了機關報紙的「**赤旗**」、所以才讓一般大衆知道日共的存在、而達到所期目的。

Ⅹ　三・一五大檢舉——然而在另一方面、此時已有警察特務鑽進日共的領導中樞、把其內部機密全部探悉、終在一九二八年（昭和三年）二月十五日拂曉在全國進行寸草不留的大檢舉（所謂「三・一五大檢舉」）、被捕的日共黨員及其關係者竟達三千四〇〇餘人（佐野學・渡邊政之輔・鍋山貞親・市川正一等重要幹部卻僥倖脫險）、其中被起訴者共有四八四人、不但是黨、做爲群衆橋樑的外圍團體的勞農黨・日本勞動組合評議會・日本無產青年同盟・學生聯合會・東大新人會・各大學社會科學研究會等也一律被命令解散。京都大學名教授河上肇・東京大學教授大森義太郎・九州大學教授向坂逸郎等著名的共產主義學者也一一從學校被驅逐。同年十月、勞動者出身的中央常任委員・渡邊政之輔在莫斯科返國的歸途、從上海渡往台灣基隆港時、終被基隆水上警察所發現、他在臨危時先開槍擊斃警察一人、之後、再把槍口對準自己的頭顱而自殺身亡。

同年七月、警察當局爲了長期施展鎮壓政策、竟把只設在東京警視廳的「**特高課**」（特別高等刑事課）擴展於全國各地、這在戰前乃成爲人人最爲畏懼的警察特務網、日共也從此而加強了地下活動、所以造成「**特高課**」與「**日共**」互在地下拚命死鬥的局面出現。

Ⅺ　四・一六大檢舉——日共領導部遭三・一五大檢舉而國內領導核心被殲滅後、一九二八年十月從出席莫斯科「**共產國際第六居代表大會**」返國的日共中央常任委員・市川正一、召集高橋貞樹（莫斯科列寧學校留學生）・間庭末吉（從海參威返國）・三田村四郎（未被逮捕）・鍋山貞親（從上海返國）等、由這四人成立了「**中央政治局**」、擬以繼續重建黨的組織工作、並在半年中、把黨員恢復爲二〇〇餘人、赤旗的發行也恢復到三〇〇〇份（秘密印行並由秘密路線分發於黨員及共鳴者）。同時也把被命令解散的勞動組合重建起來、即召集了一萬二千勞動者重新設立「**日本勞動組合全國協議會**」（其後的組會員最多時達三萬五千人）。

然而、在一九二九年（昭和四年）三月東京地區負責人・菊池克己因偶然被捕、以致牽連到中央事務局長・間庭末吉及局員・砂間一良也遭逮捕、而被警察發現了詳密的**黨員名單**（以密碼編成）。特高課的警察當局喜出望外、即自同年四月十六日起再次進行全國大檢舉（所謂「四・一六大檢舉」）、遭捕者共達四千人、市川正一・高橋貞樹・鍋山貞親・三田村四郎等幹部在各地秘密住所相繼被檢舉（此時、後述的台灣共產黨東京特別支部也被檢舉）。市川正一被捕後因在獄中遭到拷刑、終於將秘密的連絡路線全部供出、以致正在由莫斯科返國途中的佐野學（此時已被任命為共產國際的中央執行委員）也在上海被中國警察捕獲（同年六月）、二個月後再被遣送到神戶港交給日本警察當局。因此、剛成立的中央政治局盡被摧垮、日共的整個組織竟遭再一次的潰滅性的打擊。

在「**中央政治局**」幾乎被摧毀之前、已有「**全日本無產者藝術連盟**」（Nap —一九二八年三月）被創立、同時發刊了其機關報紙「**戰旗**」（發行部數最多時達二萬六千部）。這個作家・藝術家・學者等的左翼文化團體乃在日共幹部藏原惟人・小林多喜二・宮本顯治等所鼓吹的「**政治優先論**」（一切的文學・藝術・學問等必須爲無產階級革命及其革命黨服務才有存在的價値）的指導之下、成爲當時日本文化運動的主流、並爲日共提供了龐大的政治資金。然而、到了一九三〇年五月、全日本無產者藝術連盟也受到警察的大搜索、許多左翼文化人・大學教授等盡被逮捕・這就是所謂「**共產黨共鳴者**（Communist Sympathizer）**事件**」。但到一九三一年一〇月再以既成的一二文化團體統合爲「**日本無產階級文化連盟**」（Coup）。

XII　武裝共產黨時代——在一九二八年七月共產國際在莫斯科召開「**第六居代表大會**」時、從國際形勢來說、第一次大戰以來的景氣已走下坡、世界資本主義逐漸呈現蕭條、就是史大林所說的「**第三期**」（資本主義崩潰的危機）好似即將到來。共產國際認爲這不外乎是第一次大戰以來的世界革命最大的機會、乃在第六屆大會上決議了：㈠共產國際的「**規約**」、㈡共產國際的「**綱領**」、㈢關於反對帝國主義戰爭及共產主義者諸任務的綱領、㈣關於殖民地與半殖民地諸國的革命運動的綱領等、擬以準備適應即將到來的世界革命的高潮。再到了一九二九年十月、自紐約的華爾街（JWall Street）開始的經濟恐慌轉瞬間就波及全世界、史大林即認爲：「**美國的經濟崩潰必將發展爲美國革命、這種美國革命的高漲必會招來整個世界資本主義的崩潰**」、於是、共產國際乃向各國支部發出通告、指示要採取對資本主義的攻勢。就在這種情況之下、一九二九年五月、德國共產黨領導柏林地區的勞動者在勞動節大會上跟警察開始衝突而發生所謂「**德國勞動節武裝事件**」、一九三〇年三月在世界資本主義大本營的美國也有勞動者與警察的衝突事件相繼發生。從此、在日本的四・一六大檢舉之後、重建日共的鬥爭路線就必然的注重於武裝鬥爭方面、這就是史大林領導下的共產國際的所謂「**極左路線**」。

當時、日共在委員長・田中清玄（東京第三區黨負責人、因拒絕黨中央命令提出黨員名單、所以才得免被捕）、中央委員・佐野博（莫斯科列寧學校畢業後、任國際共產青年同盟執行委員、被共產國際派遣返日本擬以負重建黨之責）、與中央委員・前納善四郎（勞動運動出身）這三個人組成「**中央政治局**」進行重建工作、結果、到一九二九年冬、恢復黨員至二〇〇餘人、秘密發行「**赤旗**」八〇〇餘份。

日共中央爲了準備武裝鬥爭、就仿效了共產國際的「**國際連絡部**」（Oms）預先成立「**技術部**」（Tek）、這技術部分爲連絡・分發・武器・資金・印刷・據點・倉庫等部門、擔任地下武裝的參謀部工作。繼之、一九三〇年二月適逢日本國會的第一七屆總選舉的時期（第二次普選）、日共即按照原來的方針而促使黨員立候補並公然組織宣傳隊、到各處舉行演講會及散發傳單、於是、以保護這些公開活動爲目的、黨中央隨即組織「**行動隊**」（隊長田中清玄、幹事長堅山利忠、隊員二〇〇人）、就是持有手槍・刀劍等武裝部隊、這僅在一九三〇年的一年當中襲擊警察隊就有二〇起。然而、當時遍佈在全國的「**特高課**」的勢力已遠勝過重建後的日共勢力、因此、日共的所謂「**東京五月勞動節武裝鬥爭**」計劃失敗後、各地的秘密組織均被破獲、佐野博・前納善四郎等相繼被捕、至一九三〇年七月田中清玄被捕爲止、這所謂武裝日共又告終結。

XIII　非常時共產黨時代與一九三二年綱領——一九三一年（昭和六年）一月自莫斯科東方大學畢業歸來的風間丈吉・飯塚盈延及岩田義道等再開始重建黨中央的秘密工作。當在一九三一—三二年乃是世界性的經濟恐慌浸透於國內各種產業、以致失業者竟達二五〇萬人、在農村所受的打擊愈來愈慘重、農產物大跌價、佔總人口之五〇%的農民幾乎陷於破產、這種經濟恐慌逐漸醞成政治危機、卻招來軍部法西斯與右翼勢力的抬頭、結果、終於導致帝國主義對外軍事侵略的九・一八事變爆發（一九三一年）、因日共的重建在這所謂「**非常時**」、所以被稱爲「**非常時共產黨時代**」。

莫斯科的共產國際執行委員會爲了適應這種世界形勢（納粹黨在德國已開始佔優勢）與日本國內形勢、乃在一九三二年五月發出了「**關於日本的情勢與日本共產黨的任務的綱領**」（所謂「一九三二綱領」）、指示日共必須遵守這個戰略路線。

然而、共產國際對於日本革命的戰略路線已有頻繁的更改、即有：㈠一九二二年綱領（把日本認爲是在資本主義發展的初期階段、即天皇・貴族等還在國家機構上佔優勢、而國家權力乃握在以天皇爲首的資本家與地主掌中、所以要聯合民主資本家勢力來進行資產階級民主主義革命、然後才進行無產階級革命—二階段革命論）、㈡一九二七年綱領（天皇・貴族等封建集團仍然勢力強大、國家權力依然在資本家與地主的手裡、但日本資本主義正在迅速發展中、所以必須以勞動者與農民的聯合戰線來進行資產階級民主主義革命、並急遽轉化爲無產階級社會主義革命—靠近帝國主義階段的二階段革命論、這乃反對山川均等勞農派的一階段革命論、同時也反對福本和夫的教條主義二階段革命論）、㈢一九三一年綱領（因布哈林於一九二九年被史大林肅清、以致布哈林在過去所起草的二二年綱領及二七年綱領均成爲被淘汰的對象、所以就由薩發爾夫（Safarov）及風間丈吉代爲起草這一九三一年綱領、即重新估計日本資本主義已發展到高度的帝國主義階段、且國家權力都集中在金融資本家的掌中、而天皇等封建勢力已變爲統治的工具、所以日本革命必須開始大轉變而直接進行無產階級社會主義革命——一階段革命論）、㈣一九三二綱領（然而、薩哈爾夫起草一九三一年綱領後卻立即又以托洛茲基派的名義而被史大林肅清、所以一九三一年綱領即被廢除、才導致這一九三二年綱領的出現、一九三二年綱領乃把天皇制國家機構又改爲是整個剝削階級的脊柱、地主與資本家只是其附庸、必須以打倒天皇制國家機構爲日本革命第一的主要任務、然後才進行土地革命、這不外乎是二階段革命論中的最初期的資產階級民主主義革命）。

因爲共產國際所指示的「**日本綱領**」如此朝令暮改、以致、重建後的日共中央被搞得手忙腳亂、各階層的日共黨員在思想上・戰略上的混亂情形更有過之而無不及、特別是已被捕在獄中的幹部黨員佐野學・鍋山貞親・中尾勝男・高橋貞樹・三田村四郎・田中清玄等也因此而相繼宣佈脫離日共、風間丈吉於一九三二年十月被捕後也跟著脫離日共。

其後、被莫斯科派遣返國的山本正義再從事重建工作、但不久亦被逮捕、一九三二年至一九三三年之間、日共幹部岩田義道・小林多喜二及著名的黨員學者河上肇與大塚金之助相繼被警察當局逮捕。一九三二年（昭和七年）十月日共因資金短絀、在資金局大塚有章的領導下、襲擊東京大森站前的川崎第百銀行（所謂「川崎第百銀行強盜事件」）、而轟動一時。其後、野呂榮太郎起來重建黨中央、但不久也被捕而身亡於獄中。此時、日共領導部已受到警察特務全面的浸蝕、以致宮本顯治與袴田里見等中央幹部因私刑潛入黨內的警察間諜而全被逮捕、依此、戰前的日本共產黨終告潰滅。現時的日本共產黨卻是在戰後的一九四五年才東山再起的（參閱雙文社編「コミンテルン・日本共產黨テーゼ」　日共中央委員會

「日本共產黨の四十年」　市川正一「日本共產黨鬥爭史」　福本和夫「革命回想」第一—二部　山邊健太郎「社會主義半生記」　內務省警保局「社會運動の狀況」全一四卷　俵孝太郎「日本共產黨の50年」—〝サンデー每日〟72・7・9）。

(4) 台灣共產黨（日本共產黨台灣民族支部）

以上所說的共產國際・中國共產黨及日本共產黨・乃是為台灣共產黨的產生在思想上・組織上所不可缺欠的根源。現在再回到台灣共產黨的本題上面。

I　台灣共產黨成立的社會環境與時代背景——台灣共產黨被創立的時期的台灣、就是在日本資本主義高度發展與日本軍國主義急速伸張的日本帝國主義**殖民統治**之下、世界資本主義不景氣的浪濤一陣一陣的襲來、即一九二〇年第一次世界大戰後的世界經濟衰亡、一九二七年金融恐慌、再加上一九二九年世界性經濟恐慌等、導致台灣產業日趨衰落、大衆生活更為貧窮化。但日本資本主義支配台灣產業已成鞏固、所以為了要再進一步的剝削台灣人大衆並把台灣資產階級更加集中於其支配之下、乃開始動員土著的資金投資於近代產業、這卻令使台灣的地主與資產家能分到一份資本主義的利潤、而招來台灣社會內部的資本主義性階級分化急速發展、以致台灣解放的抗日統一戰線也開始分裂、終在一九二〇年代的後半、文化協會分裂、農民運動急速發展、社會主義勢力（無政府主義與共產主義）伸張、台灣民衆黨成立等。特別在社會主義運動方面、開始就有了彭華英・范本梁・連溫卿等初期的「**社會主義啓蒙運動**」（參閱 p.478, 479）、次之、許乃昌等東京台灣青年會社會科學研究部的「**在日台灣留學生共產主義思想化運動**」（參閱 p.478）、翁澤生等「**加入中國共產黨**」、以及蔡孝乾等在島內的「**台灣學生青年共產主義思想化運動**」（參閱 p.533）等、以上在日本・中國、島內的台灣學生共產主義思想化、不外乎是為台灣共產黨的成立做了播種與耕耘的預備工作。

但是世界革命戰線在一九二七、八年、卻是「**共產國際**」的戰略方針正在開始大轉變、尤其是因中國革命的同盟政策歸於失敗（國共合作失敗）、以致在「**共產國際第六屆代表大會**」（一九二八年七月）上認爲東方各國的民族資本家階級已投降帝國主義、所以把以前的同盟政策一律廢除、並改變爲以極左的蘇維埃及武裝鬥爭爲基礎而擬進行世界性的無產階級社會主義革命。同時在「**關於殖民地與半殖民地的革命運動的綱領**」（所謂「庫西念 A.F. Kuusinen 綱領」）上、規定著：「**殖民地與半殖民地的共產黨的建立及發展、以及解除在客觀的革命情勢進展與主觀力量弱小之間的矛盾、乃是共產國際最爲重要且最緊急的當前急務**」、而擬加強被抑壓民族與殖民地的無產階級革命運動（參閱 p.576）。

台灣共產黨就是在以上的具有過渡性社會環境與時代背景之下而見到成立的一個**歷史產物**。

Ⅱ　台灣共產黨建黨的出發點與端緒——㈠「**共產國際第二屆代表大會**」（一九二〇年七月）通過列寧起草的「**關於民族與殖民地問題的綱領**」（參閱 p.570）、把被抑壓民族與殖民地的解放運動當爲共產國際重要任務之一、㈡「**東方民族大會**」（一九二二年一月）特別強調必須重視在亞洲的被抑壓民族與殖民地的革命運動、㈢由布哈林起草並在一九二二年七月日本共產黨成立大會上討論過的「**日本共產黨綱領草案**」（所謂「一九二二年綱領」）之中、明文規定：「**把日本軍隊從朝鮮・中國・台灣及庫頁島撤退**」（參閱 p.583）、㈣「**共產國際第四屆代表大會**」（一九二二年十一月）通過的「**關於東方問題的綱領**」當中、首次把民族問題與階級問題結合在一起並強調：「**殖民地領有國的各國共產黨必須擔負起對於殖民地無產階級的革命運動組織上・精神上・物質上的各種援助的任務**」、在席的荷蘭代表Winkoop也再強調的說：「**東方世界全體的民族獨立、亞細亞的民族獨立、回教各國的獨立、……必然招來西方帝國主義的末日**」、㈤「**共產國際執行委員會第六屆擴大總會**」（一九二六年三月）通過的「**關於在勞動組合運動上共產主義者必得擔負起的任務的綱領**」當中、規定在殖民地與半殖民地的勞動運動上共產黨應得完成的任務有三：①把本國的與殖民地的勞動運動結合在一起、②對於受著民族的與階級的二重抑壓的解放鬥爭必須給予十全並無條件且完全的支持、③如法國在本國擁有殖民地阿爾及利亞（Algeria）勞動者的國家必須把其訓練爲民族的與社會的解放戰士、㈥「**日本共產黨第三居代表大會**」（一九二六年十二月）通過的「**日本共產黨綱領**」當中、明文規定：「**以促進日本統治下的殖民地獨立爲黨的任務**」（參閱 p.587）、㈦「**共產國際執行委員會第八居擴大總會**」（一九二七年七月）通過布哈林起草的「**關於日本問題的綱領**」（所謂「一九二七年綱領」）當中、明文規定：「**殖民地的完全獨立**」（參閱 p.588）。以上的「**共產國際**」對於被抑壓民族與殖民地的解放運動所具有的**思想系統**、不外乎是台灣共產黨**建黨的出發點**（參閱 Jane Degras: The Communist International 1919-1943 Documents 雙文社編「コミンテルン・日本共產黨テーゼ」）。

繼之、㈧日共中央常任委員會・佐野學被捕後、曾在一九三〇年一月對於東京法院預審庭供述：「……**一九二七年十一月、與在莫斯科跟共產國際商議後歸返東京的日共中央常任委員・渡邊政之輔面晤時、他說已決定要以台灣共產主義者來組織暫爲附屬於日共的民族支部。不經多久、與他共同起草政治綱領、他又另外起草組織綱領、之後、把這二綱領交給從上海前來東京的台灣同志、並指示他們開始建黨。**」（「佐野學預審訊問調書、第八回」—山邊健太郎〝現代史資料〟二〇、社會主義運動7 p.236）、㈨謝阿女（謝雪紅）曾在一九三一年六月二十六日被警察逮捕後、向法官供述：「**從渡邊政之輔接受的政治綱領與組織綱領乃是經過日本共產黨中央常任委員會議決。**」（「被告人謝阿女外七名に對する治安維持法違反事件判決の一部」—司法省刑事局思想部〝思想月報〟第二號一九三三年九月 p.99）從以上可以知道台灣共產黨**建黨的端緒**。

總言之、從上述的資料可以推測到台灣共產黨的成立是基於「**共產國際**」有系統的思想基礎與具體的戰略方針、並出於莫斯科總部的指導與援助、同時也經過日本共產黨的組織決定及指示、才移諸實行。

Ⅲ　林木順・謝雪紅往赴東京接受日共指令——林木順與謝雪紅步著許乃昌・謝廉清的後塵而留學蘇聯、在莫斯科各自進人中山大學及東方勤勞者共產主義大學日本人班、畢業後接到共產國際的指令、爲了要在日共的指導下從事台灣的共產主義運動而在一九二七年（昭和二年、民國一六年）九月自莫斯科返回上海。當時的上海即在蔣介石軍事政變（Coup d' Etat）後的國民黨大鎮壓之下、同時也是日本領事館警察在搜捕台灣留學生抗日份子的時期、所以林木順與謝雪紅到達上海後只得鑽入地下活動、一方面聯絡翁澤生（已加入中共、並與新任總書記的瞿秋白是在上海大學時的師生關係、當時正在「**上海台灣學生聯合會**」及「**上海讀書會**」從事學生工作、並兼後期文協的機關報紙「**台灣大眾時報**」的駐上海記者）、從他聽取有關台灣島內社會主義運動的消息、並透過他慫恿廈門的潘欽信及台灣島內的蔡孝乾（一九年加入「**中國共產主義青年團**」）・林日高（一九二五年在廈門從事海員工會工作時加入中共）・洪朝宗等來滬一同進行建黨的準備工作（結果是潘欽信與林日高來滬、蔡孝乾未到）、另一方面則聯絡駐上海日共代表的中央常任委員・鍋山貞親、擬以透過他來跟東京的日共中央取得連繫。

同年十二月林木順與謝雪紅接到東京的日共中央的指示、即前後往赴東京、從日共中央常任委員的渡邊政之輔與佐野學領取有關台灣共產主義運動的「**政治綱領**」及「**組織綱領**」、同時也接受日共中央委員會的指示：㈠暫以「**日本共產黨台灣民族支部**」名義來建立台灣的共產黨、㈡因日共現正忙於普通選舉運動及遭「**三・五大檢舉**」、所以有關建黨的問題應依賴中共援助與指導。於是、林木順與謝雪紅乃在翌年一九二八年（昭和三年）一月末帶領台灣青年會社會科學研究部委員陳來旺歸返上海、並在同年四月十三日、基於中國共產黨代表的提議即召開了「**台灣共產主義者積極份子大會**」、出席者林木順・謝雪紅・翁澤生・謝玉葉（翁澤生妻）・陳來旺・林日高・潘欽信、上海讀書會的積極份子張茂良・劉守鴻・楊金泉等一一人、及中共代表彭榮、決定在四月十五日召開「**建黨大會**」、同時審議並通過了從東京帶回來的「**政治綱領**」與「**組織綱領**」（由翁澤生翻譯爲漢文）以及有關勞動運動・農民運動・青年運動・婦人運動・紅色救援會等問題的工作方針（參閱「警察沿革誌」第二編中卷 p.588　東京警視廳特別高等課內鮮高等係「日本共產黨台灣民族支部東京特別支部支部員檢舉顚末」一九二九年―山邊健太郎〝現代史資料〞二二、台灣 2 p.84　李稚甫「台灣人民革命鬥爭簡史」一九五五年 p.145）。

Ⅳ　台灣共產黨（日本共產黨台灣民族支部）成立於上海――一九二八年（昭和三年、民國一七年）四月十五日、根據「**積極份子大會**」的決議、在彭榮所定的上海法租界霞飛路的一家照相館樓上召開「**台灣共產黨成立大會**」、出席者林木順・謝雪紅・翁澤生・林日高・潘欽信・陳來旺・張茂良・中共代表彭榮・朝鮮共產主義者代表呂運亨等九人。

首先由林木順致開會辭：「**今天在上海白色恐怖籠罩之下、將在台灣革命史上擔負起重大使命的台灣共產黨即告成立。我們對於台灣革命具有最高意義且最令人歡欣的共產黨的成立、應以滿腔熱誠來祝福它、並以渾身的力量來使它能如鐵一般的堅強起來、勇敢的、猛烈的向一切的敵人宣戰。本大會將以我們的政治大綱・組織大綱（就是從東京帶回來的組織綱領與政治綱領）及一切的重要議案付於決議。爲了把其移諸台灣的實踐運動、各位同志必須竭力加以研討、以期能把這大會所決議的正確方針做爲我台灣革命運動明亮的燈塔……**」（「警察沿革誌」第二編中卷 p.590）。

繼之、在大會上推舉林木順爲議長、翁澤生爲書記、再由議長致辭之後、中共代表・彭榮也起來致辭（謝雪紅通譯）、他提到自一九一九年以來的中國無產階級運動的歷史、特別對於國共的合作至分裂加以檢討性的分析：「**因中國資產階級還存有反帝國主義力量、所以共產黨當在其勢力微弱時與其合**

作是正確的、然而、共產黨因為不了解革命形勢一旦開始發展資產階級就會投降反動陣營的必然性、再一個就是把武漢的國民黨誤認為是小資產階級的政黨、以致犯了與其妥協並任其鎮壓工人罷工及農民運動的重大錯誤、……」（「警察沿革誌」第二編中卷 p.591 ）、想要藉諸提醒台灣同志對於民族資本家的妥協性應提高警惕。

再往下就是林木順報告成立大會的準備經過及陳來旺報告會計、之後、把「政治大綱」與「組織大綱」以及各種運動的提綱付於審議。在審議當中、關於外圍組織的大衆黨問題有了一些意見被提出（要利用既成的民衆黨或文化協會為大衆黨、或以農民組合為基礎而重新組織大衆黨、結果是決定以文化協會與農民組合為基礎、將來再把文化協會改組為外圍的大衆黨）、其他、除了有少許的修改及彭榮提議把勞動運動提綱再行研討之外、大體都是以原案議決通過。最後、選出中央委員五人、候補中央委員二人、即告閉會。

又在四月十八日及二十日假上海法租界的翁澤生宅召開建黨後的第一次中央委員會、出席者林木順・林日高、及翁澤生與謝雪紅（代理不在上海的中央委員）、首先推舉中央常任委員並分配工作：

中央委員

林木順（中央常任委員、中央常任委員會書記長、擔任組織部）

林日高（中央常任委員、擔任婦女部）

蔡孝乾（中央常仕委員、擔任宣傳部、在台灣）

莊春火（擔任青年運動部、在台灣）

洪朝宗（擔任農民運動部、在台灣）

候補中央委員

翁澤生（駐在上海、中共聯絡員）

謝雪紅（駐在東京、日共聯絡員）

東京特別支部負責人陳來旺

預定潛入島內者（林木順・林日高・潘欽信・謝玉葉）

從上述的人選及工作的分配可以看出三個重點：㈠因把工作重心放在**島內**、所以準備中央委員都將返台從事地下活動、㈡台共因爲是端發於共產國際的政治決定並在其共產主義國際運動的組織體係中**從上而下**組織的、所以有必要迅速吸收既成的共產主義者（都在島內從事實踐運動並有深厚的人事關係）來充實下部組織、因此把從準備階段以來就擔任重要工作的謝雪紅及翁澤生暫置於候補中央委員的崗位上、㈢注重跟日本共產黨及中國共產黨的聯繫（參閱「警察沿革誌」第二編中卷 p.590, 657　警視廳特別高等課內鮮高等係「日本共產黨台灣民族支部東京特別支部部員檢舉顚末」陳來旺聽取書、內務省警保局保安課「台灣共產黨檢擧の概要」台灣共產黨成立大會記錄——山邊健太郎〝現代史資料〞二二、台灣 2 p.85, 245　李稚甫「台灣人民革命鬥爭簡史」p.145）。

V　組織大綱與政治大綱等——在台共成立大會上所制定的「**組織大綱**」與「**政治大綱**」不外乎是把從日共領取的組織綱領與政治綱領原案議決通過的。如上所述、日共幹部渡邊政之輔及佐野學起草這二綱領的一九二七年底、乃是日共在外被鎭壓檢擧、在內則有著戰略爭論的餘燼、而且由共產國際新任命的黨中央乃是剛從莫斯科返日並在大鎭壓之下正在從事地下活動的時期（參閱 p.588）。另一方面、中國大陸是國共已經分裂、中共與民族資本家的同盟政策終於失敗、中共黨員正遭大屠殺的流血犧牲（參閱 p.574）、再加上、共產國際的戰略路線正在動盪不已的時期、因此、有關台灣的革命路線當然是避免不了受其影響。雖然是這樣、但是共產國際的政治權威與政策方針、總也是透過在莫斯科受到指示的渡邊政之輔及林木順・謝雪紅的思想信念與革命實踐而貫徹在這組織綱領與政治綱領的。

「**組織大綱**」最爲注重下面的幾點：㈠台灣共產黨乃在相當期間以**共產國際之一支部**的日本共產黨的**民族支部**爲其組織系統、所以必須遵守日本共產黨執行委員會的指令、這將使台灣共產黨得透過日本共產黨而來完成做爲世界無產階級革命的一支隊的任務、㈡黨與工會或大衆黨不同、不能參雜在一起、必須保持黨的獨立性與獨自的活動、㈢併行合法與非法的組織活動、㈣遵守民主集中制、㈤組成機關報紙的分發組織系統、㈥黨的基層組織即支部組織必得建立在工廠支部的基礎上、㈦黨的活動擴大之後、應組織地方委員會、㈧規定中央委員會與中央常任委員會等中央機關的組織與機能、㈨組成黨的附屬機關的黨團、使之在外圍的大衆團體內起積極作用並掌握群衆、㈩確立黨的財政基礎、㈪確立黨的紀律、㈫規定入黨的條件與手續、設定候補時期等。

「**政治大綱**」乃從台灣民族形成的歷史過程及台灣社會的政治情勢・經濟情勢・階級關係等論起、並分析台灣民族獨立運動的形勢與台灣革命與遠景、之後、再提出黨的當前任務、就是㈠組織工會、吸收工人加入組織、㈡吸收農民的革命勢力而結成富有戰鬥性的工農同盟軍、㈢組成以工農爲核心的反帝大同盟（反帝統一戰線）、克服文化協會的幼稚病並將其利用爲擴大黨的組織活動、暴露台灣民衆黨的欺瞞政策、㈣把台灣革命運動跟日本無產階級革命運動緊密的結合起來、㈤擁護中國革命、㈥跟世界上的被抑壓民族及各國的無產階級團結再一起而來反對新的帝國主義、㈦擁護蘇維埃聯邦、㈧台灣共產黨當面的口號——①打倒總督府專制政治（打倒日本帝國主義）、②台灣民族獨立萬歲、③建設台灣共和國、④撤廢壓制工人與農民的惡法、⑤爭取七小時勞動（不勞動者不得吃飯）、⑥爭取罷工・集會・結社・言論・出版等自由、⑦爭取土地歸貧農、⑧打倒封建殘餘勢力、⑨制定失業保險法、⑩反對抑壓日鮮無產階級的惡法、⑪擁護蘇維埃聯邦、⑫擁護中國革命、⑬反對新帝國主義等。由此可以知道、台灣革命現階段的當前任務乃被規定爲進行反帝反封建的殖民地解放鬥爭＝台灣民族獨立鬥爭＝資產階級民主主義革命。

其他、關於勞動運動對策提綱・農民問題的重要性・青年運動提綱・紅色救濟會組織提綱・婦女問題議決案・國際問題提綱等也有具體且周密的規定（參閱「警察沿革誌」第二編中卷p.592-657）。

Ⅵ　台灣民族論與台灣共產黨——**「民族」**（falk; nation）是必有一定的**客觀因素**爲契機並引起**主觀因素**（共同意識＝民族意識）的發生、而在**歷史過程**中才逐漸成立的一種社會共同體。在這三個因素之中、對於民族的形成具有最爲決定性的即是主觀因素的**共同意識**（民族意識）。一個社會集團內部有這種共同意識的發生、使其成員都感到自己的集團別於其他集團、並關心其共同利益及共同前途、同時這種意識能在實際上起了推進該社會發展的作用、這樣、這集團就能以「民族」而生存並發展下去。然而、促使民族內部能**意識**到自己社會的契機、不外乎是客觀因素的血緣・地緣・文化・語言・經濟生活・政治命運的**共同性**。這些客觀因素在推動民族意識發生所起的作用、在過去的人類史上可分爲前期與後期的二個階段。**前期階段**是人類創世後到近代社會開始以前（十七世紀以前）、這個前期階段乃是**自然因素**（血緣・地緣）爲產生共同意識的主要契機、但是再往下的**後期階段**卻是客觀因素中的**社會因素**（文化・語言・經濟生活・政治命運）逐漸取代了自然因素而成爲產生主觀意識（共同意識）的主要契機。這樣、社會近代化開始以後、人類社會繼續發展的結果、到了第一次世界大戰的前夕（一九一三年）、馬克思主義民族問題的泰斗史大林所發表的民族理論乃成爲較合乎現實世界的**民族概念**、就是：**「民族是以語言・地緣・經濟生活及文化等的共同性所產生的共同心理爲基礎、而在歷史過程中所形成的一個堅固不拔的社會共同體」**（史大林著、國民文庫スターリン全集刊行會日譯「マルクス主義と民族問題」p.50）。再往下、經過第二次世界大戰之後、社會因素之中的**經濟生活與政治命運**的共同性更爲浮現出來、而在民族概念上特別的增加其重要性、以致世界上的被壓迫民族幾乎都達成獨立。

再續上回到台灣共產黨的本題、台灣共產黨不外乎是以上述的民族形成論爲理論基礎、在其政治大綱上面的開端就概觀了台灣社會與台灣人發展的歷史過程、而肯定的結論著單一獨自的台灣民族的誕生與存在。「……**台灣民族即是經過如此的歷史階段、而在特殊的經濟發展過程中被培養出來的。**」（「政治大綱」—《警察沿革誌》第二編中卷 p.602）。

觀諸所論述的內容方面、雖然難免有了一些過於教條的看法或對於歷史事實誤認並記述潦草等缺陷、但從結論上看來、基於共產國際的指示而由日本共產黨起草並也經過中國共產黨所承認（在建黨大會上中共代表・彭榮對於這點並沒有提出任何異議而坦然把其承認）的「**台灣民族論**」、乃一針見血的、正確的概說著台灣社會與台灣人的**現實**。同時、從這「**台灣民族論**」也可以知道共產國際與共產主義者、並不把「**台灣社會與台灣人**」當做中國民族的一部份、而是以單一・整體的「**台灣民族**」來看待。因此、台灣殖民地解放運動的戰略路線也直截了當的以「**台灣民族獨立**」與「**建設台灣共和國**」爲當前的緊要任務及奮鬥目標、並在組織系統上乃透過做爲日本共產黨的「**民族支部**」而成爲共產國際的世界革命系統的一部份。「**台灣共產黨是以馬列主義武裝的行動的革命黨、並與世界各國的共產黨同樣、屬於第三國際的一支部……**」（「台灣共產黨結黨宣言書」—《警察沿革誌》第二編中卷 p.659）。

這點、與台灣資產階級及一部份小資產階級的民族解放運動截然不同、因爲後者雖然以「**民族解放**」爲旗幟、但在實際上卻以台灣議會・自治・同化或歸復中國等、不合乎台灣現實的這些模糊思想與反動意識的實現爲其終極目標。

Ⅶ 台灣革命與台灣共產黨——因台灣共產黨是以「**台灣民族**」爲台灣革命的出發點、所以台灣的殖民地・民族解放運動就不可能成爲中國革命的一部份、也不是日本革命的一部份、而是單獨成爲一系統及一單位的「**台灣革命**」。這種台灣革命是以民族的與階級的二重解放爲其終極目標。在上述的「**政治大綱**」上把台灣認爲是具有二種社會特點、就是：㈠台灣是在日本帝國主義統治下的殖民地、㈡台灣社會存有濃厚的封建殘餘勢力、所以大體上把台灣革命的第一階段看著是民族・殖民地解放的資產階級民主主義革命。同時在另一方面、再把台灣的階級關係分成：㈠日本帝國主義資本階級、㈡反動的台灣資產階級、㈢進步的台灣資產階級、㈣小資產階級、㈤大地主、㈥中地主、㈦自耕農、㈧貧農及農村勞動者、㈨工人階級。其中、以日本帝國主義資本階級與反動的台灣資產階級及大地主爲台灣的**革命對象**、把進步的資產階級與中地主認爲：「**尚存有革命的傾向**」、擬以工人階級與農民結成同盟軍、並利用文化協會及農民組合而來進行「**台灣革命**」（參閱「警察沿革誌」第二篇中卷 p.603）。

然而、因爲起草並議決這些基本綱領的日共幹部及台共幹部、他們對於台灣島內的現實狀況認識不夠、並缺乏能合乎現實的戰術政策、偏要以從上而下的**公式主義**（教條主義）想來規定現實的成份多、所以一旦移諸實踐即必然的發生許多意外的差錯、一方面遭到總督府警察當局頻繁的大鎮壓、另一方面在革命陣營內產生濃厚的機會主義與逃跑主義、結果、不能深入於勤勞大衆、也不能與所謂開明的資產階級與中小地主及小資產階級結成同盟關係、所以除了以從中國及東京返台的一些學生黨員爲中心、而在既成的台灣農民組合及文化協會的小圈內獲到一些黨員及共鳴者之外、終於展開不了其擴大黨勢的願望。

VIII　上海讀書會事件——與台灣共產黨建黨同一時期、駐上海的日本領事館已探知有一些台灣留學生正在組織秘密活動的消息、之後、相繼逮捕了「**上海台灣學生讀書會**」關係的左派台灣人、就是第一次在一九二八年（昭和三年）三月十二日逮捕黃和氣（旗山人）・江水得（潮州人）・陳美玉（台北人）、第二次在三月三十一日逮捕陳粗皮（北斗人）、第三次在四月二十五日逮捕張茂良（竹山人、出席台共成立大會）・謝雪紅（彰化人、台共候補中央委員）・楊金泉（台北人）・林松水（南投人）・劉守鴻（潮州人）共九人、其中、逮捕台共黨員二人、同時查獲了有關台共結黨的一些資料。

但是警察當局究竟還是搞不清楚讀書會與台共的來龍去脈、只得把被捕的九人送返台北地方法院審判。結果、謝雪紅等三人因證據不充分而被釋放、其他六人卻以「**與翁澤生及其妻謝玉葉共謀擬以否認日本帝國對於台灣的統治權、促進台灣獨立、變革日本國體、且否認私有財產制度、以期實現共產主義社會爲目的、而組織上海台灣學生讀書會**」爲罪名、據於治安維持法被判如下：楊金泉徒刑三年、張茂良徒刑二年六個月、林松水徒刑二年、劉守鴻徒刑二年、江水得徒刑二年六個月、陳粗皮徒刑一年。

警察官雖然抓到一些台共黨員、但因他們還不甚瞭解台灣共產黨的內情、所以對於其秘密組織系統也一時束手無策。然而、剛成立的台共中央領導部卻因此而受到警察的當頭一棒、整個的活動計劃竟被搗亂、就是預定從上海潛入台灣的林木順・潘欽信・謝玉葉等三人終於不能及不想返台、而在上海採取觀望態度、已回台的林日高即在台北與莊春火・蔡孝乾・洪朝宗等會合並討論的結果、決定暫且各自行動、然而、蔡孝乾及洪朝宗卻不經組織的允許而各自逃亡於中國大陸。

當在此時、只有被釋放的謝雪紅定居於台北（原來是預定往赴東京）、乃跟文化協會及農民組合開始接觸。她不經多久即與林日高取得連繫、並指責他放棄工作。謝雪紅爲了要向中央報告在台灣所遭遇的混亂局面、乃派林日高往赴東京。林日高到東京、與台共東京特別支部負責人的陳來旺取得連繫後、才知道因同年的「**三・一五大檢舉**」發生以來日共幹部盡被檢舉、以致連絡中斷。其後、等到八月、與從上海渡往東京的林木順商議的結果、林日高決定先回台灣、林木順乃擬等到與日共中央再次連絡並受其指示後才返台灣。然而、林木順其後卻不照計劃行事而於同年十月歸返上海。於是、以林木順爲首的原來的台共體制可以說於此就告終結（參閱「警察沿革誌」第二編中卷 p.661-668）。

IX　台灣共產黨東京特別支部的成立與潰滅——如上所述（參閱 p.477、東京台灣青年會「社會科學研究部」）、一九二六年（昭和元年、民國一五年）一月、以從莫斯科歸來的共產主義者許乃昌爲中心的商滿生・黃宗堯・蘇新・楊貴等在東京的台灣左派留學生、乃在日共外圍組織的「**東大新人會**」指導之下、成立了「**台灣新文化學會**」而進行台灣留學生的共產主義思想化運動、並在同年九月再把該會擴張爲「**東京台灣青年社會科學研究部**」。

然而、該社會科學研究部到了翌年一九二八年（昭和二年）三月二十八日、因受到日本警察當局「**三・一五大檢舉**」的影響、終於在表面上不得不改爲「**台灣學術研究會**」、但在實際上仍以原班人馬繼續進行台灣留學生間的共產主義運動。

當在此時、於同年四月二十三日、陳來旺即從出席上海的台灣共產黨成立大會後回來東京、秘密連絡了社會科學研究部（台灣學術研究會）的舊同志、擬以重新建立一個共產主義運動的中心機構。繼之、同年八月台共中央常任委員兼書記長林木順也趕到東京、竟在九月二十三日、林木順・陳來旺再加上新入黨的林兌・林添進等四人一同會合於東京戶山ケ原陸軍科學研究所附近、依此成立了「**台灣共產黨東京特別支部**」、任命陳來旺爲負責人、同時決定：㈠吸收在東京的台灣留學生爲黨員及積極份子而來擴大黨勢、㈡與日共中央黨部取得連繫、㈢與台灣共產黨的島內機關取得連繫等爲三大任務、另外、決定與駐上海黨幹部的連絡地址爲「**上海復旦大學內鄭紫鳴**」、台灣島內黨幹部連絡地址爲「**台北商工學校內王蕃薯**」。於是同年十月林木順歸返上海後、陳來旺即在重建後的日共中央黨部（市川正一・高橋貞樹・三四村四郎・間庭末吉・鍋山貞規）的指導之下、一方面把台灣學術研究會及東京台灣青年會編爲外圍組織而開始活動（參考p.481東京台灣學術研究會）、另一方面乃在同年十一月二十九日、特派林兌攜帶林木順所遺下的「**農業問題對策**」返台、與謝雪紅打通連絡線、並協助了農民組合及文化協會進行共產主義化運動、之後、林兌再歸返東京。

陳來旺平常是與日共領導部所派來的連絡員山田某在東京日本橋附近進行**定期的街上連絡**、每次都由陳來旺報告東京特別支部的工作狀況及從島內連絡得來的各種消息、然後、才由山田某領取日共領導部對於台灣共產黨的指令及其他有關傳達事項、並領取日共機關報紙「**赤旗**」、再把其都轉達於島內機關（四・一六檢舉時在日共幹部市川正一宅被搜查到有關台灣共產黨的報告書等、可見當時二者的連絡關係相當的頻繁且密切）。後來、再由島本某取代山田某爲連絡員。

然而、一九二八年（昭和三年、民國一七年）十月六日、從台灣共產黨成立時就關係最爲密切的日共中央幹部的渡邊政之輔、他爲了要與台共島內幹部會合而從上海搭乘「**湖北丸**」至基隆港時、不料遭到名叫「**與世山**」的基隆水上警察所懷疑、他即在被迫將跟與世山同行到水上警察署的途中、在基隆埠頭的岸壁上以手槍先打死與世山、又在警察的包圍下再把槍口對準自己的頭顱而自殺身亡、年二九歲（參閱p.589）。這對於台灣島內組織頗爲打擊。再就是日本共產黨乃遭到「**三・一五大檢舉**」、並在翌年一九二九年（昭和四年）的「**四・一六大檢舉**」又遭一網打盡（參閱p.589）、再往下、同年六月十六日、台共成立時的「**政治綱領**」再一個起草者佐野學也在上海被中國官憲逮捕（參閱p.590）。於是、對於台灣共產黨與台灣革命比較熟悉的日共幹部均被捕殆盡。

先在「**四・一六大檢舉**」的前夕、即一九二九年（昭和四年、民國一八年）三月、當日共中央事務局長・間庭末吉（後來被認定是日本警察派進日共的特務間諜）遭警察當檢舉並被發現日共組織全盤的秘密資料之際、有關台灣共產黨的一切書件也一併被發現、以致警察當局立即著手於搜查所謂台灣人左翼團體的「**東京台灣學術研究會**」、被逮捕會員四三人、其中、終於被發現了陳來旺・林兌・林添進等三人是台灣共產黨員、於是、這剛成立不久的「**台灣共產黨東京特別支部**」、終於曇花一現即告潰滅（參閱「警察沿革」第二編中卷 p.663, 667　警視廳特別高等課內鮮高等係「日本共產黨台灣民族支部東京特別支部員檢舉顚末」陳來旺聽取書―山邊健太郎〝現代史資料〟二二、台灣 1 p.83）。

X　台灣共產黨島內中央機關的設立與謝雪紅的島內工作――當一九二八年（昭和三年、民國一七年）八月林日高自東京返台時、他即帶回由林木順轉交謝雪紅的日本共產黨指令、這個指令可能是林木順與日本共產黨幹部商議的結果才發出的。謝雪紅由林日高接到東京的指令後、乃在同年十一月假她的寓所台北市御成町（今之中山北路二段）李國獻宅、召集在島內的黨中央委員・林日高及莊春火開會、在會上乃基於指令而由三人組成「**島內黨中央**」、並決定了：㈠謝雪紅升爲黨中央委員、㈡除名機會主義的逃跑者蔡孝乾・洪朝宗・潘欽信・謝玉葉等四人、㈢吸收楊克培・楊春松爲黨員、㈣林日高任書記長兼組織部長、莊春火任勞動運動部長兼宣傳部長、謝雪紅乃負責其他的工作任務。另外、決定由謝雪紅與楊克培各自出資五〇〇圓、在一九二八年（昭和三年、民國一七年）十二月設立「**國際書局**」於台北市太平町二丁目（今之延平北路二段、一九三〇年六月轉移於京町三丁目即今之博愛路）、做爲黨中央的秘密連絡處。

謝雪紅經常往赴台中、在文化協會本部及農民組合本部從事於黨團工作、早在一九二八年（昭和三年）八月即向農民組合提出設立青年部・婦女部・救濟部的三個組織提綱・農民組合中央委員會（簡吉・侯朝宗・莊萬生・陳德興・陳崑崙等）即把其議決通過、又在同年九月謝雪紅再促使該組合中央委員會議決通過「**支持台灣共產黨**」。到了同年十二月林兌由東京帶來「**農民問題對策**」時、謝雪紅乃再透過農民組合的親共份子擬在同年十二月三〇日召開的「**台灣農民組合第一屆全島大會**」上爭取領導權、但該會卻在開會中的第二天就被警察命令解散。總督府當局爲了要趁機糾查台共與農民組合的內部關係、即在翌年一九二九年二月十二日以農民組合分發親共刊物爲藉口、檢舉組合員二〇〇餘人（所謂「二・一二事件」）、以致台共在台工作受到很大的打擊、再到同年四月十六日台共東京特別支部潰滅後、台共的島內工作一時陷於孤立甚至停頓。

等到後來、由於：㈠在東京的「**四・一六大檢舉**」以前被派返台的蘇新・蕭來福、及遭捕並被釋放後返台的莊守等東京台灣學術研究會員的參加工作、㈡先在中國加入中共或共產青年團的王萬得・吳拱照・劉守鴻等返台後再取得台共黨籍、㈢農民組合及文化協會的左翼份子因遭逮捕後反而相繼入黨等、所以島內的黨勢才逐漸見到擴展、再加上世界經濟恐慌及各國無產階級運動的影響、島內情勢漸趨有利於革命運動、於是、謝雪紅・林日高・莊春火等中央委員即在一九二九年十月會合於國際書局、重新整黨組織並分配工作：

中央委員兼宣傳部長　謝雪紅
中央委員兼勞動運動部長　莊春火
中央委員兼組織部長　林日高
台灣文化協會黨團工作　吳拱照　莊守
台灣農民組合黨團工作　楊春松　趙港
台北市內地區負責人　王萬得
基隆地方負責人　蘇新
高雄地方負責人　劉守鴻

在這種情況之下、不經多久、農民組合的領導權竟歸共產黨所掌握、文化協會也逐漸被編入共產黨的控制之下、並在同年十一月召開的第三屆全島大會上終把異己左派份子的連溫卿等排擠於會外（參閱p.558）。

另一方面、謝雪紅乃一向急於要跟日共領導部盡早恢復原來的連絡關係、但雙方都在地下活動的情況下一旦失去秘密路線、想再重新建立就非常的困難、因此、謝雪紅等島內中央終在一九二九年十一月改為派遣中央委員・林日高渡往上海、擬以透過候補中央委員・翁澤生而先與中共中央或共產國際東方局取得連絡、並受其工作指示。

林日高即在翌年一九三〇年（昭和五年、民國一九年）四月繞過廈門往赴上海、於五月二十日與翁澤生晤面、不料卻因島內工作不像所預想的伸張而受到翁澤生的指斥、又被命令得盡快繳上有關台灣工作的全盤資料、而後只在上海荏苒一些時日、就受命返台。林日高本來就不太想繼續幹下、因再遭受翁澤生的冷淡看待、所以同年七月返台後即寫信給予謝雪紅表示脫黨、莊春火也在此時跟他一起退出（參閱「警察沿革誌」第二編中卷p.667,670, 1070）。

XI　翁澤生・潘欽信報告於中共中央及共產國際東方分局——上海的翁澤生與潘欽信（他因不返台而違反紀律所以被島內黨中央除名、但其後再在廈門恢復中共黨籍）、於一九三〇年（昭和五年、民國一九年）七月林日高返台後、乃透過中共中央而向共產國際東方局提出了「**台灣情勢報告書**」、在該報告書中極力批評島內黨中央：「**台灣共產黨在島內的組織工作迄未有絲毫的進展、且黨中央的領導力極為薄弱、支部與黨團的區分不明、對於工會的工作也全未見到進步。**」（「警察沿革誌」第二編中卷p.674）。

此時、中共乃是李立三當權、所謂「**李立三路線**」正在風行一時（參閱p.577）。到了同年十二月上旬、中共中央委員・瞿秋白（翁澤生在上海大學時代的老師）突然來訪翁澤生・潘欽信二人。瞿秋白曾說：「**據東方局說、台灣黨犯了嚴重的機會主義、黨員缺乏積極性、黨組織與成立時相差無幾、且極**

圖 47　台灣共產黨創立時的連絡系統及組織圖

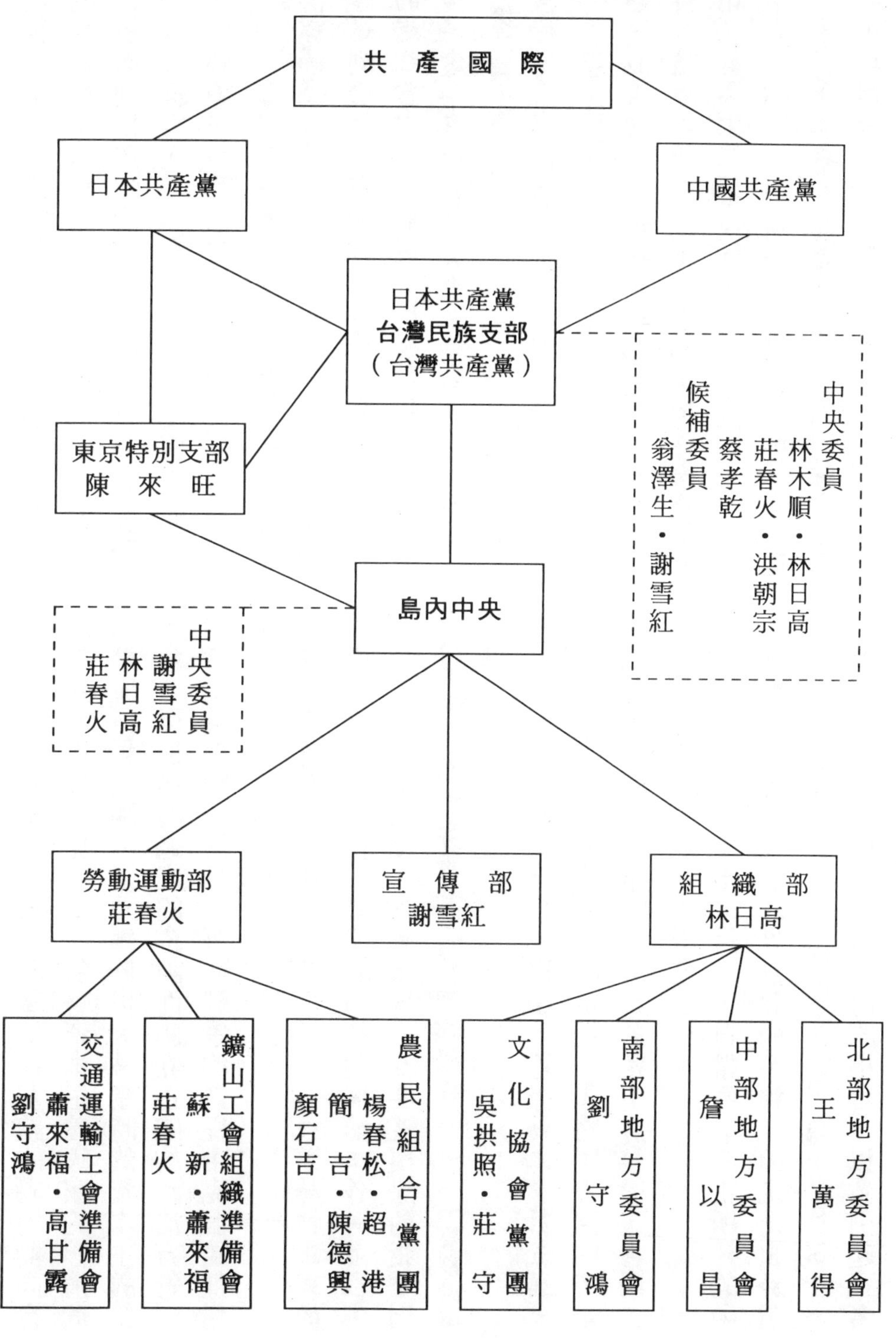

爲幼稚並工作遲滯（這種說法跟翁澤生的報告一模一樣）、於是、中國共產黨站在友誼的立場擬向台灣的全黨員諸君建議改革黨組織、東方局也已同意中共的這種意見。……隨著資本主義國家的經濟危機日趨深刻化並政治危機也漸爲增大、革命運動的潮流日見高漲（這乃屬於史大林當時的資本主義第三期危機論）、……台灣的黨必須盡早召開臨時大會、以便檢討過去的錯誤而確立正確的政治方針、爲此、必須在召開大會以前先把一般黨員所犯的機會主義揭穿、使其在實踐鬥爭的過程中克服這種錯誤。」（「潘欽信後來被日本警察逮捕時的口供」—『警察沿革誌』第二編中卷 p.674）。

再經過幾天後、翁澤生與潘欽信即見到所謂「東方局負責人」、並接受其指示：「**東方局把正式的指令送到台灣以前、你們應先返台灣、傳達共產國際的意見、令使一般黨員積極的開始工作、並在工作的過程當中來克服過去所犯的錯誤、而把黨引導於布爾薩維克化的正確路線。在共產國際的指令到達後、盡早召開臨時大會、確立政治方針、加強領導部、而後得再呈上詳細的報告。**」（「警察沿革誌」第二編中卷 p.675）。

當時、恰有台灣農民組合中央委員陳德興、路經上海擬赴莫斯科出席「**國際紅色勞動工會第五屆大會**」（Profintern）、但因事不能前往而將返台、於是、翁澤生與潘欽信乃決定托他先將東方局的指示帶回、並告他：「**把這指示先傳達於謝雪紅並慫恿她著手於黨的改革、謝雪紅若是不肯接受、再向王萬得・趙港等報告、令使他們準備改革方策。**」（「警察沿革誌」第二編中卷 p.675）。

XII　翁澤生的東方局指令與黨內鬥爭——陳德興於一九三〇年十一月二十日帶回翁澤生所托的所謂東方局指示、但謝雪紅拒絕把其接受：「**這無非是對於台灣的現實狀況無智的妄論、必定是出於翁澤生等宗派主義者的陰謀、絕不能認爲是共產國際東方局的指令。**」（「警察沿革誌」第二編中卷 p.676）。

然而王萬得等乃不管島內黨負責人的謝雪紅反對與否、卻冒然支持這來自上海的指示、以致引起二者的對立鬥爭並相互排擊、結果、究竟也是以中共中央及東方局的權威爲後盾的翁澤生・王萬得等取得最後的勝利、並在潘欽信從上海趕來召開的「**黨第二屆臨時大會**」上除名謝雪紅等。從此、謝雪紅等在被排除於革命運動之外並被斷絕工作資金的孤立狀態之下、因找不出有效的反擊手段、終於無所作爲。

到後來、適有劉纘周（新竹人、船員、透過日共路線出席「國際紅色勞動工會第五屆大會」）從莫斯科返台後、由謝雪紅與王萬得雙方聽取報告的結果、他把王萬得等的行動斷定爲違背了「**共產國際**」組織系統的反革命行爲。於是、謝雪紅即派遣劉纘周前往日本、托他帶去報告書給予日共中央。該報告書的內容是：㈠說明王萬得等改革同盟派的宗派主義的陰謀眞相、㈡請求日共中央派遣代表來台主持黨的改革、㈢請求日共中央重新闡明日共與其台灣民族支部的組織關係、㈣請求日共中央查明東方局是否熟悉翁澤生・潘欽信・王萬得等改革派的陰謀、㈤改革派曾宣傳東方局寄送三千圓於台共、請查明是否屬於事實並弄清誰接受這筆錢、㈥請批評想解散文化協會的謬論等、並請求日共中央迅速寄來指令。

劉纘周乃在一九三一年（昭和六年、民國二〇年）六月二十六日到達神戶、同時連絡到日共中央派來的中村某與白川某而繳上謝雪紅的報告書。不經多久、劉纘周乃前往東京、秘密約定在京橋街上領取日共中央給予謝雪紅的指令（㈠黨內如有犯機會主義的錯誤得急速開大會予以糾正、㈡文化協會只要不爲反動、不必解散、㈢改革同盟的成立不外乎是犯了宗派主義、共產國際不可能有這樣的作爲、但因事關重要所以照會東方局後再做解答）、但劉纘周在同年八月十六日返台時、謝雪紅等已被捕在獄中。於是、劉纘周即與同志廖瑞發・張欄梅等在台北散發印有「**台灣共產黨**」的傳單、擬以重建黨組織、但他在同年十一月四日被捕後、被拷死於獄中（參閱「警察沿革誌」第二編中卷 p.676, 739）。

觀諸台共內訌的原因、大略有九：㈠台共在組織系統上是屬於日共的「**台灣民族支部**」但又得受到中共的指導、這種非驢非馬的組織關係招來後患、㈡受了日共培植的謝雪紅・林木順等與加入過中共的翁澤生・潘欽信・王萬得等二者在地域觀點上與工作作風上的相異、終於發展爲宗派主義、㈢共產國際在世界革命戰略方針上的前後變革所招來的後果（當渡邊政之輔在莫斯科與共產國際商議建立「**日共台灣民族支部**」的組織原則之下、所以在日帝統治的台灣乃必在日共的領導下才有可能建立。然而、到了一九二八年「**共產國際第六屆大會**」上、通過了「**關於殖民地與半殖民地諸國的革命運動的綱領**」即所謂「**庫西念綱領**」、其中改變爲以在殖民與半殖民地建立共產黨爲共產國際最重要的任務之一、當時瞿秋白也參加過討論、再加上史大林倡導趁著世界經濟危機的所謂資本主義「**第三期危機論**」、因此招來共產國際轉變爲擬在殖民地等進行激烈的革命運動、結果、台灣革命也在東方局・中共中央即瞿秋白・翁澤生及潘欽信・王萬得等的系統之下、擬推進與原來的日共台灣民族支部即謝雪紅不相干的組織系統）、㈣共產國際東方局與中共對於台灣島內的實際情況了解不夠、㈤台共的幹部及黨員幾乎是出身日本與中國的台灣留學生、當然具有濃厚的機會主義與無政府主義的傾向、並且入黨後還沒有能受思想教育與工作訓練的機會、所以迄未克服這些小資產階級所具有的缺陷、因此、把謝雪紅等所主持的嚴格的革命紀律與秘密工作原則當爲專制及獨裁、㈥台灣人的奉從主義（flunkyism）使大多數的黨員一聽到「**共產國際**」直接指令並再加上有資金供給、就罔管一切的傾向一邊、㈦從上而下的機械的適用馬列主義、導致跟在敵人重圍下的島內實踐運動發生乖離、㈧謝雪紅與翁澤生的個人對立情緒也可能在革命工作當中作祟（謝雪紅經過日共指令而曾把翁澤生妻謝玉葉及潘欽信等處於除名處分）、㈨透過翁澤生・潘欽信送入島內的工作資金助成「**反謝雪紅派**」等。

XIII　謝雪紅在獄中對於法院預審庭的供述書——謝雪紅於一九三一年（昭和六年）六月二十六日與楊克培一起被捕後、在法庭供稱台灣共產黨結黨後確是犯了機會主義的重大錯誤、並舉出其原因如左：

㈠得不到日共的指導—台共乃暫以日共台灣民族支部而見到成立、所以當然是服從日共指令並基於成立大會時所定綱領來進行一切的革命任務才算是正確的。然而、結黨後不過一〇天就因上海讀書會檢舉事件以致失去了跟日共的連絡、其後雖再連絡到、但又因四・一六大檢舉而再次失去連絡線索、從此終於不可能再恢復連絡。因此、島內中央乃寫上許多報告書及各種資料擬以透過翁澤生跟中共中央取得連繫、卻被翁澤生把其扣留在他的手中而不給予傳達、當在一九三〇年四月島內中央再派遣林日高往赴上海時、翁澤生卻透過一中國人說：「**共產國際與中共中央不承認台灣共產黨、因為所謂台共不過是一種馬克思主義的研究小組而已、共產國際迄未決定是否把其解散、只有決定在近日中擬以派代表赴台、你須先返台為要**」。林日高在上海空費二、三個月之後、終於不得結果而返台。其後、林日高・莊春火等二人中央委員因克服不了小資產階級的缺陷、終於聲明脫黨。這經過乃是台共陷於機會主義的根本原因。

㈡把黨的組織基礎放在知識份子上面—台共成立時的黨員成份全然不是無產階級出身的工農份子、而是已多年離開實踐運動的在日本・中國的台灣留學生、其中、當然也有不少黨員曾加入過日共或中共、但在其思想上・工作上的水準不能算高、特別是自結黨的準備時代就有工作關係的翁澤生・謝玉葉・潘欽信・洪朝宗・蔡孝乾等原來都是屬於無政府主義者、且入黨後其無政府主義傾向迄未見到克服、也沒有經過布爾薩維克化的思想轉變、但他們卻被選為黨中央委員乃是黨陷於濃厚的機會主義的原因之一。

㈢在黨成立大會上所決定的決策上有著不合乎台灣現實的部份—①決定組織大眾黨時所犯的錯誤、②關於勞動運動在戰略・戰術上的錯誤、③選出黨中央委員時所犯的錯誤、④對於台灣資產階級認識不徹底、⑤黨所決定的台灣文化協會組織辦法不適合現實狀況等、並且因得不到資金供給而終於未能召開第二屆黨大會來糾正這些錯誤的機會、以致加深機會主義的缺陷。
㈣缺乏對於黨員的黨訓練—迄未有機關報紙、日共與中共的文獻也不能入手、且黨中央因充滿小資產階級的缺陷等、所以有意識的或者無意識的把革命工作放鬆、以致犯了機會主義的錯誤。
㈤改革同盟派的宗派主義乃是起源於「**上海讀書會**」—①一九二八年九月翁澤生派遣陳新堂返台擬以在暗中另組系統、②一九二九年春再派王萬得返台、③一九三〇年五月林日高赴上海時、再派魏某返台、④一九三〇年十月陳德興往上海後卻被翁澤生籠絡等、其後以「**共產國際**」的名銜而糾合王萬得・陳德興・蘇新・蕭來福等人來策動反黨的「**改革同盟**」。以上的五個缺陷及其來龍去脈即是黨內機會主義的根源。

謝雪紅同時舉出改革同盟在政治上・組織上所犯的錯誤：㈠不把殖民地・半殖民地與本國的工農革命革命運動區別、㈡不分清合法與非法的工作活動、㈢以虛僞的報告欺瞞群衆、㈣把黨與工會混淆在一起、㈤只在觀念上認識黨的大衆化、不在革命實踐過程中去發掘無產階級出身的積極份子、反而爲了要進行改革同盟的陰謀、連黨幹部的林木順・楊春松・楊克培等也予以除名處分等（參閱「警察沿革誌」第二編中卷 p.682）。

XIV　「**黨改革同盟**」的成立———再續上回陳德興帶回翁澤生所托的東方局指令以前、因中央委員已剩下謝雪紅一人（三個中央委員、林日高・莊春火已脫黨）、所以謝雪紅與王萬得等即在一九三〇年十月二十七日假台北松山庄上塔悠的張寬裕宅召開「**黨中央委員會擴大會議**」、出席者中央委員的謝雪紅及黨員楊克煌・吳拱照・趙港・莊守・王萬得・蘇新、通過：㈠任命王萬得・蘇新負責指導臨時工會、㈡趙港所報告的農民組合支部的擴張及參加世界紅色工會、㈢吳拱照所報告的文化協會應克服其解散論並改革行動綱領等而使之繼續活動、這樣、黨的重整工作以爲仍舊上軌。

然而、同年十二月二十日陳德興返台後、王萬得等的反謝雪紅運動頓然活躍起來、王萬得乃在同年十二月二十七日召集蘇新・蕭來福・陳德興於台北市宮前町（今之中山北路二段）王萬得宅、商議黨改革之後、決定以蘇新（礦山工會工作負責人）・蕭來福（交通運輸工會工作負責人）・趙港及陳德興（農民組合黨團工作負責人）・莊守（南部地方負責人）・吳拱照及王萬得（文化協會黨團工作負責人）等七人爲基本人員、並委任陳德興爲連絡員、擬以召集散在各地的黨員開討論會。

一九三一年（昭和六年、民國二〇年）一月二十七日、蘇新・蕭來福・陳德興・趙港・莊守・吳拱照・王萬得等再會合於宮前町的王萬得宅、王萬得任議長、蘇新爲書記、先由陳德興報告翁澤生所托的東方局指令並涉及謝雪紅不服從的態度、再由王萬得說明東方局指令的內容、即：㈠組織上犯了關門主義的錯誤、㈡政治上犯了無爲主義的錯誤、㈢迄未確立黨機關及發展支部、㈣各級黨員不過組織生活也不瞭解黨的政治綱領及各種政策、㈤不分黨機關與黨團工作的界線、㈥上級機關對於下級機關與黨團工作的領導不夠等。其結果、在會上選出蘇新・趙港・陳德興・蕭來福・王萬得爲中央委員、依此、「**黨改革同盟**」即告成立。隨即在當場開中央委員會及中央常任委員會、選出蘇新・趙港・王萬得爲中央常任委員、並決定了：㈠東區（宜蘭・花蓮港・台東）負責人盧新發㈡北區（台北・新竹）中央直轄、中區（台中）負責人詹以昌、㈢南區（台南）負責人劉守鴻、㈣高雄區（高雄・澎湖）負責人劉守鴻、並決定各種綱領起草人及發刊機關報紙（參閱「警察沿革誌」第一編中卷 p.672, 676）。

XV　潘欽信返台與黨第二屆臨時大會——一九三一年四月十六日潘欽信受東方局及中共中央的指令、從廈門返回高雄、在台北先與王萬得晤面並商議有關召開黨第二屆臨時大會問題。同年四月二十日潘欽信・王萬得・蘇新・蕭來福爲準備委員、會合於台北市幸町（今之館前路）翁水進宅並召開「**黨臨時大會準備委員會**」。在會上由潘欽信報告東方局及中共中央的指令、同時決定由潘欽信起草基於東方局與中共中央所指示的新政治綱領。黨臨時大會準備委員會經過屢次開會討論、並由蘇新把新政治綱領拿到南部跟各地同志商議檢討、同時也在同年五月二十五、六日召開「**北部黨員大會**」（蕭來福・簡氏娥・張朝基・張道福・謝祈年・郭德金・盧新發出席）於台北工業學校後面的張某宅、決定了要向臨時大會提出的議案（除名謝雪紅派、發刊機關報紙等）。

一九三一年（昭和六年、民國二〇年）五月三十一日至六月二日、假王萬得妻的養父的淡水郡八里坌鄭水龍宅召開「**黨第二屆臨時大會**」、出席者潘欽信・王萬得・蕭來福・顏石吉・蘇新・簡氏娥・劉守鴻・莊守等、由王萬得任議長、蘇新爲書記、首先潘欽信乃以「**共產國際東方局派遣員**」的資格而報告東方局與中共中央的指令及所謂的友誼指導：「**黨已犯了機會主義的錯誤、必須清算這錯誤並從根底上來改變黨、藉以確立新的政治方針……黨改革的方針即是清算機會主義的根源的小資產階級基礎、在實踐上來認識黨的機會主義的錯誤、並激發工農份子的日常鬥爭而在其過程中爭取工人及貧農入黨、必須鞏固黨的無產階級基礎而來實現黨的布爾薩維克化。…**」（「警察沿革誌」第二編中卷 p.714）。

繼之、潘欽信等乃提出以下的議案並由大會審議決定：㈠解散黨改革同盟、㈡決定新政治綱領、㈢發刊黨機關報紙、㈣除名謝雪紅・楊克培・楊克煌等、㈤確立黨的統制權、㈥委任中央委員會確立組織方針、㈦委任中央委員會起草有關勞動運動・農民運動及其他大衆運動的方針、㈧接受中共中央的友誼提議並決議發出致敬宣言、㈨由潘欽信提議以潘欽信・王萬得・蘇新・顏石吉・劉守鴻爲中央委員、蕭來福・簡氏娥爲候補中央委員、㈩以臨時大會名義發表「**致全體同志書**」。

大會結束後、隨即召開「**第一居中央委員會**」、出席者新中央委員潘欽信・王萬得・蘇新・顏石吉・劉守鴻、在會上決定：㈠選任中央常任委員潘欽信・王萬得・蘇新、㈡委任常任委員宣佈新政治綱領、㈢委任常任委員會起草有關大會所委任的一切文件。

圖48　台灣共產黨第二屆大會後的連絡系統及組織圖

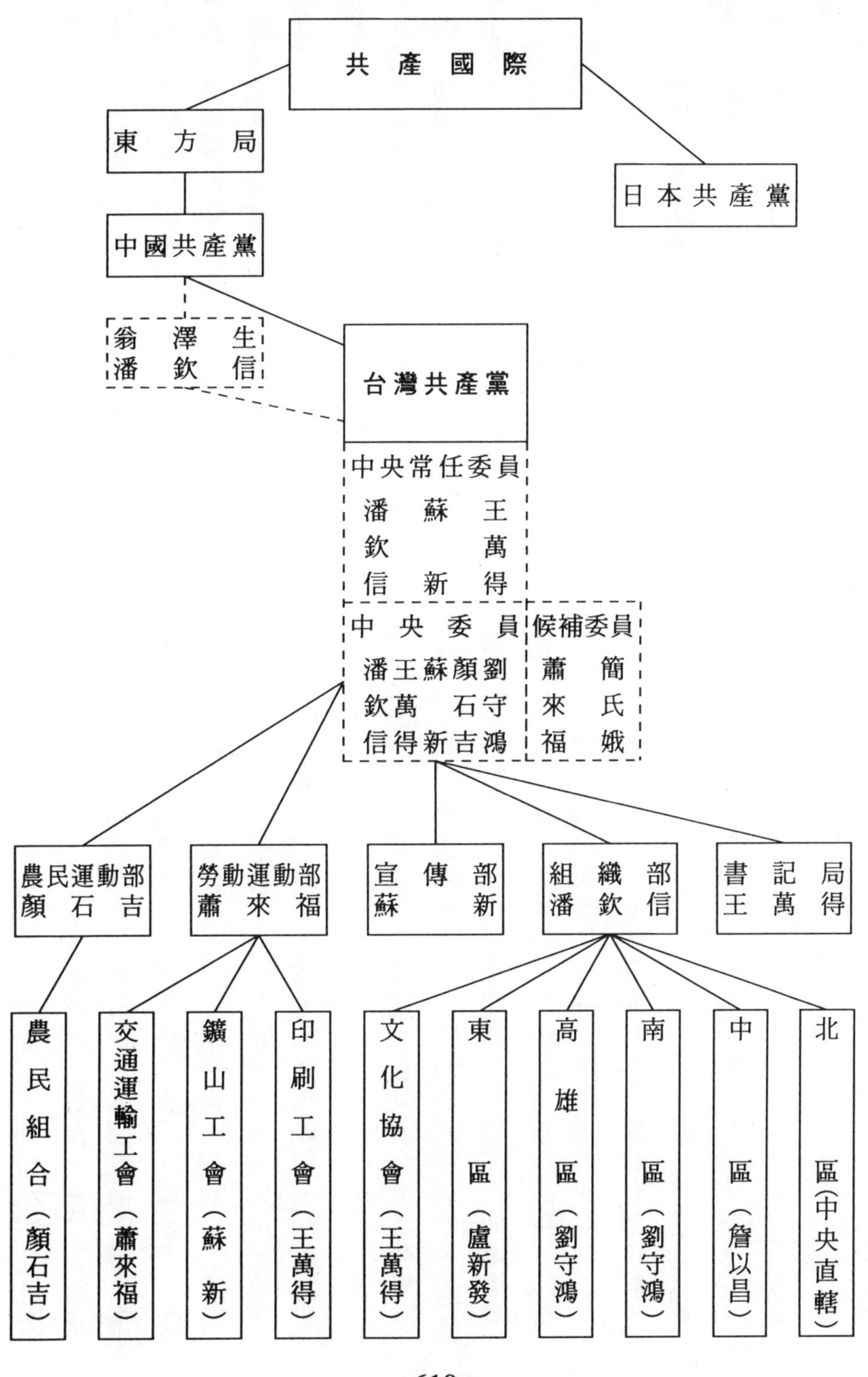

再在六月四日、於台北市幸町王萬得秘密連絡處召開「**第一居中央常任委員會**」、同時決定：㈠分配工作崗位—書記長・王萬得、組織部長・潘欽信・宣傳部長・蘇新（以書記局・組織部・宣傳部再組成「執行局」、由書記長負責）、勞動運動負責人・蕭來福、農民運動負責人・顏石吉・北部地區由中央常任委員會直轄、中部地區負責人・詹以昌・南部地區負責人・劉守鴻、東部地區負責人・盧新發、㈡委任宣傳部發刊機關報紙「**赤旗**」、㈢委任潘欽信起草有關中央委員會所委任的文書、㈣委任王萬得把「**臨時大會報告書**」起草並寄送於共產國際東方局（上海北四川路崇德女學校內陳雲英）、㈤指定起草勞動運動綱領等的負責人、㈥宣佈除名謝雪紅等並予以徹底打擊、㈦規定組織系統為四級制、㈧建設產業別紅色工會並加強農民組合（參閱「警察沿革誌」第二編中卷 p.173）。

其新的「**台灣共產黨政治大綱**」、比起創立時的「**上海綱領**」是極為左傾化、在其「**台灣革命現階段政綱**」乃規定著：㈠顛覆帝國主義統治、實現台灣獨立、㈡沒收帝國主義一切的企業及銀行、㈢沒收地主的土地、分給貧農・中農、㈣實行八小時勞動制・社會保險・國家救濟、㈤廢除一切苛捐雜稅、㈥革命的集會・結社・言論・出版・罷工的絕對自由、㈦建立工農民主專政的蘇維埃政權、㈧聯絡日・華・印・韓的工農階級、㈨國內民族一律平等、㈩連絡蘇維埃聯邦及世界無產階級。

觀諸第二次台共、比起初創時有二大特點：㈠組織系統上是從「**共產國際的日本支部的台灣民族支部**」、改變為「**共產國際的台灣支部**」（這乃是在上述「庫西念綱領」把以前的「一國一黨主義」改為重視在殖民地與半殖民地建立「**黨**」的結果）、㈡政治綱領上是比起以前更趨於極左化而把台灣的民族資本家・中小地主也跟日本帝國主義・買辦資本家同樣的當做革命對象（受庫西念綱領所影響並加上史大林的資本主義危機論把整個世界革命的戰略方針極左化所導致）。

XVI　台灣共產黨慘遭大檢舉——日本警察自檢舉上海讀書會之後、對於台共的來龍去脈乃繼續不斷的加以秘密偵查、竟在一九三一年（昭和六年、民國二〇年）一月探悉上海翁澤生派遣王溪森密渡台灣、隨即由台北大稻埕的北警察署（今之大同警察分局）進行大檢舉、終在同年三月二十四日、在台北市上奎府町二丁目（今之南京西路）陳春木宅逮捕趙港（在場的陳德興僥倖逃脫、但至四月九日也相繼被捕於高雄）、再在三月十日（日本陸軍紀念日）散發「**反帝戰**」傳單的王日榮突然向汐止警察分室自首、這卻牽連到林式鎔・張朝基・林殿烈等人、並在張朝基宅被發現有關黨第二屆臨時大會的文件、終於把台共的內情全面暴露無遺。於是、謝雪紅及楊克培（六月二十六日在台北市）、王萬得（七月十七日在台北市樺山町）、蕭來福（七月下旬在台北市東園町）、潘欽信・簡氏娥・莊春火（九月一日在基隆市田町）、以及顏石吉（七月十五日在鳳山郡大樹庄）、劉守鴻（七月中旬在高雄市鹽田町）、莊守（九月十八日在嘉義）等黨員及共鳴者都被一網打盡。

其中、只有黨中央擔任委員兼宣傳部長・蘇新潛伏在宜蘭、得悉大部黨員均遭逮捕、乃採取緊急措施、於八月二十九日任命盧清潭爲該地區的負責人並指示：「**更加激發工農大眾日常鬥爭、……以資重建黨組織。……**」、之後、他即在翌日自宜蘭潛入台北、與林殿烈・張道福秘密會合於太平町二丁目（今之延平北路二段）的春月樓、指示二人應改變戰術而分散文化協會並進行被捕者的救援運動、又在九月三日潛到彰化與王細松取得連絡、翌日再與中部地區的黨負責人・詹以昌會合於王細松宅、二人商議重建黨組織・分散文協・推進工會運動與農民運動以及救援運動等問題。蘇新臨危不亂、乃在翌日的九月五日再赴嘉義、於八掌溪岸的菜堂跟莊守會晤並商討今後的工作方針、之後、九月十日竟在彰化郡美和庄陳家派宅被警察探悉而遭檢舉。

在上海、一九三二年（昭和七年、民國二一年）五月十七日翁澤生被上海工部局警察逮捕、並在翌年三月被押返台北。

這樣、台灣共產黨被捕黨員及共鳴者計一〇七人、同時被搜索多數的重要文件、其中、被起訴者七五人、被判有期徒刑者有如下的四七人：

表81　台灣共產黨被捕者被處刑表

謝雪紅（徒刑一三年）	潘欽信（徒刑一五年）	林日高（徒刑　五年）	蘇　新（徒刑一二年）
王萬得（徒刑一二年）	劉守鴻（徒刑一〇年）	簡　吉（徒刑一〇年）	趙　港（徒刑一二年）
陳德興（徒刑一〇年）	蕭來福（徒刑一〇年）	吳拱照（徒刑　七年）	楊克煌（徒刑　四年）
莊　守（徒刑　八年）	林式鎔（徒刑　二年）	王日榮（徒刑　二年）	張朝基（徒刑　三年）
顏石吉（徒刑一〇年）	簡氏娥（徒刑　五年）	津野助好（徒刑二年）	朱阿輝（徒刑　二年）
洪朝宗（徒刑　三年）	莊春火（徒刑　七年）	詹以昌（徒刑　七年）	張茂良（徒刑　七年）
盧新發（徒刑　四年）	郭德金（徒刑　三年）	張道福（徒刑　三年）	林殿烈（徒刑　二年）
林朝宗（徒刑　二年）	吉松喜清（徒刑四年）	宮本新太郎（徒刑二年）	周坤棋（徒刑　二年）
高甘露（徒刑　三年）	吳錦清（徒刑　二年）	林梁材（徒刑　二年）	廖瑞發（徒刑　二年）
施茂松（徒刑　二年）	陳朝楊（徒刑　二年）	張欄梅（徒刑　二年）	陳義農（徒刑　二年）
林文評（徒刑　二年）	翁　由（徒刑　二年）	詹木枝（徒刑　二年）	陳振聲（徒刑　二年）
李嫣喜（徒刑　二年）	楊克培（徒刑　五年）	翁澤生（徒刑一三年）	

（參閱「警察沿革誌」第二編中卷 p.735）

(5) 台灣赤色救援會

一九三一年台灣共產黨遭檢舉後、其外圍組織的台灣農民組合與台灣文化協會的日常活動連帶受到牽制、合法活動幾乎不能進行。特別是農民組合在竹崎會議所決定的組織農業工會・取消文化協會・結成反帝同盟・發行農民戰報・組織赤色救援會等問題無一能順利進行、以致黨以下的一切活動都變爲停頓狀態。另一方面、適逢九一八東北事變爆發、日本帝國主義對於中國的武力侵犯日益擴大、這使共產主義者預測到第二次帝國主義戰爭即將襲來。在這種內外情勢均趨惡劣的演變之下、農民組合及文化協會裡的未遭檢舉的台共黨員幹部、即農民組合的簡吉・陳結・陳崑崙及文化協會的張茂良・詹以昌・王敏川等、於同年八月九日、秘密會合於台中的文化協會本部、大家商討的結果、決定：㈠黨的活動不能讓其停頓、㈡迅速查明未遭檢舉的黨中央委員、一方面竭力恢復連結系統、另一方面則派遣黨員往赴中國跟中共中央及東方局取得連絡並請求指示重建中央、㈢取消現已成爲無產階級革命運動的障礙物的文化協會、並停止已被封閉其從事合法運動的農民組合的活動、㈣把二者的組合員與會員盡量吸收於即將成立的台灣赤色救援會、透過救援會活動來重建黨組織及訓練無產大衆、㈤迅速成立「**台灣赤色救援會籌備委員會**」。

於是、該會隨即改爲「**台灣赤色救援會**（紅色救援會—Mopr）**組織準備會**」、由張茂良任議長、陳崑崙爲書記、推舉簡吉・張茂良・陳崑崙爲中央負責人、並決定地方組織負責人如左：

中部地方負責人—王敏川（彰化）　張信義（豐原）　詹以昌（員林）　張茂良（竹山）
陳神助（竹山）　顏錦華（台中）

台南地方負責人—陳　結（台南）　李明德（嘉義）　羅再添（曾文）　林　銳（下營）
姜林小（竹崎）　林　龍（小梅）　張火生（北港）　吳丁炎（台南）

高雄地方負責人—陳崑崙（高雄）　呂和布（屏東）　張玉蘭（高雄）

台北地方負責人—江賜金（台北）

Ⅰ　台灣赤色救援會籌備委員會——同年九月四日夜（詹以昌與黨中央常任委員・蘇新會晤並受到組織台灣赤色救援會指示的當夜）、詹以昌召集殘餘的黨員同時也是農民組合幹部的簡吉・顏錦華・陳結・陳崑崙及文化協會幹部的王敏川・張茂良・吳丁炎等人於文化協會本部、召開「**台灣赤色救援會籌備委員會**」、決定：㈠中央機關組織機構、㈡地方機關的組織辦法即以會員十人以內為一班（置班委員）、五班為一隊（置隊委員）、以數隊委員組成地方委員會、並等到組織系統佈滿全島後、再召開大會選出中央機關。

同時、決定暫時由簡吉為中央負責人、簡吉・張茂良・陳崑崙等三人為常任委員・簡吉・張茂良・詹以昌・陳崑崙・李明德・呂和布・吳丁炎等七人為籌備委員。

地方負責人即有：李振芳（羅東）・江賜金（台北）・顏錦華（台中）・王敏川（彰化）・張信義及郭榮昌（豐原）・詹以昌（員林）・張茂良及陳神助（竹山）・李明德（嘉義）・林銳（麻豆）・蘇清江（新營）・陳結及林巃（竹崎）・呂和布（高雄）・張玉蘭（屏東）・吳丁炎（北港）・湯接枝（霧峰）等（參閱「警察沿革誌」第三編中卷 p.770）。

「**台灣赤色救援會籌備委員會**」的會後、詹以昌・陳崑崙・簡吉・陳結・張茂良・王敏川等又另在別室開討論會、決定：㈠以今夜的出席者為臨時黨中央委員而組織「**臨時黨中央**」、㈡急速派黨員赴上海透過翁澤生請求東方局指示組織正式的黨中央、㈢迅速查明並連絡分散在各地的黨員、收集各地情報及徵求黨員意見以資重建黨組織、㈣透過赤色救援會的組織來擴大黨的影響並吸收新黨員、㈤派遣詹以昌赴員林及彰化的製糖廠・鐵道部機關廠・自動車會社、並派湯接枝赴日月潭電力工廠等、準備組織工會、藉以塡補黨在工會運動上的力量微薄及工作不活潑。

這樣、「**臨時黨中央**」即把一切的黨工作放在台灣赤色救援會運動的掩飾之下、擬以竭力重建黨組織、但也因該救援會被檢舉而終於招來黨的一切組織與革命運動盡被覆滅（參閱「警察沿革誌」第二編中卷 p.752）。

Ⅱ　台灣赤色救援會籌備委員會的組織活動——一九三一年九月四日「**台灣赤色救援會籌備委員會**」閉會後、各負責人隨即散開於各地方而著手組成地方組織、並努力於黨的重建工作、即有：㈠竹崎方面一一班八〇人：陳結乃召集竹崎庄的張城・林層等農民組合幹部於竹崎庄樟腦寮張城宅、結成計有一一班八〇人的赤色救援會員。㈡小梅地方七班四五人─陳結再召集小梅庄農民組合的積極份子張火生・廖長茂等於小梅庄樟普寮翁春宅、組成七班四五人、從竹崎與小梅的諸班廣募救援金四圓五角寄贈於在獄中的農民組合竹崎部長・林龍、及機關誌創刊資金二三圓七角繳給陳結。㈢曾文・北門地方四班二四人─九月十日陳崑崙召集林銳・李鹿等籌劃組織救援會、由林銳指示沈君・姜林朝清在曾文郡下營地方組成二班一〇人、陳文質在曾文郡麻豆街組成一班六人、李鹿・謝彰洲在北門郡學甲庄組成一班八人。㈣林銳自己捐出四〇圓、再由農民組合舊幹部・黃信國捐出一五圓、施禎祥捐出一〇圓、及其他募捐一共一四〇圓寄送於該籌備委員會。㈤嘉義地方三班一七人─陳崑崙・李明德與未被捕時的莊守連絡之下、由嘉義的羅再添・陳錫珪・吳水等組成一班、賴家・林景星等組成一班、郭紹彬・王清淵等組成一班、然而在九月十八日莊守被捕後、均被迫停止活動。㈥北港方面五班三五人─該籌備會北港方面負責人・吳丁炎於同年九月即在北港召集呂賽・鄭靜等組成一班七人、又在虎尾郡海口庄月眉召集張溜・張卜・張笨等組成一班九人、再在海口庄同安厝以張溜・蔡添丁等組成一班六人、翌年一月在東石郡六腳庄竹仔腳以呂賽・陳越・呂聰明組成一班八人、舊虎尾溪邊以張萬教・

張仁等組成一班五人、其中、以四班二七人編爲一隊、並在一年之中從會員籌募四七圓以及從組織外的蔡秋桐・駱萬得・林瑞西・甘文芳等文化協會系人士公募義捐寄於該籌備委員會。㈦高雄方面一二班—高雄方面由呂和布・黃石順・張玉蘭召集農民組合地方委員於鳳山支部、經黃石順・林春・盧丁春・呂和布・張玉蘭・孫葉蘭等商議的結果、著手於組成一二班。㈧台中地方八班—陳結指示竹山郡下鯉魚尾的林水福・蔡阿蕃等六人組成一班、陳神助・魏連春等數人組成一班、竹山庄西村的陳清水・陳乙等七人組成一班、並由張茂良・張庚申召集張秋林・陳金時・賴水樹・葉如川・吳朝川等在竹山庄竹山李水岸宅、組成五班、並編成一隊。㈨豐原地方四班二〇餘人—王敏川・張信義乃以郭榮馬爲豐原地方的負責人、召集該地方的文化協會會員爲核心、由林海成・林寶煙・林德旺・游超番等爲各班委員而結成四班二〇餘人。㈩呂朝枝在農民組合本部以賴天來等七人結成一班。㈩一湯接枝在霧峰組成一班等、其他、黃賜金在台北、李振芳在羅東也竭力進行救援會組織工作、如此、台灣赤色救援會的準備工作一時大振（參閱「警察沿革誌」第二編中卷 p.771）。

Ⅲ　陳結等發刊救援運動機關誌「**眞理**」——陳結根據一九三一年八月九日「**救援會組織準備會**」關於發刊機關誌的決定、在九月底得到簡吉與陳明德的資金・人員（簡吉派來補助員陳神助一起工作）的協助、以及張城一家與林水福・張添龍等人的幫忙、乃以竹崎樟腦寮（阿里山鐵路獨立山的山腹）張城所有的龍眼乾燥寮爲秘密的油印所、而在九月底刊出秘密雜誌「**眞理**」第一號（一五〇份）・「**二字集**」（二五〇份）・「**三字集**」（四百份）、由張城之子張添龍搬到竹山的林水福宅、再送到台中的農民組合本部、分發各地。再在十一月十二日把秘密油印所轉入更爲深山的溪谷地、繼續油印「**眞理**」第二號（二五〇份）、由陳結・陳神助攜帶下山搬到小梅庄紹安寮的許登此宅、再由許登此轉到林水福處、分發各地。又在十一月中旬油印「**眞理**」第三號紀念蘇聯革命紀念月刊（一五〇份）、但這第三號即因林水福被捕而終不能分發。這些秘密刊物當中、特別是「二字集」「三字集」乃以平易的台灣話寫出高度的社會主義思想、易讀且容易瞭解、就是文盲也能夠暗誦如常、所以能在勤勞大衆中打動人心、爲激發大衆的民族意識與階級意識起了不小作用、其中的描寫、到現在還正適合於現時台灣的社會狀況。

「三字集」

無產者　散鄉人　勞動者　日做工　做不休　負債重　住破厝　壞門窗　四面壁　全是穴　無電燈
番油點　三頓飯　蕃薯簽　每頓菜　豆豧鹽　設備品　萬項欠　吾衣裳　粗破布　大小空　烏白補
吾帽子　如桶箍　咱身軀　日曝黑　老至幼　看勞苦　瘦田畑　納責稅　染病時　無人顧　咱線被
世界薄　厚內衫　大概無　布袋衣　搪外套　寒會死　也著做　冬天時　迫近到　老大人　痰呇呇
少女兒　流鼻蚵　一家內　寒餓倒　腸肚哼　哼淳號　斷半錢　請醫生　不得已　祈神明　雙隻腳
跪做前　金香紙　陸續前　嘴出聲　誓豬敬　沒聽著　佛神明　豈有力　來同情　那瞬間　變惡症
喨一聲　失生命　嗳呵喲　叩頭殼　爭心肝　父母情　沒覺醒　重惹禍　無團結　慘難遇　設團體
衆協和　萬項事　自己做　要努力　力自靠　惡地主　來打倒　惡制度　來毀破　這時候　萬人好
資本家　收大租　大會社　大規模　一秒間　儲數圓　強剝奪　很糊塗　住樓閣　妾多數　食山珍
兼海味　飲燒酒　雞肉糸　香肉干　紅燒魚　吃不完　就捨棄　金礓碗　象牙箸　用石棹　籐猴椅
牠身裝　很奢侈　燕尾服　毛綢糸　紅皮靴　仕底記　金時錶　金手指　金目鏡　金嘴齒　這強盜
想計智　連政府　得大利　開墾地　盡搶去　現國家　照牠意　有錢人　的天年　工業家　設機械
愈文明　咱愈死　失業者　滿滿是　愛做工　無好去　倘有職　很少錢　趁無食　愛寒飢　飲塞錢
渡生死　無打緊　這時機　土地賊　逆天理　搾取咱　無慈悲　賊政府　卻重稅　賊官廳　萬項卜

越愈散　卻越重　走狗派　欺騙人　講要納　照起工　納稅金　飼官狗　害咱死　目屎流　抗租稅
著計較　日政府　土匪頭　徵稅金　造戰艦　為戰爭　無分寸　大相刣　的時瞬　抵用錢　如土糞
資本閥　免出本　若刣輪　牠免損　勝利時　得大份　戰爭近　飛行機　冥明練　不休止　兵演習
似做戲　市街戰　要防禦　假相刣　夜間時　浪人工　費大錢　戰一擺　呆算起　日本兵　練打銃
為侵略　起戰爭　戰爭時　無僥倖　貧工農　死代先　警察狗　練弓箭　學柔道　推白旗　郡役所
遊弌矢　帝主義　切迫時　總動員　周準備　日月潭　設電氣　沿海岸　刊滿是　沖海底　埋暗器
人電著　隨時死　打狗山　設砲台　騙民眾　假病院　電信台　堅鐵機　可通信　能相知　日政府
很奸巧　大車路　造雙傍　白色匪　起無道　陸軍路　直直造　抽人夫　每年做　因戰爭　有不利
欺騙咱　刈竹箣　說防過　寒熱痢　吾要識　這意義　反動狗　反瞞欺　說盡忠　不怕死　即是民
應該是　吾同胞　須銘記　咱著裁　大相刣　資本閥　第一愛　戰爭起　牠免死　尚且彼　乘那時
騰物價　得大利　戰爭到　的時機　散鄉人　著慘死　貧工農　亡身屍　壯男人　被召去　做工人
無工錢　青年們　著裁死　派出所　召咱去　練壯丁　扛銃子　徵牛馬　運糧資　老夫人　顧空厝
要自計　無人扶　起反亂　數無久　吾兄弟　為此死　咱父母　為此饑　目滓流　目滓滴　無通食
亦是死　這原因　在何處　私有制　保大富　可怨恨　賊政府　虐待貧　且殺誅　赤貧民　被欺負
剿躂咱　做馬牛　露西亞　赤蘇俄　蘇維埃　工農操　搾取滅　剝削無　全世界　解放母　共產黨
握指導　白色匪　曰亡逃　捨資產　甘願做　勞働制　七點時　諸學校　入免錢　婦產院　養老院
各病院　自由去　圖書館　甚濟備　卜讀冊　眞便利　托兒所　顧我兒　衆安樂　沒惡意　做竊盜
自滅止　資本賊　全部除　于這時　設機器　各機關　整濟備　全民衆　始有利　像這款　好天年
通世界　衆人希　咱大家　親兄弟　有一日　達這時　工農們　咱所以　要奮鬥　濟奮起　要大膽

免驚死　牠強搶　勿給伊　大大群　招抗起　免三日　牠餓死　抗租稅　吾武器　咱團結　勝銃子
倘若無　拳給伊　衆除寡　實容易　反動派　可惡死　打倒牠　莫延遲　焉不得　我勝利　這主張
是眞理　貧工農　濟蹶起　來鬥爭　諸同志　支配者　狂化期　咱結社　被禁止　我罷工　無權利
吾領袖　被拉去　各個個　打半死　小蟲類　昆蠅蟻　被人攏　牠同志　些少無　恐佈起　生爲人
豈無恥　起鬥爭　大爭議　指導者　被檢舉　失信念　起驚疑　慾貪生　想怕死　地凄慘　只痛悲
無路用　好去死　赤貧人　衆兄弟　濟集來　咬切齒　掠仇敵　碎粉屍　諸同志　○○○　守統制
守決議　爲階級　誓戰死

上卷　完

資本家　典有錢　天地變　不知死　有錢人　的天年　已沒落　第三期　將崩壞　大危機　經濟上
恐慌起　通世界　呆景氣　全民衆　淚淋漓　資本狗　辦政治　獨裁制　隨在伊　貧工農　無權利
衆貧民　起抗議　政治上　地危機　國家亂　治不去　賊政府　不安居　大資本　算不利　各工廠
閉鎖去　小資本　倒離離　終沒落　爲貧兒　資本賊　欲支持　牠狗命　免早死　起無通　無慈悲
對工人　大搾取　勞働力　強化起　失業者　滿街市　愛做工　無所去　有工作　也無錢　一家內
將餓死　工人們　覺醒起　設工會　起爭議　各要求　爲自己　勞働制　七小時　各個個　昇工錢
勞働法　要制定　每條件　要改正　男女工　要平等　少年工　大點鐘　資本賊　無僥倖　總拒絕
全不肯　各工場　就指令　總罷工　起鬥爭　農產物　大落價　有物件　無人買　要耕作　無土地
卜種作　被限制　卜封趁　無工藝　無頭路　可自計　耕作人　花螺螺　每個人　都負債　現時代
的時世　咱加做　無咱個　賊政府　人人冊　各條款　直直多　租稅金　年年加　這時候　趁食人
不餓死　也哭伯　土地賊　最可恨　剝減牠　著要緊　將土地　奪回盡　沒牧來　歸農民　最可惡
私有制　來毀破　做一下　農民們　耕土地　免納稅　眞好勢　惡地主　定著册　和政府　想毒計

用官狗　來壓制　賊政府　起無道　全百性　無奈何　咱工農　無所靠　不得已　衆合和　設團體
自己做　惡政府　要打倒　私有制　要毀破　資本賊　要滅無　有努力　力就靠　順天理　應該做
工農兵　起鬥爭　濟覺醒　起革命　歷史的　必然性　我主義　要宣傳　要勸誘　組合員　要組織
得完全　赤貧人　爲中心　諸困難　他堪忍　他在世　最勞苦　被彈壓　不退步　提拔他　做幹部
咱領袖　著點顧　咱大家　入組合　組合費　著繳納　組合費　納代先　抗租稅　來鬥爭　議決後
隨遂行　要參加　咱組織　各項事　要秘密　吾機關　要統一　各情勢　得能識　咱組織　有類層
七個人　結一班　要互選　班委員　各組織　照律規　集五班　結一隊　選一名　做隊委　吾機關
要確立　集權事　中央執　謀利益　我階級　組合員　親兄弟　咱組合　要支持　各個個　有權利
各件事　照順序　來討論　得眞理　開大會　來決議　吾運動　要完全　同這樣　像這款　青年們
也團結　婦人部　可後援　又組織　少年團　一家內　總動員　共產軍　咱的兵　爲主義　抵犧牲
爲階級　抵戰爭　是工農　握專政　共產黨　咱的主　爲正義　的辦事　須丹林　咱師阜　咱師祖
既逝世　是列寧　馬克斯　他傳導　資本論　他建設　工農兵　蘇維埃　堅政府
資本主義第三期　壓迫搾取不離時
無道政府將倒去　白色恐佈愈橫起（「警察沿革誌」第二編中卷 p.776）。

Ⅵ　赤色救援會籌備運動中的農民組合青年部組織運動——台灣赤色救援會籌備運動不外乎是以補充黨員並發展黨勢爲其中心任務、所以自一九三一年九月十八日東北事變爆發之後、黨的宣傳政策上乃極力強調第二次帝國主義世界大戰已經開始、並認爲是武裝起義的革命高潮即將到來、於是、在實踐上則降低入黨資格的一般水準而擬以廣泛獲得勤勞大衆的入黨、並在推進農民組合青年部的組織運動上、以結成「**共產青年同盟**」爲目標、竭力擬把勤勞青年組織化、結果、新加入的秘密黨員逐漸增加、其中、被警察當局發現的新黨員就有如左的數目：

陳　結獲新黨員——姜林小　張　行　劉運陣　林征綿　林　巃　張火生　董　蒼　陳神助
林水福

顏錦華獲新黨員——謝少塘　黃石順

莊　守獲新黨員——陳錫珪　賴　象

陳崑崙獲新黨員——呂朝枝　蘇清江

吳丁炎獲新黨員——吳　博　楊茂松　許啓明　蔡西涵　蔡　紡　張　溜　呂　賽　陳　越

陳結再在竹崎・小梅等嘉義郡下組成「**農民組合青年部**」有二班一〇餘人。吳丁炎也在北港郡下的北港溪邊及虎尾郡海口庄海岸地方、選擇偏僻的甘蔗園或種作場所來開秘密座談會、竭力講習「**世界的客觀情勢**」「**蘇聯革命成功十四年紀念**」「**農民組合青年部的組織與當前急務**」等、竟在此時組成四班二七人的「**赤衛隊**」（參閱「警察沿革誌」第二編中卷 p.794）。

V　台灣赤色救援會遭大檢舉——台灣共產黨被一齊檢舉後（一九三一年一月）、外圍的農民組合及文化協會隨即轉入非法的秘密救援運動、適在一九三一年九月四日、警察當局正在全島進行打探之際、在嘉義郡小梅庄的一家水果商翁郡的店頭發現了被遺忘的一部「**三字集**」、經過警察一段密查之後、終在竹山逮捕其分發者林水福、從此查出該出版物的油印負責人陳結與陳神助、並在竹崎庄下沒收「**二字集**」「**三字集**」「**眞理**」第一號至第三號共八百部、於是、同年十二月在台中與台南二州的警察會合之下、逮捕了陳結於阿里山中（新高郡和社溪）、吳丁炎也在基隆被捕、赤色救援會籌備運動關係者一共被檢舉三一〇人一五〇人被起訴、其中主要人物被處刑如左：

表82　台灣赤色後援會被捕者被處刑表

氏名	年齡	籍貫	教育	黨關係	在外圍團體的地位	第一審判刑
陳結	二七	台中	中等	黨員	農組中央委員	未決
陳神助	二一	同	初等	同	農組本部員	未決
陳崑崙	二八	高雄	中等	同	農組中央委員	徒刑五年
頻錦華	二六	台中	中等	同	農組本部書記	同四年
王敏川	四七	同	高等		文協本部中央委員長	同四年
張氏玉蘭	二五	高雄	中等		農組支部委員	同四年
黃石順	三七	同	中等	黨員	農組中央委員	同五年
張火生	三三	台南	初等	同	農組小梅支部委員	同四年
張行	三六	同	初等	同	農組中央委員	同六年
李明德	二七	同	初等	同	文協中央委員	死亡
姜林小	四〇	同	無學	同	農組中央委員	徒刑四年
湯接枝	二九	台中	初等	同	農組中聯常任委員	同六年
吳丁炎	三〇	台南	初等	同	文協中央委員	同七年
許啓明	三六	同	同		文協員	同二年
李鹿	二四	同	同		農組員	同二年
呂賽	二七	同	同		同	同三年
陳越	二九	同	同		同	同四年
蔡添丁	三二	同	無學			同二年
張卜	二九	同	初等			同二年
張笨	三〇	同	同			同二年
吳沈旺	三四	同	同		農組員	同二年
楊順利	三八	同	同		農組支部委員長	同二年
陳文質	四八	同	無學	黨員	農組支部委員	同四年
林銳	三八	同	初等		同	同三年
林水福	二九	台中	初等		農組員	徒刑二年
曾百川	二四	台南	同		同	同二年
張庚申	二八	台中	初等	黨員	文協中央委員	同三年
謝少塘	二六	高雄	同		文協竹山支部委員	同二年
孫氏葉蘭	二二	同	同		農組員	同二年
廖長茂	三一	台南	同		同	同二年
李萬春	三一	同	同		同	同三年
黃任葵	二二	同	同		同	同二年
陳錫珪	二三	同	中等			同二年
沈君	二三	同	初等		農組員	同二年
許登此	二五	同	同		同	同四年
魏連春	三〇	同	同		同	同二年
姜林朝清	三〇	同	無學		同	同三年
吳博	二七	同	初等		文協員	同三年
張溜	三〇	同	同			同三年
黃春生	二七	同	同		文協員	死亡
姜林海鵰	三一	同	同		同	徒刑二年
姜林德鴻	二四	同	同		同	同二年
尤份	二七	同	同		同	同二年
呂朝枝	二四	台中	同		同	起訴猶豫
詹瑞嬰	五三	高雄	同		農組員	徒刑四年
呂和布	三〇	同	同		借家人組合幹部	同四年
林春	二五	同	同		農組員	同二年

（參閱「警察沿革誌」第二編中卷 p.796）

⑹ 上海、廈門台灣學生的反帝大同盟

一九二八年台灣共產黨結黨之後、不過幾天就遭上海讀書會事件的檢舉、其後、僥倖得脫險的林木順・翁澤生等只好暫時停止工作而採取觀望態度、等到翌年才糾合上海台灣留學生聯合會與台灣青年左傾份子、於六月十七日假法租界的一家基督教會黨舉行「**六・一七紀念大會**」、出席者除了台灣人方面的林木順・翁澤生・陳麗水・林延年・王慶勳・蔣麗金・李能茂・鄭連捷・沈西東・劉照明・劉學海・周宗河等人之外、也有多數的中國人・朝鮮人參加。

在大會上、先在六月十六日新成立的「**上海青年反帝大同盟**」（在中國共產黨江蘇省黨委員會的領導之下）乃提議由東方各弱小民族組成「**東方被壓迫民族反帝同盟**」（簡稱爲「東反」— The anti — Imperialist League of Eatern Oppress Races）、擬以：㈠促進東方被壓迫民族的反帝鬥爭、㈡發動中國被壓迫民族參加中國革命、㈢促進東方被壓迫民族及被壓迫階級的革命勢力的團結、而預先組成籌備會。

同時在大會之後、林木順・翁澤生・鄭連捷・劉子徵・陳麗水・林延年・李能茂・蔣麗金・劉家浪等再會合於大廈大學而結成「**上海台灣青年團**」、擬以跟「**東方被壓迫民族反帝大同盟籌備會**」及「**上海青年反帝大同盟**」相配合來進行反帝運動。「**上海台灣青年團**」成立後、隨著中國共產黨的紅軍及蘇維埃地區的壯大、該團乃逐漸活躍起來、即在一九二九年十一月公佈其政治路線（擁護蘇維埃聯邦・反對帝國主義戰爭・反對國民黨軍進攻紅軍及蘇維埃地區・反對日本帝國主義壓迫台灣朝鮮的革命青年・達成台灣獨立以期台灣革命成功）、且在一九三〇年三月整頓內部陣容並選舉幹部、及任命機關誌「**青年戰士**」的負責人（王溪森・鄭連捷負責印刷工作、黃天鑑・蔡星獻擔任發送工作）。

一九三一年（昭和六年、民國二〇年）四月十二日、上海台灣青年團改組爲「**上海台灣反帝同盟**」（旅滬台灣反帝青年同盟）、並把青年戰士報改爲「**反帝報**」、同時改選各部負責人爲：㈠總務部・林木順、

圖49　上海台灣青年團組織圖

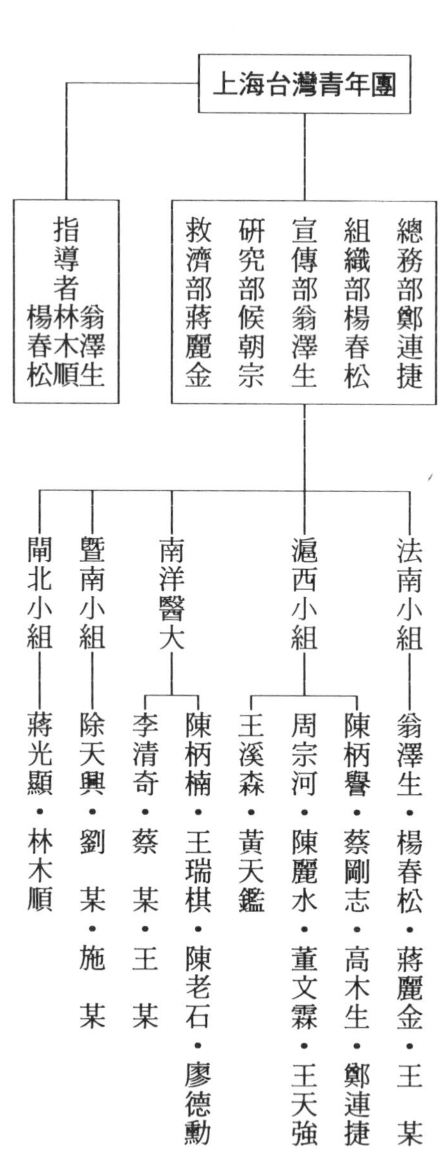

㈡宣傳部・楊春松、㈢組織部・廖德勳、㈣會計部・蔡啓獻。

另一方面在廈門、同在一九三一年六月、侯朝宗乃召集「**閩南學生聯合會**」的積極份子王燈財・康續・陳輝林・陳啓仁・戴遙慶・陳興宇等人於白鹿洞、在「**上海台灣反帝同盟**」及「**中國共產青年團廈門支部**」的支持之下、成立了「**廈門反帝同盟台灣分盟**」、同樣從事於反帝鬥爭宣傳運動。到了一九三二年三月、因王燈財・陳輝林・陳啓仁等大部幹部都是屬於中國共產青年團員、所以廈門反帝同盟台灣分盟即合併於「**廈門青年救國會**」。

然而、從一九三一年七月在上海開始被檢舉上海反帝同盟盟員起、至一九三二年七月八日被捕者計六三人。在廈門也被捕去多數的幹部與盟員（但是林木順・侯朝宗・蔣麗金・林延年等預先聞訊逃脫）、因此、在中國大陸的台灣共產黨員及共產主義者的台灣革命運動依此告終（參閱「警察沿革誌」第二編中卷p.812）、侯朝宗後來改名劉啓光、變節投靠「**軍統局**」（戴笠領導）、戰後返台替中國國民黨壓搾台灣人。

1 農民運動

台灣在一九二〇年代、農業發展突飛猛進、總面積三萬六千方公里之中、除去山岳地佔其三分之二之外、被開發的耕地已達總面積的二二・九%、農業人口佔總人口的五五・二%（參閱表24、表25）、農業生產一向是佔台灣產業的首位。

然而、日本帝國主義統治台灣卻以掠奪土地爲其資本原始積蓄的主要手段、所以土地所有集中、即所有土地一甲未滿的地主佔總地主的五九・三%（一九三二年—參閱表32）、耕地不達一甲的農民也達總農戶的五四・五%（一九三二年—參閱表27）、因此、農業雖然發達、但農村生活依然窮困（參閱表29）。

台灣社會與台灣人自開基以來就在外來統治之下受到殖民地與封建的二重剝削、這乃成爲其社會主流的台灣農民起來從事反殖民地・反封建鬥爭的導火線。到了一九二〇—三〇年代、因爲是：㈠台灣農民仍是繼承反殖民地鬥爭的歷史傳統而構成著其主力軍、㈡總督府對於台灣解放運動鎮壓・逮捕政策促使農民大衆的新的政治覺醒、㈢留學生等知識份子下鄉與農民大衆相結合、起了政治啓蒙的作用、㈣農民大衆受到新的民族鬥爭與階級鬥爭的洗禮等、所以、當時的台灣農民乃繼承初期與中期的武裝抗日而來進行具有反殖民地・反封建・反資本主義的抗日鬥爭、特別是受到台灣共產黨的影響及領導之後、終於成爲台共的大衆基礎（外圍組織）、從事於最富有大衆性・具體性・行動性的革命運動。

⑴ 文化協會的啓蒙運動

「台灣農民運動的起源與日本本國不同、即是民族與階級的因素極爲濃厚、並且、在實踐運動的內容上也是具有激烈的政治色彩爲其顯著的特點。」（「警察沿革誌」第二編中卷 p.1025）。

文化協會自創立以來、其所進行的啓蒙運動乃迅速的從都市浸透於農村、特別是在東京的留日學生及在中國各地的台灣留學生利用假期趕回台灣參加文化演講團巡迴全島、此時在農村所散佈的社會主義種子乃逐漸擴大其無產運動與民族運動（參閱 p.523）、導致台灣農民更爲深刻的認識到：㈠日本製糖資本及其台灣人買辦資本家的強奪土地與對蔗農的壓迫剝削、㈡日本資本對於稻農及香蕉・鳳梨等特產品耕作農民的壓迫剝削、㈢日本人的退職官吏強佔土地山林、㈣日本企業及台灣人地主壓迫剝削台灣佃農、㈤總督府偏袒日本資本家及台灣人買辦資本家・地主的產業政策與土地政策等以及認識到這些經濟剝削所具有的政治性格、因此、在一九二〇年代、隨著近代民族運動與階級鬥爭的發展、台灣農民運動也迅速的被醞釀起來、而成爲整個台灣解放運動的重要一環。

(2)　蔗農爭議與蔗農組合組織運動

正如日本著名學者所說：「**台灣糖業帝國主義**」（矢内原忠雄「帝國主義下の台灣」—〃矢内原忠雄全集〃第二卷 p.391）、日本帝國主義征服台灣產業即以壟斷製糖業爲其出發點、例如、其達成壟斷製糖業的一九二七年代：㈠日本資本所擁有並所控制的新式製糖廠四五家・改良糖廍九家、其他舊式糖廍一一五家、產糖總量達六億八千萬斤（參閱表59）、㈡控制蔗作耕地六萬二千甲（佔總耕地的八%）、蔗作農戶九萬戶（佔總農戶的二四%）、生產甘蔗總量達九〇億斤（參閱「台灣糖業統計」「農業基本調査書」「台灣總督府統計書」）、㈢台灣產糖自一九一一年起就供給日本本國砂糖消費總量的八〇%（以前的日本砂糖消費的七〇%是以外匯從外國購進的—參閱表52　伊澤多喜男「台灣統治」p.31）、㈣自一九一四年開始、把本來是屬於特別會計（台灣財政收入）的輸出本國的「**砂糖消費稅**」移交於一般會計（本國財政收入）等（參閱矢内原忠雄「帝國生產下の台灣」—〃矢内原忠雄全集〃第二卷 p.267）、從以上即可看到台灣製糖業自一九二〇年代就被日本帝國主義劫去多麼巨大的財富、也就是日本帝國主義從台灣人身上剝削了多麼巨大的血汗果實。

這種日本帝國主義與日本資本主義以製糖業爲工具而從台灣人剝削巨大的財富、不外乎是集中於從蔗農的剝削而得來的（參閱 p.305, 365）。「台灣農業從事者即佔台灣總人口的五八％、其大部份乃屬於自耕兼佃農或者佃農、隨著台灣的資本主義化進展、他們即自封建關係被轉化爲資本主義的土地關係（社會關係）、尤其是製糖會社採取土地所有並自家經營甘蔗栽培、導致蔗農變成純粹的農業勞動者。賃貸會社所有地或贌耕地的佃農也同樣、因他們得在會社的指揮監督下從事種植甘蔗、所以其經濟關係上的本質也已變成會社所雇傭的勞動者。同時、連會社要從自耕農民收買甘蔗之際、這自耕農民受到耕作資金前貸制度所約制而負必定要生產所定數量的甘蔗的義務、又再受到原料採取區域制度所約制而被指定把所生產的甘蔗只能賣給該地區的製糖廠並被禁止把甘蔗做爲製糖原料以外的消耗、不僅如此、年年的甘蔗收買價格卻得任由會社擅自決定、以致令使蔗農不得不屈服在會社的隸屬關係之下。就是說、日本製糖會社對於蔗農即是甘蔗獨佔收買者、而蔗農乃在前金制度約制（oredit bondage）之下、即墮落爲會社的長期使用人。」（矢内原忠雄「帝國主義下の台灣」—《矢内原忠雄全集》第二卷 p.286）。

因此、在這種資本主義隸屬關係與其壓迫剝削的**經濟基礎**上、文化協會所喚醒的民族與階級的**政治覺悟**、導使台灣蔗農從一九二三年起、即在各地開始要求提高收買甘蔗價格的蔗農爭議及蔗農組合組織運動。

這種爭議在一九二四年時已有五件發生、就是有關林本源製糖會社溪州工廠（台中州北斗郡）・明治製糖溪湖工廠（台中州員林郡）・鹽水港製糖岸内工廠（台南州新營郡鹽水港街）・大日本製糖本社（台南州虎尾郡虎尾街）・新興製糖（高雄州鳳山郡大寮庄）等的鬥爭。翌年一九二五年蔗農爭議增至一二件、關連會社共有八社、其中、發生糾紛即有明治製糖總爺工廠（台南州曾文郡）・明治製糖蕭壠工廠（台南州北門郡）・台灣製糖車路墘工廠（台南州新營郡）・東洋製糖北港工廠（台南州北港街）・林本源製糖溪州工廠（台中州北斗郡）等（參閱「沿革誌」第二編中卷p.1027）。

I　二林蔗農組合與二林事件——台灣第一個富豪的買辦頭子林本源一族自從一九〇〇年重返台灣後、一向是以總督府的強權爲後盾而大興事業（參閱p.329）、即在一九〇九年六月、經過當時的臨時台灣糖務局長・大島久滿及台灣銀行頭取（總裁）・柳生一義等的撐腰、乃以資本金二〇〇萬圓且聘請臨時台灣糖務局技師・小花和太郎爲專務取締役（總經理、掌握實權）、而設立了「**林本源製糖合名會社**」（第三房的林鶴壽爲大股東—參閱圖36）。該會社再在一九一三年十二月改組爲資本金一五〇萬圓的「**林本源製糖株式會社**」（股份公司）、由第一房的林熊徵（與辜顯榮一起組織「台灣公益會」的買辦幫兇）擔任社長、但其經營權仍然被台灣銀行派來的經理監督・田邊米二郎所掌握（參閱台灣總督府殖產局「台灣製糖業概觀」一九二七年p.193　台灣銀行「台灣銀行十年後誌」一九一六年p.59）。

林本源製糖會社在台中州北斗郡溪州庄設有「**溪州製糖廠**」（二林庄管內）、該會社因以總督府的強權爲後盾而霸佔蔗農土地、並把該會社原料採取區域的甘蔗價格壓制得比其他任何地區都低廉、所以該地區的蔗農素來就抱著很大的不滿、即從一九二三年開始就向會社要求提高甘蔗的收買價格。到了一九二四年四月、經過二林庄長・林爐及同庄開業醫師・許學的出面交涉、同時由北斗郡守加以調停的結果、同年十二月、林本源製糖會社乃決定擬以每甲增加五圓做爲「**臨時補給金**」（參閱「警察沿革誌」第二編中卷p.1027）。

然而、適在同年十二月二十日、文化協會的文化演講團到二林來開設「**農村講座**」、講述有關民族與階級的解放問題、同時也揭穿日本帝國主義與日本資本主義壓迫剝削台灣農民的手法及林本源等幫兇的買辦性反動性。於是、該地區的蔗農與地主乃受到很大的激動、經過詹奕候・劉崧甫・陳萬勤・謝鐵・謝黨・李應章・戴成等積極份子一段的奮鬥、於一九二五年（大正一四年、民國一四年）一月一日農民大會上的決定後、終在同年六月二十八日召開了「**二林蔗農組合**」成立大會、在會上推舉二林庄的開業醫師、也是文化協會理事兼二林支部長李應章爲總理、選出理事一〇人（李應章・劉崧甫・詹奕侯・詹仁華・蔡淵騰・王芽・謝日新・邱菊花・曾得明・戴成）、監事六人（謝黨・陳萬勤・謝月・詹忠・洪珍・詹昌寶）。這擁有組合員四〇四人的「**二林蔗農組合**」、乃是台灣最早的農民組織、也就是後來即將被組成的全島性「**台灣農民組合**」的濫觴。（參閱謝春木「台灣人の要求」p.27　宮川次郎「台灣の農民運動」一九二七年 p.147）。

二林蔗農組合在其「**設立趣意書**」中、指出製糖會社最爲橫暴的有三點：㈠任意抨量農民所繳納的甘蔗的重量、㈡任意決定所收成的甘蔗的等級及其各等級的價格、㈢關於耕作・施肥・數量・價格等都不許蔗農有任何異議等、同時、指斥製糖會社爲「**甘蔗的專賣局**」。但在另一方面卻有著：「**階級鬥爭在過去造成了世界革命的慘史、……勞資的鬥爭招來今日俄國的慘劇**」等言辭、並且李應章・詹奕侯・劉崧甫等都是屬於地主階級的改良主義者、所以也受到批評爲：「**以資產階級的思想意識而站在第三者的立場擬想推進農民運動。**」（參閱謝春木「台灣人の要求」p.31）。

二林蔗農組合成立後、以李應章爲首、竭力整頓內部的團結、並招聘林獻堂等文化協會幹部到二林召開文化演講會、藉以揭露製糖業及糖業政策的侵略性與反動性及提高蔗農的政治自覺、這即促使在同年十月召開的組合員大會上決議了：㈠蔗農保有選擇施肥方法與購買肥料的自由、㈡蔗農有權參加繳納甘蔗時的重量抨衡、製糖會社必須在收成甘蔗之前決定收買價格等三項要求、同時全權委任李應章等理事直接向廠方交涉（參閱李應章「蔗農爭議的回顧」—〝台灣民報〞一九二七年一月二日、一三八期）。

然而、林本源製糖會社卻在這蔗農組合所提出的要求迄未得到結論之前、即在一九二五年十月二十二日、冒然開始收刈該地區的甘蔗、所以才在謝才的蔗園裡惹起蔗農組合的領導下大家出面阻止收刈甘蔗之舉、以致發生會社所派來的勞工監督三〇餘人及警察七人跟蔗農一〇〇餘人的武力衝突、警察拔刀、蔗農以投石對抗、結果、被捕者九三人、其中、四七人被移送法院審判。當在此時、「**日本勞動農民黨**」聞報隨即派遣執行委員・麻生久及自由法曹協會律師・布施辰治由東京趕來台北擔任辯護。文化協會理事蔡式穀及鄭松筠（二人都是律師）也擔任辯護人而都爲此事竭力奔跑、但在一九二六年九月仍有二五人被判有罪、李應章徒刑八個月、詹奕侯與劉崧甫各被處徒刑六個月、這就是所謂「**二林事件**」的經過（參閱「警察沿革誌」第二編中卷 p.1029　「台灣民報」一九二六年九月十二日、一二二期二林事件公判號）。

同在此時、台中州彰化郡線西庄的農民、即在文化協會理事・黃呈聰的指導下計劃組織「**甘蔗耕作組合**」（一九二四年八月）、台南州嘉義郡新港庄舊南港的農民也在許辛戌的策動之下、準備成立「**蔗農組合**」、但都受到製糖會社及警察當局的阻撓而未得實現。

Ⅱ　鳳山農民組合與爭議事件——台灣四大家族之一的陳仲和一族是擁有「**陳仲和物產株式會社**」及「**新興製糖合名會社**」等的高雄第一的大地主兼買辦資本家（參閱 p.337）。一九二五年五月一日、陳仲和物產會社突然發表要從佃農收回鳳山街赤山方面的所有土地七〇〇餘甲的贌耕權（就是要「起佃」）、而變爲新興製糖的自營園地、結果、跟該土地的佃農發生糾紛。

鳳山郡烏石庄的黃石順畢業於台北工業講習所後、即參加文化協會而在鄉里從事啓蒙運動、他一接到消息就痛恨陳仲和這種無理的要求、乃在同年五月二十三日召集了當地農民五三人組成「**小作人**

（佃農）組合」而跟陳仲和開始鬥爭。陳仲和出乎意料之外的遭強大抵抗、就不得不暫緩原來的計劃。黃石順與佃農組合員乃在這一段鬥爭的過程中才體會到團結的效力、於是、爲了更進一步的鞏固佃農組合並擴大其影響力、即在同年的一九二五年（大正一四年、民國一四年）十一月十五日、邀請鳳山街的公學校教員出身者・簡吉等、把佃農組合改組爲「**鳳山農民組合**」（組合員八〇人）、並推舉簡吉爲組合長、黃石順擔任主事、選任理事一四人（參閱「警察沿革誌」第二編中卷 p.1030　宮川次郎「台灣の農民運動」p.94）。

鳳山農民組合成立後、該地區的農民運動隨即開始發展、於是、簡吉・黃石順・張滄海・陳賢等組合幹部乃從翌年一九二六年一月四日起、在鳳山郡仁武庄仁武廟召開「**農民講習會**」、大爲啓發農民的階級意識、並鼓勵大家團結起來向買辦大地主進行鬥爭。

另一方面、鳳山郡大寮庄也因新興製糖會社同樣宣佈擬以收回該地二七〇甲的贌耕權、而從一九二五年一月即跟屬下的佃農發生長期的糾紛。大寮庄農民看到鳳山農民組合團結有力、乃邀請簡吉・黃石順等幹部來指導鬥爭、結果、到了新興製糖會社所指定的同年五月十五日期限、當地的佃農三三〇人之中、竟有二六九人拒絕接受其要求而終獲勝。

又在一九二六年九月二十日晚、簡吉等在大寮庄翁公園的陳慷慨宅及蔡招賽宅邀集當地的農民三〇〇餘人開會、在會上指斥二林事件的警察無理鎭壓蔗農組合、並商議擬向新興製糖會社要求提高收買甘蔗價格、但二處的開會均遭到警察的干涉。警察當局驚恐鳳山農民組合對於農民的影響力愈來愈大、即在同年九月二十三日檢舉簡吉・黃石順・張滄海・陳湖・蔡技仕・洪動・林堂等幹部七人、除了黃石順之外、其他六人皆被移送檢察局處罰（參閱「警察沿革誌」第二編中卷 p.1032）。

如此、「**二林蔗農組合**」與「**鳳山農民組合**」都是一成立就遭到總督府殘酷的鎭壓而夭折、但是這種日本帝國主義的鎭壓政策卻成爲激烈的刺激、導使台灣農民更加自覺起來並更加積極的要求改善勞動條件、終於以這草創時代的農民運動爲開端而發展爲全島性的「**台灣農民組合**」。

(3) 日本人退職官吏強佔土地山林

當在一九一四年十二月總督府實行「**行政整理**」之際、總督・伊澤多喜男及總務長官・後藤文夫爲了使其所造成出來的日本人退職官吏能永住於台灣、即以優厚的經濟特權（專賣・土地・山林・水利事業等）或社會地位（半官半民的企業幹部職位・農會幹部・農業倉庫幹部・街庄長・郵便局長等）給予這些日本人退職官吏、其中、最大的特權乃是以「**預約賣渡許可**」的名目而把三千八八六甲（一九二六年十一月爲止）「**官有地**」放領於日本人退職者三七〇人。

然而、這些所謂「**官有地**」在名義上雖是官有、但在實際上本來都是從台灣人地主充公且默許當地農民開墾而現正由他們耕種著的。因此、總督府一發表要把這些土地放領於日本人所有後、有關農民爲了要保衛自己的生活即紛紛起來抗爭、另一方面、文化協會也抓緊機會而派遣演講隊到當地揭露帝國主義者橫暴的剝削手法、並努力於喚起民族意識等而從旁掩護、以致發展爲當時正在進行中的農民運動的重要一環。這種有關官有地放領的大小抗議鬥爭自一九二五年起在全島各地頻繁發生、其中、較大的爭議即有如表83所示的一〇件、在史上最爲重要的有了左列三件。

Ｉ　大甲土地爭議與大甲農民組合——台中州大甲郡大肚庄的「**官有地**」四八甲、素來是由當地農民七三戶在總督府的默許下從事耕種而賴以營生的。一九二五年十二月總督府把這些土地放領給六個日本人退職官吏（參閱表83）、當地農民聞訊即開始起來向總督府當局提出抗議、但由總督府授意於大甲郡守施展壓力並命令有關農民必須向日本人退職者（該土地所有者）屈服、同時指示二者訂定土地

表83　1925年代日本退職官吏與台灣農民的土地糾紛

	地名	地目	許可面積	退職官吏	許可年月日	預約期間	關係農民
			甲	人			戶
台中州	大甲郡大肚庄大肚	原野	48.5370	6	1925.12.30	1年	73
	台中市旱溪	〃	5.1710	1	1925.12.30	1〃	4
	大甲郡大甲街日南，後厝子，六塊厝，大安庄牛埔	〃	16.4020	3	1925.12.30 1926. 3.24	1〃	7
台南州	虎尾郡崙背庄沙崙後	原野	143.9670	17	1925.11.19	6個月	77
	虎尾郡崙背庄麥寮	〃	56.3385	6	1925.11.19 1926. 3.22	6個月	10
	虎尾郡崙背庄興化	〃	125.0360	13	1925.11.19 1925.12. 4 1926. 3.22	6個月	30
	東石郡義竹庄過路子	〃	9.8960	1	1925.11.19	6個月	200
高雄州	鳳山郡大寮庄赤崁字潮州寮	原野	73.5005	8	1925.12. 7	1年	82
	鳳山郡大寮庄烤潭	〃	27.9450	1	1925.12. 9	3〃	40
	屏東郡六龜庄六龜	〃	9.9774	1	1926. 2. 3	1〃	

（資料）　「警察沿革誌」第二編中卷 p.1034

賃貸契約。當地農民當然不服、即以趙港爲代表、並邀請「**鳳山農民組合**」理事長・簡吉到當地指導而向總督府及日本人退職官吏進行鬥爭、終在翌年一九二六年（昭和元年、民國一五年）六月六日、假大肚庄媽祖廟召開大甲農民組合成立大會、推舉趙港爲委員長、並採用簡吉所起草的「**鋼領規約**」而加入於台灣農民運動的戰列。

趙港等一三人代表即在簡吉的指導下、與台南州虎尾及高雄州大寮庄的農民取得連繫、並也得到蔣渭水・連溫卿等文化協會幹部的支援、不僅是向台中州廳示威遊行及向總督府當局要求取消該土地的放領、同時也得到台灣民報社台中支局長・黃周的協助、而長驅渡往日本本國、在大阪與「**日本農民組合**」取得連繫、並在東京向「**日本勞動農民黨**」報告台灣農民的窘境、請求日本的社會主義團體支援殖民地台灣的農民解放運動。從此、日本社會主義者及勞工團體乃開始對於台灣農民運動給予各種支援、並在思想上給予不小影響。

當在一九二七年一月總督府及日本人退職官吏將

要測量該放領地時、當地農民一〇〇餘人在簡吉・趙港等的領導下到現場阻擋、大肚庄的壯丁團長以下團員三四人及甲長一七人也連名提出辭職書以表抗議、以致引起司法上的糾紛。東京的勞動農民黨聞報後即派來律師・古屋貞雄擔任被告代理人而在法庭與帝國主義者抗爭。這乃成爲古屋貞雄其後移住於台中並爲台灣農民奮鬥的端緒。

後來、承受該土地放領的日本人退職者因嫌事情麻煩、即把該土地轉賣於台灣人富豪、即台中市橘町的張進江及彰化街的潘克莊。他們在警察的撐腰之下雇庸並強行該土地的耕種、所以該地的反抗鬥爭也遭到警察當局的鎭壓而漸趨消極。

Ⅱ　台南州虎尾郡崙背的反抗鬥爭——崙背庄麥寮・沙崙後及興化厝一帶有「**官有地**」一四三年、素來由七七戶農民耕種（參閱表83）、總督府發表把該土地歸於一七個退職官吏所有之後、當地農民即連絡了鳳山農民組合簡吉・黃石順及大甲農民組合趙港等進行反對鬥爭。當在一九二六年四月退職官吏一同前來進行土地測量時、他們都起來阻撓測量工作、並由農婦溫氏聯動員附近的婦女五〇餘人集體坐在路上攔阻測量隊前進、使他們不能按計劃行事。

在這反抗鬥爭的過程中、當地農民即更加團結、終在同年一九二六年八月二十一日邀請簡吉來庄指導並成立「**台灣農民組合虎尾支部**」（支部書記・陳故租）、而成爲台灣農民運動重要的據點。就是在同年六月「**台灣農民組合**」已告成立、置本部於鳳山、並擁有虎尾・嘉義・鳳山・曾文、大甲等五支部（參閱宮川次郎「台灣の農民運動」p.103）。

Ⅲ　高雄州鳳山郡大寮庄的反抗鬥爭——大寮庄赤崁及潮州寮有農民八二戶耕種七三甲的「**官有地**」、盡被總督府放領於八個退職官吏。一九二六年三月七日、鳳山農民組合簡吉到潮州寮開「**農民演講會**」、並把該地區的農民反抗運動與其他地區的反抗運動相結合、同時、發動台灣農民組合各支部代表一三人向高雄州廳及總督府內務局提出抗議、而成爲台灣農民運動重要的一翼（參閱「警察沿革誌」第二編中卷 p.1039）。

⑷ 蔗農反抗明治製糖會社與「曾文農民組合」

台南州曾文郡下的蔗農自一九二五年以來就跟該地區的明治製糖會社總爺糖廠進行爭議鬥爭、延至一九二六年六月十四日、該地農民運動幹部張行及楊順利乃邀請簡吉到下營庄舉行「**農民演講會**」、同時成立「**曾文農民組合**」、並獲得施禎祥（下營庄開業醫師）・黃信國（麻豆街開業醫師）等文化協會系地方人士的參加、後來、等到「**台灣農民組合**」成立（同月二十八日）、這曾文農民組合即成爲其最有力的支部（參閱「警察沿革誌」第二編中卷 p.1044 「台灣民報」一九二六年七月四日、一一二期）。

⑸ 三菱竹林事件與台灣農民組合嘉義支部

這已在「**林杞埔起義事件**」裡稍有詳述（參閱 p.448）、就是在一九〇八年、因總督府把嘉義・竹山・斗六等三郡的廣至一萬五千甲竹林所有權放領於日本財閥的三菱製紙會社、以致當地的住民五千五〇〇戶一起起來進行抗議鬥爭、同時、又經過在一九一二年見到農民的武裝起義、犧牲許多抗日戰士的生命之後、到了一九二五年四月六日、該竹林乃名符其實的成爲三菱製紙會社所有。然而、因糾紛繼續一〇餘年所以仇恨深化的當地住民、卻不因此而簡單的放棄鬥爭、仍然繼續了：㈠竹山庄住民拒絕納稅・保甲長拒絕執行任務・公學校兒童拒絕上課（一九二五年四月六、七日）、㈡竹山庄代表・張牛等前往台中州廳及總督府請願（同年四月十日）、㈢竹山庄住民四〇〇餘人前往竹山郡役所（郡公所）示威遊行（同年四月十八日）、㈣當日本天皇的皇弟・秩父宮來台巡察之際、這一群無告之民即派代表擬以在林內車站等待秩父宮路過此地而上書訴苦、但未果而在車站被捕代表九人（同年四月中旬）等不屈不撓的鬥爭。

再到翌年七月、鳳山農林組合長・簡吉即與竹崎庄的林龍等取得連繫、並親自前往當地指導鬥爭、同時也邀請來台的日本勞動農民黨幹部・麻生久到竹崎舉行「**農民演講會**」、藉以鼓勵當地農民設立組合並堅持鬥爭。

於是、當地的農民運動者七〇餘人即在同年的一九二六年（昭和元年、民國一五年）九月二日、在簡吉・趙港的指導之下、假竹崎庄眞武廟召開「**台灣農民組合嘉義支部**」成立大會。這農民組合嘉義支部成立後、該地區的竹林鬥爭更趨尖銳化、例如、同年十一月日本皇族・朝香宮來台時、再次計劃向其直訴、一般農民在此時也不管有否禁令、紛紛上山採竹、所以常與警察發生流血鬥爭、被捕者層出不窮。但在另一方面、因該地區的農民已在長期的實際鬥爭當中受到鍛練、立場堅定且鬥志堅決、所以該地在後來即成爲台灣農民運動中最爲堅強的革命據點、在台灣解放革命史上留下了不可抹滅的足跡（參閱山川均「殖民政策下の台灣」一九二六年—《山川均全集》7、一九六六年 p.271）。

(6) 香蕉輸出的壟斷與農民的不滿

台灣香蕉因從早就爲日本本國所嗜好、以致總督府即積極推進中南部的農民多種香蕉、所以到了一九二五年、香蕉種植面積廣達一萬七千甲、產量六億斤、輸出日本總値達一千三六〇萬圓。然而、總督府爲了統制香蕉生產、即在一九二四年二月自台中州設立「**台中青果同業組合**」開始、台南州及高雄州也相繼成立了這種青果同業組合、組合長由各州廳的內務部長兼任、隨即又成立「**台灣青果同業組合聯合會**」（會長由台中州知事兼任）。於是、全島蕉農的生活都被操在組合掌中。繼之、總督府一來是爲了壟斷香蕉的輸出、二來是爲了優待日本人退職官吏、所以在同年十二月又設立了「**台灣青果株式會社**」（授權資本三七萬五千圓的小企業）、首任社長由前總督府殖產局長高田元治郎就任。

台灣青果會社因爲是總督府特許的壟斷企業、凡是出口的香蕉都得經過他們這一關隘、所以不但是已加入青果組合的蕉農所生產的香蕉被抽輸出佣金（只在台中州一年就能抽到六〇萬圓的佣金）、而且還殺價收購非組合員蕉農（耕種平地一甲以下及山地三甲以下的蕉農沒有資格加入組合）的香蕉、其每年的利潤非常的大。因爲這樣、所以非組合員的蕉農爲了要避免青果會社的剝削、於一九二五年夏、不經過台灣青果會社而把二千籠香蕉共同出貨於基隆港、擬以自力輸出日本、然而、大阪商船會社乃在總督府的指示下拒絕運輸、因此這二千籠香蕉即被放置在碼頭而任其白白腐爛。

如此、蕉農一貫受到總督府蠻橫的剝削而生活塗炭、因此、其莫大的不滿情緒乃成爲剛要繼起的農民運動的一股激流（參閱山川均「殖民政策下の台灣」—《山川均全集》7 p.264　矢內原忠雄「帝國主義下の台灣」—《矢內原忠雄全集》第二卷 p.236）。

(7)　「台灣農民組合」的創立

如上所述、台灣農民即在與製糖會社・日本人退職官吏・日本企業會社・台灣人買辦地主階級以及總督府等帝國主義勢力進行具有階級與民族二種性質的反抗鬥爭的過程中、在簡吉・趙港・黃石順及文化協會左派幹部等的指導下、相繼創立了：㈠二林蔗農組合、㈡鳳山農民組合、㈢大甲農民組合、㈣虎尾農民組合（台灣農民組合虎尾支部）、㈤曾文農民組合、㈥竹崎農民組合（台灣農民組合嘉義支部）等、同時也與「**日本農民組合**」及「**日本勞動農民黨**」取得連繫、並受到爲辯護二林事件來台的日本勞動運動領袖・麻生久及布施辰治等的啓發與鼓勵、因此、台灣的農民運動逐漸走向左翼農民組合運動的方向。而為台灣農民開闢階級鬥爭。

Ⅰ　台灣各地農民組合幹部合同協議會――一九二六年（昭和元年、民國一五年）六月二十八日、經過簡吉與趙港的提議、在鳳山召開「**台灣各地農民組合幹部合同協議會**」、參加者有了大甲的趙港・趙欽福・陳啓通、曾文的張行・楊順利・嘉義的林龍・林敬、鳳山的簡吉・黃石順・陳連標等幹部一〇人、在會上由黃石順提議並通過議決而決定創立全島性統一機構的「**台灣農民組合**」、並任命簡吉・黃石順・張行等三人為規約起草委員、同時也決定以鳳山・大甲・曾文・嘉義・虎尾等組合改組或成立為台灣農民組合的五大支部。

Ⅱ　「**台灣農民組合**」的創立與本部機構――台灣各地農民組合幹部合同協議會決定置「**台灣農民組合**」本部辦事處於鳳山街縣口三五〇番地、並擬在十月中旬召開「**創立大會**」。然而、因在九月中旬發生鳳山支部幹部被捕事件（參閱 p.641）、以致未能按時召開創立大會、所以、就在以「**合同協議會**」（一九二六年六月二十六日）所決定的形式之下、宣佈了「**台灣農民組合**」的成立及其幹部名單：

中央委員長簡　吉　中央常任委員簡　吉　陳連標　黃石順
庶務部長　陳連標　財務部長　陳連標
教務部長　簡　吉　爭議部長　黃石順
調查部長　簡　吉

翌年一九二七年九月再把中央機構及幹部改組如左：

中央常任委員　黃信國　簡　吉　黃石順　趙　港　侯朝宗　陳德興　陳培初　謝神財
組織部長　簡　吉（駐在台南州）　教育部長　陳德興（駐在台南州）
爭議部長　謝神財（駐在台中州）　調查部長　黃石順（駐在新竹州）

財務部長　黃信國（駐在台南州）　統制部長　趙　港（駐在本部）

庶務部長　侯朝宗（駐在本部）　顧問書記　陳培初（駐在古屋律師辦事處）

本部及法律辦事處補助　陳　結

「**台灣農民組合**」在一九二七年中、增加了一八個支部、並在同年一月二日把「**本部**」轉移台南州曾文郡麻豆街、又在同年二月四日再轉移台中市（參閱「警察沿革誌」第二編中卷 p.1046 ）。

Ⅲ　台灣農民組合初期的綱領與口號——台灣農民組合成立後、簡吉・黃石順等幹部都忙於指導在各地繼起的反抗鬥爭、所以在與「**日本勞動農民黨**」及「**日本農民組合**」結成關係並受其思想指導之前、當初是沿用具有農民文化啓蒙色彩的「**大甲農民組合綱領**」（簡吉起草）、就是：

㈠　提高農民知識、磨練技術涵養德性、以期享受農村生活及完成農村文化

㈡　依據我等農民相愛扶助之力、相擁相倚、以期達成農村生活的向上

㈢　我等農民即以穩健著實爲合理合法、以期達成理想

然而、隨即就有了：㈠一九二六年八月「**日本勞動農民黨**」首領・麻生久爲「**二林事件**」來台指導、㈡一九二七年二月簡吉・趙港往赴日本大阪參加「**日本農民組合**」第六屆大會並與「**日本勞動農民黨**」結成緊密的連繫（二人從此成爲「福本思想」的熱烈的信奉者）、㈢一九二七年三月日本勞動法曹界領袖・布施辰治爲了在「**二林事件**」二審庭擔任辯護來台、㈣一九二七年五月日本勞動農民黨幹部的律師・古屋貞雄被派遣來台並在台中開設律師辦事處等、就是經過日本勞動運動在思想上實踐上的指導與影響之後、台灣農民運動的思想背景就迅速的社會主義化、其口號也呈現出階級鬥爭色彩、就是：㈠組織內（日本）台鮮無產者共同委員會、㈡實現島內各思想團體的共同戰線、㈢反對暴政・暴壓・拷問、㈣支持日本勞動農民黨、㈤反對出兵中國、㈥反對總督府獨裁政治、㈦打倒田中反動內

閣、(八)要求無償收回土地、(九)反對強奪土地及竹林、(十)要求撤廢惡法、(十一)要求言論・集會・結黨・出版等自由、(十二)爭取青年男女勞動保護法、(十三)禁止一五歲未滿的幼年勞動、(十四)制定最低工資法、(十五)爭取教員與學生管理補習學校及職業學校、(十六)確立耕作權、(十七)反對立毛扣押及禁止出入耕地的禁令、(十八)確立生產物管理權、(十九)撤廢封建的戶口制度等（參閱「警察沿革誌」第二編中卷 p.1045, 1049　農民組合史刊行會「農民組合運動史」一九六〇年 p.384　謝春木「台灣人の要求」p.36）。

再者、「**三・一五日共檢舉事件**」（一九二八年）發生以前的日本社會運動（一九二五—二七年）乃是「**福本主義**」的極左主義風靡一世、相反的、「**山川主義**」卻被排斥為社會民主主義者的時期（參閱 p.586）、因此、日本勞動運動界即受其影響而在一九二五年「**日本勞動總同盟**」開始分裂、「**日本勞動組合評議會**」（日共系）見到成立、從此左右二派的對立愈趨尖銳化、乃分為：(一)左派—「**日本共產黨**」（佐野學）系：「**日本勞動組合評議會**」（野田律太）・(二)中間派—「**日本勞動農民黨**」（麻生久）系—「**日本勞動組合同盟**」（棚橋小虎）・「**日本勞動組合總聯合**」（布施辰治）、(三)右派—「**社會大眾黨**」（安部磯雄）系—「**日本勞動總同盟**」（松岡駒吉）等（參閱大河內一男・松尾洋「日本勞動組合物語」昭和篇、勞動組合組織系統圖、一九六五年）。

Ⅳ　第一屆全島大會與農民組合馬克思主義化——台灣農民組合在一九二七年（昭和二年、民國一六年）十二月四日、假台中市初音町樂舞台召開「**第一屆全島代表大會**」、參加者全島代表一五五人、旁聽者六〇〇餘人、來賓五〇人、主要的來賓有日本農民組合中央委員長・山上武雄、律師・古屋貞雄、後期文化協會代表連溫卿・王敏川・蔡孝乾・洪石柱、台灣民眾黨代表・盧丙丁、東京台灣青年會（社會科學研究部）代表・黃宗垚、無產青年代表・賴通堯等。

大會選任議長・黃信國、副議長・陳海、並任命書記長・侯朝宗、建議委員長・趙港等委員二二人、法規委員長・蘇清江等委員一〇人、預算委員長・尤明哲等委員一六人、決算委員長・陳培初等委員一〇人、交涉委員長陳德興等委員八人。

然而、大會因在第一天的十二月四日午後二時被警察命令解散、所以當晚即臨時召集聽衆一千餘人舉行示威演講會。同時、經過山上武雄・古屋貞雄等幹部五人向台中州警務部長交涉的結果、翌日五日午前九時五十五分重新召開大會、並通過了議案一七件、選出新中央委員等、即告閉會。

第一屆大會所通過的一七件議案中、最爲重要的即是：㈠支持「**日本唯一無產階級政治鬥爭機關的日本勞動農民黨**」、㈡爲了進行無產階級的政治鬥爭而設置「**特別活動隊**」、㈢爲了打倒殖民地的絕對專制政治而依據馬克思主義促進「**勞農結合**」。這就是台灣農民組合自第一屆大會開始的所謂「**馬克思主義化**」。

當時（一九二七年）、在國際上是共產國際即將開始史大林的所謂「**世界革命高潮論**」的極左化政策、中國的國共分裂、日本的共產黨由「**一九二七年綱領**」正在重整革命路線等、在島內則無產青年等社會主義派取得後期文化協會的領導權、前期文化協會幹部重新組成台灣民衆黨等、就是這種內外形勢都在漸趨社會主義化（所謂「左傾化」）的時期、所以這些內外的形勢即射影到台灣農民組合、而使之迅速接收了馬克思主義的革命方法（參閱「警察沿革誌」第二編中卷 p.1052　農民組合史刊行會「農民組合運動史」p.348　謝春木「台灣人の要求 p.37」）。

在大會上選出中央委員一八人、並互選中央委員長・黃信國、常任委員・簡吉・趙港・謝神財・陳德興・楊貴等。

繼之、一九二八年二月三日在台中市榮町本部辦事處召開「**中央委員會**」、出席者陳結・謝進來・趙港・陳海・張行・柯生金・陳培初・楊貴・侯朝宗・簡吉・陳德興・陳崑崙・蘇清江・尤明哲・葉氏陶等中央委員、決定「**特別活動隊**」人員如左：

簡　吉　楊　貴　趙　港　陳德興　葉氏陶　蘇清江　尤明哲　呂德華　謝進來　陳崑崙

柯生金　陳　結　謝　塗

同時、分配特別活動隊的設置工作：黃信國（中央委員長）・簡吉（蔗務、財務）・楊貴（政治、組織、教育）・趙港（爭議、調查）・陳德興（青年部）・葉氏陶（婦女部）等（參閱「警察沿革誌」第二編中卷 p.1057）。

V　台灣農民組合領導農民鬥爭——台灣農民組合自召開第一屆全島大會後、在日本本國共產主義運動的影響與指導之下、促使全島農民迅速的自覺起來、所以農民鬥爭迭起而生、僅在一九二七、二八年的二年間、農民組合所領導的農民爭議即達四二〇件、其主要的就有：

㈠　南投郡山本農場爭議事件—台中州南投郡中寮庄有九四三甲的山林被總督府放領於日僑・山本久米太郎、以致二〇〇戶的當地農民於一九二七年七月組織「**台灣農民組合中寮支部**」而與山本米太郎抗爭。

㈡　第一次中壢事件—總督府把新竹州中壢・桃園二郡的三千餘甲土地放領於「**日本拓植會社**」（半官半民會社）所有、當地農民即於一九二七年三月在農民組合幹部・黃石順的指導下成立了「**台灣農民組合中壢支部**」、並在同年七月二十三日派黃清江等代表四人向日本拓植會社交涉減低地租、但該會社卻勾結總督府派來警察扣押他們、以致中壢郡觀音庄新坡地方的農民曾經二次趕往中壢郡役所要求釋放被捕者（七月三十日、三十一日）、並相繼到日本拓植會社進行示威活動。總督府與日本拓植會社即以「**立毛扣押・禁止進入（耕地）**」的名目施加鎮壓。於是、中壢・桃園等地的農民乃召開了「**反對立毛扣押・禁止進入演講會**」於大園・平鎭・新坡等地與其對抗（十一月中旬）、然而、警察卻逮捕黃石順・謝武烈・楊春松・黃又安等八人鬥士以示揚威（一九二七年十一月六日）。後來、警察當局因看到農民的鬥爭意識極為堅強、乃再施展大檢舉而又逮捕八三人、其中、三三人被處有期徒刑。

㈢　第二次中壢事件─第一次中壢事件結束後、總督府乃再進一步的驅使當地警察向有關農民施加壓力而使之在一九二八年七月九日被迫宣佈解散台灣農民組合的「**桃園支部**」與「**中壢支部**」。然而、中壢支部的組合員七〇〇餘人卻不服這種鎮壓手段、乃邀請農民組合本部幹部簡吉・趙港等趕至中壢指導。同年八月九日簡吉召集組合員於中壢支部辦事處並宣佈重整支部工作、但因警察扣押張道福等幹部五人於新坡警察派出所、以致趙港等幹部率衆二〇〇餘人到派出所投石而示威反抗、結果、趙港・張道福等三五人被逮捕、其中的一四人被處徒刑。

㈣　嘉義郡番路庄赤司鳳梨爭議事件─總督府把嘉義郡番路庄的山林五八八甲放領於日僑赤司初太郎為鳳梨園、當地農民二七七戶因此喪失生計、所以皆加入「**台灣農民組合嘉義支部**」、並在一九二七年五月組織「**番路庄生活保守同盟會**」而向赤司鳳梨園進行鬥爭、卻被捕三〇人。

㈤　辜顯榮所有地爭議事件─辜顯榮即在一九二七年三月把台中州北斗郡二林庄的七〇〇餘甲所有地從佃農身上取消其贌耕權而轉貸於鹽水港製糖會社、於是、當地佃農乃在台灣農林組合二林支部長・蔡阿煌等的指導下進行鬥爭。辜顯榮即與鹽水港製糖會社相勾結、委托警察當局出面鎮壓、因此、農民組合二林支部的組合員乃相率前往鹿港街辜顯榮宅示威、並在二林庄召開「**反對起佃及立毛扣押・禁止進入演講會**」、他們因不服從警察的解散命令而被捕者有莊萬生・謝神財・張福生等農民組合幹部五人及組合員多數。

㈥　大潭官有地佃農爭議事件─總督府把高雄州東港郡東港街字大潭的官有地一五七甲由蘇隆明等地主三人經手、而賃貸於當地農民一〇〇餘人、其中的七〇餘人由薛步梯（原農民組合幹部）指導、於一九二七年十一月重新設立「**東港農工協會**」向蘇隆明等鬥爭、被捕三一人。

(七)　台灣拓植製茶會社所有地爭議事件——總督府把新竹州苗栗郡三義・銅羅二庄的土地四千七〇〇甲放領於台灣拓植製茶會社等經營茶園、因該會社禁止當地農民上山伐木、所以有關農民三千六七八人即成立了「**台灣農民組合三義支部**」與該會社抗爭、這個所謂國策會社的台灣拓植製茶會社就動員警察檢舉農民一一一人、並無理的送法院處罰。

(八)　大寶農林造林地爭議事件——總督府把台中州大屯郡霧峰庄萬斗六・大平庄頭汴坑・北屯庄大坑等地的山林二千三二一甲逐一放領於日僑・大寶ギン（女）、當地農民九一一戶（三千九〇〇餘人）即加入台灣農民組合與其抗爭。

(九)　大湖庄所有地爭議事件——總督府於一九二五年把新竹州大湖郡大湖庄南湖及馬那邦地方的田四一甲・園七四一甲・山林五〇〇餘甲等放領於大湖庄所有。當地農民得到台灣農民組合幹部簡吉及文化協會幹部王敏川・謝武烈・郭常等人來援、於一九二七年十二月二十九日組織「**台灣農民組合大湖支部**」、在這支部的統制下繼續長期的爭議鬥爭。

如此、台灣農民組合即在與台灣農民緊密的連繫之下、廣涉於全島的農民反抗鬥爭的過程中、自成立以來至一九二七年的一年半之間、組合員增至二萬一千三一一人（成立時四千一七三人）、支部增爲左列的一六處（成立時六處）：

新竹州——大湖・中壢、台中州——大屯・大甲・彰化・二林・竹山・台南州——曾文・下營・虎尾・嘉義・小梅・斗六・高雄州——鳳山・屏東・內埔（參閱「警察沿革誌」第二編中卷 p.1063）。

⑻ 台灣共產黨指導下的台灣農民組合

自一九二八年六月「台灣共產黨」建黨以來、乃特別重視台灣的農民問題與農民運動、並積極介入於「台灣農民組合」、結果、很快就把其置於黨的領導之下。

Ｉ　台共的農民綱領——台共曾在上海創立時就通過了「關於農民問題的重要性」做爲對台灣農民的工作準繩：

「農民問題是列寧主義的根本問題之一、乃是無產階級專政的一個重要問題。……

台灣共產黨對農民問題所要解決之中、特別要提出的是民主革命時代的農民問題。……

台灣不外乎是日本帝國主義的殖民地、在殖民地台灣的民族獨立運動的過程中、農民問題是佔非常重要的地位。……

台灣共產黨對於農民問題的當有任務認爲是要竭力領導農民大眾、使之在無產階級的指導下從事反對帝國主義的土地強奪、並推翻地主及掃清封建遺毒而來徹底實行偉大的農村革命。……

我黨的農民問題綱領即是在沒收地主及日本帝國主義的土地、並把其分配於農民的這一點。……」

台灣農民運動現已在台灣農民組合統一領導之下、這點的確是給予我黨的農民運動良好的前提條件、然而、台灣農民組合本身已在思想上‧實際上犯了種種的錯誤、即是：㈠農民組合把農民誤認爲是無產階級及台灣革命的主力軍、㈡把大衆團體的農民組合與政黨混同、㈢不瞭解農民的實際要求、且否認民族革命運動、偏向於高唱階級鬥爭（受到日本的福本主義的不良影響）、㈣輕規群衆的日常鬥爭而熱衷於幹部的政治活動、㈤不努力進行革命的工農同盟、㈥未曾明確提出過對於封建地主及帝國主義的反對運動。……

爲了克服農民組合上述的缺陷、我黨必須盡可能派遣黨員加入農民組合、使之在前線作戰而爲黨樹立農民運動的指導權。同時也要努力：㈠在農民組合內進行黨團工作、對農民注入階級意識、㈡明確的指出土地問題與農民鬥爭的對象、㈢激發日常鬥爭、並在其鬥爭過程中擴大黨的影響、㈣把農村工作的社會基礎建立在貧農・農村工人・小農之上、㈤擴大農民組合組織、㈥促進農民運動在日常鬥爭方面建立工農革命同盟、㈦農民組合在組織上必須建立青年部・婦女部・農業工人部、㈧促使農民注重國際問題、並宣傳加入「**農民國際**」（Cleschintern）、㈨在無產階級指導下參加民族革命運動、㈩與民衆黨系的農民協會必須樹立統一戰線、⑪肅清農民組合舊有的遺毒及幼稚病、以資擴大組合組織、⑫農民組合中的黨團必須在黨的指導下利用一切的合法性、而來吸收農民黨員、擴大黨的農村支部及促進其發展。（「警察沿革誌」第二編中卷 p.623）。

Ⅱ　謝雪紅提出設立青年部・婦女部・救濟部等三大提綱——台共創立時的候補中央委員謝雪紅在上海被捕並被移送台灣後、在台北設立「**島內黨中央**」、並經常往赴在台中的「**台灣農民組合**」本部辦事處、推進吸收黨員及組合內部的黨團工作。她以這黨團工作爲跳板、出席台灣農民組合中央委員會（一九二八年八月二十九日）、促使該委員會決議「**支持台灣共產黨**」、同時提出了：㈠台灣農民組合青年部組織提綱・㈡台灣農民組合婦女部組織提綱、㈢台灣農民組合救濟部組織提綱、而慫恿農民組合增設青年部・婦女部・救濟部來吸收農村青年及婦女參加革命的農民運動。這些提案即是基於台共的組織方針、擬把其發展爲「**共產青年同盟**」及「**赤色救援會**」（參閱 p.608　「警察沿革誌」第二編中卷 p.1071）。

Ⅲ　台共提倡組成統一戰線及其始末——一九二七年在日本本國即有左翼團體統一戰線論及清算福本主義逐漸抬頭、以致台灣也受其影響、在農民組合顧問・古屋貞雄的主導下、由農民組合的簡吉及後期文化協會的連溫卿等準備具有統一戰線性格的「**反對壓制政治協議會**」、但因右派的台灣民衆黨表示不同意、所以未見實現。

後來、在謝雪紅的領導下台共組織浸透於農民組合之後、謝雪紅乃基於當時的黨的方針、即要組成一個合法的外圍團體的「**無產大衆黨**」、而積極準備其前提條件的「**統一戰線**」。於是、在一九二八年（昭和三年、民國一七年）七月三日、召集各團體代表會合於文化協會本部樓上、參加者即有農民組合代表簡吉・莊萬生、後期文化協會代表賴通堯・周永福、台中總工會代表張景元・蔡潤卿、台中店員會代表謝永春・蔡寶卿、台中木工工友會代表張龍・楊木生、台灣民衆黨代表吳泗滄・陳玉・陳瓊玖等人、經過吳泗滄的提議之後、大家贊同組成統一戰線團體的「**台灣解放運動團體台中協議會**」、並任命簡吉・賴通堯・張景元・蔡寶卿・張龍・陳瓊玖等人爲規約起草委員、擬以積極推進。

然而、其後因共產國際指示各國支部「**必須以共產黨爲唯一的無產階級的黨**」爲原則、以致其他黨的組織卻被指摘爲錯誤、結果、剛成立的「**台灣解放運動團體台中協議會**」也隨即趨於消散（參閱「警察沿革誌」第二編中卷 p.1079）。

Ⅳ　台灣農民組合台共派與非台共派的內部鬥爭――台灣共產黨勢力浸透於台灣農民組合後、組合幹部逐漸分爲：㈠台共派即幹部派（簡吉・趙港・顏石吉・張行・陳德興・彭宇棟・莊萬生・陳崑崙）、㈡非台共派即非幹部派（楊貴・謝進來・謝神財・陳培初・尤明哲・張滄海・吳石麟・賴通堯・葉氏陶）。台共派即支持遵守「**日共一九二七年綱領**」的台灣共產黨、相反的、非台共派則有昔所謂左翼社會民主主義的「**山川均主義**」的傾向而注重於合法的實踐運動、結果、非台共派的楊貴等乃在一九二八年六月二十七日的農民組合中央委員會上被開除中央委員、其他也都紛紛脫離組合。農民組合此時的內部糾紛到後來即牽連到後期文協、導致發生連溫卿一派的開除事件（參閱 p.558　「警察沿革誌」第二編中卷 p.1081）。當時、台共在農民組合內部的黨團工作乃迅速發展、已在中央指導部佔優越地位、即中央常任委員三人（簡吉・趙港・陳德興）、中央委員一五人（簡吉・趙港・陳德興・楊春松・陳結・趙欽福・陳海・張行・林新木・呂得華・蔡端旺・莊萬生・黃天・陳崑崙・楊四川）。

(9)　第二次全島代表大會

一九二八年十月、台灣共產黨東京特別支部屬下的黨員、林兌乃透過陳來旺而接到來日的台灣共產黨中央委員長・林木順的指令・就是指示：「**爲了向擬在十二月底召開的台灣農民組合全島大會給予黨的影響而趕赴台灣**」、同時被指示把「**農民問題對策**」帶回（參閱 p.607）。林兌接受指令後、乃在同年十一月二十九日化名潛回台灣、把其指令及農民問題對策轉達於謝雪紅、由謝雪紅再轉給簡吉、擬以由大會議案的方式貫徹於農民組合的政策與實踐運動上。

其所謂「**農民問題對策**」、旨在把台灣農民組合完全置於台灣共產黨領導之下、擬以推行台灣農村的革命實踐運動。其內容即有：㈠發行機關報紙、展開民族的解放鬥爭、㈡提倡土地問題、㈢促進工農同盟、㈣建立農民組合自衛團、㈤設置農民青年講習所、㈥農民親合救濟部的全島性發展、㈦喚起重視國際問題、㈧鬥爭左翼社會民主主義者等。

於是、台灣農民組合在台灣共產黨島內黨中央・謝雪紅及海外黨中央特派員・林兌的背後指導之下、於一九二八年（昭和三年、民國一七年）十二月三十日、假台中市樂舞台召開「**第二居全島大會**」、參加者全島代表一六二人、來賓一三〇人、旁聽者三五〇至四五〇人、全場擁擠、幾無立錐的餘地。大會即推舉議長楊春松、副議長蔡端旺、並任命書記長簡吉・書記黃白成枝・譚廷芳・柯生金・黃水生・陳啓瑞・張炳煌・謝進來・林芳雲等、由陳德興・江賜金・簡吉・陳崑崙・侯朝宗等報告本部工作狀況、在報告中卻屢遭臨場警察命令中止、但翌日又繼續開會、選出新中央委員如左：

圖50　台灣農民組合組織系統圖（1928年12月底）

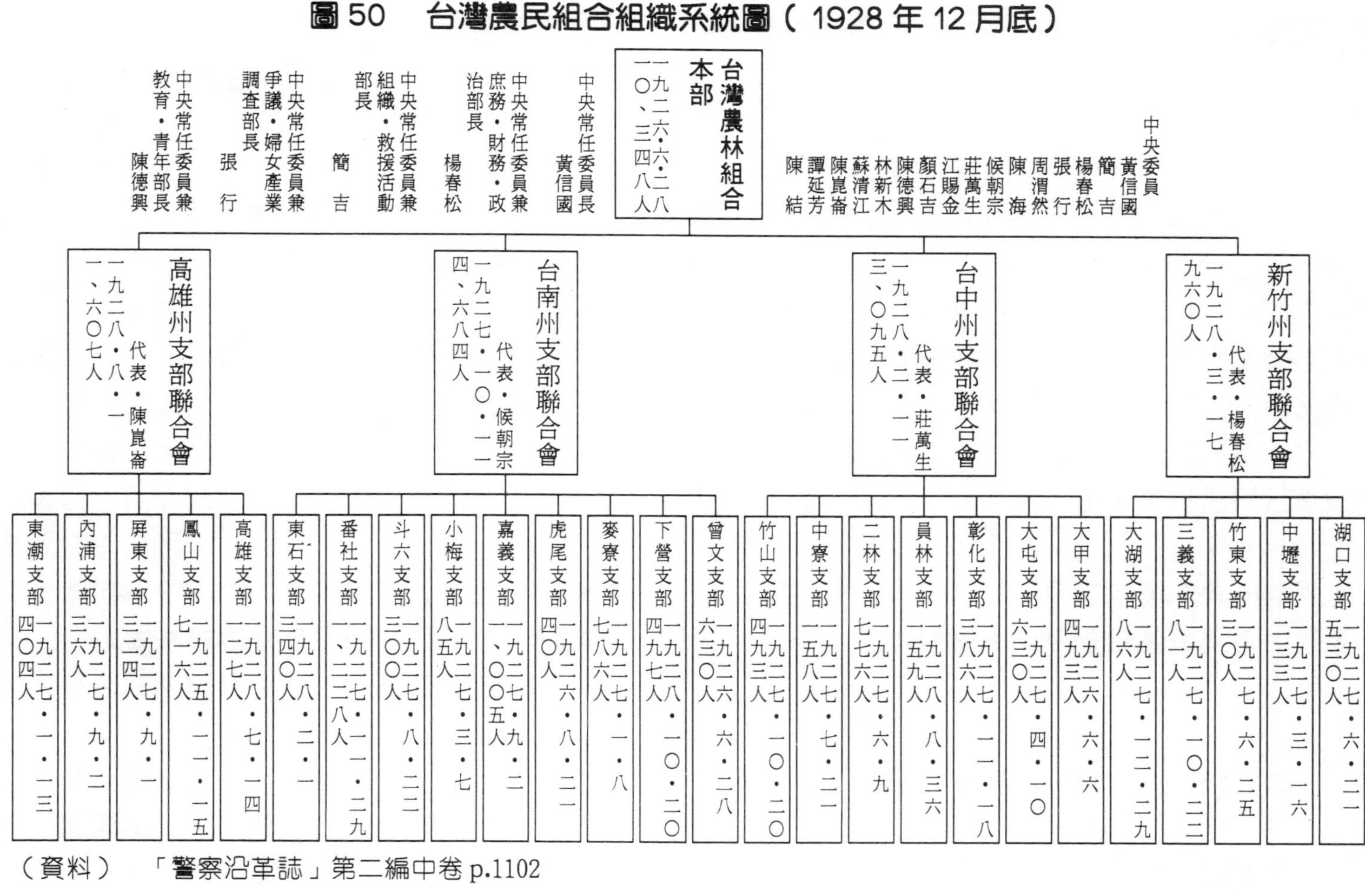

（資料）　「警察沿革誌」第二編中卷 p.1102

簡　吉　楊春松　黃信國　張　行　陳德興　周渭然　莊萬生　陳崑崙　顏石吉　陳　海

譚廷芳　陳　結　侯朝宗　林新木　蘇清江　江賜金

新候補中央委員—劉建業　趙　港　張玉蘭　曾金象　陳啓瑞　謝武烈　陳　良　廖奕富

溫勝萬　劉溪南

中央常任委員長仍由黃信國繼任

關於大會宣言及綱領的發表即委任中央委員會處理。然而、因在議案審理時與臨場警察發生糾紛、以致被捕簡吉等八人、所以、其他的議案都在後來所召開的中央委員會及中央常任委員會中從略予以審議並決定的。

會後、在台灣共產黨領導下所發表的「台灣農民組合第二屆全島大會宣言」中、更爲明確的指出階級與民族的反帝國主義革命鬥爭、即是：㈠農民們趕快加入農民組合、工人仍趕快加入工會、工人與農民團結起來、㈡確立耕作權與團結權、㈢全台灣被壓迫民衆團結起來、㈣台・日・鮮・中的工農階級團結起來、㈤擁護工農祖國蘇維埃、支持中國工農革命。㈥打倒國際帝國主義、㈦反對新帝國主義戰爭、㈧被壓迫民族解放萬歲、㈨全世界無產階級解放萬歲（參閱「警察沿革誌」第二編中卷 p.1085）。於是、第二屆全島大會後的台灣農民組合乃大爲增加革命鬥爭、例如、國際無產婦女紀念鬥爭、青年部・婦女部・救援組部織運動、國際無產青年紀念鬥爭、追悼渡邊政之輔同志、紀念俄國十一月七日革命等。

⑽「二・一二事件」（台灣農民組合被大檢舉）

如上所述、一九二八年因日本本國發生「三・一五大檢舉事件」、日本共產黨的黨員盡被逮捕、以致組織又再一次遭到打擊。日本警察乃趁機把「**特別高等刑事**」（警察特務）密佈於全國、在台灣也從同年七月開始把「**特別高等刑事課**」（簡稱爲「特高課」）設置於郡役所以上的全台警察機構、擬向一切的抗日運動進行殲滅性的鎮壓政策。關於台灣農民組合被編入台共領導事、特高課早已探悉、但其再進一步的具體情況卻不盡其詳、於是、警察當局爲了要追究台共內部的實際狀況、才利用所謂「**違反出版法規**」（不經當局批准就散佈刊物・傳單等）的莫須有的罪名爲藉口、於一九二九年（昭和四年、民國一八年）二月十二日拂曉、對台灣農民組合的全島機構進行突擊性的大檢舉（參閱p.609）。

警察的檢舉廣泛涉及全島、農民組合的本部支部以及關係團體（後期文化協會・無產青年）與主要幹部的住宅等三〇〇餘處盡被搜索、雖然、沒收所謂「**證據品**」達二千餘件、但有關台共的資料卻一無所得、只是扣押三〇〇餘人、逮捕五九人、以違反「**台灣出版規則第一七條**」爲藉口勉強把一二人處刑如左：

表84　「二・一二事件」被處刑表

氏名	年齡	工作崗位	住所	第一審	控訴審	備考
候朝宗	二五	中央委員	台南州東石郡六腳庄	徒刑一個月	徒刑一〇個月	執行猶豫五年
陳崑崙	二五	〃	台南州東石郡新園庄	〃〃	〃〃	〃
顏石吉	二五	〃	高雄州屏東郡屏東街	〃〃	〃〃	〃
蘇清江	二三	〃	台南州新營郡番社庄	徒刑一個月	徒刑一〇個月	
簡吉	二七	中央常任委員	高雄州鳳山郡鳳山街	〃四個月	〃一年	
楊春松	三一	〃	新竹州中壢郡中壢庄	〃一個月	〃一〇個月	保釋中潛渡上海
江賜金	二四	中央委員	台北州海山郡土城庄	〃〃	〃〃	
張行	三一	中央常任委員	台南州曾文郡下營庄	〃〃	〃〃	
陳德興	二四	〃	高雄州潮州郡潮州庄	〃〃	〃〃	執行猶豫五年
譚廷芳	二九	中央委員	新竹州苗栗郡三叉庄	〃〃	〃〃	〃
陳海	三七	〃	台中州大甲郡大肚庄	〃〃	〃〃	〃
黃信國	四四	中央常任委員	台南州曾文郡麻豆街	〃〃	〃〃	執行猶豫

（資料）　「警察沿革誌」第二編中卷 p.1103

農民組合幹部被捕後、孤立在各地的不少組合員雖有見到退縮（組合員一時由一萬一千四一〇人減為九千三六九人）、但大部份組合幹部卻愈打愈強、於是、中央委員會乃發出「通知書」、向組合員號召絕不能因此而對日本帝國主義示弱。同時、在台共東京特別支部指導下的「東京台灣學術研究會」也送來「為全島被大拘捕告農工兄弟書」、在書中特別強調：「**農工兄弟們！被壓迫的兄弟們！我等必須重整陣營而向雄心勃勃的吃人強盜即日本帝國主義繼續堅強的鬥爭、排除萬難站起來、以大眾行動來挽救被捕的兄弟、並死守諸君的台灣農民組合。**」（「警察沿革誌」二編中卷 p.1105）。

⑾　台灣農民組合的重建運動

二・一二大檢舉發生之後、台灣農民組合的幹部及組合員莫不憤慨帝國主義者以強辭奪理來胡亂捕人、連未被逮捕的幹部也在思想上愈趨共產主義化、所以主要的幹部都在此時相繼加入台灣共產黨、同時、台共的島內黨中央也藉此機會指示組合的黨員得加緊推進黨團工作、因此、農民組合的重建工作隨即被建立起來、台共在組合內的領導地位也愈趨鞏固。於是、未被捕的中央委員與候補中央委員即在一九二九年（昭和四年、民國一八年）四月三日組成臨時的「**中央指導部**」、重新任命各部工作的負責人：㈠陳結（擔任庶務・財務・政治工作）、㈡劉建業（爭議・組織・婦女工作）、㈢周渭然（調查・產業・救援工作）、㈣陳啓瑞（教育・青年工作）等、擬以處理善後及展開下一段的革命工作。

同年七月、八月趙港及簡吉相繼被保釋、二人即在十一月開設「**農民組合台北出張所（分處）**」、擬以做為法庭鬥爭的據點及中央幹部的會合中心。十二月在這台北出張所召開的中央委員會上、乃批准黃信國申請辭任中央委員長、並重新任命楊春松為臨時中央委員長、及中央委員一二人（簡吉・楊春松・張行・陳德興・趙港・陳崑崙・蘇清江・侯朝宗・陳結・林新木・顏石吉・周渭然）、中央常任委員五人（簡吉・楊春松・張行・陳德興・趙港）、同時審議並通過趙港起稿的**新行動綱領**、即「**農民組合行動綱領**」。

然而、警察當局對於鎮壓農民組合的手段極爲兇狠且執拗、就是打擊組織・迫害幹部、強迫組合員退出組織、再次逮捕趙港・顏錦華等、於是、台灣農民組合一來是爲了繼續百折不撓的再建工作、二來則爲了準備與全島的特高警察周旋、即把本部及各支部的組織・實踐等都化整爲零、終於轉入地下運動。

但在另一方面、農民組合處於這艱難的當中、卻也免不了在革命認識上及革命方法上發生內部的分岐、與上述同樣、主要是分爲台共派與非台共派、其中、陳崑崙・張玉蘭・張滄海・林新木・曾金龍・楊順利・謝進來・蔡水・侯朝宗・李留・陳啓瑞等被批評爲機會主義者或中間動搖份子、而在理論鬥爭過程中逐漸離開組織或被淘汰而脫離（參閱「警察沿革誌」第二編中卷 p.1107）。

上述新採用的「**農民組合行動綱領**」乃尖銳的針對昔日本帝國主義的壓迫剝削政策、並舉出其鬥爭的具體提綱：㈠減免小作料（地代）鬥爭、㈡解決土地問題鬥爭、㈢反對扣押處分鬥爭、㈣奪回生產物管理權鬥爭、㈤爭取制定農業工人最低工資法鬥爭、㈥爭取七小時勞動制鬥爭、㈦爭取農會・埤圳管理權鬥爭・㈧爭取評論・出版・集會・結黨的自由鬥爭、㈨確立團結權・團體交涉權・罷工權等鬥爭、㈩撤廢治安維持法・匪徒刑罰令・浮浪者取締規則等鬥爭、(十一)反對檢舉・扣押・拷問・毆打・追放・家宅搜索・跟蹤等鬥爭・(十二)撤廢剝削農民的苛稅等鬥爭・(十三)撤廢保甲制度鬥爭、(十四)反對強制蓋章鬥爭、(十五)打倒業佃會・興農倡和會・農民協會・民衆黨等鬥爭、(十六)號召農民・工人・貧農等加入台灣農民組合、(十七)擴大青年運動鬥爭、(十八)擴大婦女部運動鬥爭、(十九)擴大救濟部鬥爭、(二十)促進台灣解放運動犧牲者救援鬥爭、(二十一)促進創刊機關報紙鬥爭、(二十二)促進結成台灣解放同盟鬥爭、(二十三)支持組織反帝國主義同盟鬥爭、(二十四)支持汎太平洋勞動組合鬥爭、(二十五)支持中國印度工農革命鬥爭、(二十六)反對帝國主義鬥爭、(二十七)

反對總督獨裁政治鬥爭等（「警察沿革誌」第二編中卷 p.1109）。

⑿ 台共外圍團體的台灣農民組合

一九三〇年世界規模的經濟恐慌逐漸浸透於島內、台灣人勤勞大衆受其影響極爲深刻、尤其是農村經濟所受的禍害最爲厲害、另一方面以這個所謂第三期世界恐慌爲契機而史大林所提出的極左的世界革命策略、竟給台灣共產黨很大的刺激、再加上帝國主義者所施展的鎭壓與摧殘日趨殘酷、在這種客觀情勢的演變之下、台灣共產黨的革命鬥爭漸趨尖銳化、其黨勢隨即日見擴大、於是、逐漸把台灣農民組合編入於台共本身的外圍組織系統。

I　台灣農民組合當前任務的綱領——台共「島内黨中央」（負責人謝雪紅）爲了要在農民組合内部推進黨團工作、即在一九三〇年十二月秘密發表「台灣農民組合當前任務的綱領」、擬以確立農民組合的新方針及整頓新陣營。

台共在該綱領中分析農民組合的現狀說：「因一九二九年的二・一二事件是以檢舉台灣共產黨爲目的（我等早已預測到必會遭治安維持法的處分）、所以、以我等的台灣農民組合爲重點、搜索七〇〇餘處及檢舉三〇〇餘人、被檢舉的戰鬥份子均慘遭毆打與拷供、其中的中央委員一一人再被扣押半年以上、而且、第一次與第二次中壢事件被捕的鬥士都迄未出獄、加上、趁此組合陣營的聲勢暫成薄弱的時期、統治階級的白色恐佈橫行全島、因此、除了下營・屏東的二支部之外、舊有的二、三〇支部盡被破壞。其後、到了一九二九年九月、第一次與第二次中壢事件及二・一二事件的患難同志相繼出獄、一九三〇年四月再見到二個同志的出獄（此間相反的卻有一些同志再入獄、也有一些墮落份子退出組織）、就是在這我等陣營内部情勢的頻繁演變之下、因受到所謂第三期的經濟恐慌所影響、民衆的鬥爭愈受激發、我等陣營也日漸回復原來的狀況……」（「警察沿革誌」第二編中卷 p.1150）。

同時、在這綱領當中、對於過去的鬥爭工作也有一番的檢討、並指出如下的七點缺陷：㈠對於各種鬥爭都不夠充分的加以激發・組織・指導、㈡因各同志對於中央的決議認識不夠以致使大衆不能徹底瞭解、㈢一部份幹部具有專制作風、㈣我等陣營內尙存有濃厚的合法主義與組合主義的錯誤傾向、㈤不提出「**土地革命**」的口號而來徹底宣傳、㈥缺乏對於楊貴・連溫卿一派的積極的反對鬥爭、㈦缺乏提出青年・婦女的要求等（參閱「警察沿革誌」第二編中卷 p.1151）。

最後、在該綱領裡再指出農民組合當前的任務爲：㈠**政治方面**―①克服合法主義與組合主義、②當要把中央的指令及決議移諸實行時必須預先會同組合員來加以討論並詳細規定其具體的實行方針、③當在進行鬥爭時必須以我等農民組合名義加以發動・組織及指導、④打破少數幹部的專制傾向、分配具體工作於新進鬥士、⑤有意識的在實際鬥爭過程中培養鬥士並提拔農民組合幹部、⑥經常提出「**土地革命**」口號、並與高度的政治口號相結合、⑦對楊貴・連溫卿派展開激烈的暴露鬥爭、⑧肅清內部的機會主義傾向及一切的右傾傾向、⑨重視青年・婦女的特殊要求、動員他們參加革命、㈡**組織方面**―①確立以貧農爲群衆基礎的基層組織（班・隊）、②確立各工作部門的指導部、③重建舊支部並擴大新組織、④準備召開第三屆全島大會、⑤提倡組織反帝同盟、⑥加入紅色農民國際等（參閱「警察沿革誌」第二編中卷 p.1154）。

Ⅱ　陳崑崙宅所召開的中央常務委員會――根據上述台共的決定、農民組合幹部（陳崑崙・趙港・湯接枝・顏石吉・簡氏娥・陳結）即在一九三〇年十一月二十日、二十一日的二日間、秘密會合於高雄州東港郡新園庄力社陳崑崙宅、召開「**中央常任委員會**」、在會上**正式決定**把農民組合做爲在台共領導下的**大衆團體**（外圍組織）、並基於台共的農民運動綱領而在合法的掩飾下進行擴大秘密組織。其他、同時決定了：㈠在各支部聯合會舉辦「**特別研究會**」、以「**共產主義ＡＢＣ**」「**台灣革命史**」爲教材、培養新的革命戰士、㈡向楊貴・連溫卿派進行鬥爭、淘汰組合內部的機會主義者與中間動搖份子、㈢組織農業工會、㈣準備召開中央委員會、㈤準備召開第三屆全島大會。

Ⅲ　竹崎會議（中央委員會擴大會議）——台灣農民組合基於中央常任委員會的決定、同時在台共領導之下、於一九三一年（昭和六年、民國二〇年）一月一日至四日、在嘉義郡竹崎庄召開「**中央委員會擴大會議**」、出席者陳德興・張行・湯接枝・趙港・陳崑崙・簡吉・顏錦華・姜林小・黃在發・陳文質・陳結・尤份・黃石順・謝少塘・顏石吉等一五人、旁聽者林龍・陳楠・林層・劉運陣・林切等五人。在會議上通過議案一七件、其中、最爲重要的乃是正式通過中央常任委員會提出的「**支持台灣共產黨**」議案、於是、台灣農民組合即名符其實的被編成爲在台共領導下的大衆團體。

其他、提倡組織反帝同盟・確立紅色救援會・確立青年部與婦女部等議案都在台共領導之下被提出並審議通過。另一方面、根據新的組織方針、重新改組工作分配、就是北部聯合會（簡吉・湯接枝・廖畑）、中部聯合會（陳崑崙・張行・蔡阿才）、南部聯合會（陳結・姜林小・黃任癸）、高雄聯合會（顏石吉・黃石順・謝少塘）。

同時在會議上也決定了合乎新戰略方針的口號、就是：㈠反對檢舉、㈡擁護言論・集合等自由、㈢奪回生產物處分權、㈣打倒日本帝國主義、㈤反對台灣總督的獨裁政治、㈥擁護蘇維埃聯邦、㈦支持中國革命、㈧台灣共產黨萬歲等。這些決定支持台共的重要決議及新組織方針・新戰略方針等都透過各州支部聯合會及各支部傳達於下屬的組合員、使之在各級機關徹底討論並表示贊同（參閱「警察沿革誌」第二編中卷 p.1157）。

⒀台共指導下、農民組合準備武裝鬥爭

台灣共產黨在一九三一年五月三十一日召開「第二屆臨時大會」之後、乃更改其領導幹部（謝雪紅等被肅清、代之潘欽信上台—參閱 p.617）、同時也採用新戰術、就是基於共產國際東方局及中國共產黨的指令、擬在第二次帝國主義戰爭即將爆發的局勢認識之下、以打倒日本帝國主義並樹立工農蘇維埃為目標、而採用了工農武裝起義的鬥爭方式。當在此時、中日間的軍事情勢也日趨惡化、於是、台共領導部即向農民組合及文化協會等發出指令、指示這些大衆團體必須發動武裝鬥爭。台共的這種新方針乃再以農民組合及文化協會的名義迅速傳達於全島各地的地下組織。

這種武裝鬥爭是透過赤色救援會組織運動中而由陳結在竹崎開始、在北港也由吳丁炎指導準備工作（參閱 p.629）。

繼之、在大湖及竹南永和山二地的武裝鬥爭的準備工作、也由當地的農民組合支部秘密進行、這乃在文化協會苗栗支部的郭常指導之下、基於台共的指示而設立秘密基地進行訓練戰士・決定部署・選定襲擊目標及所要採取的手段等、主要是發展山間僻地的農民組合的地下武裝、但在這一觸即發之際、卻被警察發現而盡歸失敗。

Ⅰ　大湖支部準備武裝鬥爭——農民支部（支部常任委員長李永芳）在一九二七年十二月成立後、因在翌年就遭二・一二大檢舉的打擊、所以組織工作一直不振。其後、一九二九年十一月劉雙鼎繼任支部常任委員長、並經過了在一九三〇年五月採用新行動綱領（參閱 p.663）、又在同年十二月整個農民組合被編入於台共的大衆團體組織系統（參閱 p.665）、於是、該支部才面目一新、組織工作乃逐步上軌、當在一九三一年二月召開支部委員會時已成為一枝頗富有組織力量的秘密部隊。當時的指導部乃由常任委員五人（劉雙鼎・林華梅・陳天麟・劉俊木・吳阿滿）構成、劉雙鼎擔任支部常任委員長、並有文

化協會苗栗支部幹部・郭常在後面指導、把散居於洗水・汶水・水尾坪・大湖・南湖・蕃仔林・卓蘭・獅潭等地的組合員積極份子六三人編成九班、各班置委員指揮一切。但不經多久、因劉雙鼎被警察發現其秘密工作而逃脫於竹南郡永和山、所以由林華梅繼任常任委員長、並在郭常・林華梅的指導下、於一九三二年一月召開的中央委員會上決定推進所有的組合員加入台共並擬把農民組合的大湖支部秘密改爲台共的黨支部、同時在同年二月任命各地區的行動隊負責人、而積極準備武裝起義、就是：㈠大小南勢（林華梅）、㈡下南洗水（邱天送）、㈢北洗水（陳盛麟）、㈣上南洗水（林章梅）、㈤社寮角（邱煌炳）、㈥上平（劉俊木）、㈦大湖・卓蘭（李永芳）、㈧大湖（李阿水）、㈨南湖（黃雲漢）、㈩小馬那邦（溫洪江）、㈪大馬那邦（葉木清・鐘木清）等（參閱「警察沿革誌」第二編中卷 p.800）。

Ⅱ　永和山支部準備武裝鬥爭——竹南郡永和山從早就在簡吉・湯接枝指導下、農民的政治覺悟本就有相當的水準、再就是劉雙鼎自大湖逃到此地之後、當地農民的組織運動又更進一步的活躍起來、終在一九三一年六月成立了「**台灣農民組合永和山支部**」、支部常任委員長由劉雙鼎擔任、常任委員一〇人、並把組合員三九人編成四個班（班長張子登・陳阿興・郭阿添・陳阿富）的秘密部隊、統歸委員・廖天成指揮。

一九三一年時當九一八事變爆發、又在翌年一九三二年二月戰爭擴至上海、台灣共產黨認爲第二次帝國主義戰爭已近在眼前、乃向全島各級機關發出指令、指示開始進行「**國際青年紀念鬥爭**」及「**準備武裝起義**」。永和山接到指令後、隨即再接到郭常來訪、郭常即召集劉雙鼎等支部幹部開會、在秘密會上向大家說：「**日本軍因在上海遭到中國軍的反擊而陷於苦戰、世界列強對於日軍的侵略行爲表示極大的反感、勢之所趨、第二次帝國主義戰爭即將不可避免的爆發起來、另一方面、中共趁此擴展黨勢、中國的中部地方已在其勢力範圍之下。以台灣獨立爲當前任務的台灣革命、當然應受中國革命**

勢力的支援、我等必須趁此一氣呵成的實現武裝起義、而為台灣革命成功來獻身打倒日本帝國主義、並拯救在獄中的同志們」。於是、劉雙鼎等乃著手於調查郡役所火藥庫・錦水及公司寮的石油廠、並計劃爆破縱貫鐵道及造橋的鐵橋、訓練組合員、選擇襲擊目標等積極準備武裝起義。但因在一九三二年三月大湖農民組合的武裝起義事先被檢舉、以致影響到永和山、其秘密組織也被發現而盡被檢舉（參閱「警察沿革誌」第二編中卷 p.805）。

Ⅲ　大湖・永和山的秘密組織盡被檢舉——一九三二年（昭和七年、民國二一年）三月十日大湖農民組合支部被警察搜索二一處、被捕四〇人、又在同年九月二十二日永和山農民組合也被捕九二人、結果被處刑如表85。

Ⅳ　台灣農民組合的衰亡——如上所述、台灣共產黨在一九三一年（昭和六年、民國二〇年）五月下旬所召開的第二屆臨時大會上採用「**新政治綱領**」、隨著台灣農民組合也在六月一日發表「**台灣農民組合當前任務的綱領**」、擬在台共的領導下再進一步的擴大其對農民大衆的影響力。然而、自同年六月起、全島的台共組織開始遭到警察的大檢舉、因此、其大衆團體的農民組合與文化協會之內的黨員也逐一被檢舉、或不得不集中力量來進行台灣赤色救援會組織運動（參閱 p.623）。以致農民組合及文化協會的組織活動漸趨消熄。

表85　大湖・永和山事件被處刑表

氏名	年齢	教育	所屬團體	第一審判決
劉雙鼎	二九	初	永和山支部委員長	在獄中被打死
林華梅	三八	初	大湖支部委員長	徒刑八年
郭　常	四六	初	文協苗栗支部長	在獄中被打死
劉俊木	三四	初	大湖支部委員	徒刑八年
林章梅	二九	初	大湖支部組合員	〃四年
邱天送	二七	無	大湖支部部落委員	在獄中被打死
黃阿乾	六〇	初	大湖支部組合員	徒刑三年
鐘阿煌	五九	無	大湖支部部落委員	〃四年
韋運明	四三	無	大湖支部組合員	〃七年
邱煌炳	四九	初	大湖支部部落委員	〃四年
溫洪江	四六	無	〃	〃六年
陳盛麟	二八	初	〃	〃八年
陳天麟	四三	初	大湖支部委員	〃八年
黃雲漢	二八	初	大湖支部部落委員	〃六年
吳木清	二三	無	大湖支部組合員	〃五年
葉木興	二九	無	〃	〃六年
劉喜順	三五	無	〃	〃三年
張　爲	四八	無	〃	預審免訴
劉俊山	三四	初	永和山支部委員	〃二年
張阿艷	三七	無	永和山支部委員	徒刑八年
鄧阿番	四七	無	〃	〃七年
張阿英	三二	初	〃	〃六年
徐鼎坤	二一	初	〃	〃六年
呂鴻增	五一	初	永和山支部班委員	〃八年
郭阿添	三四	無	〃	〃五年
張子登	二九	無	〃	〃七年
廖阿威	二八	無	永和山支部隊委員	〃二年
陳阿興	五二	無	永和山支部班委員	〃六年
陳德富	二六	初	〃	〃三年
張仔旺	二七	無	永和山支部委員	〃七年
曾阿盛	二九	無	〃	〃二年
賴細妹	五七	無	〃	〃三年
吳添文	二三	初	永和山支部部落委員	〃三年
吳仕南	二三	初		〃二年
李阿運	四一			〃二年
江阿榮	三三			〃五年
張阿煥	二五			〃四年

（資料）　「警察沿革誌」第二編中卷　p.812

m　台灣民衆黨

現在再把話續回到左右派分裂後的文化協會上面（參閱 p.541）、就是在一九二七年（昭和二年）一月三日召開的「**文化協會臨時總會**」上、連溫卿等社會主義勢力取得領導權之後、新幹部爲了把新的綱領政策（參閱 p.549）移諸實踐、即注重於組織工人與農民運動、一直向無產階級運動邁進。然而、因爲這「**後期文化協會**」要推進的新綱領政策、不外乎是與台灣封建地主與資產階級及一部份小資產階級的階級利益相對立、就是：「**……、因爲台灣資產階級的資本除了極少數的貿易資本之外、都是與日本大資本具有相互的利害關係……、台灣資產階級大體上都是兼地主而在農村進行著對建剝削、所以他們都得直接或間接的受到以反對帝國主義與消滅封建殘餘勢力爲任務的革命運動的打擊、因此、台灣資產階級不願意與帝國主義脫離關係、光想在帝國主義支配之下要求改良地位及分享剝削機會的平等、並在帝國主義權力的庇護下、隨著看其發展而來發展自己勢力而已。**」（「共產黨政治大綱」〃警察沿革誌〃第二編中卷 p.722）。

因此、林獻堂・蔡培火・陳逢源・蔣渭水・謝春木等舊有幹部隨即起來抨擊新幹部的社會主義路線、同時、相率脫離了多年來一直從事文化啓蒙運動的文化協會、擬以另起爐灶。

但是前期文化協會的「**民族派**」、其內部卻再分爲「**蔡培火派**」（代表地主・資產階級）、及「**蔣渭水派**」（代表小資產階級知識份子）、因二派所佔的經濟基礎不同、所以其對於日本帝國主義鬥爭的目標及方法也不盡相同、前者只是想在日本統治下以合法手段來請願「**台灣自治**」、後者則企圖接近工農階級來組織全民的台灣人以期實現「**民族自決**」。

(1) 結成新政治團體的前奏

上述的舊幹部退出文化啓蒙團體的「**文化協會**」後、當在一九二七年二月十日蔣渭水・林呈祿等假霧峰林獻堂宅召開台灣民報社董事會之際、由蔣渭水提議組織政治團體的「台灣自治會」、同時獲得大家的贊同、而決定其綱領二項及政策一二條（參閱表86）。然而、總督府卻以名稱及綱領當中使用「**台灣自治**」等字句爲藉口、立即下令警務局通告林獻堂說：「**絶對不允許組織有任何民族主義政治團體之舉**」。於是、台灣自治會案乃迄未見到成立就歸於失敗。

繼之、同年五月三日、蔣渭水・蔡培火・謝春木等又會合於台中東華名產會社、大家再次研討有關組織新黨的辦法、結果、爲了避過總督府鎭壓政策的鋭鋒、即把「**自治**」二個字句去掉、並改稱爲「**解放協會**」擬以東山再起、隨即在五月八日再召集代表四四人開會、把名稱改變更爲溫和的「**台政革新會**」（林獻堂的秘書葉榮鐘所提案）、並以蔡培火爲代表向總督府備案。總督府雖然仍以在綱領上強調「**台灣人全體**」的「**解放**」且言及「**撤廢保甲制度**」「**日台語並用**」（參閱表86）等爲藉口、又向蔡培火提出警告、但這次卻比從前在其態度上稍有緩和的現象。

於是、同年五月二十九日、蔡培火・蔣渭水等舊幹部六八人乃會合於台中市聚英樓召開「**台灣民黨成立大會**」、蔡式穀任議長、彭華英爲司儀、把綱領等決議通過、並選出黨主幹・蔡培火、臨時中央常務委員蔡培火・蔣渭水・蔡式穀・邱德金等人、同時、把台政革新會的名稱更改爲「**台灣民黨**」、不料又是受到總督府的禁止處分。關於當時總督府禁止右派舊幹部的政治團體問題、日本社會主義者・山川均有一篇文章可做參考：「**總督府起先是準備頭一次允許台灣人初次要成立的政治團體的台政革新會、因爲這台政革新會的中心人物是蔣渭水・蔡培火等人、並也聘請林獻堂爲顧問、所以該團體乃被認爲與其說台灣民族運動、寧可說是總督府的御用團體。然而、總督府何以到後來改變爲禁止**

表86　台灣自治會・台灣民衆黨等的政策綱領

團體	綱領・政策
台灣自治會	綱領 一、吾人在台灣政治上主張自治主義 二、吾人在台灣經濟上主張台灣人全體之利益、尤特以合法的手段、擁護無產階級之利益 政策 一、促進台灣議會之實現 二、要求集會結社言論出版之自由 三、要求地方自治制度之完成、實施普通選擧制 四、要求保甲制度之撤廢 五、主張學制之改革 甲、實施義務教育 乙、初等教育教授用語日台語併用 丙、內台人教育機會均等 六、要求節約政費輕減稅率 七、擁護生產者之利益、廢除一切居中取利機關 八、要求人材登庸 九、改革專賣制度 十、改革農會及水利組合 十一、援助農民組合勞働組合及工商業團體之發達 十二、確認男女平等之原則援助女權運動禁止人身買賣
台政革新會	綱領 期實現台灣人全體之政治的、經濟的、社會的解放 政策 一、要求民本政治之確立 二、期實現集會結社言論出版之自由、要求即時許可台灣人在島內發行新聞雜誌 三、要求州市街庄自治機關之民選及付與議決權、其選擧法須採普通選擧制 四、要求保甲制度之撤廢 五、要求學制之改革 甲、實施義務教育 乙、公學校教授用語內台語併用 丙、公學校須以漢文爲必須科 六、要求節約政費輕減稅率 七、擁護生產者之利益廢除一切居中取利機關 八、改革專賣制度 九、改革農會及水利組合 十、援助農民組合勞働組合及工商團體之發達 十一、確認男女平等之原則、援助女權運動、禁止人身買賣 十二、要求司法制度之改善及陪審制度之實施 十三、要求實施行裁判所法 十四、要求渡華旅行券の撤廢
台灣民黨	綱領 期實現台灣人全體之政治的經濟的社會的解放 政策 一、要求民本政治之確立 二、期實現集會結社言論出版之自由、要求即時許可台灣人在島內發行新聞雜誌 三、要求州市街庄自治機關之民選及付與議決權、其選擧法須採普通選擧制 四、要求保甲制度之撤廢 五、要求學制之改革 甲、實施義務教育 乙、公學校教授用語日台語併用 丙、公學校須以漢文爲必修科 丁、內台人教育機會均等 六、要求司法制度之改善及陪審制度之實施 七、要求警察制度之改善 八、要求實施行裁判所法 九、要求渡華旅券制度之撤廢 十、要求改革稅制節約冗費 十一、要求台灣金融制度之改革、急設農工金融機關 十二、擁護生產者之利權廢除一切榨取機關及制度 十三、改革專賣制度 十四、改革農會及水利組合 十五、援助農民運動、勞働運動及工商團體之發達 十六、確認男女平等之原則、援助女權運動、反對人身買賣
台灣民衆黨	綱領 本黨以確立民本政治建設合理的經濟組織及改除社會制度之缺陷 政策 甲、政治 一、要求州市街庄自治機關之民選及付與決議權其選擧法須採普通選擧制 二、期實現集會結社言論出版之自由要求即時許可台灣人在島內發行新聞雜誌 三、要求學制之改革 〔甲〕實施義務教育 〔乙〕公學校教授用語內台語並用 〔丙〕公學校須以漢文爲必修科 〔丁〕內台人教育機會均等 四、要求保甲制度之撤廢 五、要求警察制度之改善 六、要求司法制度之改善及陪審制度之實施 七、要求實施國家賠償法 八、要求實施行政裁判法 九、要求渡華旅券制度之撤廢 乙、經濟 一、要求改革稅制節約冗費 二、要求台灣金融制度之改革、急設農工金融機關 三、擁護生產者之利權廢除一切搾取機關及制度 四、改革農會及水利組合 五、改革專賣制度 丙、社會 一、援助農民運動勞働運動及社會的團體之發達 二、確認男女平等之原則援助女權運動反對人身買賣

（謝春木「台灣人の要求」p.94）

這御用團體的政策？總督府曾以分裂政策而把這些右派舊幹部從文化協會分化出來、並認爲這些地主・資產家的右派份子才是能爲帝國主義者提供所期收獲的土壤、所以積極的耕耘並培植他們、在這種情況下所播下的種子就是台政革新會。但是從這個種子發芽出來的不但是小麥、也加上許多毒草、而且毒草的生長比小麥爲快、有即將壓倒小麥的趨勢、因此、總督府終得把毒草跟小麥一起收穫、不然、就得把小麥與毒草一起焚燬、於是、總督府即採取後者的辦法、才改變原來的意圖而禁止台政革新會。」（山川均「台灣における政治結社の禁止」――《山川均全集》7 p.410）。

(2)　「台灣民衆黨」結黨

被總督府禁止「台灣民黨」之後、右派舊幹部隨即發表「台灣民黨的禁止理由、當局的用意令人費解」（「台灣民報」一六二期、一九二七年六月一七日）一文加以反駁。同時、再由蔣渭水・蔡培火・謝春木・彭華英・黃周等幹部倡導、於同年六月二十七日在台中市東華名產會社召開「台灣民衆黨」創立協議會、出席者即有：

蔡培火　蔣渭水　邱德金　黃旺成　王鐘麟　謝春木　黃三朋　陳宗惠　鄭石爲　藍振德
彭華英　陳逢源　陳瓊玖　莊垂勝　葉榮鐘　呂季園　廖進平　王　錐　吳准水　陳　炘
李應章　林迫廷　洪元煌　其他二名

在會上、除了消極份子葉榮鐘・李應章・邱德金・林伯廷等人之外、大家都以壓倒多數通過「台灣民衆黨創立案」、並任命謝春木・黃旺成・陳逢源・黃周・彭華英爲創立委員、凝以積極推進建黨工作。

在這協議會當中也有一小插曲、就是總督府爲了破壞其團結、乃企圖利用蔣渭水與蔡培火在政治理念上與感情上的不調和而施展分裂政策、向蔡培火預先表示：「**新的政治團體若有蔣渭水參加則將不准許可**」。蔡培火就把這種總督府的離間政策利用爲排擠蔣渭水的有效工具、而在協議會上暗示的說：「**除去蔣君的參加是極爲遺憾、但爲了使新黨順利成立、也不得不有一番細密的考慮**」、於是會上議論沸騰而糾紛不已、但因林獻堂現正出國外遊中（翌年十一月才返台）、所以爲了避免發生分裂、大家才同意陳逢源的提案、即由蔣渭水發表「**以個人身份參加新黨**」的聲明、才結束這一場紛爭。

繼之、六月二十四日新黨的組織即由謝春木向總督府備案、並且突破了總督府百般阻撓之後、終在同年一九二七年（昭和二年、民國一六年）七月十日、假台中聚英樓舉行「**台灣民眾黨**」成立大會。該大會計有代表六二人參加、由蔡式穀爲司儀、謝春木報告籌備經過、並推舉洪元煌爲議長、黃周・黃旺成任書記、任命黃周・陳逢源・黃旺成・謝春木爲任期一個月的臨時創立準備委員、同時在大會上經過蔣渭水派與蔡培火派的一場舌戰之後、乃把綱領等決議通過（參閱表86）、並發表如下的「**台灣民眾黨宣言**」、新黨即告成立：「**……我等創黨的目的即在提高本島住民的政治地位、鞏固經濟基礎、改善生活等、……所以如同綱領所示、非但不以任何民族鬥爭爲其目的、而且認爲在這小天地惹起兄弟鬩牆並不能增進我等幸福、……如有妨害我等的政治地位向上、威脅經濟安定並阻止社會生活進步者、我等將不辭以合法手段來與其抗爭。**」（「警察沿革誌」第二編中卷 p.428）。

(3) 台灣民衆黨的陣容

台灣民衆黨成立後、總督府認爲其在綱領・政策・宣言上的民族主義色彩大有見到緩和、並且爲了要使其與後期文化協會（社會主義派）相對峙而便於獲得漁翁之利、乃決定默許其結黨、擬在長期監視下予以「**指導與誘掖**」。

蔡培火因在大會上企圖排擠蔣渭水未得成功、所以隨即推辭就任委員、只擔任黨顧問並專在地方支部從事宣傳活動。蔣渭水則一方面積極發展勞動運動、另一方面乃開設民衆講座而與後期文協的文化講座（參閱 p.559）相對峙、同時也就任台灣民衆黨的中央常務委員及財政部主任、在黨內逐漸築起堅固的指導地位（表參閱謝春木「台灣人の要求」p.90　「台灣民報」一九二七年六月二十六日一六三期、同年八月一日一六七期）。

台灣民衆黨自成立以來、其黨勢日益伸張、到了二個月後的九月中旬已有黨員共四三九人、並設支部於台北・桃園・新竹・大甲・南投・嘉義・台南等地。於是、在同年九月十六日假黨本部臨時辦事處的台灣民報社召開「**第一居臨時中央委員會**」、推舉中央委員二〇人、中央常務委員一四人及中央常務委員事務擔任者若干人、其中的中央委員即有：

台北——蔣渭水　謝賜福　吳清海　陳王錦塗　彭華英
汐止——簡來成
新竹——黃旺成　楊　良　陳定錦　黃瀛豹
桃園——楊連樹　林阿鐘
大甲——吳准水
草屯——洪元煌　洪源福
台南——王受祿　盧丙丁　韓石泉　曾右章
嘉義——王鐘麟

繼之、於同年十一月六日再在台北蓬萊閣召開「**第二居中央委員會**」、決定聘請林獻堂・林幼春・蔡式穀・蔡培火爲黨顧問、並正式決定黨本部辦事處於台北市日新町二丁目十番地、同時再整頓中央人事及推展地方支部如左：

主幹彭華英

中央常務委員——蔣渭水（台北）　簡來成（汐止）　楊連樹（桃園）　彭華英（台北）
謝春木（台北）　盧丙丁（台南）　黃旺成（新竹）　吳准水（大甲）
洪元煌（草屯）　王鐘麟（嘉義）　王受祿（台南）　林伯廷（北斗）
黃運元（苗栗）　黃　賜（高雄）　林火木（宜蘭）　許嘉種（彰化）
蔡少庭（北港）　蔡炳煌（基隆）

中央事務主任——總務部（彭華英）　社會部（洪元煌）　政務部（王鐘麟）　調查部（許嘉種）
財務部（蔣渭水）　宣傳部（盧丙丁）　組織部（吳准水）

民衆黨支部（一九二七年末）

台北支部——主幹吳清海　常務委員蔣渭水・吳清海・謝賜福・謝春木　黨員五七人
宜蘭支部——主幹蕭阿乖　常務委員林火木・蕭阿乖　黨員一九人
基隆支部——主幹蔡炳煌　常務委員吳金發・蔡炳煌・楊慶珍　黨員三一人
汐止支部——主幹簡來成　常務委員吳有土・簡來成　黨員二二人
新竹支部——主幹陳定錦　常務委員陳定錦・黃瀛豹・楊　良　黨員一一人
桃園支部——主幹林阿鐘　常務委員楊連樹・林阿鐘　黨員一七人
台中支部——主幹黃朝清　常務委員彭華英・黃朝清　黨員三三人
大甲支部——主幹王　錐　常務委員吳准水・王　錐　黨員二三人
清水支部——主幹蔡年亨　常務委員黃清波・蔡年亨　黨員二九人

南投支部——主幹洪元煌　常務委員洪　右・洪元煌　黨員二五人
彰化支部——主幹許嘉種　常務委員楊宗城・許嘉種・黃有禮　黨員三四人
台南支部——主幹王受祿　常務委員韓石泉・王受祿・曾右章・盧丙丁　黨員七九人
嘉義支部——主幹王甘棠　常務委員陳宗惠・黃三朋・王甘棠・鄭石爲　黨員二二人
北港支部——主幹蔡少庭　常務委員林麗明・蔡少庭　黨員一六人
高雄支部——主幹黃　賜　常務委員李炳森・黃　賜・楊金虎　黨員三八人（參閱「警察沿革誌」第二編中卷 p.435）

(4) 民衆黨的政治立場與對階級問題的態度

蔣渭水・盧丙丁・謝春木・黃周等小資產階級出身的民族主義派在民衆黨內佔優勢之後、因在成立大會時與地主、資產階級派妥協而成的綱領・政策・宣言等過於傾向投降主義、所以這些信奉孫文主義的社會改良主義者乃在九月十六日召開的第一屆中央委員會上、就提出草案而想在綱領政策的解釋上面表明民族鬥爭與階級鬥爭的相互關係、擬以緩和台灣人一般大衆對於民衆黨的惡評。然而、這種蔣案再遭地主・資產階級派的反擊、結果、代表地主資產階級派的彭華英出面修正蔣案、蔣渭水派爲了避免分裂而再次與其妥協、又把階級鬥爭路線沖淡了的彭華英案在第二屆大會上決議通過、這乃成爲民衆黨對於政治立場及階級問題統一的基本態度、就是：

㈠　指導原理——①確立民本政治（依據立憲政治的精神、必須反對總督專制政治、完全分開司法・立法・行政三權・使台灣人享有參政權）、②建設合理的經濟組織（必須提高農工階級的生活水準、解決貧富的懸殊）、③改除社會制度的缺陷（必須改除社會陋習、實行男女平等權利、確立社會生活的自由）。

㈡　對於階級問題的態度——①全民運動必須與階級運動並行、②擁護農工階級就是實行階級運動、③必須扶助農工團體、造成全民運動的中心勢力、④必須進行農工商學的聯合而造成共同戰線、⑤必須顧慮農工階級的利益、並加上合理的階級調節而使之不爲妨礙全民運動的前途、⑥必須把各階級結集於黨的領導之下而來實行全民解放運動。

㈢　黨與農工團體的關係——①本黨認爲必要時、得從各級黨部選出能負起責任的黨員、使之從事農工運動、②農工團體中的黨員必須成爲其團體中的中心份子、但其組織不能與黨混合在一起、其財政必須明確區分（參閱謝春木「台灣人の要求」p.99　「警察沿革誌」第二編中卷 p.434　黃煌雄「台灣的先知先覺—蔣渭水先生」一九七六年 p.117）。

此時的蔣渭水派雖然開始重視階級鬥爭、但他們因所站的階級立場及所採取的政治觀點總規也是屬於小資產階級、而不是無產階級的、所朝向的政治目標仍然脫離不了合法的殖民地自治的圈子、所以、難於與工農階級完全打成一片、且得不到台灣人大衆的全面支持、就是說、難以達成台灣解放的終極目標、即民族的與階級的台灣解放。

另一方面、地主・資產階級派的林獻堂・蔡培火・蔡式穀・陳逢源・彭華英等乃一直朝向在日本帝國主義統治下的殖民地自治的政治目標、而注重於自治改革運動、以致後來分裂爲「**台灣地方自治聯盟**」。

並且、無論是小資產階級派或地主・資產階級派、他們所倡導的「**台灣民族主義**」都內含著不合乎台灣社會現實與台灣人感情的所謂種族上「**漢族主義**」與「**中華思想**」、所以在現實的台灣解放運動上幾乎不可能起了有效的作用。

(5) 民衆黨與後期文協的矛盾對立

台灣民衆黨成立後、隨著其黨勢發展、與後期文化協會及農民組合的矛盾對立也日趨深刻化、即在這種情況下、九月十三日及十八日民衆黨乃在台南舉行以「**台灣社會問題改造觀**」爲題的演講會、韓石泉・王受祿・陳逢源・盧丙丁・彭華英・謝春木・蔣渭水等幹部都在會上積極的強調民族主義、並激烈的抨擊文化協會的階級鬥爭主義。繼之、台南出身的舊文化協會幹部蔡培火・韓石泉・陳逢源等再在九月二十九日解散「**文化協會台南支部**」、並在「**台灣民報**」上發表了「**脫離文化協會聲明書**」（一九一七年十月二日一七六期—十月三十日一八〇期）。於是、社會主義派的後期文化協會隨即重新成立「**台南特別支部**」、並除名蔡培火等舊幹部、同時在十月七日決議了：㈠組織「**台灣民報不買同盟**」、㈡取消曾由林獻堂提出總督府的「**文化協會不參與政治問題誓約書**」等（參閱「警察沿革誌」第二編中卷p.216）。

然而、自同年十一月「**新竹事件**」（參閱p.551）發生後、總督府對於台灣解放運動乃加強其鎭壓政策、無論社會主義派的後期文化協會・農民組合、或者民族主義派的民衆黨都一律遭到更爲嚴厲的壓迫與逮捕。於是、民衆黨即在其機關報紙「**台灣民報**」上屢次提出統一戰線的戰略問題、就是「**共同戰線問領**」（一九二八年一月一五日一九一期）・「**須要統一共同戰線**」（一九二八年一月二十二日一九二期）・「**共同戰線的問題**」（一九二八年二月十二日一九五期）等、主張民族主義的正確性與解放運動統一戰線的必要性。但是、因後期文化協會・農民組合的社會主義派與民衆黨的民族主義派、其在根底的理論基礎完全不同、並且二者間在戰略上・黨派上・感情上的對立相剋已根深蒂固、所以除了在「**反對台南廢墓事件**」（參閱p.553）時曾有設立共同委員會之外、所謂統一戰線始終沒有得到結果。

(6) 農工運動

自民衆黨結黨以來、蔣渭水派一方面是發展包括全體台灣人的民族運動（所謂「全民運動」）、另一方面則一開始就努力於聚集勞動者與農民大衆、擬與民族運動一同進行勞工運動與農工運動。就是說、蔣渭水等乃趁後期文化協會迄未伸張之前、在一九二八年二月把既成的各種勞工組織共有二九個團體包容於其領導之下、而創立了「**台灣工友總聯盟**」、以致在勞動運動上獲得顯著的發展（參閱 p.695）。然而、在農民運動上、因早就有了立場堅定觀點正確並已與後期文化協會全相提攜的「**台灣農民組合**」（參閱 p.647）、他們的勢力已遍佈中南部的農村社會、所以擁有大小地主爲黨員的民衆黨一直都無法打進這個純粹的農民組織、因此、除了北部的「**蘭陽農業組合**」（李珪璋）・「**瑞芳農協會**」（易永和）・「**桃園農民協會**」（游木水）・「**大甲日新**」（黃清波）・「**新竹農友組合**」（陳華山）等之外、幾乎無法伸張其黨勢。

(7) 地方自治制度改革實行委員會

如上所述、在民衆黨內的地主・資產階級份子、因以注重合法的自治運動爲其主要的政治路線、所以促使在一九二七年十二月十日所召開的中央常務委員會上決定設立「**地方自治制度改革實行委員會**」、擬向總督府要求把市街庄協議員由官選改爲民選、並把各級協議會由諮詢機關改爲決議機關（參閱 P.287）。這個地方自治制度改革實行委員會乃從一九二八年初就開始活動、即有：㈠指示各支部把當地的市街庄各級協議會加以監視、㈡在各地舉行演講會而藉以喚起要求實行地方自治的輿論、㈢一九二八年二月十三日蔡式穀・謝春木・洪元煌・許嘉種・黃周・盧丙丁・彭華英・王鐘麟等委員在總督府辦公室會見第一一代總督・上山滿之進、要求實施眞正的地方自治並把協議會改爲民選的決議機關、㈣翌年的二月十四日他們再會見總務長官代理的內務局長・豐田勝藏時、又提出實施以人口的比例來民選各級協議會議員等九項要求（①明文規定州市街庄爲公法人、②依據普通選舉民選議員、③議員數不論內台人得依人口比例選出、④把協議會改爲議決機關、⑤協議會名稱改爲州市街庄會、協議員改爲州市街庄會議員、⑥決議事項應以日本本國的府縣市町村會的權限爲標準、⑦市街庄長應由市街庄會選出、⑧擴張市街條例的規定事項、⑨議員應爲名譽職）、㈤一九二九年九月十九日他何又向總督提出「**建議書**」（①完成地方自治、②遵守言論自由、③實施行政裁判法、④更新產業政策、⑤制定社會立法與廢止各種惡法、⑥廢止渡航中國的護照許可制度、⑦廢止日本人官吏的加薪、⑧改革司法制度、⑨嚴禁鴉片、⑩廢止保甲制度、⑪實施義務教育）等。然而、總督府當局卻以時機尚早而把這些要求都拒絕接受、所以一無所得（參閱「警察沿革誌」第二編中卷 p.441　謝春木「台灣人の要求」p.112）。

(8)　第二屆黨員大會與請願運動

民衆黨在結黨一年後的一九二八年七月十五日、假台南市西門町南座劇場召開第二屆黨員大會、出席黨員一二〇人、來賓五〇餘人、在會上改選新幹部、並決議向總督府要求制定勞動立法與小作立法（土地賃貸立法）。但在另一方面、強調以農工階級爲解放運動主力的「**第二屆黨員大會宣言**」、卻被警察當局以「**內容不穩**」爲藉口而禁止公佈。

此時、蔣渭水已把民衆黨的領導權掌握在手中、並在勞工運動上正努力於伸張黨勢。但是、「**已脫離民衆黨並結成地方自治聯盟的保守的地主・資產階級派、即把民衆黨內的工友總聯盟幹部都厭惡的視如蛇蝎、……**」（謝春木「台灣人の要求」p.92）。於是、地主・資產階級派幹部的彭華英終於辭任黨主幹、並在日本人的報紙上「**新高日報**」抨擊蔣渭水往高雄指揮「**淺野洋灰會社高雄工廠**」的罷工等

（參閱克良＝何景寮「關於民衆黨前主幹彭華英氏的言論」—〝台灣民報〞一九二八年十一月四日二三三期—同年十二月十六日二三八期）。後來、在同年十月七日召開的中央委員會上通過了「**政治經濟勞動委員章程**」、並設立：㈠政治委員會（主席黃旺成）、㈡經濟委員會（主席陳逢源）、㈢勞農委員會（主席謝春木）、如此再任命黃旺成（中間派）及陳逢源（地主・資產階級派）爲實踐運動的負責人、擬以取得二派的協調。

然而、地主・資產階級所參加的民衆黨一向都逃不出叩頭式的「**陳情**」「**交涉**」「**請願**」之類、就是：「**民衆黨並不是革命團體、而是代表輿論以合法的手段來達成政策的交涉團體。**」（彭華英辭任黨主幹後在日本人報紙「新高新報」的發言）、所以、只把要求殖民地自治的一些建議書重複的向總督府及日本政府進行合法的請願而已、其主要的有如下：

㈠　一九二九年七月七日、民衆黨向新任的日本政府首相・濱口雄幸及第一任拓務大臣・松田源治提出「**建議書**」（①施行完善的台灣地方自治制、②尊重言論出版集會的自由、③實施義務教育、④改善司法制度、⑤改善行政裁判所、⑥廢止中間剝削機關、⑦嚴禁吸食鴉片、—參閱「警察沿革誌」第二編中卷 p.461）。

㈡　一九二九年七月十三日、民衆黨向首相・濱口雄幸、大藏大臣・井上準之助及拓務大臣・松田源治等控訴第一二代總督・川村竹治離任時不應將官有地放領於大地主及資本家（參閱「警察沿革誌」第二編中卷 p.462）。

㈢　一九二九年七月二十四日、台灣民報主筆・林呈祿及東京新民會幹事・楊肇嘉訪問拓務大臣・松田源治、向其陳情應尊重台灣民意及言論自由、並實施地方自治（參閱「台灣民報」一九二九年八月四日二七二期）。

㈣　一九二九年九月十九日、蔣渭水・林呈祿・謝春木・蔡式穀等人向新任的第一三代總督・石塚英藏及來台的拓務省參與官・武富、提出「**建議書**」及有關總督府官吏貪污的資料等（參閱「台灣民報」一九二九年九月二十二日二七九期）。

(9) 民衆黨的內訌與第三屆黨員大會

自從第二屆黨員大會後、彭華英辭任黨主幹以來、民衆黨的領導權幾乎被蔣渭水派所掌握、相反的、地主・資產階級派幹部的林獻堂・蔡培火・蔡式穀・陳逢源等已完全脫離黨的實際運動。於是、蔣渭水派乃在一九二九年一月十日召開的中央執行委員會上、任命陳其昌・謝春木・黃周・黃旺成・邱明山・邱德金・廖進平等人爲常務委員、藉以鞏固蔣派的領導地位（參閱「警察沿革誌」第二編中卷p.485）。

然而、地主・資產階級派的蔡培火等、一方面逐漸把自己的活動中心轉移至台中、擬在中南部擴大勢力以期東山再起、另一方面則趁在「**台灣新民報**」（由台灣民報改組）召開創立總會的機會來佔據該社的領導地位、隨即任命取締役社長（董事長）・林獻堂、專務取締役（總經理）・羅萬俥、取締役（董事）林履信・林資彬・林呈祿、監查役（監事）楊肇嘉・李瑞雲・劉明哲等、而把蔣渭水派完全肅清、終於獨佔了爲台灣解放運動服務已久的該機關報紙。

再到一九三〇年一月、地主・資產階級派的幹部們爲了要在合法的範圍內專門從事地方自治運動、終於在由東京返台的楊肇嘉的策動之下、企圖另創「**台灣地方自治聯盟**」。相反的、蔣渭水派卻爲了牽制林獻堂・蔡培火等的這種愈來愈傾向保守反動的政治活動、乃在同年三月發起自治促進運動、成立演講隊巡迴全島、並聚集一萬人的簽名而向總督府提出建議。林獻堂・蔡式穀對於蔣派的此舉則提出警告：「**若想阻礙自治聯盟的成立而輕舉妄動、恐會發生民衆黨遭到分裂的危機**」、而給予蔣渭水派還了一擊。蔣渭水派又在同年六月假藉反對總督府評議會（林獻堂被任命爲評議員）給予再次反擊、那麼、到了一九三〇年十二月蔡培火・陳逢源・洪元煌等自治聯盟幹部一六人乃相繼退出民衆黨、如此二派乃分庭抗禮而糾紛不已。其後、林獻堂等爲了避免二者的正面衝突乃提出妥協案、同時蔣渭水也在民衆黨常務委員會上提議：「**爲了避免黨的分裂、一方面禁止黨員加入其他團體、另一方面則對於自治聯盟應暫表親善**」、於是、二者之間才一時緩和其尖銳的對立局面（參閱「警察沿革誌」第二編中卷p.485）。

再說回到一九二九年十月十七日、已被蔣渭水派取得領導權的民衆黨、乃假新竹市公會黨召開第三屆黨員大會、參加黨員一六九人、旁聽者多人、蔣渭水即在大會上所做的報告中、提到台灣革命的主力爲農工階級、同時強調民衆黨應與農工階級相提攜、做爲全民運動的中心勢力而來進行民族鬥爭與階級鬥爭（參閱蕭友三「台灣解放運動の回顧」p.62）。

時逢世界經濟大恐慌開始波動、帝國主義列強與殖民地的矛盾對立漸趨激烈化、另一方面、第三國際在史大林的專制下轉爲極左的世界革命路線、同時、在中國中共與國民黨也正開始激烈的武力鬥爭之際、在日本卻是日共遭到殲滅性的大檢舉、而在台灣、台灣共產黨雖然成立島內的黨中央、但是在其影響下的台灣農民組合隨即慘遭大檢舉、後期文化協會的內訌也愈趨表面化、終把連溫卿派從該會排除、如此內外情勢都在動盪不已的過渡時代。

⑽　第四屆黨員大會的綱領修改與總督府的禁止結黨

第三屆黨員大會後的民衆黨、乃在一九三〇年一月七日的中央常務委員會上擬把舊綱領修改爲：㈠解除政治經濟社會的束縛、㈡擁護民衆利益、㈢反對總督專制、卻受到總督府當局的警告性的鎮壓（參閱「警察沿革誌」第二編中卷 p.484）。

再到同年年底、蔣渭水等民衆黨的領導幹部、一來是爲了徹底推進其以農工階級鬥爭爲基礎的全民運動、二來是要對抗「地方自治聯盟」的攻勢、乃在同年十二月二十八日再次召開的中央常務委員會上審議綱領・政策等的修改案、並以秘密方式把這修改案送到各地支部、指示召開支部黨員大會進行審議。

關於這個修改案所附有的修改綱領等的理由書、就是：「……此次的世界經濟恐慌即是資本主義最大的危機、也就是全世界的經濟組織均遭激烈轉變的時期、帝國主義諸國的資本主義經濟已成爲腐朽不堪、反而蘇維埃聯邦的社會主義經濟日見興起、這無非是資本主義經濟與社會主義經濟的變革時期。日本產業界也不可避免的受到世界經濟恐慌的重大打擊、以致日本資產階級不得不在本國強行經濟合理化來打擊勞動階級、同時在殖民地也正在加緊對於殖民地人民的經濟剝削、因此、自一九三〇年起、在台灣乃出現了米價跌落・農業恐慌・工資低落・失業者增多・農村疲弊・因嘉南大圳的農民拍賣土地以致小地主沒落・經濟不景氣深刻化・因都市稅金遲滯而商品被扣押以致小商工業者破產・民衆更爲貧窮化・警察加強鎭壓及封鎖出版摧殘言論自由等、這種情勢的惡化當然是促使一般大衆產生反帝國主義思想、所以爲了、被壓迫民衆欲取得勝利、應在糾合並組織這反帝國主義下的民衆而來築成共同戰線。就是說、前述的客觀條件的變革導致主觀條件強化島內大衆的鬥爭意識。然而、黨內的資產階級與反動知識份子卻與這客觀情勢的進展背道而馳、乃開始退卻、這不外乎是在本黨的鬥爭過程中發生落伍份子的必然現象。我等基於這種客觀與主觀的情勢演變、確信現已到達應修改綱領・政策・黨則以期推進黨勢的時期、這種修改不但是客觀情勢所使然、而且也是立黨精神的切實表現」。（「警察沿革誌」第二編中卷 p.508）。其修改案就是：

「**綱　領**」

㈠　爭取勞動者農民無產市民及一切被壓迫民衆的政治自由
㈡　擁護勞動者農民無產市民及一切被壓迫民衆的日常利益
㈢　努力勞動者農民無產市民及一切被壓迫民衆的擴大組織

「**政治政策**」：㈠反對總督專制政治、㈡反對總督府評議會、㈢爭取自主的政治機關、使一八歲以上的男女均享有選舉權與被選舉權、㈣爭取民衆自主的地方制度、㈤爭取言論・集會・結黨的絕對自由、反對新聞雜誌的許可主義、㈥即時撤廢鎭壓殖民地民衆的罪惡法令、㈦剝奪總督的法院監督權、實現司法權的獨立、㈧實施陪審制度等其他一九項。

「**經濟政策**」：㈠遺產稅・所得稅・地租的高率累進課稅、㈡廢止無產者所要負擔的消費稅及關稅、㈢制定團結權・罷工權・團體交涉權等勞動組合法、㈣實施八小時勞動制、制定失業保險法及失業津貼法、㈤制定耕作權的小作（瞨耕）法、㈥把官有地放領於農民等其他三〇項。

「**社會政策**」：㈠撤廢女子在政治・經濟・社會上的差別、㈡禁止人身買賣、㈢確立學術研究的自由等其他五項。

從此可以看出蔣渭水派領導下的民衆黨已轉變其舊有的政治方針、擬站在「**勞動者農民無產市民及一切被壓迫民衆**」的立場而逐漸靠近無產階級鬥爭。該修改案即在一九三一年二月八日所召開的中央執行委員會上被提出審議、並以反對者黃旺成等一二人、贊成者蔣渭水等一六人、不表示態度者盧丙丁等一〇人而議決通過、同時決定送到第四屆黨員大會審查議決（參閱蕭友三「台灣解放運動の回顧」p.65「台灣新民報」一九三一年二月十四日三五一期）。

林獻堂接到這修改案通過中央執行委員會的消息後、即以「**新綱領極爲左傾、不外乎是以無產階級爲本位、這爲我等所不可容認**」、而辭任民衆黨顧問、林幼春也同樣辭去顧問職（參閱林獻堂先生紀念集編撰委員會「林獻堂先生紀念集」第一卷林獻堂先生年譜p.48）。

一九三一年（昭和六年、民國二〇年）二月十八日、蔣渭水派即排除萬難而在民衆黨本部召開「**第四屆黨員大會**」、參加者一七二人、李友三任司儀、推舉蔡年亨・蔡少庭爲正副議長、並任命書記六人、在會上決議通過該綱領等修改案。然而、待機欲動的警察一聽到修改案表決通過、立即宣佈禁止結黨、並在當場檢舉：

蔣渭水　陳其昌　許　胡　盧丙丁　梁加升　廖進平　李友三　張晴川　楊慶珍　蔡少庭
陳天順　黃江連　楊元丁　黃傳福　林火木　黃白成枝等一六人

在場的來會者終於束手無措、一哄而散（參閱「警察沿革誌」第二編中卷p.514　「台灣新民報」一九三一年二月二十一日三五二期）。

當時、總督府所發表的禁止結黨的理由乃是：「**台灣民衆黨乃是先在結黨時就被命令解散的台灣民黨的後身、……漸次由強烈的民族主義者蔣渭水所領導的左派所把持、……當新鴉片令即將施行時他們卻電告國際聯盟而誣衊我政府、……霧社事件發生時他們又發出我軍使用毒瓦斯殺戮弱小民族的通電於全世界、反對始政紀念日、制定類似中華民國國旗（青天白日旗）的黨旗、……顧問林獻堂・蔡培火・蔡式穀等幹部相繼脫黨、……仿效日本大衆黨・勞農黨及南京總工會的綱領政策、而修改該黨綱領政策、擬以農工階級爲基礎來進行階級鬥爭與民族鬥爭。……倘若容認如此以階級鬥爭及民族鬥爭爲目的的政黨、勢必違背我台灣統治的根本方針、並妨礙內台融和、以致對本島的統治惹起重大影響。**」（「警察沿革誌」第二編中卷p.514）。

繼之、同年二月二十三日、蔣渭水・謝春木・陳其昌・許胡・廖進平・張晴川等主要幹部即連名發表聲明書：「……**台灣民衆黨雖死、但台灣人依然存在、只要專制政治存在一天、解放運動也依然存**

在一天。……對於此次日本官憲違背立憲精神、並且無視結黨自由的人民權利之事、台灣人大衆必定起來抗議。若是因總督府這無理的挑戰能喚起大衆熾烈的鬥志、民衆黨雖死也不覺遺憾。台灣人的解放運動、單靠知識階級及有產階級是不可能獲得成功。台灣人全體的自由必須依賴勞動者・農民・無產市民的奮鬥才有可能實現、……我等的當前急務乃是促進戰線統一、以期解放運動早日達成。……」（「警察沿革誌」第二編中卷 p.518）。

如此、從艱苦鬥爭裡切身體驗到「殖民地解放必須以工農階級爲主力軍」的台灣解放運動領袖・蔣渭水、其後擬與台灣共產黨取得連繫而東奔西走、但在其過程中、不幸患了傷寒症、終在一九三一年八月五日午後七時、留下了左列的遺言而逝世於台北、享年四三歲：

「台灣社會運動既進入第三期、無產階級勝利迫在眉睫、凡我青年同志務須極力奮鬥、舊同志亦應倍加團結、積極的援助青年同志、切望爲同胞解放而努力。立會人羅萬俥・杜聰明・賴金川・李友三・蔣竹南・蔣渭川。」（蕭友三「台灣解放の嚴顧」p. 68　黃煌雄「台灣的先知先覺者—蔣渭水先生」一九七六年 p.167）。

蔣渭水死後、民衆黨陷於群龍無頭、再就是主要幹部紛紛出奔於中國大陸、所以其政治運動漸趨自然消滅。

n　勞動運動

台灣在一九〇〇年代、島內工礦業逐步發展、隨之工礦業勞動者・交通運輸勞動者・臨時雇工也日見增加（參閱表23、表24、表87、表88）、而且日本資本家及台灣買辦資本家等一貫以極度的低工資爲產生殖民地超額利潤的泉源（表30、表31）加上世界性的經濟恐慌不斷襲來、以致生活陷於長期窮困的境地、因此、台灣勞動階級在日本帝國主義壓迫剝削下及國際與日本的社會主義革命運動的影響之下、逐漸見到階級與民族的覺醒、與勞動鬥爭的出現（參閱表89）。

此時的勞動運動有一突出的特點、就是因台灣勞動者在：㈠總督府以殖民地專制施展政治壓迫、㈡總督府與日本資本家以壓倒性的資本進行經濟剝削、㈢日本人的工人監督以民族優越感欺侮台灣人等情況下、台灣勞動者所發起的勞動爭議都具有「**民族**」的仇恨心做爲鬥爭力量的泉源、也就是說、台灣的「**階級鬥爭**」具有強烈的「**民族鬥爭**」的一面。

⑴　後期文化協會指導下的勞動運動

一九二七年一月文化協會分裂、連溫卿・王敏川等社會主義派取得該協會領導權而後期文化協會開始活動之後、他們乃宣言：「**台灣文化協會永爲台灣民眾即農・工・商人及小資產階級的後盾**」、並以「**組織農民・工人**」爲當前的急務（參閱 p.549）、其中、關於農民運動已與「**台灣農民組合**」取得緊密的連繫、在勞動運動方面則仿效「**中國總工會**」（中共領導）而竭力對於台灣勞動大眾進行政治宣傳、並激發勞動爭議及組織勞動工會。

Ⅰ　台灣機械工會聯合會——連溫卿因受到日本勞農派社會主義者・山川均的思想影響、早就注重台灣的勞工運動、他有時與同樣重視勞動運動的台灣民眾黨左派幹部・蔣渭水並肩作戰、有時則相互競爭而各自努力於組織勞動工會。連溫卿在一九二七年三月最初成立「**台北機械工會**」（委員長・李規貞）、並在短期間就相繼設立了基隆・台南・高雄等支部、而造成台灣勞動工會的濫觴（參閱「台灣民報」一九二七年一月三十日一四二期、同年四月十日一五二期）。

表87　產業別勞動工人數（人）

	工場工人	鑛山工人	交通運輸工人	日傭工人	計
1929	83,351	19,562	48,863	421,976	577,752
1933	97,489	25,245	44,848	536,908	704,497

（資料）　「警察沿革誌」第二編中卷 p.1199

表88　業種別工廠工人數（1921年平均）

工場種類	工人總數①	台灣人工人②			②÷①
		男	女	計	
	人	人	人	人	%
機械器具工廠	1,478	1,061	55	1,117	75.6
纖維工廠	1,091	1,091	528	1,060	97.2
化學工廠	11,118	9,319	1,523	10,824	97.5
食料品工廠	26,042	15,736	8,214	23,950	92.0
雜工廠	4,512	2,368	1,504	3,872	85.8
特殊工廠	802	554	5	559	69.7
計	45,042	29,571	3,829	41,000	91.9

（資料）　山川均「山川均全集」7 p.275

表89　勞動團體與爭議的數字

年	勞動團體		勞動爭議	
	數	參加人數	件	參加人數
	團體	人	次	人
1920(大 9)			51	2,483
1921(大10)			31	1,616
1922(大11)	6	825	23	852
1923(大12)	7	1,105	14	476
1924(大13)	8	1,230	14	415
1925(大14)	10	1,608	18	539
1926(昭 1)	7	1,730	26	1,280
1927(昭 2)	57	8,175	69	3,312
1928(昭 3)	103	12,008	107	5,445
1929(昭 4)	114	12,939	49	1,900
1930(昭 5)	109	25,190	59	15,706
1931(昭 6)	114	21,295	52	2,256
1932(昭 7)	110	21,203	29	2,002
1933(昭 8)	127	21,957	22	1,571
1934(昭 9)	61	16,847	18	1,294

（資料）　「警察沿革誌」第二編中卷 p.1220, 1224

再到一九二八年（昭和三年、民國一七年）一月一日、連溫卿等後期文化協會幹部乃聚集全島機械工會代表、召開「台灣機械工會聯合會」成立大會於台北市港町文化講座、出席者各地工會代表七八人、來賓古屋貞雄以下文化協會員一四人、旁聽者一五〇人、以台北機械工會常務委員・楊添杏爲議長、決議十二項議案及口號、並通過了該聯合會綱領爲：「我等爲了改善勞動條件並圖謀生活的向上及安定、使勞動階級脫離資本主義制度的支配、乃基於階級觀念而集中大衆的意識與行動、發揮最大鬥爭力量、以對抗資本的剝削及支持這種剝削的階級而解放勞動階級爲原則、並以被剝削者共同的利害關係爲基礎來團結勞動者、使之成爲一大階級組織。」（「警察沿革誌」第二編中卷 p.1265）。

連溫卿等成立台灣機械工會聯合會本來的目的、不外乎是想把其做爲組織全島性的「台灣總工會」的預備步驟、因此、他們乃繼續起草總工會規約章程、並在同年六月三日、以「台灣機械工會聯合會」「台灣塗工工會」「台灣工友協助會」「台北印刷工會」「台灣自由勞動者聯盟」等五團體的名義召集了二五個工會代表於台北市蓬萊閣、討論有關具有統一性的新團體的組織問題。當在決定新團體名稱時、主張以「台灣勞動運動統一聯盟」爲新名稱的王敏川派勝過了想要使用「台灣總工會」的連溫卿派、於是、「台灣勞動運動統一聯盟籌備委員會」即告成立、並任命該委員會常務委員爲：台北—連溫卿・薛玉虎・洪朝宗・陳本生・藍南山、新竹—邱斥古、台南—陳翼賢・楊順、高雄—黃石輝。然而、「台灣勞動運動統一聯盟」因籌備委員會內部的意見分歧愈來愈趨深

表90　勞動爭議件數

年	件	參加人數
		人
1920（大 9）	51	2,483
1921（大10）	31	1,616
1922（大11）	23	852
1923（大12）	14	476
1924（大13）	14	415
1925（大14）	18	539
1926（昭 1）	26	1,280
1927（昭 2）	69	3,312
1928（昭 3）	107	5,445
1929（昭 4）	49	1,900
1930（昭 5）	59	15,706
1931（昭 6）	52	2,256
1932（昭 7）	29	2,002
1933（昭 8）	22	1,571
1934（昭 9）	18	1,294
計	582	41,147

（資料）　「沿革誌」第二編中卷 p.1224

刻化、所以連溫卿等的籌備工作竟在中途受挫折而趨於消滅（參閱「警察沿革誌」第二編中卷 p.1268）。

雖然如此、但在這短暫的時間內連溫卿等積極努力的結果、促使勞動大衆莫大的覺醒、高雄鐵工廠・嘉義營林所・日華紡績台北工廠等的大小爭議一時叢生、這就是後期文化協會從事勞動運動的全盛時代。其後、因「**新竹事件**」「**台南墓地事件**」相繼發生、連溫卿・王敏川等幹部被檢舉、以致文化協會受到致命的打擊、結果、他們所領導的勞動運動也受到影響而趨於崩潰、整個勞動運動逐一被編入於民衆黨蔣渭水派的領導之下（參閱謝春木「台灣人の要求」p.42）。

Ⅱ　高雄台灣鐵工廠的罷工——高雄台灣鐵工廠工人・王風即在連溫卿等的影響之下、於一九二八年四月三日衆集鐵工廠同伴工人一六〇人及淺野洋灰工廠等各單位工人五〇〇餘人、一共六〇〇餘人組成「**台灣機械工友會**」、同時他被推舉就任該工友會會長、高雄台灣鐵工廠聞報驚慌不已、隨即將王風免職、因此刺激了六〇〇餘人工友會會員、大家決議向廠方要求讓王風復職並承認工友會的成立、不然必以全部工人總辭職予以報復、台灣鐵工廠拒之。於是、四月六日、一〇〇餘人的工人提出辭職、並另有一〇〇餘人在四月七日開始罷工、同時把這消息傳至全島各地的勞動團體、申請全島工友予以救援、結果、當天的四月七日台灣農民組合東港支部組合員就趕到高雄支援罷工、四月十日台北機械工會幹部林清海等也趕到、又在四月十一日文化協會幹部連溫卿・洪石柱等也從台北相繼來援、並與鐵工廠的罷工工人一齊向廠方提出要求、就是㈠承認工友會的成立並取消免職王風、㈡支付工人罷工期間的全部工資、㈢如有工人將被解雇、必須在二個月以前通知本人、㈣對解雇工人應按就業年數支給退職金、㈤定期公休也得支付工資等。

然而廠方不但不接受工人的要求、而且從四月十六日起、再把罷工工人一共一一三人一律解雇。如此、勞資雙方對立抗爭而相持不下、於是、文化協會與農民組合乃發動全島的農工團體、開始在各地進行同盟罷工及舉行演講會給予掩護、此時參加同盟罷工者有台北的「**城本鐵工所**」及「**台南越智鐵工所**」等二一單位、參加工人共有一千四三三人。

然而、廠方覺得罷工長期化對於他們不利、乃用軟硬兼施的分裂政策想來瓦解工人的鬥志與團結、或者以警察爲後盾施以「**勸說**」、另一方面、隨著時間的消逝而爲生活所逼迫的工人們也逐漸開始動搖、有的回家歸農（當時的工廠工人大部份是農家的子弟）、有的竟向廠方低頭、以致同盟罷工終趨崩潰（參閱「警察沿革誌」第二編中卷 p.1275 ）。

台灣機械工友會會長王風、又名王春風、爲人豪傑並富有政治意識、他領導同伴的工人罷工後、因被地主・資產階級派的蔡培火出賣、所以爲了避免警察的迫害、終於不得不攜其子王平水逃亡中國大陸、經過數年後才再返台灣。又在一九四七年二・二八大革命時、王平水即以「**市民代表**」的身份、被劊子手彭孟緝屬下擊斃於高雄市政府而爲台灣革命殉難（參閱 p.802 ）、其孫子們也繼承父祖的遺志、現在在海外從事台灣獨立運動、就是說、王風所具有的強烈的台灣人意識與階級意識代代傳下、使其父子孫三代不惜犧牲的爲台灣解放而努力奮鬥。

Ⅲ　日華紡績株式會社台灣辦事處的罷工——日華紡績會社素來就爲延長勞動時間問題跟工人發生爭執。連溫卿企圖配合高雄的台灣鐵工廠工人罷工、乃在一九二八年四月二十一日指導該會社的台灣人工人（男工人一一三人、女工人二五七人）起來罷工。但是這次罷工因準備不夠、工人意識不高、所以四天就復職。其後因廠方與工人爲少許的事屢起糾紛、工人們終在五月十九日再開始第二次罷工、其中二〇〇餘人擬在街上示威遊行、而被警察檢舉二二人。於是、當天工人一〇〇餘人乃衆集於台北市太平町二丁目的「**工友協助會辦事處**」協議今後的對策、同時向該會社抗議、並提出承認工會的團體交涉權及罷工工人全數復職等六項要求、但均遭拒絕、又遭會社與警察施展瓦解政策而漸趨消散。

Ⅳ　總督府營林所嘉義連絡處與阿里山連絡處的爭議——一九二七年四月三日總督府營林所嘉義連絡處的製材部及修理工廠工人、將在成立工友會之際、文化協會即派遣鄭明祿前往指導。又在同年五月二十日、日本勞農黨顧問律師・古屋貞雄來台時、也請他赴嘉義做了鼓勵性的演講、所以該處工人的意氣空前高昂以致與當局發生衝突、而被解雇蓄木廠工人一四人、因此、該處管下的工人三〇〇餘人自同月二十九日一齊起來罷工、但是連絡處卻以再解雇工人幹部二六人予以報復。文化協會台中本部聞報即派王敏川赴嘉義指導、農民組合幹部簡吉・黃石順・陳培初・薛步梯及台灣民報記者謝春木等也趕來支援。後來、該工友會幹部許日清與吳隆乾往赴台北、協同連溫卿而向總督府營林所提出抗議。阿里山連絡處工人也向嘉義連絡處工人看齊、共有工人三三二人之中二二九人參加罷工、又被解雇一三人、畚箕湖的鐵道工人四四人也參加罷工。但是任台灣工人如何的抱定主意堅持罷工、在總督府強權壓迫之下、只得漸趨消散而告潰滅。

(2)　台灣民衆黨領導下的勞動運動

台灣民衆左派幹部蔣渭水等、自一九二七年七月結黨之後、親自巡迴全島各地、到處舉行演講會及座談會而竭力進行勞工的組織運動、以期打定其所倡導的全民運動的群衆基礎。因爲這樣、所以地主・資產階級的林獻堂・蔡培火等乃更加反對蔣渭水的「*左傾思想*」、成爲左右派分裂的直接的導火線。然而、蔣渭水等所從事的勞動運動幾乎都是以中小工業雇傭工人及店員爲對象、缺乏與近代大企業・交通運輸等組織勞動者的連繫、因此、他們就有必要把小團體團結爲一大勢力、才能有力的與敵鬥爭、於是、蔣渭水等乃提倡跨過全島勞動組織、終在一九二八年三月十九日假台北市蓬萊閣舉行「**台灣工友總聯盟**」的成立大會。

Ｉ　台灣工友總聯盟——台灣工友總聯盟即由蔣渭水・黃周・蔡式穀・彭華英・王鐘麟・郭發・張晴川・吳清海・杜啓塗・謝春木・盧丙丁等台灣民衆會幹部出面、在一九二八年（昭和三年）二月十九日邀請蘭陽總工友會（楊來生）・台北木工工友會（陳王錦塗）・基隆木工工友會（楊慶珍）・新竹木工工友會（吳廷輝）・豐原店員會（劉立傳）・台南機械工友會（盧丙丁）・高雄台灣機械工友會（黃賜）等二九個團體的代表一一二人而創立的。

在其創立宣言中乃強調著：「……**尤其是殖民地的勞動階級因一方面受到帝國主義者的掠奪、另一方面則受到資本主義制度在經濟上・社會上的壓迫、以致其生活最爲困苦、因此、殖民地的勞動階級乃最早覺醒並最先走上解放運動、同時也成爲民眾黨中心勢力而取得其領導地位。殖民地的勞動階級乃應爲民眾解放運動的先鋒、這不外乎是殖民地的勞動階級所具有的歷史使命。我等台灣的勞動階級乃在農工商學四民之中居於第二位、擁有一〇〇餘萬人而佔台灣民眾中的重要部份、我等必須認識所擔負的歷史使命既重且大、應爲民眾解放運動先鋒隊而英勇邁進**、……」（「警察沿革誌」第二編中卷 p.1247）。

台灣工友會總聯盟就在蔣渭水派的指導下、竭力進行思想教育並激發同盟罷工、只在一年之中、基隆的煤炭・木工・台北的木工・土水工、台南的機械・理髮、安平的製鹽、高雄的洋灰等各處工友會都相繼進行罷工、前後共有一九次、由此勞動運動急速發展、於一九二八年年底全島的工友會已擴至六五個團體、會員達七千八一六人。

該工友會乃在一九二九年二月十一日假台南市松金樓召開第二屆代表大會、代表一一九人、民衆黨蔣渭水・蔡培火・何景寮、文化協會鄭明祿・王九、農民組合楊貴・楊氏陶等來賓一〇〇餘人、通過議案一四件、並發表第二次大會宣言書。又在一九三〇年二月二日假台北市太平町民衆講座召開工友會總聯盟第三屆代表大會、代表一〇〇餘人、來賓中除了仍有蔣渭水等民衆黨幹部之外、還有楊克培・周合源・王萬得等共產會員及無政府主義者也參加開會、會上決議要求減低地租戶稅・制定最低工資法・反對帝國主義的侵略政策等口號、並分配本部工作如左：

總務部主任—李友三（聯盟書記長）　組織部主任—李友三（聯盟書記長）
財政部主任—佘加勇（土水工會）　爭議部主任—黃白成枝（自由勞動）
救濟部主任—鄭慶南（土水工會）　教育部主任—李潤屋（印刷從業員）
宣傳部主任—楊永全（桃園木工）　調停部主任—陳水權（印刷從業員）

（參閱「警察沿革誌」第二編中卷 p.1253）

工友總聯盟本部在一九二八年七月十五日的台灣民報上、共發表工友總聯盟的指導原理、表明其運動的理念爲「**工會組織主義**」（syndicalism）：「**我等所謂組合主義（工會組織主義）、乃指在資本主義的範圍内以改善勞動條件爲目的的勞動運動而言**」。如在工友總聯盟規約的第二條所規定：「**本聯盟的宗旨、即在圖謀勞動階級的利益與幸福、及生活向上**」、並在其第四條的條例有工友總聯盟的任務規定如下：①援助勞動階級組織團體及其發達、②統一全島的勞動運動、根據階級意識而謀無產階級的解放、③指導全島各團體的行動、④整理各團體的組織系統、⑤保持各團體間的密切連絡、⑥調停各團體間的糾紛、⑦提高勞動階級的知識及改良其生活、⑧促進各團體間切實互助、⑨保障勞動階級的利益、設法解決失業問題並介紹職業、⑩救濟失業疾病困苦的勞動階級（參閱謝春木「台灣人の要求」p.226）。

然而自一九三一年民衆黨被禁止結黨之後、工友總聯盟也隨即趨向下坡、再到同年八月蔣渭水病逝後、終歸潰散。

Ⅱ　高雄淺野水泥會社工人罷工——淺野水泥會社是日本水泥製造工業界的頭一家財閥、在高雄設有規模龐大的製造工廠、但因自一九二七年就逢到經濟不景氣、爲了縮短生產擬解雇一批工人。然而解雇工人就得一筆鉅大的退職金、所以會社當局乃暗中策動要使工人發生事故、然後才加以免職、而來節省這一筆退職金。當時、適有工人吳石定因細故被警察扣留三個月、會社即藉口把他免職、高雄機械工友會會長・黃賜乃領導工人向廠方要求取消吳石定的免職處分、但會社卻趁機再解雇工友會工人四一人、因此、於一九二八年四月十三日、黃賜再領導工人七〇〇餘人一齊罷工。

民衆黨本部的蔣渭水・張火山・李友三・張晴山・楊萬・廖進平等幹部聞報後、隨即趕赴高雄設立「**淺野洋灰罷業職工總指揮部**」予以指導。該總指揮部設有連絡・宣傳・救濟・調查・糾察等部份、積極宣傳並指揮工會會員、同時也以糾察隊來防止工人的墮落與就業、結果、繼續了二十多天的罷工。蔣渭水等乃把罷工指揮移交「**工友總聯盟**」、並改設爲「**台灣工友會總聯盟淺野爭議本部**」、擬準備長期戰。

在此、廠方一看情況不妙、一方面再解雇工人一七八人、另一方面則串通警察當局施展鎭壓、警察當局即偏袒日本資本家的利益、隨即搜索爭議本部、並檢舉機械工友會會長黃賜等三一人、因此、一時轟動全島的淺野洋灰工人罷工、終在日本帝國主義的官商勾結之下被摧殘而歸於失敗。這次的罷工雖然終歸失敗、但給予台灣勞動運動界的刺激非小、所以全島的各種工會相繼而生（參閱謝春木「台灣人の要求」p.236　「台灣民報」一九二八年五月十三日二〇八期）。

Ⅲ　台灣製鹽會社的罷工——台灣製鹽會社置本社於安平、是由日本資本家與買辦台灣人合資的一個特權會社。該會社的工人早就設立「**製鹽工友會**」（會長陳天順）、藉以抵抗會社的奴役及無故解雇工人。一九二九年月十五日、因會社無理解雇工會委員一八人並沒收其退職金、所以該工會隨即組織爭議團開始罷工、並向會社提出四項要求：①被解雇工人無條件復職、②自由購買煤炭、③分配宿舍、④對於夜班者應支給加班費二〇%等。台北的「**台灣工友總聯盟**」也派人起來支援、但會社當局卻依靠警察的強權來鎮壓工會、而逮捕了工會長・陳天順等。民衆黨台南支部的王受祿・韓石泉等人雖向台南警察署提出抗議、但是這種理直氣壯的主張又在日本帝國主義的強權壓制之下而被迫屈服（參閱謝春木「台灣人の要求」p.247）。

其他、「**台灣工友總聯盟**」所指導的工人罷工再有台北工業會社所屬的石砂採取船夫的同盟罷工（一九二七年十月）、台北木工工友會的罷工（一九二八年二月）、台北印刷工人的罷工等、大小形式的罷工層出不窮、但都是在孤軍奮鬥的情況之下、飲恨被壓制下去。

⑶ 台灣共產黨指導下的勞動運動

台灣共產黨當在一九二八年四月成立於上海時、因其「**勞動運動對策提綱**」尚未決議通過（參閱p.599）、所以等到翌年島內的黨中央成立、而從日本共產黨送來「**勞動階級與黨的任務**」的指令之後、「**紅色工會組織運動**」才進入準備階段。這紅色工會的組織運動乃是根據三個策略所執行的、就是：㈠台灣重要產業（都是由日本資本與買辦台灣人資本所壟斷）的北部礦山勞動者及鐵路等重要交通機關勞動工人的組織、㈡爭取在文化協會領導下的既設左翼工會的領導權、㈢爭奪在台灣民衆黨與工友總聯盟領導下的右翼工會的領導權。

Ⅰ　黨東京特別支部派遣幹部返台從事工會組織運動——「**東京學術研究會**」的積極份子蘇新・蕭來福爲支援台灣農民組合而被黨東京特別支部派遣返台後、由島內黨中央負責人謝雪紅重新分配工作、改爲從事建立紅色工會、並轉赴羅東浸透於「**木材工友協助會**」、進行工人組織運動、其後、又轉到基隆煤礦從事礦山工人的組織運動。經過他們積極努力的結果、組織了「**台灣礦山工作組織會**

議」、並起草行動綱領、而奠定台灣礦山工人勞動運動的組織基礎。

Ⅱ　高雄交通運輸工人的組織運動——自從一九三〇年三月台灣共產黨南區負責人劉守鴻被黨中央派來高雄後、即與農民組合內的顏石吉・陳結等黨員召開高雄地區組織會議、並召集當地的左翼青年設立「**社會科學研究會**」做爲組織高雄地區紅色工會的籌備據點。後來、黨南區改稱爲「**高雄支部**」、並改由莊守負責、同時以孫固平・周坤棋等爲基本人員、再糾合鐵道部高雄工廠的葉天護・宮本新太郎・津野助好等召開組織會議、終於組成「**台灣交通運輸工會高雄組織會議**」、而積極推行該地區運輸工人的勞動運動。

Ⅲ　台灣紅色總工會籌備委員會——當在一九三〇年十月二十七日、在松山庄召開「**台灣共產黨委員會擴大會議**」時、爲了進行「**台灣紅色總工會**」的籌備工作、由王萬得・蕭來福・蘇新三幹部組成「**臨時工會運動指導部**」、並決定了：㈠臨時工會運動指導部負責建立產業別工會、而後統一爲總工會、㈡該指導部負責起草礦山・出版・交通運輸等各種工會的組織方針・運動方針・會則・行動綱領等。然而、台灣共產黨隨即遭到大檢舉、因此、有關勞動工會的組織工作終於未能進一步的伸張下去（參閱「警察沿革誌」第二編中卷 p.1289）。

o　台灣地方自治聯盟

(1)　台灣地方自治聯盟成立大會

如上所述、以林獻堂・蔡培火・陳逢源等爲政治代表的台灣地主資產階級、對於日本帝國主義的殖民統治原來並不感到很大的不滿、也覺得不一定要推翻它、只想在帝國主義統治下企圖改良其政治上・經濟上的地位爲其所謂「**民族解放**」的現實目標、因此、社會主義革命份子取得文化協會的領導權（一九二七年）及蔣渭水等小資產階級派的民衆黨左翼份子開始重視階級鬥爭（一九二八年）之後、也就是說、要以民族鬥爭與階級鬥爭的革命手段來推翻日本帝國主義的進步勢力逐漸伸張之後、這些地主・資產階級派就一退再退的企圖退出台灣民衆黨、想重新組織一個能向總督府繼續進行「**哀願叩頭的請願、陳情運動**」。譬如、彭華英曾經說過：「**台灣民衆黨並不屬於革命團體、而是依合法的交涉手段擬達成政治目標的交涉團體**」（「新高新報」一九二—四號）。當林獻堂要辭任民衆黨顧問時也說過：「**跟蔣渭水交換有關民衆黨新綱領的意見、結果、我認爲該新綱領偏於極左、完全是以無產階級爲本位、這點乃是我們所不能接受、我不想再以顧問身份與黨維持關係所以決定辭任顧問。**」（「警察沿革誌」第二編中卷p.513）。

當時、地主・資產階級派所進行的「**台灣議會設置請願運動**」已漸趨消沉（一九三〇年四月進行第一一屆請願）、另一方面乃是蔡培火・楊肇嘉等由東京返台推進所謂「**地方自治改革**」的情況之下、一九三〇年（昭和五年）八月五日、林獻堂等發起人七三人會合於台中市醉月樓、召開政治團體「**台灣地方自治聯盟**」的發起人會、並在同月十七日盟員三七〇人之中召集二二七人舉行成立大會。在會上審議規約・宣言等、同時委任顧問及選出理事・常務理事：

常務理事――楊肇嘉　蔡式穀　李良弼　劉明哲　李瑞雲　顧　問―林獻堂　土屋達太郎

理　　事――李延旭　蔡天註　方玉山　葉清耀　黃朝清　林根生　洪元煌　林木根　王開運

　　　　　李明家

書 記 長――葉榮鐘（林獻堂的秘書）　評議員――陳逢源等八六人

其綱領及政策如左：

(一)　綱領—確立台灣地方自治

(二)　政策—①認識社會的進展、站定在台灣現實、②以全民爲背景確立民本主義精神、③採取合法手段、尊重單一目標、④改革現行地方自治制度、獲取政治自由、⑤訓練民衆的政治能力、實現民衆組織化、⑥排擊分裂主義之徒、避免同胞操戈之禍。

同時、以下列三點爲當前的政策方針：①對於農民組合、文化協會的反對行爲擬以採取旁觀態度而不與抗爭、②爲了向一九三〇年總督府評議會提出地方制度改正問題、應先向評議員提出本聯盟的草案擬以取得諒解、③對於一九三〇年市・街・庄協議會的改選擬以採取罔管態度。

地方自治同盟成立後、即以「**政談演說會**」爲運動中心、動員了楊肇嘉・黃朝清・賴遠輝・劉青雲・張聘三・蔡添丁・洪元煌・莊遂生・吳萬成・鄭松筠・張景源・葉榮鐘・蔡式穀・吳春霖・蔡先於・黃鴻源・洪石・呂靈石・高天成・廖德聰・曾金泉等幹部巡迴全島、舉行「**地方自治制改革促進運動**」的演講會、並在各地設立「**支部**」（參閱表91）、同時向日本政府及總督府提出「**建議**」（參閱楊肇嘉「楊肇嘉回憶錄」p.248　「警察沿革誌」第二編中卷 p.526）。

此時、「**台灣議會設置請願運動**」已走下坡、但仍由蔡培火及自治聯盟負責進行、蔡培火乃著作「**日本本國民に與ふ**」（一九二八年）一書、與楊肇嘉的「**台灣問題研究會**」一起推行該運動。

蔣渭水派領導下的民衆黨、對於「**台灣地方自治聯盟**」的成立、在表面上雖然不表示

表91　自治同盟各地支部（1932年）

支　部	盟員	主幹
	人	
本　　部	3,397	洪元煌
台中支部	302	張秋淋
嘉義支部	124	黃　鴻
台南支部	164	劉明哲
鹿港支部	72	施　興
南屯支部	159	曾樹芳
南投支部	611	洪　石
員林支部	61	黃一清
北門支部	193	謝三吉
能高支部	161	蔡添丁
屏東支部	226	李明家
清水支部	70	蔡梅溪
梧棲支部	66	楊瑞全
台北支部	697	王添丁
北屯支部	211	賴　慶
海山支部	67	陳紹裘

（資料）　「沿革誌」第二編中卷 p.565

反對、但在同年十二月五日即以維持黨內規律的名義來除名蔡培火・陳逢源・洪元煌等一六個自治聯盟幹部（林獻堂除外）、另外、後期文化協會・農民組合・工友總聯盟也相繼起來抨擊其反動性與投降主義（參閱「警察沿革誌」第二編中卷 p.487）。

(2) 第一屆聯盟大會與請願運動

自治聯盟在一九三一年八月十六日、假台中公會堂召開第一屆聯盟大會、全島代表一〇七人參加、蔡式穀任司儀、劉明哲・楊肇嘉為正副議長、在會上先悼念蔣渭水之後、再審議通過：㈠增加評議員為五九人、㈡對總督府建議尊重公共組合、㈢要求實施義務教育、㈣發行公民手册、㈤在迄未成立支部的地區積極舉行演講會、藉以促進成立支部、㈥為了向日本第六〇屆議會請願改革台灣自治制度、積極號召島民起來進行簽名運動、㈦向總督府申請把有關地方自治的教材編入於現行公學校教科書、㈧發刊機關報紙等。

在會後發表宣言及大會決議、即是：㈠賦與公民權實施普通選舉、㈡確立州市街庄的自主權・㈢把官任諮詢機關改為民選議決機關、澄清其職務與權限、㈣改革執行機關組織並澄清其職務與權限、㈤確立州市街庄會對於財政的管理權。

自治聯盟基於大會決議、乃在同年十一月七日向第一四代總督・太田政弘提出「**建議書**」、懇請當局實施義務教育、台灣公共組合自治化、及改革台灣農會・水利組合・青果同業組合等、同時、為了促進民衆的政治訓練、即在全島各地舉行演講會及刊行「**自治聯盟要覽**」「**立憲政治小論**」等小册子（參閱楊肇嘉「楊肇嘉回憶錄」p.261）。

⑶　第二屆聯盟大會與改組運動

自治聯盟自創立以來、因始終只是進行開會・宣言・請願・建議等一貫作爲、以致漸有一部份盟員表示不滿、因此、台中支部即企圖發起聯盟改組運動、而在一九三二年六月二十八日的台中支部幹事會上、決議：㈠設置調查部於本部、㈡爲了實現島民政治・經濟・教育・社會等各方面的解放、應改變歷來的自治改革的單一目標、㈢某些盟員一方面反對現行自治制度但在另一方面卻就任州市街庄的協議會員、這終會導致自相矛盾、所以應勸告他們辭任協議會員、否則退出聯盟等三項方針、以便促進聯盟的改組運動。

然而、在一九三二年（昭和七年）八月二十一日所召開的第二屆聯盟大會上、台中支部所提出的上述三項改組案卻被否決。台北支部另外提出的改革案（要求實施眞實的地方自治・改革學制・撤廢保甲制度等）也同樣被否決。

聯盟幹部所推行的哀願叩頭式請願運動乃日見加深、一九三二年四月向第一五代總督・南弘提出建議書、同年十月楊肇嘉又往東京、向新任的第一六代總督・中川健藏及當時的日本首相・齊藤實與拓務大臣・永井柳太郎再次提出建議。

但是、總督府在當時已決定要把過去的「**内台融合**」「**内地延長主義**」等同化政策再推進一步、積極進行「**皇民化運動**」、所以、對於自治聯盟的請願運動不但是置之不理、而且開始命令關閉漢學書房及禁止漢文教育（同年十一月十八日）等、擬再加強其軍國主義的殖民統治（參閱「警察沿革誌」第二編中卷 p.560　楊肇嘉「楊肇嘉回憶錄」p.265）。

(4) 地方自治改革運動與總督府改正台灣地方制度

自治聯盟理事等一〇人爲了挽回日見凋零的自治運動、乃決定舉行「**大政談講演會**」、並擬向島內各州知事提出「**改革地方自治嘆願書**」。此時適逢總督府發表「**地方自治改革案大綱**」、預定在一九三五年實施地方自治制度。但自治聯盟因不滿這官制的自治方案、所以在台中・台南・台北等地召開住民大會、發表決議文及散發傳單表示反對。

同年十月、楊肇嘉・葉榮鐘・葉清耀等代表自治聯盟前往朝鮮考察當地的地方自治。楊肇嘉在歸途順道東京、一方面協助台灣新民報東京支局長・吳三連及大成火災保險會社幹部・李延禧等設立「**東京台灣同鄉會**」、另一方面則會見新任日本首相、岡田啓介・提出了「**台灣統治意見書**」、就是以承認同化政策爲前提、請願日本政府實施地方自治・確立司法權及行政裁判所・開放教育機關・登用人材・確立金融產業制度等。

但是、總督・中川健藏卻以違反日本政府統治方針爲藉口、勸告林獻堂・蔡培火等中止「**台灣議會設立請願運動**」。於是、一九三四年九月、林獻堂等幹部二九人再度會合、並決議中止該運動（參閱p.517）。

一九三五年（昭和一〇年）四月、總督府公佈了台灣市制（律令第二號）・台灣街庄制（律令第三號）等有關改正地方制度的法令、並在同年十月移諸實行。根據該法令、市置市會（擁有議決權）、街庄有街庄協議會（只是街庄長的諮詢機關）、但市會議員及街庄協議會員等都是半數官選半數民選、同時被限制爲有繳納五圓以上市稅或街庄稅的二五歲以上的男子、且在同一地區居住六個月以上者才享有選舉權與被選舉權（參閱外務省條約局法規課「律令總覽」p.24, 37）。

(5) 第三屆聯盟大會與地方選舉

總督府公佈改正地方制度後、自治聯盟卻在林獻堂・楊肇嘉的領導之下、指名葉榮鐘・莊垂勝・張聘三爲「意見書」的起草委員、同時發表了含糊不清的聲明：「**總督府的自治制度改正條例中雖然含有許多缺陷而不能滿足民意、但比舊制度已稍有進步。本聯盟爲了訓練民眾使之避免在該制度的運用上發生過失、以期早日實現眞正的自治制度、今後務必加緊努力。**」（「警察沿革誌」第二編中卷 p.577）。

繼之、自治聯盟在一九三五年八月十七日、假台中市公會堂召開第三屆聯盟大會、在大會上選任新理事如左：

台　北──蔡式穀　張　木　陳紹裘　王添丁
新　竹──李良弼
台　中──楊肇嘉　洪元煌　張煥珪　莊垂勝　葉榮鐘　黃朝清　林澄坡　林振生　林阿華
　　　　張聘三　張深鑐
台　南──徐乃庚　林木根　劉子祥　沈　榮　梅　獅　鄭松筠
高　雄──李明家　李瑞雲　劉　棟
常務理事　楊肇嘉　蔡式穀　洪元煌　劉子祥　李瑞雲　評議員一三五人

同時又在第八號議案上決議了：「**自治聯盟本部・支部在選舉時、務必推薦或支持被認爲在各地方的最適當的人材**」。

同年十一月二十二日、總督府施行改正地方制度後第一屆市會議員及街庄協議會員的選舉、自治聯盟卻在台中・台南・嘉義・屏東・台北・新竹等支部公推一七個盟員出來競選、結果、當選一一人。自治聯盟卻喜出望外的在同年十一月二十八日假台中市樂舞台舉行「**選舉報告演說會**」、楊肇嘉等乃自吹自擂的演講一番。

然而、一九三七年（昭和一二年）七月七日、蘆溝橋槍聲一響、七・七事變爆發、台灣地方自治聯盟隨即在八月十五十召開「**第四屆聯盟大會**」、並由楊肇嘉宣佈：「**該聯盟依此解散**」（參閱楊肇嘉「楊肇嘉回憶錄」p.318）。

當一九四一年所謂「**皇民奉公會**」（總裁即由第一八代總督・長谷川清就任、中央本部長也由總務長官・齊藤樹擔任）成立時、林獻堂卻就任該會台中支部參與及總督府評議會員、一九四五年四月再進一步的就任日本議會貴族院的官選議員、其他、蔡式穀・林呈祿（改名林貞六）・陳炘等自治聯盟幹部均參加總督府的這皇民奉公會。

總言之：「自治聯盟不外乎是封建土地財產家・地主爲了獲得民權的運動、乃是：㈠以肯定日本帝國主義的統治權爲前提、㈡以在日本帝國主義的支配下擬享有做爲日本人的權利與義務爲目的、㈢使日本人與台灣人相勾結而請願設置自治機關、㈣藐視佔台灣住民大多數的勞動者・農民・無產市民、同時也恐懼廣大群衆的參加、㈤始終使用奴隸的阿諛及哀願叩頭的方式等、因此、該運動實不能把其編入於民族抗日運動的範疇之內。」（蕭友三「台灣解放の回顧」p.84）。

p　原住民系台灣人的抗日與霧社起義事件

日本帝國主義對於山地同胞、歷來就採取恩威並濟的所謂「**理蕃政策**」（最陰險的愚民政策）、一方面傳授生產教育與原住民兒童教育、使其原始社會稍微呼吸到現代文明的空氣、人口轉爲增加曲線、並以日語當做各部族共通的語言、且轉化爲貨幣經濟的社會生活。但在另一方面、乃加施政治壓迫

（一九〇三年在總督府官制上設立「**蕃務掛**」、強化「**隘勇線**」、一九一〇年擬定「**蕃人討伐五年計劃**」進行武力進攻、並設置「**山地警察分駐所**」共五〇〇處、配備警察及警手達五千六〇〇人）、與經濟剝削（一九一〇年施行「**林野調査五年計劃**」、導入日本資本進行樟樹採伐、徵調山地同胞的勞力、掠奪山林土地、強迫下山移住等）、使山地同胞仍然停滯於未經開發且極端窮困的奴隸生活狀態。

因此、山地同胞均在被激動民族仇恨與憤懣之下頻繁起來反抗、即以特有的襲擊與獵頭來對抗日本帝國主義的進攻、自一八九六年至一九二〇年、只算上較大的抗日起義就有一五四起（參閱表92）。山地同胞的抗日既強且烈、尤其是所謂「**理蕃總督**」佐久間佐馬太、當他強行所謂「**蕃人討伐五年計劃**」（一九一〇—一四年、花費了二〇〇萬圓的財政開支、動員軍警總數達二萬五千人、殺害山地同胞二萬人、繳獲火槍

表92　山地同胞武裝抗日與日軍鎮壓

年	地區	起義部族
1896(明29)	高雄	阿須明社
〃	台東	求茶加須社
1897(明30)	新竹	大坪・上坪・內灣方面
〃	花蓮港	太魯閣社
1898(明31)	新竹	嗎夷巴拉社
1902(明35)	台北	宜蘭小南澳山社
1903(明36)	高雄	嗎加社・托那社
1904(明37)	台東	紅頭嶼社
1905(明38)	台中	薩拉毛社
〃	〃	霧社
1906(明39)	新竹	馬武督方面
1907(明40)	新竹	鳥來・甲板山方面
〃	花蓮港	太魯閣社
1908(明41)	台中	霧社・白狗方面
〃	花蓮港	芝加索灣社
1909(明42)	台東	茶羅支須社
1910(明43)	新竹	考握港社
1911(明44)	台中	霧社
〃	新竹	李崠山方面
〃	高雄	托亞社
〃	台中	排巴拉社
1912(大1)	新竹	羅不果社
〃	〃	氣那奇社
〃	台中	白狗馬烈巴社
〃	新竹	嗎里科灣社
〃	花蓮港	鯉魚尾方面
1913(大2)	〃	踏氣里溪方面
1914(大3)	〃	太魯閣社
〃	高雄	六龜里社・葡袋社
1915(大4)	台東	哈加灣社
〃	新竹	加拉社
1917(大6)	台中	丹大社
1919(大8)	台北	南澳社
〃	台中	薩拉毛社
1920(大9)	新竹	薩加羅社
〃	台中	薩拉毛社
其他		
計		154起

（資料）　山邊健太郎「現代史資料」22, 台灣2 p.524

三萬一千五〇〇枝）之時、抗戰最爲慘烈。

總督府的蕃人討伐五年計劃、主要是先鎮壓台灣北部（所謂「北蕃」）的台北州的考握港社（kaogan）・氣那奇社（kinaji）、新竹州的考握港社瑪里科彎社（Marikowan）・氣那奇社、台中州的霧社・白狗瑪烈巴社（Malepa）・排巴拉社（Vaivala）・羅不果社（Lobugo）・奇那奇社、及高雄州的托亞社

圖51　霧社起義事件圖

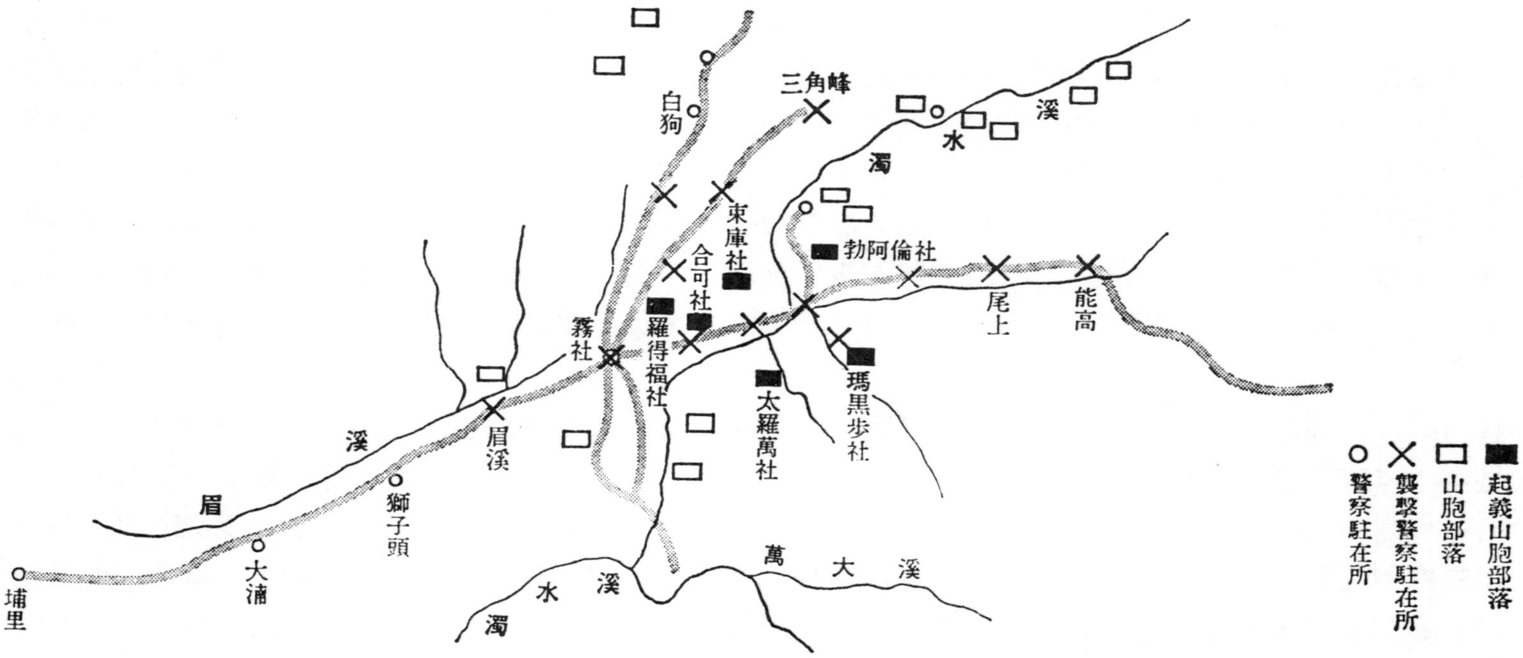

（Toa）、李崠山地方、花蓮港的太魯閣社等的武裝抗日、然後、自一九一四年起、再進襲台灣南部的所謂「南番」、即是高雄州的施武郡社・葡袋社（Putai）、潮州的力力社（Lili）、台東廳的蛤拉社（Kala）・浸水營・姑子侖等地的起義反抗。

日本帝國主義從台灣島的四周向中央山岳地縮緊其軍事包圍、把山地同胞的原始故鄉一社又一社的壓服下去、終在一九二〇年代即把整個的台灣與台灣人征服爲其殖民統治之下、這在台灣史上是未曾有過的。

就是在日本帝國主義這種殘酷大屠殺的歷史背景之下、到了一九三〇年（昭和五年）十月二十七日、終於爆發轟動一世的所謂「霧社事件」。這即是起因於積年累月的壓迫剝削之故、並以強制勞役・遲發工錢、及日本警察誘騙山地婦女而後再把其遺棄等爲導火線、霧社地方共有一二社的山地同胞中、以瑪黑步（Mahebo）・勃阿倫（Balun）・合可（Hogo）・羅得福（Loutoff）・太羅萬（Taloman）・東庫（Suku）等六社爲中心、並由瑪黑步社酋長的摩那羅・達奧（Monar-Dao）率領山胞三〇〇餘人、在當天早晨一齊蜂起、分隊襲擊附近的警察分駐所一三處、同時進襲霧社警察分室・學校・郵政局・日本人官舍等、砍殺了各地警察及霧社公學校舉行秋季運動會的日本人一三四人、又殺傷了二一五人、替同胞洩憤。山胞起義軍佔領霧社三天、獲取武器彈藥後才退入內山。

台北的第一三代總督・石塚英藏聞報後、驚慌不已、立即從台北・新竹・台中・台南等地派遣大批軍警進行圍剿、但在深山森林裡面卻無用武之地。於是、日軍就不顧人道、乃使用飛機散佈毒氣、同時再以大軍猛攻山胞居住地區、苦戰月餘而施展報復性的大屠殺、殺害了山地同胞一千餘人。

到了同年十月三十一日、抗日首領摩那羅・達奧看大勢已去、乃勸說一家大小二四人自縊於凱璣恩（kaichion）茅屋裡、他自己也以手槍自殺之後、這可歌可泣的英雄起義才告終熄。

此時、山胞知識青年花岡一郎（一九二八年畢業台中師範學校後、任警察巡查）、及二郎（畢業埔里公學校後、任警手）的二兄弟、也是起義事件得力的指導者、他們亦在日軍圍攻及飛機大砲轟炸之下、一郎先殺其妻、次殺其子、然後從容自剖其腹而亡、家族一〇人也自殺於同一岩窟內。二郎與家眷二〇餘人隨即自縊於附近山中、如此、山地同胞因不願受日軍凌辱而自殺者不可計數（參閱山邊健太郎「現代史資料」22、台灣2 p.507－707）。

「**霧社起義事件**」結束後、又連續發生「**悲似丹事件**」（一九三一年）・「**大關山事件**」（一九三二年）・「**逢坂分駐所襲擊事件**」等、前仆後繼、都是原住民系台灣人在孤立無援的情況下奮起抗日的英勇義舉、同時也更加激動了漢人系台灣人的抗日意識。

q　第二次大戰中的抗日行動

自一九三一年台灣共產黨・農民組合・後期文化協會被檢舉及台灣民衆黨被命令解散之後、台灣革命解放運動逐漸消沉、但日本帝國主義開始侵略戰爭、所以對殖民地的壓迫剝削也日益加深、同時、台灣人的抗日事件仍然層出不窮。

I　衆友會抗日事件——台中州大甲郡清水街居民・曾宗、常住於清水街紫雲寺以賣卜爲生、他從幼年時就氣憤日本人橫暴壓搾台灣人、適於一九二七年十一月在紫雲寺內結識中國人彫刻佛像匠・陳發森及陳宗魁、受到中國革命的刺激之後、乃決心組織秘密的抗日團體「**衆友會**」、並在清水・潭子墘・竹林・鹿寮・沙鹿・北勢坑及高雄州下逐漸成立了公開機關的「**父母會**」（高雄方面即稱「九展拱福志團」）及「**拳頭館**」（教授拳術）、藉以秘密招募衆友會會員。這些公開組織至一九三四年三月已增爲二〇個團體、會員達三六〇人。

又有清水人蔡淑悔、他在幼年時就學「台中州立一中」後、於一九二二年前往中國並畢業北京大學、也曾在中國國民黨福建省黨部擔任過幹事、一九二九年四月他因病返台、即加入衆友會而成爲指導者、竭力推行島內組織的擴大工作、並專程渡往中國請求中國國民黨協助台灣革命、但國民黨僅以口頭鼓勵、其他沒有具體的支援計劃。其後、蔡淑悔曾在山中計劃製造炸藥、另一方面、曾宗也派高雄方面負責人・黃溻渡往廈門、與呂清池（西來庵起義後被捕出獄的同志）協力擬以購進武器彈藥、但都因資金短絀而未得成功。

然而、在一九三四年九月日本皇族伏見宮及久邇宮來台時、衆友會秘密組織竟被警察當局發覺、終於連續被檢舉四二七人、都以武裝叛亂罪提起公訴。這些被捕義士在受審的二年間、均受了慘無人道的酷刑、以致很多人都在獄中死亡或者成爲殘廢、然後、三五六人因承諾改過自新才被釋放、其中二五人均在一九三七年二月被處徒刑如左：

蔡淑悔（一二年）　許乃翁（七年）　陳發森（五年）　蘇泗海（五年）　許再茂（三年）
曾　宜（　五年）　李　培（四年）　何　號（三年）　吳　進（三年）　曾　丁（三年）
王　文（　三年）　林文和（二年）　王楠松（二年）　蘇　賽（二年）　李興順（三年）
張神助（　三年）　陳錦華（三年）　蔡玉和（二年）　凌丁文（二年）　郭　瑞（二年）
李　傳（　三年）　黃　溻（四年）
王　木（二年六個月）　陳宗魁（二年六個月）　陳大埔（二年六個月）

（參閱「警察沿革誌」第二編中卷 p.918　「台灣省通志稿」卷九 p.112）

Ⅱ　東港事件

——一九四一年（昭和一六年）十一月即太平洋戰爭將要爆發的前夕、總督府警察當局乃製造一個震駭全台灣的所謂「**東港事件**」、就是捏造事實、虛構案情、以「**企圖結集澎湖・高雄・東港等地的漁船擬以協助中國國民政府軍登陸台灣**」爲由、連續逮捕了吳海水（參加早期的解放運動、後來在高雄郡下任醫師）・歐清石（參加早期的解放運動、後來在台南任醫師）・郭國基（參加早期的解放運動）・黃本・張明色・蘇太山、及東港的陳江山・陳月陣・許明和・趙榮讓・洪雅・張恨、溪州的周慶豐・張朝輝、新園的何寅・陳言・加冬庄的王永漳等二〇〇餘人、被捕者在審問中無不遭到慘無人道的毒打拷問、李元平・黃宇廟・黃德・莊榮愿等人因受不了慘刑而死亡在台北獄內、其他成爲殘廢者不可計數。這件事延至三年後、最後在高等法院被宣判有罪者如左：

歐清石（無期徒刑）　張明色（徒刑一五年）　郭國基・陳江山・許明和（徒刑一三年）　張朝輝・周慶豐（徒刑一〇年）　王永漳（徒刑八年）　洪雅（徒刑七年）　陳月陣（徒刑六年）、其中、歐清石・洪雅二人於一九四五年五月在獄中被美國飛機炸死、許明和・陳月陣・張朝輝・丁水漳冤死獄中、尙有未受審判之前活活被打死者蔡興旺・陳文隆・林智・陳記等人、到了日本敗戰後一九四五年九月被釋出獄者僅有張明色・郭國基・陳江山・周慶豐四人而已（參閱「台灣省通志稿」卷九 p.129　莊嘉農「憤怒的台灣」一九七一年 p.71）。

Ⅲ　瑞芳抗日軍事件——當在第二次大戰末期日軍漸顯敗勢的一九四四年、基隆瑞芳的煤炭礦主・李建興與其家族及礦山全體工人共有五〇〇餘人、以「**在瑞芳地方招軍買馬擬以建立台灣抗日軍**」爲由盡被逮捕、直至日軍戰敗時、這個案件尙未結審。其中的三〇〇餘人均在獄中活活被打死、以致被釋出獄者僅剩一〇〇餘人。據巷間所傳、這件事本是因李建興爲金錢及女人的問題而與一個警探發生衝突、終被警探誣告所導致的。

李建興出獄後曾在一九四五年九月、在瑞芳鎭舉行「**追悼會**」、並與東港事件的郭國基一起提議組織「**對日報復會**」、擬向日本警察進行復仇、但因受到來台接收的中國官員所阻才未有實現（參閱莊嘉農「憤怒的台灣」p.73）。

Ⅳ　蘇澳間諜事件————開羅會議後、一個時期美軍曾計劃登陸台灣、因此、美國的潛水艇常出沒於台灣海峽及四周海上。據傳、一九四四年在蘇澳附近美潛水艇與若干的台灣漁民不期而遇、該漁民被迫協助其水兵二人登陸偵察地形。其後。這件事被日本警察所探悉、竟逮捕七〇餘人、皆被慘殺、無一倖免（參閱莊嘉農「憤怒的台灣」p.73）。

r　台灣民族解放運動的經驗教訓

台灣社會與台灣人、在日本帝國主義的殖民統治之下、受到民主主義・民族自決主義・無政府主義・共產主義等近代社會思想的影響、以致廣泛的展開啓蒙運動並普遍提高民族與階級的自覺、且在這反帝・反封建的殖民地鬥爭過程中、促使在過去自然發生的抗外鬥爭脫胎換骨、轉向於有計劃・有組織的「**近代民族解放運動**」、同時也促使封建階段的本地人意識發展爲近代性的「**台灣人意識**」、終於導致「**台灣民族主義**」的抬頭、而成爲台灣史上的一大轉捩點。

然而、因在這解放運動當中起了領導作用的、不外乎是青年學生・教員・醫師・律師等當時的新知識份子、並且這些知識份子大體上都是出身於地主・資產家・小資產階級等中・上層階級、所以在他們所領導的解放運動上難免有了顯著的一些缺陷。

第一個缺陷、即是大部份的知識份子都忽略了現實的「**台灣社會與台灣人**」跟中國社會與中國人已經成爲不同的二個社會集團、卻在其腦筋裡、把**現實存在**的台灣社會與台灣人、與他們對中國社會與中國人所想像的**觀念**（幻想）混同在一起、結果、導致在台灣民族解放運動上所要解放的民族的觀念成爲模糊不清。

如上所述、台灣人因與中國人具有同樣的血緣關係與文化特質、所以均屬於同一**種族**（race）的漢族、這點無可否認。台灣社會與台灣人大體上已超越（克服・揚棄）了這些跟中國相同的血緣・文化關係、並在與中國不同範疇的社會基礎上、發展爲一個單獨・唯一的**台灣民族**（nation）、這點皆有目共睹。就是說、現實存在著的台灣・台灣人、與現實的中國・中國人雖然是屬於同一種族、但二者在社會上・意識上已成爲不同範疇的二個民族集團、因此、在台灣民族解放運動當中的所謂「**民族**」、必然是現正存在著的**現實**的台灣社會與台灣人。換言之、台灣民族解放運動所要解放的對象、不外乎是現實的台灣社會與台灣人。

然而、當時的台灣知識份子、尤其是所謂「**民族派**」的前期文化協會與民衆黨等的主要幹部、不但不把這點認識清楚、反把現實的台灣社會及台灣人大衆（多數者）的心理動向（台灣人意識）、跟他們自己在腦筋裡所幻想的「**祖國中國**」「**中國的台灣**」等抽象觀念混淆在一起、結果、不知不覺之間、卻以「**祖國中國**」的幻想爲基本觀念來從事台灣民族解放運動。這點可以說就是在日本統治時代的台灣民族解放運動所具有的一大缺陷。因爲有了這種缺陷、所以一遭到日本帝國主義的殘酷鎮壓、就逃脫於「**祖國中國**」的觀念裡去、或遁入於現已成爲死語的「**血統關係**」而無法堅持到底。因此、他們所領導的解放運動乃不可能直截了當的提出「**台灣民族獨立**」、只是心理上在「**祖國中國**」的觀念世界打圈子、在行動上也停滯於在日本帝國主義殖民統治下要求「**台灣自治**」而已。這根本就是與現實的台灣社會與台灣人相互矛盾（尤其和佔大多數的基層大衆有了意識上的差距）、又跟現實的中國社會與中國人也不能相一致。但這種觀念到後來、卻再進一步的成爲「**空想漢族主義**」的思想根源、而使台灣・台灣人在蔣派中國人的殖民統治之下再次被壓迫剝削得不能自拔（參閱 p.772）。

與知識份子相反的、台灣人一般大衆（農民・勞動者・都市貧民・農村貧民）是台灣開拓者的嫡流、也是台灣民族的主要成分、因此、縱使日本帝國主義如何的殘酷施以壓迫剝削、他們除了與其鬥爭之外、絕不追隨知識份子而來耽迷於所謂「**血緣關係**」、也不仰賴「**祖國中國**」的抽象觀念、就是說、對現實的中國完全無法感到親近、也不抱任何幻想。譬如、「**大家弄是台灣人**」這句台灣話、很清楚的道出台灣人意識的堅固不拔、並且這句話並非出於知識份子、而是台灣人一般大衆在孤軍奮鬥的艱苦的抗外鬥爭中、自然而然從心底湧上出來的民衆語。當時、只是擁有社會主義思想的共產主義者、因他們能堅定的站在台灣人一般大衆的這種立場與觀點、才能排脫對於血緣關係的迷妄、導致以「**台灣獨立**」為台灣革命當前的急務（參閱 p.602, 603, 604）。

第二個缺陷、就是民族鬥爭與階級鬥爭不但不相配合、反而相互衝突。

就如上述、台灣即是在日本帝國主義統治下的殖民地社會、其政治・經濟・社會等一切大權都操在**外來**的日本總督與日本資本家掌中、所以台灣革命現階段乃是屬於反殖民地的「**民族革命**」、也就是「**資產階級民主主義革命**」（不是無產階級社會主義革命）、以日本帝國主義及台灣人買辦資產階級為革命的主要對象、同時要以無產大衆為主力而並行民族鬥爭與階級鬥爭、才有可能達成革命的終極目標。因此、台灣革命現階段的基本戰略、必然是「**台灣民族統一戰線**」、除了極少數的買辦資本家與御用紳士之外、農民・勞動者・都市貧民・農村貧民・低薪職員・學生知識份子・中小地主及中小資產階級等壓倒多數的台灣人、都得採取統一戰線戰略而來共同抗日。同時、在各階級（無產・有產）均得協力抗外鬥爭的情況之下、小資產階級出身的知識份子、只要能堅定的站在無產大衆的階級立場並克服其本來的缺陷（善文不武・缺乏群衆觀點・機會主義傾向・利益觀點重・老想往上爬等）、他們是具有一定的領導能力的。

然而、這些知識份子自從踏出民族解放運動後、乃停滯於少數者的文化啓蒙運動（不過是街頭宣傳而已）、不去實際的團結無產・有產的台灣人大衆來展開民族鬥爭與階級鬥爭、因此、社會主義勢力一旦抬頭、他們便分裂爲左、右二派、終於導致整個的解放運動遭受不可彌補的重大打擊。

另一方面、社會主義勢力乃隨著世界革命的高潮而出現、促使台灣人大衆展開有組織有系統的革命運動、但他們卻在戰略上輕視統一戰線與民族鬥爭、以致台灣革命運動遭到潰滅性的重大打擊。因爲是有了上述的二大缺陷、所以台灣民族解放運動一遭到敵人的進攻、瞬息間就被殘滅殆盡。

再者、除了上述之外、漢人系台灣人所進行的台灣民族解放運動從未爭取到原住民系台灣人的積極參加、這點可以說是漢人系台灣人在思想上及革命方法上另外一個的大缺陷。

上述在日據時代的台灣民族解放運動所發生的缺陷、乃是慘痛的經驗教訓、誠然是值得後代警惕。

6　「台灣」與「中國」的距離

如上所述、台灣社會與台灣人、自從開始形成社會集團以來、就受到外來荷蘭侵略者的殖民統治、接著、鄭氏與清國時代、雖然是同一漢族、但是也施展了外來的殖民地的差別統治、結果、在這三〇〇年之間自然而然的打定了「台灣」獨特的社會存在與民族意識。並且、在這種獨特的社會存在與民族意識的基礎上、日本帝國主義統治下的五一年間再經過了近代化・資本主義化、終於使台灣民族的實際狀態明確的浮現出來、同時、台灣民族主義也隨之而生。

然而、此時的台灣・台灣人、與中國・中國人、二者在社會上・經濟上有多大的距離？關於這點、在前面的各章都有詳細的敘述、現在再從另外的角度來略述一下。

先來觀看具有世界最多人口及巨大資源的老大國的中國、它在同一的半世紀間、成爲多數帝國主義國家的「**國際殖民地**」、國家主權被侵犯、經濟権益被分割、然而、在這民族存亡危急之秋、清國皇帝只想維持原來的統治地位、大肆勾結帝國主義勢力而成爲其兇惡的幫手、在朝的漢人官僚乃各個明哲保身、公然採取騎牆態度、藉以準備應變。至於地方的漢人官僚則與地主・土豪劣紳狼狽爲奸、並各自承受帝國主義勢力的支配與使役、成爲軍閥而割據於各地。其他、還有一批新興的買辦商人、他們乃做爲帝國主義勢力侵略中國的爪牙、終在沿海港口都市築起其重要的地盤。

但是中國廣大的農民大衆、乃與這些封建的統治階級完全不同、他們一方面仍然受著本國統治階級的**封建剝削**、另一方面則再加上受到外來侵略者的**帝國主義搾取**、而陷於更加窮困的火坑裡去。因此、他們爲了爭取自己的生存、即不得不更加熾烈的起來反對國內的封建勢力（清朝・官僚・地主・土豪劣紳）、並透過反對國內封建而來抗拒新的敵人的外來帝國主義者。於是、「**平英團**」（一八四一年）・「**太平天國**」（一八五一年）・「**義和團**」（一九〇〇年）等農民起義相繼爆發、並且在這一連串的武裝鬥爭當中、逐漸覓尋到中國民族解放運動的基本路線即「**反帝・反封建**」。當然、當時的農民大衆可以說誰也不可能明確的認識到反封建或反帝國主義的近代解放理論、只是在極端貧困之餘、不得不拿出原有的反抗精力與敵死拚而已。然而、隨著客觀形勢的成熟、蘊藏在大衆行動裡的反帝・反封建的原則、終於促使以孫文・中國國民黨爲代表的新興資本家與新知識份子出現於中國社會、並擔負起中國民族主義的旗手、其後、再由代表工農階級的毛澤東・中國共產黨取而代之。

但是、中國民族主義要打倒國內封建殘餘與外來帝國主義而使廣大的人民和國土邁進近代發展這必須經過相當長久的一段時間。因此、當台灣成爲一國的完全殖民地而被迫走上近代發展的半世紀間、中國社會即陷於動盪不安、廣大的國土與佔總人口九〇%以上的農民大衆仍然停滯於幾百年來的政治紊亂・經濟落伍・生活窮困的半封建半殖民地狀態。

現在試以戰爭末期的一九四二年（昭和一七年、民國三一年）爲基準、再以簡單的統計數字來看台灣的社會狀態、並推測與中國社會的距離。

(1)　台灣的國民生產每人平均、大約有日幣三〇〇圓（美金的公定價格二圓、市價三圓五毛）

(2)　台灣工業在過去四〇年間增至一千六〇〇倍、等於主要生產品總價格約五〇%、佔台灣產業的首位、工業發達在亞洲僅次於日本本國

(3)　台灣農業在過去四〇年間耕地增加三〇%、一甲平均年產增至四倍、農業總生產增爲一二倍、米產除了供給島內消費外、每年向日本輸出米產的四〇%（最高輸出量達八〇萬噸）

(4)　台灣對外貿易、四〇年來擴至三三倍、每年的出超達二五—三〇%

(5)　台灣財政（總督府財政）在四〇年間、增至三六倍、每年的財政盈餘達二〇—三〇%

(6)　台灣的初級教育普及、學齡兒童的就學率平均九二・五%、生產技術水準較高

(7)　台灣的衛生思想進步、近代設備的總合醫院一二所、醫師三千人、醫師與人口比率保持著二千對一的高水準、惡疫大體被消滅、生育率高死亡率低

把上述的社會發展過程看一看、並把現有的數字稍微計算一下、就不難看到第二次世界大戰終結時、「台灣」與「中國」在社會發展上相差很遠、同時也可以從此察覺到「台灣社會」在結構・本質・範疇・發展進度上、均與中國相異的情形。再進一步基於這種社會存在的相異、可以看出了與中

國人不同的「台灣人」意識・生活感情・思想方法・社會觀念等特點。當然、上述計量上的引例、並不意味著台灣是盡善盡美的天堂、如上述、在日本帝國主義統治下的台灣・台灣人所保持的殖民地應有的缺陷與弊病也是多得不能勝舉。

總言之、問題不在於台灣與中國那一方較近代化、而是在走上近代化的台灣、與停滯於封建狀態的中國、在半世紀之間、二者在社會上（民族上）的距離是愈來愈大、愈成爲決定性、同時、因基於各不相同的社會現實、所以各自更加發展加強不同的意識的這個**事實**。

史明簡介

一九一八年　出生於台北市士林施家，本名施朝暉。就讀台北市建成小學，並入台北一中（五年之後留學日本）
一九四二年　日本早稻田大學政治經濟系的政治科畢業
一九六二年　「台灣人四百年史」日文版出版，改名史明
一九八〇年　「台灣人四百年史」漢文版出版
一九八六年　「台灣人四百年史」英文版出版
一九九二年　「民族形成與台灣民族」出版
一九九二年　「台灣不是中國的一部份」出版
一九九三年　「台灣民族革命與社會主義」出版
一九九八年　「台灣人四百年史」增補版出版

臺灣人四百年史

編著者：史　明
發行人：施　朝　暉
發行所：草　根　文　化　出　版　社
台北市羅斯福路二段70號12F-2
電　話：(02)2363-2366
傳　眞：(02)2363-1970
郵政劃撥：18931412
户　名：施　朝　暉
印刷者：楊　揚　實　業　有　限　公　司
一　九　九　八　年　四　月　初　版

版權所有
請勿侵害

每套三冊（上、中、下）

ISBN 957-983-440-X